交通事故損害賠償の軌跡と展開

交通事故民事裁判例集 創刊50周年記念出版

不法行為法研究会 編

ぎょうせい

はしがき

　民法典の不法行為の章にはわずか16箇条しかなく、したがって不法行為法領域においては判例が極めて重要な位置を占めていることは周知のことといってよいであろう。

　その不法行為法の一領域として確固たる位置を占めるに至っている交通事故損害賠償法については、そこで発生した損害が人身に係るものであるときは自動車損害賠償保障法（自賠法）がまず適用される。自賠法は、その第3条に「運行供用者責任」に関する規定を置き、これにより被害者の保護、救済が厚く図られることになったことも周知のこといってよい。

　しかしながら、その運行供用者責任の成否を決することになる重要な要素——「運行供用者」とは誰か、どのような人か、「他人」とは誰か——については、定義規定が存しない。「運行」については定義規定が存するものの、「運行によって」についてはやはりその意義が明確でない。そこで、それらの問いに答えるために、ここでも判例が重要な意義を有している。もちろん、不法行為法・交通事故損害賠償法領域のいずれにおいても学説の重要性が判例のそれに劣後するものではない。損害の中で大きな比重を占める逸失利益につき、当該被害者に逸失利益を認めるべきか否か、その逸失利益の額をどのようにして導くのか、逸失利益の上位概念である損害の意義をいかに把握すべきか、あるいは損害の公平な分担を具現化する一典型としての過失相殺をめぐる理解等々について学説が果たしてきた意味の重要性を指摘するだに気恥ずかしい思いすら抱くほどである。

　交通事故損害賠償に係る紛争は、その圧倒的多数が和解によって解決が図られているとはいうものの、訴訟に至った末に結論が導かれた判例、裁判例は既に膨大な数に上る。有象無象の裁判例の中から重要と思われるものを選択し、当該判決の眼目ともいうべき部分についての要旨を作成して研究者、実務家等に便宜を図る判例集の存在は必須ともいえる。その一翼を担ってきたのが交通事故民事裁判例集（交通民集）である。

　本書は、その交通民集の創刊50周年を記念して編まれたものである。

＊

創刊〇〇年を記念しての出版物はしばしばみられるところである。それら記念出版物の多くは、重要と思われる論点をテーマとして多数（ほぼ網羅的に）取り上げ、論文集としての体裁を採る（交通民集創刊25周年記念論文集『交通事故賠償の新たな動向』〔ぎょうせい、1996（平成8）年〕が、「論説編」と「解説編」に分けられてはいるものの、その好例といえよう）。

　しかし、近時、交通事故損害賠償に係る問題を、文字どおり総覧するかのごとき『実務　交通事故訴訟大系（全3巻）』（ぎょうせい、2017〔平成29〕年）が刊行されたばかりであって、そこに同工異曲の論文集を編むことは、まさに屋上屋を重ねるものとして躊躇われた。

　そこで、数多ある重要判例の中から、重要論点の解決に指針を示した―規範を形成した―と捉えることができる判決を取り上げ、それを重点的に論ずるもの（第3編）と近時の実務的問題点を論ずるもの（第2編）を中心に据えた、以下のような構成を採る論文集を編むこととした。

＊

　「第1編　座談会―近時の重要論点を題材として」は、東京地裁民事第27部と大阪地裁第15民事部の総括裁判官を経験された方と交通民集の編者とによるものである。

　座談会のテーマ選定には大いに悩んだところであるが、結局、「運行起因性」と「責任無能力者の監督者責任」の2つに落ち着いた。

　同一の判例、裁判例を対象とする場合であっても実務家（とりわけ裁判官）と研究者とでは、その理解の仕方に容易に接点を見出すことができないところがあるのは当然として、実務家同士であっても、裁判官と弁護士とではかなり思考回路を異にするのではないかということにも気づかされた時間であった。そして、そうであるが故に、活字となった互いの論文を通じて議論するだけではなく、1つのテーブルを囲んで同じ時間を共有し言葉を交わして議論することの重要性とその妙味を再認識することとなった機会でもあった。瞬時のレスポンスを求められる座談会にあっては、参加者の日頃の思いが図らずも語られることもある。

　「第2編　実務論文―近時の裁判実務における問題点」は、長らく議論されてきているものの、近時においても実務家を悩ませ、研究者においても妙

案を提示し難いようである問題を中心に検討を施すものである。

　5名の執筆者は、いずれも東京地裁民事第27部に在籍した経験を有し、言わずもがなではあるが、交通事故損害賠償問題に造詣の深い方々である。本務多忙の中、執筆を快諾していただいた。1名の執筆者は研究者であるが、このテーマの研究を継続してきた方であり、まさに人を得たといえよう。

　「第3編　研究論文―判例による規範形成」は、論文等で頻繁に引用され、この分野の研究者はもちろん、実務家等にも広く知られている重要な判例の内容を丁寧に掘り下げ、将来の方向性まで論ずることを目的としている。それらの判例は、著名であるのみならず、頻繁に目にするが故に、多くの人が、その内容を熟知していると思いがちであるが、実は見逃している所も少なくないのではないかとも思われる。それらの判例について、事実関係から一審・原審・最高裁判決に至る判断の過程をたどり、その判決が登場したことにより、その後、学説・判例においてどのような議論の広がりをみせることになったのか、今日の状況はどうか、将来どのような方向に行くことが考えられるか等を深く論ずるものである。

　そのような視点の下、長きにわたる議論の過程で研究者、実務家が苦悩し、裁判例も揺籃していた問題が最高裁判決の登場によってひとときの安定期を迎え、その判決を起点として更に新たな議論が展開され、今日に至っているというテーマを抱える諸判決にまず白羽の矢を立てた。

　具体的には、責任論―運行供用者、他人性、損害論―年少者の逸失利益、後遺障害逸失利益、過失相殺論―過失相殺能力、保険論―保険者に対する直接請求権と加害者に対する損害賠償請求権との関係、である。

　そこに2011（平成23）年3月11日の大震災に伴う原子力発電所の事故後、多くの人々の研究意欲をかき立てている原子力損害賠償における間接損害の問題を交通事故損害賠償におけるそれとを比較して論ずるものを加えた。

　いずれの論攷も、当該判決登場の前後における議論の状況を渉猟し、今日に至る議論の起点になったともいえる当該判決の意義を問うものでもあり、まさに「判例による規範形成」を論ずるものである。

　「第4編　随想―創刊50周年に寄せて」には、この50年間、交通民集を支えてきた者を始め、現に交通民集の編集に携わる5名の交通民集に対する

思いの丈を収めた。

　このように、本書は、座談会を冒頭に置くという斬新な構成を採るものであるが、それが少し尾を引くアペリティフとなり、多彩な材を取り揃えた贅沢なオードブルを経て味わい深いメインディッシュを迎え、その後、心落ち着かせるデザートで締めくくる。編者の意図は奈辺にありやと問うまでもないものとなっていよう。

＊

　交通民集50巻は、6号が既に2019（平成31）年1月に刊行されており、その索引・解説号が間もなく刊行され、これにより50巻は完結するが、それとほぼ時を同じくして本書を送り出すことができることは編者として誠に喜ばしく思うところである。これも偏に執筆者ならびに座談会参加者のご協力の賜であり、厚く感謝する次第である。同時に、交通民集の編集に必須の基礎的作業に邁進し、本書の編集に際しても献身的な労を厭わなかったぎょうせい編集部の皆さんにお礼申し上げる。

2019年11月

不法行為法研究会

執筆者・座談会参加者一覧（50音順）

青野博之（駒澤大学法科大学院教授）（＊）
淡路剛久（立教大学名誉教授）（＊）
伊藤高義（名古屋大学名誉教授）（＊）
大島眞一（奈良地方・家庭裁判所長）
大嶋芳樹（弁護士・赤坂総合法律事務所）（＊）
小賀野晶一（中央大学法学部教授）（＊）
神谷善英（大阪地方裁判所判事）
齊藤　顕（仙台高等裁判所判事）
村主隆行（仙台地方裁判所部総括判事）
須嵜由紀（弁護士・新千代田総合法律事務所）（＊）
武田昌邦（弁護士・新千代田総合法律事務所）（＊）
田中夏樹（日本大学法学部専任講師）
谷口園恵（東京高等裁判所判事）
永下泰之（東京経済大学現代法学部准教授）
中西　茂（日本大学法科大学院教授／元東京高等裁判所部総括判事）
西村孝一（弁護士・西村孝一法律事務所）（＊）
藤村和夫（日本大学法学部教授）（＊）
古市文孝（福岡地方裁判所判事）
益井公司（白鷗大学法学部教授）
道本周作（弁護士・六法法律事務所）
南　敏文（弁護士・シティーユーワ法律事務所／元東京高等裁判所部総括判事）
宮原守男（弁護士・虎の門法律事務所）（＊）
山岸秀彬（最高裁判所家庭局局付）
山下友信（同志社大学大学院司法研究科教授、東京大学名誉教授）
吉田邦彦（北海道大学大学院法学研究科教授）
（＊）は、交通民集編集委員

（所属は、2019年11月末現在）

凡　例

1　法令名略語

自賠法　　　　　自動車損害賠償保障法

2　裁判例

　裁判例を示す場合、「判決」→「判」、「決定」→「決」と略した。裁判所の表示、裁判例の出典については、下記のとおり略語とした。

(1)　裁判所名略語

大	大審院
最	最高裁判所
高	高等裁判所
地	地方裁判所
簡	簡易裁判所
支	支部

(2)　判例集等出典略語

交通民集	交通事故民事裁判例集
民録	大審院民事判決録
民集	大審院民事判例集／最高裁判所民事判例集
刑集	最高裁判所刑事判例集
集民	最高裁判所裁判集民事
高民集	高等裁判所民事判例集
下民集	下級裁判所民事裁判例集
金判	金融・商事判例
金法	金融法務事情
新聞	法律新聞
判時	判例時報
判評	判例評論
判タ	判例タイムズ
労判	労働判例

自保ジャ	自動車保険ジャーナル／自保ジャーナル
最高裁HP	最高裁判所ホームページ裁判例情報

3 文献
(1) 単行本略語

青本	（公財）日弁連交通事故相談センター『交通事故損害額算定基準―実務運用と解説―』
赤い本	（公財）日弁連交通事故相談センター東京支部『民事交通事故訴訟・損害賠償額算定基準』
藤村ほか・実務交通事故訴訟大系(1)～(3)	藤村和夫＝伊藤文夫＝高野真人＝森冨義明編集『実務交通事故訴訟大系(1)～(3)』（ぎょうせい、2017年）
森冨＝村主・裁判実務(9)	森冨義明＝村主隆行編著『裁判実務シリーズ(9)交通関係訴訟の実務』（商事法務、2016年）
藤村＝山野・概説交通事故賠償法	藤村和夫＝山野嘉朗『概説交通事故賠償法（第3版）』（日本評論社、2014年）
佐久間＝八木・リーガル(5)	佐久間邦夫＝八木一洋『リーガル・プログレッシブ・シリーズ(5)交通損害関係訴訟（補訂版）』（青林書院、2013年）

(2) 法律雑誌・定期刊行物略語

最判解民	最高裁判所判例解説民事篇
ジュリ	ジュリスト
曹時	法曹時報
民商	民商法雑誌
法協	法学協会雑誌
法時	法律時報

目　　次

第1編　座談会—近時の重要論点を題材として

第1部　運行起因性 …………………………………………………… 7
第2部　責任無能力者の監督者責任 ………………………………… 56

南　敏文／中西　茂／大島眞一／谷口園恵／大嶋芳樹／西村孝一／青野博之／永下泰之（第2部：報告者）／田中夏樹（第1部：報告者）／藤村和夫（司会）

第2編　実務論文—近時の裁判実務における問題点

① いわゆる損益相殺と過失相殺の先後（過失相殺がされる場合における社会保険給付と損害賠償請求権の調整）………… 古市文孝・113

② 遅延損害金と民法405条—交通事故に基づく損害賠償請求権について民法405条が適用されるか ………………………… 益井公司・139

③ 弁護士費用の賠償—被害者請求の不行使と弁護士費用の算定をめぐる問題から ………………………………………………… 山岸秀彬・161

④ 損害の拡大にかかわる過失は、自動車損害賠償保障法3条ただし書の「自動車の運行に関」する「注意」に当たらないか ……………………………………………………………… 神谷善英・181

⑤ 異時事故と共同不法行為の成否 ……………………… 齊藤　顕・195

⑥ 後遺障害逸失利益の中間利息控除の起算時 ………… 村主隆行・215

第3編　研究論文－判例による規範形成

① 運行供用者—保有者と非保有者の責任（最判昭和39年2月11日民集18巻2号315頁） ……………………………… 伊藤高義・239

② 運行供用者責任によって保護される者としての他人—最判昭和42年9月29日判時497号41頁 ……………… 青野博之・283

③ 年少者の逸失利益の認定と算定—最判昭和39年6月24日民集18巻5号874頁 ………………………………… 藤村和夫・329

④ 損害論—最判昭和56年12月22日民集35巻9号1350頁
……………………………………………… 道本周作／淡路剛久・373

⑤ 福島原発爆発事故による営業損害（間接損害）の賠償—交通事故事例と原賠事例との間接損害相互の異同に関する一考察
………………………………………………………… 吉田邦彦・435

⑥ 過失相殺の法理論—過失相殺能力論からの示唆
………………………………………………………… 小賀野晶一・471

⑦ 被害者の直接請求権と損害賠償請求権の関係—最判昭和39年5月12日民集18巻4号583頁 …………………… 山下友信・501

第4編　随　想－創刊50周年に寄せて

弁護士として妻とともに65年の歩み ……………… 宮原守男・549
法談・放談・呆談 …………………………………… 大嶋芳樹・555
交通民集とともに …………………………………… 西村孝一・567
裁判例集の来し方行く末 …………………………… 武田昌邦・573
交通民集編集会議の現場から ……………………… 須嵜由紀・577

第1編

座談会
―近時の重要論点を題材として

参加者

南　　敏　文（弁護士・元東京地裁民事 27 部部総括判事）
中　西　　　茂（前東京高裁部総括判事・元東京地裁民事 27 部部総括判事）
大　島　眞　一（奈良地家裁所長・元大阪地裁第 15 民事部部総括判事）
谷　口　園　恵（東京高裁判事・前東京地裁民事 27 部部総括判事）
大　嶋　芳　樹（弁護士・交通民集編集委員）
西　村　孝　一（弁護士・交通民集編集委員）
青　野　博　之（駒澤大学法科大学院教授・交通民集編集委員）
藤　村　和　夫【司会】（日本大学法学部教授・交通民集編集委員）

第 1 部　「運行起因性」
報告者　田　中　夏　樹
　　　　（日本大学法学部専任講師）

第 2 部　「責任無能力者の監督者責任」
報告者　永　下　泰　之
　　　　（東京経済大学現代法学部准教授）

（令和元年 6 月 23 日収録）

はじめに

藤村●本日は遠方からもおいでいただきまして、ありがとうございます。『交通民集』の創刊50周年を記念して、このような座談会を企画いたしました。『交通民集』は数年に一度、東京地裁民事27部の裁判官の方にご参加いただき、3件前後のテーマを決めて、座談会を行っております。そこでの議論は、なかなかに迫力があるものでして、時間を置いて読み返してみましても、大変に読み応えのあるものになっていると思っております。50周年という記念すべき出版の一環として、このような座談会を設けてはいかがかと思った次第でございます。

今日は交通事故に詳しい東京地裁民事27部の部総括判事を経験された方3名、大阪地裁の15民事部で部総括判事を経験された方1名、計4名の方と、『交通民集』の編集委員から、学者1名、弁護士2名という構成でこの座談会を進めてまいりたいと思っております。

本日は、自由に議論していただきたいと思いますが、あまり硬い話ばかりではなくて、裁判官の皆さんには、総括判事を担当された当時の思い出、エピソードあるいは部内で議論になったこと等々も交えまして、お話していただけると大変ありがたく思います。

『交通民集』の編集委員には、裁判例の選別、要旨執筆のご苦労、執筆した要旨が全て掲載されるわけではございませんから、執筆した要旨を掲載するかどうかを選定する作業がございますが、最近、その作業を見直しまして、従来よりもさらに緻密に行うこととしました。ですから、編集委員の負担もだいぶ重くなってきているといえようかと思います。そういった点も含めて、いろいろなご苦労話を交えてお話いただければ幸いです。

そうした目に見えない苦労をして『交通民集』ができているわけでございますが、裁判官の皆さまには、どのように受け止められているのか、あるいは、こういうところをもう少しこうした方がよいのではないかということがございましたら、ぜひ、その点もご指摘いただけると大変ありがた

く思う次第でございます。

　『交通民集』の記念出版でありますから、数多の裁判例の中から、どのようなものをこの座談会のテーマとして取り上げようか、大変悩んだところではありますけれども、結局2件のテーマを選定いたしました。まず、運行供用者責任を問う一要素として非常に重要なものであります運行起因性です。これについては自動車損害賠償保障法（以下、「自賠法」という。）制定直後から、今日に至るまで、一貫して議論されてきております。判例の動きは、大体こんなふうに流れてきている、学説にはこのようなものがあるということは、ほぼ周知されております。しかし、実務上の取扱いになりますと、裁判例によっては、こんな判決をするのか、と良い意味でも悪い意味でも注目すべきものもあるように思われるところでございます。最終的に、この座談会で望ましい方向性が出てくるかどうかわかりませんが、ひとまず、これまでの流れを踏まえまして、議論していただければと思った次第であります。

　もう一つの責任無能力者の法定監督義務者の責任につきましては、これは交通事故と直結する問題ではありませんけれども、もともと民法712条、713条、714条につきましては、立法当時のことを繙いてみましても、その立法趣旨、法的な性格をどのように位置づけて捉えるのか、あまり定かではなかったようなところもございます。その割には長い間、大体こんなもんでしょうということで、解釈においても実務的にも、比較的穏やかに推移してきたということがいえようかと思いますが、ここに来まして、続けて法的にも社会的にも注目を集める判決が出ました。そこで、ここでもう一度、法定監督義務者の責任とは一体どのようなものか、どうあるべきなのか、そして、その前提となる責任無能力者が責任を負わなくてよいというのは、どのように受け止めればよいのか、なぜ、そのような規定ができてきたのだろうか、ということを比較法的にみた場合のことも視野におさめて——これは比較法的にみた場合には、特異な立法であると指摘する方もいらっしゃいますので——実際、どのように考えればよいのかということも交えて、お話をしていただければと思った次第です。

　では早速、第1部の運行起因性について、報告者の報告に基づいて、議

論を進めていただければと思います。報告者は、第1部、第2部とも、気鋭の研究者の方にお願いしましたので、よろしくお願いしたいと思います。

第 1 部
運行起因性

I　研究報告

田中●日本大学の田中と申します。本日は、このような報告の場を設けていただきまして、ありがとうございます。それでは、お手元のレジュメに沿って、報告を進めさせていただきます。

1　運行起因性の問題の所在

　まず、運行起因性の問題につきましては、自賠法3条の「運行によって」の解釈問題であり、また搭乗者傷害保険等における「運行に起因する」との条項の解釈でも問題となります。自賠法3条の「運行によって」と搭乗者傷害保険の「運行に起因する」は、これは同義であると解されています。自賠法は運行供用者に重い責任を課しておりますが、「『運行によって』という要件は、どの範囲の関与形態まで自賠法3条を適用するか枠づけるものである」とされておりまして、運行供用者に責任を帰属できるのか、あるいは、搭乗者傷害保険の支払要件を満たすのかをめぐって、裁判上、激しく争われてまいりました。しかし、下級審と最高裁とで判断枠組みが異なることもめずらしくなく、判例の判断枠組みに対する評価も一様ではございません。特に車外で傷害を負った事例や降車時に傷害を負った事例においては、車両の運行に起因して傷害に至ったものであるのか、一定の場合に運行起因性が肯定されるとしてもその限界はどのように判断されるのかについて評価が分かれております。そこで、上記のような運行起因性をめぐる問題の状況を踏まえ、運行起因性に関する学説の議論をまとめたうえで、判例の判断枠組みを同一の視点から説明することが可能か試みたいと思います。

2 「運行によって」の解釈

(1) 運行の意義

次に「運行によって」の解釈ですが、従来、自賠法3条の「運行によって」は、運行の意義と「によって」の意義とに分けて考察されていました。「運行」とは、自賠法2条2項が「この法律で『運行』とは、人又は物を運送するとしないとにかかわらず、自動車を当該装置の用い方に従い用いることをいう」としているところ、その「当該装置」の意義をめぐって、議論がなされておりました。

学説は、①「原動機の作用により自動車をある地点から他の地点に移動し前進させること」が運行であるとする原動機説、②「走行装置、制動装置、動力伝達装置等道路運送車両の移動に直接関連ある装置」を「当該装置」と解し、「装置の本来の使用方法、即ち車両の経済的効果の実現のために当該装置が分担する部分的効力を発揮させるために必要な固有の使用方法を活用することによって車両を用いること」が運行であるとする走行装置説、③自動車の走行装置のみならず自動車に構造上備えられている装置も「当該装置」に含まれると解し、これらの装置の全部又は一部をその目的に従い操作することが運行であるとする固有装置説、④自動車そのものを固有装置と解し、走行目的の下に交通の場である道路等に出て車庫に戻るまでの走行及び駐停車が運行であるとする車庫から車庫説、⑤運行とは「通常の走行の場合に匹敵するような危険性（他人の生命、身体に害を加える危険性）を持つ状態に自動車を置く行為」であるとする危険性説などが提唱されています。判例は、原動機説、走行装置説を経て、現在は固有装置説に立つとされています。学説は多岐にわたっておりますが、自賠法3条の運行供用者責任に危険責任の性質が含まれていることをふまえると、各学説は「当該装置」の解釈を通じて、運行供用者が責任を負うべき危険性を有する「原因力」の範囲をどのように画するのかによってその主張を異にするといえるのではないでしょうか。危険性説は当該装置の文言解釈よりも、実質的な危険性の考慮を重視しているといえますが、危険性説以外の学説も例えば原動機説は原因力の範囲を非常に限定しているもの

の、原動機の作用に危険性が内包されていることを否定するものではありません。このように解することで、判例である固有装置説に立った場合でも、「危険性という実質的要件をも加えて事故の原因力を画する運行の概念を明確にする必要がある」とすることがいえます。

また、固有装置説によれば、「装置の全部又は一部をその目的に従い操作すること」が運行であるとされ、「装置」の主要目的に応じて、顕在化する危険性も異なるといえるのではないでしょうか。固有装置説によると、車両が駐車している状態をもって直ちに「運行」に該当するとすることは困難であるとされますが、固有装置説に基づいて判断する際に、危険性をも実質的要件とすれば、「走行と走行の間で、自動車の運行目的などの駐停車であり、事故の原因力ある危険性を有する場合には運行といえる」との判断が可能であるといえます。

(2) 「によって」の意義

続きまして、「によって」の意義のところです、もっとも、運行に該当しただけでは運行起因性は認められず、「によって」の該当性をも満たす必要があります。「によって」についても、その意味をめぐって議論がなされておりまして、学説は、①運行に際してと解する「によって」説、②請求原因としては事実上の因果関係があれば足りるとする事実的因果関係説、③運行と生命、身体の侵害との間に相当因果関係を必要とし、民法416条を準用する相当因果関係説などが提唱されています。相当因果関係説が判例、通説とされております。相当因果関係とは、「いやしくもそうした種類の行為があれば、経験則上そうした結果を生ずるであろうと認められる場合」や一定の結果と条件関係にある加害行為が同種の結果の発生を一般的に助成する事情であるときに認められます。そのため、車両が「運行」状態であったとしても、固有装置に存在する危険性が顕在化したことと損害との間に相当因果関係が認められなければならないといえます。

3　判例の検討

次に、判例の検討をいたします。上記のように、学説においては「運行」

田 中 夏 樹

の意義、「によって」の意義を通じて、運行起因性の議論がなされていますが、判例はそれぞれ固有装置説、相当因果関係説に依拠していると評価されています。

しかし、運行起因性をめぐっては、降車時や車外で事故に遭遇した場合にも、運行起因性を肯定できるのかについて、裁判上、激しく争われておりまして、下級審と判断が異なった事例も少なくありません。以下では、運行起因性に関する各裁判例、判例の判断をどのように捉えることができるのか検討したいと思います。

(1) 降車時の負傷が運行によって生じたものかが争われた事案

最初に「降車時の負傷が運行によって生じたものかが争われた事案」についてです。先例として重要な判例ないし裁判例として、降車時に生じた事故が運行によって生じたものかが争われた大阪高判平成23年7月20日判タ1384号232頁（以下「平成23年判決」という）及び最判平成28年3月4日集民252号23頁（以下「平成28年判決」という）が存在します。これらは降車行為そのものが車両から離れるための行為であり、特に降車直後に転倒等によって受傷に至った場合に、運行によって生じたものか直ちに判断できないことが争点化の原因であると考えられます。

ア 大阪高判平成23年7月20日（平成23年判決）

まず、平成23年判決は、人身傷害補償条項の「自動車の運行に起因する事故」に該当するかが争われた事例です。本件は、自宅に帰るために妻とともにタクシーに乗車していたXが、停車したタクシーの左後部ドアから降車後1、2歩程度歩いた地点で転倒し、路上に左臀部を打ち付け傷害を負った事故です。

原審（奈良地葛城支判平成22年10月8日自保ジャ1880号7頁）では、上記事実を前提に、「降車後に路上で転倒するという危険は、自動車の運行と関わりなく一般的に存在する危険であ」り、「本件において、タクシーが、他に停車可能な場所がなく、転倒しやすい場所に停車して降車せざるを得なかったなど、自動車の運行に起因して転倒の危険性が付加又は増加したと認められる事情も見当たらない」として、運行起因性を否定し、Xの請求を棄却いたしました。Xが控訴しております。
　平成23年判決は、「タクシーは、控訴人らを降車させるために控訴人の自宅手前の路上で停車したこと。同所付近の道路は、控訴人自宅方向にかけて上り坂になっており、しかも、上記道路の左端には約10センチメートルの段差があったこと、控訴人は、タクシーの後部左座席に座っていたため先に降車したが、降車後1歩か2歩程度歩いたところで、上記段差につまずいて転倒し、左臀部付近を強打したこと、そのとき控訴人の妻は、まだタクシー内に残っていて運転手乙山に料金を支払っていたこと」を認定し、「自動車が停車中であることをもって、直ちに自動車の運行に起因しないと判断するのは相当ではなく、自動車の駐停車中の事故であっても、その駐停車と事故との時間的・場所的近接性や、駐停車の目的、同乗者の有無及び状況等を総合的に勘案して、自動車の乗客が駐停車直後に遭遇した事故については、『自動車の運行に起因する事故』に該当する場合があると解するのが相当であ」り、「タクシーが目的地で乗客を降車させるため停車する場合、運転手が座席のドアを開け、乗客が全員降車し終わってドアを再び閉じるまでの間も、自動車の運行であると解するのが相当であるところ、……控訴人はタクシーから降車直後で、しかも1歩か2歩程度歩いたところで本件事故に遭遇したことから、時間的に停車直後であったことはもちろんのこと、場所的にもタクシーの直近で本件事故が発生したといえる。そして、本件事故当時、同乗者である控訴人の妻が料金支払いのため未だタクシー内にいて、後部座席のドアが開いたままになっていたことも併せて考慮すると、本件事故は自動車の運行に起因する事故であったと認めるのが相当である」として、Xの請求を一部認容いたしました。
　平成23年判決は、原審と同様に、タクシーから1歩か2歩降りたとこ

ろで転倒した事実を認定したうえで、原審と異なり、相当因果関係を肯定した事案であります。本件は、停車中に発生した事故でありますが、タクシーが乗客を降車させることを目的としていたことからすれば、運行中であることは肯定されるといえます。

　原審は路上での転倒は一般的に存在する危険であり、運行とは無関係であるとして運行起因性を否定しています。しかし、原審においても「転倒しやすい場所に停車して降車せざるを得なかった」事情がなかったことを例として挙げておりまして、タクシーの停車した位置が転倒を誘発するような場所であった場合には、運行起因性を肯定する余地があったことを認めているという議論ではないでしょうか。

　そして、平成23年判決は、タクシーが停車した地点からXの自宅までが上り坂になっていること及び約10センチメートルの段差があり、この段差につまずいて転倒したことを認定し、運行起因性を肯定しています。これは運行に含まれるタクシーの停車について、停車位置をも含めて危険性を判断していると評価することができるのではないでしょうか。タクシーから降車して1歩か2歩しか移動していない場合には、停車位置による影響が大きいといえ、降車時の危険が顕在化したと評価することが妥当であるといえます。

　イ　最判平成28年3月4日（平成28年判決）

　続きまして、平成28年判決の事案は、老人デイサービスセンターの送迎車から降車した際に受傷したA（女性・83歳）が、その傷害及びこれに基づく後遺障害が搭乗者傷害特約の「運行に起因する」事故によるものであるとして、保険金の支払を請求したものであります。なお、Aの死亡後、その相続人である3人の子どもが提訴しましたが、X以外の2名については第一審判決（福岡地小倉支判平成26年11月17日交通民集49巻2号305頁）が確定しております。

　Aは身長が115センチメートル、骨粗しょう症で円背があり、Aの年齢や身体の状況から、通常はAが降車する際に本件センターの職員がAを介助し、本件車両の床ステップと地面との間に高さ約17センチメートルの踏み台を置いてこれを使用させておりました。

平成22年11月13日、本件センターから自宅まで本件車両で送迎されたAが降車する際、その日の送迎を担当した本件センターの職員は踏み台を使用せず、Aの手を引いて本件車両の床ステップからアスファルトの地面に降ろしたところ、Aは着地の際に右大腿骨頚部骨折の傷害を負いました。

　第一審では、「本件事故の発生は、専ら本件介護施設職員による降車方法の不適切によるものと認められる。……本件事故の発生について、運行と事故との間に相当因果関係があるとまでいうことはできず、本件車両を当該装置の用い方に従い用いることによって発生したものとはいえないと解するのが相当である」として相当因果関係を否定し、運行起因性を認めませんでした。Xが控訴し、控訴審（福岡高判平成27年4月22日交通民集49巻2号310頁）も相当因果関係を否定し、Xの控訴を棄却いたしました。

　Xの上告に対しまして、平成28年判決は、「本件事故は、Aが本件センターの職員の介助により本件車両から降車した際に生じたものであるところ、……上記職員が降車場所として危険な場所に本件車両を停車したといった事情はない。また、Aが本件車両から降車する際は、……通常踏み台を使用させる方法をとっていたが、今回も本件センターの職員による介助を受けて降車しており、本件車両の危険が現実化しないような一般的な措置がされており、その結果、Aが着地の際につまずいて転倒したり、足をくじいたり、足腰に想定外の強い衝撃を受けるなどの出来事はなかった。そうすると、本件事故は、本件車両の運行が本来的に有する危険が顕在化したものであるということはできないので、本件事故が本件車両の運行に起因するものとはいえない」と判示し、Xの上告を棄却いたしました。

　平成28年判決は、「本件車両の危険が現実化しないような一般的な措置がなされていた」としているところ、この車両の危険については、「危険な場所に本件車両を停車したといった事情がな」く、「今回も本件センターの職員による介助を受けて降車することによって、Aが着地の際につまずいて転倒したり、足をくじいたり、足腰に想定外に強い衝撃を受ける」といった危険が顕在化することは防止されていたとしています。すなわち、本件においては、自動車事故において相当因果関係を検討する際の前提と

なる危険の顕在化そのものが存在していなかったと認定しているといえるのではないでしょうか。相当因果関係は加害行為と損害との間に相当な因果関係が存在するかを判断するものであるため、前提となる危険顕在化——これが一般的な加害行為に相当するものです——そのものが本件事案では認められなかったものと評価することが可能であるといえます。危険性の顕在化がなかった以上、相当因果関係の有無を検討する必要がなかったがゆえに、本判決では「危険が顕在化したものであるということはできない」と判示し、相当因果関係には言及しなかったものと捉えることが可能です。

これに対して、原審（福岡高判平成27年4月22日）は、あくまでも本件センターの職員の行為が介在したことを理由として相当因果関係を否定しており、本件車両の危険が顕在化することそのものが未然に防がれていたとの前提に立つものではなかったことから、相当因果関係のみに言及したものと解することができます。自賠法3条が危険責任の性質を有しながらも、自動車事故について無条件に運行供用者に責任を負わせることをせず、運行によって生じた損害に限定していることからすれば、たとえ車両が「運行」状態であったとしても、「運行」とは無関係に生じた損害までも運行供用者に責任を負わせるのは妥当ではないといえます。それゆえ、本件特約における運行に起因する事故であったかが問題になった事案においても、本判決の姿勢は妥当であると評価することができるのではないでしょうか。

平成23年判決との差異は、平成28年判決は搭乗者が転倒には至らず、運行に起因する危険性が顕在化したとはいえない事案だったのに対して、平成23年判決は、停車位置とも相まって、搭乗者が転倒しており、運行に起因する危険性が顕在化したといえる事案だったといえる点に存在するのではないでしょうか。

(2) 車外で傷害を負い、死亡したことが運行によって生じたものか争われた事案

続きまして、「車外で傷害を負い、死亡したことが運行によって生じたものか争われた事案」にまいります。上記の判例以外に重要な意義のあるものとして、いずれも車外で傷害を負い、死亡した事故において、因果関

係の判断が異なった事例である最判平成19年5月29日判タ1255号183頁（以下「平成19年判決」という）及び東京高判平成25年5月22日交通民集46巻6号1701頁（以下「平成25年判決」という）が存在します。

ア　最判平成19年5月29日（平成19年判決）

初めに平成19年判決ですが、夜間に高速道路において、自動車を運転中に自損事故を起こし、車外に避難した運転者が後続車両にれき過されて死亡したことが搭乗者傷害保険における死亡保険金の支払事由にあたるかが争われた事案であります。

この事案では、Aは平成14年12月18日午後9時50分頃に、高速自動車国道の片側2車線の上り車線で、普通乗用自動車を運転中運転操作を誤り、同車両を中央分離帯のガードレールに接触させ、走行不能の状態で走行車線と追越車線とにまたがった状態で停車させました。自損事故発生時には付近に街灯はなく、暗い状況でした。Aは本件自損事故後、すぐに車両を降りて小走りで走行車線を横切って道路左側の路肩付近に避難しましたが、直後に本件車両と道路左側の路肩との間を走行していた後続の大型貨物自動車に接触されて転倒し、さらに後方から走行してきた大型貨物自動車によりれき過されて死亡いたしました。Aの相続人であるXらが保険金の支払を求めて提訴いたしました。

第一審（仙台地大河原支判平成18年3月9日交通民集40巻3号580頁）は、「時間的、場所的に極めて近接して起きた順次の出来事といえるうえ、高速道路上で事故を起こして走行不能となった車両の搭乗者が当面の危険を避けるため、他の車両がかなりの高速で走行する中を横断して路肩の方に避難することや、本件事故当時のように交通が閑散としていた場合、これに気を許した車両運転者が法定速度を上回る高速度で高速道路を走行し、事故現場が暗いことも相まって、時に上記のような経緯で高速道路を横断しているものを発見するのが遅れて、衝突、れき過してしまうことは容易に予見し得るところであることに照らせば、本件自損事故と亡Aのれき過による死亡との間には相当因果関係を認めることができる」として、Xらの請求を認めました。Yが控訴しました。控訴審（仙台高判平成18年8月30日交通民集40巻3号586頁）は、Aが自損事故によっては重篤な傷害

を被ったものとはいえず、傷害の「直接の結果」として死亡したとはいえないとして、Xら請求を棄却いたしました。Xらが上告しました。

　平成19年判決は、「Aは上記死亡保険金支払の支払事由にいう被保険者に、本件自損事故は運行起因性事故にそれぞれ該当することが明らかである」としたうえで、「本件自損事故は、夜間、高速道路において、中央分離帯のガードレールへの衝突等により、本件車両が破損して走行不能になり、走行車線と追越車線とにまたがった状態で停止したというものであるから、Aは、本件自損事故により、本件車両内にとどまっていれば後続車の衝突等により身体の損傷を受けかねない切迫した危険にさらされ、その危険を避けるために車外に避難せざるを得ない状況に置かれたものというべきである。さらに前記事実関係によれば、後続車にれき過されて死亡するまでのAの避難行動は、避難経路も含めて上記危険にさらされたものの行動として極めて自然なものであったと認められ、上記れき過が本件自損事故と時間的にも場所的にも近接して生じていることから判断しても、Aにおいて上記避難行動とは異なる行動を採ることを期待することはできなかったものというべきである。そうすると、運行起因事故である本件自損事故とAのれき過による死亡との間には相当因果関係があると認められ、Aは運行起因事故である本件自損事故により負傷し、死亡したものと解するのが相当である」として、運行起因性及び運行起因事故と負傷・死亡との因果関係を肯定いたしました。

　平成19年判決では、自損事故を起こし、2車線しかない高速道路の走行車線と追越車線にまたがって停車しており、後続車と衝突する危険性が高まっていたことから、「運行」の要件は問題なく認められるといえるのではないでしょうか。平成19年判決の特殊性は、車外で傷害、死亡したにもかかわらず、「によって」の要件（相当因果関係）を肯定した点にあるといえます。なお、平成19年判決は、車外で後続車にれき過されたことをもって傷害、死亡としております。平成19年判決は、死亡したAが運行に起因する自損事故によってやむを得ずとらざるを得なかった行動の結果、傷害が発生したことを理由として相当因果関係を肯定しております。この点については、前述したように運行によって固有装置に存在する危険

性が顕在化したことを問題とするのであれば、かかる危険性から逃れようとして車外に出て受傷することが「経験則上そうした結果を生ずるであろうと認められる場合」と評価できれば、相当因果関係を肯定することもできると思われます。

そして本件では、車線にまたがって停車してしまった以上、車内に残ることは危険であり、車外に出て、路肩に移動することが通常人の判断として異常といえるものではなく、Aが自らの意思で他の選択をする余地が残されているとはいえない状況であったといえます。いまだ運行によって生じた危険性が及んでおり、相当因果関係を肯定したことは妥当といえるのではないでしょうか。

イ　東京高判平成 25 年 5 月 22 日（平成 25 年判決）

続きまして、平成 25 年判決の事案の紹介にまいります。

平成 25 年判決は、普通乗用車が台風による集中豪雨のために冠水していた道路に進入していたため、乗っていた 4 名の家族が降車して避難しようとしたところ、うち 3 名が濁流に流され死亡したことが、運行に起因する事故によって死亡したものであるとして、保険金の支払が求められた事案です。

Aは、平成 21 年 8 月 7 日に普通乗用自動車を運転し、Aの妻であるB、長男C及び二男Dの 3 名が同乗して中国自動車道を走行していました。しかし、台風の影響による記録的な大雨に見舞われ、走行していた中国自動車道が通行止めとなり、一般道である国道に入り走行を続けました。Aが運転する乗用車が国道に侵入した際には、一般道の状況等に関する情報が提供されることはありませんでした。Aの運転する乗用車は国道を南から北に向けて佐用町付近を走行していましたが、坂を下った先が冠水しており、先行するジープが冠水している事故現場に進入した後停止し、後続のAが運転する乗用車も停止するに至りました。ABCDは、乗用車を出て冠水した国道を南方の坂上方面に向けて移動しているうちに、冠水部分中の流れの急な部分において、付近を流れる佐用川の氾濫による濁流に流され、ABCの 3 名が死亡いたしました。Xは、遺産分割協議によって相続したCの損害賠償請求権の相続分及びB死亡を原因とする固有の慰

謝料として、保険金額の限度で各損害賠償額の支払を請求いたしました。

　原審（東京地判平成24年12月6日交通民集45巻6号1429頁）は、Aの運転する乗用車が停車した理由は明らかではないとしつつ、「周囲の水位が徐々に高くなってきたことなどから、A、B、C及びDが停止した本件車両から出て、本件国道を歩いて南方向に移動したところ、折から佐用川が右岸堤防高を越えて氾濫したことによる濁流が押し寄せ、A、B、C及びDがそれに流され、B及びCが溺死したものと認められる。したがって、B及びCの死亡は、100年に一度の降雨を凌ぐ予想を超える局地的な集中豪雨による佐用川の氾濫という自然災害によるものであって、自動車本来が有する固有の危険が具体化したものではないから、本件車両の運行によるものとはいえないというべきである」として、運行起因性を否定し、請求を棄却いたしました。Xが控訴しました。

　控訴審（平成25年判決）では、Aの運転する乗用車が自損事故を惹起したことを否定したうえで、仮に自損事故があり、Aにその事故に予見可能性があったとしても「B及びCの死亡は、水位が上昇しつつあり、冠水部分中の水流に逆らって避難する際、予期せぬ強い水流に遭って流されたことがその原因であると認められるから、それ自体、午後9時過頃に始まった佐用川の右岸氾濫によるものと解されるのであって、本件自損事故とB及びCの死亡との間に因果関係があるとは認められない」として、運行起因性を否定し、控訴を棄却いたしました。

　平成25年判決では、平成19年判決を引用したうえで、自損事故の有無が争われていました。自損事故があったとしても、相当因果関係を否定する判断を下しています。しかし、平成25年判決が認定するように、自損事故なく、自動車が停止、走行不能になった場合であっても、運行に基づくことは否定されないように思われますので、いずれの場合でも、その後の因果関係を検討する必要があったといえるのではないでしょうか。そして、平成25年判決では、相当因果関係を否定しておりますが、同じ車外に出て事故に遭遇したにもかかわらず、平成19年判決と異なる判断がなされている点が特徴的であるといえます。

　平成25年判決の認定をみると、冠水部分中の流れの急な部分にて流さ

れたことが事実として追加されています。いわば避難ルートを誤った点が認定されているといえるのではないでしょうか。これはAらが避難する際に、訴訟にて証人となっているEがAらと至近距離にいながら助かっており、避難ルート次第ではAらも助かる可能性があったといえると思われます。そして、平成25年判決の事案では、平成19年判決の事案と異なり、他の選択肢をとることが期待できなかったという事実まではなく、Aらがたまたま流れの急な地点で流されてしまったのが避難ルートの判断を誤ったことによるものであり運行の危険とは無関係に死亡に至ったといえるためではないでしょうか。そのため、例えば自動車の停車位置からして、流れの急な部分を通過せざるを得ない状況にあったのであれば、いまだ運行に起因した危険性によって、避難者の意思に基づいた選択の余地がなかったといえ、相当因果関係を肯定する結論もあり得たのではないかと考えられます。

　平成25年判決と平成19年判決とを分けた点は、搭乗者に自らの意思に基づいて行動を選択する余地が残っていたか否かではないかと考えられます。

4　まとめ

　以上のように、判例・裁判例では、車両が運行状態にあったことによりただちに運行起因性を肯定しているものではなく、運行に起因する危険性が顕在化して受傷に至ったものであるか、停止位置が適切であったかあるいは危険性が顕在化するのを防ぐ措置がとられていたかを検討して判断しているといえます。

　また、車内にて事故に遭遇した場合には、いわば運行に起因する危険性によって搭乗者が自らの判断によって選択する余地が存在していないといえる場合には、なお相当因果関係が認められると判断されています。各判例が時間的場所的近接性に言及していることも、運行に起因する危険性と傷害との間に時間的場所的近接性が肯定される場合には搭乗者自らの判断による選択の余地が認め難くなるという見方もできると思われます。

　各裁判例の認定事実をみると、平成23年判決及び平成28年判決は車両

の停止位置や降車方法に言及し、平成19年判決は2車線にまたがって停止した状況に言及しており、運行に起因する危険性がどのような要因に基づくものであるか、そして、その危険性が直接の原因となって傷害・死亡の結果を招いたかを検討しているといえるのではないでしょうか。

　最後に、運行起因性に関しては、学説、判例が多岐にわたっており、容易に結論を出すことが難しい状況にあるとはいえます。しかし、運行起因性に関する各裁判例・判例をふまえると学説の固有装置説に危険性の観点をもふまえて検討しているといえるのではないでしょうか。もっともどのような性質の危険性であるのか、また、危険性が認められるとしても、搭乗者自らの判断が介入する余地があったといえるのか否かを判断する必要があり、上記の各裁判例、判例はそのような判断に関する一例として重要な意義を有しているものと思われます。今後も運行起因性をめぐる事案として、難しい判断を要する事例が生じることが考えられますが、本報告での整理をもとに取り組んでまいりたいと思います。

II　各裁判例についての裁判官の見方

藤村●ありがとうございました。裁判例と学説の内容、そのおおよその流れをみた後、最近よく議論の対象として取り上げられます個別の裁判例について、その事案の内容と判断とを紹介していただきました。このような運行起因性、従来は「運行」の意義と「によって」の解釈が中心でしたが、近時は運行起因性ということで議論することが多くなってきているようです。ただ今の報告を受けまして、どのようにお考えになっておられるか、まず裁判官の皆さんからうかがいたいと思います。

南●私は平成5年から平成8年まで東京地裁民事27部に勤務しておりました。ただ今の田中さんの分析をお聞きしておりまして、裁判例、具体的な事案に即して、きわめて詳細な分析をされているという印象をもちました。

　ただ、私は紹介していただいた判決で、平成23年判決については、結論としてはちょっと賛成しかねるところがございます。この事案で、仮に

運行起因性を認めるとするならば、おそらく私が裁判長をしておれば、訴訟指揮で自賠法における責任の有無の点をもう少し議論をすべきではないかということを示唆していたはずです。といいますのは、装置自体については当然、欠陥があったわけではない事案です。では、その次に運転手に過失があったのかという点ですが、運転手としては指示されたところに停まっている。夜間で事情がわからないわけですよね。きちんと路上に停まっている。そうすると、タクシーの運転手には期待可能性がないのではないか。客に停まれと言われた位置以外に停まる期待可能性はないように思われます。そうすると、当然に免責のできる事案かなというように思われます。ただ、その点について何も裁判長が指揮した気配はありませんので、気になるところです。

そのほかに紹介していただいた裁判例については、結論も考え方も妥当かなというように思っております。

大島（眞）● 大島です。平成16年から平成19年まで大阪地裁の交通部（15民事部）にいました。最初の1年は右陪席で、あとの2年は裁判長を担当しました。

今、4つの判例をご紹介いただいたのですが、私はどれも相当な判断をしたのではないかと思っています。運行の意義、当該装置ということで、5つの学説をあげていただき、固有装置説が判例だといわれているところではあるのですが、昨今の判例は、そこから踏み出して、危険性説に相当比重を移したのではないかなという認識をもっています。平成23年判決は、運行起因性について、タクシーから降りて1、2歩歩いたことについても、完全に降りて自分で歩いているわけではないという意味では、タクシーの乗車の危険性は依然として続いているのだという理解をしてよいのではないかと思います。したがって、私は、この判断でよいのではないかなと思っています。

谷口● 私は、平成28年10月から平成31年の3月まで、東京地裁の交通部（民事27部）で、部総括判事をしておりましたが、その2年半の間に、運行起因性という要件自体が結論を分ける争点となって、判断を示したケースは1件もありませんでした。そのため、本日ご紹介いただいた判決のいず

れについても、理解が十分できているのか心もとないところがございます。

　ただ、大島さんがおっしゃった固有装置説から危険性説に移行しているというような見方をすべきなのかについては、私はよくわからないなと思っております。私自身の受け止め方としては、固有装置説に立つことには変わりがないのだけれども、これにより「運行によって」にあたると考えられる範囲がかなり広がってきた中で、運行が本来的に有する危険が顕在化したものであるかという考察を入れることで、広がり過ぎにならないよう限界を画するような流れで、この概念が出てきたものなのかなと理解しておりました。

　あわせて、平成28年判決をどう受け止めるかという点ですが、この判決の評価として、先ほど「危険の顕在化」を加害行為に相当するものと捉え、これがなかったと判断したので、相当因果関係の判断に入ることなく結論を出したという評価をされていたように思いますが、私はそのようには理解しておりませんでした。この事件では、「運行によって」といえるためには、本件車両の運行が本来的に有する危険が顕在化して事故が発生したことが必要であるという前提で、原審は危険の顕在化がないから相当因果関係がないと判断し、上告人は危険の顕在化があるから相当因果関係があると主張して上告したのに対し、最高裁は、危険の顕在化がないと判断する理由を差し替えて運行起因性を否定したわけで、「運行」と「によって」のいずれの問題であるかに分けて論じてはいませんが、相当因果関係とは別のところで判断をしたというわけではないように思います。

中西● 中西です。先日、裁判官を定年で退職いたしましたので、今は無職で一市民となっています。東京地裁27部には、昭和の時代と平成の時代と二度勤務いたしました。一度目は、昭和62年の4月から平成元年3月まで、特例判事補のときで、主として単独事件を担当し、合議事件の右陪席も少し担当しました。二度目は、平成21年4月から平成23年7月までで、そのときは部総括判事を務めました。

　今の報告とそれから紹介いただいた裁判例についての感想ですが、大阪高裁の平成23年判決については、結論はこれでよいと思うのですけれど、理由はおかしいと感じています。「運行によって」を一体に考えているのか、

「運行」と「によって」に分けて考えているのかよくわかりませんが、分けて考えるような前提で書いているようにも読めて、分けているとすると、運行にあたるかどうかを一所懸命判断しているのですが、「によって」については全く書かれていないように思います。平成23年判決の事案だと、「運行」にあたらないと考える人はおそらく誰もいないと思うので、この点については、詳しく理由を書く必要はなかったのではないか。むしろ「によって」にあたるかどうかを詳しく判断しなければいけなかったのに、その理由が乏しくなっています。

それから、最高裁の平成28年判決については、先ほど谷口さんがおっしゃったことに私も同意見です。これを相当因果関係でないところで判断したという評価が出るのかどうかについては疑問をもっています。その前提として、平成28年判決が固有装置説から危険性説に一歩踏み出したかのようにいう人もいるようですけど、それについても疑問があります。後ほどお話していきたいと思います。

III　弁護士の見方

藤村●ありがとうございました。報告を聞かれて、それぞれ個別の判決についても感想、ご意見をいただきました。一応、判例の姿勢としては原動機説、走行装置説、固有装置説と進んでまいりまして、その固有装置説が判例だといわれる時代が長い間続いてまいりました。最近のデイサービスの事件である平成28年判決の判決文の中で、車両が有する危険とか、車両の運行が有する危険といった表現が出てまいりました。平成25年の佐用川判決と併せまして、その車両あるいは車両の運行が有する危険性が具体的に現れたのか、顕在化したのかということが学説の方でもしばしば議論されるようになってまいりました。それを受けて、あるいは報告者はそういう印象をもたれたのかもしれないという気はいたします。この全体の考え方の流れと最近の傾向について、固有装置説から、危険性具体化説あるいは顕在化説という方向に少し動きがあるのではないかというご発言もあ

る一方で、そんなことはないのではないかという見方も出てまいりました。弁護士からご覧になっていかがでしょうか。どのように受け止めておられるでしょうか。

大嶋(芳)●その前に田中さんへの質問なのですが、基本的なことですけれど、「運行によって」の意義として、運行と生命、身体の侵害との間に相当因果関係を必要とし、民法416条を準用する相当因果関係説が判例・通説とされている、というご報告でした。民法416条の準用というのは、富喜丸事件（大判大正15年5月22日民集5巻386頁）の判断の中で出てまいりますが、これは損害賠償の範囲の問題ですね。民法416条が相当因果関係を表しているという大審院の判断だと思うのですけれども、「運行によって」は、損害賠償の範囲の問題ではなくて、責任成立、責任設定の因果関係の問題ですね。そうすると、この民法416条を準用するというのは、二重の意味で準用しているのでしょうか。本来、民法416条は、債務不履行による損害賠償の範囲の規定ですけれども、それを不法行為による損害賠償の範囲に準用する。そして不法行為の責任成立の因果関係にも、それをさらに準用するという意味でしょうか。通説・判例は責任成立の因果関係も、相当因果関係であるとしていますが、根拠条文はやはり民法416条になるのでしょうか。

田中●その点に関しましては、あくまで相当因果関係説の学説を紹介させていただいているところです。民法416条の準用が、損害範囲の問題なのか、あるいは責任論のところでどのような根拠で準用しているかというところに関しては、今回の報告では検討の対象としていなかったところです。

大嶋（芳）●わかりました。先ほど中西さんがおっしゃった、大阪高裁平成23年判決の判示の仕方がわかりにくいということに関してですが、この判決は、自動車が停車すれば、通常の場合はそれで運行は終わっているという理解の下に、このケースの場合はドアが開いているとか、妻が車内にいて料金の支払をしているから、まだ運行が継続しているということを言いたかったのかもしれません。しかし、危険な場所に停車したという運行と乗客の降車直後の転倒との間に因果関係があればよいのであって、乗客が降りた後に、他に誰が乗っていたとか、ドアが開いていたとかいうこと

は乗客の転倒事故の発生とは関係のないことです。

　本件の場合、停車した場所がどのくらい危険な場所であったのかということがよくわかりません。乗客が転倒してもおかしくないような危険な場所であったとして、その場合、このタクシーの運転手は、それが認識可能であったのかどうか。認識可能でなかったとしても、客観的に危険な場所に停車したのであれば、転倒との間に運行起因性を認めるのか。それとも、危険な場所であることを認識していたかまたは認識可能性があって、そのような場所に停車した場合に、初めて相当因果関係があるということで、運行起因性を認めるのか。そういった問題があるのですが、どうもそのあたりが、平成23年判決の判示の内容からはよくわからないところがあります。

　それから、最近、危険性説が有力になっているという点ですが、運行供用者責任というのは、もともと自動車の運行が本来的に有する危険ということが前提になっているのではないか、と思うのです。本来、自動車の走行は危険なものだと、高速で走る鉄の塊なので、危険なものであるということから、モータリーゼーションの進展とともに自賠法が誕生した経緯があるわけです。そして、クレーン車やレントゲン車や福祉車両等にみられるように、道路における走行だけでなく、自動車の機能、目的が拡大し、多様化している今日、どのような危険の顕在化をもって自動車の運行が本来的に有する危険の顕在化といえるのかということが問題になるのだろうと思います。固有装置説は自賠法2条2項の条文に即しており、かつこれらの多様化した危険にも対応可能なものではないでしょうか。

西村●初めに宣伝になりますけれども、先ほどご紹介いただいた佐用川事件、東京高裁の平成25年判決ですが、これは平成26年12月に行われた『交通民集』の座談会の中でも取り上げられて、かなり突っ込んだ議論がされておりますので、ぜひその点も参考にしていただければと思っております（45巻索引・解説号328頁以下）。そこで、やはり運行起因性の問題をどのように捉えるかという点をめぐって、宮原守男先生のご意見など、かなり突っ込んだ議論がされているところでございます。

　さて、ご紹介いただいた判例等を拝見して、印象として思ったことです

が、「運行によって」という概念の捉え方について、運行と事故との牽連性というところを相当因果関係論で捉えるという、はたしてそのような評価でよいのだろうかというのが一つ、素朴な疑問としてあります。もともと自賠法で「運行によって」という概念が導入されているのは、先ほど大嶋さんがおっしゃった車の有している本来的危険性が、どこまで被害の補てんというものを保有者の側、運行供用者の側に負わせていくかという、ある意味、かなり政策的なところから議論されているものであって、運行と事故との相当因果関係という形で、「運行によって」の概念で絞るという発想とは、少しずれるのではないかという気がしているわけです。その点は、交通民集45巻索引・解説号の座談会でも宮原守男先生が「運行によって」という概念の中に、過失、予見可能性という問題を持ち込むのはおかしいということを強調しておられて、私は、非常に印象に残っております（上記索引・解説号336頁）。そのように考えると、運行と事故との因果関係について、何をもって相当因果関係ありと評価するのかというところにかなり問題がありで、私の率直な印象としては、むしろ今いわれている危険性説ということで、車両本来が有している危険性との関係において、事故の責任というものを負わせることが公平か妥当かという観点から考察するのが自賠法の原則的な考え方ではないかな、という印象をもっているところです。

　そうすると、それをあえて事実的因果関係、相当因果関係という議論にあてはめると、その中間くらいにあるのかなと思われます。相当因果関係で「あり」というと、疑問が生じるような場合であっても、こういうケースの場合には、保有者側、運行供用者側に責任を負わせてもよいのではないかということを思えば、一歩踏み込んだところでも牽連性を認めるという判断になっていくのではないか。そういう意味で、大阪高裁の平成23年判決も、それなら理解できるようにも思うのです。やはり平成23年判決の事例で、損害の発生とその車両運行に相当因果関係があるかといわれると、そういうものはあるのかなという気はしますけれども、タクシーの運転手というものは、タクシーという公共交通機関の運用に関与する職業運転者であるという点から考えて、幅の広い視野をもって運行に関与して

いかなければならないのだと。乗客がきちんと車から降りたか、歩いて行って、後続車、特に自転車などが車と歩道の間を走ってくることがありますから、事故に遭わないかということまで、全て目配りしたうえで走行しなければいけないのだというようなことまで考えていけば、責任を負わせることも、あえて不公平ではないのかなという感じがするものですから、やはり危険性という観点からの評価がいるのではないかと思われます。

　先ほどの最高裁の平成28年判決も、福祉関係の車両であって、乗車にあたって運転者が介助する場合、そのような車両の運転者は福祉関係の専門家であるというような事情が、運行者側の負うべき責任の範囲を広くするという意味で、相当因果関係という判断とはずれてくるのではないかという気がするものですから、そのあたりの整理について考えているところです。

Ⅳ　研究者の見方

藤村●ありがとうございました。自賠法が制定された昭和30年の頃から比べますと当然ですけれども、自動車の種類も多様化してきておりますし、事故形態も多様化してきております。そうすると、その変化に伴って判例が、昭和34年の原動機説、昭和43年の走行装置説、昭和52年の固有装置説と移ってきたという見方もあろうかと思われるのです。こういう事故が起きて、被害者を救済するためには、「運行によって」について、このように考えないと救済できないではないかと考えると、原動機説、走行装置説、固有装置説と動いてきた流れが非常に受け止めやすいように思われます。固有装置説が出て、「運行」についてはそう考える、「によって」については、相当因果関係説が出てきて、固有装置説、相当因果関係説の組合せが、長い間、判例の立場であると私も認識してきたわけですけれど、ある事故が起きて、この事故の被害者を救済しなければならないとした場合、この考え方では少し足りない。そこで、固有装置説の後には、車庫から車庫説というものが出てきております。あるいは自動車機能使用説とい

うものも出てきている。どんどん広がる可能性があるわけです。

　そこで、「運行」と「によって」に分けて考えると、このような方向に進むことになるけれども、あまりにも「運行」と「によって」から外れると思われるのではないかという事故については、ほかの考え方をしなければいけない。「運行」と「によって」に分けて考えるのではなくて、双方あわせて「運行起因性」という概念で判断して、そして、この事故について誰に帰責させるのが望ましいかということを考えていくと、今、西村さんもおっしゃったように、帰責性、危険性ということを考えていくことになる。危険性ということを考えますと、これも「運行」とか「によって」という考え方よりは、両方を混ぜて考えないと、なかなか危険性というものを持ち込むことが難しいのではないかとも思われるわけです。そうすると、運行起因性の範囲を広げてきたのは、被害者救済のために運行供用者の範囲が拡張されていった動きと同様に捉えることができるのではないだろうか。もしそうだとすると、最近になって、拡張一辺倒の動きに少し歯止めをかける必要もあるのではないかということが、あるいは最近の判決の中に現れてきていると考えることができるかどうか。そのあたり、いかがでしょうか。

青野● 今、法科大学院で授業をしているのですけれども、法科大学院でまず徹底的に伝えているのは、「条文を大切にしましょう」ということです。自賠法の場合には、「運行によって」の「運行」はきちんと定義があるわけですから、法科大学院の授業では、これを動かすということは、到底言えない。ですから、「によって」のところで、原因に工夫するということになろうかと思います。ただ、今、藤村さんがおっしゃったように、そしてその前に西村さんもおっしゃったように、政策的に広げるということでいえば、「運行によって」というのを一つのセットにして考えるということは十分可能ですし、それでないと広げにくいかなとも思われます。あるいは、狭めるときも、狭めやすいとも言えます。「によって」は、やはり相当因果関係というところになってまいりますので、そこを広げたり縮めたりするのが、他の民法の問題に影響を与え過ぎるので、やはりこれは自賠法特有の考え方でやるという意味では、よい理屈かなと思います。

ただ、車の危険性というものが、結局、動く危険性を念頭に置いていたにもかかわらず、どこに停めたかということまで危険だということになると考えますと、危険な所に停めたということであれば、停めた事実そのものも問題だと思うのですが、タクシーの事件の平成23年判決のように、どこで停まるかというのは、やはり乗客がここでお願いしますといって停めたわけですから、それをタクシー側に責任を負わせるのはどうかという気持ちが半分あります。もう半分は、西村さんがおっしゃった、タクシーの運転手はプロであるし、民法でいえば請負人として注文者からいわれたことをそのままやるのではなくて、ここに停めたということはやはり運転手が判断しているので、タクシー会社側に責任を負わせる判断もありかなとも思うのです。ただ、私自身は、最初に南さんがおっしゃったように、この事件の落ち着きどころとしては、やはり責任がない方向に考えたほうがよいように感じています。そのためには、「によって」のところの判断を変えるよりは、今、藤村さんがおっしゃった危険という意味―車で走っていて、どこで停めるかということも含めて―を広げて、考えるしかない。それは結局、車がタクシーであるとか、平成28年判決のように福祉用車両であるとか、いくつかの場面に沿って、どこまで、車の利用者との関係で危険を考えるのかということであろうと思います。

　もう一つ、車外のことはこれとはまた全く違った発想で運行起因性の判断基準を探さないと、答は出しにくいのかなと思います。ましてや平成25年判決の佐用川事件のように、文字どおり普通でいえば自然災害にしかみえない、私がもし授業で解説したら、これはもう不可抗力ですねといっておしまいにしてしまいそうなところを、運行起因性を認めようと思っていろいろ工夫して、結局、認められないと判断するよりは、どのくらいの自然災害かということで考えていく。平成25年判決のように100年に1度といわれたら、これはそもそも全ての事実があっても、不可抗力で免責されるようなものですから、最初に運行起因性はないといってもよいし、免責のところで運行起因性について切ってもよい。条文にない免責になりますけれど。条文にない免責で運行起因性を切るという、その発想をまとめると自賠法は危険責任だから、どのような危険まで自賠法でカバーして

いるかということを考えざるを得ません。もっとこういった微妙な話がたくさん出てくれば、もう少し解決の方法が模索できるように思うのですけれども。先ほど、座談会が始まる前に谷口さんが「運行起因性の事件は、あまりありませんね」とおっしゃっていましたが、私も『交通民集』の編集に携わっていて、あまり運行起因性の事件はみません。事件がないところで、学説としてここまでと区切るのは非常に難しいですよね。運行起因性がないと切るものがもう少しあれば、このあたりで切れるというものがみつかるかもしれませんけれど、先ほど、裁判官のどなたかが座談会の前に、印象として、この点については、あまり被告は争わない、とおっしゃっておられたのです。被告が争わないときには、どうしようもないですよね。研究者である私たちとしても、運行起因性を切った判決がいくつか出てこないと、判決がないところで、運行起因性についてどこで切るかというのは、見解として出しにくいかなと思いました。

V　運行起因性と相当因果関係

藤村●ありがとうございました。先ほどから大阪高裁の平成23年判決が話題に上ることが多いわけですが、同じ判決を取り上げましても、やはり人によってどこに着目するか、どこからアプローチするかによって、ずいぶん受け止め方が違うということは、当然ではありますけれども、今の議論でよくわかったといえようかと思います。今、青野さんがおっしゃったように、「運行」については明文規定がありまして、自賠法2条2項で「人又は物を運送するとしないとにかかわらず、自動車を当該装置の用い方に従い用いることをいう」とあるわけです。この規定があることを前提にして、運行については考えなければいけない。そうすると、先ほど、大島さんと谷口さんからお話がございましたように、やはり固有装置説—運行というものを固有装置の用い方に従い用いるという考え方—に立って、それが少し危険性説のほうに動いているかということを考えた場合、「運行」と「によって」と分けて考えるという立場と、運行起因性というもの、「運

行によって」という一つのものとして考えるという立場からと、そのアプローチが違いますと、どうしても受け止め方も違ってくるのではないかと思われるところもあるわけです。

車がどこの場所に停まったのかということまで危険に含めるかどうかについては、以前からこのことにも関連すると思われる議論がありまして、「当該装置の用い方に従い用いる」というのが、ある装置の操作ということをいうのか、操作が加わらなくても使用ということまで含むのかという点も、よ

南　敏文

く議論されてきたところではあるのです。立法者がどのように考えてきたかをみてみますと、「使用者の主観的意思が加わった動作を指す」と、こんなことをいっているわけで、あまり深く考えてはいなかったのではないかと思うのです。主観的意思ということが出てくると、運転手が何を考えて、ここに停まったかということもかかわってくることになろうかと思われます。この答、すなわち、「使用者の主観的意思が加わった動作を指す」ということでは、操作、使用、どちらかに限定するのか、双方含むのかということも、判断は難しいということになってこようかと思われます。

そこで、固有装置説により、相当因果関係説に立って判断していくという立場と、最近の危険性具体化説あるいは顕在化説というものに立って考えていく場合とで、結論に大きな差が出てくる可能性があるのだろうかという点については、南さん、いかがでしょうか。

南●実は相当因果関係という言葉は、問いをもって問いに答えるというところであるわけです。そうすると、相当因果関係があるから、ないからでは解決のつかない問題ですよね。かといって、全てお任せということになれば、どうしようもなくなるので、やはり具体的な、限界的な事案について総合的に分析して考えていく必要があると思います。今、問題となってい

る大阪高裁の平成23年判決と最高裁の平成28年判決ですけれども、これは降車の際の事案です。やはり、車に乗る際の事故、降りる際の事故については、固有装置説をとれば、当然「運行によって」というように中身が含まれるのかなと考えられます。

　恥ずかしい話ですけれども、私はタクシーに乗るときに頭をぶつけたことがあるのです。それでもし死んでしまったら、どうだったのだろうかという点があります。やはり車は運転以外に乗るということ自体も装置を用いている中に含まれるということは否定しがたいと思っております。そうした場合に、なぜ最高裁の平成28年判決が請求を棄却したのかということを考えてみますと、この事案では、運転手のほかに介助者がきちんといるわけですから免責の事案であるように思えます。自分の責任の範囲は介助者に完全にバトンタッチしたのだということです。もし介助者がいなければ、運転手は当然に車から降りて、その老人をいたわって、怪我のないように降ろすべき義務があるわけです。ですが、介護施設で介助者がきちんと自分が責任をもってそれをやりますということで、責任の範囲がそこで運転手としては終了している。本当はそこのところで決着すべき事案であって、運行起因性がないということを最高裁判決がいっているというのはおかしいかなと思います。いずれにしても、やはり個別の事案ごとに本当に具体的に運行に起因するかどうかということについては、判断していくのが相当だと考えます。

藤村●南さんから、平成28年判決については運行起因性を認めたうえで、免責とするのがあるべき姿ではなかったかというご意見が出ました。中西さんは、先ほど、平成23年判決の事案では運行は問題ないので因果関係について検討すべきであったとお考えだったかと思います。では、平成28年判決については、やはり運行は当然に認められるとしたうえで、問題は因果関係だと理解されていらっしゃるのでしょうか。

中西●あまり深く考えてはいないのですけれど、いつの間にか「運行」と「によって」を分ける立場によっているということになりましたので、「運行」については、固有装置説の立場によるとして、その場合、平成28年判決の事案も運行中であることはおそらく争いはないでしょう。そうすると、

「によって」にあてはまるかどうかを検討するわけですが、先ほど西村さんがおっしゃったように損害賠償請求事件の相当因果関係のように考えると、因果関係が認められるという見解が成立する気もします。ただ、実務家的にいうと、相当因果関係というものは、何でも考慮要素を入れられるものなので、最終的には、その括りの中に時間的場所的に近いかどうか、あるいは危険性が顕在化したかどうか、そういった考慮も全て含めたうえで、最終的に相当因果関係がある、なしということで判断できるのではないかと考えています。

藤村● いってみれば、相当因果関係説は理論的には非常に難しいものだけれども、実務的には使い勝手がよいと。こういう理解でよろしいでしょうか。
中西● そうですね。

Ⅵ　平成28年判決と運行起因性

1　平成28年判決と固有装置説

藤村● どこにといいましょうか、何にポイントに置くかによって、議論すべきことはたくさんあるかと思うのですけれども、この固有装置というものを考えた場合、従来の議論ですと、固有装置説の中にも広義の固有装置と狭義の固有装置というものがあって、広義のものは、もう車一般について装置というものであれば何でも、この固有装置に含めて考える。狭義の固有装置は、一般的な車ではなくて、特殊な車について特殊装置が備えられている場合、その特殊な装置を固有装置というのだとする。これは昭和52年のフォークリフトの判決が出た後、この判決は何でもかんでも装置といっているわけではないことから、そのような議論が出てきたかと思われます。この点、実務的に考えて、運行起因性の事件についてはあまり担当したことがないとおっしゃる谷口さんはどのようにお考えでしょうか。

谷口● 詰めて考えたことのある問題ではないのですが、そもそも平成28年判決を題材としてお尋ねの点を議論することは適切なのでしょうか。同判

中 西 茂

決で取り上げられた問題点は、原審がデイサービスセンター職員の安全配慮義務の怠りにより事故が発生したことを指摘するのみで運行起因性を否定した点であり、最高裁はこの点を改め、被害者を降車させた場所が危険であったわけでも、降車させた方法が危険であったわけでもないし、降車のさせ方の結果として身体に衝撃が加わったわけでもないことを指摘して、運行起因性を否定しています。要するに、車が停まった後の降車のさせ方も「運行」の問題に含めて考えること自体は否定されていないので、「固有装置」とはどこまでをいうかという問題を論ずる参考にはならないように思うのですが。

2 停まっている車の「運行性」

中西●ちょっといいですか。平成28年の最高裁判決と固有装置説での立場でどう考えるかですけれど、おそらく実務家は、ここで出てくる床ステップが固有装置だと思う人はいないですよ。それでなぜ固有装置説で運行かというと、停まった直後だからです。エンジンを動かしたままなのか、止めたのかわかりませんが、動かしたままだともちろん固有装置としてのエンジンが動いていますから、運行にあたります。停止したと同時にエンジンを切ったとしても、切った直後だったら、時間的に接着しているから、運行にあたると考えるのが実務家の考え方だと思います。停止直後の乗降について、床ステップが固有装置だから運行にあたるとは思っているのではないと思うのです。

藤村●それは、駐停車の場合によくいわれてまいりました、駐車する前、停まるまでの走行と停まった後に予定されている走行とは一連の流れにあるというように考える中に、広く含めてよろしいでしょうか。

中西●広くというか、ずっと停めている場合は違うのですけれど、停めた直後のところまでは運行だと考えると思うのです。

大島（眞）●今の点に関連して、駐停車中の事故をどう考えるかという問題があります。最高裁の判例はないようですけれども、下級審では、短時間の駐車とかあるいは駐停車を認められていない場所で駐車するというのは、運行にあたるという解釈がとられていると思うのです。ずっと駐車していて車が全く動いていない状況で、それでも運行にあたるという解釈をとるとなると、やはり固有装置説から一歩踏み出した判断がされているのではないかという気がします。

藤村●そこも以前から議論されているところでして、最高裁が固有装置説をとっているといいながらも、下級審では、駐車車両について、ほとんど疑問をもつことなく運行中であるとして、運行起因性を認めているわけです。では、これはいったい固有装置説で説明することができるかというと、それは無理でしょう、やはり車自体説とか車庫から車庫説に立たないと難しいのではないかとよくいわれているところではあるのですね。

　その点、地裁判決で注目されたものをご紹介したいと思います。千葉地判平成13年1月26日判時1761号91頁です。これは、夜間、駐車しておりました大型車両にバイクが衝突していって、22歳のバイクの運転手が死亡したという事故です。最初の警察の捜査では物損事故として、ぶつかっていったバイクのほうが全面的に悪いという処理がなされたようでありますけれども、この死亡被害者の両親がいろいろ努力して、実はそうではないということで訴訟を起こして、最終的には駐車車両の過失が65％認められた。従来、追突事故を起こしますと、追突していったほうが悪いということから話が始まります。この65％の過失を停まっている側に認めたのは、当時としては、過失割合を大きく認めたものといってよろしいかと思われます。この事案は、民法709条に基づいて請求された事件であったわけですが、自賠責保険は支払われていたということで、駐車車両の運行起因性を認めているということだったようであります。

　そうすると、先ほどお話にございましたように、原告が運行起因性に基づいて請求した場合には、被告はあまり争わない、保険会社も自賠責のほ

うは争わない、この保険金が支払われたのは当然であると考えますと、過失割合の点を除けば、この判決の捉え方もそう珍しいものではないということがいえようかと思います。しかし、停まっている車の運行性というものが当然認められるという前提でなされた判断としますと、固有装置説に立っていたのではなかなか難しいのではないかと思います。先ほど申し上げました、停まるまでの走行と停まった後、走り出すことが予定されている走行とを一連のものと考えるという立場に立ったとしましても、一晩中駐車しておくという場合には、一連の流れというものは考え難い。となりますと、最高裁は確かに固有装置説を昭和52年にとっているとはいいましても（最判昭和52年11月24日民集31巻6号918頁）、実際の実務の現場では、ここから一歩踏み出して、車自体説と呼ばれるようなものが採用されているのではないか、こういう考え方ができるかどうか。現場の弁護士は、どのような印象を持たれていますでしょうか。

大嶋（芳）●今の事例だと、車庫から車庫説であれば問題なく説明できますね。固有装置説の場合は、2つの考え方があり得ると思います。1つは駐車したときまでが運行で、そこで運行が終わって、ある程度、時間が経って追突された場合でも、その間は因果の流れであって、その場所に駐車したという運行と追突事故との間に因果関係を認めてよいのではないか。他方で、駐車後も運行が継続していると解釈できなくもないと思うのです。自動車を道路上に駐車させているわけですから、運行が継続していると解釈してもおかしくない。私は後者の考え方でもよいと思うのですが、停まったのだから、そこまでいうのは無理だというのであれば、停まったときに運行が終わったとしても、道路上に駐車したことと追突事故との間には因果関係ありということで、いずれにしても固有装置説で説明できなくはないと思うのです。車庫から車庫までのほうが説明はしやすいけれども、固有装置説であっても問題はないでしょう。それから、先ほど中西さんが言われた平成28年判決ですけれど、床ステップというのは、固有装置ではないのですか。

中西●床ステップが固有装置だから運行だと考えるのではなく、停めた直後だから当然、運行にあたると思って、そこについては疑問を持たずに運行

にあたると考えるのが実務家ではないかなと私は思っております。床ステップが固有装置かどうかについては、固有装置だと考えるのが正しいのかもしれませんが、この事件を担当した裁判官は、床ステップが固有装置にあたるかどうかといった点は考えていなくて、停めた直後だから、当然運行だと思って、運行だとしたのではないかということを言ったものです。

3　車の乗降と「運行性」

大嶋（芳）●自動車を利用するためには必然的に車の乗り降りが伴います。ですから、車の固有装置である床ステップを使用して乗り降りすることは、運行にあたると思うのです。

青野●私も大嶋さんと同じような疑問を持っていて、平成28年判決の事案では、やはり、床ステップが一定の高さまでしか降りないから、もっと下まで降りれば、おそらく被害者である高齢の方は何とか無事に地面に降りることができたと思うのです。ただ、この車の床ステップがどこまで降りるかというのは、踏み台を使って降車していたような車ですから、別に問題はないのですけれど、私も大嶋さんと同様に床ステップは固有装置だと考えていました。ただ、この事件は中西さんがおっしゃるように、そういったことを考えなくても停車した直後だから「運行」にあたるとして、実務家としてはそれで十分だから、床ステップまでは考えませんといわれたら、なるほど、そういうものかなと思いました。

藤村●当該装置をエンジンの作動と考えるか、その床ステップごと考えるか、どちらの考え方もそう変わりはないでしょう、実務家であれば、停まった直後であるから、エンジンの作動がまだ続いていると考えてもおかしくはないと、こういう受け止め方でよろしいですか。

中西●おかしくはないというよりも、そこはあまり考えていない、ということですね。

大嶋（芳）●ただ、これは走行の危険が発現したわけではなくて、降りるときの話ですね。床ステップを使って降りるときに地面との間に段差があるものですから、傷害が生じたわけでしょう。そうすると、やはり固有装置である床ステップをその用い方に従って用いているわけですね。それに

よって生じた危険かどうかをみるべきではないのかと思うのですが、いかがでしょうか。本件の場合、エンジンがかかっていたか、かかっていなかったかという点は、床ステップという装置の使用とは関係がないので、床ステップを使用して降りたということと傷害との間の因果関係が問題となっているのかなと思うのですけれども。

　平成28年判決の事案は、介助者がいて、被害者が着地の際につまずいて転倒したり、足をくじいたり、足腰に想定外の強い衝撃を受けるなどの出来事はなかったという事案です。通常ならば怪我はしない。怪我をすることが想定できない事案で、たまたまこの被害者の方は骨粗しょう症等もあって怪我をしてしまったわけです。床ステップを使用中の事故という点では、車の運行との間に事実的因果関係があるとしても、運行起因性についての通説・判例とされる相当因果関係説をとった場合は、予見可能性がないので相当因果関係がないと考えてよいのではないでしょうか。

青野●私も実は、平成28年判決の事案での被害者の方は、ご自身が骨粗しょう症で円背ということで、転倒をせずに普通に降りて怪我をしたので、いってみれば、この被害者本人の事柄だけで生じた結果です。けれど、施設の人たちは怪我をするといったことはわかる。もちろん運転している人もわかるのでしょうけれども、少なくとも、それは施設の問題であって、車の問題ではないという意味で車のほうは否定したのかなと思いました。

西村●その点については、私は異論があります。やはり、介護施設の送迎用に使っている福祉用の車であれば、そういうことも含めて車両側の責任であると把握するほうが、事案に即した見方になるのではないかと思います。

　先ほどの床ステップが固有の装置になるかどうかというのは、それは直接問題にならなかったから議論されていないので、全体として、それは固有装置の中に含まれるというように理解されていると思うのですが、平成28年判決の事案になってくると、固有装置に入るか入らないかということよりも、「運行によって」という「運行」の幅をどこまでみるかということになってくると思います。福祉用の車両の場合には、エンジンを切っている、切っていないではなくて、送迎している人を安全に降ろして、施設なり、あるいは自宅なりに送り届けるというところまで、そのために使っ

ている車だというところで、重視されなければいけないのではないかという気がするのです。実は私の母親は、90代も半ばを過ぎまして、よく介護タクシーを呼んだりして、乗せたり降ろしたりするのですけれども、かなりそれ自体は大変なことで、専門職がやると極めてスムーズにいくけれども、素人がやると、親子なのにおまえなんかへたくそだからやらなくていいと言われるくらい、うまくできないのです。そういうこともセットで運行を考えている車を施設は用いているわけですから、当然、乗降者に対する配慮というのも、かなり高いものが求められるということになるのではないかと思います。そういう意味では、確かに普通の人であれば、自己注意、自己責任の範囲の中で問題なく乗り降りできるようなロケーションであったとしても、そこで事故が起こってしまったときには、免責の問題としてどうみるかということはともかくとして、事故自体は運行によって生じたという範ちゅうの中に入ると評価して、その先の議論に入っていくのが筋目ではないかと思うのです。

　自賠法の解釈の問題としても、「当該装置の用い方に従い用いる」というところを規範的に評価していけば、結構そこの評価判断の懐は広くできるのではないかなと思いますね。

藤村●車の種類によっては、当該装置を使っていると、その用い方に従い用いるの中に、いったいどのような目的で車が用いられるのかということまで考慮に入れて、用いるべきであると。こういう考え方ということでよろしいですよね。

西村●それも可能ではないかということです。

4　危険性説と危険の中身

藤村●今、平成28年判決の床ステップが固有装置かどうかという議論がされましたけれども、これについては意見が分かれました。

　中西さんは、平成28年判決を固有装置説の立場で考えてみると、床ステップが固有装置だから運行にあたるというのではなく、車が停止直後でたとえエンジンが停止していたとしても時間的に接着しているから、固有装置であるエンジンが動いているとみて運行にあたると考える。これに対

大 島 眞 一

して大嶋さんは、床ステップは固有装置であるとし、その床ステップをその用い方に従い用いているところで被害者が受傷しているのであるから、床ステップを用いたことと受傷との間の因果関係の問題となっているのだと考える。さらに西村さんは、床ステップは固有装置に含まれると理解されているのだろうとされつつ、しかし、そこが問題なのではなくて当該車両が福祉車両であることが重視されるべきであり、そうすると本件事故自体は、運行によって生じたものと評価したうえでその先の議論に進むのが望ましいのではないか、このように考えるということです。同じく実務家ではありますが、ずいぶん捉え方が違うということがうかがわれるところです。

　ところで、その前に、駐車車両が運行中かどうかということを問題提起していただいた大島さんは、車が駐車中イコール運行と考える下級審の裁判例が多いわけですが、それは、そのように捉えているのではないかというお考えでしょうか。

大島（眞）●下級審裁判例をみますと、長時間駐車していて場所的にもそれが是認できる場合には運行にあたらないが、短時間の駐車であるあるいは場所的に長時間駐車することが認められない場合は運行にあたるとする判断が多いと思います。そういったことを考えますと、固有装置説では説明がつきにくい──確かに固有装置説は、もともとは条文に忠実な解釈によっているのですけれども──「運行」と「によって」とを一緒に考えて、危険性説的な考えで判断していったほうがこれらの実情にも合う、適切な判断ができるのではないかなと思うところです。

藤村●今おっしゃった危険性説という場合の危険の中身はどのように捉えることになりましょうか。

大島（眞）●一般によくいわれているのは、他人の生命、身体に害を加える危険性をもつ状態に自動車を置くということで、ややあいまいなことは確かなところですが、これくらいの定義のほうが、具体的な妥当性ということから考えると、良い判断ができるのではないかなと思うところです。

藤村●あまりかっちりした定義をしますと、それは使い勝手が悪くなるということもございます。学説の中には、危険性具体化説とか顕在化説が出てきた場合の危険をどう捉えるかということに対して、走行関連危険、駐停車関連危険、付属装置関連危険、特殊自動車関連危険と、こういう言い方をするものがあるというのです。危険とは何でしょうかというと、こういうものが考えられますよという言い方をしているわけですが、こんなことを挙げてもあまり意味がない、理論でもなんでもないし、実務的にも使いようがない、このように考えてよろしいでしょうか。

大島（眞）●そのように思います。

藤村●危険性説についてみていきますと、危険が具体化、顕在化したという場合に、運行起因性を認めるわけですから、逆に運行はあったけれども、危険が具体化していない、顕在化していないという場合も、当然、あるのでしょうね。事故が起きました、事故が起きたイコール危険が顕在化したとは結び付かないと、そういった場合があるから、危険性説が主張されるのでしょうね。

大島（眞）●そう思います。

藤村●車と車がぶつかった、車と人間がぶつかったという場合ばかりではなく、いろいろな事故形態がありますから、当然、危険が顕在化していないという場合も想定できるのが当然ということになるのでしょうか。

中西●ほとんど冗談みたいな話をします。危険性説がいう自動車を危険性をもつ状態に置くという点について、私はわからないところがあるのです。例えば、名古屋の隣の長久手市にトヨタの博物館があり、ドイツのシュトゥットガルトにはベンツの博物館があります。そのような自動車博物館に行くと、車が高い所に展示してあることがあります。今言った所はしっかりした博物館ですから、きちんと固定されています。けれども、仮に高い所に展示されている車が落ちてきて被害があったら、自動車の危険が顕

在化したといえるのか。展示することが「運行によって」になるのでしょうか。ちなみに本物の自動車が展示されています。
青野●本物ですか。本物にしても、そこから動き出すことは本来考えていませんよね。
藤村●ただ動くということを念頭に置くとなかなか難しいわけですよね、もちろん。それを動かすことを予定しているわけではないですからね。
中西●あれは誰がみても運行ではないと思うのです。
藤村●用い方に従って、用いていませんよね。
中西●危険性説は単に自動車を危険性をもつ状態に置くかどうかによって運行起因性を決めるものだから、危険性説でいくと展示物の落下も入ってしまうおそれがある。だから、危険性だけでは不十分なので、危険性説をとるとしても、走行関連危険といった何か走行とか動きの関係という見解が出てくるのではないでしょうか。

Ⅶ　車の装置と運行

藤村●駐車車両については、そのように考えることもできます。つまり、駐車前の走行と駐車後に予定されている走行とを一連のものと捉えて、その走行に関連する危険を考えるわけですね。
　先ほど床ステップが固有装置かどうかということの議論が出ましたけれども、車の装置といえるかどうかということで議論になったのが、最判昭和63年6月16日民集42巻5号414頁と同日判決判時1298号113頁の2件の最高裁判例です。前者は、貨物自動車からの荷下ろし作業に向かうフォークリフトのフォーク部分に被害車両が衝突したという事故、後者は、貨物自動車の荷台からフォークリフトで積んだ木材を降ろすときに偶々そこを通りかかった女児が突き落とされた木材の下敷きになって死亡する事故が起きたという事案です。荷台を固有装置とみることができるかどうかという点と、仮に運行であったとしても「によって」のほうではじかれるのではないかということで結論が分かれたわけです。フォークリフトの

フォークを差し込むための枕木が装着された荷台を固有装置と呼んでよいのかどうかという点とその枕木が装着されていないただの荷台であっても、木材の運搬には使うでしょうという場合、荷台は固有装置かどうかについて点について、いかがお考えでしょうか。

西村●そのように考えていくと、固有装置説を基準として一律に判断することは難しくなると思います。やはり、そういうことも考えると、車庫から車庫説という発想に惹かれる部分が出てまいりますが、しかしその立場でこの種の事例を一元的に判断することができるか、判断基準として有効に機能するかというと、これも難しいように思います。

藤村●昭和63年のかなり古い判決ではありますけれども、この判決が出た当時は、かなり話題になって、議論もされたことかと思います。これは、大嶋さんのお立場ですと、どのようにお考えになるのでしょうか。

大嶋（芳）●2件ありますね。1件（最判昭和63年6月16日判時1298号113頁）は、フォークリフトのフォークを使って、貨物自動車の荷台の枕木を通して、木材を反対側に落としたところ、そこにたまたま子どもが通りかかって、怪我をさせて死亡させた事件です。固有装置である荷台をその用い方に従い用いたということを最高裁が認めているわけですね。荷台に枕木があるかないかで、結論は違わないでしょう。枕木があろうがなかろうが、フォークリフトを使って、荷台にある材木を反対側に落とすということの、危険性に変わりはないと思います。たまたま枕木があるかないかによって結論を異にするとは私は思えないです。もう1件（最判昭和63年6月16日民集42巻5号414頁）の運行起因性を否定した事故は、貨物自動車の荷降ろし作業をしていたフォークリフトが貨物自動車から離れて、3回目の荷降ろしのため、道路の反対側の空地に停止してフォークを道路上に進入させていたところ、被害車がフォークに衝突したという事故で、フォークリフトは荷降ろし作業のために貨物自動車との間を行ったり来たりしていたわけです。一連の荷降ろし作業の全体を捉えて貨物自動車の運行とみるかどうかということが争点となったようですが、フォークリフトが貨物自動車から離れている場合は、貨物自動車を当該装置の用い方に従い用いることによって発生したものとはいえないとして、運行起因性を否定したわ

けで、その結論は妥当ではないかと思います。

藤村●フォークリフトではなくて、人間が落とした場合はどのようにお考えになりますか。

大嶋（芳）●それも状況によると思うのです。装置を使用した態様、程度といいましょうか、そこが難しいところですね。

南●私、初めての交通部のときに、クレーン車の玉掛けミスの事件を担当したことがあります。そのときに、なぜこれが自賠法の範囲になるのか、条文を見返した記憶があります。見直したところ、やはり自動車の装置の用い方に従って用いる、そうするとクレーン車というのは自動車の装置であるから、これはもう該当する。交通部に行く前は、当然、自動車の通常の運転によって生じる事故かなと思い込んでいたところが、そういったことを新鮮に感じた記憶があります。つまり、自賠法は通常の自動車としての運転のみならず、装置に着目しているわけです。そうすると当然、クレーン車のみならず、フォークリフトも問題となります。

　玉掛けのミスというのは、玉掛けのミスだけでなく、それとともにクレーン車のクレーンも動かすわけです。クレーンを動かしているときに玉掛けミスのためにものが落ちるという話なのです。そうすると、やはり人為的ミスとそれから装置の作動と両方の競合であるというように私は理解して、和解した記憶があります。

　それから、西村さんがおっしゃった車庫から車庫説にいくべきではないかというのは、気持ちとしてよくわかります。しかし、そうすると定義をしたことにはならない。歯止めをしたことにならないように思うのです。何とか固有装置説だったら固有装置説に立って、それについて拡大を図っていくのが妥当かなと考えています。駐車についても、駐車した時点での自動車の状態が維持されるわけですから、先ほど大嶋さんがおっしゃったように、固有装置説をとって駐車までは含むものとする。その含んだ駐車のなれの果てとして事故が起きたのだという、そういう評価をやっていくということで何とか歯止めをかけつつ、結果が妥当なように判断していくのが相当かなと考えております。

藤村●玉掛けミスの事件では、他人性は問題にならなかったのですか。

南●それは問題となったことがあります。運転助手の場合には、まさにそれが問題となりました。

VIII　学説の理解

1　車庫から車庫説

藤村●今の車庫から車庫説は定義したことにならないから、歯止めが必要ではないかというお考えについては、すでに議論がなされています。車自体説や自動車機能使用説などは、まさにご指摘のあったように当該装置イコール当該自動車と考えるわけです。それでは当該装置の意味がないのではないかということから、なかなか実務には受け入れてもらえないところです。しかし、下級審ではそのような考えに立っているのではないかという判決も少なくはないように感じています。しかし、最高裁に、もしそういった事件がかかることがあれば、やはり車自体を当該装置と考えることには非常に強い抵抗があるといえるのかもしれませんね。

西村●そのような整理が現状では妥当なところだと思います。私も車庫から車庫説の考え方に惹かれるとは申し上げましたが、どちらかというとそういったところで区切るのではなくて、当該事故に即してみたときの危険性の具体化、顕在化というものがどのように評価されるのかを軸に検討すべきなのであって、あまり固有装置であるとか車庫から車庫と、そういった基準で一律に判断するのは適当ではないのではないかとの見方が強いものですから、評価の幅を広くとるという意味では、車庫から車庫説ということになるのかなと、考えているものです。先ほど申し上げた交通民集45巻索引・解説号の座談会の中で、宮原守男先生は、車庫から車庫説の立場を大変強調しておられました（336頁）。自賠法の制定当時の立法関係者の感覚からすると、運行に関しては、かなり広くみていくという視点で取り組まれたのかなということは確認しておく必要があるように思います。

2　「運送する人」の意義―自賠法2条2項の「人」

藤村●駐停車に関係するところを運行とみるかどうかについていえば、自賠法2条2項は、「人又は物を運送するとしないとにかかわらず」といっています。これはあまり議論されたことがないのではないかと思われますが、人も物も運送しないということになれば、運送される人というのは、運転者以外をいうのではないか。これが前提という気もしないでもないわけですが、人も物も運送しないということが当然、当該装置の用い方に従い用いるということにつながるのであれば、車は停まっていても別に何も問題がないわけです。やはり、「運行」は、当該装置の用い方に従い用いるというところでその肯否が導かれることになるのでしょうか。大島さん、いかがでしょうか。

大島（眞）●考えたことはありませんが、「人又は物」というのは、誰かあるいは何かを乗せている場合を想定しているのではないでしょうか。つまり、「人又は物」を運送していなかったとしても、運転手はいるわけですよね。自動運転でない限りは、誰か運転する人がいますよね。

藤村●それが当然というか、普通の考え方になりますか。

中西●以前、考えたことがあるのですけれど、運送目的でなく車を走らせるというのは、例えば、都心などで、広告のために車を走らせる場合がありますよね。あれは運送目的ではなくて、車を走らせること自体が目的です。そういうものも当然、運行にあたると思うのです。

藤村●運転手自身は自賠法2条2項にいう人にはあたらないと考えたほうがよろしいでしょうか。

中西●自分自身がどこかに行くために車に乗るというのは、当然ありますよね。その場合も当然、運行にあたりますから。

藤村●では、運送しないとなるとどのような場合になりましょうか。

大嶋（芳）●運送しないとなると、先ほどのクレーン車などが考えられます。クレーンの操作は、運送ではないですね。

3　自賠法3条ただし書の「注意を怠らなかった」は無過失の意か

藤村●当然、そのように考えるのでしょうね。では、条文の文言の捉え方についてちょっとみていきたいのですが、自賠法3条の本文には「運行によって」という言葉があって、同条ただし書にも「運行」という言葉があって、さらに同法1条にも「運行によって」という言葉があります。条文の読み方としては、これは全て「運行」は「運行」で当該装置の用い方に従い用いるということで、同じ意味と考えて差し支えないのでしょうね。

　先ほど南さんは、運行起因性を認めて、免責のほうで考えるべきだという考え方を示されました。自賠法3条ただし書では、「運行に関し注意を怠らなかった」といっていますが、これはあえてこの言葉を使ったのは「注意を怠らなかった」イコール無過失というように考えてよいのでしょうか。それとももう少し異なる意味合いというかニュアンスが含まれているのでしょうか。

南●おそらく実務では無過失という考え方でしょうね。

藤村●大島さんも同じお考えでしょうか。

大島（眞）●同じですね。

藤村●もし、仮に「注意を怠らなかった」というのが無過失とイコールではないとすると、「注意を怠らなかった」というのは、もう少し緩やかに広く考えるとみることができるでしょうか。

青野●私も今、南さん、大島さんと同じように、無過失だと考えておりましたので、考えたことがなかったですね。

藤村●かなり以前のことになりますけれど、弁護士の高崎先生が、自賠法3条ただし書における「注意を怠らなかった」というのは「無過失」と同義ではないのだということを書かれていたように記憶しています（高崎尚志「自動車事故の損害賠償理論」〔ぎょうせい、2009年〕76頁）。その考え方は、免責の場合に影響するのではないかという趣旨だったかと思います。そのような意見も実務家の中にはあるようでした。今、ほとんどそのような議論は、聞きませんけれども。

Ⅸ　自然災害と運行起因性

1　平成25年判決と問題の所在

藤村●ほかに、実務上も非常に扱いが難しいと思われるものとして、先ほどの佐用川事件に関する平成25年判決で検討された自然災害がかかわっている場合の運行起因性とその責任の問題があります。どのように考えたらよいでしょうか。これも考え方の方向性としては、先ほど青野さんがおっしゃったように自然災害だから運行起因性を否定するという立場と、運行起因性を認めたうえで自然災害だから責任を否定するという考え方があり得ようかと思います。

　佐用川事件（平成25年判決）では車が停まってから乗員が出て避難行動を始めて、車から70、80メートル離れているからこれは運行ではないのだという判断がされたように記憶しております。もしこれが車にそのまま乗っていて、車ごと流されてしまったような場合、そして、乗員が被害を受けた場合、このような場合は、運行起因性というものを認めるのか、認めないのか。青野さん、いかがでしょうか。

青野●確かに、平成25年判決の理屈だったら、車ごと流された場合は結論が変わってもおかしくないかもしれませんけれども、もしそうだとすれば、別の理由を入れて、運行起因性を否定するのではないでしょうか。

藤村●その場合、場所的時間的近接性というのは、判断要素の中では大きな働きをすると考えてよろしいでしょうか。

青野●確かに停まってから、濁流に飲み込まれたわけですけれども、どうでしょうか。歩いて濁流に飲み込まれても、止まって飲み込まれても、濁流に飲み込まれたのは一緒ですからね。難しいですね。

大島（眞）●平成25年判決が運行起因性を否定した理由としては、車から降りて出て行って、若干離れた場所まで歩いているということが大きいと思うのですが、もう一つの理由として、濁流自体について記録的な災害であったということを述べている部分もありまして、後者の記録的な災害であったということを重視するのかどうかという点で変わってくると思うので

す。車の中でずっと停まっていて流されたという場合は、記録的な災害で不可抗力だから責任を否定するのか、いや、そんなことは関係なくて責任を肯定するのか、判断が分かれるところかなと思います。

藤村●議論の冒頭でもうかがったところですが、自然災害がかかわっているから運行起因性が否定されるのだという道をとるのか、いや、運行起因性は認められるけれども、自然災害だからこれは因果関係がない、責任を否定するのだという道をとるか、これは一概にはいえない。個別事案によって、どのような判断をするかが決まってくる、このような捉え方でよろしいでしょうか。

中西●今、藤村さんがおっしゃった後者の考え方、運行起因性は認めるけれども相当因果関係がないという考え方は、運行起因性の中の相当因果関係ではなくて、何か別の相当因果関係をおっしゃっておられるのでしょうか。

藤村●はっきり言ってしまうと、自然災害だから不可抗力だというところです。

中西●それは、前者の考え方ではありませんか。

藤村●いえ、後者の考え方になります。前者の考え方は、自然災害だから運行起因性がないとする。後者は運行起因性はあるけれども、自然災害だから不可抗力だとする。

中西●どのように異なるのか、今一つよくわからないのですけれども。

藤村●運行起因性を認めるかどうかですね。

西村●先ほどより触れております交通民集45巻索引・解説号の座談会の中では、私はどちらかというと、自然災害がかかわる事件の場合であっても、運行起因性は認めるという立場でしたが、作用川事件の第一審判決（前掲東京地判平成24年12月6日）について、100年に1度の洪水だということで不可抗力免責と判断したのではないかと申し上げました（333頁）。これに対し、東京地裁の裁判官から、部内で検討したとき不可抗力免責を認めた判決ではないかという意見もあったが、判決文では運行起因性を否定する形になっており、不可抗力免責を認めた判決ではないと考えているとのご意見を承っております（333～334頁・西田祥平裁判官発言）。

中西●十分に理解していないかもしれませんが、私自身の考えでは、不可抗

力で免責するなり、不可抗力で不法行為がおよそ成立しないということを認めるには、とても抵抗があるのです。そのような要件は法律上ありませんから、私としては、運行起因性の中の何かの要件がない、相当因果関係が切れるという説明のほうがなじみやすいように思います。
藤村●その場合に、場所的時間的近接性ということが、作用川事件では重視されている印象を受けたのですが、やはりそういったものを使って判断していくのでしょうか。
中西●災害の大きさも、もちろん考慮します。何を判断しているかわからないものをつくってしまうかもしれませんが、運行起因性というか運行によるものかどうかを判断するところに入れ込んでいけるのではないかなと思います。

2　相当因果関係と予見可能性

藤村●判例は、運行「によって」のところで相当因果関係説をとるわけですが、この相当因果関係説の中に予見可能性というものを入れてくると、被害者、原告の方で、この予見可能性を立証することになるのでしょうか。これは、相当因果関係説をとる以上は、それはそれで当然のことだとみてよろしいでしょうか。あるいは、そういうことになるから、相当因果関係説はとるべきではないという方向に進むのか。いかがですか。
大嶋（芳）●相当因果関係説をとると、大概の場合、そこに予見可能性という判断要素が出てきます。それは実質的には過失の判断と同じだと思うのです。そうしますと、少なくとも自賠法3条の適用においては、条文の構造上問題がある。自賠法3条本文の運行起因性が認められる場合に、ただし書で運行供用者側において無過失を立証すれば免責されるという構造になっています。ところが、運行起因性のところで相当因果関係を要求すると、その段階で運転者に過失があるということを被害者が立証させられるのと同じことになってしまう。そうすると、せっかく自賠法3条ただし書によって過失の立証責任を転換したにもかかわらず、その趣旨が没却されてしまうのではないかという疑問があります。青野さんは、運行起因性は相当因果関係だということで、予見可能性が必要だということをおっ

しゃっておられるのですが、自賠法3条の構造の面からはどのようにお考えになるのか、ご意見をお聞きしたいのですが。

青野●過失の判断のときの予見可能性と相当因果関係のときに出てくる民法416条の予見可能性が同じだとすれば、大嶋さんがおっしゃったことはそのとおりですけれど、果たしてこれらの予見可能性は同じなのでしょうか。それから、相当因果関係といっているときに、416条2項のことを考えているのか、それとも文字どおり、広い意味での相当因果関係をいうのか、考えているところです。

大嶋（芳）●具体的に考えていくと、例えば豪雨で川が氾濫する可能性がある場合に、誰かが川が氾濫する可能性があるから、川に近づくのは危険であると伝えたとする。にもかかわらず、見に行ってみようということで、自動車を運転して川に近づいた場合、川が氾濫するかもしれないという予見が可能であるといえるでしょう。このケースにおいて、過失の判断の前提となる予見可能性と運行起因性の判断の前提となる予見可能性とは異なりますか。

青野●今ご提示いただいた洪水が起こるかもしれない場所に車で突っ込んでいったら、やはり責任はあるということになりますよね。運行起因性を認めなければいけないと思います。

大嶋（芳）●洪水の可能性について、事前に知っている場合は、運行起因性を認めることに問題ないのですけれども、知らない場合はどうなのか。

青野●知らなくても、平成25年判決では、そういうことは少なくともわからなかったと考えたのですね。

大嶋（芳）●そうですね。

藤村●裁判官の立場から、大島さん、相当因果関係についてどのようにお考えでしょうか。判例は、その考え方に立っているわけですけれども、予見可能性というものが、当然求められているということにならざるを得ませんでしょうか。

大島（眞）●そのように思いますけれども、あまり考えたことがありませんね。

3 相当因果関係と立証責任

谷 口 園 恵

藤村●確かに、相当因果関係という言葉はあちらこちらで使われますけれども、中身は何か、どのように考えればよいのかというと、非常に難しいことで、なかなか答えがみつからないということにもなってこようかと思います。実は、少し古い裁判例になりますが、運行と生命・身体の侵害との間の因果関係は被害者側で主張、立証すべきものであるということをいっている裁判例がありました（東京地判昭和 46 年 9 月 30 日交通民集 4 巻 5 号 1454 頁・判タ 271 号 348 頁）。

これに対して、その少し前の裁判例では、このようにいっているものもあります。因果関係は被害者側で立証することは容易でなく、その立証責任は全て被害者側に負担させるということであれば、自賠法 3 条ただし書の趣旨が没却されることになるから、被害者側で立証すべきものは条件的因果関係の存在のみで足り、相当因果関係については無過失の立証責任を負う運行供用者の側において、その不存在を立証すべきものと解する（広島地判昭和 45 年 5 月 8 日交通民集 3 巻 3 号 675 頁・判タ 249 号 202 頁）。こんなことをいっている判決は、もちろん、私も全ての判決をみているわけではございませんが、他ではみたことがありません。予見可能性は必要だけれども、この因果関係というものの立証責任について、運行供用者にこの責任を課すという考え方は、実際の解釈論として、実務上取り入れることができるものと考えてよろしいでしょうか。

谷口●今、おっしゃられた話は、おそらく立証責任の転換というよりは、主張立証の負担レベルで処理すべき問題ではないでしょうか。運行していて、こういう結果が生じているから因果関係があるというところまで被害者側

が主張立証したなら、そのような因果の流れをもっては相当因果関係があるとはいえないといって争う側において、積極的な主張立証をしないといけない場合も多いのではないでしょうか。ただ、被害者側の主張内容が、「本当に結び付くの？」と思えてしまう程度のものでしかなければ、被害者側において、さらに具体的に主張立証しなければいけないでしょう。

藤村●やはり1件、広島地裁のような判決があるからといって、非常に重要だというわけには、なかなかいかない。そのように相当因果関係の立証責任を考えることができるとする事例があるということにとどまらざるを得ないでしょうか。立証責任の転換っていうことをいうのは言い過ぎでしょうか。

大島（眞）●私はそう思います。

4 「運行によって」と「運行起因性」

藤村●それから、「運行によって」あるいは「運行起因性」という言葉は自賠法3条にあるだけではなくて、搭乗者傷害保険とか人身傷害補償保険とか自損事故保険にも、こういう文言があるわけです。この運行供用者責任を問うための重要な一要素である自賠法3条の「運行によって」と、保険約款にある「運行起因性」というのは、これは下級審では同じ意味だといわれていて、一般にもそうとられているわけです。やはりこれは同じ意味と捉えてよいのかどうか、この点はいかがでしょうか。単に保険金を請求するための要件と運行供用者責任を問うための要件という違いはあろうかと思います。あえてそこは気にすることはないと考えてよいのか、いや、少し気にしたほうがよいのではないのかというのは、いかがでしょうか。

西村●あまり対比して考えたことはないのですが、自賠法3条は自賠責の運用というのが基本的な制度的裏付けとしてありますが、自賠法3条の責任論は一般的な保険運用における賠償責任論の基礎にもなるわけですから、そこはパラレルに考えてよいのではないかと思っております。

大嶋（芳）●今まであまり考えたことがなかったのですが、一般的には、保険約款の運行起因性と自賠法3条の「運行によって」は同じ意味で、どちらも相当因果関係だという考えのようです。しかし、それでよいのかどう

かについては私は疑問に思います。先ほど申し上げたとおり、自賠法3条の「運行によって」は事実的因果関係でよいと思うのです。責任の範囲が広がることについては、ただし書により運行供用者側が無過失を立証すれば免責されるわけですから、これが被害者の保護を目的とした「自賠法の精神」だと思うのです。そこが民法709条と違うところだと思います。しかし、搭乗者傷害保険、自損事故保険あるいは人身傷害補償保険などの「運行起因性」については、自賠法3条ただし書のような責任成立の範囲を絞る規定がないのでこれを事実的因果関係と捉えると、「あれなければこれなし」ということで、あまりにも保険の責任範囲が広がってしまうので、この場合には、責任成立の範囲を絞るために、相当因果関係と考えてよいのではないかと思います。

西村●先ほど私が申し上げたのは、「運行によって」も「運行起因性」も相当因果関係で切って、それでよいとの趣旨ではありません。私は自賠法の「運行によって」も搭乗者傷害保険の「運行に起因する」についても、相当因果関係という基準でその運用を律するのは狭過ぎるのであって、両者ともに事実的因果関係を基本として判断すべきではないかと考えております。

まとめ

藤村●ありがとうございました。運行起因性について、いろいろな議論が出てまいりまして、これから先、どのような方向に行くのがよいのだろうかというところまで、議論が進んだのではないかと思われます。本日の議論を踏まえますと、やはり危険性説といいましょうか、危険性具体化説というものが有力になってきているということは否めませんけれども、これは「運行」と「によって」に分けて考えるのではなくて、両者一体あるいは運行起因性という言葉を使って考えていく、この場合に、危険性の中身がいかなるものかというのもなかなか難しい問題ではありますが、危険性というものも無視するわけにはいかない。そういう意味では、危険性の観念と申しましょうか、それが運行起因性を判断するうえでも、小さくない役割を果たすということがいえるようではあります。基本的には、判例がいっ

ているような固有装置説に立ったうえで、さまざまな要因を含めて、その中に危険性というものを含めて相当因果関係説に立ったうえで、さまざまな要素を考えてこれを判断していくという方向に今しばらくはいくのではないか、本日、ご出席の皆さんの考え方について、このように理解してよろしいでしょうか。

南●藤村さんにまとめていただいたことについて、全く異存はございません。

藤村●ありがとうございます。では、運行起因性の議論については、これで幕を閉じたいと思います。報告を担当していただきました田中さんもありがとうございました。

第2部
責任無能力者の監督者責任

はじめに

藤村●では、第2部に入りたいと思います。先ほども申しましたように、2つ目のテーマは責任無能力者の監督者の責任です。これは交通事故と直結する場合ばかりではなくて、むしろ直結しない場合の方が多いかもしれません。けれども、民法712条から714条までの解釈と実際の取扱い、実務上の処理、これがどのように関連するかといったことが、学説からの解釈とも関連して、なかなか扱いにくいものであったということがいえようかと思います。その割には、裁判時において激しく争われるということはなくて、大体こういう方向で中身は固まっているということで推移してきたかと思われます。そこへ、平成27年と平成28年に続けて最高裁の判決が出まして、それからまた議論が喚起されたということがいえようかと思います。

特に精神障害者が加害者となるような事案におきまして、法定監督義務者がいるかどうかという問題から、その監督義務者に相当するやに思われる人がどのような責任を負うのか、そういうところも含めてみてまいりたいと思います。その過程におきましては、法定監督義務者の責任が現れる前提として、責任無能力者の責任が問われないということがあるわけですが、その是非といいましょうか、明文規定があるわけですから、なかなか是非もいいにくいかもしれませんけれども、この立法経緯も含めまして、いろいろ議論ができればと思っております。

この点については、永下さんにご報告をお願いしておりますので、お願いいたします。

I 研究報告

永下●ただ今、ご紹介にあずかりました永下と申します。私の方で調べて検討してみたところを報告してみたいと思います。

1 平成27年判決と平成28年判決が突き付けた課題

まず、最判平成27年4月9日民集69巻3号455頁［サッカーボール事件］（以下、「平成27年判決」）及び最判平成28年3月1日民集70巻3号681頁［JR東海事件］（以下、「平成28年判決」）を2つ取り上げます。先ほど藤村さんからもご紹介がありましたとおり、交通事故に限った問題ではございませんので、だいぶ話が『交通民集』の趣旨からそれていきますけれども、現在におきまして、この平成27年判決と28年判決が突き付けた課題について、まず概観してみたいと思います。

(1) 責任能力の位置づけ

まず民法は712条によって未成年者でかつ事理弁識能力を欠く者と713条により精神上の障害により事理弁識能力を欠く者について、責任無能力者として損害賠償責任を免除しております。その趣旨は責任能力をどのように位置づけるかによります。

まず第1に、責任能力とは過失の前提となる能力であると考える見解からすると、責任能力を欠く場合には当然過失が認められないと考えるという趣旨です。

第2に、行為義務違反という客観的な行為態様が過失であることを前提としますと、責任無能力者についても過失を認定することに障害は一応ないわけですから、責任無能力という制度は、過失そのものとは関係がなく、政策的な判断から弱者の保護のために設けられた制度であると考えます。すなわち、古い言葉ですけれども、法は少なくとも法の禁止命令を理解し得ない人間を法社会の帰責主体としないという保護の目的を前提としており、責任能力規定は、意思責任を問う前に、すでに信頼関係に入らない者を排除する規定だと考えるわけです。もっとも責任能力制度をいずれのよ

永下泰之

うに考えるとしましても、直接の加害者が未成年などの責任無能力者である場合には、被害者は直接の加害者に損害賠償責任を追及することはできないという帰結については変わりません。したがって、被害者の救済にもとるということになります。

(2) 監督義務者の責任

そこで、そうした事態に備えまして、補充的責任として民法714条により、法定監督義務者の責任が定められております。すなわち、責任無能力者により加害行為がされた状況において、当該無能力者を監督する義務を負っている者及びこれに代わって無能力者を監督する者に被害者への損害賠償責任を課す制度であるという前提になります。

平成27年判決及び平成28年判決は、この監督義務者の責任について、現在的な課題を突き付けたのだと思われます。

ア　民法714条ただし書の免責

まず第1に、未成年者の加害行為が問題となった平成27年判決では、未成年者の親権者は日頃から指導監督義務があることは確認されておりますが、通常は人身に危険が及ぶものとはみられない行為の場合には、具体的に予見可能であるなど、特段の事情がない限り監督義務違反は認められないとされました。その理由は、親権者の直接的な監視下にない子の行動についての日頃の指導監督義務は、ある程度一般的なものにならざるを得ないからであるとされております。従来、直接的な監視下にない未成年者の加害行為について、親権者の監督義務違反を認めており、親権者は事実上無過失責任を負っていたものと評価される状況でありました。ところが、この平成27年判決は、人身への危険を具体的に予見可能であるなどの特別な事情がなければ、つまり一般的な対応による監督義務を履行していれ

ば、監督義務者は免責されるとして民法714条ただし書に基づく免責を初めて認めたものです。

そうすると、未成年者の加害行為についての事実上の無過失責任の揺り戻しと評価することができます。では、そうなりますと、あらためて監督する義務とは何か、またどの程度を要するのかが問われることになったといえます。この点は、平成28年判決より明らかになります。

　イ　準監督義務者

平成28年判決は、配偶者及び子の法定監督義務者該当性自体を否定したうえで、法定監督義務者に該当しない者であったとしても、監督を引き受けたとみるべき特段の事情が認められる場合、公平の見地から法定監督義務者と同視して、民法714条に基づく責任を問うことができるとしております。いわゆる準監督義務者といわれます。なお、本判決では、結果として、配偶者及び子について、準監督義務者該当性は否定されております。

本判決は2つの点から課題を突き付けております。すなわち、第1に、配偶者や子といった責任無能力者の身分関係などから当然に法定監督義務者となるわけではないといっています。したがって、法定監督義務者が不在という状況が生じます。ここでは法定監督義務者と認められる根拠が不明確であるということ自体が問題となりましょう。つまり、民法713条及び714条には法定の監督義務と書いてあるわけですけれども、どこをみましても、誰が監督義務者になるとは法定はされておりませんので、この意味において、あらためてその法定の根拠が問われることになりました。

第2に、法定監督義務者不在の状況に対応しまして、準監督義務者が据えられております。もっとも、準監督義務者については、監督義務を引き受けたとみるべき、特段の事情が認められる場合に精神障害者の監督義務者として責任を問うことができるかどうかが問題になりますが、上記の判断基準によると、これも熱心に介護等に従事していた者ほど監督責任が問われやすいのではないかという批判が出るのは道理であろうと思われます。さらには、本件でも、結果としてやはり免責されていることから、監督義務者がいないという状況には変わりありません。

(3) 被害者の救済

そうすると、被害者の救済という点について、制度的に補完されていない現状において、今後どのように考えるかが課題となると思われます。

2　2つの最高裁判決の概観

(1)　平成27年判決

それでは、最高裁の2つのケースを概観していきたいと思います。まず1件目のサッカーボール事件（平成27年判決）になります。自動二輪車を運転して小学校の校庭横の道路を進行していたA（当時85歳）がその校庭から転がり出てきたサッカーボールを避けようとして転倒して負傷し、その1年後に誤嚥性肺炎によって死亡したというケースです。Aの権利義務を承継したXらが、サッカーボールを蹴ったBの父母であるYらに対して民法709条又は714条に基づく損害賠償請求をした事案です。原審（大阪高判平成24年6月7日民集69巻3号488頁）はBの行為について、違法性を認定したうえで、Yらについては子どもが遊ぶ場合だったとしても周囲に危険を及ぼさないよう注意して遊ぶよう指導する義務があったものであり、校庭で遊ぶ以上どのような遊び方をしてもよいというものではないから、この点を理解させていなかった点で、Yらが監督義務を尽くさなかったものと評価されるとして、その責任を認めております。これは従来の判例の様式に則ったものだと思われます。

これに対して、平成27年判決は、責任能力のない未成年者の親権者はその直接的な監視下にない子の行動について、人身に危険が及ばないように注意して行動するよう日頃から指導監督する義務があると解されるが、本件ゴールに向けたフリーキックの練習は、上記各事実に照らすと、通常は人身に危険が及ぶような行為であるとはいえない。また、親権者の直接的な監視下にない子の行動についての日頃の指導監督は、ある程度一般的なものとならざるを得ないから、通常は人身に危険が及ぶものとはみられない行為によってたまたま人身に損害を生じさせた場合は、当該行為について具体的に予見可能であるなど特別の事情が認められない限り、子に対する指導監督義務を尽くしていなかったとすべきではないとしたうえで、

Yらは日頃からBに通常のしつけをしており、Bの本件における行為について、具体的に予見可能であったという特別の事情があったとはいえないとして、監督義務違反を否定しております。

民法714条の監督義務者責任については、従前、同条1項ただし書の免責はほとんど認められることのない厳格な責任であると理解されてきました。ところが、平成27年判決は監督義務違反の有無を実質的に判断し、義務違反がない場合の監督義務者の責任を否定しております。未成年者の場合については、その親権者は身分関係に基づき、ある種過大な負担を負わされていたといい得る状況であったともいえます。そこからの解放という意味では、重要な意義をもつものであります。しかし、従来の学説や裁判例が免責をほとんど認めずに実質的な厳格責任として民法714条を運用してきたことは一定の理由があるものとは思われます。先にも述べましたとおり、仮に714条1項の監督義務者責任が否定された場合については、被害者にはそれ以上、賠償責任を追及することはできないという状況が生じます。そのため、直接の加害者である責任無能力者の責任を弱者保護の観点から否定しつつ、被害者保護の観点から実質的な厳格責任として運用されてきたものと理解することができます。もっとも、この点につきましては、後でも議論になりますけれども、自動車損害賠償保障法（以下、「自賠法」という）3条自体が精神障害者等については免責事由としておりませんので、直接の加害者が自動車運転手であった場合については、あまり問題にならないと思われます。

ところが、平成27年判決は、免責を認めることで被害者の救済という点に課題を残しました。なぜならば、被害者に生じた損害について制度的には代替措置が全く用意されておりません。したがって、損害が放置されるという状況が生じます。この点は、次の平成28年判決、いわゆるJR東海事件において、より明らかになります。

(2) 平成28年判決

本件は、線路内に立ち入った高齢者Aが列車に接触した事例です。Aは、認知症で成年後見人も保佐人も付けられておりません。ただし、精神保健

及び精神障害者福祉に関する法律（以下、「精神福祉法」という。）における保護者は妻のY₁とされておりました。この高齢者Aが線路の軌道内に侵入して、接触した列車に遅れが生じたことから、損害を被った鉄道会社が妻であるY₁（当時85歳の要介護度1）及び子Y₂に対し、Yらの監督義務違反等を理由として振替輸送費等につき、損害賠償請求を求めた事案であります。第一審（名古屋地判平成25年8月9日判時2202号68頁）は、Aの責任無能力を認めたうえで、Aの介護についての家族内での話し合いについて、子であるY₂が最終的に方針を決定しており、またAの重要な財産の処分や方針を決定する立場をY₂が引き継いでいたとして、Y₂が事実上の監督義務者であったとしました。そのうえで、Y₂の免責については過失を認める前提としての結果の予見可能性につき、このような事態については予見することができなかったとしても直ちに責任を免れることにはならないとして、Y₂の免責を認めませんでした。

妻であるY₁につきましては、Aが1人で徘徊することを防止する義務があったにもかかわらず、目を離していたことについて注意義務違反があるとして、民法709条に基づく不法行為責任を認めています。

原審（名古屋高判平成26年4月24日民集70巻3号786頁）は、婚姻中において配偶者の一方が老齢、疾病又は精神疾患により自立した生活を送ることができなくなったり、徘徊等により自傷又は他害のおそれを来すようになったりした場合には、他方配偶者は、民法752条による夫婦の協力扶助義務の一環として、その配偶者の生活について、それが自らの生活の一部であるかのように見守りや介護を行う身上監護の義務があるとして、平成25年の法改正前の精神福祉法において、精神障害者に後見人又は保佐人が付されていない場合には配偶者がその保護者になることとなっていることを踏まえ、妻Y₁が法定監督義務者に該当するとしたうえで、Y₁の免責につきましては、これを排斥しております。

他方で、子Y₂につきましては、成年後見人に選任されておらず、保護者にも該当しないとして、あっさりと法定監督義務者該当性を否定しております。民法709条に基づく責任についても、具体的予見可能性がないとして、その責任が否定されています。

そして、Y₁及びY₂の法定監督義務につき、次のとおり述べております。第1に、精神福祉法の改正によって、自傷他害防止監督義務が廃止され、さらに保護者制度そのものも後に廃止されている、また、民法858条における身上配慮義務は成年後見人の権限等に照らすと、成年後見人が契約等の法律行為を行う際に成年被後見人の身上について配慮すべきことを求めるものであって、成年後見人に対し事実行為として成年被後見人の現実の介護を行うことや成年被後見人の行動を監督することを求めるものと解することができないため、平成19年当時ですが、保護者や成年後見人であることだけでは直ちに法定の監督義務者に該当することはできないとしております。
　では、民法752条の夫婦の協力扶助義務についてはどうでしょうか。夫婦間において相互に相手方に対して負う義務であって、第三者との関係で夫婦の一方に何らかの作為義務を課するものではなく、第三者との関係で相手方を監督する義務を基礎づけることはできないから、精神障害者と同居する配偶者であるからといって、その者がいわゆる法定監督義務者にあたるとすることはできないとして、Y₁の法定監督義務者該当性を否定しております。もっとも、そこから準監督義務者が出てくるわけです。法定監督義務者に該当しないものであっても、責任無能力者と身分関係で日常生活における接触状況に照らし、第三者に対する加害行為の防止に向けてその者が当該責任無能力者の監視を現に行い、その対応が単なる事実上の監督を超えているなどその監督義務を引き受けたとみるべき特段の事情が認められる場合には、衡平の見地から法定の監督義務を負う者と同視して、その者に対し民法714条に基づく損害賠償責任を問うことができるとし、この場合には、同条1項が類推適用されると解すべきだとされております。そのうえで、ある者が精神障害に関し、このような法定の監督義務者に準ずべき者にあたるかどうかというのは、ここは平成28年判決に列挙されていますが、その者自身の生活状況や心身の状況などとともに、精神障害者との親族関係の有無・濃淡、同居の有無その他日常的な接触の程度、精神障害者の財産管理への関与の状況などその者と精神障害者との関わりの実情、精神障害者の心身の状況や日常生活における問題行動の有無・内容、

これらに対応して行われている監督や介護の実態など諸般の事情を総合考慮して、その者が精神障害者を現に監督している、あるいは監督することが可能かつ容易であるなど衡平の見地からその者に対し精神障害者の行為に係る責任を問うのが相当といえる客観的状況が認められるか否かという観点から判断すべきである、としています。

そのうえで、Y_1 及び Y_2 につき、本件については準監督義務者にも該当しないとして、結局のところ責任が免除されております。もっとも、岡部喜代子裁判官意見などのように、監督義務者に該当するとしたうえで免責するという方向性もあったのではないかという意見が付されております。

平成28年判決につきましては、第1に、従来であれば配偶者や成年後見人といった地位にある者については、ある種当然に法定監督義務者と判断されていたところ、これを正面から否定したものということができます。高齢化社会が進展し、認知症高齢者が在宅にて介護を受けることが常態となっている今日においては、その家族の負担は相当に重いものであります。そのうえに認知症高齢者の起こした事故の責任をも問われるということになっており、責任という面でもかなり過重といえる状況だったと評することができます。

平成28年判決は、そうした身分関係や地位からは当然に法定監督義務者に該当するものではないとして、このような者の責任、負担をある意味で解放したということができます。

従いまして、私見では、この点については妥当なものだと考えております。しかし、だからこそ、先ほど述べたような現代的な課題が出てくるわけです。法定監督義務者とは、一体誰であるのかという問題がやはりここでは横たわってきます。また、平成28年判決にも述べられておりますけれども、法定監督義務者となるべき者につき、その根拠はどこに求められるかです。平成28年判決の結果、精神障害者については、法定監督義務者はおよそ存在しない可能性が高くなりました。そうすると、責任無能力者による加害行為の被害者救済としては法の欠缺を招くおそれがあります。これは、精神福祉法の改正までは保護者制度として法定監督義務者となる者が措定されていたのですが、それ自体が廃止されましたので、法

定監督義務者は存在しなくなりました。しかし、その欠缺状態に何ら手をつけることなく進んできた結果でもあります。

　第2に、従来から、事実上の監督義務者という議論はなされておりました。平成28年判決は、監督義務を引き受けたとみるべき特段の事情が認められる場合には、準監督義務者として責任を負担すべき旨を判示しております。この点については、特段の事情について、家族介護に対して負担を強いる危険性が高まるのではないかと懸念が示されています。もっとも、私見としては、平成28年判決が掲げた様々な考慮要素からすると、むしろ実際問題としては、準監督義務者を認める範囲が相当に狭いのではないかと思われます。

　しかし、そうしますと、法定監督義務者不在の状況の対応策として事実上の監督者あるいは準監督義務者がバックアップだと考えられるわけですが、実際には容易に認定されないということになります。そうすると、やはり被害者救済という点については、法の欠缺状態は解消されないことになります。

　もっとも、今あげた議論につきましては、責任無能力者の加害行為による被害者については救済されなければならないという思想が根底にあります。むしろ、平成27年及び28年判決により、改めて、被害者は賠償を受けなければならないのかというところが問われてくるかと思われます（樋口範雄「『被害者救済と賠償責任追及』という病——認知症患者徘徊事件をめぐる最高裁判決について」法曹時報68巻11号〔2016年〕1頁）。つまり、不法行為制度というのは、一種、所有者危険負担の考えが前提にありまして、例外的に損害を転嫁することができる者が存在する場合においてのみ、その者に責任を負担させるというところが原則的なシステムになっています。責任無力制度は、責任無能力者を免責することで、その者らの保護を図るという政策目的があるものと解されますが、そのことから直ちに他者すなわち監督義務者が責任を負担すべきという帰結を導くこともできないと思われます。つまり、責任無能力者による不法行為の被害は、いわば所有者危険負担の発露であるとも考えることもできます。であれば、代替システムの構築が視野に入れられるはずですが、現在のところはそれが存在

しないということになります。

3　監督義務者制度

(1)　監督義務者の責任の性質

　以上の点について検討するにあたり、監督義務者制度について概観を述べていきたいと思います。監督責任についての法的責任については大きく分けまして、自己責任説と代位責任説の2説が掲げられます。

　支配的な見解は自己責任説で、判例・通説の見解となります。これにつきましては、監督義務者自身の監督上の過失というように考えます。淵源はドイツ法にあります。ドイツ法に倣っておりますけれども、その根拠は家族関係の特殊性に求められると説明されております。

　その立場からしますと、民法714条1項本文の立法趣旨は、判断能力が低くて加害行為をしがちな責任無能力者の加害行為について、この者を監督する義務がある者に、いわば人的危険源の継続的な管理者として、民法709条よりも重い責任を課した一種の危険責任であるといわれております（四宮和夫『不法行為（現代法律学全集（10-2））』〔青林書院、1985年〕670頁）。この座談会に参加されておられる青野さんがそのような論文をお書きになっておられます（青野博之「受け皿としてのドイツ民法823条」駒澤大学法学部研究紀要41号〔1983年〕59頁）。

　そして、監督義務者の責任というのは、行為者について民法709条に定める不法行為責任の責任要件が満たされるものの、行為者が同法712条や713条による責任能力を理由に免責される場合が想定されます。いわゆる補充的な責任となります。

　もう1つは、中間責任であるところです。監督義務者の過失を理由とする損害賠償責任ですけれども、責任無能力者についての不法行為の成立を前提とし、かつ監督上の過失についての立証責任を監督義務者側に転換したものだと理解できます。なお、監督義務違反と民法709条の関係については、監督義務者の自己責任と捉えておりますが、実際上、判例は同義と捉えています。学説では若干争いはありますけれども、今のところはそのような状況になっております。

一方で、代位責任であるという捉え方もできます。他人すなわち責任無能力者の不法行為について、不法行為者に代わって監督義務者が責任をとるというものです。これはフランス法的な考え方になります。この代位責任構成をとるとき、監督義務者自身の監督上の過失を帰責根拠としないため、無過失責任として捉えられることになります。したがって、監督義務者の責任が問われるのは、あくまで直接の行為者が責任無能力を理由に損害賠償責任を負わないときに限られます。
　では、自己責任ではなく、なぜ代位責任を問われることになるかというと、この点については、責任無能力者の生活全般についての身上を監督し、監護し、教育をすべき地位にあることに由来する危険源の支配・管理としての責任であるとされております。ここで重視されているのは、過失に基づく責任ではなく、あくまでも身分あるいは地位に基づく責任だということが強調されております。
　そのほかにも、本人の責任だけではなくて他人の不法行為に対する保証責任あるいは担保責任という構成も主張されています。これは特殊不法行為全般ですが、そのような性質の規定であるという理解に始まります。直接の加害者である責任無能力者と監督義務者とのいわば共同不法行為の関係にあるものとして、各不法行為者が連帯して担保責任を負うという考え方をしています。加賀山茂先生が主張されております（加賀山茂「高齢者の監督責任（不法行為法）」九州法学会会報2017・49頁〔2017年〕）。
　もう1つ、監督義務者の問題ではありませんが、監督義務者が賠償した場合についての事後処理を考える見解があります。監督義務者が賠償した場合について、事務管理の点から求償を視野に入れた解釈が唱えられます。つまり、義務者を容易に認めることによって、後に求償関係で解消していこうという方向性です。すなわち、精神障害者が生存し、資産を有する場合には、事務管理の要件を満たす限りにおいて、監督義務者は賠償した費用を精神障害者に対し事務管理の費用として求償することができると考えます。精神障害者が資産を有し、死亡した場合については、以上の事務管理の処理を相続と遺産分割の中で行います。そうすると、精神障害者に資産がない場合について考えることになりますが、監督義務を負う者がほか

にいる場合については、共同の監督義務の履行費用として償還請求を認める余地があるのではなかろうかといわれています。最終的に資産がなくて他の監督義務者がいない場合については、監督義務を引き受けた人が最終的には負担するということになっております。これは瀬川信久先生が主張されています（瀬川信久「判批」民商153巻5号〔2017年〕698頁）。

(2) 責任負担者

では、責任負担者はどうなのでしょうか。まず法定監督義務者ですけれども、責任能力のない未成年者については、通常は親権者や親権代行者あるいは未成年後見人が当然これにあたると解されておりました。他方で、精神上の障害がある者については、従来、成年後見人、保佐人、補助人あるいは精神保健福祉法上の保護者に該当する者とされていました。ところが、平成28年判決では、成年後見人等であったとしても、当然に法定監督義務者であることにはならないものとされております。また、いわゆる保護者制度についても、精神福祉法の改正によって、保護者制度自体が廃止されておりますので、法定監督義務者の該当性がないものとされております。そうすると、扶養義務者やその他の生活の面倒をみている者あるいは近親者も法定監督義務者に該当するのではないかと考えられるところですが、平成28年判決はこれ自体をカテゴリックに否定しています。したがって、現在においては、精神上の障害のある者についての法定監督義務者はおよそ存在しないのではないかと思われます。そうすると、被害者救済にもとりますので、事実上の監督義務者あるいは準監督義務者という構成が出てくるわけです。

この事実上の監督義務者については、平成28年判決は準監督義務者としていますけれども、従来、成年後見人に就任すべき地位にあったということが専ら念頭に置かれております。ところが、平成28年判決では成年後見人であるからといって、当然に監督義務者とすることはできないものとされていることから、この構成は採り難いということになります。したがって、平成28年判決は事実上の監督義務者ではなく、準監督義務者という構成を採っています。現に監督義務を引き受けたとみるべき特別の事

情がある者を、この準監督義務者として据え付けることにしたのです。この準監督義務者が認められるケースであれば、法定監督義務者不在の結果、被害者に賠償されないということはある程度解消されます。

もっとも、この準監督義務者概念については、次のような疑問を覚えております。第一に、介護等の事実状態を回顧的に評価することによって、監督義務を引け受けた、ないし引き受けたとみるべきとして監督義務を負担させることになります。しかしながら、監督義務者というのは、監督すべきであったか否かという規範的評価によるものであって、事実状態から監督義務者該当性が導かれるものではないと思われます。

さらに、次のような点も疑問があります。最高裁は特別の事情の評価にあたって、様々な考慮要素を挙げていますが、それでもなお、どのような場面で誰が監督義務者とされるか不透明です。そうすると、監督義務の担い手が事前には特定されていない状況になります。そこで事後的に監督義務を負担させられるというところがいきなり出てくるわけです。その不当感が個人的にはぬぐえません。また、これは実際的な問題ですけれども、監督義務者とされることが明示的に最初にはっきりわかっていれば、個人でも賠償責任保険等で予防的に対応することも可能であろうと思われます。責任を負うか負わないか不透明な状況で保険をかけることができるかを考えると、その不当さ、不十分さが残されていると思われます。この点については、未成年者ではっきりします。例えば、子どもが自転車事故を起こすということが容易に想定されますから、親は賠償責任保険に入っています。一方で、とりわけ高齢者になった場合について、誰が責任を負担するのかわからないという状況において、保険をかけるインセンティブが生まれるかというと、その点が疑問に思われます。

4　監督義務者責任と保険システム

(1)　損害賠償責任保険

そこで、一応保険との関係を考えてみますと、実務的にはある程度、対応がなされているようです。まず、損害賠償責任保険をかけておくという方向性があります。実際に、各保険会社は、平成28年判決を受けて、そ

の対象を広げていったといわれております。

　監護や介護に関わる家族、親族等及び親族後見人については、個人賠償責任保険による対応となります。各損保会社は、個人賠償責任保険の被保険者に関わる規定を平成28年以降改訂しております。それまで被保険者の範囲から責任無能力者を除外する規定がありましたが、この規定を削除し、「記名被保険者が未成年者又は責任無能力者である場合は、記名被保険者の親権者、その他の法定の監督義務者及び監督義務者に代わって記名被保険者を監督する者（親族に限る）」を被保険者に加えております。

　それでは、弁護士などの専門家がいわゆる第三者後見人になった場合はどうでしょうか。この場合については、弁護士賠償責任保険や司法書士賠償責任保険あるいは社会福祉士賠償責任保険等が用意されてはおります。とはいえ、平成28年判決で成年後見人が当然に法定監督義務者にならないとされたのは、上記のような専門職の後見人等が念頭に置かれているものと解されます。そうすると、このような保険に実効性があるかは、個人的には疑問です。また、そもそも専門職後見人に監督業務を負担させること自体が過重な負担であると思われることから、基本的にはその責任を認める必要性はないだろうと思っております。

　さらにもう一つ、第三者後見人として市民後見人について考えなければなりません。いわゆるボランティア活動の一環として引き受けることがあるわけですが、その市民後見人がかけている個人賠償責任保険で対応できるかというと、現在は否定的に解されています。つまり、ボランティア活動にすぎないので個人の日常生活の問題なのだと解されるようで、個人賠償責任保険で対応できないという事態が生じるそうです。

(2)　神戸市モデル─事故救済制度

　そこで、各地方自治体はいろいろ方策を進めておるわけです。注目されるのが、神戸市のモデルです。事故の救済制度になります。「神戸市認知症の人にやさしいまちづくり条例」は、認知症と診断された者による事故については給付金を支給するものとしております。これについては、後に説明しますが、給付金プラス賠償責任保険という仕組みを採っております。

給付金については、認知症と診断された者の惹起した事故による損害を対象とします。かつ、このとき、認知症者について賠償責任が認められるか認められないか自体を問わないことにします。つまり、認知症者が惹起した損害であれば、全て対象になります。

この給付金がどこから出るかというと、約定履行費用保険がかけられています。これは神戸市が約定履行費用保険についての保険料を負担します。これを保険会社に支払い、要件が充足される場合に給付のための費用が約定履行費用保険から支出されるというシステムになっております。そして、それを神戸市が被害者に対して給付をするというところにあります。

この給付金のよいところは、認知症である本人の責任に限定されず、介護にあたっている家族等も被保険者となり、その責任もカバーされるということになります。

ただし、この神戸市のモデルの1点弱いところというか、限定されているのは認知症者であるという診断を受ける必要があることです。これは給付金を市が支給するので、認知症の診断を受けてくれというインセンティブを設けるという意味もあったそうです。

その他、各地方自治体が様々な取組みをしているようですが、この点については若干疑問を覚えるところがあります。これはあくまで市、各地方自治体が用意しているモデルです。つまり、これは国として用意しているわけではないので、財政的におそらく対応ができない自治体もあるのです。そうすると、全国一律の救済が図られるわけではないので、地方自治体によって異なるというアンバランスな状態が生じるのではないかと思われます。

しかしながら、国レベルでこのような救済制度を用意すると、その財源はどうするのかが課題になろうかと思われます。あるいは他人が引き起こした事故について、我々の税金が使われることについて、国民のコンセンサスがどこまで得られるかというところについては、制度設計上、難点があると思われます。

5 解釈論の限界から制度論／立法論へ

(1) 単一の規定で対応できるのか

最後になりますが、以上の監督義務者論につきまして、現状として、私が疑問として思っているところは、第1に、民法714条は未成年者及び精神障害者の監督義務についての単一の規定ですが、未成年者の場合と高齢の精神障害者の場合とでこの単一の規定で対応していけるのかという点です。責任無能力者制度として未成年者については民法712条がありますが、法定監督義務者というのは未成年者の場合には親権者が一応は法定されていると考えることができます。しかし、今日において、とりわけ高齢の精神障害者については、その解釈上、監督義務者はおよそ存在しない可能性が高くなっています。そうすると、これを放っておくのかというところが問題になります。

(2) 責任無能力者制度を維持すべきか

そこで、責任無能力者制度自体を維持すべきかどうかが、今、学会で問題となっているところです。

まず、責任無能力者制度、つまり弱者保護について、民法712条、713条は維持すべきであるが、救済されない可能性に備えて、一定の保護を与えるべきであるという見解があります。つまり、責任無能力者制度を維持する方向ですけれども、監督義務者が存在しないという状況を見据えて、いわゆるドイツ法にいうところの衡平責任の導入が主張されているところです。これはかねてから主張されているところです。すなわち、法定の監督義務者がいない場合、法定の監督義務者が賠償責任を負わない場合あるいは資力の問題から履行できない場合については、責任能力を有さない直接の不法行為者の賠償責任を例外的に認めるというものです。これはつまり、直接の加害者が資産を持っている場合については例外的にその責任を認めるというかなり特殊な規定になります。

ただし、この点については1点問題があって、賠償責任という判断にもかかわらず、直接の加害者の資力の有無を問うことです。そうすると、賠

償制度としてはきわめて異質な制度になりますので、これについて導入するかどうかはかなり慎重な検討が必要になろうかと思われます。

次に、有力に主張されているのが、冒頭、藤村さんから紹介がありました、責任無能力者制度自体を維持しないという方向性です。つまり、我が国が責任無能力者制度を導入したのは、ドイツにおいて責任無能力者制度があったからです。他国においては、むしろ責任無能力者制度がないという国が多いわけです。英米法系やコモンロー法系では、そもそも責任無能力者制度がありません。また、フランス法においても、近時の法改正によって精神上の障害を理由とする者に限りますけれども、免責が認められないことになりました。また、判例も変更されまして、未成年者についても免責が認められないことになったようです。このような方向性は、あり得るものといえます。そうすると、このような方向性を志向する場合には、被害者の救済策として別の手当を用意することが必要であると思われます。社会保障としての仕組みを用意するのか、あるいは賠償責任保険で個々の対応にまかせるのかは制度設計としてはなかなか難しいところではあると思います。賠償責任による対応に委ねるのは難しいところであるので、神戸市のようなモデルを検討してみるのも方策であろうかと思われます。

最後になりますが、最終的に法解釈の問題として、このような事態については、被害者は賠償されなければならないのかという根本的な問いがやはり不法行為制度自体の問題として、さらに検討する必要に迫られていると思います。平成27年判決、28年判決では、そのような意味において、不法行為法の解釈あるいは制度設計のあり方についても大きな疑問を投げかけるものだったと思われます。以上で私の報告は終わります。ありがとうございました。

II 責任無能力者制度
――被害者は必ず救済されなければいけないのか

藤村●ありがとうございました。ただいまの報告にございましたように、日本の民法712条から714条はドイツ法をモデルにして導入された、立法されたと理解されています。この責任無能力者をまずは弱者として、その責任を問わないということ、そして、一方では被害者を救済するためには、責任無能力者ではない人が、その被害者に生じた損害を賠償しなければいけないということを考えて、714条が設けられた。このような理解でよろしいかどうか、南さん、いかがでしょうか。

南●立法の経緯からすると、おそらく藤村さんのおっしゃるとおりだと思います。実際、被害者救済の観点からすると、現行の日本の民法の考え方は、本当に問題ないのか、根本的な疑問を感じております。私が東京高裁にいたときに、平成27年判決と非常に類似した学校の事故で親と学校の責任を追及した事案を担当したことがあります。原審は、親の責任について、民法714条で責任を認めました。学校については、国家賠償請求によって責任を追及したのですが、教師に過失は認められないと判断しました。私が担当した控訴審で、親の代理人が、親は民法714条で責任を負わざるを得ないことは仕方がない、しかし、親は自分に監督が全くできない学校の門の中で生じたことに責任を負うのだから、学校についても応分の責任をとるべきではないかと言ったのです。なるほどそういう考え方もあるのかなということで、相当厳しく教師の過失責任を認めて、国家賠償請求を認めたことがあります。しかしながら、学校側が上告して、学校の責任はないと判断され、その点については私の判決は否定されてしまいました。そのときに感じたことは、実際に責任無能力者に携わっている者について、何らかの責任を認めて被害者救済を図るというのが相当で、それを何とか解釈でできないかと思った次第です。

藤村●実際の事案にあたられますと、平成27年判決の事案であるサッカーボールの場合もそうですけれども、この場合には国家賠償責任が全く問わ

れていないということで、これも議論を呼んだわけであります。責任の所在が複数考えられるという場合と、監督義務者だけが考えられる場合と、これは事案によってもちろん取扱いは異なることになろうかと思われます。そこで、永下さんの報告でしばしば出てまいりましたが、責任無能力者が損害を与えた場合に、被害者は必ず救済されなければいけないのかどうかという問題ですが、所有者責任の原則という言葉もありますが、被害者としては何も理由がなくて損害を被ったのだから、当然それはてん補されるべきだと考えると思います。責任無能力者制度という枠の中で考えますと、被害者が救済されない場合があっても、それはやむを得ないと考えることができるかどうか。これは裁判官のお立場から、大島さん、いかがでしょうか。

大島（眞）●平成27年判決の事案では、高齢者が、自動二輪車で走っていて、サッカーボールが転がってきたので、それを避けようとして転倒し、その後死亡しているわけです。その事案で、誰も責任を負わないというのは、おかしいと思うのです。学校を訴えていない理由はわからないのですが、ボールを蹴った子どもはまだ小学生ですから、責任能力はないでしょうから、親が責任を負うのか、あるいは学校側（設置者）が責任を負うのかという形にしないと、被害者としては、誰も責任を負わないことになると、非常に問題だと思うのです。これまでの裁判例だと、民法714条1項ただし書の要件を認めずに、監督義務者である親の責任を認めてきて、それでうまく処理できていたのだろうと思うのです。ところが平成27年判決が出て、今後どうなるのか、混沌としてきたという感じを受けました。

III　法定監督義務者の注意義務の内容

藤村●このサッカーボール事件（平成27年判決）は、法定監督義務者に義務違反がないということを認めました。しかし、法定監督義務者の義務の内容が一般的な注意義務なのか、当該事故についての注意義務なのかについては、この判決までは、一般的な生活にかかる注意義務と解されてきたわ

けです。平成 27 年判決の事案において注意義務違反を問えるかというと、法定監督義務者の役割からすると、それは難しいと考えざるを得ないわけです。また、法定監督義務者の注意義務は、未成年者の場合と精神障害者の場合とでは、同列に論じることはできないようにも思われますが、まずは未成年者の法定監督義務者について、一般的な生活に関わる注意義務が課されている、こういう理解で差し支えないか、あるいはそう考えざるを得ないかという点について、いかがでしょうか。

谷口●一般的な生活全般にわたる指導監督の義務と、具体的な状況下で想定される危険の予見・回避に関する指導監督の義務の両方ではないでしょうか。未成年者の法定監督義務者は、具体的な加害行為の防止の点で注意義務違反がないというだけでなく、一般的な生活全般にわたる指導監督の点でも注意義務違反がないといえなければ、責任を免れないということだと思います。

　そう考えると、責任能力のある未成年者の監督義務者が民法 709 条の責任を問われる場合と何が違うのかということになりますが、監督義務の内容自体は程度の差こそあれ基本的に共通で、主張立証責任が転換されている点が異なるのではないかと思います。

　なお、過去の判例をみますと、親の監督義務違反の有無の判断にあたり、加害行為をした未成年者の年齢や加害行為の危険度に言及しており（責任無能力の未成年者につき、弓矢の遊戯中の事故における過失相殺が問題となった最二小判昭和 43 年 2 月 9 日集民 90 号 255 頁、失火責任法との関係が問題となった最三小判平成 7 年 1 月 24 日民集 49 巻 1 号 25 頁、責任能力のある未成年者につき、中学生による強盗殺人の事案で監督義務違反を肯定した最二小判昭和 49 年 3 月 22 日民集 28 巻 2 号 347 頁、19 歳による強盗殺人の事案で監督義務を否定した最二小判平成 18 年 2 月 24 日集民 219 号 541 頁）、未成年者の年齢や行為の態様によっては監督義務者の責任の有無についての結論が変わり得ることが前提とされているように思います。その意味では、平成 27 年判決は、未成年者の法定監督義務者の免責を認めた点では異例の判断であるものの、従前の判例と全く異質の判断を唐突に行ったというものでもないように思います。

Ⅳ 責任能力が認められる年齢と監督義務者責任 ──

藤村● 平成27年判決は、子どもは11歳11か月ですが、この子に責任能力がないという点については、異論はないと考えてよろしいですか。

谷口● 交通訴訟では自転車の事案がよく問題になりますが、加害者が11歳なら責任能力が否定されるのが通常と思います。平成27年判決は、事故後1週間で12歳になる子の事案ですが、小学生のうちは責任能力を否定するのが裁判実務の大勢であろうと思われますので、この子の責任能力を否定した点に異論はなさそうに思います。

藤村● 今おっしゃった年齢のことに関して、判例を見返してみますと、12歳未満ですと、大体責任能力を否定して、14歳を超えると責任能力を肯定している。その12歳から14歳の間で責任能力の肯定・否定のどちらかに転ぶ可能性があるというのが、判例の姿勢のようではあります。学説の中には、最近の子どもは成長が早いから、そんな年齢まで延ばすことはない、もっと幼い頃から、責任能力を認めてよいという見解もありますが、なかなか下級審裁判所であってもそのような考え方は受け入れていない。少なくとも今のところは、受け入れていないということはいえようかと思います。しかし、事故によっては、年齢がもう少し若くても、責任能力が認められるということも考えられないではない。その場合には、以前からいわれている、賠償資力の問題が関わってきている。そこをどう判断するかということにはなるかもしれない。

　今までは、先ほど大島さんもおっしゃったように、法定監督義務者の責任を認める方向で、なかなか免責を認めないということで、被害者を救済してきたという流れがあるわけです。このような流れは、今後とも続いていかなくてはならないのか。この点について、肯定的な方向で考えるか。あるいは場合によっては、被害者は救済されない場合もあることを甘受しなければいけない、こういう考え方が出てきて、決しておかしくはないという方向で考えるか。印象で結構ですけれども、この点について、どのようにお考えになっておられますか。

中西● まず、谷口さんからあった、従来、11歳だと責任能力がないという

判断が大半という話ですけれど、おそらく、被害者も親しか訴えていない事案が多いように思います。11歳の子が加害者であったときに、被害者は子どもを訴えずに、11歳であれば親の責任を追及できるからと考えて、親だけを被告にしているわけです。そのような場合に、被告である親が、子どもは11歳であるが責任能力があるから責任を負うべきは子どもであるというような主張をするとは考えにくいので、11歳の子どもに責任能力があるかないかはあまり争われず、裁判所は子どもの責任能力の有無を主要な争点として判断していない事例が多いのかなと思います。微妙なところで、子どもに請求するより、親の方が賠償金の支払能力があるのはわかりきっていますから、被害者としては、責任能力がない子どもの範囲を広げて、親に請求したくなると思うのです。ですから、従来はむしろ被害者の立場では、責任能力がない範囲を広げて、親は民法714条の免責が認められていなかったですから、できるだけ親に請求をしていたのではないかと思います。今後どうなるかというのは、平成27年判決により、親にのみ請求していくと、免責が認められるかもしれないと被害者側が考えるかもしれないわけですから、両方訴えるというのもありかなと考える被害者がいるでしょう。

藤村● 親のみを被告とする場合で親が責任を負わなければならないのは、「直接の加害者である子どもに責任能力がないから、親であるあなたに責任があります」という主張の流れになるわけですね。そうすると、親が責任を負わなければならないのは、子に責任能力がないからだということを、原告が子を被告にするかどうかは別にして、主張しなければならないということになりますよね。

中西● そうです。

藤村● そうすると、被告になっていなくても、その年齢の子どもが責任能力をもっているかどうかということは結果的には判断されると、こう考えてよろしいでしょうか

南● 平成10年の民事訴訟法の改正までは、主観的予備的併合は不適法だったのです。ですから、どちらかしか訴えることができなかったのですけども、改正法では主観的予備的併合が適法となりましたので、そういう点か

らするとおっしゃる論点が出てくるかなと思います。

藤村●ということは、現行法でいけば、両方とも被告にしておいて、もし子どもの方に責任を問えなければ、親に賠償責任を求める、ということになりますね。

中西●これからは、この問題が裁判所で判断されるケースがいくつか出てくるかもしれません。ただ、藤村さんのご質問で、従来は責任無能力者が加害者の場合、監督義務者の免責はまず認められないだろうと、実務家としては確信していたわけではありませんが、まずそうだろうと思ってやっておりました。平成27年判決が出て、そういうことがあるのかと驚きました。特に子どもの自転車による交通事故などの場合、子どもが責任無能力ならば、親には当然、何の疑問もなく監督責任を認めていたと思うのです。これからどうなるのかなと思いますけれど、平成27年判決が出たことによって、どちらも責任を負わないケースが続出するかというと、なかなかそうはならないのではないかなという気はしております。

Ⅴ 民法712条(未成年者)と713条(精神障害者)の各法定監督義務者の責任

藤村●民法712条と713条を一緒に扱ってよいかどうかということで、今回たまたま平成27年と28年において、両条に関わる問題がそれぞれ出てきたわけです。未成年者が責任無能力者の場合と精神障害者が責任無能力者の場合と、このどちらの場合も法定監督義務者の責任としては、同レベルで考えてよいのか。713条の場合には法定監督義務者にあたる人がいないのではないかということが平成28年判決ではいわれたわけですから、だいぶ捉え方が違ってくることになろうかとは思います。従来は712条と714条の関係は比較的よく議論されていたと思います。一方で713条と714条についてはあまり激しい議論が行われていた記憶がないのですけれども、やはり未成年者と精神障害者の場合、同じように法定監督義務者の責任──あえて監督義務者といいましょうか──の責任というのは、どのよ

西村孝一

に考えていってしかるべきものか、あるいは差し支えないと考えてよいのか。お考えは、いかがでしょうか。

西村●大変難しい問題だと思います。まず、平成27年判決ですけれども、そもそも男の子がサッカーボールを蹴ったという行為自体が、例えばこれが成人の男子だったとして、そもそも不法行為になるのかという問題も前提としてあるのではないかという気がするのです。事実関係をみますと、たまたま当たり所が悪くて道路に出て行ってしまったボールで事故が起こったということのようなので、判決の判断の中に、その子の行為自体がそこまで危険極まりないものだったわけではないという考えも前提としてあるのではないかと思われます。そういうことも考えると、平成27年判決のように親権者の民法714条の責任として問題を捉えたうえで、監督義務違反がないとした判断が、今の未成年者、精神障害者の損害賠償責任の現行法の体系運用の中で、果たして適切であったのかという疑問が残るところです。

それから、藤村さんがおっしゃった未成年者の場合と精神障害者の場合では、監督義務者の責任の判断基準がおのずと違ってくるのではないかというのは、まさに私もそう思うのですが、少なくとも、現行法の規定上は民法712条、713条があって、それを踏まえて714条があるという統一的な規定となっていることは動かし難いところがあるので、実際に両者の場合について解釈論としてどのような判断基準を立てていけるかというのは問題があるかと思います。私個人としては、未成年者の場合には、親権者の監督義務者の責任というのは、平成27年判決のように緩和しなくても、やはり被害者に生じた損害は誰かが賠償しなければいけない、賠償すべきだという原則の上に立って、責任を重く認めてよいのではないかという気がします。

難しいのは、高齢者、とりわけ認知症の方の起こした問題です。平成28年判決は、高齢者の方自体が亡くなってしまっておりますし、被害が物的な損害ですから、介護関係者の負担を加重にすることのない結論に結びつく判断自体は大方の支持を得るところかなとは思うのです。これが逆に、最近の高齢者の逸走事故で子どもを何人も死傷させてしまったというような場合にも、果たして同じような基準で判断できるのだろうかというところは、やはり非常に引っかかりを感じるところがあります。このような場合に、準監督義務者という概念をどのような基準で判断するのかという点は、現行法の体系の中ではかなり問題になるところかなという気がしております。

藤村●ありがとうございました。考え方の基本的な方向としては、先ほどの大島さん、中西さんと同様であります。交通事故において、運転者あるいは運行供用者が責任無能力者で、自賠法3条の責任を問う場合には、民法712条、713条、714条は適用しないという方向でほぼ判例が固まっていて、あまり異論もないというところですから、最近、よく起こっている高齢者の事故については、そのような考え方の下に処理されるということはいえるかと思います。そこで、やはり、未成年者と精神障害者で条文は違いますから、違う考え方でよいのか、あるいは、両条を受けて、714条という一条文しかありませんから、現行法の下では同様の取扱いをすると、監督義務者の責任としては同じレベルで考えていくのか。ここが基本的な出発点になろうかと思われます。平成27年判決、同28年判決が出たことによって、従来の考え方に対して、やはり当然修正がなされるべきではないかと考えてよいのかどうか、いかがでしょうか。

青野●先ほど永下さんも言われましたけれども、未成年者の場合は親権者が必ずいるわけですけれども、高齢者の場合には、今度は逆に監督義務者がほとんどいないというわけです。ほとんどいない状況といる状況、同じ扱いはできない。少なくともこの平成28年判決が出てからはできない。ですから解釈として、監督義務者がいないのですから、監督義務の内容を変えるという話もありません。ただ、これが解釈論でできるのか、立法論でしかないのか。立法は、なかなかできないところです。立法ができないと

ころはやはり司法でやるしかないから、結論はやはり峻別すべきだと私は思います。少なくとも平成28年判決が出た以上はそれで対応するしかないのが1点あります。

　もう1点は、永下さんが言われたことでいうと、やはり被害者がいた場合に誰かに賠償請求できるはずだと今まで思っていた。私もそう思っておりました。少なくとも高齢者の場合は、誰にも請求できないことがあるということを念頭に置いて、これから考えていくか、あるいは高齢者についての責任能力を問わないで監督義務者の責任を認めるという条文に変えるかどちらかを選択せざるを得ないと思います。未成年者の場合には、ある意味ではどこかで年齢の期限があるのです。高齢者の場合には期限がないことが1つと、それから高齢者の保護というのは未成年者の保護より弱かったように思うのです。しかし高齢者は保護しなければいけないし、そうすることで高齢者の周りの人を保護することにもつながりますので、未成年者以上に家族の役割を問えない。まして高齢者の場合は家族そのものがいなくなる可能性もありますから、立法による高齢者の保護は特に急がれる。被害者の面からしても、そのように思います。解釈論としてもまず峻別はすべきだとは思います。

藤村●そうしますと、なかなか監督義務者にあたる人から被害者は賠償金を取りにくい、取れないということが出てまいりますと、現行法下においてヨーロッパで行われているような衡平責任—BGBでは829条だったでしょうか—を問うて、規定上は責任を免除するといってはいるけれども、金を持っているのだからあなたは責任を負ってしかるべきだということを責任無能力者に問うことはできる、そういう方向は可能と考えることができるでしょうか。大嶋さん、いかがですか。

大嶋（芳）●それは立法論としては良い考えだと思います。今は加害者本人に資産があるかないかに関係なく、責任能力があるかないかで、責任の有無を決めているわけです。

　ところで、先ほどの平成27年判決と28年判決にコメントさせていただきたいのですが、これは、事案の内容が最高裁の判断を導いているのではないかと思うのです。特に平成27年判決は、学校が校庭に設置したサッ

カーボールのゴールに向けて、少年がフリーキックの練習をしていたわけでしょう。そのボールがたまたまゴールを外れて、校門の外に転がり出たため、通りがかったバイクがこれを避けようとして転倒し、負傷したという事故ですね。平成27年判決は、「Aは、友人らと共に、放課後、児童らのために校庭において、使用可能な状態で設置されていた本件ゴールに向けてフリーキックの練習をしていたのであり、このようなAの行為自体は、本件ゴールの後方に本件通路があることを考慮に入れても、本件校庭の日常的な

大嶋 芳樹

使用方法として通常の行為である。」とか、「本件ゴールに向けてボールを蹴ったとしても、ボールが本件道路上に出ることが常態であったものとは認められない。」とか、「Aが、殊更に本件道路に向けてボールを蹴ったなどの事情もうかがわれない。」などと判断しています。そうすると、この少年に何の過失—客観的な注意義務違反—があるのかという問題が出てくると思うのです。最高裁はそこには触れていませんが、少なくともあまり危険な行為ではないというニュアンスで、最高裁も述べているわけです。このような事案について、親が責任を問われるというのはどう考えてもおかしいと私は思うのです。そもそも少年の過失が問われるような事案ではないのではないかと思いますし、最高裁もそこは考えているのではないでしょうか。このような事案だから、平成27年判決は監督義務者が義務を怠らなかったと述べているのではないでしょうか。通常の事案であれば、従前の考え方を変えないと思うのです。加害者に責任能力があれば過失が認められるような行為によって被害が生じた場合は、監督義務者の責任を認めないということはおそらくないのではないでしょうか。そこがこの事案の特性ではないかと思います。本件は、学校側の責任を問うべき事案であったように思います。

それから、ご報告にもありましたように、平成28年の判決によりますと、認知症患者については法定監督義務者はおよそ存在しない可能性が高くなり、準監督義務者を認める範囲も相当に狭いので、被害者が救済されないおそれがあります。これは法の想定していない事態ではないでしょうか。平成28年判決の事案は、加害者は高齢の認知症患者で、被害者は鉄道会社です。被害者が鉄道会社ではなくて、例えば一般の民間人が死亡したといった場合に、果たしてこのような判断をするのかという疑問がなくはないです。やはり起きた事故の内容との関係で判断するのではないでしょうか。判決の文言は大事です。昔読んだ三国志演義という小説に、「鶏を割くにいずくんぞ牛刀を用いんや」という言葉が出ていましたが、判決の文言は、事案との関係で、鶏を割くに牛刀を用いたのではないかという場合もあるのですね。当該事案の解決には本当は牛刀を用いなくてもよいのだけれど、射程範囲の大きい判断をしてしまうということがあるのです。本件の場合は牛刀を用いたかどうかはともかく、被害者が鉄道会社であって、一般市民ではないということはやはり結論に影響があったのかなという気がしないでもないところです。

　それともう一つ、精神障害者と未成年者、現在の扱いはいずれも責任を弁識する能力がないということで、同じ扱いをする。それで筋が通っていると思うのですが、先ほども出ていましたように、資力がある場合――本件もこの認知症の患者の遺族は、遺産分割をしているようですから資力があるようです――にまで、賠償金を払わなくてよいというのはやはりおかしいと思うのです。先ほど言われた資力がある場合は賠償責任を負わせるといった立法措置はとられてもよいのかなという印象をもちます。この点は、未成年者でも同じですけれどね。

藤村● やはり立法措置は必要だということですね。現行法の下ではなかなか理屈をつけるのが難しいとお考えでしょうか。

大嶋（芳）● 現行法下では、資力の有無で責任を負わせるか否かの判断をするのは難しいように思います。

Ⅵ 責任能力は過失判断の一要素か

藤村●現行法は民法712条、713条で免責といっているのに、資力があるから賠償金を支払えということは難しいということですね。

　そうしますと、資力がある場合には賠償責任を負うとするのは立法措置がどうしても必要にならざるを得ないということですね。今、大嶋さんがおっしゃったように、平成28年判決の事案における鉄道会社は、なぜこのような損害賠償請求訴訟を提起したのか、多くの方が同様の疑問を呈しておられるようです。同様の物損事故――今回は列車が遅れたという経済損害が中心のようですが――が生じた場合に鉄道会社が加害者にあたる人を訴えるというのはないわけではないけれども、極めてまれだともいわれていて、本件特有の事情があるのかもしれないともいわれております。確かに訴訟に至るまでの中で、何らかの事情があったかもしれないということがうかがえるような事案ではあると思います。

　ところで、平成27年判決の事案（サッカーボール事件）で、この子どもに過失があるかないか問えるかということに関連して、実務的にみてまいりますとあまり取扱いは違わないのかもしれませんが、理論的に考えていった場合、永下さんの報告の中にもありましたように、伝統的に過失判断の前提として、あるいは一要素として責任能力があるという位置付けをすると、責任無能力であれば過失判断ができないから過失はないイコール不法行為は成立しないということになります。つまり民法712条、713条は、不法行為は成立していないと考えるか、あるいは、最近の過失の客観化ということに目を向けまして、責任能力は過失判断の一要素ではないから、別々に考えていって、責任能力がない人間についても過失があるかないかは判断することはできるから、過失はある、不法行為は成立する、としたうえで、不法行為は成立するけれども、規定によって免責されているから責任は負わないというように考えるかです。理論的には、不法行為が成立していないと考えるか、不法行為が成立しているけれども免責されると考えるのか。不法行為が成立していないのであれば、損害賠償責任が出てくるわけはないのですが、なぜ、民法714条で法定監督義務者が責任を負う

かというと、それは被害者に損害が出ている以上は、誰かが面倒をみなくてはいけない、だから法定監督義務者が負うのだと考えるかどうかです。この、不法行為が成立している、していないということについては、裁判官のお立場からは、どのように考えてこられたのでしょうか。

南● 同じ行為を責任能力者が行ったとするならば不法行為が成立する場合に初めて監督者責任が問題となると思うのです。そもそも責任無能力者について、仮に責任能力があったとしても、不法行為が成立しないということだったら、その監督者に責任を負う基盤がないと思われます。

　先ほど未成年者とそれ以外の者とで責任の内容を分けるべきだという議論がありましたが、私もそのように考えていくのが相当だと思います。やはり、責任無能力者の資力があるかどうかの問題かと思います。自分の資産については、自分の責任をもって対応すべきであって、持てる限りの資産で賠償するのが相当です。それ以上の損害が発生しているとしても、推定相続人は限定承認や相続放棄をすれば、それで済むわけです。ですから選択肢のある高齢者と前途有望ではあっても選択肢のない未成年者とで、払いきれない賠償責任を負わせるという点については根本的に異なるように思います。とはいうものの、例えば、認知症の高齢者については、基本的に保護すべき弱者です。ただ、保護をすべき人について、形式的に民法714条を適用するというのは、行き過ぎだと思います。

　ですから、例えば、認知症の者が自転車に乗っていて、他人と接触してけがをさせたというような場合には、自転車に乗る能力があるから、責任無能力者とはいえないというような事実認定をして、この認知症の個人に対して、損害賠償責任を認めていくという方法もあるかなと思います。

藤村● 今、南さんがおっしゃったように責任能力がある者であれば、当然、不法行為は成立をするということは、当然、故意過失もあるということになりますね。その場合の過失というのは、やはり現在一般にいわれている結果回避義務違反であると考えてよろしいですか。

南● おっしゃるとおりです。

藤村● そうしますと、この責任能力がない人、平成28年判決の事案であれば、この認知症の方の過失というのはどのように判断すればよろしいでしょ

うか。認知症であるということ、認知症であるにもかかわらず、結果回避義務を理解できて、その義務に違反しているから、過失がある、従って、不法行為が成立する、このように考えることになりましょうか。

南● 平成28年判決の事案につきましては、先ほどの整理からしますと、仮に認知症でないとした場合、客観的な行為からすると過失責任があるかどうかということで考えることになります。そうすると、この事案では過失責任があるだろう。しかし、その後については、認知症者本人について、免責をするのか。それについては、また別途考慮すべき話かなと思います。さらには、監督者として妻あるいは子が責任を負うかということについては、さらに別途の考慮が必要です。私はこの最高裁の結論は非常に妥当だと考えています。

藤村● 責任能力を有する者が同じ行為をした場合には過失があると捉えることができる、責任能力がある者は、基本的に同じ行為をすると考えられるかどうかですね。責任能力がないから、「おしっこしたい」と言って線路に入っていった。責任能力があれば、そのような行為をするかどうかということについては、いかがでしょうか。

南● 普通はしないのでしょうね。けれどもその前段階の責任能力の判断の仕方について、「線路内でおしっこしたい」と言うので立ち入るということ自体がおかしい。「やっちゃいけない」という規範が働いているわけですから。客観的な規範で判断していくのが相当だと思います。

藤村● 最判平成7年1月24日民集49巻1号25頁の火遊び事件（失火事件）の判決をみますと、民法709条の過失判断をする前提として責任能力がなければならないという考え方に立って、責任能力がない人に過失があるかないかを判断することはできない、という言い方をしているわけです。これはあくまでも、過失判断の前提として責任能力がなければいけないと考えればそういえるわけです。今日のように、過失と責任能力は別だと考えるのか、あるいは712条、713条、714条の立法時は、責任能力があるというのは過失判断の前提として存在するので、切っても切り離せないという考え方がなされていたのだろうと思われますが、その考え方の下に立法された規定を、その後、過失の客観化という動きが出てきたことを前提と

して判断する、そのような解釈をしていくことに問題ないといえるのか。あるいは、それはどうなのかという疑問を差しはさむ余地があるのかどうか、いかがでしょか。

大島 (眞) ● 民法712条、713条、714条をみますと、過失が行為者にあることを前提にしたうえで、監督義務者の責任を規定していると思います。条文を素直に読む限りは、責任能力のことをさて置いても、平成27年判決のように判断するのがよいかどうかは難しいですね。

谷口 ● 用語の整理の問題にすぎないのかもしれませんが、私は、最判平成7年1月24日（失火事件）が、民法714条1項の規定の趣旨は、「責任を弁識する能力のない未成年者の行為については過失に相当するものの有無を考慮することができず、そのため不法行為の責任を負う者がなければ被害者の救済に欠けるところから、その監督義務者に損害の賠償を義務づける……こととしたものである」と言っているのを文字どおりに理解していました。過失とは、行為者において他人に損害を加えることになる危険を予見し、回避すべき義務のことであり、当該行為者が結果を予見し、回避し得たことが前提となるので、責任弁識能力を欠く者につき過失を観念することはできないという理解です。

　民法712条は、未成年者は、他人に損害を加えた場合において、責任弁識能力を有していなかったときは賠償責任を負わないと規定し、同法714条は、その場合は法定監督義務者が第三者に対する損害賠償責任を負うと規定していますが、南さんがおっしゃられたとおり、同じ行為を責任能力のある者が行ったならばその者が不法行為責任を負うべき場合であるからこそ、法定監督義務者が損害賠償責任を負わされるのであり、民法712条の「他人に損害を加えた場合」という文言に、違法に他人の権利を侵害する行為をした場合という要件を読み込むべきであると思います。この要件をとりあえず「狭義の不法行為該当性」と呼んでおきたいと思いますが、お尋ねにあった「過失の客観化」の下での過失というのが、同様の状況下に通常人が置かれたならば注意義務違反ありと評価されるということを意味するのであれば、実質的には同じことかもしれません。

　平成27年判決の事案では、1審及び控訴審の判決は、サッカーボール

を蹴った未成年者に過失があるという言い方をしているのに対し、最高裁の判決は、そのような言い方はしない一方、判断理由の説示の冒頭で、未成年者が本件ゴールに向けてサッカーボールを蹴ったことは、本件道路を通行する第三者との関係では危険性を有する行為であったと言っており、狭義の不法行為該当性があるという判断をしているのだと思います。

藤村●平成28年判決についてはいかがでしょうか。

谷口●平成28年判決の事案でも、列車が往来する線路に立ち入る行為というのは、危険惹起行為であって、通常行ってはいけない行為です。それをすることによって、交通を阻害するという結果を発生させているので、狭義の不法行為該当性があることは当然の前提とされていると私は理解しておりました。担当調査官の判例解説（最高裁判所判例解説民事篇〔平成28年度〕192頁）には、「鉄道地内にみだりに立ち入る行為は刑罰法規違反行為として不法行為法上も違法となり得る。Ａ（認知症による責任無能力者）の行為が不法行為を構成するものであることは、第１審以来実質的に争われていない。」と説明されています。

藤村●そうすると、責任能力の有無と過失の関連というのは、今日のように理論的に考えるという場合にも、密接に関連していると考える必要はないのではないかという見方でよろしいでしょうか。

中西●自分が裁判官で責任能力が争われた事件の判決をどのように書いたかどうかは、あまり記憶がないのですけれど、交通事故の場合は外形的な事実を認定して、あるいは外形的事実は争いがなくて、その次に、責任能力の有無を判断して、責任能力がなければそれで判決しているように思います。その場合に、外形的事実を認定して、その次に過失の有無について詳しく論じるというような判断はおそらくしないと思うのです。それが民法712条なり、713条の判断の前提として、過失があることを前提にしているのか、していないのかというと実務的にはあまり考えていないと思うのです。

大嶋（芳）●最判平成7年1月24日（失火事件）には、責任能力がなければ、過失はないと書いてありますね。民法714条1項には、「責任無能力者が第三者に加えた損害を賠償する責任」とあって、責任能力があれば過失と

判断されるような行為であることが必要なわけで、責任無能力者が仮に責任能力があるとすれば過失と判断されるような行為をした場合でないと、監督義務者は賠償責任を負わないということになりますね。

谷口●判決をする場合の判断順序でいえば、まず権利侵害行為にあたる外形的事実を認定するわけですが、通常はそこで既に狭義の不法行為該当性を根拠付けるに足りる事実が摘示されることになるということではないでしょうか。

西村●民法712条自体が、「他人に損害を加えた場合において、自己の行為の責任を弁識するに足りる知能を備えていなかったときは、賠償責任を負わない。」と規定しています。この規定振りからすれば、「責任を弁識するに足りる知能を備えていたとすれば、賠償責任を負うようなケース」について、その損害負担をどのように規律するかというのが法の意図するところだと思うのです。ですから、未成年者の行為を評価するときも、行為者が責任能力を有していたとしたら不法行為が成立し、賠償責任を負う場合について、その行為者を免責するというのが民法712条の立法趣旨であるということになると思うのですが。

中西●先ほどの話を補充すると、仮に責任能力を認める場合は、私だったら、責任能力の有無を判断して、その次の1行に、外形的事実を前提として責任もあると一言書くだけだと思います。責任能力の有無を判断して、それからあらためて、過失の有無について詳しい説示をしなければならないような事件はなかったように思います。でも、自動車事故では、ほとんどの事件は、自賠法3条で請求しているので、もともと責任の有無という点は争点になっていなかったからかもしれません。

Ⅶ　違法性と民法714条

藤村●最初に申しましたように、明確に表立って過失の有無を判断する必要があるかどうかということを申し上げたわけではなくて、実務上の取扱いはおっしゃるとおりで、ほぼ問題ないと思うのです。ただ、理論的に考え

ていくのであれば、責任能力の有無と過失の判断とは、その結び付きを無視することができないのではないかという問題意識に立っています。ですから理論的に考える場合には、不法行為が成立していると考えるのか、不法行為が成立していなくてもよいのだと考えるのかは重要だと思うのです。ところが、実務上はどちらでもそう変わらなくて、いずれにしても不法行為は成立する、責任無能力者が免責されて714条の損害賠償責任が成立する場合にも不法行為が成立していることは当然の前提であり、責任能力がない

青野博之

から不法行為は成立しないという考え方はピンとこないと、このような理解でよろしいでしょうか。

青野●順番としては、藤村さんや大嶋さんもおっしゃったように責任能力がなければ過失を判断しないことになると思うのです。失火事件の最判平成7年1月24日からすると、責任能力を考えられないので過失も考えられないといっていますから、おそらく、責任能力は過失の大前提になるはずです。ところが今、谷口さんもおっしゃったように、民法714条の書き方そのものは、不法行為が成立するかどうかは、他人に損害を加えた行為だけだから、そこまでいかなくてもよいというようにも読めるのですが、おそらく伝統的には全体として考えてきたことを最近の民法の研究者は、政策的に責任能力のない場合は免責するので、成立要件としては、責任能力は不要であるとした。そう考えると、ある意味では712条も713条も714条も、すっきりと話はできるのです。そういうことを実務上はどう考えるのかということですよね。

永下●私が学生たちに教えるときには、違法性阻却事由と責任阻却事由との違いについて、違法性阻却事由は行為の違法性がなくなり不法行為が成立しないと教えて、責任阻却事由は成立するけれども、責任能力から免責さ

れるので基本的に不法行為が成立するというように教えていますが、いかがでしょうか。

青野● 実は、私も授業では、責任能力は成立要件ではないから、現在の学説は責任能力を過失の前提条件としては考えていないと説明をしています。

永下● 責任能力を過失の前提条件と考えないと、客観的な過失は認定できるわけですかね。

青野● むしろ行為態様だけをみて客観的な過失というようにいっていますね。

永下● われわれ研究者が違法性というと権利侵害要件として考えるので、過失とは峻別してしまうのですよね。

中西● 私は単独事件の判決では、不法行為の事件で、違法性の有無は書いていません。709条の文言にない違法性というような要件を基本的に認めない前提で書いています。ただ、合議判決などで、不法行為が成立しないという場合に、最後の締めくくりに「違法ではないから」と書いているものはあります。違法性の有無を争点として挙げることはないですね。

藤村● 違法性の問題は、確かに権利侵害の問題であり、権利侵害から違法性へという言葉があるように、違法性があるかどうかは、権利侵害があるかないかということを判断するところで、まず考えることになるのだと思います。ところが、最近の裁判例をみていると、そこではなくて、全体をみた後、最終的に不法行為が成立するかどうかというところで、違法性があるとか、ないとかという表現を使うものが結構多いようです。中西さんがおっしゃったのはそういう意味ですよね。

中西● 私は使わないのですが、最高裁も使っていますし、合議体を組んでいると、陪席の起案にも入っている場合があるので、それをわざわざ削ったりまではしないということです。ですから、自分の名前でも、違法性のある、なしといった表現をした判決が出ています。

藤村● よく、これも話題に上る昭和37年2月27日（民集16巻2号407頁）の鬼ごっこ判決は、違法性を否定しているわけですね。違法性を否定すれば不法行為が成立しないことになる、不法行為が成立しなければ714条の問題も出てくるわけがない。ところが、その判例評釈をみると、昭和37

年判決は監督義務者の責任を認めなかったという流れのものが少なくないのです。それは、714条の位置付けについての考え方に誤解があると受け止めてよろしいのでしょうか。

青野●理屈からすれば、藤村さんがおっしゃったように、鬼ごっこは違法性がないといっているわけですから、責任が否定されたのは違法性がないからであって、責任能力がないという否定ではありませんので、民法714条の問題になるはずがないのですよね。

永下●これは個人的に常々思っているのですけれど、責任能力の規定である714条のところで、過失の判断といったことを全くしなくてもよくて、むしろ動物保有者の責任に似た感じで判断しても構わないのかなという印象をもっているのです。つまり、動物にしても未成年者にしても、基本的に判断能力がないという前提に立つと、それに対する単なる管理責任であるという形の構成で714条を捉えてしまっても、別に過失があるかないかを判断せずに、単に行為と損害との間に因果関係があれば、それに代位責任というか、監督者が責任を負うという構成の方が、条文上は素直だと思うのです。過失を犯すことができたかどうかということを未成年者について考えなくてもよいので。

谷口●代位責任か、自己責任かというのとはまた別の次元でのご指摘ですよね。

永下●自己責任もいけます。

大嶋（芳）●今のご発言は、未成年者、責任無能力者に過失に相当する行為がなくても監督義務者は責任を負うとおっしゃっているのでしょうか。そうしますと、加害者に過失に相当する行為がないのに、被害者はなぜ賠償責任を追及できるのか、という問題が出てきます。監督義務者の責任というのは、責任無能力者に仮に責任能力があれば過失と評価される行為をした場合の監督責任ですから、そもそも過失と評価されるような行為でなければ、それは適法行為ですから、責任能力の有無にかかわらず損害賠償責任は全く問題とならない。行為と損害との間に因果関係がある場合に、責任能力者は過失がなければ責任を負わないのに、責任無能力者は過失に相当する行為がなくても監督義務者が責任を負うというのはいかがなものか

と思います。

永下●十分、わかります。私は両方の立場で、どちらでも構わないと思っているのですが、ただ、条文を素直に読むと、714条は、動物保有者の責任と同様に考えていくこともできるのではないかと考えたのです。

藤村●それは、永下さんの報告で出てまいりました、責任無能力者を人的危険資源と考えて、それに対する714条の責任というものを考えるということでしょうね。ただ、人的危険資源という言葉を使うと、非常に抵抗をおぼえる人がやはりいるわけですよね。

青野●いますよ。私もそのように書いてしまって、「君は子どもが危ないと言うのか」などと指摘されました。「危ないでしょう」と言いたかったのですけれど、さすがに親御さんには「子どもは危ない」とは到底いえなくて、でも、被害者との関係では、そういわざるを得ないのではないでしょうか。

藤村●被害者がいるわけですからね。

大嶋（芳）●自転車に乗っている人を見ればわかりますが、子どもが危ないのであれば、大人だって同じです。ただ、子どもは責任能力がないから、監督義務者に責任を負わせるというだけのことです。必ずしも子どもを動物責任の動物のように見ているわけではないと思います。子どもであれ大人であれ、過失又は過失に相当するような行為がなければ責任は生じません。過失に相当するような行為があって、他人に損害を与えた場合には、本来その人が責任を負うべきだけれども、責任能力がないから監督義務者に負わせるという構造だと思います。

青野●本来責任を負うということでいえば、交通事故で出てくるのは、結局子どもが自転車を操縦していて、友だちと話をしていて前を見ていない。ですから前方不注視で不法行為責任があるというのが大前提です。過失は既にあるということになっています。

藤村●おそらくそうですよね。

青野●行為者は年齢からみると責任能力がない。では親に責任を負ってもらうというように動いているわけです。ですから、責任能力があることが過失の前提だと今までは確かにそういってきたのですが、昔から、本当にそ

う思っていたのでしょうか。自転車の事故などは、以前からあるように思いますけれど。

藤村●子どものやったことだからしようがないということで済ませていたのか。

青野●そうですね。

Ⅷ　準監督義務者―誰が責任を負うか

1　準監督義務者の法的構成

藤村●ありがとうございました。こうやってみてきますと、研究者は理論的に論ずる場合に、どうでもよい、というと語弊がありますが、あまりこだわらなくてもよいようなことを細々といじくるところがありますが、もう少し実態をみて適切な結論を出すのが望ましいのではないかということを考えると、裁判官の方たちとはどうしても細かいところでは相容れないところが出てくるというのは言い過ぎでしょうか。整合していないところがあるのは、これは当然のことであって、ああそうかと受け止めておいてもよろしいのではないかとも思います。

　問題は、民法714条は法定監督義務者といっているわけですが、平成28年判決でいわれたように、精神障害者である責任無能力者の法定監督義務者というものについて、成年後見人でさえ法定監督義務者とはいえないということになってまいりますと、未成年者と精神障害者、両責任無能力者については法定監督義務者という面からみると、違った取扱いがなされてしかるべきではないかとも思われます。では、713条の法定監督義務者は、もし立法措置をとらないとすると、現行法の下ではどのように考えればよろしいでしょうか。

　先ほどの報告でもありましたように、結局、法定監督義務者がいないし、精神障害者、責任無能力者自身も責任をとらなくてよいのだから、すべて被害者がその損害を甘受しなければいけないことになる。もともと、所有

藤　村　和　夫【司会】

者責任の原則を考えれば、それは当たり前であって、責任をとることができる者がいれば、その責任を問うことができるというだけのことなのだから、決しておかしいことではないと考えるのか。あるいは、ほかの考え方が妥当するのだろうかという点ですね。

西村●そういった点で、平成28年判決の意見では、岡部裁判官は、長男は準監督義務者に該当するが714条1項ただし書にいう「義務を怠らなかったとき」に該当するので免責されるという判断を示していて、大谷裁判官も、構成としてはやはり長男は準監督義務者に該当するけれども免責されるとしています。準監督義務者に該当するという判断の根拠を岡部裁判官は実質的な理由をいろいろあげて判断しています。大谷裁判官は、本来成年後見人に選任されてもしかるべき立場にいたのだというところを捉えて、成年後見人に関しては基本的に準監督義務者と認めてよいのだという議論の二段重ねにして、それで準監督義務者というものを認めた。そのような構成をとっていて、いずれにしても長男を監督義務者から排除している多数意見とは異なった判断をしています。準監督義務者論の位置づけが分かれたところだと思うのです。私もそれは非常に悩ましい問題だと思いますけれども、少なくとも現行法の規定を前提にしたときに、精神障害を負った人の事件について、誰もその責任を負う者がいないという結論自体は大方の賛同を得るところにはならないと思うのです。構成としては、基本的に準監督義務者を、できる限り当該事件の具体的状況の中で認定して、でもその人に責任を負わせることが酷である場合には免責をする。そうではない場合には、相応の人に責任を負担してもらうという形の判断方向を極力とるべきで、誰も監督義務を負う人がいないのは仕方のないこととして終わらせてしまう解釈論は、現行の714条法制を前提とする限りは、適当な処

理の仕方ではないのではないかと思いました。
藤村●やはり法定監督義務者がいないと、責任無能力者本人が責任を負わない以上は被害者救済のためには誰か責任を負うべきものがいなければいけない、法定監督義務者がいないから、これに準ずる者を考えて、そこに責任を追及することができる、こういう考え方がどうしても必要ではないかということですね。
西村●検討を要するところではありますが、あえて取りまとめるとそういうことになるかなと思います。

2 準監督義務者に責任を負わせるか

藤村●そうなると、準法定監督義務者という者が非常にクローズアップされてくるわけです。どのような者を準法定監督義務者とみるかということも、これは非常にいろいろな議論が出てくる可能性はあると思います。それから、平成28年判決が出てから、準法定監督義務者として責任を問われる可能性が高くなると、結局、精神障害があって責任無能力者である人の周囲にいる人々―家族を含めて―であっても、平たい言葉でいえば、面倒をみるような人が少なくなるのではないか。精神障害者、認知症の患者を親身になって介護しよう、面倒をみようという人はイコール、その分、重い責任を負わなくてはならないことになる、これは果たして、適切な方向性を目指すものだろうかという声もよく聞かれたわけです。裁判官のお立場として、仮に今回のような事故が起きた場合に、責任を問うことができるような人を措定した方が望ましいと考えるかどうか、いかがでしょうか。
南●先ほど申し上げたお話と連続になるかもしれませんが、平成28年判決の事案では、責任無能力者とされていた方にやはり責任を負ってもらうべきであって、その親族の方が責任を負うというのは結論としてはおかしいと思っております。やはり、人間歳をとれば、いろいろな状況になり得るわけで、それについて、日頃から大変な思いを親族がしているわけです。それにさらに輪をかけて、損害賠償責任まで負うこととなったら、それは負担が重すぎるということになります。今はできるだけ施設に入れないで、家の中で家族と一緒に暮らしていきましょうという流れを作ろうとしてい

るわけですけれども、それに逆行することにもなります。

藤村● そのような方向にもっていくために、結局、何らかの立法措置をとらなければならないとお考えでしょうか。

南● そうですね。あるいは、解釈論や事実認定によって徘徊したことについて、本人に何らかの形で責任を負ってもらう。

青野● それは、責任能力がないとは少なくとも判断しないということですね。確かに事故が起きるのは、歩けるからです。ただ歩けることで責任能力がありますかといわれると、ちょっと難しい。これまでからしたら、難しいと思っていましたけれど、確かに立法論にしないのであれば、そこで責任能力を否定しなければ、実現できますよね。

南● そのように政策的に考えても、先ほど申しましたとおり、結局、その持っている資産のみでこと足りるわけですから。

大島(眞)● 平成28年判決の場合、原告は鉄道会社になっています。鉄道会社は賠償されなくとも、一般市民よりはるかに経済的には問題がないわけです。なぜ、このような訴訟を提起したのか不思議な感じもするわけです。ですから、原告が賠償金をとれなくても、問題にはならない。

　これが一個人の事件であれば難しい問題が起こってくるのだろうと思います。高齢者介護が社会問題になってきており、今後、このような事件が起こるのではないかと思うところです。子どもは教育できますけれど、本件のように、介護が必要な認知症高齢者が多くなってきている世の中です。そういったときに、同じ家族なんだから介護をきちんとしなければいけないと言われると、その人にとっては非常につらいものがある。平成28年判決は、家族の責任を否定していますが、精神障害者との親族関係の有無・濃淡、同居の有無その他の日常的な接触の程度などの諸事情を総合考慮して判断するということを述べています。介護についてより深く関われば関わるほど、責任を負いかねないことにもなってきます。非常に難しい問題をはらんだ判決だなと思います。

中西● この準監督義務について、平成28年判決は、その監督義務を引き受けたとみるべき特段の事情が認められる場合といっています。監督義務者の行為とか、ふるまい、発言など義務者かどうかを認定するために、そう

いった要件が必要だというのは分かるのです。他方、義務を引き受けたとみるべき特段の事情の有無を判断するうえで具体的に何を検討すべきかについて、この判決を読み進めると、その者と精神障害者との関わりの実情のほかに、精神障害者の心身の状況や日常生活における問題行動の有無、内容というものもあげられています。前段は引き受けたとみるべき特段の事情と沿う内容ですけれど、後段の精神障害者の心身の状況や日常生活における問題行動の有無、内容というのは、義務を引き受けたとみるかどうかということと違うような気がするのです。具体的に考えると、精神障害者を家族が抱えていて、常日頃、問題行動がある。近隣からも指摘されているのに、施設に入れるか病院に入れるかして治療する―認知症の場合はなかなか難しいかもしれないのですが、精神障害の場合は、今は治療ができますから―ことも放置していて、何も具体的に面倒をみていない人、そういう人にまで責任を負わせないというのは、やはりおかしいと思うのです。その場合に、実際に拒否ばかりしていて、面倒もみていないからといって、義務を引き受けたとみるべき特段の事情がないといってしまうのはやはりおかしい。精神障害者の日常生活や問題行動によっては、監督義務を負わせてもよいのではないかなと思います。そういった場合は、民法714条ではなく、直接709条で責任を考えていけばよいという議論もあるでしょう。いずれにしても、事案によっては家族であるとか、また何か面倒をみている人に責任を負わせる場合というのは当然出てくるのではないかと思っております。

3　平成28年判決再考―被害者が一私人であったら

藤村●今のお話で、2つの重要な点が議論になったと思います。まず、大島さんからは、平成28年判決は、精神障害者、認知症の患者には大変やさしい、周囲の家族にとっても大変に意義のある判決だという受け止め方が多かったわけですが、原告つまり被害者が鉄道会社、すなわち経営規模が1兆円を超える企業の場合と、一私人の場合とを、同じように考えてよいのか。一私人である被害者が死亡した、あるいは重篤な障害を負ったという場合でも、責任無能力者の側は全く責任を負いませんよという結論を被

害者側は承認しなければいけないわけですが、そういったことを承知して、多くの方は平成28年判決をよい判決だといっているのだろうかという点です。

　それからもう一つは、平成28年判決では、監督する義務を引き受けたとみることができる特段の事情がある場合には準法定監督義務者と扱うといっているわけですが、中西さんがおっしゃったのは、本来、面倒をみなければいけないにもかかわらず、何らしようとしない人が責任を負わなくてよい、準法定監督義務者にもあたらないというのは、おかしいのではないか、規範的に考えて判断していくという姿勢も必要ではないかということです。

　では、被害者が一私人であった場合にも、もし同じような判決が出た場合、被害者たる私人は何ら救済を受けることができないわけですが、このような結論について、やはり平成28年判決と同じようによい判決だということができるかどうかについては、いかがでしょうか。

西村●やはりそこは問題が残るところだと思うのです。平成28年判決は、確かに準監督義務者の認定について、監督義務を引き受けるとみるべき特段の事情が認められる場合というものを挙げていますが、さらに読み進めると、その者は精神障害者を現に監督しているか、あるいは監督することが可能かつ容易であるなど衡平の見地からしてその者に対し、精神障害者の行為に係る責任をとるのが相当という客観的状況が認められるのかという観点で判断すべきであるという判示もしています。平成28年判決は準監督義務者の要件を明示的に端的に判示しているとはいえませんが、最高裁は監督義務を現に引き受けている人は責任を負ってくださいということのほかに、行為の結果について責任をとるべき立場の人も責任をもつのだということもいっているということで、その両方を総合して考えていくしかないのかなという気がします。

　また、実際上の判断の問題となると、具体的な事案において準監督義務者にあたるという判断をしたうえで、その準監督義務者にあたる者について当該事案の事実関係のもとでは監督義務を尽くしたと判断するというのは、どのような事態が想定されるのか、疑問なしとしません。一方で本件

において準監督義務があると認めておきながら、他方で本件において監督義務は尽くされていると判断するというのは、現実的にはうまくバランスのとれた判断になるのかなという疑問があります。岡部裁判官の意見などを読んでいても、その点はどのように整合していくのか気になるところです。

中西●今の点については、義務者にあたるかについて、いろいろな諸事情を踏まえて総合考慮して決める。次に免責かどうかもいろいろな事情を検討する。自分が裁判官として判断するとなると、ほぼ同じことを二度やることになりかねない。この総合考慮を二段階で行うというのは、裁判官にとっては非常に負担が重いというか、どのようにしたらよいか分からないようなことになりかねないというのが私の感想です。

西村●民法714条を前提にしてカバーしようとすると、苦しいところが出てしまうという印象ですね。

谷口●それは翻って714条の類推適用をするくらいならば、709条で最初から監督義務の中で考えればよいのではないかということになりますか。

中西●709条でいくか、あるいは714条のただし書の免責はよほどの場合でない限り認められないので、かなり特異なケースでは認めるけれども、準監督義務者であると認めたらほとんど免責は認められないということにするか。私は、後者がよいかなと思っています。

永下●今、中西さんは、714条ただし書の免責は特異なケースでないと認められないとおっしゃいましたが、平成28年判決の事案は、おそらく全く特異とはいえないですよね。息子は認知症の親と離れて暮らしていて、妻は、その長男の母親と認知症の父親と一緒に暮らしていて、父親が徘徊し、事故にあったという事案です。認知症患者をめぐる事案の中では、おそらく典型的なケースだと思うのです。この場合に、なぜ準監督義務者にあたらないのかという疑問が生じます。この事案で準監督義務者にあたらないのであれば、特異なケースとはどのようなものがあるのでしょうか。

中西●あくまで冗談の範囲ですが、認知症で徘徊をしている高齢者が、昔からサッカーが得意だったので、学校の校庭に入り込んでサッカーボールを蹴ったところ、グラウンドを越えて外に転がってしまい、たまたま自転車

に乗っていた別の高齢者にあたり転んでしまってけがをしたというような事案であれば、監督責任は否定されるでしょうね。ここまで本来あり得ないような事案であれば、免責を認めるけれども、そうでない場合には、監督義務を認める以上、免責を認めることは、限られた事案になると思うのです。

青野●私も中西さんがおっしゃったように、法定監督義務を認めると、次に監督義務を尽くしたか否かという次の段階の判断がありますが、監督義務そのものを準監督義務で認めるのであれば、監督義務を尽くしたかをさらに次の段階で検討するということは、少し、考えにくいかなと思いました。

藤村●例えば、責任を負わせることはしないという結論があって、だけど被害者からみると監督義務を負う者がいなければ具合が悪い、そこで準法定監督義務者をもち出した、しかし責任を否定するためには、準法定監督義務者がいるとはしたけれども、その義務は尽くしており違反はない、という流れで意見を書いたと考えるのは考え過ぎでしょうか。

中西●補足意見は条文に忠実な考え方ではないでしょうか。

大嶋（芳）●平成28年判決では、利益衡量が働いて、本件の場合は責任を負わせなくてよいという価値判断があって、あとはその判断をどのように理由づけるかという面もあるのではないかという気がするのです。ただ、その理由づけが大上段に振りかぶってしまったから、想定外のところまで影響が広がってしまったということかもしれません。先ほど申し上げましたが、平成28年事案において被害者が鉄道会社ではなく、これが個人の死亡であるとか重篤な後遺症を負ったような場合にも、同じような判断をするのかどうか。

青野●高齢者が徘徊した場合に、歩いて徘徊ではなくて自転車で徘徊したとして、その自転車と接触したといった場合が考えられます。もし責任能力がないといってさらに準監督義務者も誰もいないとなったら、どのような判決を出すのか、裁判官は、困難な判断が求められますね。

4　平成28年判決再考—認知症高齢者は被害者といえるか

藤村●例えば平成28年判決の事案において、亡くなった認知症の高齢者の

家族から、被害者である鉄道会社から賠償金の請求をされているという相談を受けた場合、弁護士として、いや、これはあなた方のほうが被害者だから、あなた方が訴えを起こすべきだという助言をすることは考えられませんか。この事案では、どう考えても、認知症の高齢者のほうが悪いのか、それとも、認知症の高齢者のほうが被害者だから、その家族は鉄道会社に損害賠償請求訴訟を提起すればよいのではないかという点はいかがでしょうか。

大嶋（芳）● 平成28年判決の認知症の高齢者の方は加害者でもあり、被害者でもあり死亡しているわけですからね。被害者でもあるけれど、鉄道会社側に何らかの責任があるかないかを考えると、責任があるという判断はなかなか出せないのではないかと思うのです。運転者の前方不注視であるとか鉄道事故を防止するための設備を怠っていたとか、そういった責任が考えられるわけですが。この被害者（認知症の高齢者）は駅のホームからその外側の扉を開けて、そこから階段を下りて行って、線路内に立ち入ったわけですね。そうすると、ホームから外に出られないように設備すべきであったかどうかというようなことが一つあるかもしれませんけれど、なかなか難しいかなという気もします。

藤村● 難しいですね。認知症の高齢者は、被害者だろうとは思うけれども、やはり加害者なのだとする。平成28年判決の事案では、駅に改札口があって、みるからに様子がおかしい認知症の高齢者だというのにもかかわらず、駅員は簡単に改札口を通して、そして駅のホームから外に出たことについても何も制止はしていない。それに加えて、電車がホームに入ってくるところで、線路のほうに向かっている。駅のそばですから電車のスピードが非常に落ちていたのだろうともいわれているわけですけれども、そういった事実も、鉄道会社の責任を考えるうえでは、ほとんど影響がない、過失などはないと考えて、この場合は差し支えないでしょうか。

大嶋（芳）● それは分かりません。それは駅員がどの程度認識していたかに関わってくるのではないでしょうか。もしふらふらと歩いていて、いかにも認知症だなと分かる、そうすると、こういった人が一人で駅のホームなどに行ったらホームから落ちるかもしれないし、あるいは、ホームから線

路内に出るかもしれないわけです。そういった意味では安全配慮義務が働くような気もします。けれども駅員がどの程度認識していたか、また認識可能であったかということだと思います。

藤村●可能性としては義務違反がないわけではないのでしょうか。

大嶋（芳）●義務違反が全く考えられないというわけではないと思います。

藤村●もし、平成28年判決のような事案で死亡した被害者、つまり認知症の高齢者の側から、損害賠償請求訴訟が提起された場合、谷口さんはどのように扱われるでしょうか。

谷口●個別事案における事情次第で、一概には言えないと思います。ちなみに、平成28年判決の原審（名古屋高判平成26年4月24日）は、請求認容額をJRに生じた損害の5割の限度にとどめているのですよね。

藤村●難しいところで、過失相殺とはいっていないのですよね。いろいろ考えたうえで、5割減らそうということにしたようなのです。

谷口●よくわからないところですね。「過失相殺事由が認められない場合であっても、……損害の公平な分担を図る趣旨の下に」賠償すべき額を被害者が被った損害の一部とすることができるものと解されると説示していますが、どういう法律構成なのでしょうか。

藤村●一審（名古屋地判平成25年8月9日判時2202号68頁）が出た後で、いろいろな声があったものだから、これは全額認めると批判が大きいと思って、半分だけ認めたといったことがあったのかもしれませんが、どうでしょうか。

谷口●この事件は非常に判断の難しい事案だと思いますが、似たような事件一般ということに少し広げて考えると、先ほどからご指摘がありますように、まずは責任能力の有無のところでかなり慎重な判断をするのではないかと思います。自動車を運転して起こした事故であればもちろん、自転車の鍵を解錠して運転していたという場合でも、一定の判断能力を備えていたとみて、責任能力を肯定する方向に傾くように思います。そのうえで、双方の過失の内容・程度を斟酌して、過失相殺につき判断すると思います。平成28年判決の事案でも、監督義務違反を認めるのであれば、被害者側においても乗客が駅構内で列車の接近中にホーム先端のフェンス扉を開け

てホーム下に下りようとするのを抑止することはできなかったのかという観点から、当事者に十分な主張立証をさせたうえで、被害者側の過失の有無につき判断をすべきであったように思います。

藤村● 認知症の高齢者が被害者として損害賠償請求訴訟を提起した場合は、どのようにお考えになりますか。

谷口● 裏表ですよね。認知症高齢者自身にも死亡という結果が発生しています。原審認定事実からは十分な事情が拾えませんが、乗客が駅構内で列車の接近中にホーム先端のフェンス扉を開けてホーム下に下りて、列車に衝突して死亡したという事故ですから、駅構内の構造や混雑状況、駅員の配置状況等をより具体的に確認していけば、JR側の責任を問う余地はそれなりにありそうに思われます。その場合でも大幅な過失相殺が相当とされるであろうとは思いますが。

大島（眞）● 駅員にそこまで求めるのは難しい気がしますね。駅構内には多くのいろいろな人がいる中で、どの人物が危険な行動をしそうか、駅員はよく注意してくださいということ自体が難しいと思います。ですから、認知症の高齢者が原告になったとしても請求は難しいのではないかという気がしますね。

藤村● これはもう、鉄道会社の過失を問うことは難しいということですね。不法行為がないという結論は明らかそうではある、ただ、認知症の高齢者が原告になることは問題がない、結論がどうなるかは別だということでしょうね。

谷口● 状況次第ですよね。

南● 平成28年判決で亡くなった方の遺族が原告になる事案の場合は、709条、715条というよりも、むしろ717条になると思うのです。そうした場合に、要するに駅の端の柵の鍵を本来かけておくべきところがかけてなかった。それで管理の瑕疵があるという、そういうことでもっていくと思うのです。そのうえで過失相殺は何割にするかという話かなと思うのです。

藤村● 717条の所有者の責任は、無過失責任ですからね。

IX　事故の救済―責任と保険

藤村 ● 議論が進んでまいりましたけれども、現行法からいきますと、損害が全くてん補されない場合も出てくる可能性があるということで、報告者からは神戸市モデルというものも紹介がなされたわけです。現在の状況下で考えられる賠償、補償の問題について、国レベルになるか地方自治体レベルになるかは別にしまして、行政の側でこのような手法をとることもできるのではないか、実際、条例は既に成立しているということであります。先ほど青野さんがいわれましたように、日本ではなかなか立法化されるのは難しく、仮に立法されるとしても時間がかかるだろうと考えられます。こう考えると、各自治体で何らかの措置を講じる必要があるわけで、ここでは神戸市を紹介していただいたわけですが、ほかにもいくつかの自治体で、内容はもちろん全く一緒ではないのでしょうが、同様の条例ができているということのようであります。

　責任と保険と両方使うということですかね。責任の場合も約定履行責任保険といったものを使う。結局、付保して保険金から支払うということになるようですけれども、そこでの法的な考え方としては、賠償責任というものと保険というものと両方を出して対処していこうということのようです。これについては既に神戸市の条例の中でこのようなシステムを策定する委員会等に加わった方からも紹介する論考が出ております（窪田充見「神戸市の『認知症の人による事故に関する救済制度』について―『神戸モデル』の概要と意義」法時91巻3号〔2019年〕80頁、手島豊「神戸市における認知症の人に対する事故救済制度の意義と課題」ジュリ1529号〔2019年〕68頁）。これはいってしまえば精神障害者、認知症の方に責任が認められようが認められまいが、被害者には一定の金銭が給付されるということになっているようなのですが、このような損害のてん補のあり方についてのご意見をうかがえればと思います。

南 ● 質問ですけれども、どの程度の規模の賠償金ないし保険金なのでしょうか。

藤村 ● これは額からみると、基本的に自賠責保険とほぼ同規模となっている

ようです。

南● そうしますと、国の行っている犯罪被害者に対する見舞金の規模とは各段に違うという理解なのですね。

永下● 遺族給付金が上限 3000 万円、後遺障害が上限 3000 万円、入院が上限 10 万円、通院給付が上限 5 万円、財物に関する規定もあるのですけれども、これは上限 10 万円で休業損害も上限 1 日当たり 5 万円ですね。あとは見舞金が 10 万円、類焼見舞金 30 万円という形で給付がなされます。したがって、完璧ではないのですけれども、自賠責保険と同じように被害の一部についてはもらえるという話です。この神戸モデルは、藤村さんからも紹介がありましたけれども、そのポイントは責任が認められるかどうかということは全く度外視するというシステムであり、民法 712 条責任なども問題にならないという仕組みなので良い制度だとは思うのです。けれども、上限金額にとどまらない損害の場合には、必ず 714 条責任が出てくるのと同時に、もう一つ紹介した個人賠償責任で賠償できるかというと、個人賠償責任の場合、どう考えても保険会社は賠償責任が認められることを要件とすると思いますので、そうすると平成 28 年判決のような事案はそれすらも難しいように思われます。保険をかけておいても、結局意味がないという世界に入り込んでいるので、この点はどのように考えたらよいのかなとずっと考えています。

藤村● 神戸市モデルでは、任意保険に該当するものについて、賠償責任としては上限 2 億円まで認められているようなのです。これも保険金との調整はするということのようです。もし訴訟になって、損害賠償が議論になった場合には、損益相殺的な調整をするかどうかということについては何か言及されていますか。

永下● それは確認できていませんが、確かに重複填補の問題が発生しますね。神戸市モデルは、責任とは関係ないという仕組みにしているので、もしかすると、重複填補してよいのかもしれません。ただ保険会社からすると、たまったものではないので、どう考えても争うことになると思われます。

藤村● 情報としては、この程度にとどまるということを前提にして、このようなシステムを作ると被害者の救済には資することになると思われます

が、どのような感想をおもちになったでしょうか。

中西● システムを作ること自体はよいことだと思います。どのようなシステムを作ると、最もうまく機能するかについては難しすぎて分かりませんが、うまく機能するとよいなと思います。

　それから、先ほどあった、神戸市のモデルが、損害てん補との関係では自賠責保険と同じように損害の一部の支払であるということになれば、仮に準監督義務者が責任を負うにしても、賠償額がかなり軽減されることになるので、局面は変わってくるかなと思います。

藤村● これは市民1人当たり400円を増税して、税金が財政的な基盤になるようですね。そうしますと、人口がある程度ないと、このシステム自体が構築できないということもあるようです。小さな自治体になると、なかなか同じような制度は作り難いということになるかもしれませんね。

青野● 住民のバランスですよね。認知症患者となる人の数と支える人、税金を払ってくれる人の数で、神戸市はできるとしても他の自治体で住民の平均年齢が70歳とか65歳のところだと厳しいでしょうね。

南● お金の使い方として、あるいは誰がてん補するかという考え方として、神戸市はこれは社会が責任を負いましょう、今までのように個人の責任というわけではなくて、社会全体すなわち、住民、市民全員が責任を負いましょうという発想ですよね。誰しもが歳をとっていって、一定の割合で認知症の障害を負う。その結果、何らかの損害が発生することになる、これは不可避的だということだったら社会が責任を負う、すなわち市民全員が責任を負うというような制度を構築していくというのは十分考えられることだと思います。

まとめ

藤村● ありがとうございました。第2部では責任無能力者の監督者の責任をめぐって、いろいろ議論をしていただきました。

　責任無能力者をなぜ免責にするのかというところから始まって、民法論

的には単に免責だけするのではなくて、責任無能力者に資産があれば、あるいは監督義務者から十分な賠償を得ることができない場合には、責任無能力者自身にも賠償させてよいのではないか、いわゆる衡平責任の考え方を取り入れてよいのではないか、しかし、それは立法措置を講じなければなかなか難しいだろう。南さんからは、解釈論で対応できるのではないかということでしたが、解釈論となると、やはり責任無能力者ではなくて、実は責任能力があったのだということにしないと、なかなか有している資産から賠償させることは難しいという意見もあったかと思います。

712条、713条が適用されて、法定監督義務者の責任が出てくる場合でありましても、その法定監督義務者の責任というのは、一体どこからくるのだろうか。従来は、自己責任か代位責任かということでよく議論されてきたわけですけれども、法定監督義務者自身の責任の根拠というものをどのように考えるべきだろうかということですね。

それから、714条との関係で未成年者での責任無能力者と精神障害者での責任無能力者とを同じように考えてよいかということをみてまいりますと、どうも、そうはいかないのではないか。平成28年判決によると精神障害者たる責任無能力者にはどうも法定監督義務者というものがいないらしいということになり、法定監督義務者がいないのだから、準法定監督義務者を措定する、しかし、それで本当に事足りるのだろうかとも考えられます。

例えば、今からもう30年以上前になりますけれども、四宮和夫先生の不法行為の教科書（四宮和夫『事務管理・不当利得・不法行為　下巻（現代法律学全集（10））』〔青林書院・1985年〕）をみますと、準法定監督義務者という言葉は出てまいりませんけれども、「事実上監督しており、現に監督可能な条件下にあった場合」という表現があります。ですから準法定監督義務者と同じように考えてよろしいかと思いますが、やはり、そのような人は責任を負わなければいけないのだと考えられていたようであります。ただ、精神障害者の近親者は一種の被害者であることを考えると、これを肯定するには慎重でなければならないともされています。

712条、713条がゲルマン法的な団体主義的な発想から、また714条に

基づいて法定監督義務者が責任を負わなければいけないと考えられていた時代から、ローマ法的な発想が入り込んできて、個人責任というものを考えるということがミックスされて今日に至る解釈論が展開されてきたともみることができようかと思います。この立法当時と現在とではもちろん社会構造も違ってきていますし、未成年者での責任無能力者と精神障害者、高齢者になっていくに従って、責任能力を失っていく人とを同じように扱ってよいということはないでしょう。しかし、そこで被害者の救済だけを考えればよいということでもない。では、どのように考えていけばよいのだろうかというと、一つのモデルとして、それこそ神戸市モデルのようなものが考えられるわけですが、これも全国どこでも同じような制度が可能だというわけではないということになってまいりますと、もはや解釈論のレベルで何かできるという段階をとうに過ぎているのではないか、では、何か立法的な措置をとってもらうことが必要になるのではないだろうか、というように考えざるを得ないか、というところが、本日の議論のおおよその中身だったと受け止めてよろしいでしょうか。

　最後はとりとめのない、まとめともいえないものになってしまいましたが、本日はありがとうございました。

第2編

実務論文
―近時の裁判実務における問題点

いわゆる損益相殺と過失相殺の先後（過失相殺がされる場合における社会保険給付と損害賠償請求権の調整）

福岡地方裁判所判事
古市文孝

I　問題の所在

1　はじめに

　交通事故の被害者又はその遺族（以下「被害者等」という。）が交通事故による損害に関して保険給付を受け、当該保険給付を被害者等の損害賠償額から控除すべき場合がある[1]。また、自動車損害賠償保障法3条や民法709条に基づく交通事故の損害賠償請求権に関し、被害者等に過失相殺をすべき場合がある。

　このような事例において、損害賠償請求権は被害者等の損害（以下「実損害」という。）から過失相殺をした後の残額について成立すると解されるところ[2]、当該保険給付をどの範囲で控除すべきであろうか。

　この点については3つの見解がある。1つ目は過失相殺後残額から保険給付の全額を控除すべきとするものである（控除前相殺説、相殺後控除説又は絶対説。以下「絶対説」という。）。これによれば、保険給付が過失相殺後残額のみをてん補したことと同義となる。2つ目は過失相殺後残額から保険給付のうち加害者の過失割合に相当する部分を控除すべきとするものである（控除

---

1) 各種保険給付の損害賠償額からの控除の可否及び控除の範囲に関する判例・裁判例は、赤い本（上巻）2019・259頁以下に譲り、本稿では論じない。
2) 幾代通（徳本伸一補訂）『不法行為法』（有斐閣、1993年）322頁。

後相殺説、相殺前控除説又は相対説。以下「相対説」という。)。これによれば、保険者と被害者等（＝被保険者）が、実損害のうち被害者等の過失割合に相当する部分（以下「被害者等の過失部分」という。）を、（保険給付額）対（実損害から保険給付額を控除した残額）の割合で案分して負担したことと同義となる。3つ目は保険給付をまず被害者等の過失部分に充てて残額が生じた場合にこれを過失相殺後残額から控除すべきとするものである（差額説）。これによれば、保険者が被害者等の過失部分を全面的に負担したことと同義となる[3]。

　簡易な具体例で見ると、被害者等の実損害が100万円、被害者等の過失が50％、保険給付が50万円とした場合、過失相殺後残額は50万円（100万円×0.5＝50万円）であるところ、被害者等の損害賠償額は、絶対説では0円（50万円－50万円＝0円）、相対説では25万円（50万円－50万円×50/100＝25万円）、差額説では50万円（50万円－（50万円－100万円×0.5）＝50万円）となる。つまり、絶対説＜相対説＜差額説の順で被害者等に有利となる。

2　議論状況の概観

(1)　この点、保険給付が保険契約に基づく場合は以下のとおりである。

　まず、保険給付が自動車損害賠償責任保険金（以下「自賠責保険金」という。）や任意保険金である場合、現在の裁判実務[4]及び学説[5]は、絶対説を採用する。その論拠としては、自賠責保険金や任意保険金の支払が損害のてん補で

---

[3]　これらは「損益相殺と過失相殺の先後」として議論された論点である。本稿では学説の指摘（下森定「判批」社会保障判例百選（第2版）153頁（1991年）、若林三奈「社会保障給付と損害賠償との調整―被害者に過失ある場合の並行給付の控除範囲―」立命館法学300＝301号1456頁（2005年）等）を踏まえ、過失相殺後残額からの控除の範囲という問題設定とした。

[4]　佐久間＝八木・リーガル(5)106頁、大阪地裁民事交通訴訟研究会編著『大阪地裁における交通損害賠償の算定基準（第3版）』（判例タイムズ社、2013年）101頁。

[5]　水野有子「損害賠償における第三者からの給付を原因とする控除―特に、損益相殺と代位との関係―」判タ865号5頁以下及び8頁以下（1995年）、藤村＝山野・概説交通事故賠償法327頁。同書327頁のとおり、以前は自賠責保険金について相対説を採る裁判例もあった。

あるためと説明されることが多い[6]。

次に、保険給付が人身傷害補償保険金である場合、最高裁判例[7]及び学説[8]は、差額説を採用する。その論拠として、当該約款における代位条項（「保険金請求権者が他人に損害賠償の請求をすることができる場合には、保険会社は、その損害に対して支払った保険金の額の限度内で、かつ、保険金請求権者の権利を害さない範囲内で、保険金請求権者がその他人に対して有する権利を取得する」）にいう「保険金請求権者の権利を害さない範囲」との文言が差額説を採用したものと解されていること、人身傷害条項においては損害や保険金を過失割合に応じて案分するという考えを採っていないこと、現行保険法25条1項が差額説を採用したこと等が挙げられる[9]。

なお、保険給付が所得補償保険金である場合、下級審裁判例は絶対説であるが、学説は相対説を支持する[10]。

(2) 他方で、保険給付が社会保険に基づく場合、議論状況は異なる。

まず、保険給付が労災保険給付である場合、下級審裁判例は分かれていたが、最高裁判例（最三小判平成元年4月11日民集43巻4号209頁。後記Ⅱ2(1)）が絶対説を採用して以降、裁判実務もこれに従う[11]。他方で、学説は相対説が多数説である（後記Ⅲ2）。

次に、保険給付が健康保険・国民健康保険給付である場合[12]、裁判実務は相対説に従い[13]、学説も同様であるところ、最高裁判例（最一小判平成17年

---

6) 藤村＝山野・概説交通事故賠償法327頁、中西茂「損益相殺の諸問題」森冨＝村主・裁判実務(9) 356頁。
7) 最一小判平成24年2月20日民集66巻2号742頁。なお、同判例は、平成20年法律第57号による改正前の旧商法662条における保険約款に関するものであるが、現行保険法25条における保険約款でも（裁判基準）差額説に従って解釈されるべきとされる。榎本光宏「判解」最判解民（平成24年度（上））185頁。
8) 前掲最一小判平成24年当時の学説も差額説が多数であったとされる。榎本・前掲注7) 252頁。
9) 榎本・前掲注7) 253頁の整理による。保険法25条1項の趣旨につき萩本修編『一問一答保険法』（商事法務、2009年）140頁。
10) 裁判例は東京地判平成2年5月22日自保ジャ870号1頁、学説は水野・前掲注5) 14頁。
11) 佐久間＝八木・リーガル(5) 106頁、大阪地裁民事交通訴訟研究会・前掲注4) 101頁。
12) 高齢者の医療の確保に関する法律（平成18年法律第83号による改正前は老人保健法）による保険給付も同様と考えられる。

1 いわゆる損益相殺と過失相殺の先後（過失相殺がされる場合における社会保険給付と損害賠償請求権の調整）

6月2日民集59巻5号901頁。後記Ⅱ2(2))は、自賠法72条1項後段の規定による損害のてん補額の算定において、絶対説を採用した。

さらに、保険給付が年金保険給付（国民年金、厚生年金保険）や介護保険給付である場合、下級審裁判例は分かれており（後記Ⅱ1(3)、(4)参照）、学説は相対説を支持する（後記Ⅲ2）。

3 本稿の目的

本稿は、過失相殺がされる場合における社会保険給付と損害賠償請求権との調整の問題に限定して、従前の判例・裁判例及び学説の主要な論拠を分析し、主としてこの問題に取り組む法曹実務家に検討材料を提供しようとするものである。

Ⅱ 最高裁判例・下級審裁判例の動向

ここでは、議論の歴史的な経緯が分かるように、先に主要な下級審裁判例を紹介し、後に最高裁判例を紹介する。

1 下級審裁判例

(1) 労災保険

労災保険給付について、下級審裁判例は、最三小判平成元年4月11日民集43巻4号209頁以前、絶対説と相対説に分かれていた[14]。

ア 絶対説の論拠を明示した主なものとして、大阪地判昭和59年2月28

---

13) 佐久間＝八木・リーガル(5)106頁、大阪地裁民事交通訴訟研究会・前掲注4) 101頁、赤い本（上巻）2019・265頁。
14) 裁判例の網羅的な紹介は瀬戸正義「判解」最判解民（平成元年度）143頁及び石原治「労災保険給付の控除と過失相殺」名古屋大学法政論集148号615頁（1993年）に譲る。石原・前掲615頁は裁判例と学説につき歴史的経緯を踏まえて説明する。

日交通民集17巻1号244頁は、要旨以下のとおり判示した（旧仮名遣い及び漢数字は筆者において適宜修正した。亀甲かっこ内は筆者の注記である。以下同じ。）。

「〔絶対説の〕考え方の根拠は、〔労災保険〕給付の趣旨は、労災事故による被災労働者の損害の填補を目的とするものであり、したがって、損害賠償の一般法理により、過失相殺の後に控除すべきであると考えるところにある。」「そこで、労災保険給付の趣旨を考えてみるに、労災保険法の立法の沿革、事業主による費用負担、給付の実質等を総合的に考慮すると、労災保険給付の趣旨は、基本的には、労災事故による被災労働者の稼働能力等の財産的損害を填補するものという点にある。たしかに、昭和35年以降、労災保険制度の数次の改正により、〔中略〕、労災保険制度は、労働基準法上の災害補償の責任保険としての役割に加えて、労働者の生活保障の機能をも併有するに至ったということができる。しかし、だからといって、労災保険制度の第一次的かつ基本的な性格である労働災害についての災害補償の代行という面が否定され、また、労災保険が被災労働者の損害の填補のための制度であるということが否定されるいわれはない。しかも、労災保険の受給権者に対する第三者の損害賠償義務と政府の労災保険の義務とは、相互補完関係にあり、同一事故による損害の二重填補を認めるものではないと解されるのであって〔最三小判昭和52年5月27日民集31巻3号427頁〕、右最高裁判決の趣旨を体して、昭和55年法律第104号により労災保険法67条が新設され、同法に基づく年金給付と、民法等他の法律に基づく損害賠償との調整を行い、両者による損害の重複填補を可能な限り避けようとする措置がとられたことから考えても、労災保険給付の性格が、損害の填補を基本としていることが首肯できるのである。そして、右の理は、いわゆる使用者行為災害に対する保険給付のみならず、いわゆる第三者行為災害に対する保険給付についても妥当するものであり、これらを別異に解すべき特段の理由はない。」「これに反して、〔相対説〕は、右に述べた労災保険の制度趣旨に必ずしも適合する考え方とはいえないし、特に、この考え方では、被災労働者が死亡した事故の場合に、過失相殺による減額、損害賠償請求権の相続による各相続人への相続分に応じた配分、及び遺族のうち労災保険の受給権者〔中略〕に支給さ

1 いわゆる損益相殺と過失相殺の先後（過失相殺がされる場合における社会保険給付と損害賠償請求権の調整）

れた労災保険金の控除という3つの問題相互の関係を、被災労働者が死亡しなかった通常の事故の場合と対比して、現在の損害賠償の一般法理の下で、理論的に整合した説明を与えることは困難であるという難点がある。」

イ　他方、相対説の論拠を明示した主なものとして、東京地判昭和46年9月21日判時652号60頁は、要旨以下のとおり判示した。

「〔前略〕加害者が賠償すべき損害金を塡補することを建前とする自賠責保険金と異なり、労災保険金は、災害を受けた労働者に原則として、できうる限り完全な補償を政府により与え、保護しようとする制度下で給付されるものであって、加害者より被害者が賠償を受ける限度で補償を与えようとするものでないことは、例えば労働者災害補償保険法19条〔現行労働者災害補償保険法12条の2の2〕の規定からも、また法20条〔現行労働者災害補償保険法12条の4〕の求償権の行使は、過失相殺の結果、加害者に被害者が賠償を求めうる限度をこえる場合はこれをなさないとする解釈上からも、なんら支障なく肯定されるところであり、被害者としては、たとえ過失相殺により、給付さるべき保険給付額を下る賠償額しか加害者に請求しえない場合でも、これがために保険給付額が低減される由縁なく、そうすると、労災保険金の給付をなした政府は、その給付額の限度より過失相殺斟酌割合に応じて算出される賠償応分額を、同じく右給付額を控除した金額より右過失割合に応じて算出される賠償額を請求する被害者とならんで、各1個の請求権を加害者に対し行使しうることになる」

また、高松高判昭和58年12月27日交通民集16巻6号1578頁は、要旨以下のとおり判示した。

「ところで、労働者災害補償保険法は、12条の2の2第2項で、労働者が故意の犯罪行為若しくは重大な過失により、負傷の原因となった事故を生じさせたときは、政府は、保険給付の全部又は一部を行わないことができるものとし、労働者の過失によって傷害事故が生じたとき、その過失が重大なものでない限り、政府は給付の制限を行わない。これは、損害てん補の性格を有する自賠責保険と異なり、労災保険が損害てん補的性格よりも社会保障的性格を強く持っていることを示すものと解される。したがって、交通事故による損害の一部を労災保険給付によりてん補された被害者に過失相殺事由が

ある場合、右の労災保険の社会保障的性格を重視し、過失相殺は、保険給付分を控除した残額に対してすべきものであって、一部てん補前の全損害に対してすべきではないと解するのが相当である（ちなみに、労働者災害補償保険法12条の4によると、保険給付をした政府は、その給付の価額の限度で保険給付を受けた者が第三者に対して有する損害賠償の請求権を取得するとなっているが、その請求権を代位行使する場合、右の第三者から過失相殺の抗弁の対抗を受けるのを免れないものと解される。）。」[15]

(2) 健康保険・国民健康保険

健康保険・国民健康保険給付について、下級審裁判例は、最一小判平成17年6月2日民集59巻5号901頁の前後を通じて、おおむね相対説を採用する[16]。

相対説の論拠を明示した主なものとして、東京地判平成20年5月12日交通民集41巻3号576頁は、健康保険法の高額療養費に関し、要旨以下のとおり判示した。

「高額療養費は、健康保険法が『労働者の業務外の事由による疾病、負傷若しくは死亡又は出産及びその被扶養者の疾病、負傷又は出産に関して保険給付を行い、もって国民の生活の安定と福祉の向上に寄与することを目的とする』ことを踏まえ（同法1条）、療養の給付について支払われた一部負担金の額又は療養に要した費用の額からその療養に要した費用につき保険外併用療養費等として支給される額に相当する額を控除した額が著しく高額であるときに支給されるものである（同法115条1項）。同法においては、被保険者は保険料を拠出し（同法156条1項）、給付事由が第三者の行為によって生じた場合には、保険者は保険給付を受ける権利を有する者が第三者に対して有する損害賠償の請求権を取得する（同法57条）。」「〔前略〕高額療養費は、本件事故が原因となって支給されたものであり、本件事故による損害との間に同質性があり、また、上記のような代位規定があることも考慮すると、公

---

15) このほか相対説で論拠を明示した著名なものとして浦和地判昭和61年11月26日判タ648号220頁がある。同判決は控除の根拠を代位ではなく被害者の損害がてん補されること自体に求める。この点につき信濃孝一「労災保険給付の控除と過失相殺」判タ671号9頁（1988年）。

16) 裁判例の網羅的な紹介は赤い本（上巻）2019・265頁に譲る。

1 ● いわゆる損益相殺と過失相殺の先後（過失相殺がされる場合における社会保険給付と損害賠償請求権の調整）

平の見地より、損益相殺的な調整を図る必要がある。本件は過失相殺を行うべき事案であるから、過失相殺とのいわゆる先後関係が問題となるが、〔中略〕高額療養費は、損害の賠償を目的とするものではなく、また、被保険者が保険料を拠出したことに基づく給付としての性格を有していることも考慮すると、過失相殺前に控除するのが相当である。」

(3) 年金保険

国民年金・厚生年金保険給付について、下級審裁判例は、絶対説と相対説に分かれている[17]。

絶対説の論拠を明示した主なものとして、名古屋地判平成23年12月9日交通民集44巻6号1549頁は、障害基礎年金及び障害厚生年金について、「これらは、いずれも社会保障の面を有しているものの、他方第三者に対する求償規定を有し、損害のてん補という側面も有しており、過失相殺後に控除するのが相当である。」と判示した。

他方、相対説の論拠を明示した主なものとして、東京高判平成25年3月13日自保ジャ1899号1頁は、障害基礎・厚生年金について、「障害基礎厚生年金は、被保険者の所得保障を目的とするものであって、損害の賠償を目的とするものではなく、被害者本人が拠出した保険料に基づく給付としての対価的性格を有しており、特に、障害厚生年金は、報酬に比例して保険料及び年金額が算定される仕組みが採用されているため、被害者本人にとって対価的性格が強いものであるから、これを加害者の過失部分に充当することは不合理であり、過失相殺前の損害金に充当するのが相当である。」と判示した。

また、横浜地判平成25年3月26日交通民集46巻2号445頁は、「〔前略〕障害基礎年金は、年金の受給権者が疾病にかかり又は負傷等し障害がある場合に支給されるものである（国民年金法30条）から、その給付は、すべての

---

[17] 裁判例の網羅的な紹介は高取真理子「公的年金による損益相殺―最高裁平成16年12月20日第二小法廷判決を契機として―」判タ1183号72頁（2005年）及び赤い本（上巻）2019・265頁に譲る。なお、高取・前掲72頁のとおり、地方公務員等共済組合法の規定に基づく遺族共済年金と被害者の年金逸失利益との損益相殺的調整に関する最大判平成5年3月24日民集47巻4号303頁は、遺族共済年金の控除範囲について絶対説を採用した原審の判断を維持したところ、同判決では過失相殺の先後は判示事項とされていない。

損害の賠償を目的とするものではなく、支給額全額が受給権者に生じた障害に対する給付であると解される。そして、このような給付を損害額から控除するのは、国民年金法22条において、給付事由が第三者の行為によって生じた場合に、政府は、保険給付を受ける権利を有する者が当該第三者に対して有する損害賠償請求権を、『同一の事由』に係る部分につき、給付の限度で取得すると定められていることによるのであって、給付それ自体が損害のてん補となる性質を有するからではない。そうすると、障害基礎年金は過失相殺前に控除すべきである。」と判示した[18]。

(4) 介護保険

介護保険給付について、調査した範囲で絶対説を採用したものは見当たらず、相対説で論拠を明示した主なものとして、東京地判平成26年11月27日交通民集47巻2号1441頁は、「介護保険給付が、損害の賠償を目的とするものではなく、国民の保険医療の向上及び福祉の増進であること(介護保険法1条参照)からすると、参加人が介護保険給付した金額は、過失相殺前に控除するのが相当である。」と判示した[19]。

2 最高裁判例

(1) 最三小判平成元年4月11日民集43巻4号209頁

ア 多数意見

最三小判平成元年4月11日の多数意見は、自動車損害賠償保障法3条に基づく損害賠償請求(いわゆる第三者行為災害)に係る損害賠償額の算定に当たっての過失相殺と労災保険法に基づく保険給付額の控除との先後について、要旨、以下のとおり判示し、絶対説を採用した原判決を維持し、上告を棄却した。

---

18) この控訴審(東京高判平成26年2月27日判例秘書L06920201)も原審の判断を維持した。
19) このほか筆者が調査し得たものとして、名古屋地判平成26年12月26日交通民集47巻6号1624頁(当該事案で過失相殺は認めなかったものの傍論で相対説を支持)、名古屋地判平成29年5月26日交通民集50巻3号700頁、仙台高判平成29年11月24日自保ジャ2022号1頁がある。

「労働者災害補償保険法（以下「法」という。）に基づく保険給付の原因となった事故が第三者の行為により惹起され、第三者が右行為によって生じた損害につき賠償責任を負う場合において、右事故により被害を受けた労働者に過失があるため損害賠償額を定めるにつきこれを一定の割合で斟酌すべきときは、保険給付の原因となった事由と同一の事由による損害の賠償額を算定するには、右損害の額から過失割合による減額をし、その残額から右保険給付の価額を控除する方法によるのが相当である（最高裁昭和51年（オ）第1089号同55年12月18日第一小法廷判決・民集34巻7号888頁参照[20]）。けだし、法12条の4は、事故が第三者の行為によって生じた場合において、受給権者に対し、政府が先に保険給付をしたときは、受給権者の第三者に対する損害賠償請求権は右給付の価額の限度で当然国に移転し（1項）、第三者が先に損害賠償をしたときは、政府はその価額の限度で保険給付をしないことができると定め（2項）、受給権者に対する第三者の損害賠償義務と政府の保険給付義務とが相互補完の関係にあり、同一の事由による損害の二重填補を認めるものではない趣旨を明らかにしているのであって、政府が保険給付をしたときは、右保険給付の原因となった事由と同一の事由については、受給権者が第三者に対して取得した損害賠償請求権は、右給付の価額の限度において国に移転する結果減縮すると解されるところ（最高裁昭和50年（オ）第431号同52年5月27日第三小法廷判決・民集31巻3号427頁、同50年（オ）第621号同52年10月25日第三小法廷判決・民集31巻6号836頁参照）、損害賠償額を定めるにつき労働者の過失を斟酌すべき場合には、受給権者は第三者に対し右過失を斟酌して定められた額の損害賠償請求権を有するにすぎないので、同条1項により国に移転するとされる損害賠償請求権も過失を斟酌した後のそれを意味すると解するのが、文理上自然であり、右規定の趣旨にそうものといえるからである。」

20) 前掲最一小判昭和55年12月18日は、雇用契約上の安全保証義務違背を理由とする債務不履行に基づく損害賠償請求（いわゆる使用者行為災害）における遅延損害金の起算日について判示したものである。同判決は、原判決を破棄自判する過程で、労働者災害補償保険法による遺族補償年金を損害から控除する際、特段の理由を示すことなく絶対説に立って事案を処理した。ただし、同判決では当該控除と過失相殺との先後については判示事項とされていない。

イ　伊藤正己裁判官の反対意見

これに対し、伊藤正己裁判官は、要旨、以下のとおり反対意見を述べ、相対説を支持した。

「労働者災害補償保険（以下「労災保険」という。）は、業務上の事由又は通勤による労働者の負傷、疾病、障害又は死亡に対して迅速かつ公正な保護をするため、必要な保険給付を行い、併せて業務上の事由又は通勤により負傷し、又は疾病にかかった労働者の社会復帰の促進、当該労働者及びその遺族の援護、適正な労働条件の確保等を図り、もって労働者の福祉の増進に寄与することを目的とするものであり（法1条）、労災保険事業に要する費用に充てるための保険料は事業主から徴収されるが（法24条、労働保険の保険料の徴収等に関する法律15条等）、国庫は右費用の一部を補助することができることとされている（法26条）。そして、法12条の2の2第1項は、労働者が、故意に負傷、疾病、障害若しくは死亡又はその直接の原因となった事故を生じさせたときは、保険給付を行わないこととし、同条2項は、労働者が故意の犯罪行為若しくは重大な過失等により、右のような負傷等又は事故を生じさせるなどしたときは、保険給付の全部又は一部を行わないことができるとし、もって、保険給付を制限する場合を限定している。すなわち、法においては、使用者の故意・過失の有無にかかわらず、同項の定める事由のない限り、事故が専ら労働者の過失によるときであっても、保険給付が行われることとし、できるだけ労働者の損害を補償しようとしているということができる。以上の点に徴すれば、労災保険制度は社会保障的性格をも有しているということができるのである。政府が労災保険給付をした場合に、右保険給付の原因となった事由と同一の事由について、受給権者の第三者に対して取得した損害賠償請求権が右保険給付の価額の限度において国に移転するものとされるのも、同一の事由による損害の二重填補を認めるものではない趣旨を明らかにしたにとどまり、第三者の損害賠償義務と実質的に相互補完の関係に立たない場合についてまで、常に受給権者の有する損害賠償請求権が国に移転するものとした趣旨ではないと解することも十分可能であるから、当然に法12条の4第1項の規定を多数意見のように解さなければならないものではないというべきである。もとより、労災保険制度が社会保障的性格を有

することなどから、直ちに、事故により被害を受けた労働者に過失がある場合に国が受給権者の第三者に対して有する損害賠償請求権のうちのいかなる部分を取得するかという問題を解決することはできない。しかし、労災保険制度が社会保障的性格を有し、できるだけ労働者の損害を補償しようとしていることは、法12条の4第1項の解釈にも反映させてしかるべきである。右の観点からすると、政府が保険給付をした場合においても、第三者に対する損害賠償請求権の額と右保険給付の額とが相まって、右保険給付の原因となった事由と同一の事由による労働者の損害が全部填補される結果にならない限り、受給権者の第三者に対する損害賠償請求権は国に移転しないと解することも考えられないではないが、そこまで徹底することには躊躇を感ずる。私は、労働者に過失がある場合には、政府のした保険給付の中には労働者自らの過失によって生じた損害に対する填補部分と、第三者の過失によって生じた損害に対する填補部分とが混在しているものと理解し、第三者の損害賠償義務と実質的に相互補完の関係に立つのは、右のうち第三者の過失によって生じた損害に対する填補部分であり、したがって、国が取得する受給権者の第三者に対する損害賠償請求権も、第三者の過失によって生じた損害に相当する部分であると解するのが相当であると考える。このように解すべきものとすれば、法に基づいてされた保険給付の原因となった事由と同一の事由による損害の賠償額を算定するに当たっては、右損害の額から右保険給付の価額を控除し、その残額につき労働者の過失割合による減額をする方法によるべきことになる。法12条の4第1項が事故の発生につき労働者に過失があるため第三者に対する損害賠償請求権が損害額よりも少ない場合をも念頭において規定されたものであるとは思われない。以上のような見解に対しては、損害賠償の理論からすれば、たまたま労災保険給付があったからといって賠償の総額が増えるのはおかしいとの批判がある。しかし、労災保険が純然たる責任保険と異なることは前記のとおりであるから、労災保険が給付される場合とこれが給付されない場合とで、受給権者の受領することのできる金額に差が生ずるのは当然のことであり、右の非難は当たらないというべきである。」

(2) 最一小判平成17年6月2日民集59巻5号901頁[21]

　最一小判平成17年6月2日は、自動車損害賠償保障法72条1項後段の規定による損害のてん補額の算定に当たっての過失相殺と国民健康保険法58条1項の規定による葬祭費の支給額の控除との先後について、要旨、以下のとおり判示し、相対説を採用した原判決を破棄、自判した。

　「法72条1項後段の規定により政府が被害者に対してん補することとされる損害は、法3条により自己のために自動車を運行の用に供する者が賠償すべき責めに任ずることとされる損害をいうのであるから、法72条1項後段の規定による損害のてん補額は、被害者の過失をしんしゃくすべきときは、被害者に生じた現実の損害の額から過失割合による減額をした残額をいうものと解される。そして、法73条1項は、被害者が、健康保険法、労働者災害補償保険法その他政令で定める法令に基づいて法72条1項の規定による損害のてん補に相当する給付を受けるべき場合には、政府は、その給付に相当する金額の限度において、上記損害のてん補をしないと規定し、自動車損害賠償保障法施行令21条14号は、法73条1項に規定する政令で定める法令の一つとして国民健康保険法を挙げているから、同法58条1項の規定による葬祭費の支給は、法73条1項に規定する損害のてん補に相当する給付に該当する。したがって、法72条1項後段の規定による損害のてん補額の算定に当たり、被害者の過失をしんしゃくすべき場合であって、上記葬祭費の支給額を控除すべきときは、被害者に生じた現実の損害の額から過失割合による減額をし、その残額からこれを控除する方法によるのが相当である。」

---

21) これに先立つ最一小判平成10年9月10日判タ986号189頁は、国民健康保険の保険者からの療養給付に先立って自動車損害賠償保障法16条1項の規定に基づく損害賠償額の支払がされた場合に保険者が国民健康保険法64条1項の規定に基づき代位取得する損害賠償請求権の額について判示した中で、「被上告人は、療養の給付の時に存在する損害賠償請求権の額を限度とし、療養の給付をした都度、被上告人の負担額（ただし、過失相殺による減額をした後の額）に相当する額の損害賠償請求権を代位取得するにすぎないというべきである」と判示した（若林三奈「並行給付と損害賠償」ジュリ1403号66頁（2010年）等）。しかし、同判決では当該事項が議論になっていないことに留意する必要がある（前記判タ解説参照）。

Ⅲ 学説の動向

1 絶対説[22]

(1) 学説における絶対説は、いずれも労災保険給付に関する議論としてされているところ、その論拠は、主として、損害賠償の一般論との整合性及び代位における処理の簡明さ[23]にある。

まず、損害賠償の一般論では、「過失相殺によって、被害者の過失を考慮して加害者が現実に賠償債務を負うべき額を算出し、損益相殺によってこの負担額から被害者の利益を控除した残りが『真の損害』と考える」[24]ため、「たまたま労災補償があったからといって、賠償の総額がふえるのはおかしい」[25]とする。また、労災保険金と同様、保険給付に当たって過失相殺が制限されている自賠責保険金における取扱いと対比し、自賠責保険金において絶対説が採用されていることとの整合性を指摘するものもある[26]。

---

22) 絶対説を支持する主なものとして、加藤一郎「労働災害と民事賠償責任」季刊労働法113号14頁(1979年)(なお、加藤は代位規定の存在しない遺族扶助料の恩給逸失利益からの控除(最一小判昭和41年4月7日民集20巻4号499頁)につき相対説を支持していた。加藤一郎「判批」法協84巻3号387頁(1967年))、安西愈『労働災害の民事責任と損害賠償下巻』(労災問題研究所、1983年)194頁、岩出誠「判批」ジュリ881号141頁(1987年)、同「労災民事訴訟における労災保険給付の控除—特別支給金の控除、過失相殺との先後関係を中心に」季刊労働法143号164頁(1987年)、加藤了「判批」別冊ジュリ新交通事故判例百選131頁(1987年)、佐堅哲生「社会保険給付控除と過失相殺」日弁連交通事故相談センター専門委員会編『交通事故損害額算定基準設立:20周年記念(11訂版)』(1987年)141頁、円谷峻『不法行為法・事務管理・不当利得(第3版)』(成文堂、2016年)185頁等。水野貞「保険会社支払基準について」交通法研究12号150頁(1980年)における小川昭二郎判事及び野村好弘教授の見解も同旨。また、伊藤高義「損益相殺」山田卓生編集代表『新・現代損害賠償法講座第6巻損害と保険』(日本評論社、1998年)261頁は、労災保険給付については絶対説を採用した前掲最三小判平成元年を是認し、健康保険・国民健康保険給付等の療養給付については相対説を支持する。
23) 加藤・前掲注22)「労働災害と民事賠償責任」14頁、岩出・前掲注22)「判批」141頁。
24) 岩出・前掲注22)「判批」141頁。
25) 加藤・前掲注22)「労働災害と民事賠償責任」14頁。
26) 加藤・前掲注22)「労働災害と民事賠償責任」14頁。なお、安西・前掲注22)

次に、社会保険給付の損害賠償からの控除が代位の法理によること（労働者災害補償保険法12条の4の規定については前掲最三小判決平成元年の多数意見参照）を前提とした上、相対説に立ちながら、国が全額代位して加害者に求償しうることになると（全額求償説）、加害者の賠償額が増額されて不合理な結果になり、労災保険の代位分についても過失相殺されるとすると（割合的求償説）、労災保険（社会保険者である政府）が求償できない一部を自己負担することになり、相対説の「論者の趣旨に反する」[27]、あるいは、「保険財政の不健全化がひいてはこれにより生存の保障を受ける労働者の利益に反することになる」[28]とする。

　(2)　絶対説は、相対説の主たる論拠とされる、労働者災害補償保険法12条の2の2の規定（前掲最三小判平成元年の伊藤裁判官反対意見参照）との関係について、以下のとおり反論する。

　例えば、労災保険給付が過失相殺の対象とならないということは、「労働者の損害が民事賠償請求として請求される場合とは次元を異にする問題であり何ら積極的な根拠とはなり得ない」（労災保険給付自体は減額されないからその限度で労働者は不利益を被らない）[29]とする。

　また、使用者行為災害の場面についての指摘であるが、「労災保険は無過失責任であり、もともと全額給付されることが前提なのであって、保険給付は使用者の補償義務の履行に代る直接の給付なのであるから、保険給付の利益は保険加入者である事業主側にあるのであって、労災保険給付は使用者の損害賠償のてん補としての機能を有しているものであるから、実際に使用者が労働者に支払う義務を有する金額の中から控除すべきことが使用者の補償義務の代行としての意義をも有する保険制度の趣旨に合致し、公平の原則に

　　　192頁以下は、自賠責保険金において控除前相殺説が採用されていることも指摘しつつ、労働者災害補償保険法12条の2の2については、同法78条にいう使用者の免責事項を受けて設けられた「給付制限制度であり、過失相殺とは直接的には関係のない問題であり、公正な保険法の施行という意味からのもの」であるとする（同194頁）。

27)　加藤・前掲注22）「労働災害と民事賠償責任」14頁。
28)　岩出・前掲注22）「判批」142頁。
29)　岩出・前掲注22）「判批」142頁。

いわゆる損益相殺と過失相殺の先後（過失相殺がされる場合における社会保険給付と損害賠償請求権の調整）

もかなう」[30]とするものもある。

2 相対説[31]

(1) 学説における相対説は、労災保険給付のほか健康保険給付や年金給付についても議論されているところ、その論拠は、主として、当該社会保険給付における過失相殺の取扱いであり、また、当該社会保険給付の社会保障的性格である。

例えば、「労災保険給付や健康保険等については、それらが被害者の過失を重視することなく、社会保障の一環として支払われるべきものであること

---

30) 安西・前掲注22) 203頁。
31) 相対説を支持する主なものは、以下のとおりである。なお、特段断らない限り、労災保険に関する見解である。田邨正義「過失相殺の範囲」判タ268号175頁（1971年）（労災保険、健康保険に言及）、寺本嘉弘「自動車交通事故と社会保障制度との交錯（上）」法時44巻2号111頁（1971年）（健康保険を中心に言及）、福永政彦『民事交通事件の処理に関する研究』（司法研究報告書第25輯第1号）418頁（1974年）、城口順二「重層的下請関係下の使用者責任」労働法律旬報913号45頁（1976年）、佐々木一彦「過失相殺」『（ジュリ増刊）総合特集交通事故―実態と法理』168頁（1977年）、保原喜志夫「労災補償制度と不法行為責任」『（ジュリ臨時増刊）損害賠償責任と被害者の救済』691号166頁（1979年）、柿島美子「判批」法協96巻1号99頁（1979年）、寳金敏夫「各種保険・補償代位の問題点」牧山市治＝山口和男編『民事判例実務研究第3巻』（判例タイムズ社、1983年）221頁、宮原守男「過失相殺」『（ジュリ増刊）総合特集自動車事故』145頁（1986年）、西村健一郎「社会保障給付と損害賠償」民商93巻臨時増刊号(2)425頁（1986年）、信濃・前掲注15) 17頁、西村健一郎「判批」民商101巻5号717頁（1990年）、古賀哲夫「判批」法時62巻4号105頁（1990年）、下森・前掲注3) 153頁、石原・前掲注14) 627頁、水野・前掲注5) 14頁（労災保険、健康保険、年金保険に言及）、伊藤・前掲注22) 261頁（前記注のとおり健康保険に限定）、西島梅治『保険法（第3版）』（悠々社、1998年）203頁、東京大学労働法研究会編『注釈労働基準法（下）』（有斐閣、2003年）934頁〔岩村正彦執筆部分〕、若林・前掲注3) 1463頁（労災保険、健康保険、年金保険に言及）、高野真人「社会保険給付と損益相殺・代位の問題点」財団法人日弁連交通事故相談センター編『交通賠償論の新次元―財団法人日弁連交通事故相談センター設立40周年記念論文集―』（判例タイムズ社、2007年）209頁（労災保険、健康保険、年金保険に言及）、若林・前掲注21) 66頁（社会保険給付一般として言及）、窪田充見編『新注釈民法⑮債権(8)』（有斐閣、2017年）465頁〔前田陽一執筆部分〕（労災保険、年金保険に言及）、前田陽一『債権各論Ⅱ不法行為法（第3版）』（弘文堂、2017年）111頁、藤村ほか・実務交通事故訴訟大系(3) 742頁〔若林三奈〕、近江幸治『民法講義Ⅵ事務管理・不当利得・不法行為（第3版）』（成文堂、2017年）214頁、窪田充見『不法行為法（第2版）』（有斐閣、2018年）440頁。

に鑑みれば、過失相殺の負担は保険者等に帰せしめるべき」[32]とされ、「（絶対説では）被害者の過失に起因する損害部分を、本来負担をすべき労災保険の保険者（政府）ではなく（労災保険の場合、被害者の過失があったとしても、国は労災保険給付をしなければならない点に留意すべきである）、実質的に被災労働者・遺族に負担させることになり、妥当とは言え」ない[33]とされる。

また、相対説は、代位の法理との関係について、労災保険法12条の4第1項等の規定を「素直に解釈すれば、被災者の過失の有無に関係なく、社会保険者は既に行った給付の総額につき『同一の事由』の範囲で、被災者の損害賠償請求権を代位取得しうると読むことができる」とした上で、「しかし社会保険者は、本来、保険事故に対してその発生原因・責任のいかんにかかわりなく給付すべきものであって、損害賠償請求権を代位取得しうるから給付するというものではな」く、「社会保険者の求償権は、前述のように被災者の二重の利得の禁止と加害者の不当な責任免脱の防止のために認められているのであって、その点からすれば社会保険者の負担軽減の視点は付随的なものにすぎ」ないとし、「被災者の過失によって加害者が責任をもつべき賠償総額が限定されて、被保険者（被災者）と社会保険者の利害が対立するような場合には、二重塡補が生じない範囲で前者を優先することが社会保険の趣旨にもまたできるかぎり完全な損害塡補を行うという損害賠償の目的にも合致する」とする[34]。

(2) 相対説は、損害賠償の一般論との関係では、代位の法理による以上、過失相殺後残額が代位の対象となるという一般論を前提に、代位の範囲を限定するというアプローチを採る[35]。また、絶対説と全額求償説、相対説と割合的求償説の組合せのみが成り立つことも承認する[36]。

そして、労災保険等（社会保険者である政府）が被害者等の実損害の一部を代位求償することができずに自己負担することになる不利益について、代

---

32) 寳金・前掲注31) 221頁。
33) 東京大学労働法研究会編・前掲注31) 934頁。
34) 西村・前掲注31)「社会保障給付と損害賠償」425頁。このほか信濃・前掲注15) 13頁、古賀・前掲注31) 105頁、西村・前掲注31)「判批」717頁。
35) 下森・前掲注3) 153頁、若林・前掲注3) 1456頁。
36) 信濃・前掲注15) 4頁等。

位規定の趣旨との関係では、「社会保険者の負担軽減の視点は付随的なものにすぎない」[37]とし、他方で求償権の行使の実効性（つまり社会保険者の負担軽減の実態）にも疑問を呈する[38]。さらに、労災保険では（保険料の拠出者である）使用者団体の負担となることについて、価値判断として疑問の余地があることを認めつつ、労災保険給付の性質からこれを妥当とする[39]。なお、健康保険等では、被保険者も保険料を負担することを相対説の論拠として指摘するものもある[40]。

加えて、労災保険金等が損害てん補の性質を有すること及び自賠責保険金との対比については、労災保険等が損害てん補の性質を有することを承認した上で、自賠責保険金とは責任の有無を前提とするか否かで区別すべきとする[41]。

(3) 相対説では、損害保険における一部保険と請求権代位の議論と対比して論じるものもある[42]。すなわち、平成20年法律第57号による改正前の旧商法662条1項は、請求権代位について労働者災害補償保険法12条の4第1項と同旨の規定を置いていたところ[43]、保険金額が保険価額に達しない一部保険（例えば100万円の自動車に50万円の損害保険を掛けた場合）で、かつ、被保険者の第三者に対する損害賠償請求権が過失相殺等のために実損害よりも少なくなる場合（本稿冒頭の具体例のように被保険者に50％の過失相殺がさ

---

37) 西村・前掲注31)「社会保障給付と損害賠償」425頁。
38) 信濃・前掲注15) 16頁。
39) 信濃・前掲注15) 18頁、石原・前掲注14) 625頁。
40) 田邨・前掲注31) （健康保険について）、若林・前掲注3) 1462頁（年金保険について）。
41) 信濃・前掲注15) 6頁、石原・前掲注14) 621頁、624頁、水野・前掲注5) 14頁（責任の有無を前提とするものを「損害の賠償」、これを前提としないものを「損害の補償」として区別する。）、若林・前掲注3) 1458頁。なお、ここにおける「損害」を実損害と解すると損害てん補と相対説は両立すると指摘するものとして、信濃・前掲注15) 6頁、西村・前掲注31)「判批」712頁。
42) 信濃・前掲注15) 14頁、古賀・前掲注31) 105頁、石原・前掲注14) 627頁、高野・前掲注31) 217頁。
43) 同条項は「損害が第三者の行為に因りて生じたる場合に於て保険者が被保険者に対し其負担額を支払いたるときは其支払いたる金額の限度に於て保険契約者又は被保険者が第三者に対して有せる権利を取得す」とする。

れた場合)、保険給付を行った保険者にどの範囲で請求権代位が生じるかに争いがあり、学説は、本稿の論点と同様、絶対説、相対説及び差額説に分かれていた。そして、最二小判昭和62年5月29日民集41巻4号733頁は、条文の文言解釈を重視する絶対説を否定し、一部保険の比例分担の原則（旧636条）に従い相対説を採用した[44]ところ、本稿の論点もこれと同様に考えられるという。

3 差額説

差額説は、最も被害者保護に厚い見解であるものの、その論者は少数である[45]。そして、その論拠としても当該社会保険給付の社会保障的性格が指摘される[46]。

IV 各種社会保険における代位規定等及び代位求償に関する行政実務の動向

1 労災保険

代位規定等については、前掲最三小判平成元年の多数意見のとおりである

---

[44] 議論の概要につき、田辺康平「一部保険における保険者の請求権代位の範囲―最二小判昭和62・5・29をめぐって―」金法1190号6頁（1988年）、田中壮太「判解」最判解民（昭和62年度）258頁、西島・前掲注31) 191頁参照。

[45] 水野・前掲注22) 148頁における金澤理教授の見解、古賀哲夫「判批」法時58巻4号141頁（1986年）、同「労災保険法12条の4における政府の求償権と労働者の過失相殺」名古屋学院大学論集24巻1号169頁（1987年）（ただし、後に改説したと見られる。古賀・前掲注31) 105頁参照）、山田誠一「『重複塡補』問題の理論と現実（2・完）」NBL509号32頁（1992年）、渡邉和義「損害賠償額からの遺族年金の控除―最高裁平成5年3月24日大法廷判決の残された問題点」日本交通法学会編『人身賠償・補償研究(4)』（判例タイムズ社、1998年）309頁（遺族年金につき差額説を妥当とする）。

[46] 水野・前掲注22) 148頁における金澤理教授の見解、古賀・前掲注45)「判批」141頁、渡邉・前掲注45) 309頁。

(前記Ⅱ2(1)ア)。その趣旨は、「一般に保険利益を受ける者に生じた損害について重複しててん補を受けさせることは妥当でないので、『損害賠償者の代位』（民法第422条）の法理に基づいて、保険者に利益を帰属させようとする政策的要請によるものであ」り、「事故の真の原因者が最終的にその事故によって生じた損害を負うことが正義にかなっていると考えられる」[47]とされる。

代位求償の行政実務は、絶対説によるとされる[48]。

2　健康保険・国民健康保険等

代位規定等については、労働者災害補償保険法と同旨の規定がある（健康保険法57条1項・2項、国民健康保険法64条1項・2項、高齢者の医療の確保に関する法律58条1項・2項）。その趣旨は、「同一の事由について二重に損害が塡補される不合理を防止するため」[49]とされる。

代位求償の行政実務は、相対説によるとされる[50]。

3　介護保険

代位規定等については、労働者災害補償保険法と同旨の規定がある（介護

---

47) 厚生労働省労働基準局労災補償部労災管理課編『7訂新版労働者災害補償保険法』（労務行政、2008年）301頁（健康保険、年金保険、損害保険等の代位規定が同一の趣旨であるとする。)。
48) 労務行政編『[改訂版]労災保険と自賠責保険調整の手引』（労務行政、2005年）65頁。
49) 厚生省保険局国民健康保険課監修『逐条詳解国民健康保険法』（中央法規、1983年）251頁。
50) 昭和54年4月2日保発24号・庁保発6号厚生省保険局保険課長・社会保険庁医療保険部健康保険課長・社会保険部船員保険課長連名通達「第三者行為により生じた保険事故の取扱いについて」（厚生省保険局国民健康保険課監修・前掲注49）268頁)、炭谷茂＝井口直樹『国民健康保険における第三者行為の理論と実務（改訂版）』（ぎょうせい、1976年）67頁。なお、前記通知について健康保険・国民健康保険における代位求償の行政実務が絶対説を前提としつつ裁量で相対説の限度まで求償額の減額を認める趣旨にとどまると指摘するものとして、瀬戸・前掲注14）139頁、高野・前掲注31）213頁。

保険法21条1項・2項)。代位求償の行政実務は、相対説によるようである[51]。

4 年金保険

代位規定等については、労働者災害補償保険法と同旨の規定がある(国民年金法22条1項・2項、厚生年金保険法40条1項・2項)。年金保険における代位求償の行政実務は定かではない[52]。また、老齢年金や障害年金から遺族年金への切り替え事案では代位の余地がないとされる[53]。

V 考 察

1 各説の主要な論拠の検討[54]

(1) まず、損害賠償の一般論として過失相殺後残額が損害賠償額であることに異論はない。

しかし、そのことから、(代位を含む)損益相殺と過失相殺の先後関係が論理的に定まるものではない[55]。また、損害保険の中には、保険給付が損害賠

---

51) 各都道府県介護保険担当主管課(室)あて厚生労働省老健局介護保険計画課平成28年3月31日付け事務連絡「第三者行為による保険給付と損害賠償請求権に係るQ&Aの改正について」別紙(問3)(参照URL:https://www.ajha.or.jp/topics/admininfo/pdf/2016/160401_10.pdf)。
52) 高取・前掲注17) 73頁。なお、平成27年9月30日年管管発0930第6号日本年金機構年金給付業務部門担当理事あて厚生労働省年金局事業管理課長通知「厚生年金保険法及び国民年金法に基づく給付と損害賠償額との調整の取扱いについて〔国民年金法〕」(参照URL:https://www.mhlw.go.jp/web/t_doc?dataId=00tc2478&dataType=1&pageNo=1)。
53) 滝澤孝臣「判解」最判解民(平成5年度(上))486頁、藤村ほか・実務交通事故訴訟大系(3)732頁〔若林三奈〕。
54) これ以外の論拠の検討については、さしあたり信濃・前掲注15) 9頁を参照。
55) 例えば、死亡逸失利益の算定における生活費控除が相対説であることに争いはない。窪田編・前掲注31) 463頁は、損害項目の金銭評価のプロセスの中か(生活費控除)外か(保険給付)で区別されるとするが、後者を過失相殺後控除とする理由については説明できていない。

償義務の成立しない範囲の損害をてん補するものもあるから[56]、各種社会保険給付についてもどの範囲の損害をてん補する性質のものであるかを問うことが先決である[57]。それを論じることなく、保険給付を受領した場合としなかった場合で被害者等の受領総額に差が生じること自体を批判しても意味がない。

そうすると、損害賠償の一般論を論拠とする相対説批判は、必ずしも的確ではないといえる。

(2) 次に、損害賠償からの控除を代位法理に求める場合[58]、確かに、代位規定の文言解釈は絶対説になじむといえる。

しかし、相対説の学説が指摘するとおり、各種社会保険は、労働者又は国民の生活事故に対して保険給付を行うものであり、第三者の責任や過失を前提とするものではない(この点が自賠責保険や任意保険とは異なる。)。そのため、各種社会保険給付は、元来、損害賠償義務の成立しない範囲の損害をてん補することが予定されている（学説にはこれを社会保障的性格と呼ぶものもあるが、そもそも各種社会保険の性質が責任保険とは異なるということである。）。

これに対し、代位規定は、二重の利得の禁止と加害者の不当な責任免脱の防止[59]の観点から規定されたものにすぎず、求償権の代位取得の範囲と保険給付の範囲が一致すべきものでもない。

そうすると、各種社会保険の性質を基本とした上、代位規定の趣旨に沿う形で代位規定の文言に限定解釈を加え、被害者等の過失部分を一部保険者に案分負担させることも不相当とは解されず、相対説には一定の理があるとい

---

56) 人身傷害補償保険や一部保険の議論（Ⅰ2(1)、Ⅲ2(3)）を参照。
57) 窪田・前掲注31）441頁。
58) 損益相殺と代位法理を区別する見解の学説史については松浦以津子「損益相殺」星野英一編集代表『民法講座第6巻事務管理・不当利得・不法行為』（有斐閣、1985年）694頁。両者を包括的に理解する近時の見解として潮見佳男「差額説と損益相殺」法学論叢164巻1～6号128頁（2007年）。
59) 保険者の負担軽減の位置付けについては前掲注37）参照。なお、自賠法16条1項の被害者請求と労働者災害補償保険法12条の4第1項の求償権が競合した場合の処理が問題となった最一小判平成30年9月27日民集72巻4号432頁は、「政府が行った労災保険給付の価額を国に移転した損害賠償請求権によって賄うことが、同項の主たる目的であるとは解されない。」と判示した。

える。

　なお、代位法理が問題とならない場合であれば、相対説を採用することにそもそも支障はないことになる。

　(3)　代位規定の文言に限定解釈を加える場合、相対説と差額説のいずれを採用すべきかについては問題である。この点、一部保険の前記最高裁判例を参照して相対説の積極的な理由付けを試みるものもあるが[60]、保険価額や一部保険の概念がなく、旧商法662条の規定と異なり任意規定とは解されない代位規定を置く社会保険について、一部保険の議論がどこまで参照できるかは疑問もある。この点は、社会保険の公的性格から相対説を採用する見解が参考となる[61]。

2　2つの最高裁判例について

(1)　**前掲最三小判平成元年**

　同判決の多数意見の文言解釈を批判するに当たっては、実は前記Ⅴ1(2)の指摘では十分でない。なぜならば、多数意見は、労働者災害補償保険法12条の4第1項のみならず2項の規定をも引用し、「受給権者に対する第三者の損害賠償義務と政府の保険給付義務とが相互補完の関係にあ」ると判示したからである[62]。同条2項と同種の規定は、旧商法の保険編にも現行保険法にも見当たらないから、多数意見の解釈を前提とすると、同条2項又はこれと同種の規定を有する社会保険は、損害保険と異なり、法文上、第三者に損害賠償義務が生じる場合には保険給付の範囲が限定されるものということになる。

　しかし、多数意見の解釈には疑問がある。一般に、損益相殺については、「損害」と「利益」との間に「相互補完性」を要すると解されるものの[63]、これ

---

60)　石原・前掲注14) 625頁。
61)　若林・前掲注21) 67頁。
62)　同判決の多数意見が引用する最三小判昭和52年5月27日は、厚生年金保険法及び労働者災害補償保険法について同旨を説く。
63)　窪田編・前掲注31) 450頁。

1　いわゆる損益相殺と過失相殺の先後（過失相殺がされる場合における社会保険給付と損害賠償請求権の調整）

を代位法理に援用したとしても、「損害賠償義務」と「利益を基礎付ける請求権」が当然に「相互補完」の関係に立つわけではない。それにもかかわらず、社会保険において両者に相互補完関係が成り立つとすると、第三者行為災害の場合は、社会保険が責任保険としての性質しか有さなくなるわけであるところ、そのような帰結が相当とは解されない。

そうすると、同条1項と同条2項の規定が、いずれも二重の利得の禁止と加害者の不当な責任免脱の防止の趣旨に出たものと解し[64]、同条2項の規定は、損害賠償がされた場合に、てん補された損害について重ねて保険給付を受けないことを注意的に規定し、「損害」と「保険給付」が「相互補完の関係にある」ことを示したにすぎないとみるべきである（したがって、被害者等が加害者から先に損害賠償を受けたとしても、保険給付が元来てん補を予定していた被害者等の過失部分のうち一定割合の損害について保険給付がされることは否定されないと解すべきである。）。

(2) 前掲最一小判平成17年

同判決が自賠法72条1項後段の規定による損害のてん補額の算定（自賠法と国民健康保険法との調整の場面）に関するものであって一般化できないこと[65]からすると、前掲最一小判平成17年は相対説を採用することの妨げにはならないと解される。

Ⅵ 結　語

本稿では、過失相殺がされる場合における社会保険給付と損害賠償請求権の調整について、絶対説が代位規定等の文言解釈になじむことを承認しつつ、絶対説が損害賠償の一般論からの論理的な帰結ではないこと、代位規定等の文言解釈が各種社会保険給付の性質にそぐわず、不合理な結果を招くことを

---

64) 厚生労働省労働基準局労災補償部労災管理課編・前掲注47) 301頁参照。
65) 舘内比佐志「判解」最判解民（平成17年度（上））293頁。なお、最一小判平成21年12月17日民集63巻10号2566頁及びその解説である中村ひとみ「判解」最判解民（平成21年度（上））293頁も参照。

指摘するとともに、判例が指摘する「相互補完性」についても見直しが必要であることを指摘した。もとより、本稿は、従前の最高裁判例・下級審裁判例と学説の論拠を整理したまでであり、議論に目新しいところはないものの、主としてこの問題に取り組む法曹実務家に何らかの検討材料を提供できていれば幸いである[66]。

---

66) 本稿で検討できなかったものとして比較法研究がある。古いものは瀬戸・前掲注14) 139頁以下に、近時のものは若林・前掲注3) 1466頁（注18）に掲記されているので参照されたい。

遅延損害金と民法405条
―交通事故に基づく損害賠償請求権について民法405条が適用されるか

白鷗大学法学部教授
益 井 公 司

I　はじめに

　近年、下級審判決ではあるが、交通事故のケースにおいて遅延損害金について重利の規定である民法405条の適用を認める判決が見られる（以下、特に断らない場合は民法の条文である）。これまで金銭消費貸借などにおける債務不履行に基づく損害賠償債務の遅延損害金（遅延利息）については405条の適用をめぐり議論されてきたところであるが[1]、交通事故などの不法行為に基づく損害賠償債務の遅延損害金については、遅延損害金が主たる請求（基本債務）に付帯するかたちをとることから、あまり注目されていなかった。しかし、主たる債務の額が大きくなってくると、それに対する割合で計算される遅延損害金を元本に組み入れ重利（複利）計算で損害賠償額が算定されるのか、単利計算によるのかでは、その額に大きな差が出てくる。そこで、本稿では、交通事故等の不法行為に基づく損害賠償債務の遅延損害金にさらに遅延損害金が生じ複利計算による損害賠償額の算定が妥当であるのか、妥当であるとすれば、どのような法的構成によるべきなのかを、これまでの判例・学説を通して、債務不履行による場合との相違点にもふれながら、その妥当性を検討していきたい。

---

1) 後掲注7) の(b)を参照。

Ⅱ 学説の検討

学説を検討するにあたっては、まず、⑴問題となる点を整理し、次に⑵旧民法における重利規定、現行民法 405 条の起草者の見解、そして⑶現在の学説の状況を見ていく。

1 問題の整理

交通事故等の不法行為に基づく損害賠償請求権は、不法行為の時に発生し、それと同時に遅延損害金が発生するというのが、判例・通説である[2]。遅延損害金は、遅延利息ともいわれるが、その法的性質は、債務不履行（履行遅滞）に基づく損害賠償金であるとされ[3]、その損害賠償額は法定利率によって決定される（419 条、404 条）。

損害賠償である遅延損害金（遅延利息）に、利息に関する規定である 405 条を適用ないし類推適用すべきかどうかは、債務不履行による場合と同様に、議論がある。つまり、遅延損害金（遅延利息）は一般の遅延賠償債務と同様、期限の定めのない債務であるから、請求によって遅滞に陥り（412 条 3 項）、419 条により遅滞に陥ったその時から遅延損害金（遅延利息）についての遅

---

2) 判例：最判昭和 37 年 9 月 4 日民集 16 巻 9 号 1834 頁、最判昭和 58 年 9 月 6 日民集 37 巻 7 号 901 頁（弁護士費用）。学説：我妻栄『事務管理・不当利得・不法行為』（日本評論社、1940 年）208 頁、加藤一郎『不法行為（増補版）』（有斐閣、1976 年）219 頁、幾代通（徳本伸一補訂）『不法行為』（有斐閣、1993 年）346 頁、四宮和夫『不法行為（下）』（青林書院、1985 年）636 頁以下（なお、不法行為の時より後に物の価格が騰貴した場合にはその騰貴の時から遅延賠償を付すのが妥当とするが、四宮は不法行為時からその基準時までは損害発生当時の価格による損害額について、その基準時以後はその基準時の価格（騰貴価格）による損害額についてそれぞれ遅延損害金を付すとする（572 頁））。
3) 我妻栄『新訂債権総論』（岩波書店、1964 年）139 頁、奥田昌道『債権総論（増補版）』（悠々社、1992 年）51 頁、於保不二雄『債権総論（新版）』（有斐閣、1972 年）48 頁、潮見佳男『新債権総論Ⅰ』（信山社、2017 年）234 頁、中田裕康『債権総論（新版）』（岩波書店、2011 年）50 頁、小野秀誠『債権総論』（信山社、2013 年）41 頁、柚木馨（高木多喜男補訂）『判例債権法総論〔補訂版〕』（有斐閣、1971 年）143 頁。

延損害金（遅延利息）が生じ、したがって、その時から遅延損害金（遅延利息）を元本に組み入れ複利計算で損害賠償額が算定されるのか、405条を適用ないし類推適用して、同条に定められた要件を満たした場合には遅延損害金を元本に組み入れ複利計算で損害賠償額が算定されるのか、この場合405条にいう「利息」に遅延損害金（遅延利息）も含まれるのかも問題となってくる。また、不法行為に基づく損害賠償債務の遅延損害金は、不法行為時に発生し、かつそれ（遅延損害金）自体が遅滞に陥っていると解するのか、民法は単利計算が原則であることから遅延損害金に遅延損害金は付かないということも考えられる。これらの問題は、そもそも不法行為における遅延損害金の発生時期をめぐる問題とも深く関係しており、不法行為時から遅延損害金が発生するとの判例・通説の立場に立つ見解を中心としながら、概ね以下のような五つの解釈が考えられる。

(1) 判例・通説の立場に立ちながら、遅延損害金が支払われていたならば債権者はそれを法定利率で運用することができたのであるから[4]、遅延損害金が遅滞に陥るのも不法行為時と解し、常に不法行為時から遅延損害金に遅延損害金が付き、複利計算により損害賠償額が決定される。この考えによると、中間利息の控除について複利計算されていることとの平仄も取れることになる。

(2) 判例・通説の立場に立ちながら、遅延損害金は期限の定めのない債務であるから、412条3項によって、請求により遅滞に陥り、遅延損害金に対する遅延損害金は419条により遅滞に陥ったときから支払うことになる。これによると請求を受けた時から複利計算によることになる。

(3) 判例・通説の立場とは異なり、不法行為に基づく損害賠償債務は期限の定めのない債務であるから、412条3項の規定により請求を受けた時から遅滞に陥り、遅延損害金が発生し、遅延損害金に対する遅延損害金は405条の類推適用により、同条に規定する要件を満たした場合に遅延損害金を元本に組み入れ、複利計算により損害賠償額が算定される。

---

[4] さらには悪意の受益者に関する704条の均衡からもこのように解する根拠の一つとできよう。

(4) 判例・通説の立場に立ちながら、民法は利息については単利計算によることを原則としているが、405条は利息の組み入れを認めているのであるから、不法行為時に発生した遅延損害金は、405条を類推適用して元本に組み入れることができる。

(5) 民法では、利息は単利計算によることが原則であり、不法行為に基づく損害賠償債務の遅延損害金に対する遅延損害金を請求することはできないとする（常に単利計算）。

以上の(1)～(5)の解釈[5]のうち、交通事故等の不法行為の場合、どのような見解をとるのが妥当であろうか。遅延損害金の法的性質は損害賠償であることから、一定の制裁を科すことを考えれば、(1)に近い見解になるが、これに対し、損害賠償の機能も損害の填補に限るのであるから、そうした制裁的機能をここに入れるべきでないと解するとともに民法の各条文（405条、419条）の趣旨を生かそうとすると、(2)～(5)の見解を検討することになる。その際には、不法行為の場合、不法行為時から遅延損害金が生じるというのが現在の判例・通説であるが、そのように考えるべきなのかなどを検討する必要も出てくる[6]。金銭消費貸借のように金銭の支払額があらかじめ決まっている債務の不履行の場合については、判例・通説はすでに形成されている[7]。

---

[5] いつから遅延利息が生じるかを考えるにあたり、交通事故によって生じた損害を人身侵害と物を侵害した場合に分けて考えることもできる。というのは、「fur seper in morar」（盗人は常に遅滞にあり）との沿革を理由に物の侵奪や毀損の場合には不法行為時から利息を付すことになっており、これはドイツ民法（BGB）849条に具体化されているからである。しかし、この場合の利息は、物が侵奪された場合には返還されるまで、毀損の場合は修繕が終わるまで利用できなかった損害を抽象的損害算定したものであり、遅延利息ではない（注30を参照）。これは、人身侵害の場合の得べかりし利益に相当するものである。そうすると「fur seper in morar」との沿革を理由に不法行為時から遅延利息が発生すると考えることはできない。のちに述べるように、どちらの損害の場合も遅延利息の発生は、期限の定めのない債務として請求時からと考えるべきであろう。

[6] 不法行為の場合に不法行為時から遅延利息が付くというのが、判例・通説であるが、通説に対する的確な批判としては、平井宜雄『債権各論Ⅱ不法行為』（弘文堂、1994年（部分補正））165頁以下が重要である。なお、この問題については別稿で詳細に論じることにするが、必要に応じてこの点にも若干触れることにしたい。

[7] (a)利息債務が遅滞に陥った場合の処理：もし、419条の適用があるとすれば、遅滞した利息は、遅滞の時から遅延賠償を支払うべきことになり、405条と抵触し、405条は無意味となるから、419条1項の規定は、利息債務の不履行の場合には適用されず、

そこで、本稿では、上記(1)～(5)の見解をもとに、交通事故など判決があるまで支払金額が確定しない不法行為の場合、遅延損害金に遅延損害金は付くのか、付くとした場合、法定重利の規定である405条が適用されるのかに焦点をあて、どのような理論構成が妥当であるかを検討することにしたい。

2 旧民法における重利規定・現行民法405条の起草者の見解
(1) 旧民法における重利規定

旧民法財産編394条は「要求スルヲ得ヘキ元本ノ利息ハ填補タルト遅延タ

405条の要件を満たす場合にのみ利息に利息が生じるとの見解が通説であり、学説はほぼ一致している。石坂音四郎『日本民法債権総論上巻』（有斐閣、1921年〔合本〕）516頁、勝本正晃『債権総論上巻』（厳松堂書店、1930年）244頁、我妻・前掲注3）48頁、奥田・前掲注3）55頁、於保・前掲注3）51頁、柚木・前掲注3）57頁以下。

判例においても、X（原告、被控訴人、被上告人）が貸金の利息の支払いにつき訴状送達時から遅滞に陥っているとして419条を適用しその金額を計算したのに対し、Y（被告、控訴人、上告人）は405条の規定によるべきであると争った事案において、大審院は、遅滞に陥った時から419条を適用して直ちにその賠償ができるとすると405条を設けた趣旨には反するのみならず、405条の規定を無用のものにしてしまうことになるので、利息の延滞により当然生ずべき損害の救済につき特別の規定があるのだから、419条の規定は利息債務不履行の場合に適用すべきでないとして419条の適用を否定した（大判大正6年3月5日民録23輯411頁）。

(b)遅延利息が遅滞に陥った場合の処理：学説は、①遅延利息は損害賠償であり、その性質を徹底し、419条1項を適用し、債権者の催告により遅滞に陥り、その翌日から遅延利息に遅延利息が生じ、405条は適用されないとする説（後掲注16）参照）、②延滞利息に準じて考え、405条の利息には遅延利息も含まれるとする説（後掲注17）参照）、③損害金ではあるが、本来の債務が金銭債務であることにかんがみ、損害金が日毎に発生するのみで、これについての重ねての遅延損害金の発生を認めないとする説（後掲注18）参照）などがある。これらの学説は不法行為により生じた遅延利息の場合にも同じように議論されているところであり、詳細は、本稿「Ⅱ　学説の検討　3　現在の学説の状況」で見ていく。

判例は、X（原告、上告人）は、Y（被告、被上告人）が延滞利息を405条に基づいて組み入れた点につき、405条は約定利息に関してのみ適用され、履行遅滞による損害金としての遅延利息には適用されないと争った事案について、遅延利息についても405条が適用されると判示した（大判昭和17年2月4日民集21巻3号107頁）。その理由として、①遅延利息は損害賠償であるが、それは元本の使用による得べかりし利益の喪失であり、この意味で元本使用の対価として生じる約定利息となんら異ならない、②遅延利息を含まないとすると、元本債務の遅滞がなく約定利息のみを1年分以上遅滞した場合に組み入れができるのに、元本債務を遅滞しかつ遅延利息を1年分以上遅滞した場合に組み入れができないというのでは、責任の重い場合に複利の計

ルトヲ問ハス其一个年分ノ延滞セル毎ニ特別ニ合意シ又ハ裁判所ニ請求シ且其時ヨリ後ニ非サレハ此ニ利息ヲ生セシムル為メ元本に組入ルルコトヲ得ス」と規定し、現在でいう遅延利息にも重利の規定が適用されることが明確になっている[8]。また、延滞利息を元本に組み入れてこれに利息を生じさせるには、特別な合意をなすか裁判所に請求することを必要としたのは、債務者の注意を喚起するのに必要なことであるだけでなく、「幾数年分ノ利息延滞スルモ合意又ハ請求アリテ始メテ其時ヨリ之ニ利息ヲ生セシムルコトヲ得ルノミ決シテ延滞利息ヲシテ当然更ニ利息ヲ生セシムルヘキコトヲ予メ要約スルヲ得サルナリ」[9]として、債務者を保護している。

(2) 現行民法405条の起草者の見解

穂積陳重によると、旧民法の規定とは異なり、本案では手続を簡便にした（催告だけで足りる）のは、債務者が「……永イ間払フベキ利息ヲ払ハズシテ……一年分以上モ延滞シテ催告シテモ尚ホ払ハヌト云フヨウナ場合ニ於ケル債権者ヲ保護スル規則ニ致シマシタ」とその理由を明確にした[10]。つまり、旧民法にみられる債務者を保護するためのものではなく、債権者を保護する

算ができないことになり、正義・衡平に合しないことをあげ、405条にいう利息には遅延利息も入ると解するのが相当であるとした。

8) 本条で填補利息、遅延利息のどちらも重利が禁止されるのであるが、それぞれの意味については、「填補利息トハ債務者其金銭ヲ利用シ債権者ハ其間之レカ収益ヲ失フニ由リ其ノ填補即チ債権者カ其利用ヲ失フタルヲ填補スルカ為メニ払フ所ノ利息ヲ云フナリ遅延利息トハ其期限ニ至リ弁済ヲ為ササリシニ由リ其賠償トシテ払フヘキ利息ヲ云フ」（井上操『民法詳解　人権之部』（寶文館、1890年）365頁）とか、「填補利息トハ債権者カ元本タル金銭ヲ債務者ニ交付シタルニ因リ失ヒタル利益ニ［ヲ？］填補スルノ賠償即チ利息ヲ謂フ即チ履行ノ遅延ニ対スル賞金ナリ故ニ貸金ニ利息ヲ付シタルトキハ其利息ハ即チ填補利息ナリ」（井上正一『民法正義　財産編第二部巻之壹』（新法注釈会、1891年）571頁）と述べていて、いまひとつ意味が明確でないが、ボアソナード先生訂定、富井政章先生校閲、本野一郎・城数馬・森順正・寺尾亨『日本民法［明治23年］義解　財産編　第四巻　人権及ヒ義務』（信山社、1998年復刻）857頁が「利息ノ利息ニ至テハ之ヲ生セシムルノ原因如何ニ従ヒ或ハ填補タリ或ヒハ遅延タリ即チ其合意ヨリ生スルトキハ填補ニシテ請求ニ因リ生スルトキハ遅延ナリトス此差異ノ結果タル利息ノ割合ニ関スルモノナリ即遅延利息ハ法律上ノ利息ノ割合ヲ超過スル能ハサルモ填補利息ハ合意上ノ利息ノ割合ニ従フヘキナリ」として先のものと合わせて読むとその意味が明確になる。

9) 井上正一『民法正義　財産編第二部巻之壹』（新法注釈会、1891年）575頁以下。

10) 法務大臣官房司法法制調査部『法典調査会民法議事速記録三』（商事法務研究会、1984年）28頁。

ためのものとなったのである（とはいえ、当然に重利が認められるのではなく405条の要件を満たす必要があり、この意味では債務者を保護するものとなっている）。

民法修正案（前三篇）の理由書では「債務者ノ怠慢ヲ責メ利息カ一年分以上延滞シタル場合ニ於テ債権者カ其催告ヲ為スモ債務者之ヲ支払ハサルトキハ直チニ元本ニ組入ルルコトヲ得」[11]と説明し、債務者の怠慢を責める手段として405条が規定されていることが明確になっている。つまり、債権者を保護するためのものとなっているのである。

その後の起草者の教科書では、このような規定にした理由として、梅謙次郎は、「債務者カ利息ノ支払ヲ怠ルモ債権者ハ決シテ之ニ重利ヲ附スルコト能ハサルモノトセハ債権者ハ尠カラサル損害ヲ被ムリ頗ル不公平ト謂ハサルヘカラス」[12]、「毎月利息ヲ払フベキ場合ニ其支払ヲ怠レバ損害賠償ノ名義ヲ以テ之ニ又利息ヲ附スルコトガ当然デアルヨウデアリマスケレドモ、併ナガラ慣習上利息ニ利息ヲ附スルコトハ滅多ニセヌ、日本デモ欧羅巴デモソウデアル、ソレ故ニ普通ノ意思ヲ推測致シマシテ我民法ハ第四百五条ノ規定ヲ設ケテ居ル」[13]と説明し、富井政章は、「是怠慢ナル債務者ヲ責ムル一手段ニシテ唯其利息ヲ支払ハサルハ錯誤又ハ遺忘ニ原因スルコトアルカ故ニ一応催告ヲ為スコトヲ必要トシタルナリ」[14]と説明する。つまり、利息の支払いが遅れた場合、債権者を保護するために、怠慢なる債務者を責める手段として損害賠償として利息に利息が付されるのが当然であることを前提に、慣習や当事者の通常の意思を推測して、現行の405条のような限定（利息の１年分以上の延滞、催告、組入れの意思表示）がなされているのである。旧民法の債務者を保護するという観点から債権者保護という転換がはかられている。

遅延利息の支払いが遅れた場合どうなるかであるが、遅延利息の支払いが

---

11) 廣中俊雄編著『民法修正案（前三篇）の理由書』（有斐閣、1987年）336頁。
12) 梅謙次郎『民法要義　巻之三債権編』（有斐閣、1912年）26頁。
13) 梅謙次郎『民法債権』（法政大学発行、発行年不明）94頁。また、梅謙次郎『民法原理　債権総則』（和仏法律学校、1902年12月全部完結）（信山社、1992年・復刻版）104頁では「一年ヲ過キ尚ホ其支払ヲ怠ルハ甚シキ怠慢ナルヲ以テ之ニ重利ヲ附スルモ可トセリ」という。
14) 富井政章『民法原論第三巻債権総論上』（有斐閣、1929年）172頁以下。

遅延すればそれに損害賠償の性質を有する利息が付くことになるが、それは405条の規定によって処理されると考えていたようである[15]。

以上、見てきたように、起草者は405条の立法趣旨を説くにとどまり、交通事故のような損害賠償の額が明確でない不法行為の場合における遅延損害金について405条の適用があるか否かについては、起草過程や起草者の教科書では議論の対象となっていない。しかしながら、少なくとも、起草者の見解によると、利息に利息が付されるのは、利息の支払いを怠ったといえる場合であり、遅延損害金の場合にもその支払いを怠ったという場合でなければならず、判決時まで損害賠償の額が明確となっていない不法行為の場合に遅延損害金はいつ発生し、その支払いを怠ったとされるのはいつからなのかを再検討する必要が出てくる。

3　現在の学説の状況

不法行為に基づく損害賠償債務の遅延損害金にも405条の適用があるか、という問題については、これまであまり議論されていない。しかし、下級審判決ではあるがこの問題をめぐる訴訟がいくつも見られ（後述の「Ⅲ　判例の検討」を参照）、考えていかなければならない問題となっている。そもそも不法行為に基づく損害賠償債務の遅延損害金に遅延損害金は生じるのか、ということも考え合わせて、前述の1で示した解釈(1)～(5)をもとに考えていきたい。

学説は、おもに次の(a)～(c)である。(a)遅延損害金（遅延利息）は損害賠償であり、その性質を徹底し、419条1項を適用し、債権者の催告により遅滞

---

[15] 梅・前掲注13)『民法原理　債権総則』103頁では、「旧民法等ニ於テハ損害賠償ノ性質ヲ有スル所謂遅延利息ニ付テモ等シク裁判上ノ請求又ハ債務者ノ同意ヲ必要トセルカ故ニ損害賠償ニ付キ此ノ如キ主義ヲ取ルトキハ理論上重利ニ付テモ同一ノ条件ヲ必要トスルハ或ハ理由アルヘシト雖モ此事タルヤ元来甚シキ誤謬ニシテ新民法ニ於テハ其場合ニモ等シク期日ヲ過クレハ直チニ利息ヲ附スルコトトセリ故ニ重利ノ場合ニモ一定ノ時期ヲ過クレハ当然利息ヲ生スルモノトセリ然レトモ一定ノ時期即チ一年ノ期間ヲ過クルコトヲ必要トシタルニ付テハ」排利主義を加味したとの疑いがあるが、それは慣習や当事者の通常の意思を推測して現行の405条は作られていることを説明する。そうすると、遅延利息が支払われない場合にも期日をすぎれば利息を付すことになるというのは、405条の規定により処理されることになる。

に陥り、その翌日から遅延損害金に遅延損害金が生じ、405条は適用されないとする説[16]。これは前述1の解釈(2)の考え方である。(b)延滞利息に準じて考え、405条の利息には遅延損害金も含まれるとする説[17]。これは、前述1の解釈(3)(4)の考え方である。(c)損害金ではあるが、本来の債務が金銭債務であることにかんがみ、損害金が日毎に発生するのみで、これについての重ねての遅延損害金の発生を認めないとする説[18]。これは前述1の解釈(5)の考え方である。

なお、(b)の説を否定するものに、405条は金銭消費貸借の場面での遅延損害金にも適用されるが、これを超えて405条を不法行為に基づく損害賠償請求権の遅延損害金一般にも妥当させるのは適切でないとして、交通事故などの不法行為に基づく損害賠償請求権の遅延損害金については、組入重利を認めるべきでないとする見解がある[19]。この説は、金銭消費貸借の場合のみ405条を適用し、不法行為の場合にはなぜ適用できないのかの理由が明確でない。

思うに、交通事故等の不法行為に基づく損害賠償債務の遅延損害金については組入重利を認めるべきでないとする理由は、判決があるまで賠償すべき金額が明確でないのに不法行為時から遅延損害金が付くことを前提に405条の重利の規定を認めることは、あまりにも債務者に酷であるということなのではなかろうか。そうであるとするならば、不法行為による遅延損害金の発生時期を不法行為時とするのではなく、口頭弁論終結時や412条3項により請求時とするならば[20]、405条を適用してよいように思われる。起草者の言

---

[16] 柚木・前掲注3) 144頁以下、石田文次郎『債権総論』（早稲田大学出版部、1947年）44頁、松坂佐一『民法提要債権総論』（有斐閣、1956年）73頁。
[17] 勝本・注7) 275頁、我妻・前掲注3) 139頁、於保・前掲注3) 151頁、奥田・前掲注3) 142頁、松坂佐一『民法提要債権総論（第4版）』（有斐閣、1982年）78頁、河原小次郎「民法第四百五条と遅延利息に就て」法律新聞280号4頁。
[18] この説を具体的に主張しているものは見つけられなかったが、奥田・前掲注3) 142頁でこうした考え方があげられている。不法行為における遅延利息には遅延利息が付かないという形で処理されてきた多くの判例がこの考え方に立っているものといえよう。
[19] 潮見・前掲注3) 243頁。
[20] 平井・前掲注6) 165頁以下。

うように、遅延利息を1年以上支払わない怠慢な債務者を保護する必要はないからである。

III　判例の検討

不法行為に基づく損害賠償債務の遅延損害金に405条の適用が認められるか否かについては、かつて大審院において遅延損害金の支払いがなされていないケースで405条の適用を認めた判例（大判昭和16年12月9日法律新聞4749号12頁）があるが、このケースは不法行為に基づく損害賠償債務（基本債務）は支払われており、遅延損害金のみが残っている場合で、支払金額が両当事者において明らかであり、判決があるまで支払金額が確定しない不法行為に基づく損害賠償債務の遅延損害金に遅延損害金が付くのか、という問題を検討するには先例とはなりえないものと思われる。もっとも、債務不履行であれ不法行為であれ賠償すべき金額が決まっているものについては、405条の適用が認められるということを明らかにした判例として意味がある。

この問題の先例としてあげられるのは、いわゆるクロロキン薬害訴訟の控訴審判決である（東京高判昭和63年3月11日判時1271号3頁）[21]［後述の判例【1】］。この判決は405条の適用を認めず、その理由を明らかにしており、近時の判例（東京高判平成27年5月27日判時2295号65頁）［後述の判例【5】］においてもその理由が踏襲されている。

昭和63年のクロロキン薬害訴訟判決ののち、平成20年代に入り、405条の適用を認める地裁判決が見られるようになり、405条の適用は認められないとする判例［後述の判例【2】～【4】］、405条の適用を認める判例［後述の判例【6】～【8】］が錯綜している。

---

21) この事案は他に重要な点がいくつもあり、遅延利息に遅延利息が付くかという問題は、それまで否定的に考えられていたことと相俟って重要視されていなかったようで、上告理由の中には見られず（上告理由のうち民集では省略となっている部分にあるのかもしれないが見出すことはできない）、上告審（最判平成7年6月23日民集49巻6号1600頁）ではこの問題は取り上げられていない。

以下、次のように分類し、とくに理由が明らかにされている判例【1】および判例【5】の判決理由を中心に検討し、交通事故等の不法行為に基づく損害賠償債務の遅延損害金に遅延損害金が付くのか、405条の適用が妥当であるのか、を考えていきたい。なお、判例【2】〜【8】はいずれも自動車事故における人身侵害（死亡・障害）の場合である。

1 405条の適用は認められないとする判例

(1) 判例要旨
判例【1】：東京高判昭和63年3月11日判時1271号3頁（クロロキン薬害訴訟）

原告が、遅延損害金もその性質は損害賠償であるから、遅滞に陥った遅延損害金は419条1項によりさらに遅延損害金が発生し、損害賠償額は民事法定利率年5分の割合による複利計算によるべきであると主張したのに対し、東京高裁は次のように述べてこれを否定した。

「一般に不法行為に基づく損害賠償請求権の遅延損害金については、民法405条の適用はなく、もっぱら民法419条1項によるべきであると考えるが、その結論は、原告らの主張とは反対に、当然に右遅延損害金は単利計算によるべきである、ということになる。

すなわち、405条は、もともと約定利息についての規定であり、遅延利息にも同条の適用があるとする大審院昭和17年2月4日判決……やこれと同旨の学説……があるが、右判例は、貸金債権についての事案であり……、右判例や学説が……不法行為に基づく損害賠償請求権の遅延損害金に当然に妥当するものではない。不法行為に基づく損害賠償請求権の場合は、悪意の受益者（704条）の場合との比較衡量や被害者救済の観点から、412条に定める履行遅滞の要件の例外として、何らの催告を要することなく損害の発生と同時に遅滞に陥るとするのが判例（最高裁昭和37年9月4日判決・民集16巻9号1834ページ）、通説であるうえ、……契約に基づく債権の場合とは異なり、殊に人的損害の場合などは多くの不確定な要素を含んだ複雑な計算方法で損害額が算定され、したがって、裁判手続きで確定されるのが通常であるこ

とを考えるとき、不法行為に基づく損害賠償請求権について履行遅滞の要件の緩和に加えて、405条の適用まで認めることは、債権者を不当に優遇し、その反面として債務者に酷な結果となることが明らかであるから、同条の適用の余地はないというべきである。

　そうすると、不法行為に基づく損害賠償請求権の遅延損害金は、419条1項によって律せられることになるところ、同条項は、金銭を目的とする債務の不履行についてはその損害賠償額は法定利率によるべきことを、また、約定利率が法定利率を超えるときは約定利率によるべきことを定めているにとどまるものであり、……遅延損害金についてさらに遅延損害金が発生することまでは定めていないというべきである。……もし原告らの主張するように、右条項に基づき遅延損害金の遅延損害金が発生し、しかも不法行為に基づく遅延損害金は発生と同時に遅滞に陥るとするならば、遅延損害金の遅延損害金のそのまた遅延損害金が発生するという結果となり、その不当なことは明らかである。」

　判例【2】：東京地判平成24年10月24日自保ジャ1886号69頁

　「以上によれば、被告は、原告 X_1 に対し、民法709条に基づき、……損害賠償義務を負っており、かかる義務は、本件事故日……から遅滞に陥っていることとなる。……原告 X_1 は、既発生の遅延損害金を元本に組み入れる旨の主張をしているが、民法405条の趣旨に照らせば、同条の「利息」には、不法行為に基づく損害賠償請求権に関して発生する遅延損害金は含まれないと解される。」

　判例【3】：大阪地判平成25年7月4日交通民集46巻4号872頁

　「……損害賠償金の各元本に対する民法所定の年五分の割合による遅延損害金を……支払うよう催告し、同日までに支払がないときには、上記遅延損害金を本件損害賠償金の元本に組み入れる旨の意思表示を行う旨主張するが、民法405条の趣旨に照らせば、同条の「利息」には、不法行為に基づく損害賠償請求権に関して発生する遅延損害金は含まれないものと解するのが相当である……」

　判例【4】：東京地判平成26年12月1日判時2295号72頁

　「原告 X は、元本組入れの意思表示による法定重利を主張するが、X が元

本組入れの意思表示をした際、Xと被告Yとの間で損害額は明らかになっておらず、Xが請求した損害額は過大であるところ、……損害額を争うYにおいて、法定重利を余儀なくされるのは公平に欠ける。損害額の算定が必要な交通事故による不法行為に基づく損害賠償請求権に関し、発生する遅延損害金が、民法 405 条の利息に含まれると解釈することはできない。」

判例【5】：東京高判平成 27 年 5 月 27 日判時 2295 号 65 頁（判例【4】の控訴審)[22]

ア 「民法 405 条の法定重利の規定は、利息について一年分以上の延滞があった場合、催告を要件とした上で元本組入を認め、利息を支払わない怠慢な債務者を責め、債権者を保護することに趣旨があるところ、不法行為に基づく損害賠償請求権は催告なしに不法行為の時から遅延損害金が発生すると解されており、債権者保護が図られているので、それに加えて、遅延損害金について民法 405 条を類推適用するまでの必要があるかには疑問の余地がある。特に、不法行為に基づく損害賠償債務は、契約上の債務と異なり、履行すべき額が債務者にとって必ずしも明らかとはいえないのであるから、なおさらである。

控訴人Xは、損害額の算定が必要であることは、債務不履行に基づく損害賠償請求権でも同じであると主張するが、債務不履行に基づく損害賠償請求権の場合は、通常、遅延損害金の基礎となる本来的履行請求権の額が当事者に明らかなのであって、直ちに同列に論じることはできない。

イ また、法定重利を認めるまでに債務者が怠慢であると評価するには、債権者による催告の額が、客観的な利息ないし遅延損害金の額と、少なくとも大きくは乖離していないことを要件とすることが公平に適するところ、Xによる……催告の基礎となる元本額は、……認容元本額……の約三・六倍と大幅に過大であり、それに伴って遅延損害金に対する催告額としても大幅に過大であるから、民法 405 条の類推適用の前提を欠くというべきである。

ウ さらに、……X代理人は、……催告の基礎となる計算内容をY代理

---

[22] この判例評釈としては、川角由和「判批」判評 696 号 13 頁（2017 年）、大久保邦彦「判批」私法判例リマークス 55 号（2017〈下〉）18 頁がある。

人に連絡していたが、Y代理人が、基礎収入を賃金センサスとすることの合理性を検証するために実収入額を開示するように求めたのに対し、『実収入額は個人のプライバシーに強く関わる事柄であり、……もし、実収入の開示がなければ、示談できないのであれば、訴訟手続もやむを得ない……』と、不合理な理由で拒否し、YがXの請求額が妥当か否かを検討し、相当な額による任意の履行をする機会を奪っている。

このような事実関係のもとで、控訴人が法定重利の主張をするのは権利の濫用といわざるを得ない。

エ　以上によれば、本件の遅延損害金について民法405条の類推適用をする前提を欠くか、Xが法定重利の主張をするのが権利の濫用に当たるので、民法405条は類推適用されないものというべきである。」

(2)　検　討

判例【1】は405条の適用を認めない理由として、(a)405条はもともと約定利息についての規定であり、遅延利息にも同条の適用があるとするのは貸金債権の事案であり、不法行為に基づく損害賠償請求権の遅延損害金には妥当しない、(b)不法行為に基づく損害賠償請求権の場合は、人的損害など不確定的な要素を含んだ複雑な計算方法で損害額が算定され、裁判手続で確定されるのが通常であり、履行遅滞の要件の緩和（悪意の受益者〔704条〕）との比較衡量や被害者救済の観点から412条の例外として損害の発生と同時に遅滞に陥るとされているのに加えて、405条の適用まで認めることは、債権者を不当に優遇し、その反面、債務者に酷な結果となることをあげている。そして、不法行為に基づく損害賠償請求権の遅延損害金は、419条1項によることになるが、同条項は金銭を目的とする債務の不履行についてはその損害賠償額は法定利率によるべきことを、約定利率が法定利率を超えるときは約定利率によることを定めているにとどまり、遅延損害金についてさらに遅延損害金が発生することまでは定めていないとして、単利計算によるべきであると判示した。

これらの点については、判例【5】の検討と合わせて見ていく。

判例【2】～【4】は、いずれも405条の「利息」には不法行為に基づく損害賠償請求権に関して発生する遅延損害金は含まれないと解し、その理由と

して、判例【2】【3】は405条の趣旨をあげ、判例【4】は、損害額が明らかでなく、損害額を争っているのに法定重利を余儀なくされるのは公平に欠け、損害額の算定が必要な交通事故による不法行為に基づく損害賠償請求権に関して発生する遅延損害金は405条の利息に含まれないとする。これらの判例は、その理由づけは判例【1】を踏襲したものと考えられる。

判例【5】は、判例【1】の理由づけを踏襲し、詳しく判示しているが、その理由づけには疑問がないわけではない。以下判例【5】の理由づけについて検討する。

ア 405条の類推適用を否定する理由に「不法行為に基づく損害賠償債務は、契約上の債務と異なり、履行すべき額が債務者にとって必ずしも明らかとはいえない」(判例【4】も同様)ことをあげており、これはかなりの説得力を持つが、もしそうであればそもそも不法行為時に損害賠償債務が発生し、同時に遅滞に陥り遅延損害金が生じる、とするこれまでの判例・通説自体を再考することが必要となる。

イ 「民法405条の法定重利の規定は、利息について一年分以上の延滞があった場合、催告を要件とした上で元本組入を認め、利息を支払わない怠慢な債務者を責め、債権者を保護することに趣旨があるところ、不法行為に基づく損害賠償請求権は催告なしに不法行為の時から遅延損害金が発生すると解されており……債権者保護が図られているので、それに加えて、遅延損害金について民法405条を類推適用するまでの必要があるか」というが(判例【1】も同様)、これは、起草者の言う「利息を支払わない怠慢な債務者を責め、債権者を保護する」という405条の趣旨を無視し、「不法行為の時から遅延損害金が発生する」ことで債権者は保護されているからというのでは、理由づけに十分な説得力は見られないように思われる。先に述べたように遅延利息が付くということは債務者に怠慢があるといえなければならないが、支払うべき金額が決まっていないのにそういえるのかは問題である。誠実な債務者は直ちに支払おうにも支払うべき金額が決まっていないのであり、債務者が遅延利息の発生を免れるかその額を減少させるために、適切と思われる金額を提供・供託できるという新たな制度の構築が必要なように思われる[23]。

ウ 「法定重利を認めるまでに債務者が怠慢であると評価するには、債権

者による催告の額が、客観的な利息ないし遅延損害金の額と、少なくとも大きくは乖離していないことを要件とすることが公平に適する……催告額としても大幅に過大であるから、405条の類推適用の前提を欠く」というのであるが、債権者がいくらの賠償額を求めるかは自由であり、最終的には裁判で遅延損害金を含めた賠償額が決まるのであり、そこで決まった遅延損害金に405条の適用を認めれば足りるのではなかろうか[24]。

エ XはY不合理な理由で実収入額の開示を拒み、YがXの請求額が妥当か否かを検討する機会を奪っておいて、法定重利を主張するのは権利の濫用

---

23) 一部弁済提供・供託は原則的には無効であるが、交通事故に基づく損害賠償請求訴訟の控訴審において、一審判決によって命じられた損害賠償金の全額の弁済の提供および供託は、損害賠償債務の全額に満たない場合でも原則として有効である（最判平成6年7月18日民集48巻5号1165頁）。しかし、これは提供・供託された金額が、一審判決によって命じられた額で、一定の客観性が担保されている場合にのみ認められると考えられている（田中豊「判解」最判解民〔平成6年度〕474頁）。金額に争いがある場合につき供託できるものとしては、借地借家法11条2項、32条2項があるが、こうした立法的解決がなされていない場合には一部供託は無効と解されている（我妻・前掲注3）309頁）。交通事故訴訟における賠償額の算定は、赤い本（公益財団法人日弁連交通事故相談センター東京支部『民事交通事故訴訟　損害賠償額算定基準』）等によってかなり客観的に算定されるものとなっており、それに基づいた金額を提供・供託できてよいように思われる。そうでないとしても、平成26年度改正会社法によって設けられた「株式買取請求に係る株式等に係る価格決定前の支払制度」におけると同様の処理をなすことが、交通事故の場合にもできるのではなかろうか（この制度により、会社側は公正と認める額を反対株主側に支払うことができ、また反対株主側が受領を拒絶した場合には弁済供託できるため、これにより当該支払額に係る支払日後の利息を免れることができる（野村修也「組織再編―株式買取請求・差止請求―」ジュリ1439号58頁〔2012年〕）、坂本三郎編著『一問一答　平成26年改正会社法（第2版）』（商事法務、2015年）331頁、野村修也＝奥山健志編著『平成26年改正会社法』（有斐閣、2014年）128頁以下、岡伸浩編『改正会社法・施行規則等の解説』（中央経済社、2015年）222頁、太田洋＝高木弘明編著『会社法改正と実務対応（改訂版）』（商事法務、2015年）270頁）。こうした解釈論をとることができない場合には、立法的な手当てが必要となろう。なお、ドイツ民法（BGB）266条は、「債務者は一部給付をなす権利を有しない」と規定し、一部弁済を認めないが、交通事故において損害賠償額に争いがある場合につき、信義則を理由として、一部弁済（供託）を認めており（Staudingers Kommentar zum Bürgerlichen Gesetzbuch mit Eienführungsgesetz und Nebengesetzen (2014) (Claudia Bittner) §266Rn.31、遅延利息や訴訟費用の負担が問題となっている）、我が国においてもこうした形での解釈論を展開することもできよう。

24) これを徹底すると口頭弁論終結時から遅延損害金が発生することになるが、訴訟の遅延等のことを考えた場合、期限の定めのない債務であるから412条3項により請求時から遅延損害金を付すべきであろう。

であると判示しているが、これも不法行為時から遅延損害金が生じることを当然の前提として議論するからで、賠償金の請求時や口頭弁論終結時から遅延損害金が発生するとすれば権利の濫用というようなことを議論する必要もないように思われる。債権者が損害賠償の算定の根拠を債務者に示すべきであるとの信義則に基づく「債権者の協力義務」ということも考え、債務者がなるべく早急に賠償金を支払うことができるようにするためにも、債務者は公正と認める額を債権者側に支払うことができ、また債権者側が受領を拒絶した場合には弁済供託でき、これにより当該支払額に係る支払日後の利息を免れることができるというように、平成26年度改正会社法によって設けられた「株式買取請求に係る株式等に係る価格決定前の支払制度」の趣旨を類推して処理できる制度を確立すべきであろう[25]。

2　405条の適用を認める判例

(1) 判例要旨

判例【6】：大阪地判平成21年8月31日交通民集42巻4号1134頁（31歳の一家の支柱の死亡ケース）

「被告らは、不法行為に基づく損害賠償請求権には法定重利に関する民法405条の適用はないと主張する。しかし、不法行為に基づく損害賠償請求権においても……元本とは別に遅延損害金のみを債権者に支払うことは禁じられておらず、不法行為に基づく損害賠償の方法に関する民法722条は民法417条を引用しているが、これは405条の適用を排除することを意味するものと解することはできず、要は、不法行為に基づく損害賠償請求権について民法405条の適用を排除する理由はないというべきである。」

判例【7】：大阪地判平成23年8月23日自保ジャ1862号62頁（死亡事故のケース）

「不法行為に基づく損害賠償請求権についても、民法405条を適用し得る

---

[25] 前掲注23）の後半部分を参照。つまり相手からの損害賠償の請求時から遅延損害金が付くことになるので、その時に適切と思われる金額の提供・供託ができるようにすべきである。

と解し得る。しかし、同条による元本組入がなされるためには、既発生の遅延損害金の支払を求める催告をすること、相当期間経過後に発生遅延損害金の額を元本に組み入れる旨の意思表示をすることを要すると解されるところ……被告に到達した通知書には、『……損害を賠償するよう本書をもって催告致します。』と記載されているのみで、遅延損害金の支払を求める記載は存しない。従って……民法405条所定の催告がなされたとすることはでき」ない。

次に、原告らは「請求の趣旨及び原因の変更」と題する書面において、「原告は、被告に対し、民法405条に基づき、被告に対する損害金の利息について元本組入を求める。」と記載し、遅延損害金についての記載もあるところ、前記書面の記載を総合すれば、原告らは、前記期間中の遅延損害金についての支払を催告した上、相当期間経過後である口頭弁論期日において、元本組入の意思表示をしたものと評価しうる。

判例【8】：札幌地判平成26年3月5日LEX/DB25503381（死亡事故のケース）
「原告らが、……第1回口頭弁論期日において、訴状を陳述し、……遅延損害金が支払われないときは、1年分の遅延損害金を元本に組み入れる旨の意思表示をしたことは当裁判所に顕著な事実である。

そうすると、本件事故日から1年を経過した……日までの間に、……損害賠償金の元本……に対し、遅延損害金……が、……発生していたところ、原告らの意思表示により、これらの1年分の遅延損害金は、本件事故に基づく原告らの各損害賠償金の元本に組み入れられた……。」

(2) **検　討**

以上の判例【6】～【8】は、不法行為に基づく損害賠償債務の遅延損害金について405条は当然に適用されるということを前提にしており、なぜそうなるのかの理由を明示していない。

思うに、その理由は、遅延損害金が支払われていたならば、その遅延損害金を使用することができたのであるから、その遅延損害金を使用することができないことによって生じた損害の賠償（遅延損害金の利息分）を債権者は受けることができなければならないが、419条の適用を認めると405条が無意味になるので、債務者を一定限度で保護する405条の適用で処理しようと

考えたのでないかと思われる。もっとも、貸金債務の債務不履行のように返還すべき金額が明確である場合と異なり、交通事故による不法行為のようにその賠償額が明確でないのに遅滞したといえるかは問題がないわけではない。不法行為による遅延損害金について405条の適用を認めない判例はそれを考えているのではなかろうか。もっとも不法行為でも金銭が奪われたというように賠償すべき金額が明確な場合には債務不履行の場合と同様に考えることができるように思われる。

IV おわりに

　不法行為に基づく損害賠償債務の遅延損害金についての405条の適用をめぐる問題は、遅延損害金に遅延損害金が生じるのか、つまり遅延損害金を元本に組み入れ複利計算により損害賠償額を算定することの可否を問う問題でもある。405条の適用を認める判例は、特に理由を付すことなく当然のようにその適用を前提に判示している。債務不履行に基づく損害賠償債務の遅延利息と同じように考えているのか。しかし、債務不履行の場合と違い、不法行為の場合は、損害賠償債務発生の時から遅滞に陥り遅延損害金が生じると解されている。つまり、何ら催告を要することなく遅滞に陥る、不法行為の場合このように解されているのは、被害者（債権者）保護を図ってのことであるとされ、405条の適用を認めない判例においては、この上さらに405条の適用を認める必要はないのではないか、ということが405条の適用を認めない理由の一つになっている。また、債務者側は、損害賠償額が明らかでないのに405条の適用が認められると酷な結果となるとしている。

　そこで、405条の適用の可否を考えるにあたっては、不法行為と同時に損害賠償債務が遅滞に陥ると解する判例・通説を認めるか否かが重要となる[26]。不法行為の場合、支払う金額がいまだ確定していないのに、遅滞に陥

---

[26] 不法行為の場合、いつから遅延損害金が付くかに関しては、別稿を予定しているが、今のところ期限の定めのない債務として請求時から遅滞に陥ると考えている。この問題に関するものとして、藤原弘道「損害賠償債務とその遅延損害金の発生時期（上）

るとするのは不合理であり、損害額が確定した時（口頭弁論終結時）に遅滞に陥ると解すべきであるが[27]、訴訟の遅延や訴訟を故意に遅らせるといったこと等を考えた場合、412条により請求時または訴状送達時を基準とすべきである[28]。金銭を詐取したというような支払うべき金額が確定しているものについては、不法行為時から遅延損害金が発生してよいようにも思われるが[29]、ここにいう利息は、物が奪われた場合に返還されるまで利用できないという損害を抽象的損害算定することにより最低限の賠償として利息の賠償を認めるのと同じように、奪われた金銭が利用できないことによる損害を抽象的に算定して利息という形で損害賠償を認めるものであり、いわゆる遅延利息とは性質が異なるものと考える[30]。このように考えていくと、人身侵害の場合にはこうした損害は、得べかりし利益としてすでに算定されてしまっており、人身侵害による不法行為の場合も、412条3項により請求されたときから遅滞に陥り、405条を適用すべきである。起草者のいうように、遅延利息を1年以上支払わない怠慢な債務者を保護する必要はないからである。なお、安全配慮義務の場合、債務不履行時には不法行為と同様に支払うべき損害賠償額は明確ではないが、判例によると遅滞に陥るのは請求の時か

（下）」判タ627号2頁、629号2頁（いずれも1987年）および若林三奈「不法行為による損害賠償債務が遅滞に陥る時期・試論—損害論からの再検討—」立命館法学363＝364号1022頁（2015年）がある。

27) 森島昭夫『不法行為法講義』（有斐閣、1987年）417頁、藤原・前掲注26) 2頁以下。

28) 平井・前掲注6) 166頁。

29) 潮見佳男『不法行為法』（信山社、1999年）267頁。

30) 立木を無断伐採し売却した事案につき不法行為時から遅延損害金が発生するとしているが、判旨によると物が滅失した場合の遅延損害金の実質は利用利益の喪失であり、それを抽象的損害算定したものが利息として認められているのである（大判大正3年6月24日民録20輯493頁）。これは、ドイツ民法（BGB）849条「物の侵奪によりその価値を、または物の毀損によりその価値の減少を賠償しなければならないときは、被害者は、価値決定の基礎となるべき時より賠償すべき額の利息を請求することができる。」にいう利息と同じである。この条文は、具体的にその物の利用可能性が喪失したことの賠償を主張することもできるが、その立証が難しいので、物の利用可能が奪われたことを抽象的損害算定して最小限の賠償として利息を請求できるとしているのである（J. von Staudingers Kommentar zum Bürgerlichen Gesetzbuch mit Einführungsgesetz und Nebengesetzen (2015) (Vieweg), §849 Rn.1)。金銭もこの条文にいう物である（BGHZ 8,288,298 ＝ NJW 1593,499,500f)。なお、BGB849条が適用されるのは物の侵奪・毀損の場合に限定されている。

らであるから[31]、405条の適用を肯定してよいように思われる。

　判例が不法行為時から遅滞に陥り、遅延損害金を付すことができると考えたのは、なるべくはやく被害者が賠償金を得るようにしてやりたい（つまり、加害者は不法行為時に直ちに賠償すべきである）ということを狙いとしているのであろうが、支払うべき賠償金額もわからず、適切と考えられる額を提供しても相手方が不十分な額であるとして受取りを拒絶した場合、供託もできないというのでは、加害者としては遅延損害金に対する遅延損害金の発生を防ぐ方法がないことになる。「株式買取請求に係る株式等に係る価格決定前の支払制度」の趣旨を類推して処理すると被害者と加害者の利害をうまく調整できるのではなかろうか[32]。

　以上述べてきたように、供託できる場合を拡張するとともに、不法行為の場合における遅延損害金の発生を不法行為時とするのではなく、口頭弁論終結時や412条3項により請求時とするならば、405条の適用を認めてよいように思われる。起草者のいうように、利息を1年以上支払わない怠慢な債務者を保護する必要はないからである。

　なお「交通事故における逸失利益の算定についての共同提言」[33]において中間利息はライプニッツ方式をとるものとされ[34]、ほとんどの判例において

---

31) 最判昭和55年12月18日民集34巻7号888頁。
32) もっとも遅滞に陥る時期を412条3項により請求時と考えているので、請求された時に、適切と思われる額を提供し、相手方がそれを拒んだ場合は供託できることになる。不法行為時から生じるのは利用利益の喪失を抽象的損害算定した場合に利息を最低限の賠償として認めるのであり、同じ利息といいながらも性質の異なるものである。
33) 判時1692号162頁。
34) もっとも最高裁は、新ホフマン方式（単利）、ライプニッツ方式（複利）のいずれの方式も不合理でないとしている。これは単純に単利か複利かという問題以外に算定の基礎となる額（賃金センサスの平均賃金額）をどのようにとらえるかとも関連しており、問題は単純ではない。そのやり方には、①全年齢平均額とライプニッツ方式（最判昭和56年10月8日交通民集14巻5号993頁）、②全年齢平均額と新ホフマン方式、③初任給平均額とライプニッツ方式（最判昭和53年10月20日民集32巻7号1500頁）、④初任給平均額と新ホフマン方式（最判昭和54年6月26日交通民集12巻3号607頁）がある。②は算出される額が大きくなるため実務ではほとんど採用されなかったが、最高裁は②の方式を採用しても直ちには不合理とはいえないとしている（最判平成2年3月23日判時1354号85頁、最判平成2年6月5日判時1354号87頁）。

複利で計算している中間利息とのバランスが問題となるが、将来もらうべき額を現在一括してもらうことによる損害算定（中間利息を複利で控除する）の問題と遅延損害金（遅延利息）の問題は一応別個の問題である。しかし、中間利息の控除を複利で算定するのは、現在の取引社会では借入金利息等が複利で計算されるのが一般であること（約定で複利にすることは自由である）によっているものと思われる。民法では原則として単利で計算するとの考えと齟齬が生じているのではないか。複利とすることで遅延損害金が雪だるま式に増えていくことは、加害者になるべくはやく損害賠償金を支払うよう促す効果が考えられるが、その額が短期間で大きくなりすぎることが考えられ適当ではない。金銭を借り入れた場合、商人等が取引をする際には複利で計算してもその分の利益をあげることができるが、消費者等が借り入れる場合にはそのように考えてよいか問題であるし、405条でなされている価値判断を解釈論では無視できないと思われる。

　この問題は、遅延損害金の発生時期、損害論、金銭評価すべき時期などとの関係をどのように考えるかなど検討すべき問題は多く、最終的な結論を出すことはできないが、以上検討したところによると、起草者のいうように遅延利息を1年以上支払わない怠慢な債務者を保護する必要はないし、債務不履行による遅延利息との整合性を考えると、前掲「Ⅱ　学説の検討・1」で示した解釈(3)の見解によるのが妥当であると考える。

　（なお、本稿は、「不法行為に基づく損害賠償の遅延利息に遅延利息は付くことになるか」日本法学84巻3号（2018年）313頁と一部重複する部分があることをお断りしておく。）

弁護士費用の賠償
——被害者請求の不行使と弁護士費用の算定をめぐる問題から

最高裁判所家庭局局付
山 岸 秀 彬

I はじめに

　交通損害賠償の実務上、弁護士費用の賠償は、その余の損害額（認容額）の概ね1割を目安として算定されるのが通常であるが[1]、被害者が自動車損害賠償保障法16条1項の直接請求（いわゆる被害者請求）を行使することなく損害賠償請求訴訟を提起した場合に、弁護士費用の算定が問題となることがある。そのような場合、被害者請求を行使していれば回収できていたはずの金額を差し引いた損害額を基礎として、弁護士費用を算定すべきであるとの主張が、加害者側からされることが少なくないのである[2]。この点につき、裁判例は、弁護士費用の算定に当たり、被害者請求の不行使を考慮すべきとするもの（これを「考慮説」と呼ぶことにする。）と、考慮すべきでないとするもの（これを「非考慮説」と呼ぶことにする。）とに分かれている。

　この論点は、弁護士費用の「算定」をめぐる極めて実務的な論点であり、そもそも「損害額の概ね1割」という「基準」自体に論理的な根拠が乏しいと思われることも相まって、さほど学問的な関心を集めてこなかった論点で

---

1) 佐久間＝八木・リーガル(5)113頁。
2) 例えば、訴訟において、弁護士費用以外の損害額が5000万円と認定されたとすると、弁護士費用は、その1割である500万円が認められることになりそうであるが、被害者請求を行使していれば3000万円は容易に回収し得たはずであるとして、5000万円から3000万円を差し引いた2000万円を基礎として、その1割である200万円を認めるにとどめるべきであるというような主張である。

あるように思われる。

　しかしながら、よく考えてみると、本論点は、弁護士費用の賠償という、より一般的かつ困難な問題について、検討の示唆を与えてくれるもののように思われる。すなわち、弁護士費用の賠償をめぐる議論は、誤解を恐れずに極めて単純化してしまうと、不法行為に基づく損害賠償請求においては弁護士費用の賠償が認められることをいわば所与として、それをどこまで債務不履行に基づく損害賠償請求の場合に拡張できるかという形で展開しているように思われる。交通損害賠償における被害者請求の不行使と弁護士費用の算定の問題は、もちろん不法行為の場合の問題であって、債務不履行の場合と直接には関係しないが、不法行為の場合に、いかなる範囲の弁護士費用が相当な損害と認められているか、また認められるべきであるかを探求することは、これを債務不履行の場合にどこまで拡張できるかを検討するに当たって有益な示唆を与えてくれるように思われるのである。

　本稿は、以上のような考えに基づき、極めて実務的な本論点が持つより根源的な問題への示唆を明らかにすることを目的としたい[3]。

II　文献・学説

　まず、検討の出発点として、被害者請求の不行使と弁護士費用の算定について論じた文献・学説について概観する。

　まず、平成14年から平成16年まで遡ると、東京地裁交通部の部総括判事の立場から、被害者請求を行使することなく訴訟を提起した場合に、弁護士費用が低くなることがある旨を紹介するものがある[4]。ただし、最近の東京

---

[3]　以上のような本稿の目的は、交通事故民事裁判例集が50年にわたり果たしてきた役割にも通じるのではないかと考える。なお、本稿の執筆に当たっては、出版企画部の堂坂美帆さんのご協力をいただいた。ただし、本稿の責任は全て筆者にあり、本稿中意見にわたる部分は全て筆者の個人的見解であって、所属する組織とは何ら関係がない。

[4]　河邉義典「交通事故賠償の実務と展望」東京三弁護士会交通事故処理委員会編『新しい交通賠償論の胎動―創立40周年記念講演を中心として―』（ぎょうせい、2002年）39頁、芝田俊文「最近における東京地裁民事交通訴訟の実情」東京三弁護士会交通事故処理委員会ほか編『民事交通事故訴訟損害賠償額算定基準（2004年（平成16年）

地裁交通部の事件処理の実情として、上記のような運用を紹介するものは見当たらない。また、弁護士の立場から、裁判例の傾向を「(1)死亡事案や、事前認定手続により重度の後遺障害につき等級認定がなされている事案において、(2)被害者請求手続が未了の場合、(3)弁護士費用を一般的な基準（損害額の1割程度）よりも減額するが、(4)被害者請求により回収可能な金額を、そのまま損害総額より控除し、その1割を弁護士費用とするものではない」と分析・整理した上、このような判断は結論として合理的であるとする見解もある[5]。これらの見解は、考慮説に立つものということができるだろう。

他方で、学説中には、被害者請求は権利であって義務ではないことや、被害者請求をしない理由も様々であることが推測されるとして、単に被害者請求をしていないことをもって弁護士費用算定の減額事由とすることに反対する見解も強い[6]。このような非考慮説に立つ見解は、最近になって現れてきたもののように思われる。

こうしてみると、実務家から考慮説が唱えられているのに対し、学説からは非考慮説が主張されているようにもみえるが、本論点について論じた文献・学説は多くなく、またそこで取り上げられている裁判例も網羅的とはいえない状況にあって、いずれの見解が有力ともいい難いところであろう。

Ⅲ　裁判例の傾向と分析

そこで、次に、被害者請求の不行使と弁護士費用の算定について判示した裁判例を網羅的に検討することにする。交通事故民事裁判例集及び自保ジャーナルから検索し得た裁判例のうち、被害者請求の不行使と弁護士費用の算定について判示したものは、末尾に示したとおり57件あり、東京地判

　　版)』307頁。
5)　松原由尚「被害者請求により回収可能な自賠責保険金が存する場合の弁護士費用相当額の認定に関する裁判例の分析」交通事故判例速報50巻6号7頁（2015年）。
6)　藤村＝山野・概説交通事故賠償法198頁、藤村和夫『交通事故Ⅱ損害論〔第2版〕』（信山社、2016年）62頁、藤村ほか・実務交通事故訴訟大系(3)104頁〔潮見行弘〕。

昭和63年4月22日（裁判例【33】）が最初の裁判例ではないかと思われる。これらの裁判例の傾向を分析すると、以下のとおり指摘することができるように思われる。

1 事件数の動向

　裁判例の結論をみると、57件の裁判例のうち、考慮説に立つものが33件あるのに対し、非考慮説に立つものが24件となっており、結論は分かれているが、考慮説がやや優勢といって良い。もっとも、平成20年以降の比較的最近の裁判例に限ってみると、考慮説に立つものが16件であるのに対し、非考慮説に立つものは19件となっており、むしろ非考慮説がやや優勢な状況である。なお、平成20年以降、東京地裁交通部の裁判例は2件しか見当たらなかったが、いずれも非考慮説に立つものであり、前記Ⅱで紹介した文献において、東京地裁交通部の運用として紹介されているような取扱いが、現在なお行われているかは疑問である。

2 死亡事案か後遺障害事案か

　次に、考慮説に立つ裁判例33件をみると、大半の26件が死亡事案であり、後遺障害事案は7件があるのみである[7]。被害者請求は、あくまで損害賠償請求権の行使であり[8]、後遺障害の等級認定等により立証責任が軽減されているとはいえ、基本的に損害の立証責任は被害者が負うものと考えられるが、死亡事案は、等級認定等を要しない点で、後遺障害事案と比べて損害の立証が容易であるように思われ、保険金額（被害者請求の上限額）が3000万円と比較的低額であることも相まって（自動車損害賠償保障法施行令2条1項1号

---

[7] なお、非考慮説に立つ裁判例24件のうちでは、16件が死亡事案であり、後遺障害事案は8件である。したがって、そもそも考慮説からの主張がされる件数が死亡事案において多いということがいえそうであるが、考慮説に立つ裁判例と非考慮説に立つ裁判例とを比べても、考慮説に立つ裁判例においての方が、死亡事案の割合が多いということがいえると思われる。

[8] 最三小判昭和57年1月19日民集36巻1号1頁参照。

イ）、「被害者請求をすれば、ほぼ確実に3000万円が支払われたはずである」という推認につながりやすいのではないだろうかと思われる。このような経験則が、死亡事案において考慮説に立つ裁判例が多いという傾向につながっているのではないだろうか。そうであるとすると、考慮説の背景には、「被害者請求は弁護士に委任しなければならないほど手続が困難なものではなく、したがって、被害者請求により回収可能であった損害については弁護士に委任しなければならないほど立証が困難な損害であるとはいえない」という考えがあるのではないかと推測される。

3　理由の説示

　上記のような推測を踏まえ、裁判例における理由の説示について検討していきたい。

(1)　**考慮説の理由の説示**

　まず、考慮説に立つ裁判例の理由付けとしては、率直に、被害者が被害者請求をしていないことや、被害者請求をしていれば3000万円なりの支払を受けられたであろうことを指摘するものがほとんどである。

　例えば、裁判例【17】は、「被控訴人の後遺障害等級が損害保険料率算定機構によって7級と判断された以上、これに係る自賠責保険金1051万円は、被控訴人が請求しさえすればこれを受領することが可能であった」と断じている。このほか、裁判例【11】は、「原告らは、被告会社担当者から、本件事故について被害者請求によって回収可能な損害額は総額1660万2518円である旨の説明を受けていた」ことを指摘し、裁判例【24】は、「被害者請求すれば容易に早期のうちに原告らに対して3000万円が支払われたと考えられる」と指摘している。

　このような理由付けからも、考慮説の背景には、「被害者請求により回収可能であった損害については、弁護士に委任しなければならないほど立証が困難な損害であるとはいえない」という考えがあることがみて取れる[9]。

---

[9]　なお、裁判例【9】は、自賠責保険の「死亡保険金額3000万円の満額が支払われるとは限らないから…3000万円を控除して弁護士費用を算定するのは相当でない」が、

(2) 非考慮説の理由の説示

他方、非考慮説に立つ裁判例の理由の説示には、いくつかのバリエーションがあるように思われる。

ア 被害者請求が容易とはいえないことを指摘するもの

まず、被害者請求が必ずしも容易とはいえないことを指摘する裁判例が一定数あり、これには、被害者請求が手続的に容易とはいえないことを指摘するものや、特に死亡事案の場合に、心理的にも容易とはいえないことを指摘するものが含まれる。

例えば、裁判例【57】は、「被害者請求は煩雑な手続を要する」ことを指摘しており、裁判例【39】も、「原告らが自ら被害者請求をすることが実体的にも手続的にも必ずしも容易であるとは認め難い」ことを指摘している[10]。裁判例【53】は、オーストラリアからの留学生が日本で交通事故により死亡したというやや特殊な事案であるが、「原告らにとってその子が外国留学中に死亡した事案であり、原告らにおいて自賠責保険の被害者請求による支払を受けることが容易であったとは言い難い」と判示している。

また、裁判例【35】は、「遺族にとって死亡保険金請求が心理的・社会的に必ずしも容易とはいえない」ことを指摘している。これは、遺族の心情的な葛藤を考慮したものであろう[11]。

以上のような指摘は、「被害者請求により容易に回収が可能である」という考慮説の論拠に対して、被害者請求自体が弁護士に委任しなければならないほど困難な手続であるという考えに基づくのではないかと考えられる。

「遺族固有の慰謝料の合計額750万円については…極めて容易に支払われたはずであるといえる」として、損害認容額から750万円を控除した額の1割を弁護士費用として認めた。裁判例【32】も、同様に、「自賠責保険金の慰藉料分は確実に支給されたと考えられる」と指摘しており、慰謝料とその余の損害とで立証の難易に差があり得ることを示唆している。

10) 裁判例【52】及び【56】も同様である。
11) もっとも、考慮説に立つ裁判例【15】は、「原告らにおいては、自賠責保険の被害者請求を行うことに特段の支障がなかったにもかかわらず、心情的な理由から、敢えてこれを行っていない」と指摘し、裁判例【29】も、「原告らは被告らに対する感情的問題から自賠責保険の被害者請求手続をあえてしなかった」と指摘しており、心理的な問題は、評価が分かれるところだろう。

イ　被害者請求が被害者の義務ではないことを指摘するもの

次に、被害者請求は被害者の権利であって義務ではないということを指摘する裁判例が数多くみられ、件数としては、上記アの論拠を挙げるものよりも多い[12]。

例えば、裁判例【42】は、「自賠責の被害者請求は、被害者の救済のために設けられた制度であって、その行使が義務付けられているものではないから、これを利用しなかったからといって、そのことを不利益に扱うべきものではな」いとし、裁判例【47】は、「被害者請求の制度は、被疑者の救済のために設けられた制度であるところ、被害者が原告として訴訟を提起する前には、あらかじめ被害者請求をして自賠責保険金ないし共済金を受領しなければならず、これをしなかったことについて、責められるべき点があるとまではいえない」と判示している。

この論拠をどのように理解するかが問題となるが、被害者請求が権利であるか義務であるかは、手続や立証の難易とは関係のないことであり、したがって、この論拠は、被害者請求により回収可能であった損害が、弁護士に委任しなければならないほど立証が困難な損害といえるかどうかという議論とは次元を異にするものであると考えられる。

また、仮に、被害者請求の不行使が過失相殺の問題であるとすれば、被害者に義務違反（落ち度）があるかどうかという問題として、被害者請求が義務であるかどうかを問うことも意味があり得るが、弁護士費用の算定は、損害の相当性をめぐる問題であって、過失相殺の問題とは捉えられていない。

このように考えると、「被害者請求は被害者の権利であって義務ではない」という論拠は、被害者保護の価値判断を示したものと考えるのが素直ではないかと思われる[13]。このように、弁護士費用の賠償を認める論拠として、被害者保護の視点が盛り込まれていることは、注目に値する。

ウ　その他の論拠

以上のほか、非考慮説の論拠として、被害者請求により回収できたであろ

---

12) 非考慮説に立つほとんどの裁判例が同趣旨の説示をしている。
13) 本文で指摘した裁判例【42】、【47】も、「被害者の救済」という被害者請求の趣旨を強調しているところである。

う金額がさほど多額ではないことを指摘するものもある。

例えば、裁判例【55】は、「自賠責の被害者請求として得られる見通しの額〔注：損害認容額が1112万2543円のところ、146万7790円〕などを勘案すれば…被害拡大の程度もそれほど多額でもないから、弁護士費用に勘案することはしない」としているが、これは極めて現実的な観点からの落としどころを念頭に置いたものといえるだろう。

4　考慮説に立つ裁判例の算定方法

裁判例の検討の最後に、考慮説に立つ裁判例における弁護士費用の算定方法をみると、被害者請求を行使していれば回収可能であった額を認定し、その金額を控除した金額をもとに弁護士費用を算定する例はまれであり、明示的に回収可能金額を差し引いた認容額の1割としたものは、裁判例【9】がみられる程度である[14]。

むしろ、裁判例においては、損害額の1割を下回る適宜の金額を認定しているとみられる裁判例が多く、例えば裁判例【3】は、考慮説に立ちつつも、「自賠責保険金額3000万円を控除した認容額…を基準とすべきとする被告の主張は、独自の理論に基づくものであ」るとして排斥しており、裁判例【12】も、被害者請求の不行使は「弁護士費用算定の一事情として斟酌するにとどめるのが相当である」と判示している。

「損害額の1割」という基準が実務に定着していることを踏まえると、こうした裁判例の多数の取扱いは、考慮説の立場からは一貫しないもののようにも思われるが、先に述べたように、弁護士費用を「損害額の1割」とする基準自体に論理的な根拠が乏しいと思われることからすれば、上記のような裁判例の取扱いは、バランスの取れたものと評価できるかもしれない。また、弁護士費用という付随的な請求に関し、被害者請求をしていれば回収し得た金額を詳細に認定するというのも現実的とはいえないだろう。

---

14) 前掲注9) 参照。ただし、例えば裁判例【24】、【28】、【31】も、認容金額をみると、同様の判断をしているのではないかと窺われる。

5　裁判例のまとめと若干の考察

　ここまでの検討をまとめると、裁判例は、考慮説と非考慮説に分かれており、全体としては考慮説が優勢であるが、最近の裁判例の傾向としてはむしろ非考慮説が有力である。そして、考慮説と非考慮説の考え方の違いは、被害者請求により回収可能であった損害が、「弁護士に委任しなければならないほど立証が困難な損害である」といえるかどうかをめぐる考え方の違いに由来するとともに、非考慮説においては、被害者保護の視点も考慮されていると分析することができるように思われる。

　もっとも、被害者請求は、本当に弁護士に委任しなければならないほど困難な手続といえるのであろうか。確かに、被害者請求を訴訟上行使するとなれば、加害者を被告として請求する場合と同様の困難さを伴うであろうが[15]、訴訟外で被害者請求をする場合には、因果関係の認定や過失相殺において被害者に有利な取扱いがされているし[16]、保険会社からの手続案内等もされているようであるから、弁護士に委任しなければ手続が困難であるというのはやや無理のある議論であるようにも思われる。仮に、訴訟外の被害者請求が、弁護士に委任しなければ手続が困難であるというのであれば、現実には訴訟前に弁護士に委任して被害者請求を行っている事案も少なくないと思われるところ、そうした場合、その後の訴訟においては、被害者請求で回収した既払分も含めて弁護士費用を算定すべきということにもなりそうであるが、そうした算定方法は実務の運用とは異なるものであると思われる[17]。

　こうしてみると、考慮説と非考慮説の違いは、考慮説が手続あるいは損害立証の困難性という視点からアプローチするものであるのに対し、非考慮説は被害者保護という視点からアプローチするものであるという違いによると

---

15)　訴訟による被害者請求で支出した弁護士費用につき、損害賠償を認めた判例として、前掲・注8）最三小判昭和57年1月19日がある。
16)　佐久間＝八木・リーガル(5)6頁。
17)　なお、訴訟係属中に、被害者の代理人弁護士からの数次にわたる要請を受けてようやく被害者請求の支払がされたというケースにおいて、例外的に、自賠責保険からの支払分も含めて弁護士費用を算定した裁判例がある（福井地判平成25年4月12日交通民集46巻6号1683頁）。

整理する方が、より適当であるようにも考えられる。

Ⅳ　弁護士費用の賠償一般から振り返った検討

　これまでの裁判例の分析を踏まえ、考慮説と非考慮説の論拠やそのアプローチの違いがみえてきたと思われるが、その上でいずれが妥当かを考えるためには、弁護士費用の賠償一般をめぐる議論から振り返ることが必要かつ有効であると考えられる。
　そこで、以下では、不法行為に基づく損害賠償請求における弁護士費用の賠償についての議論を振り返った上で、債務不履行に基づく損害賠償請求における弁護士費用の賠償について論じ、その上で、再度、交通損害賠償請求における被害者請求の不行使と弁護士費用の算定の問題に帰ってくることとしたい。

1　不法行為についての昭和44年判例と検討の視座

　周知のとおり、最一小判昭和44年2月27日民集23巻2号441頁(以下「昭和44年判例」という。)は、不法行為の被害者が、加害者から損害賠償義務の履行を受けられずに訴えの提起を余儀なくされた場合、弁護士に委任しなければ十分な訴訟活動をなし得ないとして、「訴訟追行を弁護士に委任した場合には、その弁護士費用は、事案の難易、請求額、認容された額その他諸般の事情を斟酌して相当と認められる額の範囲内のものに限り、右不法行為と相当因果関係に立つ損害というべきである」と判示した。
　この昭和44年判例の事案は、無効な根抵当権に基づき、慎重な調査をすることなく競売申立てがされ、それを阻止するために根抵当権設定登記の抹消登記請求がされたものであるところ、最高裁は、競売申立てが不法行為に当たることを前提に、原告が弁護士に支払った着手金13万円の賠償を認めたものである。担当調査官の解説によれば、「本判決は、不法行為の被害者が権利擁護のため訴訟を提起した場合に要する弁護士費用という不法行為訴

訟の一般的な問題として正面から判断した」ものである[18]。

そして、交通事故の場合に関しても、最三小判昭和45年4月21日集民99号89頁が同様の判示をし、これらの判例を通じて「交通事故事件に代表される不法行為を原因とする損害賠償請求訴訟において、弁護士費用の賠償請求が相当額の範囲内でなかば当然のことのように認容されるという傾向が、実務上完全に定着した」とされている[19]。

そこで、更に問題となるのが、債務不履行に基づく損害賠償請求の場合に、弁護士費用の賠償が認められるかどうかである。形式的には、不法行為の場合と債務不履行の場合とを区別する理由はないようにみえるが[20]、そもそも民事訴訟法上弁護士強制主義がとられていないこととの関係をどのように考えるかということや、金銭債務の不履行の場合には、その損害賠償額は法定利率又は約定利率に限定されることから、弁護士費用の賠償を請求することはできないとされている[21]こととの関係で、非金銭債務の不履行の場合の弁護士費用の賠償をめぐっては、議論が錯綜している状況にあるのである。

ここでの議論では、不法行為の場合に関する昭和44年判例が、債務不履行の場合にどこまで及ぶかが問題となるわけであるが、この問題は、昭和44年判例の下で、「相当と認められる額の範囲」がいかなる範囲であるかという問題とパラレルに考えることができるように思われる。そうであるとすると、考慮説と非考慮説の考え方は、債務不履行の場合の弁護士費用の賠償の可否の議論に示唆をもたらすはずであるし、その逆もまたいえるのではないかと思われる。

2　債務不履行の場合の弁護士費用の賠償

そこで、債務不履行の場合の弁護士費用の賠償について、更にみることに

---

[18]　小倉顕「判解」最判解民（昭和44年度（上））186頁。
[19]　岨野悌介「弁護士費用の損害賠償」鈴木忠一・三ヶ月章監修『新・実務民事訴訟講座4』（日本評論社、1982年）115頁。
[20]　岨野・前掲注19）127頁。
[21]　最一小判昭和48年10月11日集民110号231頁。この点には本稿では立ち入らない。

する（以下では、非金銭債務の不履行の場合を念頭に議論を進める。）。この点につき、判例及び学説を網羅的に詳論することはできないが、大別すると、権利侵害の態様に着目するアプローチと、訴訟活動の困難性に着目するアプローチの2つのアプローチがあるように思われる。

(1) 権利侵害の態様からのアプローチ

戦前からの議論を振り返ると、日本においては、弁護士強制主義がとられていないことから、かつては弁護士費用の賠償は認められない傾向が強かったのであるが、「犯罪行為により要した弁護士費用の賠償が附帯私訴の中で問題とされたり、あるいは、不当な訴訟、仮差押・仮処分による弁護士費用の賠償が問題とされ」たのが端緒となって、次第に弁護士費用の賠償が認められる範囲が広がってきたという経緯がある[22]。このような経緯からすると、侵害行為が強度の違法性を帯びる場合に、被害者の救済を図るため、弁護士費用の賠償を認めるという形で議論が進展してきたものと窺われる。

このような考慮方法は、権利侵害の態様に着目するアプローチをとるものと理解することができ、そもそもの議論の端緒には、このアプローチがあったのではないかと思われる。

そして、昭和44年判例が出された後にあっても、小泉博嗣元判事は、「一般の債務不履行については、債権者が債務者の任意の履行を受け得ないため、自己の権利擁護上訴を提起することを余儀なくされた場合において、<u>その不履行が不法行為をも構成するような強度の違法性（反社会出（ママ）、反倫理性）を帯びるものであり</u>、かつ、債務者がその債務の存在を争い、これを履行せず、債権者の提起した訴訟に応訴して争うこと等が社会通念上相当でないと認められる場合」（下線部筆者）に限り弁護士費用の賠償が認められるべきであると説き[23]、医療過誤や労働災害による損害賠償請求のように不法行為責任と競合するものについては弁護士費用の賠償が認められるが、そうでない場合は、弁護士費用の賠償が認められる場合はそれほど多くないであろうと主張している[24]。

---

22) 東孝行「弁護士費用の賠償」判タ281号58頁（1972年）。
23) 小泉博嗣「債務不履行と弁護士費用の賠償」判タ452号57頁（1981年）。
24) 小泉・前掲注23）58頁。

このように、債務不履行が強度の違法性を帯びるかどうかを問題とする点で、小泉元判事の見解は、債務不履行に基づく損害賠償請求における弁護士費用の賠償の可否を考えるに当たり、権利侵害の態様に着目するアプローチをとるものと理解できるだろう。

　また、伊藤眞教授は、「不法行為については一般的に弁護士費用の賠償を認め、逆に債務不履行について一般的にこれを否定するという考え方は、合理性を欠く」とした上[25]、不法行為の場合と債務不履行の場合とを通じて、「<u>被侵害法益または侵害行為の態様に着目して</u>、弁護士費用という権利実現に要する費用までも回復させることが公平に合致する場合には」（下線部筆者）弁護士費用の賠償を認めるべきであるとする[26]。

　このような伊藤教授の見解は、不法行為の場合の弁護士費用の賠償については、小泉元判事と見解を異にするものの、権利侵害の態様に着目するという点では、小泉元判事の見解と共通するもののように思われる。

　こうしてみると、権利侵害の態様に着目するアプローチは、伝統的なアプローチであるとともに、現在なお有力なものであるということができるだろう。

(2) 訴訟活動の困難性からのアプローチ

　以上のアプローチに対し、訴訟活動の困難性を弁護士費用の賠償の根拠とする判例・学説も古くからみられるところである。

　大判昭和18年11月2日民集22巻23号1179頁は、訴えの提起が公序良俗に反するという不法行為の事案ではあるが、弁護士費用の賠償を認めるに当たり、「訴訟ニ於テ完全ニ攻撃防禦ノ方法ヲ盡シ自己ノ利益ヲ充分擁護センニハ辯護士ニ委任スルニ非サレハ困難ナル場合多ク」と判示しており、我妻榮教授は、この大審院判例は、債務不履行の場合にも妥当すると論じている[27]。

　このような見解は、その説示のとおり、訴訟活動の困難性に着目するアプ

---

[25] 伊藤眞「訴訟費用の負担と弁護士費用の賠償」新堂幸司ほか編『判例民事訴訟法の理論（下）』（有斐閣、1995年）97頁。
[26] 伊藤・前掲注25) 107頁。
[27] 我妻榮『新訂債権總論（民法講義IV）』（岩波書店、1964年）127頁。

ローチをとるものといえ、昭和44年判例の説示が前記大審院判例と共通することからすると、最高裁判例もこのアプローチをとっているのではないかと窺われる。

　この点がより鮮明になったのが、安全配慮義務違反（債務不履行）をめぐる最二小判平成24年2月24日集民240号111頁（以下「平成24年判例」という。）である。同判決の事案は、チタン材のプレス作業中に両手指挫滅創の傷害を負い、両手の4指ずつを失う後遺障害を負った原告（上告人）が、使用者の安全配慮義務違反（債務不履行）に基づく損害賠償を請求したものである。この事案において、最高裁は、「労働者が主張立証すべき事実は、不法行為に基づく損害賠償を請求する場合とほとんど変わることがない。そうすると、使用者の安全配慮義務違反を理由とする債務不履行に基づく損害賠償請求権は、労働者がこれを訴訟上行使するためには弁護士に委任しなければ十分な訴訟活動をすることが困難な類型に属する請求権であるということができる」として、昭和44年判例を引用しつつ、「労働者が、使用者の安全配慮義務違反を理由とする債務不履行に基づく損害賠償を請求するため訴えを提起することを余儀なくされ、訴訟追行を弁護士に委任した場合には、その弁護士費用は、事案の難易、請求額、認容された額その他諸般の事情を斟酌して相当と認められる額の範囲内のものに限り、上記安全配慮義務違反と相当因果関係に立つ損害というべきである」と判示した。

　同判決は、訴訟活動の困難性が弁護士費用の賠償の可否のメルクマールとなることをいっそう明確にしたものとみることができそうである[28]。

---

28)　吉政知広「使用者の安全配慮義務違反を理由とする損害賠償請求と弁護士費用」ジュリ1453号74頁（2013年）、小笠原奈菜「労働契約上の安全配慮義務違反による損害と弁護士費用・最高裁判所第二小法廷平成24年2月24日判決」山形大学紀要（社会科学）44巻1号73頁（2013年）。これに対し、木戸茜「民事判例研究」北大法学論集64巻5号308頁（2014年）は、「そもそも不法行為の事案についての従来の裁判例をみると、弁護士に委任しなければ十分な訴訟活動をすることが困難か否か実質的に検討しているものは見られず、不法行為責任の有無如何が弁護士費用の請求の可否を決しているように思われる。本件も、本人による訴訟追行が実質的に困難な事案であるといえるかどうかを問うのではなく、債務不履行と不法行為とが競合する事案であるという点を重視し、弁護士費用の損害賠償請求を認めたものであろう」としている。

(3) 若干の考察

　昭和44年判例及び平成24年判例からすれば、最高裁判例は、訴訟活動の困難性に着目するアプローチを採用しているようにも思われる。

　もっとも、そもそも弁護士費用の賠償をめぐる議論は、前記(1)で述べたとおり、不当訴訟等の場合等を出発点として議論がされてきたところであり、その際には権利侵害の態様として強度の違法性があることが議論の出発点にあったのではないかと思われる。そうすると、今日の議論においても、権利侵害の態様からのアプローチは完全に排斥されるべきではないのではないだろうか。

　昭和44年判例については、不当訴訟に類する事案であったことからすると、説示は訴訟活動の困難性からのアプローチとなっているものの、権利侵害の態様に着目するアプローチからも理解することができるものといえる[29]。同様の指摘は、重篤な後遺障害が生じた事案である平成24年判例についても当てはまるのではないかと思われる。

　むしろ、訴訟活動の困難性の視点のみを押し進める場合には、民法419条との関係が問題とならざるを得ないように思われる。すなわち、金銭債務の不履行の場合であっても、弁護士に委任しなければ訴訟活動が困難な場面というのはあり得るように思われるが[30]、弁護士費用の賠償の問題を訴訟活動の困難性の視点からのみ捉える場合には、その際に弁護士費用の賠償が認められないこと[31]を説明することが困難となるように思われるのである。

　以上の検討に加えて、訴訟活動の困難性の視点と権利侵害の態様の視点とは、相互に排斥されるべきものではないと考えられることからすれば、債務不履行に基づく損害賠償請求において、弁護士費用の賠償が認められるかど

---

29) 伊藤・前掲注25) 99頁は、昭和44年判例の事案が不当提訴・抗争型であることから、「判旨の一般論にもかかわらず、本判決の意義として、不法行為一般について相当の弁護士費用を損害の一部として訴求することが認められたとするのは、判例としての位置づけに関しては、行き過ぎたものといわざるをえない」とする。
30) そのような類型のひとつが、相続預金の払戻拒絶の場合と思われ、そのような場合に、債務不履行とは別に不法行為を認めることにより弁護士費用の賠償を認めた裁判例がある（大阪高判平成26年3月20日金法2026号83頁）。
31) 前掲・注21) 最一小判昭和48年10月11日。

うかは、訴訟活動の困難性に加えて、権利侵害の態様をも考慮して判断すべきものと考えるのが相当ではないだろうか。平成24年判例が、訴訟活動の困難性を指摘するだけでなく、あえて不法行為との類似性を指摘しているのは、このような考えを踏まえて、その射程につき慎重な姿勢を示したものとみることが可能であるように思われる[32]。

　訴訟活動の困難性の視点と権利侵害の態様の視点のバランスをいかに図るべきであるかは今後の課題といえるが、例えば、建築瑕疵（債務不履行）に基づく損害賠償請求の場合は、訴訟活動が困難な類型であるとはいい得るものの、必ずしも人身傷害は生じていない場合として、判断が分かれ得るところといえるのではなかろうか[33]。

3　被害者請求の不行使と弁護士費用の賠償の問題への示唆と今後の展望

　弁護士費用の賠償一般についての検討が長くなったが、以上の検討を踏まえ、改めて、本稿のテーマである交通損害賠償における被害者請求の不行使と弁護士費用の算定の問題に立ち返ってみたい。

(1) 被害者請求の不行使と弁護士費用の賠償への示唆

　債務不履行の場合の弁護士費用の賠償をめぐっては、訴訟活動の困難性の視点からのアプローチと、権利侵害の態様の視点からのアプローチとがある

---

[32]　「判批」判タ1368号64頁（2012年）参照。田口文夫「労働契約上の安全配慮義務違反を理由とする損害賠償請求と弁護士費用」専修法学論集118号108頁(2013年)は、「訴訟活動の困難性に加えて、当該債務不履行によって人身傷害が生じている限りは」本判決の射程が及ぶと解しており、本文と近い見解に立つものと思われる。

[33]　従前は、小泉元判事の見解に従いこれを原則として否定する見解がみられたが（後藤勇「請負建築建物に瑕疵がある場合の損害賠償の範囲」判タ725号13頁(1990年)）、近時は「専門的知見を要する建築関係訴訟を適切に遂行するためには、弁護士の関与が必要である」として訴訟活動の困難性の観点から弁護士費用の賠償を認める傾向が強い（濱本章子＝田中敦「建築瑕疵紛争における損害について」判タ1216号44頁（2006年））。なお、小久保孝雄＝徳岡由美子編著『リーガル・プログレッシブ・シリーズ建築訴訟』（青林書院、2015年）220頁は、平成24年判例と同じ検討枠組みにより、弁護士費用の賠償を認めるべきであるとしている。人身損害が生じていないとしても、建築瑕疵に基づく損害賠償請求においては、注文者保護の要請が強く働くということもいえるだろうか。

が、両者のアプローチは相互に排斥されるべきものではなく、むしろ両者の視点を考慮して判断すべきではないかということを示した。そうであれば、不法行為の場合における弁護士費用の算定における「相当と認められる額の範囲」（昭和44年判例）の考慮に当たっても、両者の視点を共に考慮して判断するのが相当であると考えられるのではないだろうか。

すなわち、不法行為に基づく損害賠償の場面で、被害者請求を行使することなく損害賠償請求訴訟を提起した場合にも、単に被害者請求を行使していれば容易に一定額が回収可能であったかどうかということのみを考慮するのではなく、権利侵害の態様をも考慮するのが相当ではないかと考えられるのである。

そして、権利侵害の態様に着目するのであれば、不法行為により死亡や後遺障害といった人身損害が生じているのであるから、被害者保護の見地からできる限り完全な被害者救済が図られるべきであって、仮に被害者請求の行使により一定額が回収し得たものとしても、弁護士費用の算定に当たりそのことを考慮すべきではないとの見解が成り立つのではないかと思われる。

このように、弁護士費用の賠償一般について権利侵害の態様に着目するアプローチをとるのであれば、被害者請求の不行使の場合の弁護士費用の算定に当たって、被害者保護の視点からのアプローチをとることが正当化され、したがって、非考慮説の立場をとることが正当化されるのではないかと思われる。

(2) 弁護士費用の賠償一般への示唆

ひるがえって、被害者請求の不行使と弁護士費用の算定の問題をめぐり、近時の裁判例において非考慮説がやや有力となっていることは、この論点において、被害者保護の視点からのアプローチが有力となっていることを示すものといえるのではないかと考えられる。

このことからすれば、債務不履行に基づく損害賠償請求訴訟においても、訴訟活動の困難性のみに着目するのではなく、権利侵害の態様にも着目し、被害者保護の観点も踏まえて弁護士費用の賠償の可否を論ずるのが相当であるということができるのではないだろうか。この点は、平成24年判例の射程を考える上でも重要となってくるのではないかと思われる。

V　おわりに

　これまで、交通損害賠償請求における被害者請求の不行使と弁護士費用の算定については、弁護士費用の賠償一般をめぐる議論との関連を念頭に論じられることがなかったのではないかと思われるが、弁護士費用として「相当と認められる額の範囲」についての議論は、弁護士費用の賠償の可否についての議論との関係を意識しつつ論じることが一貫する態度であるように感じられる。

　本稿は、このような問題意識から検討を行ったものであるが、なお検討が不十分な点について、今後議論が進展することを期待したい。

【裁判例】
〇考慮説に立つもの
　【1】　名古屋高判平成29年9月28日自保ジャ2011号105頁〔死亡事案〕
　【2】　大阪地判平成29年6月27日交通民集50巻3号796頁〔死亡事案〕
　【3】　名古屋地判平成27年3月27日自保ジャ1953号91頁〔死亡事案〕
　【4】　大阪地判平成27年1月16日交通民集48巻1号87頁〔死亡事案〕
　【5】　神戸地判平成26年4月30日交通民集47巻2号579頁〔後遺障害事案〕
　【6】　名古屋高判平成26年3月27日自保ジャ1930号35頁〔死亡事案〕
　【7】　名古屋地判平成25年10月25日自保ジャ1913号128頁〔死亡事案〕
　【8】　大阪地判平成25年3月25日自保ジャ1907号57頁〔死亡事案〕
　【9】　横浜地判平成25年2月14日交通民集46巻1号240頁〔死亡事案〕
　【10】　大阪地判平成24年2月27日自保ジャ1880号96頁〔後遺障害事案〕
　【11】　神戸地判平成23年9月7日交通民集44巻5号1137頁〔死亡事案〕
　【12】　横浜地判平成23年6月16日自保ジャ1866号47頁〔後遺障害事案〕
　【13】　水戸地判平成23年2月7日自保ジャ1854号134頁〔死亡事案〕
　【14】　佐賀地判平成21年9月30日自保ジャ1813号132頁〔後遺障害事案〕
　【15】　大阪地判平成21年3月24日交通民集42巻2号397頁〔死亡事案〕
　【16】　大阪地判平成20年7月4日交通民集41巻4号890頁〔死亡事案〕
　【17】　大阪高判平成18年2月15日自保ジャ1657号12頁〔後遺障害事案〕

- 【18】 東京地判平成 17 年 7 月 25 日自保ジャ 1607 号 2 頁〔後遺障害事案〕
- 【19】 大阪地判平成 17 年 6 月 27 日交通民集 38 巻 3 号 855 頁〔死亡事案〕
- 【20】 名古屋地判平成 16 年 9 月 8 日交通民集 37 巻 5 号 1225 頁〔死亡事案〕
- 【21】 大阪地判平成 16 年 8 月 27 日交通民集 37 巻 4 号 1146 頁〔死亡事案〕
- 【22】 東京地判平成 15 年 3 月 26 日自保ジャ 1534 号 6 頁〔死亡事案〕
- 【23】 大阪地判平成 14 年 5 月 14 日交通民集 35 巻 3 号 677 頁〔死亡事案〕
- 【24】 大阪地判平成 14 年 4 月 23 日交通民集 35 巻 2 号 571 頁〔死亡事案〕
- 【25】 東京地判平成 14 年 1 月 17 日交通民集 35 巻 1 号 38 頁〔死亡事案〕
- 【26】 大阪地判平成 13 年 12 月 10 日交通民集 34 巻 6 号 1592 頁〔死亡事案〕
- 【27】 東京地判平成 13 年 10 月 31 日交通民集 34 巻 5 号 1470 頁〔死亡事案〕
- 【28】 大阪地判平成 13 年 7 月 10 日交通民集 34 巻 4 号 881 頁〔死亡事案〕
- 【29】 名古屋地判平成 12 年 8 月 23 日交通民集 33 巻 4 号 1316 頁〔死亡事案〕
- 【30】 大阪地判平成 10 年 1 月 21 日交通民集 31 巻 1 号 33 頁〔死亡事案〕
- 【31】 大阪地判平成 8 年 11 月 22 日交通民集 29 巻 6 号 1700 頁〔死亡事案〕
- 【32】 大阪地判平成 8 年 5 月 31 日交通民集 29 巻 3 号 848 頁〔死亡事案〕
- 【33】 東京地判昭和 63 年 4 月 22 日交通民集 21 巻 2 号 433 頁〔後遺障害事案〕

○非考慮説に立つもの

- 【34】 松山地西条支判平成 29 年 3 月 30 日交通民集 50 巻 2 号 410 頁〔後遺障害事案〕
- 【35】 京都地判平成 28 年 11 月 29 日交通民集 49 巻 6 号 1400 頁〔死亡事案〕
- 【36】 東京地判平成 28 年 8 月 19 日交通民集 49 巻 4 号 1008 頁〔死亡事案〕
- 【37】 大阪地判平成 28 年 7 月 29 日交通民集 49 巻 4 号 971 頁〔死亡事案〕
- 【38】 神戸地判平成 28 年 1 月 18 日交通民集 49 巻 1 号 8 頁〔後遺障害事案〕
- 【39】 横浜地判平成 27 年 9 月 30 日交通民集 48 巻 5 号 1223 頁〔死亡事案〕
- 【40】 大阪地判平成 27 年 6 月 16 日交通民集 48 巻 3 号 740 頁〔死亡事案〕
- 【41】 名古屋地判平成 26 年 12 月 19 日交通民集 47 巻 6 号 1584 頁〔死亡事案〕
- 【42】 さいたま地判平成 26 年 12 月 19 日交通民集 47 巻 6 号 1559 頁〔死亡事案〕
- 【43】 東京地判平成 25 年 12 月 25 日交通民集 46 巻 6 号 1604 頁〔後遺障害事案〕
- 【44】 神戸地判平成 25 年 3 月 11 日自保ジャ 1903 号 138 頁〔死亡事案〕
- 【45】 さいたま地判平成 24 年 1 月 31 日自保ジャ 1876 号 135 頁〔死亡事案〕

- 【46】 大阪地判平成 23 年 3 月 25 日交通民集 44 巻 2 号 419 頁〔死亡事案〕
- 【47】 大阪地判平成 23 年 3 月 11 日交通民集 44 巻 2 号 335 頁〔後遺障害事案〕
- 【48】 大阪地判平成 23 年 2 月 23 日自保ジャ 1855 号 28 頁〔死亡事案〕
- 【49】 大阪地堺支決平成 22 年 10 月 6 日自保ジャ 1850 号 156 頁〔死亡事案〕
- 【50】 神戸地姫路支判平成 22 年 3 月 23 日交通民集 43 巻 5 号 1140 頁〔後遺障害事案〕
- 【51】 大阪地判平成 20 年 3 月 13 日交通民集 41 巻 2 号 310 頁〔死亡事案〕
- 【52】 神戸地判平成 20 年 2 月 5 日交通民集 41 巻 1 号 153 頁〔後遺障害事案〕
- 【53】 大阪地判平成 19 年 7 月 12 日交通民集 40 巻 4 号 891 頁〔死亡事案〕
- 【54】 大阪地判平成 18 年 10 月 18 日自保ジャ 1715 号 13 頁〔死亡事案〕
- 【55】 大阪地判平成 17 年 10 月 12 日交通民集 38 巻 5 号 1406 頁〔後遺障害事案〕
- 【56】 高松高判平成 12 年 1 月 28 日自保ジャ 1344 号 2 頁〔後遺障害事案〕
- 【57】 山口地判平成 7 年 8 月 31 日交通民集 28 巻 4 号 1247 頁〔死亡事案〕

4 損害の拡大にかかわる過失は、自動車損害賠償保障法3条ただし書の「自動車の運行に関」する「注意」に当たらないか

大阪地方裁判所判事
神 谷 善 英

I はじめに

　いわゆる損害の拡大にかかわる過失とは、事故の発生との間には因果関係がないが、損害の発生又は拡大を防ぐ義務ないし努力を怠ったという点で過失が認められる場合をいい、事故の発生と因果関係のある過失とは区別される。代表的なものとしてシートベルトの不装着、チャイルドシードの不使用及びヘルメットの不着用などがある。

　交通事故により被害者に損害が発生した場合、その被害者が加害者に対して民法709条に基づき損害賠償を求めるためには、「故意又は過失によって他人の権利又は法律上保護される利益を侵害した」ことが要件とされていることから、（他人の生命、身体等を侵害する）事故の発生と因果関係のある過失が加害者にあることが必要となる。そのため、事故の発生と因果関係のある過失がなく、損害の拡大にかかわる過失しかない運転者に対して民法709条に基づき損害賠償を求めることはできない。もっとも、被害者側に損害の拡大にかかわる過失がある場合、過失相殺においては、損害の公平な分担を図るために、民法722条2項に規定されている「被害者の過失」として斟酌され得るというのが現在の実務の取扱いであろう。

　では、事故の発生と因果関係のある過失がなく、損害の拡大にかかわる過失しかない者が運転していた自動車の運行供用者に対して自動車損害賠償保

障法（以下「自賠法」という。）3条に基づき損害賠償を求めることができないか、また同人に自賠法3条による損害賠償責任が発生することを前提として、同人が加入する自賠責保険会社に対して、自賠法16条1項に基づき保険金の支払を求めることができないか。

運行供用者は、その運行によって他人の生命、身体を害したときには、自賠法3条ただし書に規定されている免責要件を立証しない限り、自賠法3条に基づく損害賠償責任を負うとされており、免責要件のうちの「自己又は運転者が自動車の運行に関し注意を怠らなかつたこと」における運転者の「自動車の運行に関」する「注意」は、通説によれば事故の発生と因果関係のある過失をいうと解されていたが[1]、ここでいう「注意」に損害の拡大にかかわる過失が含まれるか否かが近時改めて争われた事例として、東京地判平成24年6月12日交通民集45巻3号720頁があるので、検討することとしたい。

Ⅱ　東京地判平成24年6月12日

1　事案の概要と本件の訴訟が提起された経緯

赤信号を看過して交差点に進入したAの運転する自動車が、その進行方向右方から青信号に従って同交差点に進行してきたB（原告の母親）の運転する自動車（B車）に衝突した事故（本件事故）により、B車に同乗していた幼児である原告（当時1歳）に後遺障害が残ったとして、原告が、B車を被保険自動車として同車の保有者C（原告の父親）が加入する自賠責保険会社である被告に対して、自賠法16条1項に基づき後遺障害保険金の一部金等の支払を求めた。

なお、この訴訟よりも前に、原告らは、A外1名に対して、損害賠償請求訴訟を提起していた（前訴）。同訴訟では、A外1名は、本件事故により原

---

[1]　篠田省二「自賠法における免責」吉岡進編『現代損害賠償法講座3』（日本評論社、1972年）150、151頁。

告に生じた損害について、Bにはチャイルドシートを使用させずに原告を同乗させた過失があるとして過失相殺を主張していたのに対し、原告らは、チャイルドシートの不使用の事実を否認して、過失相殺の抗弁を争った。しかし、同訴訟を担当した裁判所は、Bがチャイルドシートを使用させずに原告を同乗させていたと認定して、原告側の過失を1割として過失相殺する内容を含む和解を勧告し、原告らとA外1名との間で同内容の訴訟上の和解が成立して、A側の任意保険会社から原告に保険金が支払われていた。

2 判決の内容

次のように説示して、原告の請求を棄却した。

(1) 本件事故は、BがB車を運転して交差点に進入したことにより生じたものであり、原告が負った傷害は、本件事故により生じたものであるから、その傷害は、B車の「運行によつて」（自賠法3条本文）生じたものである。したがって、Cは、B車の保有者であるから、自賠法3条ただし書所定の免責事由が主張立証されない限り、本件事故により原告に生じた損害について、同条に基づく損害賠償責任を負う。

(2) 自賠法3条ただし書の「自己及び運転者が自動車の運行に関し注意を怠らなかつたこと」は、もっぱら損害拡大にかかわる過失など、人身事故の発生とかかわりのない過失が存在しないことまでを求めるものではなく、免責を主張する運行供用者は、「自己及び運転者が自動車の運行に関し注意を怠らなかつたこと」として、運行供用者及び運転者が人身事故の発生を回避するのに必要な自動車の運行に関する注意を怠らなかったこと、すなわち、人身事故の発生と因果関係のある自動車運行上の過失が存在しなかったことを主張立証すれば足りるものと解するのが相当である。

本件事故の態様に照らし、Bに本件事故の発生と因果関係のある自動車運行上の過失がなかったことが証明されたといえ、チャイルドシート不使用の事実があっても、Bが「自動車の運行に関し注意を怠らなかつたこと」を認定する妨げとなるものではない。

4 ● 損害の拡大にかかわる過失は、自動車損害賠償保障法3条ただし書の「自動車の運行に関」する「注意」に当たらないか

Ⅲ 検　討

1　自賠法の制定の経緯と自賠法3条の位置づけ

　自賠法の制定前、自動車事故による人身損害に対する賠償は、民法の不法行為責任の諸規定（民法709条等）に基づいて行われていた。しかし、同規定に基づき責任を追及しようとする場合には、被害者が加害者の具体的な過失を主張立証しなければならず、また、仮にその立証に成功しても、加害者に賠償資力がなければ、被害者は実質的な救済を受けられないおそれがあった。そのため自賠法は、損害賠償を保障するための種々の制度を確立することによって、被害者の保護を図り、あわせて自動車運送の健全な発達に資することを目的として制定された（同法1条）。
　自賠法3条は、上記の目的を達成するための諸制度の中核として新設されたものであり、自動車事故による人身損害に関して「自己のために自動車を運行の用に供する者」（運行供用者）を損害賠償責任の主体とした上、過失の立証責任の転換を図り、加害者に対して無過失の主張立証を求める相対的無過失責任主義（中間責任）を採用しているところから、民法上の不法行為責任の特則と位置づけられている。[2]

2　自賠法3条と免責の構造

(1)　自賠法3条の構造

　自賠法3条本文は、運行供用者が、「その運行によつて他人の生命又は身体を害したとき」には、同条ただし書に規定されている免責要件（①「自己及び運転者が自動車の運行に関し注意を怠らなかつたこと」、②「被害者又は運転

---

[2]　自賠法の制定経緯等については、北河隆之ほか『逐条解説自動車損害賠償保障法（第2版）』（弘文堂、2017年）1ないし3頁〔中西茂〕、21頁〔北河隆之〕参照、国土交通省自動車交通局保障課監修『逐条解説自動車損害賠償保障法』（ぎょうせい、2002年）2、3、28ないし31頁参照。

者以外の第三者に故意又は過失があつたこと」、③「自動車に構造上の欠陥又は機能の障害がなかつたこと」）を証明しない限り、損害賠償責任を負うと規定している。

(2) 自己及び運転者が自動車の運行に関し注意を怠らなかったこと（免責①要件）

本稿では、前記(1)の免責要件のうち②及び③要件は問題とならないため、①要件のみ取り上げる。

自動車の「運行」とは、「人又は物を運送するとしないとにかかわらず、自動車を当該装置の用い方に従い用いること」をいうとされている（自賠法2条2項）。

「自動車の運行に関」する「注意」（自賠法3条ただし書）については、運行供用者が自ら運転する場合は、運転者としての注意義務を負い、自ら運転しない場合は、運転者の選任監督に関する注意義務と自動車の点検整備に関する注意義務を負うと解されている。

そして、運転者としての注意義務には、少なくとも、自動車の点検整備に関する注意義務と自動車運転に関する注意義務があると解されており[3]、ここまでの解釈には異論はないであろう。

もっとも、自賠法3条ただし書の文言から見ると、運転者としての「自動車の運行に関」する「注意」[4]は、自動車運転に際してのあらゆる注意義務を広く指すのか（事故の発生と因果関係のない注意義務全てを含むと解するか）、自動車運転における事故と一定の関連性を有する注意義務を指すのか（民法

---

[3] 北河ほか・前掲2）62頁参照〔北河隆之〕。
[4] かつては、自賠法3条ただし書の定める免責要件の①要件では「注意を怠らなかった」という文言が用いられており、②要件で用いられている「過失」という文言とは異なることから、①要件の不注意を広く解する余地もある。このような立場を前提とすると、責任を基礎付けるような過失に限らず、単なる不注意も含まれる余地が残ることになるが、本稿で取り扱う損害の拡大にかかわる過失は、事案によっても不注意にとどまる程度のものか、過失というべきものであるかが異なるように思われるため、この点はひとまず措いて、他の観点から議論することとしている。

もっとも、上記のように①要件の不注意を広く解する見解については、法的安定性を欠くおそれがあるとして、現在、この見解は採られていないようである（児玉康夫「免責」塩崎勤ほか編『新・裁判実務大系(5)交通損害訴訟法』（青林書院、2003年）131、132頁）。

709条における過失のほかに、事故によって生じる人身損害に関連する過失、すなわち損害の拡大にかかわる過失を含むと解するか)、自動車運転における事故の発生と因果関係のある注意義務を指すのか(民法709条における過失と同義であると解するか)は議論の余地があるように思われる。いずれと解すべきかは、上記の点検整備義務、運転者の選任監督義務や他の免責要件の場合と同じように、事故発生との間の因果関係のないものを含むかどうかという点が主に問題となり、これまでは免責を受けるためには、事故の発生と因果関係がない免責要件に当たる事実まで全て立証する必要があるかという形で議論されていた。

(3) **免責要件と事故発生との因果関係**

ア 運行供用者が免責を受けるためには、条文上、事故の発生と無関係な免責要件(前記(1)①ないし③)に当たる事実まで全て立証することが必要であるように読めるし、そのように解されていたことがあった[5]。

しかし、上記の見解は、例えば飛び込み自殺や当たり屋のような事例においてまで、自動車における構造の欠陥があったか否か、運転者に対する監督が尽くされていたか否か等を立証しなければならないとするのは不合理であると批判され、免責要件に関しては事故の発生と関係のある事項に限定して立証すれば足り、常にその全てを立証しなければならないものではないとする見解が有力となった。

イ この点について判示したものとして最一小判昭和45年1月22日民集24巻1号40頁がある(以下「45年判決」という。)。

45年判決の事案は、母親X₁が5歳10か月の幼児X₂を帯同し、自動車の交通が頻繁で横断歩道の設けられていない箇所を横断しようとしたところ、X₂が飛び出してY運転の自動車と接触して受傷した事故につき、X₂らが、Yに対して損害賠償を請求したというものである。

原審は、運転者Yには過失がなく、かえってX₁は、子の手をつなぎ、また注意を与える等の措置をとった上で、左右の安全を自ら確認して相応の指

---

[5] 東京地判昭和38年6月24日判タ147号131頁は、「法(自賠法)3条但書の規定によれば、単に自動車運転者の無過失、被害者の有過失の主張だけでは免責されず、同規定の全部について主張・立証することを要する」と判示していた。

示誘導をして、交通事故を未然に防止すべき監護者としての注意義務を怠り、X_2 を漫然と先頭に立たせて、1人で横断するように任せたために事故が発生したと認定し、X_2 らの請求を認容した一審判決を取り消して、X_2 らの請求を棄却した。

これに対して、X_2 らが、Y は、本件事故が X_1 の過失によって発生したもので、Y には過失がなかったとのみ主張し、その他の免責要件について何ら主張していないなどとして上告した。

45 年判決は、「運行供用者において、自賠法 3 条但書所定の免責要件事実を主張立証したときには、損害賠償の責を免れるのであるが、しかし、右要件事実のうちある要件事実の存否が、当該事故発生と関係のない場合においても、なおかつ、該要件事実を主張立証しなければ免責されないとまで解する必要はなく、このような場合、運行供用者は、右要件事実の存否は当該事故と関係がない旨を主張立証すれば足り、つねに右但書所定の要件事実のすべてを主張立証する必要はないと解するのが相当である」と判示した上で、自動車に構造上の欠陥又は機能の障害がなかったことなどの要件事実は本件の事故と関係がない旨黙示的に主張されており、原審もその旨認定判断しているとして、上告を棄却した。

ウ　45 年判決により、事故の発生と因果関係のない免責要件事実は、そのこと（事故発生と因果関係がないこと）を立証すれば足りることで実務上解決されたといわれている[6)][7)]。

前記(2)で挙げた、自賠法 3 条ただし書の免責要件の①要件における、運転者として自動車運転「に関」する「注意」の解釈との関係では、最高裁が、広く自動車運転に際してのあらゆる注意義務を指す（事故発生と因果関係の

[6)]　鈴木弘「判解」最判解民（昭和 45 年度（上））86 頁では、「極端な例ではあるが、昼間の事故で、照明装置に故障があるため免責がえられないというようなことになれば、不合理も甚だしい。」「右但書が」「不合理な証明を要求する趣旨のものとは到底解しえられない。本判決もこのような考えのもとに、前記のような判断（引用者注：前記イの判示部分）を示したものと思われる。」と説明されている。

[7)]　篠田・前掲 1）150、151 頁、太田幸夫「免責」吉田秀文ほか編『裁判実務大系(8)民事交通・労働災害訴訟法』（青林書院、1985 年）116 頁参照、児玉・前掲注 4）130、131 頁、藤村ほか・実務交通事故訴訟大系(2) 259 頁〔古笛恵子〕。

4　損害の拡大にかかわる過失は、自動車損害賠償保障法 3 条ただし書の「自動車の運行に関」する「注意」に当たらないか

ない注意義務全てを含む）という見解を採用しなかったことは明らかである[8]）。また、45年判決の説示内容からみても、事故発生との関連性を問題にしていることが一応読み取れる。

　もっとも、損害の拡大にかかわる過失は、事故発生と因果関係がないものの、事故によって生じる人身損害に関連する過失（更にいえば、事故によって生じる人身損害の発生又は拡大との間に因果関係を有する過失）の問題であり、事故と全く関連性がない過失と同じように取り扱うべきかという点は、45年判決が当時想定していた問題とはやや異なるようにも思われるので、さらに検討することとする。

3　運転者の「自動車の運行に関」する「注意」には、事故の発生と因果関係のある過失のほかに、損害の拡大にかかわる過失も含まれるか

　自賠法3条ただし書の免責要件における、運転者としての「自動車の運行に関」する「注意」に、事故の発生と因果関係のある過失だけでなく、損害の拡大にかかわる過失も含まれるかどうかは、あくまで免責要件に関する解釈の問題であるから、自賠法3条の損害賠償責任の性格をどのように理解するか、その責任がどのような根拠に基づいて基礎付けられ、どのような根拠により免責を受けられると考えられているのかという観点から検討されるべ

---

[8]　最一小判昭和48年6月21日交通民集6巻3号785頁も、信号機による交通整理の行われている交差点において、赤信号で進行したY₁が運転する自動車が、青信号で進行してきたAが運転する自動車に衝突して、Aの自動車の同乗者Xに受傷させた事故につき、Aには本件事故発生につき過失はなく、本件事故はもっぱらY₁（一審の共同被告）の過失に起因するものであるから、A運転の自動車の運行供用者であるY₂会社に対するXの自賠法3条に基づく請求を排斥した原審の判断を是認し、Aの速度違反と本件事故との間には因果関係はないから、上記の結論に影響を及ぼすものではないと説示した。この判決は、事例判断ではあるものの、事故の発生と因果関係のない速度違反があったとしても、自賠法3条ただし書の免責を認めるとしたものであるから、同条ただし書における運転者の「自動車の運行に関」する「注意」の解釈に関して、少なくとも自動車運転に際してのあらゆる注意義務違反を含むとは解していないことが明らかである。

きものと考えられる。

　前記1で述べたように、自賠法の制定の経緯及び同法3条が設けられた経緯によれば、同条の責任は、民法上の不法行為責任では故意過失の立証責任が被害者に負担となっていたことから、故意過失の立証責任の転換を図り新設されたものであって、民法上の不法行為責任の特則と位置付けられている。このように、自賠法3条ただし書が、民法上の不法行為責任における故意過失の立証責任を転換し、更に一定の要件（自動車の無欠陥等）を付加して整理されたものと理解するならば、上記免責要件における、運転者の「自動車の運行に関」する「注意」というのは、民法上の不法行為における過失と同義と解するのが整合的であるといえ、損害賠償責任の根拠となる運転者の過失の範囲を民法上の不法行為責任よりも拡大したものと解すべき根拠は見当たらない[9]。

　また、自賠法3条の責任は、運行供用者が、自動車の「運行によつて他人の生命又は身体を害した」（自動車を用いて、その本来の危険を現実化させて[10]、他人の生命又は身体を侵害する事故を発生させた）という客観的要件のみにより責任の発生が基礎付けられており、同条ただし書の免責要件は、その責任の発生を覆すに足りる要件として整理されたものであり、自賠法3条では無過失責任主義が採られておらず、あくまで過失責任主義が維持されている（相対的無過失責任主義）ことからすれば、免責要件として求められるのは、他人の生命又は身体を侵害する事故を発生させたことについて帰責事由がなかったこと（これを具体化すると、運行に関して過失がなかったことと自動車自体に欠陥がなかったということになる。）であって、事故の発生と因果関係

---

[9] 自賠法3条の責任は、危険責任としての性格を有している（自動車固有の危険によって生じる人身事故の責任を負担しなければならないという点で危険責任としての性格を有することになったといえる。）が、完全な無過失責任を採用しているものではなく、加害者に対して無過失の主張立証を求める相対的無過失責任主義（中間責任）を採用しているにすぎないのであって、（修正されているものの）過失責任主義を維持しているといわれている（この点につき、自賠法3条に基づく責任に民法713条が適用されるかについて判断した裁判例ではあるが、東京地判平成25年3月7日判タ1394号250頁参照）。

[10] 自賠法3条の「運行によつて」の解釈は、中村修輔「自賠法3条の諸問題2（運行起因性・免責）」森冨＝村主・裁判実務(9)104頁以下参照。

4● 損害の拡大にかかわる過失は、自動車損害賠償保障法3条ただし書の「自動車の運行に関」する「注意」に当たらないか

のある過失や欠陥の有無が問題とされるべきである[11]。以上のように考えてくると、自賠法3条ただし書の免責要件における、運転者の「自動車の運行に関」する「注意」は、事故の発生と因果関係のある過失（民法709条における過失と同義）のことをいい、損害の拡大にかかわる過失までは含まれないと解するのが相当であり、前掲東京地判平成24年6月12日の判断も正当であるといえる[12]。

したがって、事故の発生と因果関係のある過失がなく、損害の拡大にかかわる過失しかない者が運転していた自動車の運行供用者が、他の免責要件も立証できた場合には、同人に対して、自賠法3条に基づき損害賠償を求めることはできないし、同人に自賠法3条による損害賠償責任が発生することを前提として、同人が加入する自賠責保険会社に対して、自賠法16条1項に基づき保険金の支払を求めることもできないこととなる。

Ⅳ　補論—過失相殺における被害者側の過失—

1　本稿のテーマ（自賠法3条ただし書の免責要件の解釈問題）からは少し逸れるが、前掲東京地判平成24年6月12日の訴訟が提起されたのは、前訴の和解において、被害者が、被害者側の過失として1割を過失相殺で斟酌され、損害額全額の賠償を受けられなかったことが背景にあると思われるので、被害者が幼児である場合の、過失相殺における被害者側の過失の問題について

---

[11] 藤村ほか・実務交通事故訴訟大系(2) 260、261頁〔古笛恵子〕においても、「運行供用者責任は、完全な無過失責任ではないのであるから、運行供用者責任を基礎付ける過失が全く存在しない状況を無視することはできない。そうであるならば、免責要件として求められるのは、責任成立要件を覆すに足る、運行に関する無過失のはずである。責任成立要件としての運行供用者が支配する「運行」は有責加害行為として評価しうる行為であるから、法益侵害としての「生命又は身体を害した」との間に因果関係が認められる運行、法益侵害を惹起し得る運行である。よって免責要件としても、事故の発生と全く無関係な過失（括弧内省略）がないことまで求めるべきではない。」と端的に説明されている。

[12] 同判決は、このように解することが最一小判昭和45年1月22日民集24巻1号40頁（前記2(3)イ参照）とも整合すると言及している。

も触れておく[13]。

2　まず、民法722条2項における「被害者の過失」として斟酌する上で、被害者には責任能力又は事理弁識能力が必要とされるか、それともこれらは不要であるかといういわゆる過失相殺能力が問題となる。

(1)　かつての判例、通説は、責任能力が過失の前提要件であり、加害者の過失も被害者の過失と同じものであることを前提として、民法722条2項における過失相殺をする際にも、被害者には責任能力が必要であるとしていた。その後、最大判昭和39年6月24日民集18巻5号854頁は、8歳の児童が自転車に2人乗りしていてコンクリート運搬用自動車に衝突されて死亡した事案において、「民法722条2項の過失相殺の問題は、不法行為者に対し積極的に損害賠償責任を負わせる問題とは趣を異にし、不法行為者が責任を負うべき損害賠償の額を定めるにつき、公平の見地から、損害発生についての被害者の不注意をいかにしんしゃくするかの問題に過ぎないのであるから、被害者たる未成年者の過失をしんしゃくする場合においても、未成年者に事理を弁識するに足る能力が具わっていれば足り、未成年者に対し不法行為責任を負わせる場合のごとく、行為の責任を弁識するに足る知能が具わっていることを要しない」と判示して、従来の判例を変更して、8歳の児童について過失相殺を認めた[14]。

この判例によれば、前掲東京地判平成24年6月12日の事案では、事故当時1歳の幼児であった原告には、事理弁識能力がなかったことになり、前訴において、被害者自身の過失としては斟酌されない事案であった。もっとも、このような場合においても、後記3で述べるように、被害者側の過失として監護者である親の過失が斟酌されるかは別途問題となる。

---

[13]　藤村ほか・実務交通事故訴訟大系(2) 261頁〔古笛恵子〕においても、「本判決が解決済みと思われていた問題を再燃させたのは、むしろ、過失相殺の問題である。」と指摘されている。

[14]　栗山忍「判解」最判解民（昭和39年度）243頁によれば、過失相殺制度に関して、「過失相殺の問題は、不法行為者に対し積極的に損害賠償責任を負わせる問題とは異なり、不法行為者が責任を負うべき損害賠償の額を定めるにつき、公平の見地から、損害発生についての被害者の不注意をいかに斟酌するかの問題にすぎない」という理解を前提としている。

4　損害の拡大にかかわる過失は、自動車損害賠償保障法3条ただし書の「自動車の運行に関」する「注意」に当たらないか

(2)　なお、事理弁識能力の有無の判断は、年齢によって一律に判断できるものではなく、事案によっても異なるものであるのに、その有無によって、「被害者の過失」として斟酌されるかどうかが決まるということに対して疑問を呈する見解もある。過失相殺においては、被害者には事理弁識能力も不要であると考える立場からは、損害の発生には被害者も寄与しており、それが加害者に対する非難可能性や違法性の程度を減少させている、過失相殺は、公平のためにそのことを損害の金銭的評価において斟酌する制度であると理解することを根拠としている[15)16)]。

　他方で、過失相殺における「被害者の過失」は、加害者の視点に立った上で、加害者に対する非難可能性を減少させるような様々な事情（第三者の関与など）の1つではなく、あくまで被害者自身が損害を負担することを正当化することに向けられたものと理解すべきである、被害者が危険についての弁識能力を欠いているようなときには、被害者に、結果回避のための合理的な行動を期待することができず、被害者自身に損害を負担させることを正当化できないから、過失相殺をする際には、被害者には事理弁識能力が必要であるとして、事理弁識能力必要説も再評価されている[17)]。

　3　次に、被害者には事理弁識能力がなく、又は被害者自身には過失がなく、被害者自身の過失を斟酌することができない場合に、被害者以外の第三者の過失を「被害者の過失」として斟酌することができるかといういわゆる被害者側の過失が問題となる。

　この点については、判例上、被害者側の過失として斟酌できるのは、「被害者と身分上、生活関係上一体をなすとみられる関係にある者の過失」であるとされている[18)]。被害者が幼児である場合に、その幼児と同居する監護者

---

15)　内田貴『民法Ⅱ（第3版）債権各論』（東京大学出版会、2011年）438頁。
16)　この立場を前提とすれば、前掲東京地判平成24年6月12日の事案においても、前訴で、事故当時1歳の幼児であった原告自身の過失として、チャイルドシートの不使用の過失が斟酌されることになったと思われるが、前訴の担当裁判所はそのようには解していなかった。
17)　窪田充見『不法行為法（第2版）』（有斐閣、2018年）427ないし429頁。
18)　最三小判昭和42年6月27日民集21巻6号1507頁。その後、「身分上、生活関係上一体をなすとみられる関係」を認めた判例として、運転者と同乗者が夫婦であった例（最一小判昭和51年3月25日民集30巻2号160頁）、運転者と同乗者が内縁

である両親が、被害者と「身分上、生活関係上一体をなすとみられる関係」にあることは明らかであるから、前掲東京地判平成24年6月12日の事案では、前訴において、監護者である親に過失が認められる場合には、幼児である原告の被害者側の過失として斟酌することが許される事案であったといえる。

そして、チャイルドシートは、道路交通法上、その使用が義務付けられており、基本的にはシートベルトの不装着の場合と同様に、損害の発生又は拡大に寄与していると認められるときには、特段の事情がない限り、過失相殺において斟酌し得るものと考えられている[19]。

そうであるとすると、前掲東京地判平成24年6月12日の事案では、前訴において、監護者である親に、チャイルドシートの不使用の過失があったものとして、幼児である原告について被害者側の過失として斟酌されたこと自体はやむを得ないものであったといえる。

4　では、前掲東京地判平成24年6月12日のように、被害者が幼児だった場合に、被害者の加害者に対する民法709条等に基づく損害賠償請求訴訟において、監護者であった家族の過失が被害者側の過失として過失相殺で斟酌されながら、被害者が、その家族[20]に対し自賠法3条の損害賠償請求をすることができず、自賠責保険金の支払を受けられないという現象が生じることは、本来被害者の救済が図られるべきところが漏れてしまっているということなのであろうか。

しかし、自賠法3条の責任は、過失相殺とは別個の制度であり、自賠法3条の免責要件の範囲と、過失相殺で斟酌されるべき過失の範囲が一致しなけ

　関係にあった例（最三小判平成19年4月24日判時1970号54頁）があり、認めなかった判例として、運転者と同乗者が恋愛関係にあったが、婚姻や同居をしていなかった例（最三小判平成9年9月9日交通民集30巻5号1281頁）がある。
19)　向井宣人「後部座席シートベルト、チャイルドシート不装着の場合における過失相殺」赤い本（下巻）2016・27頁以下参照。チャイルドシートの場合は、装着するのが幼児であるため、シートベルトの場合と異なり、幼児自身の過失を観念できないことから、父母の過失を被害者側の過失として斟酌されることになると指摘されている。
20)　運行供用者の家族が被害者となった場合でも、自賠法3条本文における「他人」であると認められる（最三小判昭和47年5月30日民集26巻4号898頁参照）。

4●　損害の拡大にかかわる過失は、自動車損害賠償保障法3条ただし書の「自動車の運行に関」する「注意」に当たらないか

ればならないとする根拠はないのであって、上記のような現象が生じたとしても、本来被害者の救済が図られるべきものが漏れているということにはならない。

Ⅴ　おわりに

　自賠法3条の運行供用者責任は、被害者保護を目的とするものであることから、その責任が広く認められる方向で解釈されるべき場面が多いように思われるが、その解釈にも限界はあり、免責要件及びその他の免責事由（不可抗力など）がかかわるところでは、なお検討すべき課題が残っているように思われる。過失相殺の分野も含めて、今後さらに、事例の集積により判断枠組みや基準が整理されて、制度趣旨にかなった運用となることが期待される。

5 異時事故と共同不法行為の成否

仙台高等裁判所判事
齊　藤　　顕

1　はじめに

（1）　交通事故の態様は様々である。1台の車両により生じることもあれば、複数の車両により生じることもあり、また、いくつかの交通事故が競合することもある。複数車両が関与した交通事故については、これまで、自動車同士が衝突して同乗者もしくは第三者が被害を受けたような場合を同時事故（単一事故）と、同時事故と捉えがたいような場合を異時事故と分類するのが一般的であった[1]ところ、近時は、異時事故を、玉突き事故のように、複数の事故が場所的時間的に近接して生じた場合を同時類似事故とし、それ以外の場合を純粋異時事故と類型化するようである[2]。

（2）　複数車両が関与した交通事故での損害賠償請求においては、加害者が複数存在しうることから、民法719条1項の共同不法行為の成立が問題となる。共同不法行為に関する議論は、学説においては混迷した状況にあるとされ[3]、また、学説と裁判実務との乖離があるとの指摘[4]もあるところ、上記の同時事故の場合、民法719条1項前段の共同不法行為が成立し、各加害者による免責、減責の抗弁の主張を認めないとすることについては、学説、裁

1）　藤村＝山野・概説交通事故賠償法66頁。
2）　村主隆行＝神谷善英「共同不法行為の諸問題1（交通事故と交通事故の競合1―同時事故）」森冨＝村主・裁判実務(9) 169頁。
3）　内田貴「近時の共同不法行為論に関する覚書（上）」NBL1081号4頁は、その原因として、条文の解釈をしているにもかかわらず、条文にない概念が次々と登場し、しかも、それらの概念が一義的に明解とはいえず、これをめぐって複雑な解釈論が展開されていることにあるとする。
4）　山口斉昭「共同不法行為」藤村ほか・実務交通事故訴訟大系(2) 134頁。なお、同稿は、これまでの共同不法行為に関する議論が、わかりやすく整理されている。

判実務とも、概ね一致するところではないかと思われる[5]。問題となるのは、異時事故における共同不法行為の成否とその効果についてである。

(3) 前述の異時事故を同時類似事故と純粋異時事故に類型化する考え方は、同時類似事故においては民法719条1項後段が適用（類推適用）され、純粋異時事故については同項の適用を否定することにより[6]、共同不法行為の成立範囲を明瞭化する、新たな試みである。しかし、この試みも、同時類似事故と純粋異時事故を、場所的時間的近接性により区別することを前提とするものと解される[7]ところ、学説から指摘されているのは、場所的時間的近接性の不明確さ、恣意的な運用である[8]。また、学説では、民法719条1項後段において、関連共同性の要件自体を不要とする見解が有力であるとされる[9]。

(4) そこで、本稿では、まず、次項において、最近10年間（平成20年以降）に交通民集に掲載された、異時事故における共同不法行為の成否が問題となった裁判例（ただし、医療事故との競合事案を除く。）を概観し、第3項以降において、交通事故が競合した事案での共同不法行為の成否を検討するに当たって、整理、確認しておく必要があると考えられる、寄与度減責の抗弁や連帯責任の範囲、民法719条1項前段の要件、同項後段における関連共同性の要否について、私見を交じえ検討を試みることとする。

---

[5] 村主＝神谷・前掲注2）370頁。なお、藤村＝山野・概説交通事故賠償法66頁は、玉突き事故を同時事故として捉えており、同時事故の範囲は、必ずしも一致しているわけではない。

[6] 村主＝神谷・前掲注2）376頁、神谷善英「共同不法行為の諸問題2（交通事故と交通事故の競合2―純粋異時事故）」森冨＝村主・裁判実務(9)385頁。

[7] 村主隆行＝黒木宏太「共同不法行為の諸問題3（交通事故と医療事故の競合）」森冨＝村主・裁判実務(9)408頁。

[8] 新美育文「事故の競合」交通事故判例百選（第5版）76頁、村主＝神谷・前掲注2）377頁。

[9] 吉村良一『不法行為法（第5版）』（有斐閣、2017年）273頁、大村敦志『新基本民法6 不法行為編』（有斐閣、2015年）103頁。

2 異時事故に関する最近の裁判例

(1) 共同不法行為の成立を肯定した裁判例
① 大阪地判平 20 年 7 月 4 日（交通民集 41 巻 4 号 890 頁）
② 東京地判平 21 年 2 月 5 日（交通民集 42 巻 1 号 110 頁）
③ 東京地判平 24 年 3 月 9 日（交通民集 45 巻 2 号 309 頁）
④ 横浜地判平 24 年 4 月 26 日（交通民集 45 巻 2 号 521 頁）
⑤ 京都地判平 24 年 5 月 9 日（交通民集 45 巻 3 号 591 頁）
⑥ 東京地判平 24 年 6 月 20 日（交通民集 45 巻 3 号 733 頁）
⑦ 大阪地判平 24 年 10 月 16 日（交通民集 45 巻 5 号 1261 頁）
⑧ 東京地判平 25 年 3 月 27 日（交通民集 46 巻 2 号 469 頁）
⑨ 名古屋地判平 25 年 3 月 27 日（交通民集 46 巻 2 号 523 頁）
⑩ 名古屋地判平 26 年 4 月 25 日（交通民集 47 巻 2 号 551 頁）
⑪ 東京地判平 26 年 10 月 28 日（交通民集 47 巻 5 号 1313 頁）
⑫ 大阪地判平 27 年 1 月 16 日（交通民集 48 巻 1 号 87 頁）
⑬ 東京地判平 27 年 1 月 26 日（交通民集 48 巻 1 号 159 頁）
⑭ 東京地判平 27 年 3 月 10 日（交通民集 48 巻 2 号 358 頁）
⑮ 横浜地判平 27 年 5 月 15 日（交通民集 48 巻 3 号 559 頁）
⑯ 横浜地判平 27 年 9 月 30 日（交通民集 48 巻 5 号 1223 頁）
⑰ 神戸地判平 28 年 3 月 17 日（交通民集 49 巻 2 号 381 頁）
⑱ さいたま地判平 28 年 4 月 20 日（交通民集 49 巻 2 号 566 頁）
⑲ 東京地判平 28 年 9 月 12 日（交通民集 49 巻 5 号 1122 頁）
⑳ 大阪地判平 29 年 10 月 20 日（交通民集 50 巻 5 号 1326 頁）
㉑ 京都地判平 30 年 2 月 15 日（交通民集 51 巻 1 号 143 頁）

(2) 共同不法行為の成立を否定した裁判例
a 東京地判平 25 年 7 月 23 日（交通民集 46 巻 4 号 968 頁）
b 名古屋地判平 26 年 6 月 27 日（交通民集 47 巻 3 号 833 頁）
c 東京地判平 27 年 6 月 24 日（交通民集 48 巻 3 号 750 頁）

(3) 分析
ア 共同不法行為の成立を肯定した裁判例の多くは、第 1 事故により、横

転、転倒したところ、後続車両に衝突されたというケースである（①、③、⑤、⑥、⑦、⑨、⑩、⑪、⑫、⑬、⑮、⑯、⑰、⑲、⑳、㉑）。

　これらの裁判例は、場所的時間的近接性を理由に、共同不法行為の成立を肯定しているが、時間的近接性については、第1事故から第3事故まで約15分の事例（⑨）、第1事故から第2事故まで約9分の事例（⑫）もある。

　なお、⑤、⑦は、民法719条1項後段の共同不法行為が成立するとしている（⑤は、いわゆる加害者不明型である。）。

　他方、⑬、⑰、⑲、⑳、㉑は、民法719条1項前段の共同不法行為が成立するとしているが、⑬は、各事故による損害を区別できないことを、⑰、⑲、⑳は、過失と損害（結果）との相当因果関係が認められていることを摘示しており、また、㉑は、「第1事故と第2事故は十数秒程度の間での出来事であり、被害者への加害行為は社会通念上一体のものといえる」としている。

　イ　他方、第1事故と第2事故の間に、月単位の間隔があるにもかかわらず、共同不法行為の成立を認めた裁判例もある（②、⑧、⑭、⑱）。

　いずれも民法719条1項後段の共同不法行為の成立を認めたものであるが、②は、第1事故の約2か月後に第2事故が発生した事例について、受傷部位が同一であり、被害者の後遺障害は両事故による傷害に基づくものであることを、⑧は、第1事故の約8か月後に第2事故が発生した事例について、第2事故後の症状に与えた影響は、同事故よりも第1事故の方が大きいことを、⑭の裁判例は、第1事故の約4か月後に第2事故が発生した事例について、いずれの事故が後遺障害の原因となったのか、両事故がどの程度寄与したから、証拠上確定しがたいことを、⑱の裁判例は、第1事故の約2か月後に第2事故が発生した事例について、後遺障害への両事故の寄与度が不明であることを、それぞれ摘示している[10]。

　ウ　共同不法行為の成立を否定した裁判例は、第1事故の約2年5か月後に第2事故が発生した事例（a）、第1事故の53日後に第2事故が発生した

---

[10] 第1事故の1週間後に第2事故が発生した事案において、同一部位を受傷し、後遺障害の発生がいずれに事故に起因するか明らかでないとして、民法719条1項後段の適用を認めた上で、第1事故の寄与度を1割、第2事故の寄与度を9割と認めた裁判例として、さいたま地越谷支判平28年5月26日自保ジャ1982号54頁がある。

事例（b）、第1事故の約40日後に第2事故が発生した事例（c）である。これらの裁判例は、場所的時間的近接性のほかに、第2事故の前に症状が固定していたこと（a）、受傷部位が異なること（b、c）を摘示している[11]。

エ　前記イの裁判例と同ウの裁判例は、いずれも場所的時間的近接性が認められないケースに該当するものと思われるが、民法719条1項後段の共同不法行為の成否について結論を異にしたのは、第2事故後の症状について、第1事故との因果関係を否定できず、寄与の程度の判断が容易でないことに重きをおいた結果ではないかと考えられる。

3　寄与度減責の抗弁について

(1)　共同不法行為と寄与度減責の抗弁

学説における共同不法行為の議論は、民法719条1項前段では寄与度減責の抗弁は認められないものの、同項後段では認められるといった、寄与度減責の抗弁の可否と関連して、展開されている。

他方、裁判実務においては、最判平13年3月13日民集55巻2号328頁（以下「平成13年判決」という。）が、原審は共同不法行為の関係にあるとして、寄与度を5割とし、その範囲での分割責任を認めたのに対し、これを否定したことから、これまで、交通事故が競合した事案では、寄与度は損害との相当因果関係の問題として主張、検討されることが多かったように思われる[12]。そこで、まず、寄与度減責の抗弁について、少し整理しておきたい。

(2)　寄与度減責の抗弁とは

ア　寄与度減責の抗弁とは、わかりやすくいうと、被害者が、加害者に対し、不法行為に基づく損害賠償請求をし、請求原因が認められたところ、加害者が、第三者の不法行為（過去）を主張して、自らが賠償すべき損害額の減額を求める主張であり、訴訟法上の抗弁である。

---

11)　なお、場所的時間的近接性がないことを理由に民法719条1項後段の適用を否定した裁判例として、福岡地判平30年1月18日自保ジャ2030号73頁、京都地判平30年7月5日自保ジャ2031号116頁がある。
12)　神谷・前掲注6) 386頁以下。

イ 学説は、寄与度減責の抗弁について、概ね肯定的であるものの[13]、その根拠については、少しニュアンスに違いがあるように感じられ、大別すると、①原因競合の問題として、被害者側に過失があった場合に過失相殺が認められるように、損害の公平な分担の見地から、第三者に原因があった場合にも減責が認められるとの発想に基づくもの[14]と、②本来、被害者が負担する立証責任を加害者に転換したことにより認められるとするもの[15]、があるように思われる。①の②の考えの根底には、「各加害者は、自己の行為と事実的因果関係のある損害について責任を負う」のが原則である[16]とするか、「各加害者は、自己の行為の寄与度に応じた責任(分割責任、割合的責任)を負う」のが原則である[17]とするかの違いがあるようにも解される。

(3) 不法行為における因果関係と寄与度の関係

ア 不法行為に基づく損害賠償請求においては、被害者である原告が、加害行為(過失)と損害との因果関係について主張立証責任を負担するところ、不法行為法上の因果関係の問題は、①行為と権利(又は法益)を侵害する結果との間に歴史的、客観的な意味での原因結果関係(「あれなければこれなし」の関係)が認められるか否かの問題[18]と、②当該結果に伴い、被害者に生じた損失のどこまでをてん補すべき対象として採り上げるかの問題に分けて論じられており、①は不法行為の成立要件としての因果関係又は事実的因果関

---

13) これに対し、窪田充見『不法行為法(民法を学ぶ)(第2版)』(有斐閣、2018年) 476頁は、寄与度という概念は、通常の不法行為になかったものであり、不法行為の効果は、相当因果関係等によって区切られてきたところ、寄与度はこれと性格を異にするものであり、他人が寄与したことを考慮して責任範囲を定めるものであるとしており、どちらかといえば、懐疑的である。
14) 能見善久「複数不法行為者の責任」司法研修所論集82号26頁(1990年)。大村・前掲注9)99頁は、共同不法行為を加害行為が複数の者によってなされた場合の調整原理としている。窪田充見「交通事故損害賠償における割合的認定論」藤村ほか・実務交通事故訴訟大系(1)173頁、橋本佳幸「損害賠償額の割合的調整―原因競合事例を中心に」NBL1056号39頁(2015年)。
15) 潮見佳男『不法行為法II(第2版)』(信山社、2011年)201頁以下。
16) 内田貴『民法II債権各論(第2版)』(東京大学出版会、2007年)500頁。
17) 潮見・前掲注15)201頁。
18) なお、原因結果の関係について、加害者の行為(故意又は過失を判断される行為)が原因となるところ、何を結果とするかについては、考えが分かれるところであるが(松浦以津子「交通事故損害賠償における因果関係論」藤村ほか・実務交通事故

係の存否の問題とされ、②は相当因果関係の存否の問題とされ、民法416条の規定が類推適用されることになる[19]。

イ　学説においては、事実的因果関係の判断は事実判断かそれとも法的価値判断か、因果関係に法的因果関係の判断は残るのか、といった問題意識があり[20]、また、判例[21]が述べるところの相当因果関係説についても、法的価値判断、法的因果関係を完全に排除するものとまではいえないの指摘[22]がある。

他方、寄与度についても、因果関係という事実認定レベルで問題となるもの（事実的寄与）と、規範的価値判断レベルでの賠償額限定基準となるもの（評価的寄与度）があり、寄与度減責の抗弁で問題とされるのは、後者の評価的寄与度とする見解[23]もある。そうすると、実際上、請求原因での因果関係と抗弁での寄与度は必ずしも明確に区別できるものではないものの、あえて区別するとすれば、因果関係で問題となる寄与度は事実概念であり、抗弁で問題となる寄与度は規範的評価を伴うものということになろうか。

(4)　寄与度減責の抗弁について検討すべき事項

ア　民法719条1項が適用されるとなれば、各加害者は、たとえば、自らの寄与度が10%であったとしても、損害全部について連帯責任を負うことになる。賠償した加害者は、事後的に、他の加害者に対し、求償することが可能であるものの、無資力の加害者もいないわけではなく（被害者側も、加害者の無資力のリスクを回避するために、共同不法行為を主張することもある。）、

訴訟大系(1) 62頁、窪田・前掲注13) 360頁)、ここでいう「結果」とは、交通事故でいえば、「死亡」、「全治3か月の傷害」、「10級相当の後遺障害」などを意味するものと解される。

19)　八木一洋「判解」最判解民（平成12年度（上））357頁以下、八木一洋「判解」最判解民（平成11年度（上））138頁、牧山市治「判解」最判解民（昭和50年度）474頁。なお、窪田・前掲注13) 171頁も、因果関係には、成立要件としての因果関係と、賠償範囲を画する因果関係があるとする。

20)　松浦・前掲注18) 57頁。

21)　最判昭48年6月7日民集27巻6号681頁。

22)　潮見佳男『基本講義債権各論Ⅱ不法行為法（第3版）』（新世社、2017年）54頁は、相当性の判断は規範的評価を伴うとする。窪田・前掲注13) 176頁、350頁。吉村・前掲注9) 101頁。

23)　潮見・前掲注15) 144頁。

事実上、損害全部を負担することにもなりかねない。このような結論も、被害者の救済のため、致し方ないと割り切れればいいが、結論の妥当性を考えざるを得ない事案もある[24]。そうすると、実務において、寄与度減責を認める必要性はあるものと思われる[25]。

　なお、平成13年判決は、前述のとおり、寄与度の範囲での分割責任を認めた原審の判断を否定したものである。しかし、当該事案は、被害者は、9月12日午後3時40分頃に交通事故に遭い、病院に搬送されたものの、同日午後11時頃、容態が急変し、翌13日午前0時45分頃、死亡したという事実経過をたどるものであり、交通事故は、被害者に、放置すれば死亡するに至る傷害を負わせ、医療事故も、適切な治療が施されていれば、高度の蓋然性をもって救命でき、いずれもが被害者の死亡という不可分の一個の結果を招来したと認定された事案である。そして、被害者の遺族が賠償を求めた損害項目は、被害者の逸失利益、慰謝料、葬儀費及び弁護士費用であり、最高裁は1割の相対的過失相殺を認めている。このような事案の内容等に照らすと、上記判決が寄与度減責を否定するものと一般化することには検討の余地があるものと思われる。

　イ　ただ、前述のとおり、寄与度減責の実務上の必要性があるとしても、「寄与度」という概念自体、曖昧なものであるから、実務において、これを取り入れていくためには、そもそも寄与度とは何か、その判断に当たって考慮すべき要素等について、さらに検討を進める必要があろう。私が思いつく検討すべき事項を挙げると、次の事項がある。

　　(ア)　寄与度とは、結果に対する寄与度であろうか、それとも損害に対する寄与度であろうか。つまり、死亡事案についていえば、「死亡」と

---

[24]　奥田隆文「原因競合による減額(2)―共同不法行為者の一部連帯」篠田省二編『裁判実務大系第15巻不法行為訴訟法(2)』（青林書院、1991年）465頁は、「共同不法行為者の一部に対して、他の共同不法行為者とともに全部の損害について連帯責任を負担させることは、場合により極めて酷な結果をもたらすことも予想される」とする。

[25]　なお、寄与度減責を認めることについては、割合的因果関係を肯定することと同じではないかとの指摘がある（新美・前掲注8）76頁。これに対し、潮見・前掲注15）144頁は、割合的因果関係は因果関係という事実認定レベルの問題であり、寄与度減責は、規範的価値判断レベルでの賠償額限定基準であるとする。

いう結果に対する寄与度か、死亡により生じた損害に対する寄与度であろうか。
(イ) 寄与度を損害との関係で考えるとした場合、損害項目ごとに考えていくのであろうか、それとも、損害全体について考えるのであろうか[26]。
(ウ) 寄与度は、複数の加害者が損害に対し合計して100%の寄与をすることを前提に、加害者の責任を割り当てるものであろうか、それとも、必ずしも100%となるものではなく、加害者の行為が損害に対し割合的に因果関係が及ぶことを前提に、その割合を意味するものであろうか[27]。
(エ) 寄与度を判断する上で考慮すべき要素として、どのようなものがあるか。なお、この点については、次のような見解がある[28]。
　a　①先行事故による傷害の内容・程度、②これに対する治療状況と回復経過、③後行事故前の症状、④後行事故後の症状、⑤後行事故後の治療状況と回復経過、⑥各事故の衝撃の程度を考慮して判断されるとする見解[29]
　b　①寄与の程度は過失の程度・割合によって判断すべきである、②加害者に故意があるような場合には、原則として認められるべきではない、③その他に考慮すべき事情として、損害額の大小や責任保険の有無も挙げてよい、④加害者間の関連共同性の有無・程度も、考慮すべき事情となり得るとの見解[30]

---

26) 神谷・前掲注6) 389頁以下。
27) 神谷・前掲注6) 391頁、山口・前掲注4) 159頁。
28) なお、前記②の裁判例は、「第1事故は追突事故であり、原告は頭部等をぶつけているものの、その程度は大したものではないのに対し、第2事故は出会い頭による衝突事故であり、原告は顔面を打ち付けて頸椎捻挫だけでなく鼻骨も骨折している」として、寄与割合を、第1事故が3割、第2事故が7割とした。また、前記bの裁判例は、「各事故の態様、受傷内容、治療費の発生状況を検討すると、第1事故の傷害の程度は第2事故によるものと比べて大きなものであったと推認される」ことなどから、民事訴訟法248条に照らし、損害のうち5分の3を第1事故の損害とし、5分の2を第2事故の損害とした。なお、第1事故と第2事故の寄与度を2分の1とした裁判例として、名古屋地判平29年8月25日自保ジャ2008号66頁がある。
29) 神谷・前掲注6) 387頁以下。

4　共同不法行為の成立により認められる損害賠償の範囲について

(1)　共同不法行為の成立要件の検討は、共同不法行為の成立により認められる効果と切り離して考えることができないものである。民法719条1項前段は、「数人が共同の不法行為によって他人に損害を加えたときは、各自が連帯してその損害を賠償する責任を負う。」として、加害者の連帯責任を定めており、ここでいう連帯責任を、これを真正連帯債務と捉えるか、不真正連帯債務と捉えるかはともかく、各加害者に損害全部についての賠償責任を連帯して負わせるものと解されている[31]。

他方において、複数車両による事故が同時に発生したのであればともかく、第1事故と第2事故との間に時間的間隔が存在する場合、本来、第2事故の加害者は、第2事故以後に発生した損害について責任を負うことはあっても、同事故以前に発生した損害について責任を負うことはないとされる。行為と損害との因果関係がないからである[32]。しかし、このことは、共同不法行為が成立する場合についても、同様であろうか。民法719条1項の連帯責任が生じる賠償範囲の問題である。

(2)　ここで考えるべきは、賠償範囲を画する因果関係の起点を「各人の個別的行為」を起点に考えるのか、それとも「共同行為」を起点に考えるのか、ということである。この問題は、学説においても、これまで、あまり論じられてこなかったとされる[33]。

---

30)　能見善久「共同不法行為責任の基礎的考察（八・完）」法協102巻12号2244頁（1985年）。なお、大塚直「原因競合における割合的責任論に関する基礎的考察—競合的不法行為を中心として—」中川良延ほか編『日本民法学の形成と課題（下）』（有斐閣、1996年）880頁は、寄与度は法的評価であるから、少なくとも加害者の非難可能性（違法性）を判断要因とすべきとする。
31)　藤村＝山野・概説交通事故賠償法61頁。
32)　もっとも、第2事故前に発生した損害と第2事故後に発生した損害の区分は、観念的に可能であっても、現実的には容易でないこともあろう。たとえば、治療費であればわかりやすいが、後遺障害についてはどうであろうか。
33)　能見善久「共同不法行為」内田貴＝大村敦志編『民法の争点』（有斐閣、2007年）ジュリ増刊284頁。なお、民法改正により、各事故時において法定利率が異なる事態が生じることになるが、共同不法行為が成立するとする場合、いずれの時点の法定利率を用いるのか、という問題にも関連するのではないかと思われる。

判例においては、各自の加害行為と相当因果関係のある損害について賠償責任を負い（最判昭43年4月23日民集22巻4号964頁）、特別事情による損害については、その事情を予見できた共同不法行為者のみが責任を負うとするものがある（大判昭13年12月17日民集17巻2465頁）。これによれば、損害賠償範囲による一部連帯[34]、つまり、第2事故以後の損害の限度での連帯責任ということになろう。

ただ、「共同行為」を基礎付ける関連共同性の要件は、各行為間に認められるものであって、先行行為によって生じた状態と、後行行為との間に認められるものとは解されていない。学説においては、各人の行為ではなく、共同行為を起点とする考えも有力である[35]。

(3) 前記の共同不法行為の成立を認めた裁判例において、第1事故から第2事故までの間に生じた損害について、連帯責任としたものはない。この結論自体は不合理なものではないとしても、問題はその理論構成である。共同行為を起点とする前記の有力説を前提とすれば、①共同不法行為の成立を否定するか、②共同不法行為は成立するものの、免責、減責の抗弁が認められたということになろうか。

5 民法719条1項前段について

(1) 民法719条1項前段で認められる共同不法行為の類型

ア 民法719条1項前段の共同不法行為が成立する場合、被告とされた加害者による免責、減責の抗弁が認められないことについては、裁判実務において、概ね一致するところであり、学説においても有力である[36]。

イ もっとも、民法719条1項前段の共同不法行為の成立要件について、最判昭43年4月23日民集22巻4号964頁（以下「昭和43年判決」という。）

---

34) 難波譲治「共同不法行為の効果としての一部連帯」大塚直ほか編『社会の発展と権利の創造』（有斐閣、2012年）379頁。
35) 吉村・前掲注9）267頁、能見・前掲注33）284頁。
36) ただし、能見・前掲注30）2235頁は、客観的関連共同性の場合には、民法719条1項前段の場合でも、免責、減責の主張が認められるとする。

が、「共同行為者各自の行為が客観的に関連し共同して違法に損害を加えた場合において、各自の行為がそれぞれ独立に不法行為の要件を備えるときは、各自が違法な加害行為と相当因果関係にある損害について賠償の責に任ずべき」と判示したことから、判例は、各自の行為と損害との因果関係（個別的因果関係）が認められる場合に、共同不法行為の成立を認めるものと解されているようである。

しかし、個別的因果関係が認められる場合に、共同不法行為が成立することと、個別的因果関係がなければ共同不法行為が成立しないこととは、必ずしも一致するものではないであろう[37]。

ウ 学説においては、個別的因果関係が認められなければ、共同不法行為が成立しないとすると、民法719条1項の存在意義がないとして、共同不法行為の成立に個別的因果関係は不要であり、共同行為と損害との因果関係があれば足りるとする見解が、今日の通説である。

しかし、個別的因果関係が認められる場合に、共同不法行為の成立を認めることに、本当に意義はないのであろうか。前述のとおり、民法709条に基づく損害賠償請求において、寄与度減責の抗弁が認められるとの見解に立った場合、これに対する再抗弁として、民法719条1項前段の共同不法行為の成立を主張することも、考えられるのではなかろうか[38]。寄与度減責の抗弁を認めるか否かの問題に帰着するが、あえて、個別的因果関係が認められる場合を、民法719条1項前段の共同不法行為から排除する合理的な理由もないように思われる。

エ そうすると、民法719条1項前段の共同不法行為には、①各行為と損害との間に個別的因果関係が認められる類型と、②共同行為と損害との間に因果関係を認める類型があると、整理することもできよう。

---

[37] 藤村＝山野・概説交通事故賠償法65頁、三村晶子「判解」最判解民（平成13年度（上））251頁、中村也寸志「判解」最判解民（平成15年度（下））414頁。前記㉑の裁判例は、「昭和43年判決は、行為と損害との間に相当因果関係があることを前提に、寄与度減責を許さないことについて判断したものであり、格別に不法行為の要件を満たすことまでを要求するものではない」とする。

[38] 潮見・前掲注15) 212頁。

(2) 民法719条1項前段における関連共同性

ア 民法719条1項前段は「共同の不法行為」と規定しており、これが認められるためには、各行為間の関連共同性が要件となると解することは、学説、裁判実務の概ね一致するところと思われる。問題は、関連共同性の内容である。

イ 裁判実務は、昭和43年判決が、客観的に関連し共同して損害を与えた場合に、共同不法行為の成立を認めたことから、必ずしも、共謀といった、意思的関与がない場合においても、関連共同性が認められる（以下、このような考えに基づく関連共同性を「客観的関連共同性」という。）とする運用が定着している。

これに対し、近時、学説においては、関連共同性には、共謀など、意思的関与が必要であるとする見解（以下、このような考えに基づく関連共同性を「主観的関連共同性」という。）が有力になりつつあるとされる[39]。これは、民法719条1項前段の共同不法行為が成立する結果、連帯責任が課せられ、免責、減責の抗弁も認められない以上、これを正当化するだけの事情が必要であり、また、他人の行為に緊密な意思的関与をすることによって、その他人の行為を「行為支配」することになり、その他人の行為は自己の行為とされ、その他人の行為の結果も自己の行為の結果として、自己に帰責されるとする[40]。

しかし、主観的関連共同性がなければ、上記の民法719条1項前段の効果は正当化できないものであろうか。主観的関連共同性が認められない場合においても、これと同視しうるような関連性が各行為間に認められ、前述のような連帯責任を及ぼすことが、事案に照らし相当であることもありうるのではなかろうか。

ウ むしろ、問題は、いかなる場合に、民法719条1項前段の効果を正当化できるような関連性を認めることができるかであろう。この点について、加害行為の一体性であり、具体的には、「場所的及び時間的近接性の存在」と、「社会通念上の一体性」とする見解[41]があるものの、これらの具体的な内容

---

39) 吉村・前掲注9）256頁。
40) 前田達明＝原田剛「共同不法行為論の動向について（上）」NBL1098号25頁（2017年）。
41) 平井宜雄『債権各論Ⅱ不法行為』（弘文堂、1992年）196頁。

は必ずしも明確でないと思われる。そうすると、トートロジーとなるものの、結局のところ、全損害についての賠償義務を負わせるのが相当な程度に加害行為に一体性があるかどうか[42]、によって考えざるを得ないと思われる[43]。

そして、複数車両が関与して生じた交通事故について考えるに、主観的関連共同性と同視できる程度に、上記の加害行為の一体性を肯定できるのは、複数車両が正面衝突して、第三者に傷害を負わせたといった、同時事故の場合であろう。仮にこれより広く認めるとしても、前記㉑の裁判例のように、第1事故により転倒し、第2事故により轢過され、両事故が十数秒間に生じたような場合が、限界例として参考になろうか。

6 民法719条1項後段の適用と関連共同性の要否

(1) いわゆる損害一体型における民法719条1項後段の類推適用

民法719条1項後段は、「共同行為者のうちいずれの者がその損害を加えたかを知ることができないときも、同様とする。」と定めており、択一的競合の場合、すなわち、たとえば、AとBがいずれも被害者に対し石を投げたか、どちらの石が当たったのか不明なような場合（いわゆる加害者不明型）に適用され、因果関係を推定する規定であると解されている。

そして、加害者が1人であること、つまり、他の行為者に責任がないことが明らかであるにもかかわらず、誰が加害者かわからないことを理由に、全員に全損害についての責任を負わせようとする民法719条1項後段の趣旨を

---

[42] 内田・前掲注16) 505頁。内田貴「近時の共同不法行為論に関する覚書（下）」NBL1082号37頁（2016年）は、「社会通念上一個の行為」と評価される行為と損害との因果関係があれば、その一個の行為を構成する各加害者に損害全体についての賠償責任が生ずるというのが民法719条1項前段の共同不法行為の構造であり、複数の行為者の行為の間に一定の関係が存在し、その結果、全体として一つの行為と評価できる場合に、それを立証の対象としての因果関係の起点とするというのが、同項前段のロジックであるとする。

[43] なお、見方を変えれば、前述のとおり、賠償責任の範囲が共同行為を起点として定まるのであれば、第2事故以前に発生した損害と、第2事故以後に発生した損害を区分することが、社会通念に照らし不合理なような場合に、加害行為の一体性が認められると解することもできようか。

踏まえると、全員が損害との関係で因果関係があるかもしれず、少なくとも、部分的には因果関係があると思われるのに、どの程度か立証できないために、賠償責任が生じないというのはバランスを失することになる。そのため、加害行為は別々になされているが、被害に一体性があり、個々の加害行為が損害にどの程度寄与しているか分からない類型（いわゆる損害一体型）について、民法719条1項後段を類推適用することができると解されている[44]。

また、学説においては、加害者不明型では、因果関係の不存在の抗弁による被告の免責が認められていることから、損害一体型においては、寄与度減責の抗弁により被告の減責も認められるとすることについて、概ね、一致するところと思われる[45]。

(2) 民法719条1項後段における関連共同性の要否

ア　近時、学説において議論されているのは、民法719条1項後段における関連共同性の要否である。

必要説は、寄与度の立証が被害者にとって困難であることを理由に、被害者救済のため、寄与度についての主張立証責任を加害者側に転嫁するのであるから、このような処理を妥当とするためには、民法719条1項前段のような関連共同性は不要であるものの、個別行為の寄与度が不明であるほどに、各加害行為の間に一体性が認められなければならないとする[46]。

これに対し、不要説は、関連共同性を要件とすると、被害者救済が狭きに失することになるから、偶然の関係でも足りるとする[47]。もっとも、不要説においても、「共同行為者」の範囲が無限定に拡がらないように、「共同行為

---

44)　内田・前掲注16) 502頁。これに対し、平井・前掲注41) 207頁、能見・前掲注30) 2240頁は、類推適用を否定し、民法709条の問題とする。
45)　前田陽一『債権各論Ⅱ不法行為法（第3版）』（弘文堂、2017年）149頁。
46)　潮見・前掲注15) 209頁、藤村＝山野・概説交通事故賠償法69頁、吉村・前掲注9) 262頁、271頁。なお、前田・前掲注45) 146頁は、場所的時間的に近接した行為によって損害が累積・一体化したという弱い関連共同性が存在することが、民法719条1項後段を適用する根拠であるが、これが存在しない場合においても、同項後段を類推適用する方向で考えるべきであるとする。
47)　幾代通＝徳本伸一『不法行為法』（有斐閣、1993年）229頁、鈴木禄弥『債権法講義（三訂版）』（創文社、1997年）126頁、大塚・前掲注30) 883頁、大塚直「共同不法行為・競合的不法行為に関する検討」NBL1056号47頁（2015年）。

者」の特定を求め、「各行為者の行為が損害をもたらし得るような危険性を有することと、現実に発生した損害の原因となった可能性が存在することが必要である」として、行為の性質から限定を加えようとする見解が多い[48]。

イ 思うに、不要説に立つならば、同時類似事故のみならず、純粋異時事故についても、民法719条1項後段が適用されることになるが、この結論の妥当性については検討の余地があろう。前述のとおり、民法719条1項後段が適用されれば、少なくとも請求原因の段階においては、被告とされた加害者は自らの寄与度が小さくても、損害全部についての賠償責任を負うことになり、当該加害者は自らの寄与度を主張立証することによって減責することができるとしても、これは必ずしも容易なことではなく、また、他の加害者の無資力のリスクもある。

これに対し、「共同行為者」の特定や行為の危険性から、民法719条1項後段の類推適用の範囲は限定されるとの反論が考えられる。しかし、この要件の主張立証責任は被害者が負担するところ、かえって、被害者の主張立証のハードルを上げることになるのではなかろうか[49]。また、危険性の判断基準の明確性も、問題となろう。

ウ また、たとえば、第1事故の数か月後に第2事故が生じたような、純粋異時事故において、民法719条1項後段の適用を認めなければ、被害者の救済を図ることができないケースは、どれくらいあるのであろうか。

前記の共同不法行為の成立を認めた裁判例のうち、②、⑧、⑭、⑱の裁判例は、第1事故から2か月以上が経過して第2事故が発生した事案に関するものであるが、いずれも、第2事故後の症状について、第1事故が寄与したことを認めていることに照らすと、民法709条の不法行為の事案としても、

---

[48] 原田剛「共同不法行為論をめぐって」交通法研究43号56頁（2015年）、前田達明＝原田剛『共同不法行為論』（成文堂、2012年）267頁、前田＝原田・前掲注40）25頁。

[49] 吉村・前掲注9）274頁。前田＝原田・前掲注40）26頁は、因果関係の立証が困難なことから、被害者保護の観点から、その軽減を図っていることに照らすと、原告としては、単に被告の行為の抽象的な危険性ではなく、具体的な危険性の立証が必要であるとし、このように解するのが立証責任の根拠である公平に適うとする。しかし、この程度までの立証が必要となると、因果関係の立証が可能になり、民法719条1項後段を持ち出す必要がないようにも思われる。

処理することができたように思われる(なお、②の裁判例は、共同不法行為の成立を認めた一方で、各事故の寄与割合を認定している。)。また、裁判実務においては、各加害者全員を被告とすることが多く、民事訴訟法248条の規定もあることから、寄与度が不明であることを理由に、請求が棄却されることは、実際上、考えにくいところである[50]。

いまいちど、民法719条1項後段を適用しなければ、被害者の救済を図ることができない範囲や、民法709条の不法行為の問題として処理することの可否について、考えてみる必要があると思われる。

エ　民法719条1項後段を民法709条の基本的不法行為の特則、例外規定であり、因果関係を推定して、その立証責任を転換するものと解するならば、これを正当化するだけの事由が必要であり、また、損害一体型における適用は類推適用であることを考慮すると、その範囲を限定する必要もあると思われ[51]、その事由となりうるのは、民法719条1項後段の文言でいうと、「共同行為者」である。そして、関連共同性は、この「共同行為者」を基礎付けるタームであり[52]、民法719条1項後段が適用される択一的競合の加害者不明型の場合、関連共同性の要件は不要とされるものの、各行為の択一的競合関係が必要となるから、これも広い意味でいえば、各行為間の客観的な関連性であろう。

他方、民法719条1項後段において、関連共同性が必要であるとすると、同項前段で求められる関連共同性との区別が問題となる。「強い関連共同性」、「弱い関連共同性」により、区別する考え方もあるが[53]、前段と異なり、後

---

50)　大塚・前掲注30) 881頁は、交通事故の競合、交通事故と医療事故の競合においては、個々の行為と損害との因果関係の証明が容易であるから、民法719条1項後段を適用しなくても、特に問題は生じない、とする。
51)　なお、能見・前掲注30) 2240頁は、損害一体型の場合に、民法719条1項後段の適用を否定するものであり、関連共同性の要件を不要とするが、他方において、択一的損害惹起の関係を要求することで、本条の適用範囲に歯止めをかけておく必要があるとする。
52)　内田・前掲注3) 6頁は、民法719条1項前段についてであるが、もともと、「関連共同性」は法文の「共同」の言い換えにすぎないとする。
53)　「強い関連共同性」と「弱い関連共同性」による区分は、曖昧であることから、かえって、実務的には、使い勝手がいい面があるものの、基準としての明確性を欠くことは、否定できない。米村滋人「共同不法行為の要件」民法判例百選II債権(第

段では、因果関係が推定され、被告による免責、減責の主張も認められることなどに照らすと、前段と後段における関連共同性の違いを、「強い」、「弱い」といった量的な違いではなく、質的な違いで整理することはできないものであろうか[54]。

オ　むしろ、関連共同性の要否としてではなく、どのような事情をもって関連共同性が基礎付けられ、「共同行為者」に当たると認められるかを考えるのが、適当ではなかろうか。

これまで、交通事故訴訟においては、場所的時間的近接性が認められる場合に関連共同性があり、「共同行為者」に当たると判断されてきたところ、これに対し、場所的時間的近接性は不明確であり恣意的に運用されているとの指摘があることは、既に述べたとおりである。前記の裁判例を見ても、第1事故から2か月以上が経過した後に第2事故が発生した事例（②、⑧、⑭、⑱）で、共同不法行為の成立を認める一方、第1事故から2か月が経過しないうちに第2事故が発生した事例において、成立を否定した裁判例（b、c）もあり、場所的時間的近接性がメルクマールとして機能しているとは言いがたい。また、場所的時間的近接性は、本来、「場所的かつ時間的」近接性を求めるものであったところ、「場所的又は時間的」近接性があれば足りるとするような例も見受けられる。さらに、純粋異時事故の例とされる、交通事故と医療事故が競合した事案において、場所的時間的近接性というメルクマールを用いること自体、意味をなさないであろう[55]。

しかし、「共同行為者」であることを基礎付ける関連共同性という要件は、必ずしも場所的時間的近接性と同義ではないし、これに尽きるものでもない

　　　8版）194頁（2018年）、松原哲「共同不法行為論の現在―関連共同性の強弱を中心に―」道垣内弘人ほか編『社会の発展と民法学（下巻）』（成文堂、2019年）537頁。
54）　吉村・前掲注9）262頁は、関連共同性の基本は、加害行為が一体のものとしてなされたかどうかであり、社会通念上、共同して不法行為を行ったと見られる最低限の一体性が存在すること（基礎的な共同性）に加え、これを補強する他の要素が存在する場合、被告の免減責の主張は許されないものになるとする。
55）　なお、藤村＝山野・概説交通事故賠償法81頁は、交通事故と医療事故の競合事案について、交通事故の態様と医療事故の態様ならびに結果としてもたらされた損害の三者に着目して、それらが密接な関係にあると認められるときに、関連共同性を認めることができるとして、共同不法行為の成立を肯定する。

から、場所的時間的近接性が認められないからといって、直ちに関連共同性がないということにはならないと思われる[56]。法文が「共同行為者」とする以上、加害行為の一体性に基礎があるものと解するべきであろう[57]。共同不法行為の成否は、大気汚染による公害訴訟や、近時の建設アスベスト訴訟においても問題となった[58]ところ、交通事故訴訟とこれらの訴訟をどこまで同列に論じることができるのか、一応、検討の余地があるものの、いずれにしても、場所的時間的近接性による関連共同性をもって、すべての事案における共同不法行為の成否を検討しようとすることに、限界があったのではなかろうか[59]。

(3) 交通事故訴訟について

もっとも、交通事故訴訟についていえば、「共同行為者」の判断において、場所的時間的近接性が有用であることは否定できず、いまのところ、これに代わり得る要素は、思い浮かばない。したがって、交通事故訴訟における今後の課題は、民法719条1項後段を類推適用することができる場所的時間的近接性の限界を、学説からの指摘を踏まえて、再検討、再確認することであろう。まずは、たとえば、第1事故と第2事故が異なる場所で発生した場合や、第1事故と第2事故との間に、分単位の間隔があるのであればともかく、日単位の間隔がある場合においては、場所的時間的近接性がなく、「共同行為者」に当たらないと判断することの当否から、考えてみてはいかがであろうか。

---

56) 吉村・前掲注9) 263頁。なお、藤岡康宏『民法講義Ⅴ不法行為法』(信山社、2013年) 375頁は、「関連性が弱くてもよい場合は、加害者のつながりよりも、加害行為の危険性を基準とすることが考えられる」とする。
57) 吉村・前掲注9) 262頁、前田・前掲注45) 146頁。
58) 建設アスベスト訴訟における共同不法行為の成否について論じたものとして、大塚直「建設アスベスト訴訟における加害行為の競合」本山敦ほか編『民法の未来』(商事法務、2014年) 263頁、前田陽一「民法719条1項後段をめぐる共同不法行為論の新たな展開」本山ほか・前掲書291頁。
59) 潮見・前掲注15) 209頁は、結局は、社会通念に委ねざるを得ない部分が少なくないが、それでも、時間的・場所的近接性は最低限必要であろうし、それのみならず、寄与度の立証を困難とする事情が被害者側に存在することが必要であるとする。これに対し、吉村・前掲注9) 273頁は、関連共同性は必要としつつ、これでは狭きに失するとする。

7　さいごに

　裁判実務に携わる者にとって、当該事案における結論の妥当性（落ち着きのよさ、当事者間の利益衡量）と、これを導くための理論的整合性は、避けてとおることができない問題であり、両者のベクトルは一致する場合が多いものの、これが必ずしも一致しない場合には、頭を悩ますことになる。被害者の救済が強化される一方で、加害者の賠償範囲が増大することになる共同不法行為の成否は、その一例であろう。前述のとおり、共同不法行為の議論は、裁判実務と学説との間に乖離があり、学説においても混迷の状況にあるといわれるが、10年前に比べると、問題の所在、対立点が整理され、また、学説から、場所的時間的近接性の恣意的運用が指摘される一方、実務家からも、関連共同性の要否や、寄与度減責の抗弁について検討されるなど[60]、学説と裁判実務の距離も、少し縮まってきたように感じられる。本稿では、つれづれなるままに、交通事故訴訟における共同不法行為の成否について検討すべき事項をいくつか述べさせていただいた。私の理解不足に基づく部分が多分にあることは重々承知しているものの、本稿が、今後の議論、検討の進展の一助となれば、幸いである。

---

[60]　村主＝神谷・前掲注2) 577頁、神谷・前掲注6) 386頁。

6 後遺障害逸失利益の中間利息控除の起算時

仙台地方裁判所判事
村　主　隆　行

Ⅰ　はじめに

1　後遺障害逸失利益の算定方法

　後遺障害逸失利益とは、被害者の身体に後遺障害が残り、労働能力が減少するために、将来発生するものと認められる収入の減少のことをいう。実務では一般に次の計算式を用いて後遺障害逸失利益を算定している[1]。
【計算式】
　基礎収入（年収）×労働能力喪失率×労働能力喪失期間の年数に対応する中間利息の控除に関するライプニッツ係数

2　中間利息控除の理由

　中間利息を控除して後遺障害逸失利益を算定するのは次のような理由によると説明されている。すなわち、不法行為に基づく損害賠償は原則として一括払の形で支払が命じられるため、後遺障害逸失利益を単に労働能力喪失期間の年数を乗じて算定すると、被害者は将来得られる後遺障害逸失利益を現時点で取得することができ、その結果、取得した後遺障害逸失利益を運用して利益を上げること（利殖）が可能になる。しかし、そのような結果は不公平であるため、あらかじめ中間利息を控除するという説明である。

---

1)　佐久間＝八木・リーガル(5)145頁。以下「東京地裁本」という。

ところで、ここで「現時点」がいつの時点を指すかが問題となる。これが後述する「中間利息控除の起算時」と呼ばれる問題である。

3　中間利息控除の方法

中間利息控除の方法には、年収を単利で運用していくことを前提とするホフマン方式と、年収を複利で運用していくことを前提とするライプニッツ方式とがあるとされているが、最高裁はいずれも不合理なものとはいえないとしている[2]。もっとも、平成11年11月22日に東京地裁、大阪地裁及び名古屋地裁の各交通専門部がいわゆる三庁共同提言[3]を行って以来、実務ではライプニッツ方式による中間利息控除の方法が定着したといわれている。

4　中間利息控除の割合

前述した中間利息控除の理由（利殖可能性）からすると、中間利息控除の割合は運用利益の事実認定の問題であるから必ずしも民事法定利率である年5％を採用する必要がないとして、それよりも低い率（例えば年3％）を認定した裁判例もかつては存在していた。しかし、平成17年6月14日に最高裁が「民法404条において民事法定利率が年5％と定められたのは、民法の制定に当たって参考とされたヨーロッパ諸国の一般的な貸付金利や法定利率、我が国の一般的な貸付金利を踏まえ、金銭は、通常の利用方法によれば年5％の利息を生ずべきものと考えられたからである。そして、現行法は、将来の請求権を現在価額に換算するに際し、法的安定及び統一的処理が必要とされる場合には、法定利率により中間利息を控除する考え方を採用している。（中略）損害賠償額の算定に当たり被害者の将来の逸失利益を現在価額に換算するについても、法的安定及び統一的処理が必要とされるのであるから、民法は、民事法定利率により中間利息を控除することを予定しているも

---

[2]　最二小判昭和37年12月14日民集16巻12号2368頁、最二小判昭和53年10月20日民集32巻7号1500頁、最二小判平成2年3月23日集民159号317頁等。

[3]　「交通事故による逸失利益の算定方式についての共同提言」判タ1014号62頁(2000年)。

のと考えられる。このように考えることによって、事案ごとに、また、裁判官ごとに中間利息の控除割合についての判断が区々に分かれることを防ぎ、被害者相互間の公平の確保、損害額の予測可能性による紛争の予防も図ることができる。上記の諸点に照らすと、損害賠償額の算定に当たり、被害者の将来の逸失利益を現在価額に換算するために控除すべき中間利息の割合は、民事法定利率によらなければならないというべきである。」[4]と判示したことにより、中間利息控除の割合は民事法定利率によることになった。

5　法定利率の引下げと変動制の導入等

　平成29年の民法（債権法）改正によって民事法定利率が年3％に引き下げられるとともに（改正後の民法404条2項）、3年ごとに法定利率が自動的に見直される変動制が採用された（改正後の民法404条3項以降）。そうするといつの時点の法定利率を用いて後遺障害逸失利益を算定するかが問題となるが、改正後の民法417条1項は「将来において取得すべき利益についての損害賠償の額を定める場合において、その利益を取得すべき時までの利息相当額を控除するときは、その損害賠償の請求権が生じた時点における法定利率により、これをする。」と定めて損害賠償請求権発生時点における法定利率によることを明らかにした。そして、不法行為に基づく損害賠償請求権は後遺障害逸失利益を含めて不法行為時に発生すると解されているから、後遺障害逸失利益は不法行為時の法定利率を用いて算定されることになった[5]。

---

4)　最三小判平成17年6月14日民集59巻5号983頁。
5)　筒井健夫＝村松秀樹『一問一答・民法（債権関係）改正』（商事法務、2018年）89頁（以下「一問一答」という。）には「いつの時点の法定利率を適用するのかは賠償額に直結する問題であるため、公平かつ合理的な基準を設けることが望まれるから、当事者の一方の任意の選択に委ねず、客観的で明快なものとするのが適切である。」「不法行為に基づく損害賠償請求権における後遺症による逸失利益の額の算定は、実務上、その後遺症の症状が固定した時点を基準時として労働能力喪失期間等を確定するが、他方、このように算定する逸失利益を含めて不法行為時から損害賠償請求権は発生し、直ちに履行遅滞による遅延損害金が発生すると解されている。したがって、後遺症による逸失利益部分を含め、その請求権の発生時点は、不法行為時であり、その時点における法定利率によって中間利息控除を行うことになる。」と記載されている。

6 中間利息控除の起算時

前述したとおり、中間利息を控除して後遺障害逸失利益を算定する際、いつの時点の価額に換算するべきかという問題がある。これが「中間利息控除の起算時」と呼ばれる問題である[6]。この問題については大別すれば、①事故時説、②症状固定時説、③紛争解決時説の3説がある。そして、この問題について正面から判断した最高裁判例はまだ存在しない。本稿ではこの中間利息控除の起算時に関する問題を取り上げる。

II 各説の概要

1 事故時説

事故時説とは、事故時(不法行為時)の後遺障害逸失利益の価額に換算するべきとする説である。

事故時説は、①不法行為による損害賠償債務は、不法行為の時に発生し、かつ、何らの催告を要することなく遅滞に陥るとされていること[7]、同一事故により生じた同一の身体傷害を理由とする損害賠償債務は1個と解すべきであって、一体として損害発生の時に遅滞に陥るものであり、個々の損害費目ごとに遅滞の時期が異なるものではないとされていること[8]からすると、不法行為の時から相当な時間が経過した後に現実化する損害についても、その損害賠償債務は不法行為の時に発生し、かつ遅滞に陥ることになる、②しかし、被害者が不法行為の時にまだ現実化していない損害についても不法行為の時から遅延損害金を請求することができるとすると、被害者はその損害

---

[6] 中間利息控除の起算時の問題と前述したいつの時点の法定利率を用いて後遺障害逸失利益を算定するかという問題とは別の問題であることに留意する必要がある。
[7] 最三小判昭和37年9月4日民集16巻9号1834頁。
[8] 最三小判昭和58年9月6日民集37巻7号901頁。以下「昭和58年判例」という。

が現実化するまでの遅延損害金を利得することができることになり（中間利息相当額と遅延損害金の二重取り）、不公平である、③そこで、後遺障害逸失利益を算定する際は事故時（不法行為時）の価額に換算するべきである、などと主張する[9]。

　もっとも、事故時説を貫くと、積極損害（治療費、通院交通費等）についても事故日から個々の支出日までの中間利息を控除して損害額を算定することになり、後遺障害逸失利益だけでなく休業損害についても事故日から毎月の給料の支払日までの中間利息を控除して損害額を算定することになる。しかし、そのような計算は極めて煩雑であるから、事故時説を主張する者も事故時説を貫くべきであるとは主張せず、一定の範囲で中間利息控除をせずに損害額を算定することも許されると主張する。このように一般に事故時説と呼ばれている説は、事故時説を貫くよう求める説ではなく（このような説を唱える者は皆無である。）、一定の範囲で中間利息を控除しないことも許されるという説である。そして、このような説は後述する田中論文によれば「緩やかな事故時説」と呼ばれている。

　事故時説には次の3つの方式があるといわれている。

① 　ライプ・ライプ方式（ライプニッツ方式によって事故時の後遺障害逸失利益を算定する方式）
② 　ライプ・ホフマン方式（口頭弁論終結時まではホフマン方式、口頭弁論終結後はライプニッツ方式によって事故時の後遺障害逸失利益を算定する方式）
③ 　村山方式（症状固定時の現価を算出し、ホフマン方式で事故時の現価に引き直す方式）[10]。

　ライプ・ライプ方式は、事故時から被害者に複利の利殖可能性があることを前提として中間利息を控除する見解である。これに対してライプ・ホフマ

---

9) 　なお、最三小判昭和39年6月24日民集18巻5号874頁は、「不法行為による損害賠償の額は、不法行為時を基準として算定するのを本則とする」と説示している。しかし、同判例の事案は幼児が事故によって死亡した事案であったから、同判例をもって最高裁が後遺障害逸失利益の算定についても事故時説に立っているということはできない。
10) 　東京地判平成14年4月16日判時1783号88頁。

ン方式及び村山方式は、口頭弁論終結時又は症状固定時までは被害者に複利の利殖可能性があるとはいえないとして、口頭弁論終結時又は症状固定時までは単利のホフマン方式で中間利息を控除する見解である。

例えば、年収500万円の被害者が事故から5年後に症状が固定し、症状固定後20年にわたって20％の労働能力を喪失した場合、中間利息控除の割合を年5％としてライプ・ライプ方式によって後遺障害逸失利益を算定すると、976万4400円になる。

【計算式】
　500万円×0.2×(14.0939（25年のライプニッツ係数・年金現価))－4.3295（5年のライプニッツ係数・年金現価))＝976万4400円

また、上記事例で村山方式によって後遺障害逸失利益を算定すると、996万9760円になる。

【計算式】
　500万円×0.2×12.4622（20年のライプニッツ係数・年金現価)＝1246万2200円
　1246万2200円×0.8（5年のホフマン係数・現価)＝996万9760円

2　症状固定時説

症状固定時説とは、症状固定時の後遺障害逸失利益の価額に換算するべきとする説である。

症状固定時説は、①後遺障害逸失利益が現実化する（算定可能になる）のは症状固定時であるから、症状固定時の価額に換算するべきである、②事故時説は、中間利息相当額と遅延損害金の二重取りが不公平であると主張するが、債務の履行遅滞を理由とする遅延損害金の発生の問題と利殖可能性を理由とする中間利息控除の問題とは別問題である（遅延損害金は被害者の損害が填補されずにいることについてのペナルティーであるが、中間利息控除は利殖可能性を損害の金銭的評価に反映させるものであるから、この二つは異質の問題である。）、③不法行為は違法に他人の権利を侵害するものであるから、帰責性のある加害者に症状固定が長期化したことによるリスクを負担させるのが公

平である、などと主張する。

　例えば、上記の事例で症状固定時説によって後遺障害逸失利益を算定すると、1246万2200円になる。
【計算式】
　500万円×0.2×12.4622（20年のライプニッツ係数・年金現価）＝1246万2200円

3　紛争解決時説

　紛争解決時説とは、紛争解決時（具体的には口頭弁論終結時）の後遺障害逸失利益に換算するべきとする説である。

　紛争解決時説は、中間利息控除の理由が利殖可能性にあるなら、現実に被害者が損害賠償金を受領していない以上、被害者に利殖可能性はないから、既に期間が過ぎている部分については中間利息を控除すべきではない、などと主張する[11]。

　例えば、上記の事例で事故から8年後（症状固定から3年後）に口頭弁論が終結した場合、紛争解決時説によって後遺障害逸失利益を算定すると、1427万4100円になる。
【計算式】
　500万円×0.2×(3＋11.2741（17年のライプニッツ係数・年金現価））＝1427万4100円

4　まとめ

　このように事故時説、症状固定時説、紛争解決時説によって後遺障害逸失利益の額が異なるため、どの説に立って後遺障害逸失利益を算定するかが問題となる。

---

11)　四宮和夫『不法行為』（青林書院、1985年）590頁。

Ⅲ 参考になる論文及び判例

1 参考になる論文

　中間利息控除の起算時を取り上げた論文として、以下のようなものがある。
(1)　**石原稚也「中間利息控除の基準点と遅延損害金の起算点」赤い本 1990年（平成2年）版74頁（以下「石原論文」という。）**
　石原論文の要旨は、①事故時説が妥当である、②最二小判昭和63年6月17日自保ジャ762号（以下「昭和63年判例」という。）は事故時説に立っていると考えられる、③症状固定時説の論拠に挙げられている最一小判昭和62年12月17日集民152号281頁（以下「昭和62年判例」という。）の事案は被害者が事故時からの遅延損害金を請求していない事案であったから参考にならない、④事故時説を貫くと治療費や入院雑費等についても中間利息を控除することになるが、計算が煩雑を極めることになるから、司法の効率的運用という見地から中間利息を控除せずに慰謝料額の中で考慮することも許される、⑤具体的には、逸失利益、将来の介護料、将来の諸費用等は不法行為成立時を基準に控除すべき期間が1年を超える場合は中間利息を控除するが、それ以外は中間利息を控除せずに慰謝料額の中で考慮すれば足りる、などというものである。

(2)　**堺光廣「逸失利益の現価算定の基準時について」判時1566号3頁（1996年（平成8年））（以下「堺論文」という。）**
　堺論文の要旨は、①症状固定時説が妥当である、②昭和62年判例は症状固定時説に立っていると考えられる、③事故時説の論拠に挙げられている昭和63年判例は事故時説に立つことを明らかにしたものではない、④不法行為時から遅延損害金を科す以上、発生していない損害（筆者注：不法行為の時にまだ現実化していない損害）について遅延損害金を付することは当然予想された結論である、などというものである。

(3) 本田章「逸失利益の現価算定の基準時」赤い本2003年（平成15年）版303頁（以下「本田論文」という。）

本田論文の要旨は、①事故時説に立つ裁判例もあるが、症状固定時説が実務の趨勢である、②その背景には、同程度の後遺障害による逸失利益は同じように金銭的に評価されるべきである、という考え方があるように思われる、③症状固定時説が趨勢という現状における被害者間の公平という問題も無視できない、④症状固定時説は理論的に正当化できないものではない、などというものである。

(4) 浅岡千香子「損害算定における中間利息控除の基準時」赤い本2007年（平成19年）版（下）171頁以下（以下「浅岡論文」という。）

浅岡論文の要旨は、①原則的には症状固定時説が妥当である、②しかし、事故から症状固定までの期間が10年を超えるような事案は事故時説によることが適切である、などというものである。

(5) 田中俊行「判例の立場を前提とした損害論と中間利息控除の基準時（上）（下）」判タ1396号79頁、同1397号65頁（2014年（平成26年））（以下「田中論文」という。）

田中論文の要旨は、①事故時説が妥当である、②判例は事故時説に立っていると考えられる、③そのような判例として昭和58年判例、昭和63年判例、最一小判平成22年9月13日民集64巻6号1626頁（以下「平成22年判例」という。）等がある、④もっとも、判例は厳密な中間利息控除をしない便法も許容している（判例の立場は緩やかな事故時説である）、⑤しかし、そのような便法が許容されるのは症状固定までの期間が2年程度の事案である、などというものである。

(6) 阿部満「後遺障害逸失利益の中間利息控除の基準時について」明治学院大学法学研究98号63頁（2015年（平成27年））（以下「阿部論文」という。）及び北河隆之「後遺障害逸失利益の中間利息控除の基準時」琉球法学93号55頁（2015年（平成27年））（以下「北河論文」という。）

阿部論文及び北河論文の要旨は、①症状固定時説が妥当である、②遅延損害金と中間利息は異質の問題である、③症状固定時説が自然であり、計算も簡便である、④症状固定長期化のリスクは加害者に負担させるのが公平であ

る、⑤田中論文が挙げる判例は事故時説の論拠にならないか先例的意義に乏しい、などというものである[12]。

2　参考になる判例

　上記論文に挙げられている判例の内容は以下のとおりである。
(1)　事故時説の論拠に挙げられている判例
　上記判例の内容は次のとおりである。
ア　昭和58年判例
「不法行為の被害者が自己の権利擁護のため訴えを提起することを余儀なくされ、訴訟追行を弁護士に委任した場合には、その弁護士費用は、事案の難易、請求額、認容された額その他諸般の事情を斟酌して相当と認められる額の範囲内のものに限り、右不法行為と相当因果関係に立つ損害であり、被害者が加害者に対しその賠償を求めることができると解すべきことは、当裁判所の判例とするところである。しかして、不法行為に基づく損害賠償債務は、なんらの催告を要することなく、損害の発生と同時に遅滞に陥るものと解すべきところ、弁護士費用に関する前記損害は、被害者が当該不法行為に基づくその余の費目の損害の賠償を求めるについて弁護士に訴訟の追行を委任し、かつ、相手方に対して勝訴した場合に限って、弁護士費用の全部又は一部が損害と認められるという性質のものであるが、その余の費目の損害と同一の不法行為による身体傷害など同一利益の侵害に基づいて生じたものである場合には一個の損害賠償債務の一部を構成するものというべきであるから、右弁護士費用につき不法行為の加害者が負担すべき損害賠償債務も、当該不法行為の時に発生し、かつ、遅滞に陥るものと解するのが相当である。なお、右損害の額については、被害者が弁護士費用につき不法行為時からその支払時までの間に生ずることのありうべき中間利息を不当に利得すること

---

[12]　北河論文の他に、北河隆之「債権法改正と中間利息控除」法時87巻12号65頁（2015年）がある。また、最近の論文に、益井公司「後遺障害逸失利益の中間利息控除の基準時について」九州国際大学法学論集23巻1・2・3号225頁（2017年）（以下「益井論文」という。）がある。

のないように算定すべきものであることは、いうまでもない。

本件についてこれをみると、記録及び原判文に照らせば、原審が、被上告人の本件訴訟追行のための弁護士費用につき本件事故と相当因果関係のある損害を 8 万円と認めるにあたって、被上告人が右事故時から当該弁護士費用の支払時までの中間利息を不当に利得することのないように算定したことが窺いえないものではないから、上告人が所論の弁護士費用に係る損害 8 万円について本件事故後である昭和 52 年 7 月 19 日から完済まで年 5 分の割合による遅延損害金の支払義務を負うとした原審の判断は、是認するに足り、原判決に所論の違法はない。」

イ 昭和 63 年判例

事故により自賠責後遺障害別等級表 1 級に該当する後遺障害が残った事故時 7 歳の被害者が損害賠償を求めた事案で、原判決は、原告の余命を第一審の口頭弁論終結時の 27 年後である 40 歳までと認定し、その範囲で逸失利益や差額ベッド代等を認めるとともに、中間利息の控除については第一審の口頭弁論終結時を起算時として計算し、遅延損害金の起算日をその翌日とする判決を言い渡した。これに対して原告が上告した。原告の上告理由は、①原判決が 40 歳以降の逸失利益を認めなかったこと、②遅延損害金の起算日を原告の請求する事故日としなかったこと等であった。

②に対する最高裁の判断は次のとおりであった。

「原審としては、所論の損害につき支出時から本件事故日までの中間利息を控除して本件事故日における損害額を算定したうえで、右損害額及びこれに対する本件事故日から支払ずみまで民法所定の年 5 分の割合による遅延損害金の支払を被上告人に対し命ずるべきであったといわなければならないから、所論の遅延損害金の起算日に関する原審の判断には法令の解釈適用を誤った違法があるというべきである。

しかし、原判決を右の趣旨により変更することは、計算上上告人に不利益であることが明らかであるから、民訴法 396 条、385 条によりこの点に関する原判決を維持することとする。」[13]

---

[13] なお、①に対する最高裁の判断は、次のとおりであった。

ウ　平成 22 年判例

「不法行為による損害賠償債務は、不法行為の時に発生し、かつ、何らの催告を要することなく遅滞に陥るものと解されるが、被害者が不法行為によって傷害を受け、その後に後遺障害が残った場合においては、不法行為の時から相当な時間が経過した後に現実化する損害につき、不確実、不確定な要素に関する蓋然性に基づく将来予測や擬制の下に、不法行為の時におけるその額を算定せざるを得ない。その額の算定に当たっては、一般に、不法行為の時から損害が現実化する時までの間の中間利息が必ずしも厳密に控除されるわけではないこと、上記の場合に支給される労災保険法に基づく各種保険給付や公的年金制度に基づく各種年金給付は、それぞれの制度の趣旨目的に従い、特定の損害について必要額をてん補するために、てん補の対象となる損害が現実化する都度ないし現実化するのに対応して定期的に支給されることが予定されていることなどを考慮すると、制度の予定するところと異なってその支給が著しく遅滞するなどの特段の事情のない限り、これらが支給され、又は支給されることが確定することにより、そのてん補の対象となる損害は不法行為の時にてん補されたものと法的に評価して損益相殺的な調整をすることが、公平の見地からみて相当というべきである。」

(2)　**症状固定時説の論拠に挙げられている判例の内容**

昭和 62 年判例の内容は次のとおりである。

「所論の点に関し、原審は、被上告人は第一審判決別紙交通事故による後遺障害のため、同後遺障害が固定した日の翌日である昭和 59 年 5 月 16 日から少なくとも 3 年間はその労働能力を 20 パーセント、その後 6 年間は同能力を 7 パーセントそれぞれ喪失するものであることを適法に認定したうえ、

　　「上告人の生存期間を満 40 歳までであるとした原審の認定は（中略）是認することができるが、上告人が満 40 歳を超えて就労可能上限年齢まで生存することができなくなったということは、特段の事情のない限り（本件においてはかかる特段の事情があるとの主張・立証はない。）、本件事故に起因するものであることが明らかであるから上告人の逸失利益としては、当然、就労可能上限年齢までの逸失利益を算定・認容すべきものというべきである。そうすれば、上告人の前記逸失利益の請求のうち、満 40 歳を超える分の請求を棄却した原審の判断には、法令の解釈適用を誤った違法があり、ひいては、審理不尽、理由不備の違法があるといわざるをえず、この違法は原判決の結論に影響を及ぼすことが明らかである」。

右6年間の逸失利益を年別のホフマン式計算法により年5分の割合による中間利息を控除して算定するに当たり、期間6年のホフマン係数5.133を使用し、右逸失利益を711万4338円であるとした。しかしながら、前記労働能力を7パーセント喪失する6年間は3年後を始期とするものであるから、右6年間の逸失利益を算定するについて使用するホフマン係数としては、期間9年のホフマン係数7.278から期間3年のホフマン係数2.731を差し引いた4.574の数値を使用すべきであったのであり、同数値を用いて計算すれば、前記逸失利益は630万2142円となる。そうすると、原判決には、右逸失利益の算定に関し、711万4338円から630万2142円を控除した差額81万2196円及びこれに対する反訴状送達の日の翌日である昭和60年1月26日から支払ずみまで年5分の割合による金員部分につき、損害賠償額算定に関する法の解釈適用を誤った違法があるというべきであり、この違法は判決に影響を及ぼすことが明らかである。論旨は理由があり、原判決はこの点において破棄を免れない。したがって、原判決の上告人ら敗訴部分のうち、㈠上告人らの本訴請求中、81万2196円及びこれに対する昭和60年1月26日から支払ずみに至るまで年5分の割合による金員の債務不存在確認請求を棄却した部分、㈡被上告人の反訴請求中、右金員の支払請求を認容した部分に関する被上告人の控訴は、いずれも失当として棄却されるべきものである。」

なお、上記判断は次の上告理由に対してされたものである。

「原判決は理由一の6で将来の逸失利益を算定しているが、その中で、『昭和59年5月16日から少なくとも3年間はその労働能力を20パーセント、その後6年間はその労働能力を7パーセントそれぞれ喪失するものと認められるから、控訴人の将来の逸失利益を年別のホフマン式により年5分の割合による中間利息を控除して算定する』と判示している。しかしながら、その計算方法においては、昭和59年5月16日から3年後を始期とする6年間の将来の逸失利益の計算をするに際して、本来なら中間利益を控除のためには、9年のホフマン係数7.278から3年のホフマン係数2.731を差引いた4.547を乗ぜねばならない。ところが、原判決は6年のホフマン係数5.133を乗じて算定している。中間利息控除計算の初歩的な誤りであり、それ自体経験則に違背した違法を犯している上、これでは理由で判示した年別のホフマン式に

より年5分の割合によって、中間利息を控除したことにはならず理由が齟齬している。従って、原判決は経験則違背、理由齟齬により破棄されねばならない。」

Ⅳ　検　討

1　判例の立場

　昭和58年判例は、弁護士費用の額は被害者が弁護士費用につき「<u>不法行為時から</u>その支払時までの間に生ずることのありうべき中間利息を不当に利得することのないように算定すべきものである」と説示している[14]。また、昭和63年判例も、「原審としては、所論の損害につき支出時から<u>本件事故日</u>までの中間利息を控除して本件事故日における損害額を算定したうえで、右損害額及びこれに対する本件事故日から支払ずみまで民法所定の年5分の割合による遅延損害金の支払を被上告人に対し命ずるべきであった」と説示している。さらに、平成22年判例も、「被害者が不法行為によって傷害を受け、その後に後遺障害が残った場合においては、不法行為の時から相当な時間が経過した後に現実化する損害につき、不確実、不確定な要素に関する蓋然性に基づく将来予測や擬制の下に、<u>不法行為の時におけるその額を算定せざるを得ない。</u>」と説示している（下線はいずれも筆者が付した。）。これらの判例の説示の内容からすると、確かに判例は事故時説に立っているように思える。
　しかし、昭和58年判例の説示はなお書きの中で示されているにすぎず、昭和63年判例の説示及び平成22年判例の説示も結論を導く理由の中で示されているにすぎない。また、北河論文は、昭和63年判例は自動車保険ジャー

---

14) 加藤和夫「判解」最判解民（昭和58年度）331頁には、弁護士費用も不法行為時から履行遅滞に陥るとの見解によると、「不法行為時から弁護士費用の支払時までの中間利息を控除する必要が生じ、実務に対し煩雑な作業を課する方向で修正を求めざるを得ないこととなるように思われる」と記載されている。

ナルのみに掲載され、公式判例集（民集、裁判集民事）、判例時報、判例タイムズ、交通民集にさえ掲載されていないことを根拠に先例的意義は乏しいといわざるを得ないと指摘している。以上の諸点を踏まえると、判例が事故時説に立っていると断定することはできないように思われる。

他方、症状固定時説は、昭和62年判例は症状固定時説に立って後遺障害逸失利益を算定していると主張する。しかし、この事案で被害者は反訴状送達日の翌日からの遅延損害金の支払を求めていた（したがって、この事案で被害者は事故時から症状固定日までの遅延損害金を利得しない。）。また、加害者も上告理由で事故時説に立って後遺障害逸失利益を算定するように主張していなかった。そうすると、昭和62年判例が症状固定時説に立っている（すなわち事故時説に立っていない）と理解するのは困難であるように思われる。

結局、後遺障害逸失利益の中間利息控除の起算時についての判例の立場は明確ではないというべきであろう[15]。

2　論文の整理

前述したとおり、石原論文及び田中論文（以下「石原論文ら」という。）は事故時説（緩やかな事故時説）に立っているが、堺論文、本田論文、浅岡論文、阿部論文及び北河論文は症状固定時説に立っている。

もっとも、堺論文は、「遅延損害金とはいえ、損害額に加算されて支払われる以上、利殖したと同様の効果が現れるので、実際には、遅延損害金との関係は考慮せざるを得ない。この意味で、公平の観点から不法行為時を基準に控除すべきであると言うのであれば、十分な合理性が認められる。」「症状固定時説や紛争解決時説に立つと、不法行為の時から遅延損害金を請求できると解される結果、未だ発生していない損害についても遅延損害金の発生を認めるという矛盾が生じるとの問題点があることは前記のとおりである。しかしながら、この点は、症状固定時説や紛争解決時説の不合理と言うよりも、不法行為の時から遅延損害金を請求できると解することの不合理性と言った

---

[15]　東京地裁本177頁も同旨。

方が妥当である。」「そもそも、不法行為の時から遅延損害金を請求できるとする考えは、損害が行為時に確定する事案にのみ妥当すると言えるのではないであろうか。(中略) 人損では、不法行為時には全損害が確定できないのであり、殊に、逸失利益等、後遺障害に関する損害については、症状が固定しない限り、損害額が確定しない。債務者は、損害金を支払いたくても支払えない状況が続くわけである。そのような債務者に対して、支払を遅滞したとして不法行為時から遅延損害金を付するのは、決して公平とは言えないであろう。(中略) したがって、人損については、期限の定めのない債務の原則に戻って請求の翌日から遅滞に陥ると解するか、または、損害額の確定する口頭弁論終結時、若しくは、判決確定時から遅滞に陥ると解するのが相当なように思える。(中略) 請求の翌日、一般には訴状送達日の翌日から(症状固定前に訴訟を提起しているときは、後遺障害に関する損害については、症状固定時の翌日から)遅延損害金が発生すると解するのが相当であろうか。今後の検討課題であろう。」と述べている。つまり、堺論文は、遅延損害金の起算日を事故日とした上でも症状固定時説を貫くのが妥当であるとする見解ではなく、後遺障害に関する損害の遅延損害金の起算日を症状固定時の翌日とすることによってこの問題に対処すべきとする見解である。しかし、不法行為による損害賠償債務は不法行為の時に発生し、かつ、遅滞に陥るとするのが確定した判例であるから、堺論文が述べる見解を採用することは判例が変更されない限り困難であるといわざるを得ない。

次に浅岡論文は、「加害者が損害賠償債務(元本)に遅延損害金を付して支払う場合、結果的には、被害者が利殖したと同様の状況になります。したがって、損害賠償事件の解決までに一定の時間を要することが不可避であることも考えると、事故時から遅延損害金を支払う必要があるというのなら、中間利息は事故時にさかのぼって控除すべきであるというのは、公平な観点からみれば、合理的な指摘ということがいえると思います。」「公平・バランスといった点を重視するとすれば、(中略) 事故から症状固定までに極めて長期間を要した事案において、症状固定時を基準とすることは、公平という観点から、やや疑問が生ずることは確かです。」「事故から症状固定までの期間がどのくらいであれば事故時説が合理性をもつのか、という問題や、事故

時説という選択をした以上、かつ、中間利息の割合を5パーセントとする以上、公平という観点からは、ホフマン方式によるべきではないかという問題点が出てくることになります。後者の問題は、重要な指摘ではありますが、計算式が複雑になりすぎるという点は無視できない要請ですし、そもそも中間利息係数として、ライプニッツ方式かホフマン式かという問題とも重なる問題で（中略）、三庁共同提言に従って運用されている実務の現状にも照らすと、にわかにホフマン式を使うべきであるとは申し上げにくいところです。前者の問題について、線引きをどこでするのかというと、これもまた困難な問題で、結局、ケースバイケースで妥当なところを探るしかないというほかありません。もっとも、原則的に症状固定時と解することが妥当であるとする以上、むやみにこれを動かすのはかえって公平ではないと思います」「事故時説によることが最も適切であるとされる事案は、事故から症状固定までの期間が10年を超えるような（症状固定までに10年を要する事案は、どんなに解決を急いでも、後遺障害に係る損害に対する遅延損害金が、それだけで50パーセントを超える事案です。）、ある程度限られた事案になるのではないかと思います。もっとも、この10年という期間は、これを超えている場合には事故時説による計算が是認され得るであろうという趣旨であり、これより短い場合に事故時説を取り得ないというものでもなく、必ずしも絶対的な基準ではありませんので、今後もなお検討を要する課題であると考えています。」と述べている。つまり、浅岡論文も堺論文と同様、遅延損害金の起算日を事故日とした上でも症状固定時説を貫くのが妥当であるとする見解ではなく、事案によっては症状固定時説を貫くのが公平でない場合があるとする見解である。そして、浅岡論文は、症状固定時説を貫くのが公平でない事案とは、例えば症状固定までの期間が10年を超えるような事案であると述べる。緩やかな事故時説を唱える石原論文らも、一定の範囲で症状固定時を起算時とすることを認め、公平の観点からそれが許容されない場合は事故時を起算時とすべきとするのであるから、この点で浅岡論文の考え方と石原論文らの考え方とは変わらないといえる。しかし、症状固定時を起算時として後遺障害逸失利益を算定することが許容される事案の範囲が石原論文らと浅岡論文とでは大きく異なるのであり、石原論文らはあくまでも起算時は事故時が原則

である以上、そのような事案は症状固定までの期間が1、2年程度の事案であると狭く捉えるのに対し、浅岡論文はあくまでも起算時は症状固定時が原則である以上、石原論文らがいうように狭く捉える必要はないと考えているように思われる。そして、浅岡論文の根底には、後遺障害逸失利益の算定は不確実、不確定な要素に関する蓋然性に基づく将来予測や擬制の下に行われるものであり、後遺障害逸失利益の計算式も後遺障害逸失利益の額が一般社会通念からして相当と認められる範囲にあることを簡易に説明するための法技術にすぎないから、中間利息控除について必ずしも厳密な精緻性は要求されないという考え方が強く影響しているように思われる[16]。

　これに対して本田論文は、「症状固定時までの期間の長短いかんにかかわらず、事故時に発生した傷害が、同程度の後遺障害による逸失利益をもたらすものであれば、その金銭的評価は同一であるのが公平であり、それが事故時に発生していることに変わりはないから、事故時から遅延損害金が付されることは何ら不当ではない、という考え方もあり得るのではないでしょうか。」と述べており、北河論文も、「症状固定時説では、症状固定が長引くと、その間、遅延損害金が長期間にわたって発生することになるところ、これを加害者が負担することは不当なので、事故時から中間利息を控除すべきであるとの指摘がある。確かに、加害者の立場から見れば、症状の固定が遅れることで、自分の意思に反して紛争解決が遅れ、その間の遅延損害金を負担させられることは不公平と感じられるかもしれない。しかし、受傷した被害者にとっても、症状固定の長期化は、自分の意思ではコントロールできない事象である。加害者の不法行為により受傷した被害者の立場から見れば、早期に症状が固定した、同内容・同程度の後遺障害が残った被害者と比べ、逸失利益の額が減額されることは（事故時説により中間利息控除を行うとそういう結果となる。）不公平と感じるであろう。症状固定が長期化するリスクは、加

---

16) 交通損害賠償訴訟における虚構性と精緻性について論じた論文として、大島眞一「交通損害賠償訴訟における虚構性と精緻性」判タ1197号27頁（2006年）（以下「大島論文」という。）がある。大島論文は平成22年判例に大きな影響を与えたと思われる論文であり、本稿で取り上げた中間利息控除の起算時の問題を考える際にも参考になる。なお、大島論文の考え方はどちらかといえば緩やかな事故時説を唱える石原論文らの考え方に近いように思われる。

害者・被害者双方にとってコントロール不可能な事象である。問題は、このような症状固定長期化リスクは、加害者・被害者のいずれが負うべきか、ということである。不法行為は、違法に他人の権利を侵害するものであるから、帰責性のある加害者がこのリスクを負担することが公平であろう。このようなリスク配分を実現するためには、症状固定時から中間利息の控除を行うこと（症状固定時説）が相当となる。」と述べており、阿部論文も北河論文と同旨である。

このように本田論文、北河論文及び阿部論文は、遅延損害金の起算日を事故日とした上でも症状固定時説を貫くのが相当であるとする見解であり、前述した堺論文及び浅岡論文とはこの点が大きく異なる。

以上をまとめると、判例が変更されない限り採用困難と思われる堺論文を除けば、上記論文は、①症状固定時を起算時として後遺障害逸失利益を算定することが許容されるのは症状固定までの期間が1、2年程度の事案であるとする石原論文ら（緩やかな事故時説と呼ばれる立場）、②そのような事案は症状固定までの期間が10年を超えるような事案であるとする浅岡論文（このような立場を緩やかな症状固定時説と呼ぶことができよう。）、③症状固定までの期間の長短にかかわらず症状固定時を起算時として後遺障害逸失利益を算定するべきであるとする本田論文、北河論文及び阿部論文（このような立場を厳格な症状固定時説と呼ぶことができよう。）に整理することができる。

3　実務の運用

現在の実務は、症状固定時説が大勢であり、事故時説による裁判例は少数であるといわれている[17)18)19)20)21)]。つまり、緩やかな事故時説が少数説であ

---

17) 赤い本（上巻）2019・96頁には「中間利息控除の基準時は症状固定時とするのが実務の大勢であるが、事故時とする裁判例もみられる」と記載されている。
18) 青本26訂版94頁には「中間利息控除の算定基準時（中間利息の起算点）は症状固定時を基準時とするのが一般的である。裁判例の中には、被害者が事故日からの遅延損害金を請求している場合に、判決において、症状固定時を基準にして中間利息の控除を行うと、賠償額に対しては症状固定時からの中間利息のみを控除するのに対して、遅延損害金は事故日からの分の支払義務が認められるのでバランスを欠

り、緩やかな症状固定時説（又は厳格な症状固定時説）が大勢であるといってよい状況にあると思われる。このような状況の中、平成26年に田中論文が発表されたが、その後も実務の運用に変化は見られていないようである。なお、改正後の民法417条1項によって後遺障害逸失利益は不法行為時の法定利率を用いて算定されることになったが、法制審議会民法（債権関係）部会では、平成29年の改正によって変更されるのは利率の点のみであり、それ以外の実務の運用等について変更を求めるものではない旨の説明がされていたから[22]、平成29年の民法（債権法）改正によって中間利息控除の起算時についての現在の実務の運用が変更されることはないと思われる。

4　私　見

後遺障害逸失利益の中間利息控除の起算時についての判例の立場は明確ではないから、判例の説示を根拠に事故時説（緩やかな事故時説）、症状固定時説、紛争解決時説のいずれが正しいと論じることはできないと思われる[23]。

　　　　くことへの配慮から、事故日を基準にして中間利息の控除をする例もある。東京・大阪・名古屋の民事交通部では、原則的に症状固定時を基準にする考え方に従っている。ただし、事故時から症状固定時までの期間が相当な長期間になるときは、単純に症状固定時を基準時とはできないことも出てくるであろう」と記載されている。
19)　東京地裁本177頁には「三庁共同提言においては、症状固定時説による取扱いを採用しており、東京地裁を含め、下級審裁判例においては症状固定時説によるものが優勢であると見られるが、事故時から症状固定時までの期間が10年以上経過するなど長期にわたる場合には事故時説による例もある」と記載されている。
20)　大阪地裁民事交通訴訟研究会『大阪地裁における交通損害賠償の算定基準（第3版）』（判例タイムズ社、2013年）44頁には「中間利息控除の基準時は、原則として、症状固定時とする」「中間利息控除の基準時としては、①事故時、②症状固定時、③紛争解決時の見解がある。最高裁判例により、事故時に全損害が発生し、遅延損害金も事故時から発生するとされていることからすると、論理的には事故時を基準に現価評価するのが正当なように思われるが、損害全体の中ではほとんど意味のない煩雑な損害計算を回避する等の観点から、症状固定時を基準とする扱いが多い」と記載されている。
21)　本田論文、浅岡論文、阿部論文、北河論文及び益井論文には下級審裁判例の分析結果が記載されているが、これらによっても症状固定時とするのが実務の大勢であることが裏付けられている。
22)　第93回会議議事録3頁、6頁。
23)　なお、紛争解決時説に対しては、紛争解決を長引かせ加害者側に不利益を生じさ

その上で、上記の説のいずれが相当であるかについて若干私見を述べると、①不法行為時から遅延損害金を科す以上、不法行為の時にまだ現実化していない損害について遅延損害金を付することは当然予想された結論であること（堺論文）、②債務の履行遅滞を理由とする遅延損害金の発生の問題と利殖可能性を理由とする中間利息控除の問題とは別問題であること（堺論文、本田論文、浅岡論文、北河論文等）、③症状固定長期化によるリスクを加害者に負担させるのが公平であるとの価値判断（本田論文、北河論文等）が直ちに誤りであるとはいえないこと、④緩やかな事故時説を採用すると、症状固定時説が趨勢という現状における被害者間の公平という問題が生じてしまうこと（本田論文）、⑥緩やかな症状固定時説を採用するとどのような事案で事故時説を採用するか裁判官によって判断が分かれる可能性があるから、依然として被害者間の公平を害するおそれがあるといえること、⑦事故時説も症状固定時説もどちらにも合理性があると指摘されていること[24]を総合すると、後遺障害逸失利益の起算時の問題については、緩やかな事故時説や緩やかな症状固定時説ではなく、基準が明確な厳格な症状固定時説を採用するのが相当であるように思われる[25]。

　　せるおそれがあるとの批判があり、上記論文でもこの説は支持されていない。ただし、阿部論文は、「利用機会の喪失という観点からすると、紛争解決時説は説得力がある」として、この説に一定の理解を示している。なお、症状固定後の介護費を紛争解決時説に立って算定したといわれている判例として最一小判平成11年12月20日交通民集32巻6号1687頁があることを付言しておく。
24)　綿引万里子・岡田伸太「判解」最判解民（平成22年度）577頁には、「実務上、後遺障害による逸失利益を算定するに当たっては中間利息を控除するものの、その際、不法行為の時からの中間利息を控除する手法が採られる例と症状固定時からの中間利息を控除する手法が採られる例があり、そのいずれもが、不法行為の時における上記の逸失利益を算定するための算定手法としての合理性が肯定されているものと思われる。」と記載されている。
25)　筆者は、東京地裁交通部で執務をしていた時、事故時9歳の被害者に9級の後遺障害が残った事案で、症状固定までの期間が約4年であったことを理由に、事故時説に立って後遺障害逸失利益を算定したことがあった（東京地判平成26年8月22日判例秘書登載）。しかし、この事案は原告が控訴し、控訴審で症状固定時説に立って後遺障害逸失利益を算定した和解が成立した。当時、筆者は、田中論文に触発されたこともあり、緩やかな事故時説と緩やかな症状固定時説とを比較すれば緩やか

な事故時説が妥当であると考えていた。他方、厳格な症状固定時説は、これを唱えているのが本田論文しかなく、しかも本田論文の表現は「症状固定時説は理論的に必ずしも正当化できないものではない」などと控え目であったこと、堺論文と浅岡論文も厳格な症状固定時説を唱えていなかったこと、昭和58年判例、昭和63年判例及び平成22年判例の判示を読めば、判例の基本的な考え方は事故時説であると理解するのが素直であると思えたことから、厳格な症状固定時説を採用するのは難しいのではないかと考えていた。しかし、今回本稿を執筆するに当たって再考したところ、厳格な症状固定時説を許容する時期が到来しているのではないかと思い、考えを改めた次第である。

第3編

研究論文
―判例による規範形成

運行供用者—保有者と非保有者の責任（最判昭和 39 年 2 月 11 日民集 18 巻 2 号 315 頁）

名古屋大学名誉教授
伊　藤　高　義

I　はじめに

　運行供用者責任については、民法 715 条の外形理論による人的関係を介して責任の拡大、昭和 40 年代前半の抗弁説の提唱、その裁判実務を背景とした運行支配及び運行利益論の展開、学説としても危険責任論の純化ないし取り込みの試みを経て、昭和 50 年前後頃までには、今日の基本的な判断枠組みとしての実質的判断基準ともいえる「指示、制御をなしうべき地位」「監視・監督すべき立場」を示す最高裁判例へと展開され[1]、判例の展開とその今日における到達点を基礎とする規範説が呈示された[2]。学説上も、危険源としての自動車の運行に対する人的物的管理責任の帰属主体を説く理論呈示がなされるに至った[3]。

---

1) この時期に、判例の方向性を示して裁判例の整理検討をした文献例として、福永政彦「子の所有車に対する親の責任判断に関する運行供用者概念の問題点」不法行為法研究会編『交通事故賠償の現状と課題』（ぎょうせい、1979 年）74 頁、同「運行供用者概念の現状と問題点」鈴木忠一＝三ケ月章監修『新・実務民事訴訟法講座(5)不法行為訴訟 II』（日本評論社、1983 年）49 頁、同「判例からみた運行供用者としての限界」季刊実務民事法 4 号 25 頁（1984 年）をあげることができる。以下、福永論文①②③として引用する。
2) 加藤新太郎「共同運行供用者性と他人性」伊藤進教授還暦記念論文集『民法における「責任」の横断的考察』（第一法規、1997 年）485 頁、同「運行供用者責任論の現代的課題」塩崎勤編『現代民事裁判の課題(8)交通災害・労働災害』（新日本法規、1989 年）85 頁。以下、加藤論文①②として引用する。
3) 潮見佳男「運行供用者概念—責任の正当化原理に依拠した概念構築に向けて」ジュ

本稿は、新たな視点や判断枠組みを述べるものではないが、運行供用者責任を認めた最初の最高裁判決を起点とする、保有者と保有者でない事例に目を向けて、残された問題にも触れながら、判例の展開状況をみることとしたい。

II　最（3小）判昭和39年2月11日民集18巻2号315頁について

1　事案と判決の内容

　被告Y₁農業協同組合（控訴人、上告人）が所有する本件自動車を、日常運転手として使用していた被告Y₂が、国道を歩行中の亡Aにバックミラーを衝突させ、Aが死亡する事故を生じた。亡Bの妻及び子Xら（原告、被控訴人、被上告人）が、Y₂に対しては民法709条に基づき、Y₁組合に対しては自動車損害賠償保障法（以下、「自賠法」という。）3条に基づき損害賠償を請求した事件であり、Y₁組合は、Y₁組合が本件自動車を所有し、Y₂を使用して日常自己のために本件自動車を運行の用に供していたとの点は認めるが、本件運行が、Y₁のためにするものであるとの点は否認して、Xらの請求棄却を主張した。

　一審判決（盛岡地一関支判昭和37年4月25日民集18巻2号322頁）は、Y₁の運行供用者責任について、つぎのように事実認定をして責任の判断をした。Y₁組合は、本件事故当時4台の自動車を所有しており、係運転手は就業時には自動車を車庫に格納した上、車の鍵を当直員に返納する建前になっており、就業時間外に上司に無断でこれを使用することは禁じられていたが、自動車の鍵の管理は従前から必ずしも厳格ではなく、本件事故前日は、Y₁組合の業務は午後から休みであったので、Y₂は正午過ぎ頃、一旦本件自動車

を車庫に納め、鍵を当直員に返納したが、たまたま同日Y₂は相撲大会に参加するため、水沢駅から汽車で盛岡に赴くことになっていたが、バスに乗り遅れて汽車の時間に遅れそうになったので、Y₁組合事務室の机上にあった本件自動車の鍵を当直員や上司に無断で持ち出し、本件自動車を運転して水沢に赴いて自動車修理工場を営むS方に預け、翌14日夜Y₂は盛岡からの帰途同工場に立ち寄り、本件自動車を運転して帰る途中、本件事故を起こした。このように認定し、以上の認定に反する証人の各供述部分はただちに措信できず、Y₁組合のためバッテリー充電を終えて帰る途中のものであったとのXら主張事実は、認めるに足る証拠はないと認めた。

一審はY₁組合の運行供用者責任を認めたが、その理由（判断枠組み）は、二審（仙台高判昭和38年5月16日民集18巻2号328頁）も同一で、最高裁判決にも述べられているので、異例な書き方ではあるが、省略する。Y₁の控訴に対して二審判決も、原判決説示と同一事由から原判決は正当と認め、控訴棄却とし、これに対するY₁組合の上告理由は、本件はY₂の無断運転であること、自賠法3条にいう「自己のために自動車を運行の用に供する者」というのは抽象的一般的に当該自動車を自己のために自動車を運行の用に供している地位にある者をいうのではなく、事故発生の原因となった運行が自己のためになされている者をいう等主張した。

最高裁は、Y₁組合の上告を棄却した。要旨部分も原審の理由と同じである。「（自賠法の立法趣旨並びに民法715条に関する判例法の推移を併せ考えるならば）たとえ事故を生じた当該運行行為が具体的には第三者の無断運転による場合であつても、自動車の所有者と第三者との間に雇傭関係等密接な関係が存し、かつ日常の自動車の運転及び管理状況等からして、客観的外形的には前記自動車所有者等のためにする運行と認められるときは、右自動車の所有は『自己のために自動車を運行の用に供する者』というべく自動車損害賠償保障法3条による損害賠償責任を免れないものと解すべきであるとし、前記認定のY₁組合とY₂との雇傭関係、日常の自動車の使用ないし管理状況等によれば、本件事故発生当時の本件自動車の運行は、Y₂の無断運転によるものにせよ、客観的外形的にはY₂組合のためにする運行と認めるのが相当である」と述べて、Y₁組合の自賠法3条に基づく損害賠償義務を認めた

1 ● 運行供用者—保有者と非保有者の責任（最判昭和39年2月11日民集18巻2号315頁）

原審判断は正当であるとして、Y₁組合の上告を棄却した。

2 判決の位置づけ

　本判決は判例法上つぎのように位置づけられている[4]。すなわち、本判決前、かつては、自賠法3条の「自己のために自動車を運行の用に供する者」の解釈につき、被用者の無断私用運転の事案において、「抽象的一般的に当該自動車を自己のために自動車を運行の用に供している地位にある者をいうのではなく、当該事故の具体的な運行において、運行の用に供した者の主観的な事故発生の原因となった運行が自己のためになされている者をい」うとする判決があったが（東京地判昭和35年2月22日下民集11巻2号394頁）、その後の下級審裁判例（大阪高判昭和37年5月7日高民集15巻5号354頁は、自賠法3条にいう「その運行」が、「自己のための運行」に限定されたものとは解されないとした判決等）は、この「ために」という要件を漸次緩和し、個別的具体的な場合における当事者の主観によることなく、客観的な行為の外形により、抽象的一般的に自動車の運行利益を享受する地位にあるかどうかによって決すべきであると解する。この下級審の見解は、大審院以来のいわゆる外形理論に基づく伝統的な見解に沿うもので、本最高裁判決はこのような見解を承認し、自賠法3条の解釈について、このような外形理論を採用して、Y₁の責任を認めたものと位置づけられている。

3 具体説と実務による抗弁説の提唱

　上告理由にあるように、本件被用者の運転行為は無断運転であり、自賠法3条にいう「その運行」を具体的な当該運行と解すると、私用運転であり、無断運転者の主観としては、本件車両の所有者である使用者のための運行でなくなる（主観説）。最高裁は、上記のように、大審院以来の伝統的な外形理論[5]を採用して、①自動車の所有者と第三者との間に雇用関係等密接な関

　4）　栗山忍「判解」最判解民（昭和39年度）32頁。

係があり、かつ②日常の自動車の運転状況、及び、③日常の自動車の管理状況からは、「客観的外形的には」Y₁組合のためにする運行であると認めたものであり、自賠法3条の運行供用者責任を認めた最初の最高裁判決となった。本件調査官解説[6]には、この時期、上告理由で引用する主観説の判決（前掲東京地判昭和35年2月22日）もあったが、自己の「ために」との要件は漸次緩和されて解釈される傾向にあったとされ、本件一審（原審）も、外形理論に基づく伝統的な見解に沿うものであるとされている。

このように本判決は運行供用者責任を認める要件として、事故時における具体的な運行を基準として上記①②③という事情をあげており、被告が加害車両の所有者であることを認めても、運行供用者責任が認められるためには、本件もそうであるように、被告が保有者であることを争うと、被害者側にとってはうかがい知ることのできない被告側内部の具体的事情を主張立証することを要することになる（具体説）。

この具体説の欠陥を補うものとして[7]、実務において、3つの見解が考えられた。第1は、「事実上の推定」を行うもの、第2に、具体的運行如何にかかわらず、自動車の所有権等の使用権限の取得によって、抽象的一般的にもつ運行支配・運行利益享受権ともいうべき法的地位をみる見解（極端な抽象説）、第3に、抽象説に立ちながら、最高裁のいう具体的運行を基準にした三要件を活かしつつ、抽象説の利点を織り込む「抗弁説」が位置づけられている[8]。抗弁説[9]は、吉岡コートから生まれたものとされている[10]。なお、抗

---

5) 大連判大正15年10月13日民集5巻785頁（取引行為）、大判昭和7年9月12日民集11巻1765頁、最（1小）判昭和30年12月22日民集9巻14号2047頁、最（1小）判昭和37年11月8日民集16巻11号2255頁等。
6) 栗山・前掲注4)。
7) 以下、宮原守男「運行供用者責任の要件事実」鈴木忠一＝三ケ月章監修『実務民事訴訟法講座(3)交通事故訴訟』（日本評論社、1969年）91頁以下による。
8) 茅沼英一「無断運転と運行供用者の責任（二・完）」判タ212号7頁（1967年）は「抗弁説（折衷説）」と示される。
9) 意義、位置づけについての文献として、吉岡進「交通事故訴訟の運営」判タ212号10頁注2（1967年）、同「交通事故訴訟の課題」鈴木＝三ケ月・前掲注7) 21頁以下参照。なお、藤村和夫『判例総合解説・交通事故Ⅰ責任論』（信山社、2012）17頁以下は、吉岡進判事が採った法的地位説、抗弁説、責任主体説の関係及び位置づけを述べ、運行供用者の地位は、具体的な運行が始まる前に、すでに運行供用者が定まって

弁説に対する訴訟法理論からの理論構成上の異説[11]は、間接反証としての扱いによって同じ結論になるとされ、「抗弁説の間接反証的把握」といわれる[12]。

この無断運転の主張を被告の主張として構成する抗弁説は、「(原告は、大多数の事件で争いがないので立証を要しない、被告の所有権等の利用権を取得したとの事実を主張すればよいので、具体説とは対照的に被害者保護に厚い。また、本件最高裁判決当時、抗弁説は公にされてはいなかったが、裁判所にとっても事件処理上便宜であって)、もしこの最高裁判決が抗弁説的発想の下になされ、その線に沿って下級審が訴訟の運営をしたとするならば、その後のこの種事案の審理はきわめて円滑簡明になされたであろうと思われる」とされて[13]、後出最(1小)判昭和42年11月30日民集21巻9号2512頁の調査官解説[14]では、抗弁説は、すでに外形理論より完全に脱却しつつあり、次第に下級審裁判例の大勢を制しつつあるかにみえると位置づけられた。

4 本判決後の学説状況

本判決後の運行供用者責任論の体系的把握についての学説は、民法715条との連続性をみる通説的方向と、物的危険責任として民法717条、718条に相当するものとして、民法715条との非連続性を説き、民法717条の所有者、占有者、民法718条の占有者、占有補助者の関係に目を向けた、おそらく、無断運転における具体説による処理事例の被害者負担の大きさが念頭にあると思われる重要な見解[15]が述べられたが、ここでは学説には立ち入らない。

　　　いるとみることを強調される。同教授の供用支配説(同書33頁以下及び、藤村＝山野・概説交通事故賠償法121頁以下)につながる起点となっている。
10) 宮原・前掲注7) 92頁。
11) 法律要件分類説。林泰民「『運行供用者』の立証責任」司法研修所論集1号1頁(1969年)。
12) 加藤論文②95頁参照。抗弁説ないし間接反証説が今日における下級審実務の大勢を占めているとされている(藤村＝山野・概説交通事故賠償法) 118頁)。
13) 吉岡・前掲注9)「交通事故訴訟の運営」10頁注(2)による。
14) 可部恒雄「判解」最判解説民(昭和42年度) 528頁。
15) 川井健「運行供用者責任の根本理念」判タ212号12頁(1967年)。なお、外形理

ここで 2 点触れておく必要がある。

 1 つは、本件最判昭和 39 年 2 月 11 日後の当時の裁判例に示唆を受けた思考と思われるが、実務で提唱された抗弁説と共通する視点を述べる学説の見解である。

 その見解[16]は、自賠法 3 条の責任は、危険を包蔵する自動車という物を支配し、かつ、利益を拡大することに責任の基礎があるとの視点に立って、「自動車に対する支配」の有無は、自動車に対する支配を取得するに至った原因の性質によって客観的に、危険責任・報償責任の帰責要件であるとの考慮の下に、社会観念によって決まる。従って、無断運転者の運行によっては利用権者の自動車に対する支配は失われていないと考える程度の関係が存すれば足り、結局は返還が予定されているといえるような関係があれば足り、「事業ノ執行ニ付キ」なされたか否かは問題とならないとして、本判決が、無断運転者との身分関係等により一般的・抽象的にその地位にあるときには、運転手の主観にかかわらず、保有者のためにする運行と認めうるとする客観説に立ちながら、「日常の自動車の運転及び管理状況等」をあげるのは蛇足であるとの指摘がなされた（この論文は、①抽象的一般的地位を前提として、いかなる事情があれば運行支配を喪失するかという主張立証にかかる請求権としての把握が現れていること、②運行支配の喪失という視点は、基本的な思考方向が抗弁説と共通する把握の仕方であること[17]、③物的な危険責任を基調とするが、危険責任・報償責任としての帰責要件と述べるように、人的関係を否定する立場ではないことから、やや詳しく紹介した）。これに対しては、「自己のために」の解釈を「車の返還予定のみ」に限定することへの疑問[18]も述べられたが、運行支配の喪失という観点からの唱道は卓見だとの位置づけがあった[19]。

　　論により判断した東京高判昭和 41 年 9 月 13 日の判例解説（「判批」交通事故判例百選（第 2 版）11 頁（1975 年））において、近時有力な抗弁説的に解するならば、外形理論はこの判決には不要であったと考えられるとされる。
 16)　四宮和夫「自動車の無断運転による保有者の責任」法時 36 巻 5 号 19 頁（1964 年）。
 17)　吉岡・前掲注 9) は、抗弁説以前のものであるが抗弁説と相通ずる理論構成をとるとする。茅沼英一「無断運転と運行供用者の責任 (2・完)」判時 469 号 7 頁注 4 及び 8 頁注 1 (1967 年) も、運行支配喪失の点に注目する。
 18)　この点、四宮和夫・交通事故判例百選 18 頁（1968 年）の、限定する趣旨ではないとの補足説明参照。

1　運行供用者—保有者と非保有者の責任（最判昭和 39 年 2 月 11 日民集 18 巻 2 号 315 頁）

もう1つは、運行供用者責任を危険責任から把握するに際して、人的関係と物的関係をみる見解である。運行支配の喪失、取得にみられるように、貸与、親子等、泥棒運転を除いて、常に、人的関係を介して事件に現れるので、判例の位置づけと展開をみる上で、念頭におく必要がある。
　次のように説かれる。無断運転についての外観理論で判例がいおうとしているところは、管理責任、すなわち、1つは危険物の管理であり、もう1つは、使用被用関係のあることである。後者は無断運転を泥棒運転から区別することになる。自賠法3条による責任は、この物的管理責任と人的管理責任を基礎とする見解である[20]。被用者が乗り逃げの意思をもって運転して生じた事故については、この（使用者被用者の）人的関係に基づく管理責任から、使用者は自賠法3条の責任を負うことになる[21]。

Ⅲ　その後の判例の展開

1　判例整理上の視点

　最高裁判決における運行供用者性判断の枠組みについて、学説上、運行支配・運行利益のとらえ方の展開と整理が示されている[22]。
　㋐外形理論から二元説へ（いずれも後出の最（3小）判昭和43年9月24日、（最（2小）判昭和44年1月31日、最（2小）判昭和44年9月18日、最（2小）判昭和45年2月27日、最（3小）判昭和46年1月26日、最（1小）判昭和46年7月1日、最（3小）判昭和46年11月16日、最（3小）判昭和48年1月30日交通民集6巻1号1頁（本稿では述べない）、最（1小）判昭和48年12月20日、最（1小）判昭和50年5月29日）、運行支配だけを述べるもの（最（2小）判昭和

---

19)　浜崎恭生「運行供用者責任の新展開」ジュリ363号39頁（1967年）以下。
20)　前田達明「判批（最（2小）判昭和44年9月12日）」民商62巻6号1050頁以下（1970年）。
21)　潮見・前掲注3）20頁も、運行供用者責任の正当化原理としての「危険物所有者の管理責任」を物的・人的管理責任として把握する。
22)　以下、加藤論文②98頁以下による。

43年10月18日、最（2小）判昭和44年9月12日）、運行支配・運行利益に触れないもの（最（3小）判昭和49年7月16日）、(イ)運行支配・運行利益の内容の変化として、「直接的・現実的支配」を要するとするもの（最（2小）判昭和39年12月4日）、「間接支配又は支配可能性」とするもの（最（2小）判昭和43年10月18日）、「客観的外形的支配」で足りるとするもの（最（2小）判昭和44年9月12日、最（3小）判昭和46年4月6日、最（3小）判昭和46年12月7日（交通民集4巻6号1645頁））、さらに「事実上の支配」で足りるとするもの（最（2小）判昭和44年9月18日）、「自動車の運行について指示、制御をなし得べき地位」として「支配すべき地位」まで含めるもの（最（1小）判昭和45年7月16日）、運行利益についても、客観的外形的考察を許して、現実的・具体的利益を要しないとするもの（最（1小）判昭和46年7月1日）との展開が整理され、そして、今日の判例の到達点ともいえる最（3小）判昭和50年11月28日に示された「①自動車の運行を事実上支配、管理することができ、②社会通念上その運行が社会に害悪をもたらさないよう監視、監督すべき立場」へと展開してきている。今日、規範説の立場から、①の部分は、子の所有車に対する監督義務者の運行供用者責任について、「支配の可能性」「事実上の支配」を支配の責務の面から限定を加えたものとする位置づけが示されている。この点を念頭において、判例の展開をみていくのが適切である。

以下では、この視点をもって、判例の展開を、原則として、年代順に、今日なお、検討課題として残っている問題にもふれながら、コメントの必要な部分には付して、みていくこととしたい。もう1点、判例の整理に際しては、後にみるように、所有者等当該自動車の使用権限をもつ者の保有者性喪失の有無が争いとなるものと、所有者等でない者の運行供用者責任が問われるものは、訴訟の構造的な違いがあるように思う。そこで、以下、判例の展開をみていく上では、この2つを分けてみていくこととしたい。

1 ● 運行供用者―保有者と非保有者の責任（最判昭和39年2月11日民集18巻2号315頁）

2 判例の展開①―所有者等の保有者性喪失の有無が争われる事例

(1) 貸借①―レンタカー

　最（2小）判昭和39年12月4日民集18巻10号2043頁は、ドライブクラブ方式により貸与した自動車の事故について、自動車の運行はドライブクラブにとっては自動車利用の直接の目的ではなく、自動車の運行についてドライブクラブの経営者に支配権がないとして自賠法3条の責任を否定した判決である。後出判決により、事実上変更されているといってよいので、内容は省略する。

　その後、最（3小）判昭和46年11月9日交通民集4巻6号1589頁の一審判決である東京地判昭和41年10月6日下民集17巻9・10号922頁は、自賠法3条にいう運行供用者とは当該自動車の運行支配及び運行利益が帰属するものをいうとした上で、貸与時間が短く、また、貸与には種々の制約、条件が伴うものであることを考えると、自動車貸渡契約を通じて利用者の運転中も貸与自動車に対する運行支配を依然保有し、自動車を貸し渡して料金等を取得することを直接の目的とするものであって料金額も相当高額であるから運行利益の帰属することは明らかである。そして利用者は多く賠償資力を持たない無資力であること、賠償責任に対処するためには積立金を設けるとか任意保険に加入するとかの道を有することを述べるとともに、運行支配は間接的な支配で足りるとし、ドライブクラブ経営者は自動車の整備、点検、利用者に対する使用許可、指導等に関する自賠法3条ただし書の注意義務を、危険物を貸与する者として当然負っているところであると述べて、自賠法3条の運行供用者たるためには自動車の運行について直接の支配力を及ぼすことを要求し、自賠法3条ただし書の免責要件は借主に働くものであることを根拠とする前記最判昭和39年12月4日の原審判決（東京高判昭和37年12月26日下民集13巻12号2578頁）の理由を批判した。

　原審判決（東京高判昭和43年3月27日交通民集4巻6号1604頁）も、一審判決と同一理由から控訴棄却とし、Yの責任につき、「貸渡業者はその意思により保有車を運行の用に供し、借受人は客観的には貸渡業者の事業遂行の

ためその保有車を運行するのである。この場合外形上は貸渡業者の自家用車が走行するのであつて、借受人の保有車が走行するのではない。しかも、その走行は貸渡業者の意思によりその利益のためになされている」との付言をした。

　Yの上告に対し、本判決（最（3小）判昭和46年11月9日）も、まず「（原審のような）解釈は、自動車の運行から生ずる事故の被害者救済を目的とする自賠法の立法趣旨に副うもの」であると述べる。ここ（原審及び上告審）でいう被害者救済について、原審判決は、危険物に対する所有者の責任のほか、賠償につき、賠償資力に触れて、積立金や任意保険付保についても述べていることは、制度的にはなお十全ではないとしても、立法の趣旨とされている責任集中が、念頭の一部にある説明であると解される。自動車貸渡業者は借受人による事故につき自賠法3条の運行供用者にあたるとすることは、本件昭和46年判決で判例として確定したと解される。

　次いで、前記最（3小）判昭和46年11月9日判決と貸渡条件はやや異なる点はあるが、最（1小）判昭和50年5月29日交通民集8巻3号595頁は、「（賃貸にあたっての免許証の確認、使用時間、走行キロメートル、使用時間に応じた預り金名目での賃料の前払い、借主の使用時間・行先の変更に際しての返還予定時刻3時間前の貸主への連絡義務と違反への倍額追加賃料の徴収）、車両の整備は常に上告人（筆者注：賃貸業者）の手で責任をもつて行われ、賃貸中の故障の修理も原則として上告人の負担であった」というのであり、上告人は本件事故当時本件自動車に対する「運行支配及び運行利益を有していた」として、自賠法3条の責任を認めた原審判断（東京高判昭和46年2月26日交通民集8巻3号596頁）は正当と認め、Yの上告を棄却した。本判決は、判例学説が一元説に傾いていた時期に、事故時の「運行支配及び運行利益」があると述べる判決である。

　その他、レンタカー事故では、①返還期限徒過後の事故、及び、②犯罪目的等の借主の主観的事情によりレンタカー業者が運行供用者責任を負うかが問題となっている。抗弁説からは抗弁が認められるかの問題となる。

　①につき、大阪地判昭和62年5月29日交通民集20巻3号767頁は、警察への届け、他同業者への協力依頼などの措置から、レンタカー業者の責任

1● 運行供用者―保有者と非保有者の責任（最判昭和39年2月11日民集18巻2号315頁）

を否定した事例である。他方、神戸地判平成3年1月27日交通民集24巻6号1491頁は、本件では回収等努力は、借受名義人に対する催告状の送付のみの事案である等から、貸主である被告会社の右借受人に対する右（運行支配、運行利益を有する）立場は存続しているとして、運行供用者責任を認めた事例である。

②については、東京地判平成19年7月5日交通民集40巻4号849頁がある。レンタカー借主が起こした事故につき、車両の使用方法如何、ひいては借主の故意・過失の別という主観的事情、反社会性の程度といった交通事故の態様如何によって、貸主の運行支配ないし運行利益の有無が異なると解することに合理的な理由はないとして、貸主の運行供用者責任を認めた事例である。

(2) **貸借②―使用貸借**

ア　**最（3小）判昭和46年1月26日民集25巻1号102頁、交通民集4巻1号1頁**

本件は、Y会社が日常業務に使用している本件自動車を、退職直後の従業員Aの求めに応じて、身回品を実家に運搬して寮を明け渡させる目的で、無償で、かつ、2日後に返還を受ける約束のもとに、運行に関する指示をし、所要の量の約半分のガソリンを与え、貸主の負担で整備を完了した上で、貸与し、借主はその目的で使用したのち、返還するための運行中に生じた事故につき、原審が、二元説に立って、運行支配及び運行利益がY会社に帰属すべき関係にあったか否かは、貸借期間の長短、貸借当事者の人的つながり、貸主の車両運行に対する関与度等諸般の事情を参酌して判断するのが相当として、貸借期間が一両日であること、車両運行上の指示まで与えて貸与したことを挙げ、「他に自動車の運行が借受人のため専ら排他的に行われたというがごとき特段の事情の認められない本件では」、Y会社は運行供用者責任を免れないとし、Y会社の上告に対して、最高裁判所は、原判示の事実関係のもとにおいては、上告人は、本件事故当時、運行支配及び運行利益を失わないものであって、運行供用者責任を認めた原判決の判断は正当とした判決である。

本件において、運行支配を認めるについて重視されたのは、人的関係であ

り、貸借形式による借主の運行について貸主の責任を肯定した初めてのものとされている[23]。本件調査官解説には、原審（名古屋高判昭和45年4月27日交通民集4巻1号10頁）に触れて、法的地位説的に表現しておればこうであるとの文面で示す説明がある[24]。また本判決は自動車の使用貸借における貸主の運行供用者責任において、通説である二元説をとって、貸主に運行供用者責任を認めた最初の最高裁判決であり、直接事故発生時の運行支配と運行利益を考える具体的事実説をとっているが、「失われないとの表現は抗弁説への移行の可能性を暗示しているように思われる」との指摘もされた[25]。この時期すでに、抗弁説の判断枠組みが最高裁において事実上受け入れられてきていることがうかがわれる。

イ　最（3小）判昭和46年11月16日民集25巻8号1209頁、交通民集4巻6号1606頁

本件も貸主に、二元説に立って、運行供用者責任を認めた判決である。Y会社がAに中古車販売した車両の整備、登録、車検等の手続を了するまでの10日余の間、代車として提供（借賃の取決めがあったが収益的な対価でなく損耗料の意味合いであったと認定されている）した本件加害車を、Aの被用者であるBが運転して生じた事故において、一審判決（大阪地判昭和43年7月13日交通民集1巻3号769頁）は「Y会社は、元来、事故車の所有者としてこれを管理、支配し自己の意思によつて自由に処分ないし利用し得る立場にあ」って、整備が終わればいつでも返還を求めることができるのであるから、「Aに対し事故車を貸与し使用せしめること自体、いわばY会社自身による事故車の用益的利用の一形態たる域を出なかつた」と述べた上で、賃料一日300円の対価を得る貸与期間中であった事故車の修理、整備は依然としてY会社がなすべき立場にあったのであるから、「一般的、客観的に許容されていたと認められる範囲内の運行に関してはなお支配を失わずかつ利益を享受していた」として、Y会社の運行供用者責任を認めている。本判決は「保有者」「法的地位」の語は用いていないが、Y会社主張の事情からはY会社の運行支配

---

23)　野田宏「判解」最判解民（昭和46年度）41頁以下。
24)　野田・前掲注23)。
25)　浅田潤一「判批」交通事故判例百選（第2版）28頁以下（1975年）。

は「失わず」、運行利益を享受しているとの構成（抗弁説）をとっており、この時期の下級審の傾向がうかがわれる。これに対して二審判決（大阪高判昭和44年10月2日民集25巻8号1231頁）は、Y会社の控訴棄却としたが、①1日300円は収益的対価ではなく、顧客サービスで好意的な貸与と認め、②Aからの整備不良の修理申出に対しもうしばらくそのまま乗っていてくれといって継続使用させたことをあげて、Y会社は貸与期間中、支配力を及ぼし得る関係にあり、運行による間接的な利益を得ていたとして、Y会社の運行供用者責任を認めた。上告においてY会社は、他人に貸与した場合には、特段の事由のないかぎり、借受人の運行を支配できないと主張したが、上告審も、①本件貸借はY会社の顧客に対する一種のサービスであること、②加害車両の整備上の不良も本件事故発生に関係がないとはいえないことをあげて、Y会社に運行支配及び運行利益があったと認めるとともに[26]、上告人があげるドライブクラブの賃貸借である前記最判昭和39年12月4日とは事案が異なるとして、原審判断を正当とした。本判決の直前には、賃貸（ドライブクラブ）貸主の責任に関する前出最（3小）判昭和46年11月9日があり、加害車両の整備上の不良も本件事故発生に関係がないとはいえないことをあげる点で、貸主の運行支配につき具体的事実説のもとでやや制約的表現ではあるが、賃貸借においても、一般的に貸主の運行供用者責任を認める方向性がうかがわれる判決である。

(3) 貸借③―返還期限の徒過

　ア　最判平成9年11月27日交通民集30巻6号1559頁は、無償で貸与した自動車による事故について、騙取に近いことから、貸主の運行供用者責任を認めなかった事例である。事案は、2時間後に返還するとの約束に反して自動車が返還されないまま、借主Aが起こした事故につき、貸主Yの運行供用者責任を認めなかった事例である。

　一審判決（静岡地沼津支判平成5年10月1日交通民集27巻3号559頁）は、「被告Bは、加害車両を被告Aに貸すにあたり、被告Aの運転者としてのモラルや運転態度からすれば、加害車両の運行による危険をより慎重に認識し、約

26）　杉田洋一「判解」最判解民（昭和46年度）680頁。

束の2時間を過ぎて返還せず3日後になつて連絡のあつた段階、さらに約束を履行しないで遠出している段階において、いよいよ加害車両による事故の危険が懸念されるのであるから、加害車両の所有者として、社会通念上自動車の運行が社会に害悪をもたらさないように監視・監督すべき立場にあつた者といえ（る）」とし、Aに対して「被害届を出す」または「被害届を出した」といって強く返還を求めれば、Aが返還をした可能性は十分にあったと認め、「加害車両の運行につき、事実上支配、管理することができたものと評価できる」として、Bの運行供用者責任を認めていた。

これに対して二審判決（東京高判平成6年6月15日交通民集27巻3号555頁）は、自ら加害車両を取り戻す方途のないBとしては、繰り返し返還を求め、これによるAの任意の返還に頼らざるを得なかったのだから、Aの申し出た期限までの使用を黙示的にせよ許諾していたと評価することはできないとし、事故当時、Bは、加害車両に対する運行支配を失っていたとして、運行供用者には当たらないとした。

上告審も、自動車を無償で借り受けた者が約1か月後に起こした事故で、借り主は当初から長期間乗り回す意図があり、事故当時の運行は専ら借主が支配しており、貸主は運行を指示、制御しうる立場になく、運行利益も貸主に帰属していたとはいえないことが明らかであるとして、貸主は運行供用者に当たらないとして、上告を棄却した。

　イ　本件控訴審判決の結論については、学説上、賛否が分かれている状況にある。盗難届の提出ないしその意思をBに伝えても、加害車両の返還はされなかったとする二審判決の上記事実認定を前提とすると、やむを得ないとする見解がある一方、騙取に近い要素のある事例であるが、貸主の意思に基づかない占有離脱ではないとして、強い異論があった[27]。本件上告審判決につき、警察への届出や相談もしていないこと、また使用の継続を黙認していた一面も否定できないとする見解[28]、無断運転のように一定の人間関係を前提に、保有者の承諾を得ずに運転を行った態様の事例とみるべきだろうとする

---

27)　宮原守男「運行供用者責任の新展開」不法行為法研究会編『交通事故賠償の新たな動向』（ぎょうせい、1996年）29頁。
28)　藤井勲「判批」交通事故判例百選（第4版）7頁（1999年）。

1　運行供用者―保有者と非保有者の責任（最判昭和39年2月11日民集18巻2号315頁）

見解[29]も示された。運行供用者責任の否定は自賠責保険が支払われないことにつながるので、一般論としては、少なくとも警察への届出や相談という程度の積極的行動を要求するのが相当ではないかとの指摘もされている[30]。

ウ　なお、大阪地判平成12年11月10日交通民集33巻6号1851頁は、警察署に盗難届の提出に赴いた事案で、判決は加害車両を騙取されたものともいえるとして、所有者の運行供用者責任を否定した事例である。

(4)　注文者（陸送）

ア　最（1小）判昭和47年10月5日民集26巻8号1367頁、交通民集5巻5号1197頁は、自動車の販売を行うY社（被控訴人、被上告人）が、得意先販売店からの注文を受けて、Y社と同一系列のA社において製作された大型貨物自動車のシャシー車の架装を、経済的実質的にY社に従属する関係になく、Y社以外からも架装を請け負っている訴外B社に請け負わせ、B社が、架装の完了した被告車のY社支店への陸送を、B社が費用を負担して、B社が専属的に運送契約を結んでいたC陸送会社に請け負わせ、C社運転手がY社支店への陸送中に生じた事故である。

一審判決（東京地判昭和40年6月18日交通民集5巻5号1204頁）は、本件事故は、B社が架装を完了した被告車をY社支店へ陸送するために、運送会社であるC社との間で被告車の運送契約を締結し、C社の被用運転手による陸送途中に生じたもので、Y社は被告車の運送について、運送費用も負担せず、右運送について何ら事実上の影響を与えうる地位になく、運送についての利益は、B社がこれを享受し、被告会社は単に被告車の受取人たる地位に立つにすぎないとして、Y社は自賠法3条の責任主体たる地位にないと認めた。Y社は本件自動車の所有者であるが、販売は通常の場合、得意先販売店からの注文を受けて、Y社と同一系列の会社でシャシー車を製造し、販売店からの指定のあった車体架装工場に、販売店の費用負担で搬入することによって行われ、Y社が売主として販売店のためになすべき仕事は、その車体架装工場までの搬入までであり、架装の完了した自動車のY社支店は単に本

---

29)　山口裕博「判批」判例評論476号（判時1646号）40頁（1998年）。
30)　山崎秀尚「判批」判タ1033号107頁（2000年）。

件自動車の受取人たる地位に立つにすぎず、自賠法3条の責任主体地位にはないとした。

Xは、控訴審（東京高判昭和43年2月28日交通民集5巻5号1211頁）において、本件陸送業者の実体はみるべき資産も保有しない運転手の集団にすぎないこと、自賠責保険の契約者はC社であるが、これは当時行政庁の仮ナンバー付与がなく、零細陸送業者は試運転用仮ナンバーを市町村長に申請して陸送業務を行わざるを得ないという行政事務上の技術的理由によるもので、もし、本件運行について呈示用仮ナンバーが使用されていたならば、その契約者はY社だった等主張した。

二審判決も、一審と同一の理由とするほか、B社がC社運転手に対して間接的に指揮監督を及ぼしているとみることは可能であるが、B社を超えてY社もまた運行につき指揮監督を及ぼしていると認めるのは困難である、C社はいわば運転手の集団ともいうべき無資産の零細業者であるが、本件ではY社がC社を選んで陸送にあたらせたのではないので、運行を支配したものと認めるべき特段の事情があるとも認められない、また、Y社が所有者なるが故に当然責任を有すると解する合理的理由がなく、当時行われていた強制責任保険制度によっては本件被害者の保護が全うされないことは、制度改善を要求する原因とはなっても、責任主体拡張の理由にはならない。このように述べてXの控訴を棄却した。

最高裁も、YBC各社の契約関係を述べて、B社（架装会社）は、Y社ほかJ社等からも架装を請け負っており、経済的実質的にY社に従属する関係にはないことをあげて、「（本件事故）当時の本件自動車の運行はC陸送ないしB社がこれを支配していたものであり、Y社（被上告人）はなんらその運行を指示・制禦すべき立場にな」く、「本件自動車がY社の所有に属し、Y社がその営業として自動車の製作・販売を行なう一過程において本件事故が生じたものである」（など所論の事情）を考慮しても、「なお、Y社の運行支配を肯認するに足りない」と認めて、上告棄却とした。

イ 本件の問題の所在は、Y社は、本件自動車の買主への引渡し前の所有者ではあるが、陸送の請負人C社との間に専属的下請ないし陸送業務の直接の指揮監督関係がないため、事故時、自動車の運行を指示、制御しうる立場

1● 運行供用者─保有者と非保有者の責任（最判昭和39年2月11日民集18巻2号315頁）

にあったかどうかにある。本件は厳密には元請、下請に属さず、民法716条適用事例としてみると、本判決の結論は当然の結論になる[31]。結論としてY社の責任を否定する立場に立った上で、本件事故はY社の企業活動の一過程で生じたもので、広い意味の運行利益がないとはいえないが、本件で自動車の運行に対する具体的な指示、制御義務まで課することは相当でないとする見解[32]、さらに、結論としては本判決どおりでやむを得ないとした上で、本件事故はY社の企業活動・支配領域内で生じた観があり、企業主体と運転者との間の具体的な法律上・事実上の関係は、被害者にとって関知し得ない加害者側の内部的事情であって、この関係を仔細に吟味することは、損害賠償の目的からどれだけ意味があるかとの根本的な疑問があることの指摘もなされている[33]。また、Y社は安価回避者といえず、抑止可能性やリスク分散の点で効果が得られないとする指摘もある[34]。

　ウ　本判決の結論に対しては異論も述べられている。強制保険金額が少額で、陸送依頼者（Y社）の運送者（C社）に対する経済的支配がないことを理由に依頼者の責任を否定することは、被害者の救済を事実上放棄することを意味するとし、依頼者の責任を否定する学説が民法716条に依拠することへの疑問が述べられている[35]。本件は、売買の過程にある自動車による事故であり、Y社が所有者であることは当事者間に争いはなく、保有者としての地位、すなわち本件自動車の所有者としての管理義務が、B社への架装注文により消滅したと解すべきかが問題の焦点になる。危険責任における保有者の地位にある所有者の責任としての運行供用者責任をみる考え方からは、所有者Y社の自動車保険による損害のカバーがされないことになり、本判決の結論に異論が出ることになる[36]。

31) 藤村ほか・実務交通事故訴訟大系（2）122頁〔田上富信〕。なお、伊藤文夫「運行供用者責任について」『自動車事故民事責任と保険の交錯』（保険毎日新聞社、1999年）96頁は、注文者は危険の具体化を制御すべき地位にないとする。
32) 谷水央「判批」交通事故判例百選（第2版）43頁（1975年）。
33) 本件調査官解説である野田宏「判解」最判解民（昭和47年度）551頁。
34) 林田清明「判批」交通事故判例百選（第4版）27頁（1999年）。
35) 瀬川信久「判批」法協91巻4号666頁以下（1974年）は、自賠法3条は民法717条、718条に連続させて解すべきとする。
36) 山口成樹「運行供用者性」交通事故紛争処理センター創立40周年記念論文集『交

経済的実質的にＹ社に従属する関係にはないとすることから運行支配が失われるとすることには、違和感が生じうることも否定できない。例えば、大阪高判平成 4 年 4 月 15 日交通民集 25 巻 2 号 289 頁は、Ｙが自動車の修理、車検、販売を営むＡ社はＹ社から自動車購入の申込みを受けたので、自動車販売会社Ｂ社から 210 万円で買い受け、300 万円でＹに売却した本件自動車に損傷があったので、Ｂ社の依頼を受けたＡがＹから本件自動車を引き取り、ＡがＢ社に運転して行く途中に事故が生じた。一審（大阪地判平成 3 年 9 月 12 日交通民集 25 巻 2 号 291 頁）は、Ａは同自動車の仲介人と位置づけ、Ｙ社はＢ社を介して運行を支配しているとしてＹの運行供用者責任を認めたが、二審は上記のように事実認定をして、Ｂは本件自動車をＹに販売した業者として営業上修補に必要な範囲で本件自動車の運行を委ねられ、自己の支配下に置いたのだから、その運行利益もＢに帰属しており、一時的にＹは運行支配を喪失したとして、Ｙの運行供用者責任を認めなかった事例である。

エ　なお、運行供用者責任の正当化原理としての危険責任を、物的・人的管理責任としてみることにより、「危険物所有者の管理責任」について、管理権原に基づく「指示・制禦をなしうべき地位」・「監視、監督すべき立場」として規範化される運行支配の帰属主体として把握し、危険源である自動車の支配管理をすべきことを期待することができない状況が生じた（管理可能性の喪失）との抗弁は認めるとの理論が示されている[37]。

オ　自賠法が保有者概念を軸として責任の集中と分散のシステムに基づいて被害者保護を図っていることを念頭に、Ｙ社は本件自動車の所有者であり、

通事故紛争処理の法理』（ぎょうせい、2014 年）141 頁は、危険責任の見地からみると、自己の意思と判断で専門業者に運行を委ねる以上、危険がなくなるわけでないのだから、貸与や客観的容認があったと認められる泥棒運転との対比からも、注文者（所有者）の運行供用者責任は認めるべきであり、本件陸送の事件も、所有者の責任を肯定すべきでなかったかとする。同趣旨から、川地宏行「判批」交通事故判例百選（第 5 版）19 頁（2017 年）は、Ｃ社はＹ社の履行補助者的立場にあり、間接占有を有する陸送会社はＣ社による陸送を監視監督すべき立場にあったと構成して、本判決の結論に異論を述べる。

37)　潮見・前掲注3) 27 頁。同趣旨に、中舎寛樹「運行供用者性(10)―自動車修理業者・陸送会社」新美育文＝加藤新太郎編『実務精選 100 交通事故判例解説』（第一法規、2018 年）25 頁。

1　運行供用者―保有者と非保有者の責任（最判昭和 39 年 2 月 11 日民集 18 巻 2 号 315 頁）

任意に引き渡し、返還を受けることが予定されているのに、ことさら所有権者等使用権者の運行供用者性を一時的に消滅させる必要性はあるだろうかと指摘があり[38]、抗弁として、貸与と同様に意思に基づく占有移転であること、自走する自動車の陸送は所有者の事務であることを重視し[39]、付保による責任軽減も実質的理由になりうること[40]も考慮すると、なお検討課題の状況にあるということができる。

(5) 動産質権者

ア　最（2小）判昭和43年10月18日判時540号36頁は、貸金の担保（動産質）として占有下にあった自動車を、担保権者Yの従業員が無断私用運転して生じた事故につき、Yの運行供用者責任を認めた事例である。所有者との関係では使用権限はないが（民法350条、298条2項）、「保有者」の認定事例である。

　Y（上告人）が、本件自動車は、訴外AがY不知の間に持ち込み置いていったものであって、Yの支配下に入ったことは認めるが、運行の用に供することは予想しておらず、運行利益がなく、保有者に当たらないと主張したYの上告につき、判決は「上告人は貸金の担保として本件自動車を預かったものであり、少なくとも事実上本件自動車の運行を支配管理し得る地位にあった」として保有者の責任がある旨、及び、無断運転がYの管理上の過失によって可能となったものであるから、保有者としての賠償責任を免れない旨の原審（名古屋高判昭和43年3月11日交通民集1巻1号236頁）の認定判断は正当として、上告を棄却した事件である。

　本件は、運行支配ないし運行利益の帰属という判断基準に立って、所有者以外の者に運行供用者責任を認めた最初の判決とされており[41]、上告審で最

---

38)　藤村ほか・実務交通事故訴訟大系(2)24頁以下及び34頁、44頁〔高野真人〕。
39)　石田穣「『運行供用者責任』の再構成」法協92巻5号492頁（1975年）は、所有者であるYは、架装業者Bを介して運行させているとみる。
40)　ドライブクラブに運行供用者責任を認めた前出最（3小）判昭和46年11月9日の一審判決（東京地判昭和41年10月6日）は、利用者の多くが無資力者であり、積立金を設けるとか任意保険に加入するとかの途を有すると述べている。
41)　横山長「判解」最判解民（昭和44年度）1048頁。加藤論文②99頁は運行支配だけを基準としたとみる。対立した見方ではなく、「支配管理しうる立場」は民法350条、298条2項と所有者（民法205条）の「処分」を念頭に置いて、「保有者の地位」に

も問題になったのは、Y（上告人）が「保有者」であるかの点にあった（本件掲載の判時540号36頁のコメント参照）。本件は、所有者でない者を「保有者」と認定するための権原の性質が問題になり、動産質設定と認定されたことから、「事実上」「支配管理し得る地位」にあったとして、Yの責任が判断された事例である。運行支配についてのみ触れる判決であり、運行供用者概念の規範的把握への展開につながる判決であろうか。

(6) 無断運転

ア 最（2小）判昭和41年4月15日最高裁ＨＰ（昭和39(オ)723）

この時期に、抗弁説ないし抽象説によった原審判決（大阪高判昭和39年3月6日判時368号58頁）を最高裁も同様な趣旨を述べて、会社被用者の私用運転につき、Yの運行供用者責任を認めた判決である。

Y会社の被用者がY所有車を（営業とは何ら関係なく勝手に）私用運転して生じた事故について、原審判決は、自賠法3条の運行供用者とは、「自動車を本来の用途に従つて利用するため所有する者が、自分のためにする運行によつて他人の生命身体に損害を与えたことを意味し、その自分のためにする運行は、所有者の意思に基づいてある目的のためにその自動車が運転される場合、及びそれと関連性をもつ意味において運転される場合は勿論、そのほか、広く抽象的一般的に所有者の運転と見られる場合には、すべてこれに含まれる」とし、雇用関係にある者が、勤務先の自動車を運行した場合には、特別の事情の認められない限り、当該自動車の所有者である被控訴人（Y会社）に、その運行によって生ぜしめられた損害の賠償に任ぜしめるのを相当とした。Yの上告に対し、最高裁は、雇用関係にある者が、Y会社の事業に使用する自動車を運行した場合には、その運行によって生じた損害は、特別の事情のないかぎり、自賠法3条により、その自動車の所有者（Y上告会社）に対し、賠償の責任を負わせるのが相当として、Y会社の上告を棄却した（本判決について、調査官解説[42]に、「見ようによっては下級審の抗弁説裁判例とよばれるものとさして異ならない判示」との指摘のあった判決である。

あると認定したのであろう。吉岡・前掲注9)「交通事故訴訟の課題」26頁注(4)は、この判決につき、法的地位説への接近がみられるとする。
42) 横山・前掲注41)1050頁。

イ　最（1小）判昭和42年11月30日民集21巻9号2512頁

本件は、牛乳販売会社Yの高校生アルバイトAが、本件自動車を無免許、無断運転して生じた事故につき、使用者（上告会社）のために運行したものと認めた事例である。本件と最（3小）判昭和39年2月11日前出の事案が異なる点は、当該自動車の所有者と無断運転をした第三者の間の人的つながり（人的関係）が通常の被用者でなく、パートタイムである点にある。Yは、牛乳配達が終わればYとAは何ら関係がないと主張し、原審（大阪高判昭和42年1月23日民集21巻9号2524頁）は、最（3小）判昭和39年2月11日前出の外形理論に沿った判示（「運行供用者と第三者との間の雇傭関係等密接な関係が存し、かつ右自動車と第三者との関係およびその自動車の管理状況等からして客観的外形的に前記運行供用者のためにする運行と認められるとき」をあげて、「客観的外形的にYのためにする運行と認めるのが相当」）をした。Yの上告に対し、最高裁は同最判及び原審が示す具体説の判断枠組みには触れずに、Aがアルバイトとして継続的に雇用されていること、Y会社代表取締役の指導のもとに、多数回にわたり運転練習をしていたことのほかに、本件事故車両は「Y会社が管理権をもち、牛乳配達のために使用していたものである」として、Aの本件無断運転行為はYのためにこれを運行したものと判示して、上告棄却とした。

本件の調査官解説[43]には、実務の中から生み出された抗弁説が、すでに外形理論より完全に脱出しつつあり、次第に下級審裁判例の大勢を制しつつあるかにみえるとの指摘とともに、本件最高裁判決それ自体としては、自賠法3条に外形理論を援用するか否かの点には触れていないとの指摘がある。

ウ　最（1小）判昭和46年7月1日民集25巻5号727頁、交通民集4巻4号989頁。

小規模な信用組合の常務理事Y所有の本件自動車を、Yが出張前にA営業部長に鍵とともに託して修理に出すことを依頼し、Aは、鍵とともに修理に出し、その宰領方を組合従業員Bに指示していたところ、BとAの部下になるC両名が相談の上、本件自動車を無断使用して祭見物に赴き、翌朝組合事

---

43)　可部・前掲注14) 524頁。

務所に届けることとして、修理の終わった本件自動車を、Cが修理工場から鍵とともに受け取って祭見物に出かけ、その帰路に生じた事故につき、一審判決（新潟地長岡支判昭和43年4月11日交通民集2巻6号1710頁）は、被告車は事故当時Yの支配下にあったことは認められるが、YにとってCが被告車を運転することは全く予定されていなかったから、Yに運行の利益が客観的外形的に帰属するとはいえないとして、Yの運行供用者責任を認めなかった。これに対して二審判決（東京高判昭和44年11月25日交通民集2巻6号1704頁）は、運行支配一元説に立ち、修理の終わった本件自動車が修理工場からCに引き渡されることそれ自体は、Yの了解の範囲内での事柄であって、本件自動車の運行支配は、客観的外形的にYに復帰したと認めて、Yの運行供用者責任を認めた。Y（上告人）が、運行利益について判示のない原審判決は違法として上告し、最高裁判決は、Yの運行支配が失われていないとする原判決の認定判断は是認できるとした上で、運行利益につき、Y、A及びBないしCとの間の人的関係からは、「当時のCの運行を全体として客観的に観察するとき、本件自動車の運行はYのためになされたものと認めることができる」として、Yの上告を棄却した事例である。本判決は、原判決が触れなかった運行利益につき、原判決の確定事実から肯定しうるとして積極的に判示したものであるが、一元説を排除したものと解するのは早計すぎると指摘もされている[44]。運行利益の内容について、客観的外形の考察を許し、現実的・具体的利益の享受を必要としなくなってきていると位置づけられている判決である[45]。

(7) **泥棒運転**

ア　最（1小）判昭和48年12月20日民集27巻11号1611頁、交通民集6巻6号1704頁は、タクシーの泥棒運転による事故であり、所有者会社の運行供用者責任を認めなかった事例である。①事故の原因と本件自動車の運行は、盗取者Aが支配していたもので、Yはその運行を指示制御しうる立場

---

[44]　野田宏「判解」最判解民（昭和46年度）145頁。
[45]　加藤論文②100頁。なお、藤村・前掲注9）「交通事故Ⅰ責任論」20頁は、供用支配説（一元説）の立場から、本判決につき、運行利益を運行自体から発生する利益に限らず、客観的・外形的考察を許したものと位置づける。

1● 運行供用者─保有者と非保有者の責任（最判昭和39年2月11日民集18巻2号315頁）

になく、また、運行利益もYに帰属していなかったとして、自賠法3条の運行供用者責任を負わないと認めるとともに、駐車場が、客観的に第三者の自由な立入りを禁止する構造、管理状況にあると認めうるときは、たとえ、エンジンキーを差し込んだままの状態で駐車させても、このことのために、通常、右自動車が第三者に窃取され、かつ、この第三者によって交通事故が惹起されるものとはいえないから、エンジンキーを差し込んだまま駐車させたことと当該自動車を窃取した第三者が惹起した交通事故による損害との間には、相当因果関係を認めることができないとした。約20日前にも、本件車両が駐車していた地点とほぼ同じ場所にエンジンキーを差し込んだままの車両の盗難があったが盗難防止の具体的対策を講じなかったこと、本件車両が窃取される前、本件車両にエンジンキーが差し込まれたままになっていることを知っていたが、放置したことに、車両保管並びに運行責任者の管理が適切でなかったことを考慮しても、Yは民法715条の責任を負うものではないと認めた。

　本判決の一審判決（大阪地判昭和45年5月28日交通民集3巻3号844頁）は、危険物を所有し管理する者は、その保管を厳重にする等して未然に危険の発生を防止すべき注意義務があり、施錠等の必要な措置、施策を講じなかった運行管理責任者及び警備員に過失と、盗取者Aによる本件事故と原告の損害との間には相当因果関係があると認めて、Yに民法715条の責任を認めるとともに、杜撰な管理等、特段の事情に当たらないとして、運行供用者責任を認めていた。

　これに対して、二審判決（大阪高判昭和46年11月18日交通民集6巻6号1720頁）は、一般人の通行の用に供される道路上に放置していたのではなく、周囲をブロックに囲まれたY営業所内に保管していたのに、Aは本件事故車を窃取したものであるから、本件自動車に対する支配はAによる窃取の時に排除され、事故時にはAのみが支配し、Yに運行利益は帰属していないので、Yに運行供用者責任があるとはいえないと認めるとともに、当直整備士の保管上の手落ちは、Yに対する義務違背にはなり得ても自動車窃取自体について過失責任を認めることも、Aによる本件事故との間に相当因果関係を認めることはできないとして、一審原告の請求を棄却し、最高裁は上記のように

判示して、Xの上告を棄却した。

イ　いわゆる泥棒運転について、自賠法の立案当局者は、保有者は自賠法3条の責任を負うことはないと解していたようである[46]。本判決もこれに依拠したものであろう。学説上もこの時期は、保有者自身には運行供用者責任はなく、保管上の過失に基づく不法行為の成立が考えられるだけと解されて[47]いたようである。

キーを差し込んだまま路上駐車した等泥棒運転者による事故において、当該自動車の所有者が運行供用者責任を負うとする法律構成として、管理責任説[48]、下級審において従来から唱えられ、近時では支配的となった客観的容認説[49]が述べられてきている。この客観的容認説は、自賠責保険の適用ができることと、危険責任としての自動車運行に対する物的支配が人の意思を介する評価であり、規範的責任論の考え方につながるとらえ方である。保有者の地位ないし運行支配、運行利益喪失の抗弁を認めてよいかという問題での判断基準であり、無断運転、泥棒運転までを含めて整合的に説明できる[50]。

ウ　本判決は、当直整備士の保管上の手落ちと本件事故の間の相当因果関係は認めることができないと述べているように、管理責任説の枠内での責任の有無判断と解されるが、後出最（3小）判昭和50年11月28日が「自動車の運行を事実上支配、管理することができ、社会通念上自動車の運行が社会に害悪をもたらさないよう監視、監督すべき立場にある場合には」と述べる規範的部分は、管理責任的要素も含むものであり、泥棒運転の場合について最（1小）判昭和48年12月20日前出を実質的に変更する内容を含んでいるのではないかと指摘されている[51]。

---

46)　柴田保幸「判解」最判解民（昭和48年度）164頁。
47)　加藤一郎編『注釈民法(19)』（有斐閣、1965年）101頁、野村好弘「運行供用者についての一考察」ジュリ431号128頁（1969年）。
48)　池田恒男「判批」法協92巻8号1070頁（1975年）。
49)　茅沼英一「無断運転(1)」判タ212号38頁（1967年）、上野茂「無断運転(3)」判タ212号42頁（1967年）、原田和徳「判批」交通事故判例百選（第2版）20頁（1975年）。
50)　北河隆之『交通事故損害賠償法』（弘文堂、2011年）33頁。抗弁説、客観的容認説提唱者の一人で、保有者の地位喪失と取得を分けて考察するのを基本とする茅沼・前掲注49）38頁も同趣旨を述べていた。
51)　加藤論文②102頁。

1　運行供用者—保有者と非保有者の責任（最判昭和39年2月11日民集18巻2号315頁）

エ　容認の具体的判断要因をみると、例えば、東京地判平成22年11月30日交通民集43巻6号1567頁は、公道との間に柵がなく、①第三者が自由に出入りできるY会社駐車場に、②被告車両は施錠されておらず、鍵は運転席サンバイザーに挟まれており、第三者が無断で侵入し、窃取することは容易に予想でき、Yは第三者が運転することを容認していたと同視されると評価されてもやむを得ず、③窃取から5時間半程度しか経過していないこと、④事故現場は遠隔地でないこと、⑤窃取後本件車両が運転されないようにする措置をとっていないことから、Yは運行支配を失っていないとして、運行供用者責任を認めた。①②が客観的容認があったと認める要因との位置づけとなっており、③④⑤は、その後も、保有者の地位が失われていないことの判断要因との位置づけとなっている。横浜地判平成28年12月7日交通民集49巻6号1441頁は、運行支配、運行利益の二元説をとる判決で、盗難自動車の事故につき、盗難された車両であったとしても「その管理を怠り、当該車両の保有者において客観的に第三者による車両の運転を容認していたとみられてもやむを得ないとみられる場合には」運行供用者責任を負うとし、①公道に面しており、出入りを制限する柵等の設備がなく照明灯も設置されていない駐車場の奥側端部分に、②管理者の許可なくエンジンキーを付けたまま長期間駐車し、③少年鑑別所出所後に車両紛失に気づき、警察署に盗難届を出そうとしたが、車両の型番、車両番号が不明で受け付けてもらえず、そのまま放置したことから、第三者が無断で運転することを容認していたとみることができるとして、所有者Yの運行供用者責任を認めている。

(8) 意思に基づかない占有離脱に近い事例

ア　最（2小）判平成20年9月12日交通民集41巻5号1085頁は、責任否定例である。父親A所有の自動車を乗り出した子Xが、泥酔し意識がない状態において、X同乗の自動車を、Aの面識もないBが、Aへの自動車返還目的で運転して生じた事故につき、その運行が、Aの意思に反するものであったと認める事情がないとして、Aの運行供用者性を認めた事例である。Xは泥酔していて意識がないとの原審（名古屋高判平成19年3月22日交通民集41巻5号1095頁）事実認定を前提に、所有者の意思に基づかない占有離脱に当たらないと認めた事例である。

本件上告審の運行供用者性判断を理解しやすくする趣旨で、最高裁がまとめた事実関係を先に示すと、Ｘ（原告、上告人）が実家に帰っているときには運転が認められていた父親Ａ所有の自動車を、午後10時頃、Ｘが親しい関係にあったＢから誘われて、本件自動車を運転してＢを迎えに行き、翌日午前０時頃それぞれの自宅から離れた名古屋市内のバーに到着し、Ｘは本件自動車のキーをバーのカウンターの上に置いて、Ｂとともにカウンター席で飲酒を始め、そのうちにＸは泥酔して寝込んでしまった。Ｂは午前４時頃、Ｘを起こして帰宅しようとしたが、Ｘが目を覚まさないため、本件自動車にＸを運び込み、上記キーを使用して自宅に向けて本件自動車を運転（本件運行）した。上告審は事実関係をこのように整理し、「Ｘによる上記運行が（本件自動車の所有者である父親）Ａの意思に反するものであったというような事情は何らうかがわれない。」と付記している。追突事故により同乗していたＸが受傷し、損害につき、Ｂに対しては自賠法３条及び民法709条に基づき、本件自動車の自賠責保険の保険会社に対して自賠法16条に基づく請求をした事件である。
　一審判決（名古屋地一宮支判平成18年９月12日交通民集41巻５号1088頁）は、（被告Ｂが自賠法３条の運行供用者に当たるが、自賠法２条３項で規定する「保有者」に該当しないとして）、本件自動車の所有者Ａの運行供用者責任につき、被告Ｂの本件事故当時の運転は、必ずしもＡの意思に反するとはいえず、Ａは運行支配及び運行利益を有していたと認めるとともに、Ｘの具体的運行に対する支配の程度・態様がＡのそれと比較して直接的、顕在的、具体的であるとはいえないとして（最判昭和50年11月４日前出参照）、Ｘは自賠法３条の他人に当たると認めた。
　これに対して、二審判決（名古屋高判平成19年３月22日前出）は、ＡはＢとは面識もなく、Ｂの存在自体認識していなかったのだから、使用借人であるＸがＢの運転を依頼または許容をして初めて、本件車に対する運行支配を及ぼすことができる。しかし、Ｘは泥酔していて意識がなく、Ｂの運転について指示はおろか、運転していること自体認識しておらず、Ｘの本件車に対する運行支配はなく、したがって、Ｘを介したＡの運行支配も、本件事故当時失われていたとして、Ｘの保険会社（控訴人）に対する請求を棄却した。

1● 運行供用者―保有者と非保有者の責任（最判昭和39年２月11日民集18巻２号315頁）

Xの上告により、上告審は、事実関係を上記のように整理したところから、①XはAから本件自動車を運転することを認められており、深夜、実家から名古屋市内のバーまでの運転はAの容認するところと解することができる。②その運行の後、飲酒したXが友人等に本件自動車の運転をゆだねることも、その容認の範囲内にあったとみられてもやむを得ないとし、AがBと面識がなく、Bという人物の存在すら認識していなかったとしても、本件運行は「Aの容認の範囲内にあったと見られてもやむを得ないというべきであり、Aは、客観的外形的に見て」本件運行につき運行供用者に当たるとして、原審破棄差戻とした（なお、本件差戻審（名古屋高判平成21年3月19日交通民集41巻5号1097頁）では、Xは運行供用者に該当し、運行支配の程度が、Aよりも、直接的、顕在的、具体的であったとして、Xの請求棄却となった[52]）。

　イ　親が所有する車を、子を介して友人・知人が運転した場合に、所有者が例外的に運行支配を失うかどうかについて、従来の判例・裁判例では、「①所有者が子の使用を許可している以上、子が親と面識のない知人・友人に貸与することも基本的に許可の範囲内とされていること、②友人・知人が子に無断で運転した場合でも、子がその運転を客観的に容認していたと認められる事情があるかどうか、③所有者または子への返却が予定されていたかと客観的に評価しうるかどうかが、判断要素となっている」として、本判決は、従来の判例・裁判例の趨勢と一致すると位置づけられている[53]。また、上告審判決が「Aの容認の範囲内にあったと見られてもやむを得ないというべき」と述べている点については、泥棒運転において論じられている「客観的容認」と捉えるのが適切と解されている[54]。泥棒運転、無断運転を通じて、争いの焦点は、所有者等が保有者の地位を失うかどうか、保険による被害者保護も含めて、請求権の構造を同じにみる方向なのであろう。

　ウ　東京地判平成7年12月14日交通民集28巻6号1752頁は、貸与の意

---

52)　本件の一審（名古屋地一宮支判平成18年9月12日）認定事実には、Bが運転免許を有していないとの記述があるが、二審判決（名古屋高判平成19年3月22日前出）はこのことに触れていないので本件運行時に無免許であったか明確でない。
53)　植草桂子「判批」損害保険研究70巻4号147頁、156頁以下（2000年）。
54)　北河隆之「運行供用者性(3)―使用を容認した所有者」新美＝加藤・前掲注37) 7頁。

思が欠けると評価された事例（代車の貸し出し事案で、貸し出す相手方が会社であればその従業員、貸し出す相手が個人であればその家族が、代車を使用することは予期していたが、それ以外の者が代車を使用することは考えていなかったことが認定されている）であり、持ち出しの経緯、警察へ届けないこと等、容認と評価せざるを得ないと認めた判決に、大阪地判平成25年4月17日交通民集46巻2号554頁がある。

3 判例の展開②——所有者等でない者の運行供用者責任

(1) 親子関係①——家族営業総括者
ア 最（3小）判昭和43年9月24日判時539号40頁

本件の自動車は、Y_1からその父であるY_2が借り受けて自己の営業に常時使用していたもので、Y_1は同自動車の運行自体について直接の支配力を及ぼし得ない関係にあったとの原審認定は証拠上首肯できるとし、その説明として、自賠法3条に規定する運行供用者とは「自動車の使用についての支配権を有し、かつ、その使用により享受する利益が自己に帰属する者を意味する」と述べたものである。本件は運行支配と運行利益を述べた最初の上告審判決であり[55]、本判決以降、判例の大勢は外観理論を離れて、二元説の立場をとるに至ったと位置づけられている[56]。

イ 最（1小）昭和45年7月16日交通民集3巻4号1006頁

本件は、家族が共同して雑貨店及びガソリンスタンドの営業に従事し、上告人Y_1の子Y_2が所有する本件自動車を他の子（上告人Y_3）が運転して生じた事故につき、判決は、一家の責任者として営業を総括していたと目すべ

---

55) 横山・前掲注41）1048頁は、本件前の最高裁判例の事案は、被告が所有者ないしそれと同視しうる関係にあったため、運行支配ないし運行利益の判断基準が判文に現れず、具体的な被用者の無断運転行為について、被告に運行供用者たる地位が認められるか否かの判断にいきなり入っていたので、右判断基準（二元説）が、必ずしも最高裁の判例上確立したものとして受け取られてこなかったふしがあるが、この二元説をとることを確認したものとされている。
56) 加藤論文②99頁。なお、加藤新太郎教授は、運行供用者責任の本質は、危険責任・報償責任であるが、重点は危険責任に置かれるとする二元説をとる。

き父（上告人Y_1）について、「一家の責任者として営業を総括していたものと目すべきY_1も」「自動車の運行について、指示、制御をなし得べき地位にあり、かつ、その運行による利益を享受していた」として、Y_1も運行供用者責任を負うことを認めた事例である。最（2小）判昭和43年10月18日前出と同様、所有者でない者が保有者と同じ地位を取得したとの認定例である。Y_2所有の自動車が、家族営業という事業体の業務に組み込まれ、その代表者の責任であり、会社であれば民法715条の責任が認められる関係と同じ関係にある。それが、「指示、制御をなし得べき立場」と「自動車の運行について、指示、制御をなし得べき地位」と表現されていったとみることができるのではないか。

(2) **親子関係②―監督者の責任**

ア　最（3小）判昭和49年7月16日民集28巻5号732頁、交通民集7巻4号953頁

本件は、未成年の子に原付を買い与えた親の責任を肯定し、運行支配、運行利益という概念を用いていない判決である。

一審（松山地西条支判昭和46年9月30日交通民集7巻4号955頁）は、Y（被告、控訴人、上告人）はAの父親であるが、商業専門学校在学中の17歳のAのために本件加害車を買い与えたものであることから、Yの運行供用者責任を認め、二審（高松高判昭和48年4月10日交通民集7巻4号958頁）は、この一審があげた事実関係に加えて、Aは卒業後就職してY方から通勤していたこと、本件事故時までに給与は得ていなかったこと、加害車の保険料その他の経費はYが負担し、Aは生活を全面的にYに依拠していたことも付加して、Yの運行供用者責任を認めた。Yの上告に対し、上告審は原審の判断を正当とするのみで、認定事実に触れることなく、Yの上告棄却とした。一審、二審、上告審とも、理由中においては、運行支配、運行利益に触れない判決である。

イ　最（3小）判昭和50年11月28日民集29巻11号1818頁、交通民集8巻6号1595頁。

本件は、所有者の子Y_1が所有する加害車による事故につき、自動車購入の名義人となっている父Y_2の自賠法3条の運行供用者責任が中心的争点と

なった事案である。Y_2は、二審（福岡高判昭和50年1月20日交通民集8巻6号1606頁）で、一審（宮崎地判昭和48年5月15日交通民集8巻6号1600頁）で認めていたY_2が本件自動車を所有し、運行供用者であるとの事実につき、錯誤を理由として自白を撤回すると主張し、二審で、Y_2は運行供用者に該当するかが中心的な争点になった事案である。

二審判決（福岡高判昭和50年1月20日前出）は、Y_2の運行供用者責任につき、つぎのように認定判断した。本件自動車はY_1がレジャー用として分割払いの約束で購入したが、Y_1は当時満20年で銀行取引も信用もなかったため、父であるY_2の了解を得ることなく、Y_2名義で買い受け、Y_2は所有者登録名義人となったことは、後に知らされやむなく承諾したこと、Y_1とY_2は同居して同一世帯として主として農業に従事しており、購入代金はY_1がA建設などで自ら働いて得た金員で分割して支払いをし、Y_2は支出はしていないこと、Y_2の名義につき後日やむなく承諾したものであること、本件自動車の保管はY_2の居宅庭に保管されていたが、Y_2は運転免許証を有せず、運転したことも同乗したこともなく、専らY_1が自由に運転、使用して、その管理費用など一切はY_1が支弁し、Y_2がその使用、同乗したこともなかったことを認定し、原審（福岡高判昭和50年1月20日前出）は、本件事故発生当時、Y_2は本件自動車について運行支配も運行利益も有していなかったことが明らかであるとして、Y_2は運行供用者ではないと認めた。

被害者（原告、被控訴人、上告人）は、上告理由で、①購入代金はY_2は支出していない、Y_2は同乗したこともない、当初からY_2の名義を使用することを許しておらず、やむなく後に承諾したこと、Y_2は管理費用を一切支弁していないとすること等Y_2主張に基づく原審判断は経験則に反する、②運行支配、運行利益は今日の自動車事故の状況からすれば、抽象的に判断すべきであると主張した。

被害者Xの上告に対し、本件上告審判決は、「自動車の所有者から依頼されて自動車の所有者登録名義人となった者が、登録名義人となった経緯、所有者との身分関係、自動車の保管場所その他諸般の事情に照らし、自動車の運行を事実上支配、管理することができ、社会通念上自動車の運行が社会に害悪をもたらさないよう監視、監督すべき立場にある場合には、右登録名義

人は自賠法3条所定の運行供用者にあたる」とし、本件において「Y₁はY₂の子であり、当時満20歳で、Y₂方に同居し農業に従事しており、右自動車はY₂居宅の庭に保管されていた」という事実関係のもとでは、「Y₂は、本件自動車の運行を事実上支配、管理することができ、社会通念上その運行が社会に害悪をもたらさないよう監視、監督すべき立場にあったというべきである」として、原審破棄差戻とした。

　ウ　本判決の検討—位置づけ

　この判決が述べる規範論的枠組みの理解の仕方、位置づけについては、前述2(7)ウに述べたとおりであり、「自動車の運行について指示、制御をなしうべき地位」とする（最（小）判昭和43年10月18日前出）運行支配概念の延長線上にあって[57]、この判決による監視、監督すべき立場を適用すれば、親による車の購入費負担とか援助といった手法で無理に車の物的支配に結びつけることなしに、親子間の同居、扶養関係の存在を立証すれば、親が運行供用者に当たることの推定を働かせてもよいだろうとされている[58]。このように本判決が、管理可能性を運行支配・利益のなかに取り込むことによって、親の子に対する監督義務を根拠にして、親の責任を認めることが可能となり、その応用範囲は広いと解されている[59]。もっとも、父親が登録名義人でなかった場合にも、この判断基準が適用されうるか、今後に残された問題であると指摘されている[60]。

　また、本判旨は、運行支配、運行利益の二概念によるものを超えた、新しい規範論的な「立場説」「支配管理義務説」を展開したものとも受けとられるもので、運行利益、運行支配概念の抽象化、規範化したことにより、中間項概念として使いにくくなった状況から、強いて運行利益、運行支配の概念を用いる必要のないことを示したものであろうとの指摘もされている[61]。

　本件は、所有者の地位喪失の場面でなく、所有者（保有者）でない者（本

---

[57]　福永論文②55頁。加藤論文②101頁以下。
[58]　福永論文①86頁。
[59]　宮川博史「判批」交通事故判例百選（第4版）13頁（1999年）。
[60]　宮原守男「判批」民法判例百選（第二版）195頁（1982年）。この点につき、後述(3)参照。
[61]　田尾桃二「判解」最判解民（昭和50年度）631頁以下。

件ではY₂）の運行供用者責任を認めるか否かとして争われた事案である。最高裁において、「支配管理し得る地位」「運行を指示、制御しうる可能性」の規範的用語が、運行利益、運行支配に代わる、あるいは補完する判断枠組みとして用いられるようになった最初の判決である前出最（2小）判昭和43年10月18日は、債権担保として占有している状態にある者が運行利益がないと争った事案で、支配管理の可能性があるとしたもの（原審判断は正当としたもの）であった。ここでは最高裁において、動産質権者（民法350条、298条2項参照）として支配管理の可能性が判断された。所有者と別に運行供用者責任を認める必要のある事例である。

「指示、制御なし得べき地位」との枠組みを示した前出最（1小）判昭和45年7月16日は、家族が共同して雑貨店及びガソリンスタンドの営業を行う父親Y₁に、子の1人が所有する自動車を別の子が運転して生じた事故につき、運行供用者責任を認めたもので、ここでは、事業主体たる家族共同体の代表者であるY₁の運行供用者責任を認めた事例ということができ、従って、親子の関係よりも、事業主の責任を認めた事例という方が適切で、使用者責任の判断と同じである。また、建設会社の従業員がマイカーで工事現場に赴いた際の事故につき、会社に運行供用者責任を認めた事案（後出最（3小）判平成元年6月6日の原審である高松高判昭和61年9月30日交通民集22巻3号564頁）では、従業員による当該マイカーの使用が、会社の業務に事実上取り込まれていることを認定した上で、「自動車の運行を事実上支配、管理することができ、社会通念上その運行が社会に害悪をもたらさないよう監視、監督すべき立場」にあったとの枠組みが用いられている。被用者を指揮監督する使用者責任の判断と同じである。

加害車両の所有者でない親の責任、使用者の責任は、今日も、民法709条、715条に基づく責任として賠償を認める裁判例も多い。そのような損害賠償請求は、自賠責保険を含めた所有者からでは損害がカバーされないところで賠償請求がなされる[62]。親、使用者の損害賠償責任において、判決があげる責任認定の実質的要因は、それぞれ、民法709条、715条による責任として

---

62) 藤村ほか・実務交通事故訴訟大系(2) 28頁以下〔高野真人〕。

1● 運行供用者―保有者と非保有者の責任（最判昭和39年2月11日民集18巻2号315頁）

構成する方向に向いているように思われる。他方、自賠法3条を根拠とする損害賠償請求に対して、運行支配・運行利益による固有の判断枠組みが積み重ねられ、被害者救済の充実が実現してきた。後者が、今日、自動車事故をめぐる民法709条（監督責任）、民法715条等の解釈適用に、影響を与えてきていることも否定できない[63]。本件判決の時期において、その多様な内容に即して展開された運行利益、運行支配を客観化、希薄化して、本判決の判断枠組みが今日の到達点となっていることが指摘されている[64]。

エ　本判決の位置づけ―実質的法律関係

本件最（3小）判昭和50年11月28日は、Y_2の争い方から特異な争いになった事件であるが、事案としては、親の子に対する名義貸しからの責任構成も可能な事案である[65]。

東京地判平成30年2月21日交通民集51巻1号199頁は、Aが被告車を仕事に使用するために購入したが、購入に際して、Aは借金があるなどの理由で、A名義で自動車を購入することは問題があるとして、所有名義を同棲するY名義とした。Yもそのことを知っていたが、A名義への変更を強く求めることもなく、事故当時Y名義のままであった。Yは自動車の運転免許を有しておらず、自賠責保険の契約、保険料や税金の支払、被告車の管理等もAが行っていた事案で、判決は、Yは、所有名義がYにあることを容認していること、Y自身、自らが経営する居酒屋の買い出しにおいて、運行による

---

[63]　例えば、名古屋地判平成26年7月8日交通民集47巻4号881頁は、加害車の所有者兼運転者が休憩時間の個人的な所用のために運転して生じた事故において、被告会社の代表者が、同加害車で通勤して、翌日の工事に備えて駐車した加害車内で休憩することを指示又は承諾していると認定して、被告会社が加害車の使用を助長又は少なくとも容認していた事情があったとし、その外形から観察して、あたかも「職務の範囲内の行為に属する」として、被告会社に使用者責任を認めた。

[64]　田尾・前掲注61）630頁。

[65]　椎木緑司「判批（最3判昭和50年11月28日）」民商74巻6号1043頁（1976年）は同居の親子という人的関係を通しての名義貸与者の指揮監督義務をみる。むしろ名義貸しからみる方が実体にあっているといってよい事案といえる。親子関係ではないが、近時、名義貸与者に運行供用者責任を認めたものに、東京地判平成7年10月30日交通民集28巻5号1456頁（被告会社が代表者の弟のために、加害車のカードローンの主債務者となることを了承しており、被告（右弟）の分割弁済が滞ればその支払責任を免れない立場にあったもので、仮に結果的に経済的負担がなかったとしても運行供用者であることを否定する事情とはならないとした事例）がある。

利益を享受しており、また、Yにおいて、被告車の使用が殊更に制限されていたといった事情もうかがわれないとして、名義人Yは運転免許を有せず、被告車に関する種々の金銭的負担はしていなかった等の事情を考慮しても、被告車の運行供用者に当たると認めた事例である。

他方、本件は、所有者Y_1の事故に対する親の監督責任としての構成も可能な事案である。本判決の時期の、未成年者の監督義務者責任に関する2つの最高裁判決（最（2小）判昭和49年3月22日民集28巻2号347頁及び前出最（3小）判昭和49年7月16日）に照らすと、本件において最高裁がY_2の運行供用者責任を認めたのは当然であるとの指摘があるように[66]、監督義務者の責任から位置づけられる事例である。

オ 本判決の機能（射程）

この判決が運行支配、運行利益に触れず、規範的な判断枠組みを示したことから、学説上も、運行供用者責任の規範論的構成が唱えられていくことになる[67]。さらに規範説の立場から、この判決が「自動車の運行を事実上支配、管理することができ、社会通念上自動車の運行が社会に害悪をもたらさないよう監視、監督すべき立場にある場合には」と述べる規範的部分は、管理責任的要素も含むものであり、泥棒運転の場合についての最（1小）判昭和48年12月20日前出を実質的に変更する内容を含んでいるのではないかと指摘されている[68]。

(3) 名義貸与者

ア 最（1小）判昭和44年9月18日民集23巻9号1699頁、交通民集2

---

66) 田尾・前掲注61) 630頁。
67) 高崎尚志「運行供用者論の新展開」不法行為法研究会編『交通事故賠償の現状と課題』（ぎょうせい、1979年）50頁。
68) 加藤論文②102頁。なお、同箇所かっこ内にある、塩崎勤ほか「〈座談会〉東京地裁及び大阪地裁の交通事故裁判について」交通民集17巻索引・解説号341頁（1986年）以下の加藤新太郎発言参照。この見解を理解しやすい例として、大阪地判平成25年4月17日交通民集46巻2号554頁がある。泥棒運転ではない人的関係があることから、「運行を支配・制御しうる立場」が述べられ、他方、意思に基づかない占有離脱の面があることから「容認したと評価せざるをえない」としたが、警察への届けがないことなど、Cによる運転防止措置等をとらなかったことが、責任判断の要因となっている。

巻5号1227頁は、Y社（上告人）の運転手として勤務していたAが、独立して自動車運送事業の免許は受けないまま、専属的にY社の製材等の運送に従事し、運送の帰途、本件事故を惹起した事案である。二審判決（高松高判昭和43年11月25日交通民集2巻5号1233頁）は、Aが独立してY社専属として運送業務に従事するに至った経緯、AがY社から買い受けた車両の代金は運賃から差し引き、買い換えた本件自動車の割賦代金はY社が購入先に約束手形を差し入れ、ガソリン代、修理代等もY社が支払っていること、自動車登録簿上の使用の本拠はY社所在地、自動車検査証にはY社が使用者として記載され、加害車荷台側板にはY社名表示があること、Aは自動車運送事業の免許がなく、Y社との契約に基づいて専属的にY社の製材等の運搬をしていたこと等認定して、二元説から、Y社の運行供用者責任を認めた。

　本件は、名義貸与者の自賠法3条の責任につき、運行支配及び運行利益の一適用場面として解決したことが第1の意義とされている[69]。本件自動車はAが買い受けたものと認定され、本件は、名義貸与の事実から、貸与者の責任を認めているのではなく、貸与者と借受人間の内部の実質関係から責任を基礎づけているとの指摘[70]があるように、AがY社の専属的下請の関係にある事実を主張立証し、実質的には外形理論の線上で自賠法3条の責任を認めたもので、原告被害者側の主張・立証負担が大きい事案である。二審及び最高裁判決とも、運行支配につき、AがY社の専属的下請の関係の事実を主張立証した結果、Y社は「事実上の支配力」を有するとして運行供用者責任を認めた。調査官解説[71]に、運行支配そのものの実在を要件とする趣旨に解すべきでないことを強調し、過大な立証義務を被害者側に背負い込ませる結果を招くことにはならないよう留意しなければならないと指摘があるように、この配慮が「事実上の支配力」「客観的には」Y社は利益を得ているとの証明の緩和に至ったことが理解される。運行利益は運行支配の一徴表とみる一元説が唱えられていくことになる[72]。

---

69)　横山・前掲注41) 963頁。
70)　田上・前掲注31) 127頁。
71)　横山・前掲注41) 964頁。
72)　吉岡・前掲・前掲注9)「交通事故訴訟の課題」21頁。

イ　近時、名義貸与者の責任を認めた裁判例に、東京地判平成7年10月30日交通民集28巻5号1456頁がある。被告会社が代表者の弟のために、加害車のカードローンの主債務者となることを了承しており、弟の分割弁済が滞ればその支払責任を免れない立場にあったもので、仮に結果的に経済的負担がなかったとしても運行供用者であることを否定する事情とはならないとした。また、東京地判平成30年2月21日交通民集51巻1号199頁は、Aが被告車を仕事に使用するために購入したが、購入に際して、Aは借金があるなどから自動車購入に問題があって、所有名義を同棲するY名義とした。Yもそのことを知っていたが、A名義への変更を強く求めることもなく、事故当時Y名義のままであった。Yは自動車の運転免許を有しておらず、自賠責保険の契約、保険料や税金の支払、被告車の管理等もAが行っていたことが認定されている。原告には、このような主張立証が必要になる。

　判決は、Yは、所有名義がYにあることを容認していること、Y自身、自らが経営する居酒屋の買い出しにおいて、運行による利益を享受しており、また、Yにおいて、被告車の使用が殊更に制限されていたといった事情もうかがわれないとして、名義人Yは運転免許を有せず、被告車に関する種々の金銭的負担はしていなかった等の事情を考慮しても、被告車の運行供用者にあたると認めた。

(4) 所有権留保

　最(3小)判昭和46年1月26日民集25巻1号126頁、交通民集4巻1号20頁は、一審(山口地下関支判昭和44年7月24日交通民集4巻1号22頁)、二審(広島高判昭和45年6月16日交通民集4巻1号23頁)とも同趣旨の判決で、所有権留保特約付きで自動車を売り渡した者は、「特段の事情のない限り」、販売代金の確保のためだけに所有権を留保するにすぎないと解すべきで、自動車を買主に引き渡してその使用に委ねた以上、「自動車の使用についての支配権を有し、かつ、その使用により享受する利益が自己に帰属する者」には当たらないとした原審判断は正当と認めた事例である。判例上定着している。

(5) 自動車修理業者

ア 最（2小）判昭和44年9月12日民集23巻9号1654頁、交通民集2巻5号1215頁

自動車修理業者Yが、所有者Aから修理のために預かっていた加害車を、修理工Bが勝手に作った合鍵を使用して無断運転をし、事故を生じた事例である。Yが、自分は保管はしていたけれども、保有者は依然Aであり、盗取防止の相当の注意を払い監督していたと主張した事案である。一審判決（京都地判昭和42年11月30日交通民集2巻5号1219頁）は、本件自動車はYがAから「運行することの支配の移転を受けて」おり、自賠法3条の保有者として法定の免責事由がない限り賠償責任を負うと認め、二審判決（大阪高判昭和44年1月30日交通民集2巻5号1223頁）も、「Yは自動車自体を運行に供して利益をあげていたのではない」が、「少なくともその支配下にあったことは事実であるから運行の用に供する者というを妨げ」ないと認めた[73]。この点でのYの上告に対し、判決は、一般に、自動車修理業者が修理のため自動車を預かった場合には、「修理や試運転に必要な範囲での運転行為を委ねられ、営業上自己の支配下に置いているものと解すべき」とし、被用者Aの無断運転があっても、「特段の事情の認められないかぎり（被用者の私用のための無断運転行為であることは、原審認定のような事情のもとでは、ここにいう特段の事情にあたらない。）、客観的には、使用者たる修理業者の右支配関係に基づき、その者のためにされたものと認めるのが相当」として、Yの上告を棄却した。本件上告審判決も、所有者でない者が保有者と認定された最初の最高裁判決である前記の最（2小）判昭和43年10月18日と同様に、運行利益には触れていない[74]。

本件事案では、注文主である所有者から修理業者Yに運行支配権が移った

---

[73] 横山・前掲注41) 1048頁は、本件は、運行支配及び運行利益という判断基準に立って所有者以外の者の運行供用者責任を肯定した最初の判例集登載事例とする。藤村ほか・実務交通事故訴訟大系(1) 13頁〔森嶌昭夫〕は、何らかの運行支配があるとみられない事案で、運行支配と運行利益を認めた判決と位置づける。

[74] 運行利益は運行支配を認める一証憑と位置づける浅田潤一「判批」交通事故判例百選（第2版）29頁（1975年）。加藤論文②99頁も運行支配だけを基準として運行供用者責任を判断したとみられるとする。

276　第3編 ● 研究論文—判例による規範形成

とする点と、被用者の無断運転に対する使用者の運行供用者責任が問題となり、後者の点は最（3小）判昭和39年2月11日（前出）と同じ判断枠組みによったものと解されるが、下級審の抽象説の考え方の影響がみられるように思われる[75]。法律要件説の立場からの間接反証事実との見方ではあるが、法律構成は別として、抗弁説（抽象説）と異ならない運用になってきたといってよい。

イ 修理期間中に修理工等が起こした事故につき、修理業者が運行供用者責任を負うことは、学説及び下級審裁判例において異論をみないが、本判決も「一般に……修理業者が支配下に置いている」と述べているように、通常は、修理契約（権原）によって、修理業者が支配下に置くので、所有者（注文主）は保有者の地位を離れると解されている[76]。

(6) 元請下請

ア 最（2小）判昭和44年1月31日交通民集2巻1号1頁は、所有者以外の者の運行供用者責任を認めた事例である。専属関係、経営の従属関係から、Yは本件自動車の運行について支配力を及ぼし、かつ、その運行によって利益を享受していたとして、Yの運行供用者責任を認めた事例である。二元説の時期の判決である。

イ 最（2小）判昭和45年2月27日交通民集3巻1号43頁は、運送業者の所有する加害車両による事故につき、Y会社（被告、控訴人、被上告人）は、原審（大阪高判昭和44年6月30日交通民集3巻1号53頁）が、Yに自賠法3条の責任があるというためには、YとAとの運送契約がある程度専属的な性質を有し、その運送行為によってYが自己の所有車によって運送を行うのと同様の目的を果たしていたなど、「本件事故車の運行についてYが何らかの

---

[75] 横山・前掲注41）1050頁は、最（3小）判昭和39年2月11日前出が判断基準としたといわれるいわゆる3要件も、結局は、事故時の具体的運行について、所有者（保有者）のためにする運行であると客観的立場から評価されるような事実関係のもとにおけるものであったか否かを総合的に判断する徴表にすぎないとし、原審で詳細な事情が認定されたところを踏まえて手堅い説示をしたところが判例集に登載されているのだとする。

[76] 福永論文③36頁、北河・前掲注50）42頁。なお、近時は、所有者も修理期間中の保有者の地位を失わないとする見解が主張されるようになってきた（山口・前掲注36）141頁）。

1 ● 運行供用者―保有者と非保有者の責任（最判昭和39年2月11日民集18巻2号315頁）

支配力を及ぼすかまたはその運行による直接の利益を享受する関係になければならない」が、運賃の支払方法は他社と差別はなく、加害車のガソリン代等費用負担もなく[77]、Aは他者とも取引関係がある等、各別の支配力、利益享受はないとして、運行供用者責任を否定し、最高裁もXの上告棄却とした。

　ウ　最（3小）判昭和46年12月7日交通民集4巻6号1645頁、判時657号46頁は、元請下請において下請業者に対して経済的に支配服従関係、専属的下請関係が認められない場合に、業務につき元請の直接の指揮監督がある事案について、「客観的にみて」との判断基準を適用した事例である。

　エ　最（3小）判昭和46年12月7日交通民集4巻6号1660頁は、Y（被告、被控訴人、被上告人）の残土運搬下請人Aの被用者が下請作業従事中に生じた事故において、専属的下請、経済的従属関係、下請作業についてのYの指揮監督がないことから、元請Yの運行供用者責任を否定した事例である。本件も、実質的に民法715条の責任判断と同じになっている。

　オ　最（1小）判昭和50年9月11日交通民集8巻5号1207頁

　元請Y（被告、控訴人、上告人）が下請Aから、運転手付きで傭車した加害車による事故につき、加害車の運行は、Y（元請運送会社）発行の運行表の指示するコース、スケジュールに従い、また、各営業所による荷積及び荷降も、Yの係員の立会と荷物の確認を受けて行うなど、運転手はAの指揮監督に服することなく、専らYの指揮監督に服して運送業務に従事し、運賃はYが運送依頼者から受け取る運賃のうち、40％を取得し、残余60％をAが取得するとの約定であることから、「本件事故当時の加害車の運行は、上告人Yの支配のもとに、Yのためになされたということができ」るとして、Yに運行供用者責任を認めた事例である。元請下請についての最高裁判決を通じて、下請人の事故につき元請人が運行供用者責任を負うのは、元請人が下請人の運行に対し直接または間接の指揮監督関係を有している場合であるとされており[78]、運行支配、運行利益についても述べる判決であるが、本件は

---

77) ガソリン代は自己の計算による使用、すなわち運行利益を示す資料の一つとして（西川美数ほか「〈座談会〉民事交通訴訟の諸問題（一）」曹時23巻9号2094頁以下（1971年）［倉田卓次発言］参照）、二元説の立場から示されたと解される。
78) 笘井卓矢「判批」交通事故判例百選（第5版）7頁（2017年）。上記3判決を含め、

民法715条の要件にもあてはまる事案なので[79]、上告審判決が、Y（上告人）と下請人会社との会社間が「専属的、従属的関係に立つものではな」いとしても、Yの運行供用者責任が認められるとした点は、本件が、運行供用者責任を拡大する趣旨ではなく、上告理由に注意的に説示したものである。

(7) 使用被用関係―自動車持込みの雇用・下請

最（3小）判昭和46年4月6日交通民集4巻2号387頁、判時630号26頁は、ダンプカー持ち込みでYに雇われた運転手による、休日の純粋な私用運転について、雇主Yの運行供用者責任を認めた事例である。砂利採取場構内で作業に従事し、燃料はYから提供を受け、同構内に保管して、同構内の飯場に居住し、Yから定額賃金を受けていたAが、休日の私用運転により構外で生じた事故につき、判決は、Aの私用のための運行ではあるが、①Yの事業の種類、②Yとの雇用関係、③Aのダンプカーによる稼働状況、④ダンプカーの保管状況等から、運行供用者責任を認める判断がなされた。

本件の特質は、被用者が自己所有の車を、純粋に私用のために、しかも勤務時間外に運転して生じた事故について、雇主に運行供用者責任を認めた点にあるとして、Yのためにする運行の外形的認定には否定的要素として働くのではないかとして、本件の外形理論適用に疑問がないではないとし、Yに運行供用者責任を認めるとすれば、事実関係との総合対比のなかで、相関的に評価すべき問題―砂利採取場構内に常時保管されていることは、本来企業構成物であるかのごとき外観を呈するという本件での管理状況が主要な加重事実となっているとする―であるとの指摘がある[80]。所有者の責任、すなわち責任保険の被保険者となる通常は所有者である保有者との違いを述べて、所有者でない者の運行供用者責任認定の可否が問題となる事案に、責任を拡大する外形理論により運行供用者責任の範囲を拡げることへの違和感が、この時期、指摘されている。

(8) マイカー使用の使用者業務への取り込み

最（3小）判昭和49年10月22日交通民集7巻5号1245頁は「Yの業務

責任の実質的判断はこの点にあると解される。
79) 田上・前掲注31）122頁。
80) 西岡宜兄「判批」交通事故判例百選（第2版）17頁（1975年）。

1 ● 運行供用者―保有者と非保有者の責任（最判昭和39年2月11日民集18巻2号315頁）

279

のために加害車を使用することはなかったこと」等あげてY（会社）の責任を否定し、最（1小）判昭和52年12月22日判時878号60頁は、営業所から工事現場への往復に使用し、同僚を同乗させることも多く、走行距離に応じて使用者（Y会社）がガソリン手当及び損料の趣旨で単車手当を支給していた等から運行支配、運行利益を認めて、Y会社の責任を認めた事例である。また、最（3小）判平成元年6月6日交通民集22巻3号551頁は、Y建設工事会社の従業員Aが加害車両を運転して、本件工事現場から会社の寮に帰る途中の事故において、工事現場へのマイカー通勤を禁ずる取り決めが厳格に守られない状態となっていたことを認定し、Y会社（被控訴人）は、本件事故の際を含めて、ときに寮から作業現場への通勤手段として利用されていることを「黙認」し、これにより「利益をえていた」等から、直接または間接に指揮監督をなし得る地位にあり、社会通念上その運行が社会に害悪をもたらさないよう監視、監督すべき立場にあったと認めた事例である。「黙認」「利益をえている」の語は、Aの本件自動車の使用が、事実上、会社の業務に取り込まれたとの評価があるといってもよい。原告の主張立証は具体説と同じである。

Ⅳ　まとめに代えて

今日から、運行供用者責任の判例をみると、保有者の責任が争われる事例では、所有者の予期しない第三者運転による事故についても、「容認」があったとの認定を所有者に厳しく判断する方向性がみられる。また、窃取あるいは返還期限徒過の事案においても、警察への届け等、第三者による運転を排除するための措置が重要な判断要因になってきている。他方、自賠責保険等自動車保険でカバーされない責任が問われる非保有者の責任判断では、それぞれ、直接または間接的な指揮監督、作業現場への被用者所有車使用の「黙認」等使用者の責任、扶養関係にある親子関係等における監督責任、あるいは名義貸しにおける扶養関係等の、人的関係についての責任判断が行われ、一元説が唱えられる動機の一つにもなっているが、原告には具体説と同様の

主張立証が求められる。

　判例展開をみていくなかで、もう1点見逃すことができないのは、自動車の著しい増加と利用形態が多用に変化していく中で、自賠責保険による責任集中と責任分散を軸とする自賠法による被害者救済を志向する仕組み[81]とこれに加えて、任意自動車保険の改善、充実がある[82]。更に、近時には、自賠責保険制度が責任の集中と危険分散を図って、保有者が被保険者とされ（自賠法2条3項、11条）、この制度の仕組みからは、保有者一人に責任を負わせれば制度目的は十分に達成される考え方でできているのだから、保険による賠償資力の確保ができないときのみ非保有者への拡張を認めるとの見解が示されてきている[83]。自賠法3条は実体法の規定であるとの把握が当然視されるべきだとしても、自賠法は2条3項で保有者の定義規定をおき、3条で、2条3項の「自己のために自動車を運行の用に供する者」と同じ語を用いている。2条3項は被保険者を定める規定であり、条文起草・立法の経緯はよくわからないが[84]、この2つの規定及び11条を合わせ読み、自賠法の被害者救済制度は、保険金請求権の構造としてできていると把握すると[85]、3条の概念的定義から規範論へと推移してきたことや[86]抗弁説が多くの支持を得て

---

[81] 宮原・前掲注27）36頁以下は、運行供用者性の概念的把握ではなく、この制度の仕組みのもとでの被害者救済の志向を説く。
[82] 運行供用者概念の規範的構成を提唱した高崎・前掲注67）49頁による運行供用者概念の規範的構成として、運行禁止、使用禁止等を含む「社会通念上完全な自動車事故の防止を決定しうる可能性のある者」と説き（57頁）、伊藤文夫「運行供用者について」田辺康平先生還暦記念『保険法学の諸問題』（文眞堂、1980年）37頁及び同『自動車事故民事責任と保険の交錯』（保険毎日新聞社、1999年）88頁による「危険の具体化を制禦しうる（効果的）立場にあり、かつ危険の具体化を制御すべき可能性」との指摘は、保険ファンドへの拠出を行っておくべき者はどのような者かとの視角からの分析であり、保有者を軸とする責任保険システムを念頭に置いた請求権の構造の把握と保険の充実が念頭に置かれていると思われる。
[83] 藤村ほか・実務交通事故訴訟大系(2)22頁、とくに28頁以下〔高野真人〕。
[84] 吉野衛「自賠法の立法過程」吉岡進編『現代損害賠償法講座(3)交通事故』（日本評論社、1972年）17頁以下参照。
[85] 丸山一朗「加害自動車の所有登録名義人の運行供用者責任（大阪地判平成13年7月5日）」損害保険研究64巻3号193頁（2002年）は、この事件では、被告が当該車両の所有登録名義人であるだけでなく、任意自動車保険（SAP）契約の保険契約者であることから、運行供用者性が推認されるというべきとする。
[86] 加藤論文①498頁で提唱されている運行供用者概念の規範的構成は、ドイツ法と

いったことも理解しやすいということができる。

異なった自賠法2条3号、3条の仕組み（ドイツ道路交通法の保有者は「事実概念」としてとらえるのが通説のようであるとの宮原・前掲注7）92頁注(2)参照）を把握して、このような請求権の構造として描かれているように思う。また、供用支配説の藤村・前掲注9）の『判例総合解説・交通事故Ⅰ責任論』35頁及び藤村＝山野・概説交通事故賠償法123頁が、「供用支配概念は、保有者という法的地位とストレートに結びつくものではなく、供用したかどうかという事実の問題である」とされるのも、支配喪失等の主張立証を経て運行供用者性を把握する構成となっている。

運行供用者責任によって保護される者としての他人―最判昭和42年9月29日判時497号41頁

駒澤大学法科大学院教授
青 野 博 之

I はじめに

　自動車損害賠償保障法（以下「自賠法」という。）3条本文は、「自己のために自動車を運行の用に供する者は、その運行によつて他人の生命又は身体を害したときは、これによつて生じた損害を賠償する責に任ずる。」と定める。「自己のために自動車を運行の用に供する者」（以下「運行供用者」という。）という責任主体と、自賠法3条本文によって保護を受ける「他人」とが分けられている。したがって、運行供用者以外の者すべての者が他人に該当する、とも思われる。しかし、最高裁判所は、運転者、運転補助者を他人ではない、とする。他方、運行供用者であっても、これ以外に運行供用者がいる場合（共同運行供用者の場合）において、共同運行供用者が他人に該当するときがある、とする。

　このように運行供用者責任によって保護される者としての他人（人的保護範囲）をどのように考えるべきかが問題となる。

　本稿では、重要な最高裁判所判決を取り上げ、その事実関係から第一審判決、控訴審判決、最高裁判所判決に至る判断の過程を丹念にたどる。その際、他人性が問題となる被害者に留意して検討する[1]。

---

1) 窪田充見編『新注釈民法（15）』（有斐閣、2017年）759頁〔山口成樹担当〕は、「同乗被害者が運行供用者性・運転補助者性のいずれかを取得して他人性を喪失する場合」

Ⅱ　運転者の他人性

1　最判昭和 37 年 12 月 14 日[2]

(1)　事実の概要

ア　Aの運転するB会社所有の自動車（以下「本件車」という。）が川に転落し、Aが死亡した事故につき、Aの相続人であるXらは、Yに対し自賠法 16 条に基づき損害賠償額の支払を請求した。

なお、次のとおり、事実について、争いがある。

Xらは、次のとおり、主張した。Aがその使用者であるB会社の本件車を運転し、荷物を運送しての帰途、路面にくぼみがあり、これに本件車の車輪が落ち込んだため、かねて亀裂を生じていた本件車のタイロッド・アームが折損し、Aは、ハンドル操作の自由を失い、善後処置を講ずるいとまもなく、本件車もろとも、橋桁を突破し、約 10 メートル下の河原に墜落し、その結果、本件車の下敷となり、間もなく死亡するに至った。

これに対して、Yは、次のとおり、主張した。本件車のタイロッド・アームが折損したのは、Xら主張のように、かねて亀裂を生じていたからではなく、たまたま、本件車の前輪が路面のくぼみに陥没し、強い衝撃を受けたことによるものであり、本件事故は、Bの整備修理係員が本件車のタイロッド・アームに亀裂を生じ、それが危険な状態にあったことを不注意にも看過したことにより生じたものではない。

イ　法律の解釈としては、自賠法 1 条の「被害者」及び同法 3 条の「他人」の意義が争われた。

(2)　第一審判決[3]

ア　まず、「被害者」の意義であるが、次の諸点から考えると、「被害者」

と「同乗被害者が運行供用者性・運転者性・運転補助者性のいずれであれ喪失して他人性を取得する場合」に分けて検討する。
2)　民集 16 巻 12 号 2407 頁、判時 327 号 36 頁。
3)　東京地判昭和 34 年 12 月 18 日下民集 10 巻 12 号 2634 頁、判時 211 号 20 頁。

のうちには、自賠法のいわゆる「保有者」、「運転者」は含まれないものと解するのが相当である。

　自賠法は、その１条その他全法体系から考察すると、自動車事故により死亡し、負傷した被害者を、その立場の特殊性から、電車事故、航空機事故その他一般の不法行為による被害者よりも厚く保護し、自動車事故による被害者に、簡単に、早く、かつ、確実に、損害の賠償を得させることを主な目的として制定されたものと理解される。

　自動車の運行による被害者を、加害自動車に対する関係から分類すれば、①自己のため加害自動車を運行の用に供した者（「保有者」等）、②加害自動車の「運転者」、③加害自動車の乗客、④通行人などのように、加害自動車の外部にいるものの４種類とすることができる。そして、①の種類に属する者は、自賠法３条の規定により、損害賠償責任の主体として規定されているばかりでなく、被害者となった場合において、実質的にも、一般不法行為による被害者よりも厚く保護する理由を見出すことができない。次に②の種類に属する者すなわち、加害自動車の「運転者」が当該自動車の運行によって死亡したり、負傷した場合における損害の補償については、自賠法制定以前から、労働基準法、労働者災害補償保険法等に規定が設けられており、自賠法により自動車の運転者を他の危険な作業に従事する労務者と区別し、これに対し、さらに厚い保護を与える必要のある実質的理由を見出すことができない。損害が生ずる限り、その補償は厚いほどよいというような考え方は広く一国の法制とその社会的機能を考えるとき、決して公正な見解ということはできない。また、加害自動車の乗客、一般通行人等の被害者は、損害の補償の不確実性、被害の高度の危険性などの点から、今日の社会情勢から見て、電車事故、汽車事故その他一般交通事故による被害者とくらべ、特殊の立場にあるものというべく、自賠法が、まさに、厚く保護すべき被害者であると考えられる。

　同一法律の同一用語は、特別の事情がない限り、同一の意義に解すべきことは、法解釈上、当然のことというべきところ、自賠法11条にいわゆる「被害者」には、加害自動車の保有者、運転者を含まないことは、その立言の仕方からみて、きわめて明らかなところであるが、自賠法１条の「被害者」の

意義をこれと別異に解しなければならない特別の事情は見出し得ない。

　イ　次に、自賠法3条のいわゆる「他人」とは、以下に述べるようなことから、「加害自動車を自己のために運行の用に供した者」及び加害自動車の「運転者」以外の者を指すものと解するのが相当である。

　「他人」も被害者である。そして、別異に解すべき事情もないから、自賠法1条の「被害者」と同一の意義に解すべきである。

　「他人」とは、「自己のために自動車の運行の用に供する者」及び加害行為をした者以外の者をいうものと解される。加害行為は、自賠法3条の規定により、自動車の運行であるから、加害行為をした者とは、結局、自動車の運行を担当した者すなわち運転者であると解することが、自然な解釈である。

　自賠法3条ただし書は、加害者側の免責事由を規定しているが、保有者、運転者以外の者の無過失は免責事由となっていない。これは、同条が運転者以外の者が加害者となることを予定しないことを示すものであろう。

　「他人」は、民法715条の「第三者」と同じく、被害者であるが、同条では加害行為が限定されていないから、自賠法3条の「他人」は民法715条の「第三者」とその範囲を異にするものであることは、いうまでもない。したがって、加害自動車の運転者が民法715条の「第三者」に該当することはありうるが、だからといって、自賠法のいわゆる「他人」のうちに加害自動車の運転者も含まれるとは断じ得ない、として、Xらの請求を棄却した。

(3)　**控訴審判決**[4]

　ア　自賠法1条は同法制定の目的を明示したまでのことであるから、同条の中で被害者の範囲を限定していないからといって、ただちに、同法の保護を受ける被害者のうちに、加害自動車の運転者を含むと即断することはできない。

　イ　なるほど、自賠法3条により保有者の損害賠償の責任が発生する場合として、保有者自身が加害行為をなした場合と、保有者の被用者である運転者が加害行為をなした場合とがあって、民法上の不法行為の原則に従えば、前者は民法709条の問題であり、後者は同法715条の問題であるから、この

---

4)　東京高判昭和35年9月22日下民集11巻9号1969頁。

意味で、自賠法3条は、民法709条及び715条の特則であると考えられる。また、民法715条のいわゆる「第三者」のうちには、当該事業主及びその被用者以外の者だけでなく、当該事業のための被用者であっても、加害行為者以外の者であれば、これを含むものと解するのを相当とする。したがって、事故を発生させた当該自動車の運転者であっても、民法715条の「第三者」に当たる場合があるけれども、民法715条と自賠法3条とは、それぞれその制度の趣旨及び目的を異にしているのであるから、上記のことからただちに、自賠法3条本文のいわゆる「他人」のうちに、当該自動車の運転者を含むものと断定することはできない。

　ウ　自動車交通の発達は近時特に著しく、これとともに事故防止対策の強化にもかかわらず、自動車事故はますます多くなっている。このような事故による犠牲者の救済策を講ずることは、近代国家の責務といえる。自賠法は、このような見地から制定されたもので、自動車の運行による人身（死傷）事故が発生した場合、賠償責任の主体と要件について、民法の不法行為の原則に対する特則を設け、例外の場合を除いて、原則として、強制責任保険の制度を確立することによって、加害者側の賠償能力を常時確保するための措置を講ずるとともに、併せて政府の自動車損害賠償保障事業等について規定している。これらの諸規定を通覧すれば、結局同法は、自動車の運行による人身事故の被害者に対して、迅速かつ的確に損害の賠償を得させることによって、その保護を図ろうとすることが主要な目的であることが明らかである。ところで、自動車の運行による被害者を類別してみると、①自己のために加害自動車を運行の用に供した者（自賠法のいわゆる保有者のほか、正当の権原がなくて自動車を使用した者も含む）、②他人のために自動車の運転又は運転の補助に従事した者（自賠法のいわゆる運転者、以下同じ）、③加害自動車の乗客、好意同乗者その他運転者以外の同乗者、④通行人その他加害自動車の外部の一般人の4つに分けることができる。前記③及び④の範疇に属する者は、自動車交通の発達した近時の社会で、一番多く直接事故発生の危険にさらされているものであるから、自動車の運行による人身事故が発生した場合には、これらの者の損害賠償を保障し、その救済策を十分にすることが要求されるわけである。自賠法はこの要求に応えて制定されたものである。前記

①の範疇に属する者は、自賠法3条が明定しているように、損害賠償責任の主体とされているものであって、これらの者は事故の被害者となった場合でも、民法上の不法行為その他一般私法の原則によるほか、特にその救済を厚くしなければならないとする実質的な理由を見出すことはできない。前記②の範疇に属する運転者は、自動車の運行に関し事故の発生を未然に防止しなければならない注意義務を負担しているものであって、多くの場合事故発生に直接の原因を与えたものとして、保有者とともに、不法行為責任を負うべき立場にあるものである。そればかりでなく、運転者が自動車の運行による事故で死亡したり又は負傷したような場合には、労働基準法及び労働者災害補償保険法等によって救済を受けられるようになっている。立法論としては格別、同法の解釈論としてはいわば加害者側に立つこれら運転者をも保護の対象である被害者のうちに含めて、損害賠償の保障制度を設けたものと解するのは、上記の同法の立法趣旨その他と併せ考えれば、無理であると解する。

エ　自賠責保険契約においては、運転者は保有者とともに被保険者となるのであって、第三者となるものでないことは、自賠法11条の規定により明らかである。すなわち同条所定の「被害者」のうちに運転者を含まないことは、規定の文言に徴し疑のないところであるから、同法は加害自動車の運転者が被害者となる場合を予定していないことをうかがうに難くない。

オ　自賠法3条ただし書は、保有者及び運転者が自動車の運行に関し注意を怠らなかったことについて証明したことを、他の事項の証明と併せて保有者の損害賠償責任の免責の事由と定めているのであるが、運転者を保有者と並べて規定しているところからみると、同法は、上記にも述べたとおり、運転者を保有者とともに加害者側に立っているものとみていることが推察されるのである。

上記の諸点を総合して判断すると、自賠法3条本文のいわゆる「他人」のうちに、加害自動車の運転者は含まれない、として、Xらの控訴を棄却した。

(4)　**本判決**

自賠法3条本文のいわゆる「他人」のうちには当該事故自動車の運転者は含まれず、その関係で、「他人」と民法715条1項本文のいわゆる「第三者」とは範囲を同じくするものではないとの原審の判断を正当として是認し、X

らの上告を棄却した。

2　本判決の意義

　第一審判決及び控訴審判決は、①自賠法3条本文の「他人」と民法715条1項本文の「第三者」とは範囲を同じくするものではなく[5]、②自賠法3条本文の「他人」のうちには当該事故自動車の運転者は含まれない、と判示し、本判決は、原審判断を正当として是認した。

　しかし、本判決の先例的意義は、自賠法3条本文のいわゆる「『他人』のうちには当該事故自動車の運転者は含まれない、と判示した部分だけである」[6]。事故が、被害者Aの使用者であるBの整備修理係員が本件車のタイロッド・アームに亀裂を生じ、それが危険な状態にあったことを不注意にも看過したことにより生じたものかどうかを問題にすることなく、被害者Aが当該事故自動車の運転者であったことにより他人性が否定されたからである。

III　同乗者の他人性

1　最判昭和42年9月29日[7]

　自賠法3条本文にいう「『他人』とは、自己のために自動車を運行の用に供する者および当該自動車の運転者を除く、それ以外の者をいう」ものと解するのが相当であるところ、運行供用者は酩酊して同人の車の助手席に乗り

---

[5] 「このような差異が生ずるのは、自賠法が自動車自体の危険性に着目しているからである。民法709条・715条のように『過失』に対する責任を追及するのではなく、自動車の危険性を支配している者に責任を負わせて、被害者に自賠責保険金の支払等の一定の救済を与えようとしているからである。民法上のそれは『過失』に非難可能性を認めて、その非難に基づき不法行為者に責任を負わせるのと異なる」（佐々木一彦「他人性・好意同乗」宮原守男＝山田卓生編『新・現代損害賠償法講座5巻』（日本評論社、1997年）60頁）。
[6] 西島梅治「判批」民商49巻3号75頁（1963年）。
[7] 判時497号41頁、判タ211号152頁。

込んだ被害者に対し、結局はその同乗を拒むことなく、そのまま車を操縦したというのであるから、被害者を同条の「他人」にあたるとした原審の判断は相当であると判示し、運行供用者の上告を棄却した。

2　本判決の意義

　最高裁判所として、自賠法3条本文にいう「『他人』とは、自己のために自動車を運行の用に供する者および当該自動車の運転者を除く、それ以外の者をいう」と「他人」の意義を明らかにした点に本判決の意義がある。すなわち、他人とは、運行供用者及び運転者以外の者であり、地位によって決まる。

　しかし、自賠法3条本文にいう「『他人』とは、自己のために自動車を運行の用に供する者および当該自動車の運転者を除く、それ以外の者をいう」という本判決に対して、「共同運行供用者の他人性」において述べるように、最高裁判所は、運行供用者の拡大による共同運行供用者と対応して、共同運行供用者であっても他人として保護される場合を認めるようになる。

Ⅳ　配偶者の他人性

1　最判昭和47年5月30日[8]

(1)　事実の概要

　Xは、A（運行供用者）の妻であって、生活を共にしていた。A運転のA所有の自動車に同乗していたXが事故によって受傷した。Xは、事故当時はXの母の所有家屋に居住し、夫婦及びXの母の3人で生活をし、家計はAの著述業や語学教授等により得た収入によってまかなわれ、事故当日はAが、

---

8)　民集26巻4号898頁、交通民集5巻3号625頁、判時667号3頁、判タ278号106頁。

本件自動車を運転しＸが左側助手席に同乗し、ＸはＡの運転を補助するための行為（例えば左側方の安全の確認とか後退の場合下車して自動車を誘導するとか等）を命ぜられたわけでもなく、また現にそのような行為は何もしていなかった。

Ｘは、Ｙに対し自賠法16条に基づき損害賠償額の支払を請求した。

(2) 第一審判決[9]

Ｘは、本件自動車の運行供用者でなく、また事故当時その運転者または運転補助者でもないから、自賠法3条の「他人」に該当する者であったと考えるのが相当である。

夫婦間においても、その一方が何らかの故意又は過失により他方の身体を傷害した場合その行為はもとより違法であって、よって生じた損害を賠償しなければならないが、その故意過失の体様及び負傷の程度によっては、その行為の違法性が阻却される場合の存しうることはこれを認めるべきであろう。しかし、ＡのＸに対する行為がその違法性を阻却される場合にあたるとはとうてい認め難い。

以上によれば、ＸはＡに対し自賠法3条に基づき、その受けた損害の賠償を求めることを得べく、したがってまたＡと自賠責保険契約を締結しているＹに対し同法16条に基づき保険金額の限度において損害賠償額の支払を請求することができるものと認むべきところ、この請求が権利の濫用にあたるか否かにつき判断するのに、自賠法の立法の趣旨は、同法1条、3条、5条、11条等に規定されているとおり、自動車を自己のために運行の用に供する者に対し自賠責保険契約の締結を強制してその自動車の運行によって他人の生命身体を害し、運行供用者が被害者に対して損害賠償の責任を負うべき場合に、運行供用者の損害を保険者がてん補する道を講じることによって運行供用者の資力を確保し、ひいては被害者に対する損害賠償を保障し、もってその保護を図ろうとするものであり、さらに進んでは同法16条によって、運行供用者の被害者に対する損害賠償義務が発生したときは、被害者から直

---

[9] 東京地判昭和42年11月27日交通民集2巻2号483頁、判時500号21頁、判タ214号166頁。

接保険者に対して保険金額の限度において損害賠償額の支払を請求することを認めて、被害者に迅速簡易確実に満足を得させることとしているのである。

したがって自賠法の適用をみるのは加害者と被害者とが全く他人であるような、社会的生活関係についてであることが通例であるけれども、だからといって夫婦間のような生活共同体の構成員相互間の事故について同法の適用がないとする除外規定は存しないし、また条理上これを適用することが不都合であるとする根拠も存しない。夫婦間に協力扶助義務が存することは、これと平行競合して夫婦間に損害賠償の権利義務関係を認めることと何ら矛盾するものではない。もちろん一般に夫の行為によって妻が負傷したという場合にその夫婦が共同生活を営み円満平穏に暮らしているのであれば、妻が夫に対してその損害につき賠償を請求するということは実際上考えられないであろう。しかしその妻の負傷が夫が運行供用者である自動車の運行によって惹起され、しかも自賠責保険契約が締結されているときは、これと異なり妻が夫に対して損害賠償請求の主張をすることは保険金額受領の前提として実益があり、この場合加害者たる夫の資力を保険によって保障することによって被害者たる妻の保護を図ることは何ら不当と目すべきではなく却って自賠法の立法趣旨に合するものというべきである。

以上のとおり判示して、損害項目を限定せずに、Xの請求を一部認めた。

(3) **控訴審判決**[10]

自賠法3条にいう「他人」の中に運行供用者の配偶者が含まれると解すべきかは一応問題であるが、「本件は夫Aの過失により自動車事故を惹起し、妻たるXが傷害を受けたという関係にあるのであるから、XはAに対する関係では同法条にいう他人の地位にあると解するほかはない」。

「夫婦間の関係においてももとより不法行為上の権利関係が成立する。しかし、夫婦関係が円満に継続している間に配偶者の一方が他方に対して不法行為を理由として権利を主張することは通常考えられず、また、かかる主張をすることは夫婦間の情誼倫理観念に反し許されないと考えられる。のみな

---

10) 東京高判昭和44年4月5日交通民集2巻2号474頁、判時552号23頁、判タ233号250頁。

らず、これを許しては夫婦関係の破綻を招来する契機をつくり、かえって、家庭内に紛乱を導入する結果を惹起する。そして以上のことは、特に、不法行為が過失にもとづくものである場合に顕著である。この意味において、Yの主張する『法律は家庭に入らず』の法諺は、夫婦間の不法行為を原因とする権利関係に妥当すると思うのである。

　しかし、右のことから、本件において妻たるXが夫AのYに対する自賠法による自動車損害賠償責任保険にもとづく保険金の請求をなし得ないと即断することはできない。Xが夫Aに対し本件自動車事故にもとづく損害賠償の請求をすることは許されないとしても、他面において夫Aが法律的にもまた道義的にもXのよって受けた傷害を治療すべき責任を負うことも当然である。ところで、自動車損害賠償責任保険は被保険者が自己の過失により自動車事故を惹起して自己以外の者に傷害を与え、その結果その治療費等の失費を余儀なくされる場合に、その損害を保険によって填補をえさせようとするにあるのであるから被保険者に右の出費を余儀なくさせる事由が発生した以上、被保険者がこれを損害賠償義務の履行として出費するものであるとは問わず、その出費すべき額を限度として保険会社は保険契約者に対して填補の責に任ずべく、したがって自動車事故の被害者も右の額を限度として被保険者より給付を受けない額につき、直接保険会社に対してこれが支払を求めることができるものと解するを至当と考える。本件の自動車事故によりXは負傷し、その治療のため夫Aが治療費等を出費すべきことは当然であるから、YはXに対し、その全治までに要した費用からすでに夫Aの支出した額を控除し、その残額を支払うべき義務があるものといわなければならない。

　しかし、Xの慰藉料請求は認められないと解する。けだし、夫婦生活が円満に営まれていながら配偶者の一方が他方に対して慰藉料を支払う場合はあり得ないと思うからである。円満な夫婦関係のもとにおいては、少くとも一方の過失による不法行為に対しては、他方は宥恕し一方の責を全然問わないのが普通である。上に述べたように自動車損害賠償責任保険の場合には、この場合でも一方が他方の治療等のため出費すべきものと認められる額は究極においては夫婦共同体の負担に帰すから、これを保険給付の対象とすべきものと思われるが、慰藉料は他方の宥恕によって現実に支払われる場合はあり

えず、夫婦共同体の財産の減少を招くことはないから、これを保険給付の対象とすべきではないと考えるのである。

元来自賠法による損害賠償責任保険のごとき特殊の保険において、通常権利行使の予想されない損害賠償責任が保険の目的となると解すべきかは、疑の存するところである。権利行使の予想されない損害賠償責任は事実上存在しないと同様であり、これを保険の目的とするに適しないとも考えられるからである。夫婦、親子間の損害賠償責任は正にこの種の責任に属する。しかし現行法上かかる責任を特に除外する規定は存しないから、当裁判所は夫婦、親子の一方がその過失により自動車事故を惹起して他方に傷害を与え、ために出費を余儀なくされる場合は、その限度でその損害を保険によって填補しうると解するのである。しかし保険による填補は右の限度でのみ是認し得る。保険は被保険者に利益を得しむる制度ではないから、被害者の得べかりし利益または慰藉料のごとく、加害者（被保険者）の出費の全く予想されない責任までも保険の対象となるとするのは行きすぎと思うのである。そうでないと夫婦、親子の一方が他方の過失によって死亡した場合には、一方が他方に対して取得すべき得べかりし利益または慰藉料の権利は、相続によって他方が取得し、混同によって消滅する結果、他方になんらの実損がなく保険給付を受けられないにかかわらず、被害の程度の軽い傷害の場合にかえって保険給付を受けうる奇観を呈するであろう。この場合でも他方は一方の生存により得べかりし利益の限度で事実上利益の享受を妨げられるといえないことはないが、法律上混同によって損害賠償責任が消滅する以上、その責任填補のための保険給付請求権はこれを認むべき根拠がない。いわんや慰藉料においてをやである」。

以上のとおり判示して、治療費についてXの請求を認め、逸失利益及び慰謝料についてはXの請求を認めなかった。

(4) **本判決**

「夫婦の一方が不法行為によって他の配偶者に損害を加えたときは、原則として、加害者たる配偶者は、被害者たる配偶者に対し、その損害を賠償する責任を負うと解すべきであり、損害賠償請求権の行使が夫婦の生活共同体を破壊するような場合等には権利の濫用としてその行使が許されないことが

あるにすぎないと解するのが相当である。けだし、夫婦に独立・平等な法人格を認め、夫婦財産制につき別産制をとる現行法のもとにおいては、一般的に、夫婦間に不法行為に基づく損害賠償請求権が成立しないと解することができないのみならず、円満な家庭生活を営んでいる夫婦間においては、損害賠償請求権が行使されない場合が多く、通常は、愛情に基づき自発的に、あるいは、協力扶助義務の履行として損害の填補がなされ、もしくは、被害をうけた配偶者が宥恕の意思を表示することがあるとしても、このことから、直ちに、所論のように、一般的に、夫婦間における不法行為に基づく損害賠償義務が自然債務に属するとか、損害賠償請求権の行使が夫婦間の情誼・倫理等に反して許されないと解することはできず、右のような事由が生じたときは、損害賠償請求権がその限度で消滅するものと解するのが相当だからである。そして、本件のように、夫婦の一方の過失に基づく交通事故により損害をうけた他の配偶者が、自賠法16条1項による被害者の直接請求権に基づき、保険者に対し、損害賠償額の支払を請求する場合には、加害者たる配偶者の損害賠償責任は、右の直接請求権の前提にすぎず、この直接請求権が行使されることで夫婦の生活共同体が破壊されるおそれはなく、他方、被害者たる配偶者に損害の生じているかぎり、自賠責保険契約によってこの損害の填補を認めることは、加害者たる配偶者、あるいは、その夫婦を不当に利得せしめるものとはいえず、また、運行供用者の配偶者等を自賠責保険の保護から除外する規定を設けなかった自賠法の立法趣旨にも合致するものというべきである」。したがって、原判決は、正当として是認することができるとして、Yの上告を棄却した。

2 本判決の意義

運行供用者の配偶者は、運転者ではないから、また、同乗者であるという理由で他人ではないというわけでもないから、他人である。そのことを明らかにした点で、本判決は、重要な意義を有する。また、最高裁判所は、運行供用者の子について、同様の判断をしている[11]。

Ⅴ 運転補助者の他人性

1 最判昭和57年4月27日[12]

(1) 事実の概要

AとBとは共にCの被用者として本件事故当時共同して作業をしていたものであり、両者は職制上の上司、部下の関係にはなかったが、AがBより約9か月先任で約2年年長であり、経験も豊富であった。AとBとは、本件事故当日、本件事故現場において、Cの下で整地作業に従事したが、Cが作業途中で現場から去った後も、Aはブルドーザーを、Bはダンプカーを使って作業を続け、これを完了した。Aは、現場を引き揚げる際、同人の運転していたブルドーザーをブルドーザー回送専用車を使用することなく持ち帰ろうと思い、Bに対して、たまたまBのダンプカーの後部付近にあった花崗土の

---

11) 最判平成3年2月5日交通民集24巻1号1頁は、仮免許を取得した次女が友人とドライブに出かけるために母から父所有の車を借り、次女の道案内で友人が運転中の事故により次女が負傷した事故について、次女は自賠法3条にいう「他人」に当たるとした原審の判断を正当として認めた。控訴審判決(大阪高判平成2年7月20日交通民集23巻4号827頁)は、本件の運行の目的が仮免許を取得した次女と友人のドライブであったことから、仮に被害者にある程度の共同運行供用者性を認め得るとしても、その程度が高いとは考えられず、被害者が自動車の所有者である父に対し、自賠法3条の他人であることを主張して損害賠償を求めることは許される、と判示した。第一審判決(神戸地判平成元年8月9日交通民集23巻4号830頁、判タ717号187頁)は、被害者は、事故当時、いかなる意味においても自動車の運行供用者ということはできず、自賠法3条所定の他人に該当する、と判示した。

また、最判平成6年11月22日交通民集27巻6号1541頁、判時1515号76頁、判タ867号169頁は、甲所有の自動車をその子乙の友人丙が借り受けて運転中、同乗していた乙が丙の運転上の過失により死亡した事故について、乙は借受けについて口添えをしたにすぎず、丙より3年少であって丙に対して従属的な立場にあり、当時17歳で普通免許取得資格がなく、自動車を運転したこともなかったとして、乙は、自賠法3条にいう「他人」に当たる、と判示した。控訴審判決(名古屋高判平成2年9月17日交通民集27巻6号1548頁)は、乙は共同運行供用者であるが、その運行支配は間接的・潜在的・抽象的と評価せざるを得ないとして、他人性を認めた。第一審判決(富山地高岡支判平成元年8月11日交通民集27巻6号1543頁)は、乙の運行支配は、「直接的、顕在的、具体的であると認めることができず、結局、乙は、本件自動車の単なる同乗者としての立場を出るものでなく、自動車損害賠償補償法3条の他人と認めることができる」と判示し、他人性を認めた。

12) 交通民集15巻2号299頁、判時1046号38頁、判タ471号99頁。

盛土を踏台にしてダンプカーの後部から自分がブルドーザーを運転してその荷台に積み込む方法でブルドーザーを持ち帰る考えを話すとともに、かつてこの方法で成功した経験がある旨をも告げて協力方を求めた。Bは、そのような方法による積込みは危険であると考えたが、ブルドーザーの運転免許を有し、ブルドーザーを運転した経験もあるAが前にもそのような方法で積み込んだことがあるというのであるから大丈夫であろうと思ってAに同調した。Aは、Bに対し、ダンプカーの運転席に就き、荷台の後側板を開き荷台前部を約50センチメートル上昇させて荷台を傾斜させること、自分がブルドーザーを運転して荷台に乗り入れる間はダンプカーのフットブレーキを踏みサイドブレーキを引いていること、ブルドーザーの積み込みが終わったら荷台前部を元の位置に降ろすこと、を指示し、Bは、Aの指示に従い、ダンプカーを操作し、Aの運転するブルドーザーがダンプカーの荷台に乗り込んでくるのを待機する態勢をとった。Aは、ブルドーザーの運転席に就き、ダンプカー後方付近にあった花崗土の盛土の山の上へブルドーザーを運転進行させ、盛土の山を踏台としてダンプカーの後部からその荷台上にブルドーザーを乗り入れようとしたが、花崗土の山が柔らかかったためにうまくいかなかったので、ブルドーザーで山を踏み固めたところ、山は固くなったが低くなり、しかも花崗土の総量が十分でなかったために山の上部がダンプカーの荷台後部にまで達せず、その間に約40センチメートルの間隔が生じ、ブルドーザーの登はん力をもってしてもダンプカーの荷台後部に乗り上げることができなかった。Aは、それにもかかわらず、同じ方法でブルドーザーを運転進行させたところ、ブルドーザーのキャタピラが滑り、何回も空転してダンプカー後方付近の花崗土を掘り下げてしまったため、ブルドーザーは前部を上に後方を下にして立ち上がったようになって運転席のAもろともダンプカーと反対側に後転し本件事故が発生した。本件事故により、Aが死亡し、Aの相続人であるXらは、Yに対し自賠法16条に基づき損害賠償額の支払を請求した。

(2) **第一審判決**[13]

Yは、BはAの言うままにAの道具となってダンプカーの制動装置等を操作していたものだからAは自賠法にいう他人ではなく運転者であると主張す

るが、Y主張のごとき事実を認むべき証拠はなく、Aがダンプカーの運転者ないし補助者であったということもできないので、同人が自賠法にいう他人ではないということはできない、として、Xらの請求を認めた。

(3) 控訴審判決[14]

Yは、自賠法3条にいう「他人」とは直接間接を問わず事実上自動車の運行に関与していた者以外の者をいうものであり、BはAの支配の下にAの道具となってダンプカーの制動装置等を操作していたものであって、Aが主となってBとともにダンプカーの運行に関与していたものであるから、Aは自賠法3条にいう他人には該当しないと主張するが、ダンプカーは専らBがこれを運転して土砂の運搬に従事しており、Aは別の車を運転して同様土砂を運搬するか又はブルドーザーを運転して整地作業を行っていたものであるから、Aは本来ダンプカーにとって他人であり、盛土を踏台にしてダンプカーにブルドーザーを積み込み、ダンプカーでブルドーザーを運送することは、一般に全く行われていないことでもなく、CにおいてはAに対しブルドーザーを回送するときには専用車で回送するよう指示してはいたが、ダンプカーに積んで運送してはならないとの指示まではしていなかったことがうかがわれ、BはCがいない場合原則として先任者、年長者であり経験の豊富なAの仕事上の指示に従うのが順当な立場にはあったが、ブルドーザーをダンプカーに積むことは危険ではなかろうかと一応考え、Aの提案を強いて断ろうと思えば断われる立場にあったのに、ダンプカーにブルドーザーを積むことに同意し、Aの指示に従ってダンプカーを操作したものであり、AがBを全面的に服従せざるを得ない状況下においてダンプカーを操作させたことを認めるに足りる証拠はないから、Aが自賠法にいう「他人」ではないということはできない、として、Yの控訴を棄却した。

(4) 本判決

Bは、Aに全面的に服従する関係になく自己の判断でAの提案に同調したものとはいえ、先任者、年長者であり、経験者でもあるAの具体的指示に従っ

---

13) 高松地観音寺支判昭和51年12月20日交通民集15巻2号310頁。
14) 高松高判昭和53年10月23日交通民集15巻2号318頁。

てダンプカーを操作したものであり、Aは、Bといわば共同一体的にダンプカーの運行に関与した者として、少なくとも運転補助者の役割を果たしたものと認められる事情が多分にうかがわれる。そして、自賠法3条本文にいう「他人」のうちには、当該自動車の運転者及び運転補助者は含まれないと解すべきであるから、本件においても、AはBのダンプカーの運行について他人に当たらないと解される余地がある。ところが、原審は、この事情がうかがわれるにもかかわらず、これを十分に顧慮することなく、単にAとBとが命令服従関係にないことをもってBのダンプカーに対するAの他人性を肯認した上、ダンプカーの運行供用者であるCに同条に基づく責任を認めたから、破棄を免れず、本件については、更にAとBの共同運行関係について審理を尽くす必要があるとして、原審に差し戻した。

(5) **本判決の意義**

　本判決において、最高裁判所として、はじめて、民法715条1項の使用者責任における「第三者」と自賠法3条における「他人」が異なることを判示したということができる。控訴審判決が判示するとおり、CがBに対しブルドーザーの運搬についてはブルドーザー回送専用車を使用するよう指示していたことが認められ、そして、ブルドーザーを運搬するにはブルドーザー回送専用車を使用すべきであるのみならず、盛土を踏台に利用してダンプカーの荷台にブルドーザーを積み込むことは通常、ブルドーザーがダンプカーの荷台に乗り上がらずに転倒する等の危険を伴うものであり、まして本件のごとく柔らかでしかも土量の十分でない花崗土の盛土を踏台にするとなれば、その危険性は十分予想されたにもかかわらず、Bはその点に思いを致さず、本件のごとき積込み方法をとることを考えこれを実行した結果本件事故に至ったものであるから、Bに過失のあったことは明らかであり、第1にBに不法行為責任が成立し、第2に事業の執行についての事故であり、第3にCB間には指揮監督関係が存在するから、被害者Aは、使用者責任における「第三者」に該当する。しかし、本判決は、自賠法3条における「他人」に該当しない可能性があるとして、原審判決を破棄し、差し戻した。

　ただし、「運転補助者」の意義を明らかにしたものではない。

2● 運行供用者責任によって保護される者としての他人—最判昭和42年9月29日判時497号41頁

2　最判平成7年9月28日[15]

(1)　事実の概要

Yの関連会社の従業員であるAがYの指示でその保有する大型貨物自動車（以下「加害車」という。）にB所有のパワーシャベル（以下「被害車」という。）を積載してこれを運搬し、被害車を降ろそうとして加害車のアウトリガー（固定足）を張り出させるために調節レバーを操作中、傾斜した荷台から被害車が滑り落ちて転落・横転し、被害車を発進させようとして運転席に乗り込んでいたBがその下敷きになって死亡したため、Bの相続人であるXらは、Yに対し自賠法3条に基づき損害賠償を請求した。

(2)　第一審判決[16]

本件事故は、Aが加害車の荷台に積載された被害車を降車させるために加害車のアウトリガーを操作して荷台を傾斜させていた際に発生したものであるが、加害車の荷台を傾斜させて被害車の降車が可能な状態にする作業はAのなすべき作業であり、作業についてはBは何らの指示もしておらず、指示をすべき立場にもなく、BとAとの間には何らの主従関係もなかったことが認められ、これらに照らすと、Bは自賠法3条にいう「他人」というべきであり、加害車の運転補助者とは認められない、として、Xらの請求を認めた。

(3)　控訴審判決[17]

Yは、本件事故当時における加害車の運転・走行と関連する具体的な運行関与者の行為等からみれば、Bは被害車の積み降ろしが安全にできるようAに指示すべき立場にあり、Aと共同して被害車の積み降ろしを実現すべく各自の分担行為をしていたから、Bは加害車の運転補助者として自賠法3条の「他人」とはいえない旨主張するところ、AはBに被害車の運搬を有償で依頼されたYの指示により被害車を本件事故現場まで運搬したものであって、加害車に積載されていた被害車の積み降ろしに被害車の運転者であるBの協力が必要としても、その責任自体はYの指示を受けたAにあるというべきで

---

15)　交通民集28巻5号1255頁。
16)　広島地福山支判平成6年3月25日交通民集27巻6号1572頁。
17)　広島高判平成6年12月15日交通民集27巻6号1569頁。

あって、本件事故は、Aが加害車の前側左右のアウトリガーを操作して荷台を傾斜させて後側左右の固定式アウトリガーが地面に接地した直後に発生したものであって、BがAとその責任を分担すべきものとは認め難く、自賠法3条の「他人」と解する、として、Yの控訴を棄却した。

(4) 本判決
原審の判断は正当として是認することができるとして、Yの上告を棄却した。

(5) 本判決の意義
最判昭和57年4月27日[18]の事案と異なり、本判決の事案では、死亡した被害者Bは、「加害車の操縦に全く関与していない」[19]。

3 最判平成11年7月16日[20]

(1) 事実の概要
Xは、クレーン車のリース及びくい打ち等の基礎工事等の仕事をしている者であり、その保有する大型特殊自動車（移動式クレーン車、以下「本件クレーン車」という。）について、Yとの間で、自賠責保険契約（以下「本件保険契約」という。）を締結した。

橋りょう整備工事（以下「本件工事」という。）の現場において、運送会社の従業員Aは、同人が運転するトラックに積載して運搬してきた鋼管くいの荷下ろし作業中に、鋼管くい一本に玉掛けを行い、Xの従業員Bが本件クレーン車を運転して鋼管くいをつり上げたところ、これが落下し、Aの身体に当たり、Aは内臓破裂によって数時間後に死亡した（以下「本件事故」という。）。

Aは、鋼管くい10本を積載したトラック（以下「本件トラック」という。）を運転し、本件工事現場へ行った。なお、Aは、大型自動車第二種免許を持ち、移動式クレーン特別教育講習及び玉掛技能講習をいずれも終了している。

玉掛技能講習を修了していたBは、Xから本件工事現場において鋼管くい

---

18) 前掲注12)。
19) 廣田富男「判批」交通事故判例百選（第4版）77頁（1999年）。
20) 交通民集32巻4号983頁、判時1687号81頁、判タ1011号81頁。

の荷下ろし作業を行うよう指示され、本件クレーン車を運転して本件工事現場に行き、本件クレーン車を停め、クレーン（以下「本件クレーン」という。）を設置した。Bは、本件荷下ろし作業を自ら指揮して行うこととした。

　Aは、Bが本件クレーンを設置した後、Bの了解を得て、本件トラックを本件クレーン車のそばに停車させた。

　Bは、運転台を南側に向けたまま本件クレーンのジブを伸ばし、補巻フックを地上近くまで巻き下ろす操作をした後、運転台から降りて本件クレーン車に積んであった3組のワイヤーロープの中で最も長い2本1組のワイヤーロープを2本とも補巻フックに掛けた。そこに、Aが、荷下ろし作業者が足りないことから玉掛け作業の手伝いをしようとやって来て、Bに対し、最初に下ろす鋼管くいを一番上に積んである西側寄りのものにするのがよいのではないかと提案し、Bもそのほうが作業がしやすいと判断して、その鋼管くいから下ろすことに決めた。そこで、Bは、Aに対し、2本のワイヤーロープの両端に鋼管くいを玉掛けするように指示して本件クレーン車に積んであったフックとシャックルを渡し、Aは、ワイヤーロープの両端にフックとシャックルとを取り付けた。

　Bは、本件クレーン車の運転席に戻り、南側に向いていた運転台を左旋回させながら、ワイヤーロープの下端部分が最初に荷下ろしする鋼管くいの中央部分に来るようにジブを移動させ、ワイヤーロープを調整したところ、本件トラックの荷台の運転席側前部に登っていたAは、玉掛けをした。Bは、Aが鋼管くいをつり上げてもよいという合図をしたと思い、ワイヤーロープが緊張するように巻き上げ操作をしながら、鋼管くいのバランスをとるようにジブの方向及び角度の調整操作も行い、鋼管くいの両端に引っ掛けてあるフックが脱落しないことを確認した上で、まず、鋼管くいを15ないし20センチメートルほどつり上げたところで巻き上げをいったん停止して異常がないことを確認した後、更に鋼管くいを本件トラックの運転席後部のガード板を越える高さまで巻き上げたとき、それまで本件トラックの荷台上の東側の他の鋼管くいの上に登って様子を見ていたAがつり上げられた鋼管くいの下をくぐって運転席の後部西側から地面に飛び降りようとした。Bがつり上げていた鋼管くいを右旋回させようとしたとき、鋼管くいをつっていた本件ト

ラック後部側のワイヤーロープが本件クレーンの補巻フックから外れて鋼管くい後部が地上に落下し、その衝撃によって鋼管くい前部に引っ掛けてあったフックも鋼管くいから外れ、鋼管くいが地上に落下した。Aは、鋼管くいが地上に落下する際、身体に鋼管くいが当たり、死亡した。

本件事故の発生については、Bが、鋼管くいに適したより長いワイヤーロープを使用せず、又は補巻フック部分にシャックルを取り付けなかった過失があり、Aがつり上げられた鋼管くいの下に立ち入った過失があった。

Aの相続人らは、X及びBに対し本件事故についての損害賠償請求訴訟を提起し、Xから訴訟告知を受けたY（自賠責保険会社）は補助参加をして争ったが、XがAの相続人らに損害賠償金として1500万円の支払義務があることを認め、金員等を支払う旨の裁判上の和解（以下「本件和解」という。）が成立しており、Xは1150万円を支払済みである。

Xは、本件和解に基づきAの相続人らに支払い、又は支払うべき損害賠償金につき、Yに対し自賠法15条に基づき保険金の支払を請求した。

(2) 第一審判決[21]

Aの本件クレーン車による本件鋼管くいの荷下ろし作業への関与は、Bに対し、最初に下ろす鋼管くいは、本件トラックの荷台の一番上に積んである西側寄りのものにするのが良いのではないかと提案し、Bもそのほうが作業がしやすいと判断して、その鋼管くいから下ろすことに決め、Bからワイヤーロープの端に取り付けるように指示されて渡されたフックとシャックルをBが既に掛けておいてワイヤーロープの一端に取り付け、鋼管くいの一端にワイヤーロープの下端のフックを引っ掛けたというものである。

Bは、鋼管くいを巻き上げる際、自らAの作業を確認し、自らの判断で巻き上げ作業を行った。

一方、本件事故の原因は、鋼管くいの長さに比し、鋼管くいをつり上げるために使用したワイヤーロープの長さが短すぎたため、シャックルを使用していない補巻フックの外れ止めが外に押し出され、ワイヤーロープが外れたことにあり、専ら、Bが、本件鋼管くいをつり上げるに適したワイヤーロー

---

[21] 那覇地判平成7年11月27日交通民集32巻4号992頁。

2● 運行供用者責任によって保護される者としての他人—最判昭和42年9月29日判時497号41頁

プを準備せず、約6.5メートルの長さしかないワイヤーロープを安易に使用
し、補巻フックの外れ止めが押し出されることがないかどうかについても全
く注意を払わなかったことに原因があり、最初に荷下ろしする鋼管くいをB
と相談し、Bの指示どおりにワイヤーロープにフックとシャックルを取り付
け、鋼管くいの一端にフックを引っ掛けたにすぎないAの前記行為自体は、
本件事故発生の原因とはなっておらず、また、Aは、玉掛技能講習を修了し
た者であったとはいえ、本件作業においては、Bに対し、Bのワイヤーロー
プの選択について指導、監督をすべき義務を負ってはいなかった。

　以上からすれば、Aのクレーン作業への前記関与は、自賠法3条の「他人
性」が否定されるような運転補助行為と認めることはできず、Aは、本件事
故による損害について、自賠法3条で規定する「他人」に当たる、として、
Xの請求を認めた。

(3) 控訴審判決[22]

　鋼管くいの荷下ろしはAの業務ではなく、また、Aは、荷下ろし作業をす
るXの従業員Bの指揮命令を受ける地位にあったものでもないが、本件のよ
うなクレーンを利用した重量物の荷下ろしは、玉掛けを含め作業員の協働作
業であり、わけてもそのうち玉掛け作業においては荷下ろしに伴う危険発生
を未然に回避することが不可欠であり、それゆえ、事業者は、有資格者によ
り玉掛け作業をすべきことを法律上義務付けられているところ、玉掛けの資
格、技能を有するAは、自ら進んでBに対し最初に下ろすのに適した鋼管く
いについて提案し、その後は、Bの指示を受け、A自身の判断と技能に基づ
いて玉掛け作業を行い、本件クレーン車の装置を使った荷下ろし作業の一部
を分担したのであるから、Aは、本件クレーン車の運転補助者というべきで
あり、自賠法3条本文にいう「他人」には該当しない、として、Yの控訴を
認め、Xの請求を棄却した。

(4) 本判決

　本件トラックにより本件工事現場へ運搬された鋼管くいは現場車上渡しと
する約定であり、本件トラックの運転者「Aは、Bが行う荷下ろし作業につ

---

22) 福岡高那覇支判平成8年11月19日交通民集32巻4号1000頁。

いて、指示や監視をすべき立場になかったことはもちろん、右作業を手伝う義務を負う立場にもなかった」。また、鋼管くいが落下した原因は、鋼管くいを安全につり上げるのには不適切な短いワイヤーロープを使用した上、本件クレーンの補巻フックにシャックルを付けずにワイヤーロープを装着したことにあるところ、これらはすべてBが自らの判断により行ったものであって、Aは、Bがワイヤーロープを装着した後に、好意から玉掛け作業を手伝い、フックとシャックルをワイヤーロープの両端に取り付け、鋼管くいの一端にワイヤーロープの下端のフックを引っ掛けて「玉掛けをするという作業をしたにすぎず、Aの右作業が鋼管くい落下の原因となっているものではない」。そうすると、Aは、本件クレーン車の運転補助者には該当せず、自賠法3条本文にいう「他人」に含まれる、として、Xの上告を認め、原判決を破棄し、被害者の損害額、過失相殺等を審理判断させるため、本件を原審に差し戻した。

(5) **本判決の意義**

「Aは、Bが行う荷下ろし作業について、指示や監視をすべき立場になかったことはもちろん、右作業を手伝う義務を負う立場にもなかった」こと、また、「玉掛けをするという作業をしたにすぎず、Aの右作業が鋼管くい落下の原因となっているものではない」ことが、Aが自賠法3条本文にいう「他人」に該当するとした判断の根拠である。したがって、「Aの立場」と「Aの行為と事故との間の因果関係」により、Aの他人性を判断している。

4 他人として保護される運転補助者

自賠法2条4項は、「この法律で『運転者』とは、他人のために自動車の運転又は運転の補助に従事する者をいう。」と定めているから、「他人のために自動車の運転」に従事する狭義の運転者が他人でなければ、他人のために自動車の運転の補助に従事する者もまた他人でないこととなるようにも思われる。しかし、運転補助者は広義の運転者であっても、狭義の運転者ではなく、事故防止の中心的存在ではない。したがって、運転補助者の地位にある場合において、運転補助者の行為と事故との間に因果関係がないときは、運

転補助者は他人として保護されると解すべきである。

Ⅵ　共同運行供用者の他人性

1　類型

　第1に、被害者である共同運行供用者と、事故車に同乗していなかった共同運行供用者がいる場合（非同乗型）、第2に、被害者である共同運行供用者と、事故車に同乗していた共同運行供用者がいる場合（同乗型）、第3に、被害者である共同運行供用者、事故車に同乗していなかった共同運行供用者、さらに事故車に同乗していた共同運行供用者がいる場合（混合型）に分けて検討する[23]。

2　非同乗型

(1)　最判昭和50年11月4日（代々木事件判決）[24]
ア　事実の概要
　X会社は、その所有の本件自動車を会社と作業現場との間における作業員

---

[23]　この類型化は、田上富信「判批」判時1079号188頁＝判評294号26頁（1983年）、加藤新太郎「共同運行供用者と自賠法3条の他人性」吉田秀文＝塩崎勤編『裁判実務大系(8)民事交通・労働災害訴訟法』（青林書院、1985年）84頁、藤村和夫「共同運行供用者」交通事故紛争処理センター編『交通事故賠償の法理と紛争処理』（ぎょうせい、1994年）69頁、青野博之「共同運行供用者の他人性」判タ943号51頁（1997年）による。この類型化によるのが通説と考えられる。しかし、「理論的には、責任追及される運行供用者以外の人間は、自賠法3条の損害賠償請求権を行使できる『他人』だとした上で、最高裁の示した、責任否定類型を念頭に置きながら、運行供用者が他の運行供用者の責任を追及することが、許し難い信義則違背とまで言えるのか、深い配慮を加えつつ、信義則違背のパターンを集積して判断準則化を図るべきであろう」（藤村ほか・実務交通事故訴訟大系(2)60頁〔髙野真人〕）とする学説がある。

[24]　民集29巻10号1501頁、交通民集8巻6号1581頁、判時796号39頁、判タ330号256頁。

の往復や作業用具の運搬に使用し、平常はこれを会社の事務所に設けられている車庫に格納していた。X会社は同族会社で、本件事故の被害者であるAは代表取締役の二男であり、取締役に就任しているが、常勤の作業員と同様に現場作業に従事して月給を支給されており、通勤には自己所有の単車を使用していた。Aは、本件事故発生の前日の午後11時頃、X会社の従業員Bとともに本件自動車を使用して作業現場から会社に戻り、近くの飲食店で食事をした後、Bから知人の働いている風俗店に行ってみようと誘われ、自ら本件自動車を運転し、Bを同乗させて運転中、目黒区内で道路工事の標識に衝突し付近に停車中の自動車との接触事故を起こしたことから、Bに運転を交代してもらって本件自動車を走行させているうち、渋谷区代々木付近において、Bの前方不注視等の過失により本件自動車をガードレールに衝突させる本件事故が発生し、Aが重傷を負った。AとBとが本件自動車を私用に供するについては、X会社の明示の許諾は得ていないけれども、X会社においては従業員が本件自動車を私用に供することを固く禁じて管理を厳重にしていたとも認められなかった。

X会社は、X会社がAに対する運行供用者責任に基づき、損害賠償を支払った上、X会社を保険契約者兼被保険者とし、保険の目的を本件自動車とする対人賠償責任保険契約を締結したY会社に対し、保険金を請求した。

イ　第一審判決[25)]

AとBが、事故車をX会社より乗り出した時以降は、事故車はX会社の業務とは離れ、両名の遊興のため運行に供されるに至っていることになり、事故当時、X会社は事故車の運行の支配と利益を失っていたことになるので、X会社はAに対し運行供用者としての損害賠償責任を負わないことになる。そのほか、本件事故時の運行意図からして、これをX会社の業務執行についてのものとはいえず、またX会社に事故発生の原因となる過失があったとうかがうに足りる事由については主張も立証もないので、XはAに対し、損害賠償責任を負ういわれはない。「なお運行供用者責任については、人的関連ないし承諾とみなしうる行動が運行供用者とされる者と現実運行担当者の間

---

25)　東京地判昭和48年4月17日交通民集6巻2号731頁、判タ306号239頁。

に存した場合、なお運行の支配と利益を喪失しないとされることが多いのであるが、右は、かゝる内部的な関連を知りえない通行人あるいは他車搭乗者が被害者となった場合の法理であって、事故車の所有者の運行の支配と利益を自ら排除した者が被害者となった場合にも、この理を適用することは許されないところで」あり、X会社はAに対し損害賠償責任を負わず、Y会社には損害のてん補のため保険金を支払う義務は生じないとして、X会社の請求を棄却した。

　　ウ　控訴審判決[26]

　本件自動車は、事故発生の際、X会社の業務のために運行されていたのではなく、AとBが同人らの私用に供していたものであることが明らかである。しかし、両名が本件自動車を私用に供するについてX会社の明示の許諾を得たとの証拠はないけれども、他面X会社においてその所有自動車を従業員が私用に供することを固く禁じ、その管理を厳重にしていたとの証拠もまたないのであり、更に、BがX会社の従業員であって、X会社は本件自動車の使用についてもBに対する指揮監督権を有するのみならず、X会社が同族会社であって、AがX会社代表者の二男で、名目上はX会社の取締役であったことをも併せ考えれば、Aが業務終了後、本件自動車を私用に供したことがX会社の意に反するものとまでは認め難く、X会社は、本件事故発生当時なお本件自動車の運行を支配する関係にあったものと解するのが相当であり、本件事故を、X会社が本件自動車の占有を奪われる等、本件自動車の運行に対する支配を失った過程において生じた事故と同一視することができないことは明らかというべきである。自賠法3条の規定による自動車保有者の損害賠償責任発生の要件としては、当該自動車が保有者の業務上の必要のために運行されている過程において事故が生じたこと、その他事故発生の原因となった当該自動車の運行が保有者に何らかの利益をもたらす性質のものであることは必要ではなく、当該自動車が保有者の管理下にあって、保有者が当該自動車の運行に対する支配を保持している過程において加害の原因たる事故が発生すれば足りるものと解すべきである。本件においては、たまたまBがA

---

　26)　東京高判昭和49年7月30日交通民集7巻4号993頁、判時758号51頁。

と交替して本件自動車を運転しているうちに事故を生ぜしめ、よって同乗者Aが受傷するに至ったのであるけれども、X会社が損害賠償の責任を負う関係においては、Aが運転中に事故を生ぜしめ、Bをして受傷せしめた場合と異なるところはなく、更にA又はBが運転中に第三者、例えば通行人に本件自動車を衝突せしめ、よって右通行人をして受傷せしめた場合と区別すべき理由はないものと考えられる。

以上のとおり判示して、X会社の請求を認めた。

エ　本判決

AはX会社の業務終了後の深夜に本件自動車を業務とは無関係の私用のため自らが運転者となりこれにBを同乗させて数時間にわたって運転したのであり、本件事故当時の運転者はBであるが、この点も、AがX会社の従業員であるBに運転を命じたという関係ではなく、A自らが運転中に接触事故を起こしたために、たまたま運転を交代したというにすぎない、というのであって、この事実よりすれば、Aは、本件事故当時、本件自動車の運行を自ら支配し、これを私用に供しつつ利益をも享受していたものといわざるを得ない。もっとも、X会社による本件自動車の管理の態様や、AのX会社における地位・身分等をしんしゃくすると、Aによる本件自動車の運行は、必ずしも、その所有者たるX会社による運行支配を全面的に排除してなされたとは解し難いが、そうであるからといって、Aの運行供用者たる地位が否定される理由はなく、かえって、X会社による運行支配が間接的、潜在的、抽象的であるのに対し、Aによるそれは、はるかに直接的、顕在的、具体的であるとさえ解されるのである。

それゆえ、本件事故の被害者であるAは、他面、本件事故当時において本件自動車を自己のために運行の用に供していた者であり、X会社もまたその運行供用者であるというべきものとしても、その具体的運行に対する支配の程度態様において被害者たるAのそれが直接的、顕在的、具体的である本件においては、AはX会社に対し自賠法3条の「他人」であることを主張することは許されないというべきである。

以上のとおり判示して、Aが自賠法3条の「他人」に当たるか否かについての検討を経ることなく、直ちにX会社はAに対して同条による損害賠償責

2　運行供用者責任によって保護される者としての他人—最判昭和42年9月29日判時497号41頁

任を負うべきものとしている原審の判断は同条の解釈適用を誤っており、その違法は判決の結論に影響を及ぼすことが明らかであるとして、原判決を破棄し、X会社のY会社に対する請求を棄却した。

オ　本判決の意義

本判決は、非同乗型について、最高裁判所としてはじめて判断を明らかにした。

(2)　最判昭和57年4月2日[27]

ア　事実の概要

シンナー遊びをしていた16歳の少年であるA及びBは、キーを付け、ドアロックしないまま公道上に駐車中のC会社所有の乗用車（以下「本件乗用車」という。）に乗り込み、Bは、エンジンを始動して本件乗用車を発進させた。Bの運転する本件乗用車は、道路右端に立っているコンクリート製電柱に正面から激突し（以下「本件事故」という。）、Bは傷害を受け、Aは死亡した。Aの相続人であるXらは、Yに対し自賠法16条に基づき損害賠償額の支払を請求した。

イ　第一審判決[28]

AはBとともに本件乗用車に乗り込み、助手席に座ったまま事故に至ったものの、他方、Aが本件乗用車に乗り込んだ目的がその中でシンナーを吸入することにあったこと、AもBもシンナーの影響で正常な判断状態ではなかったところ、本件乗用車への乗り込み後2人の間で特に会話らしいものがなく、Bによる本件乗用車の運行について、Aにその利益を享有する意思や運転行為に加担する意思があったとは認められず、他にAにBとともに、本件乗用車を窃取し、自己の支配に置いたというべき事実を認めるに足りる証拠はないから、Aにおいて少なくともC会社より以上の直接的・顕在的・具体的な運行支配があったものということはできず、AはC会社に対する関係においてなお「他人」であるとして、Xらの請求を認めた。

---

27)　交通民集15巻2号295頁、判時1042号93頁、判タ470号118頁。
28)　名古屋地判昭和55年8月4日交通民集13巻4号1013頁、判時986号89頁、判タ427号148頁。

ウ 控訴審判決[29]

「本件乗用車の所有者であるＣ会社の従業員及び社長がエンジンキーをつけたままドアに施錠することなくこれを公道上に駐車したことが、Ｂの本件事故に至る運転を誘発したということができる。このこととと本件事故がＢの運転開始後瞬時にして発生したことを併せ考えると、Ｃ会社が当時本件乗用車の運行を直接的、具体的に指示制御すべき立場になく、その運行利益が直接的、具体的にはＣ会社に帰属しなくても本件事故当時Ｃ会社はなお本件乗用車の運行供用者であったと認めざるを得ない（したがって、本件乗用車による事故の被害者が全く第三者の通行人である場合にはＣ会社は運行供用者として損害賠償責任を負う。）。しかしながら、本件事故は、Ｂが同人らの自宅まで乗って帰るために本件乗用車を窃取して運転中に生じたものであり、同乗者であるＡもＢと意を通じこれを容認していたのであって、右両名が本件事故の原因となった本件乗用車の運行を支配し、その運行利益も右両名に帰属していたものであるから、右両名も本件乗用車の共同運行供用者であったと認めるのが相当である。もっとも、……右両名による本件乗用車の運行は所有者であるＣ会社の運行支配を全面的に排除してされたとは解されないが、そうだからといって右両名の運行支配者たる地位が否定される理由はない。却ってＣ会社による運行支配が間接的、潜在的、抽象的であるのに対し右両名のそれははるかに直接的、顕在的、具体的であるということができる。そうすると、自賠法３条にいう『他人』とは自己のために自動車を運行の用に供する者及び当該自動車の運転者を除くそれ以外の者をいうのであるところ、本件事故の被害者であるＡは他面本件事故当時本件乗用車の共同運行供用者の一人であったのであるから、Ａの両親であるＸら……は、Ａが自賠法３条の『他人』であることを主張してＣ会社に対し同条による損害賠償を請求できないといわなければならない。」として、Ｘらの請求を認めなかった。

エ 本判決

本件事故当時のＣ会社による本件乗用車の運行支配が間接的、潜在的、抽

---

29) 名古屋高判昭和56年7月16日交通民集14巻4号777頁、判時1010号61頁、判タ473号233頁。

2● 運行供用者責任によって保護される者としての他人—最判昭和42年9月29日判時497号41頁

象的であるのに対して、A及びBは共同運行供用者であり、しかも両名による運行支配は、はるかに直接的、顕在的、具体的であるから、Aは自賠法3条にいう「他人」であることを主張し得ないとした上、Aが「他人」である旨の主張を前提とする同法16条の規定に基づく本訴請求を棄却した原審の判断は、正当として是認することができるとして、Xらの上告を棄却した。

(3) 非同乗型についての判例の意義

「非同乗型ケースにおいては、被害を受けた共同運行供用者が他人性を主張することができるのは、他の共同運行供用者より当該自動車の具体的運行に対する支配の程度・態様が間接的・潜在的・抽象的であることを要する。共同運行供用者の具体的運行に対する支配の程度・態様が同等のときも、他人性を主張することはできない」[30]。

3 同乗型

(1) 最判昭和55年6月10日[31]

ア 事実の概要

A所有の自動車（以下「本件自動車」という。）をAの同僚であるBがAを同乗させて運転中に事故が発生し、Aが死亡した。Aの相続人であるXらは、Yに対し自賠法16条に基づき損害賠償額の支払を請求した。

イ 第一審判決[32]

「自賠法の規定からみるかぎり、保有者及び運転者は、損害賠償責任の主体（加害者側）とされ、これらの者が被害者となる場合を保護しようとする規定は設けられていない。このことは同法第3条本文において、保有者が『他人』に対する人身事故につき同法上の責任を負うことを明記する一方、同条但書において、運転者のみならず保有者も自動車の運行に関し注意を怠らなかったことを免責事由の一つと挙げていることから、保有者が同法第3条の

---

30) 加藤新太郎「他人性(1)―共同運行供用者と他人性」森嶌昭夫監修、新美育文＝加藤新太郎編『交通事故判例解説』（2018年、第一法規）38頁。
31) 交通民集13巻3号557頁、判タ424号82頁。
32) 札幌地判昭和53年4月20日交通民集11巻2号571頁。

規定において加害者として扱われていることが明らかであり、又、同法第11条は自賠責保険契約において、保有者が運転者と共に被保険者にあたるとして被害者と区別しているから、保有者について加害者の立場のみを想定していることからも明白である。このように自賠法を抽象的にみるかぎり、原則として保有者は自賠法によって保護されるべき『他人』ではないということがいえる。ただ例外的に、保有者であっても、直接事故に関与していないような場合（例えば、他に事故に直接関与した運行供用者が存在しているような場合）には、当該事故について保有者としての立場を離脱し、保有者性が阻却されているとして、『他人』として保護される余地があるにすぎないと解される。したがって保有者も例外的に自賠法第3条の『他人』として保護される場合があるが、Xが主張するように、保有者も被害者であるからといって、必ずしも直ちに同条の『他人』に該当するものではなく、『他人』として保護されるべき被害者であるかという吟味がなされるべきである。

そこで本件について検討をすすめるに、Aは……保有者の立場を離脱していたことは認められず、飲酒遊興の帰途運転を誤り本件事故を発生させたものであり、たまたま事故発生当時、Bが運転していたが、Aは岩内町への往復の走行時間のうち、大半を運転していたことから判断すれば、Aは事故そのものの発生に直接関与しているものと解するのが相当であるから、自賠法により保護されるべき『他人』に該当するとはいえない。」と判示して、Xらの請求を棄却した。

ウ　控訴審判決[33]

「自賠法3条の『他人』とは、自己のために自動車を運行の用に供する者及び自動車の運転者を除くそれ以外の者をいい、右運行供用者がいわゆる共同運行供用者でありかつ被害者であった場合においても、その被害者たる共同運行供用者の運行支配が直接的、顕在的、具体的であるときは、右被害者たる運行供用者は自賠法3条の『他人』には当らないと解すべきところ、これを本件についてみると、……Aは本件自動車の保有者、共同運行供用者で

---

[33] 札幌高判昭和54年10月30日交通民集12巻5号1247頁、判時955号78頁、判タ401号126頁。

あると認められ、また本件事故の被害者であることは当事者間に争いないが、……Aは岩内町に至る約2時間本件自動車の運転を継続し、かつ同町からの帰途の際も同車を運転したものであり、本件事故当時Bが運転していたものの、それは事故の直前にAからの眠いから交替してくれとの申入れによりたまたま運転を交替したにすぎず、しかもAは隣の助手席に同乗していたのであるから、Aの本件自動車に対する運行支配は、終始直接的、顕在的、具体的であると認めることができ、右の認定を覆すに足りる証拠はない。従って、Aが自賠法3条の『他人』に該当するとのXらの主張は採用できない。」として、Xらの控訴を棄却した。

エ 本判決

「自賠法3条の『他人』とは、自己のために自動車を運行の用に供する者及び自動車の運転者を除くそれ以外の者をいい、右運行供用者がいわゆる共同運行供用者でありかつ被害者であった場合においても、その被害者たる共同運行供用者の運行支配が直接的、顕在的、具体的であるときは、右被害者たる運行供用者は自賠法3条の『他人』には当らないと解すべきところ、これを本件についてみると」、車の所有者であるAは本件自動車の保有者、共同運行供用者であると認められ、また本件事故の被害者であることは当事者間に争いないが、Aは約2時間本件自動車の運転を継続し、本件事故当時職場の同僚であるBが運転していたものの、それは事故の直前にAからの眠いから交替してくれとの申入れによりたまたま運転を交替したにすぎず、しかもAは隣の助手席に同乗していたのであるから、Aの本件自動車に対する運行支配は、終始直接的、顕在的、具体的であるとして、Aの他人性を認めなかった原審判断を正当として是認した。

オ 本判決の意義

原審判断を正当として是認したにすぎず、最高裁判所としての判断を示さなかった。

(2) 最判昭和57年11月26日（青砥事件判決）[34]

ア 事実の概要

---

34) 民集36巻11号2318頁、交通民集15巻6号1423頁、判時1061号36頁、判タ

Aは、その所有の本件自動車に友人数名を乗せてスナックに行き、同所で友人らと飲酒した後店を出た。Aは、本件自動車により最寄りの駅である京成青砥駅まで他の者を送ってから帰宅するつもりでいたところ、友人らを自分の下宿に連れて行き飲み直すつもりになっていたBから自分に本件自動車をまかせ運転させて欲しいと求められて渋々これを承諾し、ここに車の使用をBに委ねることとし、車の鍵を同人に渡して自らは電車で帰宅するつもりで京成青砥駅まで行くため本件自動車の後部座席の右端（運転席のBの後ろ）に便乗した。Bの考えていた行先は、ひとまず京成青砥駅に至り電車で帰宅する者を下車させた後残りの友人と飲み直すためにその下宿先に向かうということであったが、そのうち自己の運転操作の誤りにより本件自動車を左右に大きく蛇行させた挙句、右側ガードレールに車体の右側面を激突させて横転させるという本件事故を起こし、Aを死亡させた。Aの相続人であるXらは、Yに対し自賠法16条に基づき損害賠償額の支払を請求した。

　イ　第一審判決[35]

　Bは事故の時点では、自賠法2条にいう運転者ではなく、自己のために運行の用に供する者であったし、Bのほうが加害車をより直接的・顕在的・具体的に支配していたということができる。そうすると、AはBに対して自賠法3条の「他人」であるとして同条による損害賠償請求権を行使することを妨げられず、Y保険会社は同法16条により損害賠償責任を負うとして、Xらの請求を認めた。

　ウ　控訴審判決[36]

　Aは、加害車の所有者として日常自己の目的のために使用しており、事故当日は自宅から喫茶店を経てスナックまで運転して行ったが、スナックで友人とともに飲酒し、終わってスナックを出た際、加害車の運転を運転免許を有するBに委ね、自らは車の後部座席に同乗して進行中、本件事故に遭遇したが、同乗の意図は電車で帰宅すべく最寄りの京成青砥駅まで行くためこれ

　　485号65頁。
35)　東京地判昭和54年1月25日交通民集12巻1号84頁、判タ387号119頁。
36)　東京高判昭和55年9月4日交通民集13巻5号1126頁、判時980号64頁、判タ430号132頁。

2● 運行供用者責任によって保護される者としての他人―最判昭和42年9月29日判時497号41頁

に便乗することにあった。他方Bは、事故当日Aと行動を共にしていたが、スナックを出た後、Aから車の運転を任されその鍵を渡されて運転席につき加害車を運転し、同人らを同乗させて進行し、その考えていた行先はひとまず京成青砥駅に至り電車で帰宅を希望する者を下車させた後残りの友人と飲み直すためにその下宿先に向かうということであったが、そのうち自己の運転操作の誤りにより本件事故を惹起させた、というのであって、事故当時の加害車の具体的運行において、Bは運転者であり危険物たる自動車の運行により生ずべき危険を回避すべく期待され、またそのことが可能であるのにかかわらず事故を発生せしめた直接的立場にあった運行供用者であるのに対し、Aは最寄りの駅に着くまでの単なる同乗者であり、運行供用者であるといっても具体的にはBを通じてのみ車による事故発生を防止するよう監視することができる立場にしかなかったという点において、双方の運行支配の程度態様を比較するとAによる運行支配の程度態様はBのそれよりは間接的・潜在的・抽象的であったのに対し、Bによるそれはより直接的・顕在的・具体的であったということができる。そうすると、AはBに対しては自賠法3条の「他人」であることを主張できるものであり、BはAに対して同条による損害賠償責任を負うというべきであるとして、Xらの請求を認めた。

エ　本判決

「本件事故当時Aは友人らの帰宅のために本件自動車を提供していたというのであるから、その間にあってBが友人らの一部の者と下宿先に行き飲み直そうと考えていたとしても、それはAの本件自動車の運行目的と矛盾するものではなく、Aは、Bとともに本件自動車の運行による利益を享受し、これを支配していたものであって、単に便乗していたものではないと解するのが相当であり、また、Aがある程度B自身の判断で運行することをも許したとしても、Aは事故の防止につき中心的な責任を負う所有者として同乗していたのであって、同人はいつでもBに対し運転の交替を命じ、あるいは、その運転につき具体的に指示することができる立場にあったのであるから、BがAの運行支配に服さず同人の指示を守らなかった等の特段の事情がある場合は格別、そうでない限り、本件自動車の具体的運行に対するAの支配の程度は、運転していたBのそれに比し優るとも劣らなかったものというべきで

あって、かかる運行支配を有するAはその運行支配に服すべき立場にあるBに対する関係において同法3条本文の他人にあたるということはできないものといわなければならない」。しかし、原判決は、前記の特段の事情があるか否かについて事実関係を確定しないまま、所有者であるAの運行支配の程度態様を間接的・潜在的・抽象的なものであると判断し、Aが自賠法3条本文の他人であると主張することができるとしたとして、原判決を破棄し、原審に差し戻した。

オ　差戻控訴審判決[37]

BはAから鍵を受け取って運転を開始した時から本件事故に至るまで本件自動車に対する運行支配を有していたというべきであり、またAは、スナックを出た時自ら本件自動車に帰宅する友人を乗せて京成青砥駅まで送ろうとして、ただその運転をBに委ねただけで、自らも同乗してスナックから京成青砥駅に至る区間における本件自動車の前示運行に従事していたのであるから、Bと共に本件自動車の運行による利益を享受し、これを支配していたものであって、単に便乗していたものではないというべきである。したがって、AとBとは本件運行において共に運行供用者であったといわなければならない。そして、運行供用者としての両者の関係をみると、「Aが所有者として右のように同乗している以上、同人はBに対して運転の交替を命じ、あるいはその運転について具体的指示を与えることができる立場にあったのであるから、BがAの運行支配に服さず、同人の指示を守らなかった等の特段の事情がない限り、本件自動車の前示具体的運行に対するAの支配の程度は、運転していたBのそれに比し優るとも劣らなかったものというべきである。……本件自動車の前示の運行において、A及びBの両名は共に運行供用者であり、かつ、その運行支配の程度においても、BがAの運行支配に服すべき立場にあったというべきであるから、本件自動車による本件運行につき所有者であるAは運転者であるBに対する関係において自賠法第3条にいう他人には該当しないというべきである」として、Xらの請求を認めなかった。

---

[37]　東京高判昭和59年1月23日交通民集17巻1号16頁。

2● 運行供用者責任によって保護される者としての他人——最判昭和42年9月29日判時497号41頁

カ　本判決の意義

「自己所有の自動車に運転を友人に委ね同乗している所有者が共同運行供用者となった友人の惹起した事故のため被害を受けた場合、『共同運行供用者が所有者の運行支配に服さず同人の指示を守らなかった等の特段の事情』を主張・立証して、はじめて他人性を主張することができるという規範を定立した」[38]。本判決は、「事故の防止につき中心的な責任を負う所有者として同乗していた」場合においては、所有者の「運行支配に服さず同人の指示を守らなかった等の特段の事情がある」ときに限り、他人性を主張することを認めた。

本判決は、同乗型について、最高裁判所としてはじめて判断を明らかにした。また、控訴審判決が（同乗型において、非同乗型の）最判昭和50年11月4日（代々木事件判決）[39]に従って判断したところ、本判決は、同乗型において、非同乗型とは異なる判断基準を用いた点が重要である。

4　混合型

(1)　**最判平成 4 年 4 月 24 日**[40]

ア　事実の概要

会社の同僚であるA及びBが本件車両を友人Cから借り受けて、Aが運転中に事故を起こし、A及び同乗のB両名が死亡した事故について、Bの相続人であるXは、Yに対し自賠法16条に基づき損害賠償額の支払を請求した。

イ　第一審判決[41]

C所有の本件車両をAとBがCより借り受けたから、「AとBは本件車両の共同運行供用者と認められるが、このように複数の運行供用者があって、そのうちのある者が事故の被害者である場合には、その者が対外的責任主体としての運行供用者であるが故に一義的に自賠法3条の救済から除外される

---

38)　加藤・前掲注30) 38頁。
39)　前掲注24)。
40)　交通民集25巻2号283頁。
41)　名古屋地判平成2年12月14日交通民集23巻6号1444頁。

と解さなければならないものではない。即ち、共同運行供用者間において、当該事故車に対する運行支配を有するに至った経緯及び事故当時の具体的運行に対する支配の程度・態様に照らし、被害者となった運行供用者の運行支配が、賠償義務者とされる運行供用者の運行支配と比較して同等とは認められない特段の事情があるときは、運行供用者間の対内関係においては、右被害者は、自賠法3条の『他人』であることを主張しうると解するのが相当である。」

AとBが本件車両に対する運行支配を有するに至った経緯及び事故当時の具体的運行に対する支配の程度・態様をみるに、AとBは同じ時期に会社に入社した関係で付き合いが生じたが、AがBに金銭をせびるので、BはAとの交際をやめたがっており、母であるXのすすめもあって会社を退社する考えでいたこと、本件事故前日、BからXに電話があり、「名古屋は雨が降っているので早く帰りたいが、Aに食事を誘われているので帰れない。」と言っていたことが認められること、AとBとの交際においては、Aが主導権を握っており、Bが引きずられていた事情にあった。

「AはBの運行支配に服さずその指示に従おうとしなかったものと推認されるので、本件車両に対するBの運行支配がAのそれと比較して同等とは認められない特段の事情があるといいうるから、BはAに対し自賠法3条の『他人』であることを主張しうると解するのが相当である。したがって、Aは同条に基づき本件事故により生じた損害を賠償する責任があるから、YはXに対し同法16条1項に基づき損害賠償額の支払をなすべき義務がある。」

ウ　控訴審判決[42]

AとBは、Cから本件車両を共同して借り受け、その運行支配を共に享受したものであるから、両名は本件事故発生当時、本件車両の共同運行供用者であると認められる。

Bは事故当時未成年であり、Aが1年余年長であったこと、入社以後AがBに対し毎日のように金をせびり、Bは畏怖してこれを拒否できず、母親のXに小遣いを要求してはそれをAに渡していたこと、BはAから逃れるため

---

[42] 名古屋高判平成3年9月26日交通民集25巻2号286頁。

2● 運行供用者責任によって保護される者としての他人―最判昭和42年9月29日判時497号41頁

退社する決意までしていたこと、本件車両を借り出す直前に、Bから早く帰宅したいがAに誘われているため帰れないと訴えるXへの電話があったこと、事故当時の運転状況を総合すると、BはAの要求どおり同人に引きずられて行動していたこと、したがって、「本件車両の運行支配についても両名が対等、同等ではなかったと推認される。以上のような事実からすると、Aが主導権を握り自己の思うまま本件車両を運行し、仮にBがAに対し運転の交替を命じたり、安全のため行き先や運転方法につき指示又は注意しても、Aがこれに従うことはなかったものと認めるのが相当であるから、Aには本件事故当時、共同借主として共に本件車両の正当な使用権限を有していたBの安全運行支配に服さずBの指示を守らなかった等、共同運行供用者としてのBの、事故を抑止する立場、地位を没却及至減殺する特段の事情があったものと認められる。従って、BはAに対し、自賠法3条の他人性を主張することができると解されるから、YはBの相続人であるXに対し、自賠法16条1項に基づき損害賠償の支払をなすべき義務がある。」

エ　本判決
原審判断を正当として、Yの上告を棄却した。

オ　本判決の意義
原審判断を正当として是認したにすぎず、最高裁判所としての判断を示さなかった。

(2)　**最判平成9年10月31日（運転代行事件判決）**[43]

ア　事実の概要
運転代行業者（以下「P代行」という。）に自動車の運転を依頼して同乗中に交通事故に遭い、後遺障害を負ったXは、Yに対し自賠法16条に基づき損害賠償額の支払を請求した。

Xは、A会社の従業員であり、A会社の所有する本件自動車を貸与され、これをA会社の業務及び通勤のために使用するほか、私用に使うことも許されていた。Xは、勤務を終えた後、翌日午前零時過ぎころまでの間、スナッ

---

43)　民集51巻9号3962頁、交通民集30巻5号1298頁、判時1623号80頁、判タ959号156頁。

ク等で水割り8、9杯を飲んだ。そして、酒に酔って本件自動車を運転することによる危険を避けるため、スナックの従業員を介して、P代行に対し、本件自動車にXを乗車させて自宅まで運転することを依頼した。P代行は、依頼を承諾し、代行運転者としてBを派遣した。Bは、スナックに到着し、Xを本件自動車の助手席に乗車させた上、本件自動車を運転してXの自宅に向かっていたところ、本件自動車とC運転の自動車とが衝突する交通事故が発生した。Xは、交通事故により右眼球破裂等の傷害を負い、右眼失明等の後遺障害が残った。運転代行業は、自動車の所有者又は使用権者の依頼を受け、これらの者に代わって、当該自動車を目的地まで運転する役務を提供し、これに対する報酬を得ることを業とするものであり、多くの場合、運転代行を依頼した所有者等を当該自動車に同乗させて運ぶ形態を採っていた。実際に自動車を運転する代行運転者は、運転代行業者が従業員として雇用する場合と、会員として登録する場合があり、P代行は、会員として登録した代行運転者に依頼を受けた代行運転を順次割り当てる営業形態を採っていた。

イ　第一審判決[44]

「被害を受けた者が複数の運行供用者のうちの一人である場合、その者が運行供用者であるとの理由から常に『他人』には該当しないということはできない。他の運行供用者の運行支配の程度、態様が、当該被害者である運行供用者のそれよりも直接的、顕在的、具体的であるときには、被害者である運行供用者は自賠法3条本文の『他人』として保護されると解すべきである。」。

そこで、XとBの運行支配の程度、態様につき比較検討する。

まず、BとXとの関係について考察すると、Xは、最後に立ち寄って飲酒したスナックの従業員に、会社名を特別指定せずに代行運転してくれる人を呼んでほしいと頼み、たまたま右スナックの従業員がP代行に依頼し、その会員であるBが連絡を受けて右スナックに赴いたものであるから、BとXとは単に代行運転者とその利用者という契約上の関係以外なんら密接な人的関

---

[44]　高崎地前橋支判平成5年2月10日交通民集26巻1号187頁、判時1482号136頁、判タ815号216頁。

係はない。「そして、運転代行契約における代行運転者と利用者との関係をみるに、一般に代行運転者は、当該車両の運転中、輸送の安全と円滑を確保するために利用者に対して職務上の指示を出すことができ、利用者はこれに従うべきものとされ、利用者が代行運転者に法令に反する行為を強要したり、その業務に支障をきたす行為をしたときには、代行運転者は自らの判断で当該自動車の運行の継続を拒否することができるとされ……、本件の場合もXは運転についてはBの指示に従うべきものであったと解される。また、運転代行業者と利用者との運転代行契約は、利用者及び自動車を指定の場所まで輸送するというものであるから、商法590条の旅客運送契約の規定が適用されると解され、利用者が輸送の過程で死傷すれば運転代行業者は債務不履行による損害を賠償する責任を負うことになるが、P代行とXとの契約においても、代行運転者がその行為によって利用者の生命又は身体を害し、または利用者の自動車を損壊したときには、P代行はこれによって生じた損害を賠償する義務を負う旨の合意がなされ……、このため、代行運転者であるBは、P代行が右損害賠償義務を履行する場合に備えて、保険料としてP代行に対し毎月1万円を支払っていたものである……。加えるに、本件事故当時において、Xは、午後7時ころから翌日の午前1時ころにかけて2件の飲食店でウィスキーの水割り8、9杯くらいを飲酒し、Xが、Bに対し、Xの自宅に行ってほしいと指示して本件自動車に同乗したものであり、Bの運転開始後はXはBに対し何らの指示もしていない……のであるから、Xは、事実上も酩酊のため自動車を安全に運転できる状態ではなく、Bに運転を委ねていたものである。

　右事実を総合すると、本件代行運転中、契約上も事実上もBが事故の防止につき中心的責任を負う立場にあり、XはBに対し、運転の交替を命じたり、その運転について具体的に指示することができる立場にはなかったものである。

　以上によれば、本件代行運転中は、本件自動車の運行についてBによる運行支配の方がXによるそれに較べてより直接的、顕在的、具体的であったというべきである。」と判示し、Xは運行供用者であっても、Bに対する関係では、自賠法3条にいう「他人」に該当するとして、Xの請求を認めた。

ウ　控訴審判決[45]

「自動車の保有者甲が他の保有者乙を同乗させて自動車を運転中に、その運行により、乙の生命又は身体が害された場合に、乙は、甲との関係において、常に自賠法3条本文にいう『他人』に当たらないというべきではなく、当該具体的事実関係のもとにおいて、『他人』に当たることもありうるものと解すべきである。そして、当該自動車に対する使用権原の性質又はその使用権原が甲又は乙のいずれに由来するかにより、両者の運行支配の程度は異なるものというべきであり、甲が乙所有の自動車の無償使用権者にすぎないとき又は丙所有の自動車を乙が借り受け、甲が丙の承諾のもとに乙から借り受けたとき等のように、当該自動車の使用権原の性質又はその由来から見ると、乙の当該自動車の運行支配の程度が甲のそれに比し勝るとも劣らない場合には、原則として、乙は『他人』に当たるとはいえないと解すべきであるが、甲と乙との法律関係、乙の現実の運行支配可能性等当該具体的事実関係に照らして、甲が乙の運行支配に服する立場になくなっているか、又は乙が当該自動車の運行に伴う危険を回避するため全面的にその運行支配を甲に委ね、甲において右危険を全面的に引受け、しかもそうすることが社会的に相当なものといえる等の特段の事情があるときには、乙は『他人』に当たると解するのが、危険責任の法理に基づく自賠法3条の趣旨に沿うものというべきである。

本件において、……Xは、P代行及びBに対して本件運行代行を依頼したからといって、本件自動車の使用権者たる地位、したがって運行供用者たる地位を喪失したものとはいえず、また、P代行及びBの本件自動車を使用する権原はXの使用権原に由来するものであるから、その使用権原の性質及び由来のみからすれば、P代行及びBの本件自動車についての運行支配の程度は、Xのそれより劣るものというべきであるが、Xは、飲酒し酔っていたので、酒酔い運転の罪又は酒気帯び運転の罪を犯すことを避け、かつ、酒に酔って本件自動車を運転することによって生じる危険を回避するため、本件運転代行をP代行及びBに依頼し、Bによる本件自動車の運転が行われている間

---

[45]　東京高判平成6年3月31日交通民集27巻2号296頁、判タ872号257頁。

は、Bに本件自動車の運転を全面的に委ね、Xは、Bに対し、運転の交代を命じたり、その運転について目的地を指示する以外は具体的に指示をすることができる立場にはなくなっていたものというべきであり、他方、P代行及びBは、本件運転代行を請け負ったことにより本件自動車に起因する危険についての管理を全面的に引き受けたものというべきであるうえ、Xが本件運転代行を依頼した行為は、本件自動車の運転に起因する危険の防止という観点から社会的に相当なものというべきであるから、Xは、P代行及びBとの関係においては、自賠法3条本文にいう『他人』に該当する」と判示して、Yの控訴を棄却した。

　エ　本判決

「自動車の所有者は、第三者に自動車の運転をゆだねて同乗している場合であっても、事故防止につき中心的な責任を負う者として、右第三者に対して運転の交代を命じ、あるいは運転につき具体的に指示することができる立場にあるのであるから、特段の事情のない限り、右第三者に対する関係において、法3条の『他人』に当たらないと解すべきところ……、正当な権原に基づいて自動車を常時使用する者についても、所有者の場合と同様に解するのが相当である。そこで、本件について特段の事情の有無を検討するに、……Xは、飲酒により安全に自動車を運転する能力、適性を欠くに至ったことから、自ら本件自動車を運転することによる交通事故の発生の危険を回避するために、運転代行業者であるP代行に本件自動車の運転代行を依頼したものであり、他方、P代行は、運転代行業務を引き受けることにより、Xに対して、本件自動車を安全に運行して目的地まで運送する義務を負ったものと認められる。このような両者の関係からすれば、本件事故当時においては、本件自動車の運行による事故の発生を防止する中心的な責任はP代行が負い、Xの運行支配はP代行のそれに比べて間接的、補助的なものにとどまっていたものというべきである。したがって、本件は前記特段の事情のある場合に該当し、Xは、P代行に対する関係において、法3条の『他人』に当たる」と判示して、Yの上告を棄却した。

　オ　本判決の意義

P代行は共同運行供用者であり、Xは、P代行に対する関係において、非

同乗型とも考えられる。その場合には、その具体的運行に対する支配の程度態様において被害者であるXのそれが直接的、顕在的、具体的であるとも考えられる。そのように考えると、Xは、他人ではない。しかし、本件自動車を運転しているBは、P代行の会員であり、本件を同乗型と評価することもできる。P代行は、会員であり、本件自動車を運転していたBと同じ内容の責任を負うべきであるから、つまり、P代行と代行運転者Bとは規範的観点からは一体として捉えるべきだからである[46]。その場合には、「本件事故当時においては、本件自動車の運行による事故の発生を防止する中心的な責任」を本件自動車の所有者又は「正当な権原に基づいて自動車を常時使用する者」が負うのが原則であるところ、特段の事情があるときは、この限りでない。「本件事故当時においては、本件自動車の運行による事故の発生を防止する中心的な責任はP代行が負い、Xの運行支配はP代行のそれに比べて間接的、補助的なものにとどまっていたものというべきである。したがって、本件は前記特段の事情のある場合に該当」する。

本判決は、「正当な権原に基づいて自動車を常時使用する者についても、所有者の場合と同様に解する」として、前掲最判昭和57年11月26日（青砥事件判決）が所有者だけでなく、「正当な権原に基づいて自動車を常時使用する者」にも該当することを明らかにした。

(3) 混合型の意義

混合型では、被害者である共同運行供用者と事故車に同乗していなかった共同運行供用者との関係では非同乗型、被害者である共同運行供用者と事故車に同乗していた共同運行供用者との関係では同乗型の判断基準に従って、判断することとなる[47]。

---

46) 加藤新太郎「判批（最判平成9年10月31日）」NBL642号58頁（1998年）。
47) 最判平成20年9月12日交通民集41巻5号1085頁、判時2021号38頁、判タ1280号110頁の差戻控訴審判決である名古屋高判平成21年3月19日交通民集41巻5号1097頁は、XがXの父B所有の自動車を運転して友人Aとバーに赴き、本件自動車のキーをカウンターに置いたまま泥酔して寝込んでしまったことから、Xを送り届けるため、無免許かつ飲酒状態のAの運転する本件自動車に同乗していた際に交通事故に遭い、傷害を負った事故について、最高裁判所が「Xは、Bから本件自動車を運転することを認められていたところ、深夜、その実家から名古屋市内のバーまで本件自動車を運転したものであるから、その運行はBの容認するところで

Ⅶ　おわりに

　自賠法3条の他人は、民法715条1項の「第三者」より、また同法709条の「他人」より人的保護範囲が狭い。自動車事故を防止すべき地位にいる者を自賠法の他人としないことにより、事故を防止するためである。他方、自賠法に基づく損害賠償責任は、運行供用者が負うところ、自動車を運行の用に供することは、不法行為法における行為とは異なるので、行為をしていない共同運行供用者を自賠法の他人として保護することができるとも考えられる。しかし、自賠法に基づく損害賠償責任を運行供用者が負うとされているのは、その責任が危険責任に基づくからである。したがって、行為ではなく、危険（運行）の支配により、すなわち非同乗型では、被害を受けた共同運行供用者が他人性を主張することができるのは、他の共同運行供用者より当該自動車の具体的運行に対する支配の程度・態様が間接的・潜在的・抽象的であるときに限られ（最判昭和50年11月4日（代々木事件判決）[48]）、同乗型では、事故の防止につき中心的な責任を負う所有者として同乗していたから、所有

あったと解することができ、また、Xによる上記運行の後、飲酒したXが友人等に本件自動車の運転をゆだねることも、その容認の範囲内にあったと見られてもやむを得ないというべきである。そして、Xは、電車やバスが運行されていない時間帯に、本件自動車のキーをバーのカウンターの上に置いて泥酔したというのであるから、Aが帰宅するために、あるいはXを自宅に送り届けるために上記キーを使用して本件自動車を運転することについて、Xの容認があったというべきである。そうすると、BはAと面識がなく、Aという人物の存在すら認識していなかったとしても、本件運行は、Bの容認の範囲内にあったと見られてもやむを得ないというべきであり、Bは、客観的外形的に見て、本件運行について、運行供用者に当たる」との判断を受けて、Xによる運行支配の程度が、間接的、潜在的、抽象的であったとはいえず、Bによる本件運行に対する支配は、XのAに対する本件運行の容認・黙示的許諾を介してのものであるから、Xのそれと比較すれば、より間接的、潜在的、抽象的であることは明らかであるとして、被害者である共同運行供用者Xは事故車に同乗していなかった共同運行供用者Bとの関係において他人ではなく、またAの運行はXの容認下に行われていたのであるから、「自動車運転者が事故被害者（同乗の自動車の正当な使用権者）の運行支配に服さず同人の指示を守らなかった等の『特段の事情』があるともいえない」として、被害者である共同運行供用者Xは事故車に同乗していた共同運行供用者Aとの関係において他人ではない、とした。

48）　前掲注24）参照。

者の運行支配に服さず所有者の指示を守らなかった等の特段の事情があるときに限り（最判昭和57年11月26日（青砥事件判決）[49]）、所有者は他人性を主張することができると解すべきである。

---

49) 前掲注34) 参照。

年少者の逸失利益の認定と算定—最判昭和39年6月24日民集18巻5号874頁

日本大学法学部教授
藤 村 和 夫

I　はじめに

　最判昭和39年6月24日民集18巻5号874頁(以下「本判決」という。)は、年少者(男児)の逸失利益が算定可能であることを最高裁として初めて認めるに際し、「蓋然性に疑いがもたれるときは、被害者側にとって控え目な算定方法……を採用すること」により、「慰藉料制度に依存する場合に比較してより客観性のある額を算出することができ」、「損失の公平な分担を窮極の目的とする損害賠償制度の理念にも副うのではないかと考えられる」という表現を採ったものであり、その言い回しとともに重要判決であることが銘記されることとなっているものである。

　しかし、およその事実関係が把握されていることを前提としても、「被害者側にとって控え目な算定」という表現が、まさに一人歩きをして、その後の裁判例にも大きな影響を与えることとなっているものの、一審判決から本判決に至るまで、どのような道筋をたどったものであるかは、それほど明確に把握されていないのではないかとも思われる。

　そして、本判決登場の前後において年少者(幼児)の逸失利益を認めるか否かをめぐって裁判例の状況はどのようなものであったのか、それがどのように変化していくことになったのか、さらにその状況が今日どのように定着し、どのような問題を新たにもたらすことになったのか、逸失利益の算定方式を含め、本判決を起点としてその経緯をたどることは、現在の状況を所与

のものとして安易に受け容れるのではなく、これに対する認識を確固たるものにすることに資するであろう。本判決を取り上げる所以である。

II 事実の概要

　昭和33年9月22日、名古屋市中区の十字路交差点（東西道路と南北道路とが交差、以下「本件交差点」という。）において、時速約25kmで東西道路を西進する、Y_1（Y_2の被用者）運転のコンクリート運搬用自動車（Y_2所有）が、南北道路を南進する小型自動車を認めた後、そのまま時速約25kmで西進したところ、同車の運転台右側後方付近を、南北道路を南進するB（男、8歳1か月、小学2年生）運転、A（男、8歳2か月、小学2年生）同乗の自転車に接触させて、同車後輪でA（頭部）、B（腹部）を轢過し、その結果Aは即死、Bは翌日死亡した。

1　原告側の請求

　そこで、X_1・X_2（Aの両親）、X_3（Bの母、Bの父は既に死亡）が、Yらに対し損害賠償を請求した。その内容は以下のとおりである。
　(1)　まず、死亡逸失利益については、A、Bそれぞれにつき、本件事故当時の通常男子の平均労働賃金（月額2万684円〔ママ〕）を基礎に、生活費を月額7766円（経済企画庁国民生活白書による）、稼働可能期間を35年間（余命57年6か月のうち、20歳から55歳まで労働できるとした）としてホフマン式で中間利息を控除して各161万3806円。
　これらを、AについてはX_1・X_2が、BについてはX_3がそれぞれ相続したとする。
　(2)　葬儀関係費等につき、X_1は19万8280円（葬儀費1万520円、会葬者食事代9010円、香典返代5万7150円、墓地建設代12万1000円〔以上ママ〕）、X_3は、葬儀関係費（葬儀費1万1060円、葬儀道具購入費6680円）と入院中の看護婦代（2600円）の計2万340円。

(3)　慰謝料として、X_1・X_2は各100万円（Aは5人家族の三男）、X_3は150万円（Bは6人家族の三男）。

　ここにおいて、Xらは、Y_2は事故係が一遍の陳謝をし取締役が葬儀に出て香典1万円を出したのみで、社長はXらが要求しても会おうとせず、Y_1も葬儀に出席しなかったというYらの無責任な態度もあげている。

　(4)　以上に基づき、X_1は200万5183円、X_2は180万6903円、X_3は313万4146円並びに事故翌日から支払済みに至るまで年5分の割合による遅延損害金をそれぞれ請求した。

2　被告側の主張

　これに対し、Yらは、請求棄却を求めた。その理由は、以下のとおり多岐にわたる。

　(1)　本件事故は、Y_1の過失によって発生したものではなく、過失は、A、B及びその監督義務者であるXらにある。

　すなわち、Y_1は、本件事故の5年前（昭和28年3月）に自動車運転免許を取得し、昭和33年4月にY_2に就職したもので、事故歴はなく、本件自動車には機能、構造上何らの障害もなかった。

　Y_1は、時速25kmで本件交差点に差しかかり、南進する中型乗用車とその約10m前方（ママ）を南進中のB運転、A同乗の自転車を認め、他に事故発生のおそれある車馬はなかったので、中型乗用車が本件交差点を通過した後、時速約20kmに減速して西進し本件交差点の中央付近まで進行したところ、突然B運転の自転車が前進してきてY_1車の右側後車輪付近に衝突してきたので、急停車したものの、A、Bが路上に転倒して死亡するに至ったもので、過失は、A、B両名にある。

　(2)　本件事故現場は交通量がきわめて多く成人でも自転車で通行する場合は周到な注意を要する箇所であるところ、A、Bは学業成績優秀であったのであるから、このような場所を自転車の2人乗りで通行していたことは明らかにA、B両名に重大な過失があったといえるのみならず、Xらは、親権者としてA、Bが自転車の2人乗りでこのような危険な場所へ行くことを放置

していたという過失があったのであり、このようなA、B及びXらの過失がなければ本件事故は発生しなかった。

(3) 仮に、Y_1 に過失があったとしても、Y_2 としては、Y_1 の選任監督に相当の注意をなし、雇い入れ後も運転手の教養指導監督につき専任者をおいて絶えず努力していたもので、Y_2 には本件事故による賠償義務はない。

また、Yらに賠償義務があるとしても、A、B及びXらに過失があったのであるから、賠償額の算定にあたってはこの点を斟酌すべきである。

(4) Xらは、A、Bの可得利益につき、その余命年数、労働可能年数、収入及び生活費の統計に基づいて算出しているが、A、Bがいついかなる職業に就き、いかほどの収入を得てどんな生活を営むか等は全く予測できず、可得利益喪失による賠償請求は、抽象的で具体的真実性がないから、損害賠償請求権における損害の発生を証明したものということはできず、失当である。

(5) 仮に、Xらの損害賠償請求を認めるとしても、その可得利益算定に際しては、Xら主張のように20歳から55歳までの生活費だけではなく、余命全期間の生活費を控除すべきであるし、また20歳に達するまでの生活費については、Xらが可得利益喪失による損害賠償請求権の相続を主張しているのであるから、扶養義務者としてその生活費の支出を免れたことになり、当然に損益相殺されるべきものである。

また、生活費につき、国民経済白書（ママ）の統計により世帯の実支出中所得税は有業人員数で、その余の支出は世帯人員数で除して1人あたりの額を算出しているが、合理的でない。およそ1人暮らしの生活費が共同の場合と比べてはるかに多額であることは経験上顕著な事実であり、かつ前記白書は1人暮らしの場合を対象としていないからである。さらに、男子が相当の年齢になれば妻を迎えて子をもうけ世帯主として社会生活を営むことが通常であるから、妻子等の扶養費も控除しなければならない。

(6) X_1 が請求する墓地建設費12万円は、X_1 が、A死亡後、甲墓地内に土地3坪を買い入れて X_1 家累代の墓碑を建立した費用であって不当である。

(7) X_1 請求のうち5万7150円、X_3 請求のうち6680円は、いずれも香典返代であって、この賠償請求は失当である。

(8) 事故後のYらの対応に対するXらの非難について、Y_2 の社長は神経

痛で起居不自由であり、取締役及び事故係社員にXらとの交渉一切を担当させ、両名は事故後、香典を携えて葬式に出席する等し、Xらと円満な示談を図ったところ、X_1が強硬かつ高圧的な態度に出、X_3もこれに同調するに至って、Y_2との示談交渉に耳を貸そうとしなかったのであり、Y_1は、Xらの態度に衝撃を受けて、未遂に終わったものの自殺を図っている。このように、Xらが、Yらに全く誠意がないとして非難することはあたらない。

III 一審判決

1 判決の概要

一審判決（名古屋地判昭和35年7月30日民集18巻5号860頁。以下「一審判決」という。）の概要は以下のとおりである。

Yらは連帯して、X_1に対し26万5000円、X_2に対し25万円、X_3に対し51万3000円及びそれぞれ事故の翌日以降支払済みまで年5分の割合による金員を支払えと判決した。なお、仮執行につき、X_1・X_2については各5万円、X_3については10万円の担保を供することを条件としている。

このように、判決主文において結論が述べられているだけで、途中の認定等は不明であるが、Xらの控訴理由及びYらの上告理由から、一審判決は、A・Bの逸失利益を認めず、A・B・Xらの過失を認めた模様であることが読み取れる。

2 Xら控訴

Xらは、控訴に際し、X_1は107万1903円、X_2は105万6903円、X_3は212万6806円とそれぞれ請求を減縮したうえで、次のように主張した。

(1) いわゆる得べかりし利益（可得利益）に関する原審の判示は、大審院判例を無視し、これと全く反対の見解を示したもので明白な誤判である（具体的な大審院判例をあげているわけではなく、Xら主張の要点をうかがい知るこ

とはできない[1]）。

(2)　過失相殺について、幼児であるA、B本人の過失を認めた点は判例に反するものであり[2]、実質的にみても8歳の幼児に法律の予定する注意義務を要求することは酷であり、また、何ら具体的証拠に基づかず監督義務者の過失を認めたことは違法である。

(3)　可得利益以外の点については原審の認定に不服はない。

Ⅳ　原審判決

1　判決の概要

原審判決（名古屋高判昭和36年1月30日民集18巻5号866頁。以下「原審判決」という。）の概要は以下のとおりである。

(1)　Y₁の過失の有無

Y₁の本人尋問、検証、鑑定の各結果に基づき、

① 本件交差点の状況をみると、南北道路（幅員約10m）の東側部分は公園または空き地となっていて、東西道路（幅員約7m）を西進する車から見ると南北道路を南進する車馬の見通しは良好な箇所であること、

② Y₁は、東西道路を西進して本件交差点に差しかかり、南北道路を南進するタクシーがY₁車の直前を通過したので、他に障害物はないものと軽信して時速約25kmで本件交差点中央付近に進んだところ、B運転、A同乗の自転車がY₁車右後側部に衝突したので、急停車の措置を執ったが及ばず、A、Bを轢過して死亡させたこと、

③ A、Bは子供用自転車に2人乗りしていたものであるが、Bが運転し、

---

[1]　ここでXらは、具体的な判例をあげているわけではないが、これは、後掲Ⅶ1(2)④〜⑥の大審院判決を指しているのではないかと推測される。

[2]　A、Bの年齢が8歳であって責任能力を有しないと考えると、過失相殺をするためには、被害者に責任能力がなければならないとする判例（最判昭和31年7月20日民集10巻8号1079頁）を念頭に置いた主張であろう。

334　第3編 ● 研究論文—判例による規範形成

Aがハンドルにつかまって自転車の前部に同乗し、南北道路を南進して
　　いたものであったこと、
を認定したうえで、Y_1には重大な過失があったと認める。
　すなわち、Y_1は、本件交差点に差しかかった際、南北道路を南進する車馬の有無を十分確かめ、もしその姿を認めたときは直ちに方向転換または急停車をなし得るよう、事故発生防止に必要な程度に減速して進行すべき義務があるにもかかわらず、南進するタクシーにのみ注意を奪われ、他に車馬があるかどうかを十分確認せず、漫然時速25kmくらいのまま進行したため本件事故を引き起こしたもので、生コンクリート運搬用自動車の運転手として重大な過失があったことは明らかである。
(2)　A、B並びにXらの過失の有無
　本件事故現場付近は、名古屋市でも有数の繁華街であり、相当の交通量のあるところであるから、かかる交差点を自転車に2人乗りをして通行することは最も危険な行為として避けるべきことであるところ、すでに小学2年生であったA、Bは、日頃から学校及び家庭で交通の危険について十分訓戒されていて、その危険についても弁識があったものと推定すべきである。しかるに、本件交差点に差しかかった際、西進してくるY_1車に深く注意を払わず、自転車に2人乗りをしたまま本件交差点を通過しようとしたことはA、Bの著しい過失というべく、その過失がY_1の過失と相まって本件事故を引き起こしたのである。したがって、A、Bが本件事故によって被った損害につき、Yらに賠償を求めることができる金額に関しては、A、Bの過失を考慮すべきである。
　なお、Xらが監督義務者として事故発生につき過失があったことを認むべき特段の証拠はなく、平素A、Bに対して自転車乗用については慎重に注意を払うよう訓戒していたこと、事故当日、A、Bが自転車に2人乗りして外出するところを目撃していなかったことをうかがい得るから、Xらに監督義務者としての注意義務の懈怠があるということはできないとした。
(3)　Y_2の責任
　Y_2は、使用者責任について免責事由があると主張するところ、Y_2においては、自動車運転手の雇い入れに際し事故の前歴のないことを確かめたう

えで採用し、雇い入れ後も班別にして班長が直接実地指導し、その承認を得てから単独運転をなさしめていたこと、またY_1は交通事故の前歴を有しない運転手であることをそれぞれ認め得るが、その程度の事情をもってしては、Y_2が、Y_1の選任監督（特にその監督）について相当の注意を払っていたものとはいい難いとして、Y_2の抗弁は採用し難いとした。

(4) 損害賠償の金額
ア 得べかりし利益（可得利益）の総額

A、Bいずれについても基礎収入を年額24万7776円（国民生活白書の常用労働者男子現金給与月報の昭和33年4月から9月までの通常男子の平均労働賃金〔月額2万648円〕による）、生活費を年額8万2428円（国民生活白書の全都市勤労者世帯五分位階層別収支表の昭和33年度における勤労者世帯の家族数4.46人の支出総額中実支出額は月額3万638円〔1人平均6869円〕による）とし、余命57年6か月以上（厚生省第9回修正生命表による）のうち、満20歳から満55歳まで年額16万5348円（24万7776円－8万2428円）の純収入を得ることができるとし、中間利息をホフマン式で1年ごとに差し引き事故当時の一時払いに換算して247万900円を認めた。

そのうえで、A、Bにも過失があったことは明らかであるとし、Yらの支払うべき損害賠償額は、「これを軽減して」各100万円とするのを妥当とした。そして、これをXらが相続するとした。

イ 葬式費用等

X_1に1万9530円（葬儀費1万520円、会葬者食事代9010円）、X_3に1万8760円（看護婦代2600円、葬式費用1万6160円）を認めたが、X_1請求の12万1000円（墓石代）、5万7750円（香典返代）、X_3請求の6680円（香典返代）は、認めなかった。

ウ 慰謝料

Xらの家族構成、家庭の事情、Y_2は取締役及び事故係り社員を葬式に出席させ、香典として1万円、Bの治療費等5万2810円を支払ったが、それ以上積極的にXらの心事を慰謝すべき措置をとらず熱意を欠く点のあったこと、昭和33年以降Y_2の売上高は数億円に及ぶこと、Y_1は24歳で妻子2人の家族を有して月額2万円程度の給料を得ており、本件以外に交通事故を

起こしたことはなく、本件事故で罰金5万円の略式命令を受けていること、及び「双方の過失の程度」その他諸般の事情を総合考量してX_1、X_2に各25万円、X_3に50万円を認めた。

エ　結　論

Yらは連帯して、X_1に76万9530円、X_2に75万円、X_3に151万8760円並びに本件事故の翌日から（請求どおり）支払い済みまで年5分の各損害金を支払うよう命じた。

そして、仮執行については、X_1・X_2につき各25万円、X_3につき50万円の担保を供することを条件に認めている。

2　Yら上告

主たる上告理由は、原審判決が709条に違背してYらに損害賠償を命じたというものである。その主張は、一審判決におけるYらの主張（Ⅱ2(4)、(5)）と共通する。

(1)　すなわち、将来「得べかりし利益」は、「得べかりし収入」から「失うべかりし支出」を控除して算定するものであるところ、本件のように、被害者が満8歳の少年の場合は、将来何年生存することができるか、いつ頃からどんな職業に就いてどのくらいの収入を得、何歳で妻を迎え、子供を何人もってどのような生活を営むのか、等を全く予想することができないのであるから、結局、「得べかりし利益」は算定不可能であって、この点、一審判決が「『得べかりし利益』を算定することは適当でない」と判示してYらにその賠償を命じなかったことはまさに当を得たものである。

(2)　仮に、原審判決のごとき算定方法が許されるとしても、「失うべかりし総支出」の控除は余命期間の全部にわたって控除すべきは当然であり、妻子等家族を得た後は、その協力を得て収入を得るのであるから、その支出には被害者本人のものだけではなく妻子ら家族の生活費を包含させなければならない。

また、原審判決は、世帯の支出額を世帯員数で割った1人当たりの平均額をもって被害者の「失うべかりし支出」と認めるところ、8歳の被害者が「持

つべかりし家族の員数」等は予想できないから、結局「得べかりし利益」を算定することは不可能である。

(3) 「得べかりし利益」の賠償につき一時に支払を命じる場合には判決当時における額を算定すべきである（大判昭和 15 年 8 月 7 日[3]）。すなわち、A、B が稼働して収入を得始める昭和 45 年 7、8 月（A、B が満 20 歳になる時）当時において一時に支払を命ずべき額を算定し、その額からさらに判決当時の昭和 36 年 1 月より昭和 45 年 7、8 月までの法定利率による中間利息を控除し判決当時を基準とする額を算定して一時に支払を命ずべきであったにもかかわらず、原審判決が算定した額はこれによる額と異なる。

V 本判決

1 逸失利益

まず、年少者の「『得べかりし利益』は算定不可能である」とする Y らの上告理由に答える形で、以下のように、年少者の逸失利益は算定可能であるとの総論を述べる。

「なるほど、不法行為により死亡した年少者につき、その者が将来得べかりし利益を喪失したことによる損害の額を算定することがきわめて困難であることは、これを認めなければならないが、算定困難の故をもって、たやすくその賠償請求を否定し去ることは妥当なことではない。けだし、これを否定する場合における被害者側の救済は、主として、精神的損害の賠償請求、すなわち被害者本人の慰藉料（その相続性を肯定するとして）又は被害者の遺族の慰藉料（民法 711 条）の請求にこれを求めるほかはないことになるが、慰藉料の額の算定については、諸般の事情がしんしゃくされるとはいえ、こ

---

[3] 法学 10 巻 198 頁。同判決は、純収益金を損害額として一時支払を命ずるにはホフマン式に従い「判決当時ニ於ケル其ノ額ヲ算定スヘキモノニシテ」原審（広島控訴院年月日不明）認定の満 20 年の時（稼働開始時）に「支払ハルヘキ額ヲ基準トスヘキモノニアラス」としている。

れらの精神的損害の賠償のうちに被害者本人の財産的損害の賠償の趣旨をも含ませること自体に無理があるばかりでなく、その額の算定は、結局において、裁判所の自由な裁量にこれを委ねるほかはないのであるから、その額が低きに過ぎて被害者側の救済に不十分となり、高きに失して不法行為者に酷となるおそれをはらんでいることは否定しえないところである。したがって、年少者死亡の場合における右消極的損害の賠償請求については、一般の場合に比し不正確さが伴うにしても、裁判所は被害者側が提出するあらゆる証拠資料に基づき、経験則とその良識を十分に活用して、できうるかぎり蓋然性のある額を算出するよう努め、ことに右蓋然性に疑がもたれるときは、被害者側にとって控え目な算定方法（たとえば、収入額につき疑があるときはその額を少な目に、支出額につき疑があるときはその額を多めに計算し、また遠い将来の収支の額に懸念があるときは算出の基礎たる期間を短縮する等の方法）を採用することにすれば、慰藉料制度に依存する場合に比較してより客観性のある額を算出することができ、被害者側の救済に資する反面、不法行為者に過当な責任を負わせることともならず、損失の公平な分担を窮極の目的とする損害賠償制度の理念にも副うものではないかと考えられる。要するに、問題は、事案毎に、その具体的事情に即応して解決されるべきであり、所論の如く算定不可能として一概にその請求を排斥し去るべきではない。」。

　結局、被害者の財産的損害の賠償については、これを慰謝料で賄うことは無理であり、仮に、慰謝料によることにして裁判官の自由裁量に委ねるとしても（自由裁量であるがゆえに）適正妥当な慰謝料額が導かれるとは限らず、被害者・加害者双方を納得（満足）させることは叶わないということであろう[4]。

---

4) 　相続的構成か扶養的構成かというアプローチから、相続的構成を維持すべきだとするに際し、「特に幼児の場合、逸失利益といっても実質は慰謝料であるが、扶養的構成だけになれば逸失利益はゼロか激減し、その代わりに慰謝料を増額するといっても他の肉親とのバランスから限度があるので、結局幼児死亡の損害賠償額は大幅にダウンすることになろう。」として、本判決と共通する認識をみせるものがあった（楠本安雄『人身損害賠償論』〔日本評論社、1984年〕72頁以下）。
　　楠本氏は、以前、「扶養的構成のみを認める方向が正当であると考える」とされていた（同書・89頁）が、後に相続的構成支持に改説された（同書・94頁注〔19a〕）。

次いで、算定の具体的要素について判断していく。
(1) 稼働可能期間
　原審は、A、Bが満8歳余の普通健康体を有する男子であること、統計表による同人らの通常の余命が57年6月余であり、20歳から少なくとも55歳まで35年間は稼働可能であることを認定しているところ、これは、「平均年齢の一般的伸長、医学の進歩、衛生思想の普及という顕著な事実をも合わせ考えれば」相当として肯認することができる。
(2) 収入額
　A、Bがいかなる職業に就くか予測し得ない本件のごとき場合において通常男子の平均労賃を算定の基準にする（Ⅳ1(4)ア）ことは、「将来の賃金ベースが現在より下らないということを前提にすれば、一応これを肯認しえないではないが、収入も一応安定した者につき、将来の昇給を度外視した控え目な計算方法を採用する場合とは異なり、本件のごとき年少者の場合においては、初任給は平均労賃よりも低い反面、次第に昇給するものであることを考えれば、35年間を通じてその年収額を右平均労賃と同額とし、これを基準にホフマン式計算方法により一時払いの額を求める」算出方法は、「これを肯認するに足る別段の理由が明らかにされないかぎり、不合理というほかはないところ、」この点につき何ら説明しない原審判決には理由不備の違法がある。
(3) 支出額
ア　生活費
　A、Bが「独身で生活するという特別の事情が認められない本件のごとき場合においては、平均世帯を基準として」A、B各自の生活費を算出すること自体は、「一応これを肯認しえないではないが、」原判決が、首肯するに足る理由を何ら示すことなく、35年間を通じてA、Bの生活費が昭和33年度の前示生活費と同額であり、前示世帯の支出額を世帯員数で均分したものがA、Bの生活費であるとしている（Ⅳ1(4)ア）のは理由不備の違法がある。
イ　控除すべき生活費の範囲
(A)　人的範囲
　「収入から被害者本人の生活費を控除するのは、本人の生活費は、一応、

収入を得るために必要な支出と認められるからであるが（収入を失うことによる損失と支出を免れたことによる利益の間には直接の関係がある）、扶養家族の生活費の支出と被害者本人の収入の間には右のごとき関係はなんら認められないのであるから、」扶養家族の生活費は、収入額からこれを控除すべきではなく、この点に関する原判旨は簡に失するが、結論において正当である。

　(B)　時的範囲

　稼働可能期間経過後（55歳より後）の生活費は、収入と直接の関係に立つものではないばかりでなく、55歳を過ぎても無収入であるとは限らず、第三者による扶養もあり得ることであるから、その間の生活費を収入から当然に控除しなければならない理由はなく、この点に関する原判旨も簡に失しているが、結論において正当である。

　(C)　扶養（養育）費についての損益相殺

　Xらは、A、Bの死亡により20歳までの扶養費の支出を免れて利得しているから、損益相殺の理により、賠償額からその扶養費を控除すべきであるとの主張に対しては、「損益相殺により差引かれるべき利得は、被害者本人に生じたものでなければならないと解されるところ、」本件賠償請求権はA、B本人について発生したものであって、扶養費の支出を免れたことによる利得はA、B本人に生じたものではないことが明らかであるから、これを控除すべきいわれはないとした。

　なお、その他の上告理由（Ⅳ2(3)）についても、これを退けている。

2　結　論

　得べかりし利益（逸失利益）の賠償を求める部分については、原判決に少なくとも上記の諸点につき理由不備の違法があることが明らかであるから、その限度において破棄を免れないとして、破棄に係る部分について差し戻した。

Ⅵ 一審判決～本判決の概要

　本判決は半世紀以上前のものであるから、現在の判例実務の状況と比較してみると、一審判決から本判決に至るまで、判決の内容のみならず、原告側・被告側双方の主張自体にも興味を惹かれるところがあり、さらには、事故状況を表す事実認定の部分にも時代的・社会的背景を映しているといえるところがある。まずは、そのあたりのことも確認しておこう。

1　逸失利益等の損害

(1) 一審判決

　一審判決については、Xらの請求内容及びY側の主張を知ることはできるのであるが、これに対する判決の内容は、主文で結論が明らかにされているのみであり、一部認容ということ以外、詳細は不明である（慰謝料、葬儀費のいずれについてもどのような判断がなされたのかは知り得ない。）。

　ただ、Yらの上告理由（Ⅳ 2(1)）から、一審判決がA・Bの逸失利益を認めていなかったことが明らかになる。

(2) 原審判決

　これに対し、原審はためらいなく（特に理由を述べることもなく）A・Bの逸失利益を認めている。

　ここでは、まずY_1の重大な過失を認め、Y_2の（使用者責任についての）免責の抗弁を認めず、したがってYらは損害賠償責任を負うとしたうえで、A・Bにも著しい過失があり、Y_1、A、Bの各過失が相まって本件事故が起きたと認定している（ただし、A・Bの過失相殺能力に言及しているわけではない）。

　A、B各自の逸失利益算定に際して、その基礎収入は国民生活白書による統計数値（平均賃金）に基づき、また生活費も同じく国民生活白書による収支表に基づき（収入に対する割合ではなく）具体的な金額を控除することとし、稼働可能期間を20歳から55歳までとして（請求どおり）、中間利息をホフマ

ン式で1年ごとに差引くことによって事故当時の一時払額（247万900円）を算出している。

そのうえで、過失相殺を施すのであるが、過失相殺率○％とするのではなく、A・Bの過失を考慮して、いきなりYらが賠償すべき損害額は100万円が妥当であるとし、これをXらが相続するとしている（率に換算すると、約59.5％の過失相殺になる）。

また、慰謝料については、A、B本人の慰謝料をXらが相続するというのではなく、Xら固有の慰謝料として、これを認めている（Xらの請求もそうであった）[5]。

(3) 本判決

既に述べたように、総論として年少者の逸失利益の算定も可能であるとする。

すなわち、これを認めないとなると、いきおい被害者の救済は慰謝料に頼らざるを得ないことになるが、精神的損害の賠償たる性格をもつ慰謝料に被害者の財産的損害の賠償をも含ませること自体に無理があり、その慰謝料額の算定は裁判所の裁量に委ねざるを得ないが、それでは、被害者側・不法行為者側双方にとって酷となるおそれをはらんでいる。そこで、年少者の死亡の場合における消極的損害の賠償請求については控え目な算定方法を採用することによって蓋然性のある額、慰謝料制度に依存する場合に比してより客観性のある額を算出するよう努めるべきとする。

2 過失相殺

前述のように、原審判決は「過失相殺」という表現こそ用いていないものの、A・Bの過失を肯定し、Xらの過失は否定したうえで過失相殺を施しているのであるが、その過失相殺率を明言することなく、いきなり具体的な額

---

[5] 慰謝料請求権の相続性を正面から認めたのは最大判昭和42年11月1日民集21巻9号2249頁であり、それ以前の裁判例においては、請求する原告も、判決する裁判所も民法711条によっていたものと思われる（ただし、判決理由でその点を明言しているわけではない）。

を提示している[6]。

　逸失利益については明確に過失相殺をしているが、葬式費用等はＸらの請求であり、Ｘらに過失はないとして過失相殺をせず、慰謝料については、Ｘらの固有の慰謝料としての請求であるにもかかわらず、Ａ・Ｂの過失を斟酌している。

　近親者固有の慰謝料が請求され、これを認めるに際し、被害者本人の過失を斟酌して過失相殺を施すのが今日の状況といえる[7]が、原審判決の当時は、むしろ被害者本人の過失を斟酌せず、請求者に過失があるかどうかを問題にするという姿勢が一般的であったことに鑑みると、被害者本人の過失を斟酌するか否かに関する原審判決の姿勢を垣間みることができるように思われる。葬式費用等については、過失相殺していないところから、より一層その姿勢を浮き立たせることになっているともいえよう。

　ここで、原審判決は、過失相殺能力として責任能力を要するか否かについては何ら言及するところではないが、責任能力を要するとは考えていないものと思われる。仮に、責任能力を要すると解するのであれば、Ａ・Ｂに過失はあるが、責任能力がないとして過失相殺の問題にならず、Ｘらには過失がないとしているのであるから、被害者側の過失としての過失相殺も問題にならないはずだからである[8]。そして、この原審の姿勢こそが最高裁の判断（最

---

[6] 『民事交通訴訟における損害賠償算定基準と過失相殺率等の認定基準』（別冊判例タイムズ１号）が出たのは 1975（昭和 50）年である。

[7] 前掲最判昭和 31 年 7 月 20 日は、8 歳 10 か月の女児死亡につき、その父母が民法 711 条に基づいて慰謝料を請求した事案において、「当該事故の発生につき死亡者にも過失があったときは、たとえ被害者たる父母自身に過失がなくても、民法 722 条 2 項にいう『被害者ニ過失アリタルトキ』に当たるものと解すべき余地があるとしても、……」としている。

[8] 前掲最判昭和 31 年 7 月 20 日は、8 歳 10 か月の女児死亡につき、その父母が民法 711 条に基づき慰謝料を請求した事案において、被害者たる未成年者が責任能力を備えていないときは、「その不注意を直ちに被害者の過失となし 722 条 2 項を類推適用すべきではない」としていたし、最判昭和 34 年 11 月 26 日民集 13 巻 12 号 1573 頁は、8 歳 2 か月の男子が死亡し、同被害者の父母が慰謝料と葬儀費を請求した事案で、事故発生の際、被害者の「監督義務者のごときものが同伴しており、同人において」被害者を「抑制できたにもかかわらず、不注意にも抑制しなかったというのであれば、原審としてはその同伴者の過失を斟酌したであろうやも測り難い」としており、本件においてＸらに過失があったのであれば、(Ａ、Ｂに責任能力がないことを前提として)

大判昭和39年6月24日民集18巻5号854頁）を導いたのではないかと推測されるのである。

3　仮執行宣言

　今日の裁判例においては、まずみることがなくなったものといってよいであろうが、担保を供すべきことを仮執行の条件とするとされている[9]。
　一審判決は、X_1・X_2は各5万円、X_3は10万円の担保を供することを条件とし、原審判決は、X_1・X_2は各25万円、X_3は50万円の担保を供することを条件としている。
　仮執行宣言とは、判決がいまだ確定していない段階であっても判決主文に表示される権利義務関係・法律関係について執行力を付与するものであるが、これは、裁判所が、必要があると認めるときに限り（その裁量に基づき）、申立てにより又は職権で宣言するものであるところ、その際、担保を立てて仮執行をすることができるとすることもできるし、担保を立てないで仮執行をすることができるとすることもできる（民訴259条1項）。
　（一部）勝訴当事者となる原告は交通事故（不法行為）の被害者（側）であるから、その者に即時の権利実現をさせる必要性が高いであろうことは容易に推測できる。ここにおいて、一審・原審両判決が、仮執行をするためには担保を供しなければならないとしたということは、上訴審において、自審の判決が取り消され、または変更される可能性を視野に入れていたのではないかとも思われる。とりわけ、逸失利益を認定した原審判決については、そのように捉えられるのであるが、いささかうがち過ぎであろうか。

　　被害者側の過失をもって過失相殺が行われていたと考えられるからである。
　9)　ちなみに、Ⅶ1(2)⑪判決は、被告側が、原告らの損害元本に相当する担保を供して、仮執行を免れることができるとして仮執行免脱宣言をしている。

4　当事者の主張

(1) 生活費控除・養育費控除に関するＹらの主張

　生活費控除に関する、Ｙらの主張（Ⅱ2(5)、Ⅳ2(2)）は個性的（独特）なものであり、今日では被告側からの主張としても、まずみられないものである。当時は、このような発想が（加害者側の立場に立った場合）支配的なものであったのかどうか容易に確認することはできないが、原審判決は、特にこれに答えることなく、本判決は、一応の理由を付して、いずれもこの主張を一蹴している。

　また、Ｙらは、Ａ、Ｂが20歳に達するまでの生活費も控除すべきとする。すなわち、Ｘらは扶養義務者としての生活費の支出を免れたことになるから、これも当然に損益相殺されるべきだとするものである。生活費といってはいるものの、これは、Ａ、Ｂが成年に達するまでＸらが扶養義務者として負担すべきものであるから、養育費と同視してよいと思われる。結局、Ｙらは、Ａ・Ｂの死亡後の全余命期間にわたる生活費（養育費＋生活費）を控除せよと主張していることになる。

　さらに、男子が相当の年齢になれば、妻を迎えて子をもうけ世帯主として社会生活を営むことになるのが通常であるから、その妻子等の扶養費も控除すべきだとする。

　しかし、養育費については、その支出を免れたことによる利得は被害者本人に生じたものではないとされ[10]、妻子等の扶養費（生活費の支出）については、その支出と被害者本人の収入との間に直接の関係（収入を失うことによる損失と支出を免れたことによる利益との間の関係）が認められないから、これを収入額から控除すべきではないとして、退けられた。

---

[10]　したがって、養育費は控除の対象とされないことになるが、その後、このことは、最判昭和53年10月20日民集32巻7号1500頁でも確認されており、判例として確定しているといって差し支えないであろう（なお、本判決以前のものであるが、Ⅶ1(2)⑪判決は養育費、教育費を稼働年齢に達した後の生活費に準じて控除するのが相当としている）。

(2) 慰謝料

Xらは、A、Bの死亡につき、Xら固有のものとして慰謝料を請求している[11]。

(3) 損害額の算定

Yらは、上告理由で、逸失利益を一時金で支払うよう命ずる場合には、判決当時における額を算定すべきと主張している（Ⅳ2(3)）。しかし、このような主張をする趣旨が明確ではなく、上告審には受け容れられていない[12]。

---

11) 前掲・注5) 参照。
12) 最判昭和37年9月4日民集16巻9号1834頁は、A（男、39歳）が原付自転車で第2級国道を走行中、排水用の暗渠新設工事現場で路上に横たえられていた枕木に衝突・転倒して死亡した事故につき、道路管理者に国家賠償法2条に基づく責任を認めた事案であるが、そこで、不法行為に基づく損害賠償債務は、「損害の発生と同時に、なんらの催告を要することなく、遅滞に陥るものと」解しているところ、これは、不法行為成立と同時に損害賠償債権が発生し、同時に行使し得ることを前提としている。それゆえ、一時金として損害額を算定する基準時も不法行為時（事故日）とされるのである（ただ、Ⅶ1(2)⑥判決のように、訴え提起時を一時金算定の標準時としたものもあった）。

　たしかに、具体的損害額が確定するのは判決によることになるが、事故発生と同時に被害者に損害が発生することは紛れもない事実であり、その時点では損害「額」が確定していないからといって、被害者が損害賠償請求権を取得するに至っていない＝加害者側は損害賠償債務を負担するに至っていないと解するべきではない。損害が発生した時点で、その損害を填補されてしかるべき被害者が、実際に損害賠償を受けるまでの間に受ける損害を填補するものとして遅延損害金が機能すべきものであろう。

　ただ、かつては、遅延損害金をいつから付すべきかは誠に困難な問題であるとし、理論上は損害賠償を支払うべき時、すなわち不法行為の時（損害賠償責任発生の時）から利息を支払うべきが原則であろうが、「未だ請求を受けず、幾何を支払うべきかも明らかでないのに遅滞の責を負わしめるのもどうかと思われるので、適当な請求を受けた時或は訴の提起の時から」としたらどうか、そのいずれの時でも実際上差異は少ないであろうが、訴えを提起しておかないと遅延利息は取れないとするのは厳格にすぎるから「適当な請求のあったときより遅延利息を附すべきものと解するのがよいように思う」としたものがあった（谷口知平「損害賠償額の算定」谷口知平ほか『総合判例研究叢書民法(4)』〔有斐閣、1957年〕1頁（41頁））ことも記憶しておいてよいかもしれない。

5 その他

(1) 時代背景

本件事故が起きた交差点は、「南進して来る車馬に対する見透しは良好な個所であること」との表現がみられるが、「車馬」という言葉がごく普通に用いられているところが、時代を表しているとみることができよう。

なお、以上の2〜5については、年少者の逸失利益をどうするかという本質的問題とは関わりのないものであるが、今日の状況とはかなり様相を異にしていると思われるところから言及しておくことにした。

Ⅶ 本判決以前の状況

本判決は、「年少者男子の逸失利益が算定困難であることは認めなければならない」→しかし、「算定困難の故を以てこれを否定し去ることは妥当でない」→「損失の公平な分担を窮極の目的とする損害賠償制度に副うように工夫して逸失利益額を算出すべきである」として、「最高裁として初めて」年少者（幼児）の逸失利益も算定可能であることを正面から認めたものである。

ただ、本判決登場以前の裁判例の状況をみると、年少者の逸失利益を否定するもの一辺倒というわけではなく、肯定例・否定例が混在しているものの、肯定するものも少なくなかったといって差し支えない。逸失利益についてのみならず、今日の裁判実務と比較して興味深い点も併せ、非死亡事案も含めて主な裁判例をたどってみよう。

1 年少者の逸失利益に関する若干の裁判例

(1) 逸失利益を認めなかったもの

最判昭和28年11月20日民集7巻11号1229頁が、船舶引渡義務の不履行に係る損害賠償請求につき、「損害賠償を請求する者は損害発生の事実だ

けでなく損害の数額をも立証すべき責任を負うものであることは当然であるから裁判所は請求者の提出した証拠を判断し損害額が証明せられたかどうかを判定すべき……」であって、損害の証明がなければ「その請求を棄却すべきであ」り、職権によって損害額を審究すべき職責を有するものではないとしていたこともあって、財産上の損害賠償請求は、確実な主張と立証とを要すると考えられるようになり、多額の得べかりし利益を失ったことがうかがわれながらも、幼児については損害賠償額の算定が不可能である＝立証なしとして逸失利益の賠償請求が排斥される場合が少なくなかった。

【①】東京地判昭和30年11月28日判時69号17頁

大人用の自転車に乗って踏切を渡ろうとしたA（男、9歳2か月、小学3年生）が私鉄電車にはねられて死亡したことにつき、Xら（Aの両親）は、50.38年の余命のうち、20歳から30年間、毎年平均最低5万円の純収益（総収入からA自身の必要生計費を控除した金額）を得ることができたとして逸失利益を請求したが、判決は、「被害者が満20歳に達したときに原告らの云うように平均最低1ヶ年金5万円の純収益を上げ得ると認めるに足る証拠はない」としてXらの請求を退けた。

このように、逸失利益は認めていないものの、慰謝料等は認めているところ、被害者には重大な過失があると認めつつ、具体的にどのように過失相殺をしたのかは不明である。

なお、Xらは、担保を提供して仮執行することができるとしている。

また、訴状送達の翌日を遅延損害金の起算日としている。

【②】宮崎地判昭和31年11月27日下民集7巻11号3396頁（非交通事故）

X_1（男、2歳9か月）が、百貨店屋上で飼われている猿に噛まれて左示指第三指節咬断創を受けたという事故につき、Xらは、昭和30年度全国労働者総平均賃金の1万8624円を基礎に、労働能力喪失率については労働基準法施行規則別表第一の第11級として肉体的損害賠償（後遺障害逸失利益）を請求した。

これに対して判決は、肉体的損害の賠償は「X_1の労働能力の回復又は生計維持を企てるために積極的及び消極的な財産上の損害を填補しようとするもので稼働能力あることを前提とするものであるから、幼児であるX_1の損

害額とは認め難」いとして、これを認めなかった。

　このような事故が起きたことについては、X_1に付き添っていた伯母の弟（15歳4か月）に過失があったからであることを認め、被害者側に過失があるとして過失を斟酌するとはいっているものの、具体的にどのように斟酌したかは不明である。

　なお、遅延損害金の起算日は訴状送達の翌日とされ、仮執行については記載がない。

【③】東京地判昭和33年11月20日判時174号19頁（非交通事故[13]）

　X（男、5歳〔判決では6歳とされている〕）が硫酸入りの甕に突き当たり、その甕が割れて流出した硫酸を浴び、手足等に火傷をして、後遺症を残したことにつき、Xは、普通人であれば平均月額1万5000円の収入を上げられるとして、これを基礎に、後遺障害による労働能力喪失率を2割とし、Xが50歳まで生存するとすると、20歳から50歳まで30年間労働可能であるとしてホフマン式で計算した51万7659円のうち50万円を請求した。

　これに対して判決は、Xは、「高度の運動障碍を残し、通常人の歩行能力の約3分の1程度の歩行能力の減退を来し、今後治療の可能性がない」としつつ、後遺障害逸失利益については、「Xは、現在小学生であり、自己の収入はなく、将来どのような職業に就くかは全く不明である。そして歩行能力の障碍によって収入に影響を受けないような職業も多数有るのであるから、Xの収入が果たしてこれにより減少するか否かは現在のところ、不確定の事実である。」右足の「畸形のため、将来就職その他に困難を来し苦痛を感ずるであろうことは予想されるのであるが、それは慰藉料の問題として考えるべきことであって、これを将来得べかりし利益の喪失として算定することは

---

13)　同判決確定後、再び治療費等を求めた事案が東京地判昭和38年12月23日民集21巻6号1569頁（同控訴審判決は東京高判昭和40年8月7日民集21巻6号1574頁、同上告審判決は最判昭和42年7月18日民集21巻6号1559頁）である。一般的には、「受傷時から相当期間経過後に……後遺症が現れ、そのため受傷時においては医学的にも通常予想しえなかったような治療方法が必要とされ、右治療のため費用を支出することを余儀なくされるにいたった等、……後日その治療を受けるようになるまでは、右治療に要した費用すなわち損害については、」724条の時効は進行しないと解したこちらのほう（最判昭和42年7月18日）がよく知られている。

できない。」として逸失利益の賠償を求めることはできないとした。

なお、本判決も、訴状送達の翌日を遅延損害金の起算日とし、仮執行については、保証（5万円）を供することを条件としている。

このように、逸失利益を認めなかった判決は、その理由として、稼働開始時に原告の主張する収入を上げ得ることを認めるに足る証拠がないこと（①）、幼児には稼働能力がないこと（②）、あるいは逸失利益が発生するか否か不明であること（③）をあげている。

(2) **逸失利益の請求を認めたもの**
【④】大判大正15年1月26日民集5巻71頁

X（8歳の男児）が踏切で市電に轢過され、左腕を切断するに至った事故につき、Xは、57歳まで生存することを前提に、21歳から57歳まで37年間にわたり、1日平均4円の収入を得べかりしところ、片腕となったことにより、その収入が1日2円に半減するものとして逸失利益を請求した。

これに対する原審（大阪控訴院年月日不明）の判断は、1日の収入を平均2円として、これを基礎に、そのうち70銭を失った（労働能力喪失率35%）とし、余命49年のうち21歳から57歳まで稼働可能として、ホフマン式で中間利息を控除したというものである。

被告らは、上告理由で、ホフマン式は破産債権に関する計算であるとして、専らホフマン式採用を不法であると主張したが、上告審の受け容れるところではなかった。

なお、本判決も訴状送達の翌日を遅延損害金の起算日としており、仮執行については記載がない。

【⑤】大判昭和7年12月23日新聞3517号14頁

踏切における電車と自動車との衝突事故により、自動車に同乗していた母子が死亡した事案において、「不法行為ニヨリ生命ヲ害セラレタル者ハ不法行為ナカリセハ尚生存シテ得ヘカリシ収益ヲ失ヒタルモノト認ムヘキヤ当然ニシテ之力為ニハ不法行為当時現ニ収益ヲ取得シ居レル事実アルコトヲ必要トセス唯其ノ当時ノ事情ヨリ判断シテ若シ尚生存セハ将来収益ヲ得ヘキ十分ナル見込アリト認メ得ルヲ以テ足ルモノトス」としたうえで、死亡当時3歳

の男児は、なお53年間生存するものである以上、「特別ノ事情ナキ限リ少クトモ通常男子ノ労働ニ従事シ得ヘキ年齢ノ間其ノ賃銀ニ相当スル収益ヲ得ヘキ見込アリト認ムルヲ相当トナササルヘカラス」として、その死亡逸失利益を認めた。

【⑥】大判昭和13年5月30日新聞4298号7頁

X（男、3歳）がトロ車に轢過されて重傷を負ったことによる逸失利益につき、余命を50年、25歳から53歳まで家業の大工または他の適当な職業に従事し収入を得べきものとし、1カ年180円宛ての収入を喪失するとして、ホフマン式によって算出した原判決を相当とした（なお、ここでは、一時金算定の標準を訴え提起時とするとされている）。

Yはその上告理由で、専ら、中間利息の控除につきライプニッツ方式によるべきとの主張（横浜地判昭和6年8月10日判例集未登載がライプニッツ方式によっているとする）を展開したが、上告審の受け容れるところではなかった。

【⑦】福島地判昭和29年3月31日民集16巻11号2233頁（非交通事故、上告審が最判昭和37年11月8日民集16巻11号2216頁であるが、上訴審では、専ら民法717条の責任の肯否が問題とされている）

X（男、3歳3か月）が感電して両足の第二、第三趾骨が欠落して歩行困難となった等の障害を遺したことにつき、満20歳から満50歳まで31年間働けるとして、基礎収入については、父親の職業（理髪業）に就くことを前提に1日400円、仮に理髪業に就かないとしても一般肉体労働に従事して得られる1日200円とし、労働能力が半減したとしてホフマン式で逸失利益を求めたところ、判決は、一般肉体労働による収入を基礎としてXの請求どおり認めた。

なお、仮執行については、保証金を供託することを条件として認めているが、遅延損害金については、そもそもXが請求していない。

【⑧】東京地判昭和29年6月28日下民集5巻6号965頁

A（女、16歳11か月、中学卒業後上京し、就職先を探しているところ）が、米軍の被用者が運転する普通貨物自動車に衝突されて即死した事故につき、Xら（Aの両親）は、逸失利益の請求に際し、東京都内における新制中学卒業の17歳女性が一般事務員として取得し得る平均月額を6687円として、こ

れを基礎収入とし、生活費控除割合を収入額の5割、稼働可能期間については余命43.82年のうち34.55年（内閣統計局の統計年鑑による）としてホフマン式によることとした。これに対して判決は、請求どおり（基礎収入は労働統計調査部の職業別賃金調査〔京浜地区における高等小学校卒18歳ないし19歳の女子36人の平均月収〕に基づき、請求と同額の6687円）認めた。

なお、ここでは事故の翌日が遅延損害金の起算日とされており、仮執行については記載がない。

【⑨】宮崎地判昭和32年6月25日下民集8巻6号1154頁（非交通事故）

A（男、14歳、中学3年生）が電線に触れて感電死した事故につき、経験則上、成人後の得べかりし利益は予想されるとしたうえで、勤労統計調査による月額1万5400円を基礎収入とし、生活費を月額1万円（請求どおり）、稼働可能期間については、満14歳の平均余命54年、成年までの5年を差し引いた49年間（68歳まで）として、損害額85万8162円につき過失相殺をして40万円を認めた。

なお、遅延損害金の起算日は訴状送達の翌日とし、仮執行については記載がない。

【⑩】浦和地越谷支判昭和32年12月13日下民集8巻12号2352頁

泥酔者が運転するオート三輪車の助手席に同乗していたときの事故（甲宅前でケヤキの大木に衝突）で、X（男、18歳3か月）が左前腕複雑粉砕骨折等の傷害を負い、左手第2関節から切断したことにつき、Xは三輪自動車の免許はもっているものの、普通貨物自動車の免許はなく、就職しておらず自立もしていないが、普通貨物自動車の免許を取得して訴外会社に勤務し得たとするときの賃金は月額7500円（近隣の会社における運転手の賃金。ちなみに、Xは1万円を基礎として請求している。）であるとし、稼働可能期間については、18歳男子の平均余命は48年を下らないところ、事故時（18歳3か月）から36年9か月間（上記訴外会社の定年である55歳まで。請求は20歳から60歳まで）稼働可能とし、労働能力喪失率を50％としてホフマン式により、損害額91万7810円を過失相殺して45万円を認めた。

なお、遅延損害金の起算日は事故日とされ（請求どおり）、仮執行については、15万円の担保を供することを条件としている。

【⑪】前橋地判昭和 36 年 5 月 16 日下民集 12 巻 5 号 1132 頁（非交通事故）

入湯施設を備えた貸席で木製プロペラに接触してＡ（女、6歳）が死亡した事故につき、稼働している成年女子の平均賃金である月額 9484 円（請求どおり）を基礎収入、生活費控除割合を 5 割（請求どおり）とし、稼働可能期間については、平均寿命 62.25 年のうち、20 歳から 60 歳までの 40 年間とした。

Ｘら（Ａの両親）は、20 歳から 62 歳まで（余命の限り）稼働可能であると主張したが、判決は、およそ女子が死亡するその年まで稼働することは通常のこととはいい難いとして、これを退けた。

また、ここでは、稼働可能年齢に達するまでの養育費、教育費も稼働可能年齢に達した後の生活費に準じて、総収入から控除するのが相当とし、中流家庭の子女の養育費、教育費をそれ以後（稼働可能年齢に達した後）の生活費とほぼ同程度としたうえで、総収入から生活費を控除したものの現在価額をホフマン式で算出した後、さらに、そこからホフマン式で算出した養育費、教育費の現在価額を控除するという計算をして逸失利益を算出している。

なお、遅延損害金の起算日に関しては、葬儀費については葬儀日の翌日、医療費については医療費を支出した日の翌日、その余については、事故の翌日（逸失利益については請求どおり）としている。

仮執行はできるとしているが、同時に、Ｙらが、Ｘらの損害元本に相当する担保を供するときは、仮執行を免れることができるとしている。

【⑫】東京地判昭和 36 年 12 月 8 日判時 286 号 14 頁

道路を横断しようとしていたＡ（男、11 歳 1 か月、小学 5 年生）が自動三輪車にはねられて死亡した事故につき、賃金センサス全産業労働者男子平均賃金から公課 15％を控除（請求どおり）[14]したもの（純手取額）を基礎収入とし、生活費を 7556 円（総理府統計局編集の日本統計年鑑、勤労者平均世帯の東

---

[14] 逸失利益の算定に際し、税金を控除すべきか否かが問題とされることもあった。最判昭和 45 年 7 月 24 日民集 24 巻 7 号 1177 頁が非控除説を採っており、現在における実務の取扱いは控除しないことで確定しているといえるが、この問題をめぐる議論については、藤村和夫『交通事故賠償理論の新展開』（日本評論社、1998 年）290 頁以下を参照。

京都における世帯員4.44人の生活費)、20歳から40年間は稼働可能としてホフマン式によった。そして、逸失利益208万円を過失相殺により60万円と認めている。

なお、遅延損害金の起算日については、訴状送達後の昭和34年3月13日（請求どおり）とされているのみで、訴状送達の翌日か否かは不明である。

仮執行ができるとされているが、担保を供させているわけではない。

Ⅷ　本判決までの裁判例の状況

1　逸失利益

前述したように、本判決登場以前の裁判例をみると、年少者の逸失利益を認めるものも少なくない。ただ、その具体的な算定手法（用いる数字等）は、中間利息の控除方式こそホフマン式で一致しているものの、以下にみるように多様性に富んでいるということができ、個々の裁判例の妥当性を検証することも容易でない。

(1)　基礎収入

家の職業を顧慮して算定するもの（⑥）、近隣の事業所の賃金を基礎とするもの（⑩）もあるが、大部分は、諸種の統計表に依拠し、それぞれの時期における平均賃金を基準としている（⑧、⑨、⑪、⑫）。なかには、公課を控除するものもある（⑫…請求どおり）。

(2)　生活費控除

これを割合で示したものは⑧、⑪（いずれも請求どおり）、他のもの（⑨、⑫）は具体的な額を示している。

また、損益相殺的調整として養育費、教育費を控除するものもある（⑪）。

(3)　稼働可能期間

稼働可能期間に関する各判決の内容は以下のとおりである。

①・③　逸失利益否定例であるが、原告の請求は20歳～50歳。

④　21歳～57歳（請求どおり・余命一杯まで）。

⑥　25歳～53歳（請求どおり・余命一杯まで）。

⑦　20歳〜50歳（請求どおり・余命一杯でない）。
⑧　女子・34.55年（請求どおりでない・余命一杯かは不明）。
⑨　20歳〜68歳（請求どおり・余命一杯まで）。
⑩　18歳3か月（事故時）〜55歳（請求どおりでない・余命一杯でない）。
⑪　女子・20歳〜60歳（請求どおりでない、余命一杯でない）。
⑫　20歳〜59歳（請求どおり・余命一杯でない）。

このように、本判決登場以前における裁判例をみると、平均余命の認定、稼働可能期間の始期・終期の認定のいずれについても統一的なルールがないような状況であったことがみてとれる。

すなわち、原告が余命一杯まで稼働可能として逸失利益を請求するものが多いところ、これをそのまま認めた裁判例も少なくないが認めていないものもあり、逆に、余命一杯まで稼働可能とせず請求するものもある。

このような状況（原告の請求・裁判例の内容）に接すると、当時は、死亡の直前まで働いて収入を得るということが社会的にもそれほど違和感なく受け容れられていたのではないかとの思いも抱かせる。

しかし、⑪のように、およそ女子が死亡するその年まで稼働することは通常のこととはいい難いとするものもあり、やはり個々の裁判例によって捉え方が異なるのかとの印象を抱かせる。

2　慰謝料

被害者死亡の場合は、近親者（両親）固有の慰謝料として請求されており、判決も両親固有の慰謝料として認めている。これは、最大判昭和42年11月1日民集21巻9号2249頁が出る前であるから、このような形になっているのであろう[15]。

---

15)　前掲・注5)　参照。

3 過失相殺

(1) 過失相殺後の具体的額を示すもの—⑨、⑩、⑫
(2) 過失相殺率を示すもの—なし
(3) 被害者に過失を認め、過失を斟酌するとしつつ、具体的にどのようにしたのか不明なもの—①、②

4 遅延損害金の起算日

(1) 訴状送達の翌日とするもの—①、②、③、④、⑨、⑫（事故日から約4か月後で訴状送達後の〇〇日というのみで訴状送達の翌日かは定かでないが、これも訴状送達の翌日に入れてよいのではないかと思われる。いずれも請求どおり）。
(2) 事故の翌日とするもの—⑧、⑪（費目によって分ける〔支出日の翌日〕が、逸失利益については事故の翌日[16]）。ちなみに、原審判決も事故翌日を起算日としている）。
(3) 事故日とするもの—⑩（請求どおり）。
(4) 遅延損害金について触れないもの—⑦（Xも請求していない）。

遅延損害金の起算日については、全て最判昭和37年9月4日民集16巻9号1834頁（この判決は訴状送達の翌日としている）[17]以前のものであるから一定していなかったともいえるが、おおむね、請求どおりとするものが多いとの印象を受ける。

---

16) このように、遅延損害金の起算日を、損害費目ごとにその支出した翌日とすることは、一見きめ細かな判断のようにも思われるところであるが、最判昭和58年9月6日民集37巻7号901頁が、(弁護士費用の付遅滞の時期に関するものではあるが)「その余の費目の損害と同一の不法行為による身体傷害など同一利益の侵害に基づいて生じたものである場合には一個の損害賠償債務の一部を構成するものというべきである……」としたことから、今日では、個々の費目について遅延損害金の起算日を特定しなければならないという要請はない。

17) 前掲・注12) 参照。

5　仮執行宣言（下級審裁判例において）

(1)　仮執行宣言をしないもの——②、④、⑧、⑨。
(2)　仮執行宣言をするもの——⑫。
(3)　担保を供することを条件として仮執行宣言をするもの——①、③、⑦、⑩。
(4)　仮執行免脱宣言（民訴法259条3項）をするもの——⑪。

　このようにしてみてくると、基礎収入については、およそ諸種の統計によるという姿勢が採られているとみることができ、中間利息控除方式もホフマン式で統一されているが、その他の点（生活費〔率と額で表す〕）、稼働期間（稼働開始年齢の始期・終期が様々）、過失相殺（いきなり過失相殺後の額を出し、過失相殺率を示すものはない）、遅延損害金の起算日、仮執行宣言をするか否か、その際に担保を供与させるか、仮執行免脱宣言をするか等につき、かなりのバラツキがあり、混乱しているとまではいえないものの、個々の裁判例によって、その判断姿勢は個性的であったといえる。

IX　本判決の意義

1　本判決登場の時期

　このように、大審院判決（Ⅷ1⑵④～⑥の3件）は全て逸失利益を認めており、戦後の下級審裁判例においても、年少者の逸失利益を認めるものが決して少なくなかった（⑧、⑪のように、女子について認めたものもあった）という状況において、最判昭和37年5月4日民集16巻5号1044頁が現れた。
　同判決は、3歳2か月の男児につき、同人が「生存していたとして何時ごろから少なくともどれだけの純収入を得るか、それを同人の死亡当時に評価してどれだけの数額になるかを算定することはきわめて困難な問題であるところ、」控訴人（上告人）らが提出する証拠によってこれらの事実を推認することはできないとして逸失利益の請求を認めなかった原審（東京高判昭和

33年7月18日民集16巻5号1063頁）の判断に経験則違背は認められないとした。

これにより、年少者の逸失利益も認めることができるという方向へ向かっていた下級審裁判例の動きも修正されるかにみえた。

しかし、一方で同判決には、「事物の通常の成行きによれば蓋然性を持って期待し得る利益、これがいわゆる『得べかりし利益』に外ならない」から、「いわゆる『得べかりし利益』の算定には、不法行為当時、生命を害された者が現に収益を取得していた事実あることを必要としないし、その年齢の如何をも問わないのであって、ただ、その当時の事情から判断し、経験則上若しなお生存していたならば将来収益を取得する蓋然性があるものと認め得べきを以て足りると解すべきである」とする少数意見（池田克）、「およそ不法行為に因り生命を害せられた者は、不法行為なかりせばなお生存して得べかりし収益を失いたるものと認むべきことは経験則上当然であって、これがため不法行為当時、現に収益を取得し居れる事実あることを要せず……、また、被害者が幼児であると成熟者であるとで区別すべき何らの理由もない」とする反対意見（奥野健一）があり[18]、本判決につながる素地を残していたとみることもできる。

2　年少者（男子）の逸失利益の認定と算定の定着

そのような中で本判決が現れ、正面から年少者（男子）の逸失利益も算定可能であるという姿勢を明らかにしたことが、重要な意義をもつことは論をまたない。

しかし同時に、逸失利益算定の基礎収入をどうするか、生活費控除の額あるいは収入に対する割合をどうするかという問題について原審判決の姿勢を

18）　この「いわゆる『得べかりし利益』の算定には、不法行為当時、生命を害された者が現に収益を取得していた事実あることを要しない」（池田克）、「不法行為当時、現に収益を取得し居れる事実あることを要せず」（奥野健一）という発想は、Ⅶ1(2)⑤判決の死亡被害者が得べかりし収益を失ったことは当然であって「不法行為当時現ニ収益ヲ取得シ居レル事実アルコトヲ必要トセス」という説示と共通する。

よしとせず、しかも最高裁自身の考えを何ら示すこともなかったことから、その後の下級審裁判例に混乱を与えることになった[19]。

(1) 基礎収入と生活費

素直に考えれば、就労に対する対価（給与等、収入）が、稼働可能期間中を通じて稼働開始時の額のまま推移するとは考えられず、その年齢、職歴、能力等に応じて増減するであろうことはほぼ明らかであるから、逸失利益算定における基礎収入をどのように措定すればよいかは甚だ難問とならざるを得ない。生活費についても同様の思考を働かせることになろう。そうであれば、本判決後の下級審裁判例が大いに悩んで試行錯誤ともいえる動きを示したことも宜なるかなである。

しかし、その後、本判決の求めるところを正面から受け止めたうえでこれに応えることは至難であるとして、東京地裁が（とりわけ生活費控除について）いわば割り切った姿勢を示すことによって[20]、これらについては徐々に収斂していき、今日に至る算定方式の基礎が形成されていくことになったのも、本判決のもたらした、消極的な功績といい得るものであろう。

(2) 稼働可能期間

先にみたように（Ⅷ1(3)）、本判決登場以前の裁判例における稼働可能期間に関する認定は区々に分かれていたが、原審判決は20歳から55歳まで稼働可能とし、本判決もこれを相当として肯認することができるとしている。したがって、本判決が、稼働可能期間（その始期と終期）について、その後の裁判例をリードするような姿勢を示したわけではない。

この点に関し、本判決につき、平均余命の認定が合理的客観性を欠くと批判し、その解決方法として定期金賠償を提唱したものがある[21]。

---

19) 本判決自体は、差し戻された後、名古屋高裁で、原審判決どおりの額で和解ができたようである（千種達夫『人身損害賠償の研究（下）』〔有斐閣、1975年〕365頁）。
20) 本判決の後約10年の間に、東京地裁判決で生活費控除を割合で示した主なもの（いずれも5割）として、以下のものがある。
　東京地判昭和42年7月10日判時495号62頁、同昭和43年2月17日交通民集1巻1号131頁、同昭和43年2月17日交通民集1巻1号138頁、同昭和44年9月26日判タ240号184頁、同昭和49年2月19日判時746号63頁。
21) 倉田卓次「定期金賠償試論」同『民事交通訴訟の課題』（日本評論社、1970年）

なお、最判昭和36年1月24日民集15巻1号35頁は、「死者の活動年齢期は経験則に基づく認定であり、」その「経歴、年令、職業、健康状態その他諸般の事情を考慮して、自由な心証によってその活動期を認定」することができ、必ずしも統計による生命表の有限平均余命の数値に拘束されないとする。

　たしかに、それはそのとおりであろうし、そのように個々の具体的事情を考慮することによって、被害者の年齢が同じであっても稼働可能期間（稼働開始時期とその終期）が異なることがあり、それが当該被害者の実態に即した望ましい結論を導くこともあろう。しかし、そのためには立証と認定のための容易ならざる作業が求められることになる。やはり、平均余命に係る数値が稼働可能期間認定の主たる材料であることに変わりはないであろう[22]。

　ちなみに、稼働可能年齢の終期が、原則として67歳までとされたのは、1973（昭和48）年12月1日実施の自賠責保険損害査定要綱[23]が稼働可能年齢を63歳から67歳まで延ばし、東京地裁もこれを採用した時からである[24]が、その「67歳」は1969（昭和44）年の第12回生命表の0歳男子の平均余命67.74歳によったものであり、その姿勢が今日まで維持されてきているものである。男女とも平均寿命の伸びが顕著となった今日においても、この年齢が妥当であるかということはしばしば議論になり得るものではあるが、労働環境をはじめとする社会状況に照らしてみると、平均的な数値としてそれほど不当とはいえないといえよう[25]。

　　99頁〔110頁〕）。なお、その後、定期金賠償を推奨する学説が少なくなく、民事訴訟法117条が設けられたものの、定期金賠償方式は実務に広く受け容れられるには至っていない。その定期金賠償をめぐる議論については、藤村・前掲注14）108頁以下参照。
22）　ちなみに、同判決においては、44歳の被害者につき、被告側は60歳を稼働可能年齢の終期と主張したが、裁判所は、原告側の請求どおり63歳まで稼働可能と認めた。
23）　現在の「自動車損害賠償責任保険の保険金等及び自動車損害賠償責任共済の共済金等の支払基準」（平成13年金融庁、国土交通省告示第1号）。
24）　沖野威「東京地方裁判所民事交通部の損害賠償算定基準と実務傾向」判タ310号57頁（59頁）（1974年）。
25）　藤村＝山野・概説交通事故賠償法247頁。

(3) その他
ア 中間利息控除方式

中間利息の控除方式としては、本判決以前から一貫してホフマン式が採用されていたのであり、本判決も、また本判決後もそうであったということができる。

しかし、東京地裁は、昭和46年5月6日判決（交通民集4巻3号790頁）以来、（賃金センサスの全年齢平均賃金を基礎収入とすることとセットで）ライプニッツ式を採用している。

そこでは、（遅くとも24歳になるまでに就職するとして）稼働可能期間36年間の死亡逸失利益算定に際し、ホフマン係数は20.2745であるところ、「これによると、年5分の利息のみで逸失利益を回収し得、稼働期間を経過しても元金全額が残存することになって明らかに不合理であるので、」ホフマン式を採用しないとされている[26]。

ちなみに、その直前の東京地判昭和46年4月25日交通民集4巻2号688頁は、稼働可能期間29年間の死亡逸失利益算定に際し、ホフマン式によっている（裁判官3名の構成は全く同じである）。したがって、東京地裁においては、この時期に前掲東京地判昭和46年5月6日を契機としてホフマン式からライプニッツ式へと転じたとみることができよう。

そして、ここからいわゆる東京方式と大阪方式[27]とが併存するという構図ができあがり、1999（平成11）年11月22日の東京・大阪・名古屋各地方裁判所交通専門部総括判事名で出された「交通事故による逸失利益の算定方

---

[26] これと全く同趣旨のことが、昭和42年の講演において述べられており（千種・前掲注19）370頁）、あるいはこの頃、裁判官の間でこのことが意識されるようになっていたのかもしれない。
　　しかし、これが理由とならないことは明らかである。すなわち、被害者側が一時金で受け取った損害賠償金をそっくりそのまま原資として年5％で運用した場合にはそうなるということであって、机上の空論以外の何物でもない。
　　なお、損害賠償算定基準研究会編『注解交通損害賠償算定基準（改訂版）—実務上の争点と理論（上）』（ぎょうせい、1994年）238頁参照。

[27] 大阪方式につき、「本判決が『「年少者の場合……初任給は平均労賃より低い反面、次第に昇給するものであることを考えれば……」と判示したことから、いわゆる大阪方式が発生し固定するに至ったと聞いている」と述懐するものがある（倉田卓次『民事裁判論集』〔判例タイムズ社、2007年〕74頁注9）。

式についての共同提言」(以下「共同提言」という。)によってライプニッツ式に統一するという姿勢が示されるまで、その状況が継続することになる[28]。極めて歪な状況といわなければならないが、逸失利益の算定(方式)という意味では、その限りにおいてひとときの安定期であったということもできようか。

　イ　遅延損害金の起算日

　前掲最判昭和37年9月4日[29]が出たことにより、その後の裁判例が直ちに、事故日を遅延損害金の起算日としたわけではない。

　同判決の直後ともいえる時期に出た地裁判決をみてみると、大阪地判昭和42年4月19日下民集18巻3・4号400頁、東京地判昭和46年5月6日交通民集4巻3号790頁はいずれも訴状送達の翌日を起算日としており、その後の札幌地判昭和48年8月25日交通民集6巻4号1359頁が請求も判決も事故日を起算日としているものの、女子年少者の逸失利益を認めたものとしてよく知られている後掲最判昭和49年7月19日の一審(東京地判昭和42年4月14日交通民集7巻4号965頁)も事故翌日を起算日とし、それ以降の裁判例においても、訴状送達の翌日あるいは事故の翌日とするものがある。

　ウ　仮執行宣言と担保

　本判決後の前掲大阪地判昭和42年4月19日、同東京地判昭和46年5月6日は、いずれも仮執行宣言に際し、担保を供させているわけではない。ちなみに、後掲最判昭和49年7月19日の一審(前掲東京地判昭和42年4月14日)、原審(後掲東京高判昭和44年3月28日)も、ともに仮執行宣言に際して担保を供させることはしていない。

　今日では担保を提供させることなく仮執行宣言をする(と同時に仮執行免脱宣言もしない)ことが一般的になっている(ただし、仮執行免脱宣言をするものは稀にみられる)が、いつ頃、何を契機としてその一般化がもたらさ

---

28)　共同提言の内容については、判時1692号162頁ほか。共同提言が出されるわずか10余年前には、東京・大阪両地裁とも、それぞれの算定方式を「変更すべきでない」あるいは「変えるつもりはない」と明言していた(倉田卓次責任編集『五大地裁庁裁判官による座談会・交通事故賠償の算定基準について』(自動車保険ジャーナル、1987年)53頁以下〔塩崎勤発言、藤原弘道発言〕)ことを思えば、このような共同提言がまとめられたことは英断というべきであろう。

29)　前掲・注12)参照。

たのか、裁判例からは読み取ることができなかった。

エ　実務の苦悩と算定方法の定着

本判決が提起した、逸失利益算定における基礎収入と生活費控除の問題については、差し戻された控訴審でも処理に難渋し（たようであると推測されるのであるが）、和解したことからも理解できるように、本判決後の下級審裁判所は一再ならず苦悩を重ねたところであったが、基礎収入・生活費ともに固定する算定方式が主流を占めるという方向で収斂していく[30]（なお、生活費控除については前述したところでもある〔前記(1)〕）。

3　控え目な算定の意義

本判決につき、もう一つ注目すべき点は、前述したように、本判決が、年少者死亡の場合における消極的損害の賠償請求について、その蓋然性に疑いがもたれるときは「被害者側にとって控え目な算定方法」を採用することにすれば「慰藉両制度に依存する場合に比較してより客観性のある額を算出することができ」、「損失の公平な分担を窮極の目的とする損害賠償制度の理念にも副うものではないかと考えられる」としたところである。

年少者が被害者である場合の消極的財産損害の賠償額算定に際し、全く逸失利益を認めることなく全面的に慰謝料に委ねる場合と、控え目ではあれ逸失利益を認める場合とを比較すれば、それは後者のほうがより客観性のある額に近づくであろう。その限りにおいて、本判決が「被害者側にとって控え目な算定方法」という表現を用いた意図は達せられるであろう。

しかしながら、逸失利益を認めるという前提に立ち、逸失利益をいかにして算定するかという局面において、なお「被害者側にとって控え目な算定方法」を採用せよというのが本判決の意図するところであるとするならば、その姿勢に同調することは、およそ困難である。なぜならば、「被害者側にとって控え目な算定方法」を採用することの意味を問えば、単に、被告に対し、

---

[30]　藤村和夫「『被害者側にとって控え目な算定』考」山田卓生先生古稀記念論文集『損害賠償法の軌跡と展望』（日本評論社、2008年）79頁（81頁および103頁～105頁の注2）～注5））参照。

客観的に認められるであろう（と思われるが、しかし定かではない）損害（逸失利益）を上回る賠償義務を課さないで済むという安心感を（裁判官に）与えるにすぎず、そして、それは同時に原告の負担において被告を利する帰結を導くことにならざるを得ないであろうからである。

　年少者の逸失利益と「被害者側にとって控え目な算定方法」との関係をどのように把握すべきであるかについては様々な理解があり得ようが、少なくとも、（共同提言の登場によって）今日においては、「控え目な算定」でなければならないとの要請は解消されているというべきである[31]。

　また、本判決は「被害者側にとって控え目な算定方法」を採用すれば「損失の公平な分担を窮極の目的とする損害賠償制度の理念にも副うものではないかと考えられる」としてもいるところ、「被害者側の救済に資する」ことと「不法行為者に過当な責任を負わせ」ないことを勘案したうえであっても、この両者を結びつけることには強い違和感を覚える。

　損害賠償請求訴訟においては、損害賠償額の算定に際し、「損失の公平な分担を目的とする不法行為制度の理念に基づき」等という表現を用いる裁判例が散見されるところ、本判決により、控え目な算定こそが損失の公平な分担に資するとのメッセージが発せられたものと受けとめられていなければ幸いである。

4　女子年少者の逸失利益承認への途

　本判決は、男子年少者の逸失利益を認定することができるとしたものであった。女子年少者については、本判決以前にも、逸失利益を認めた裁判例があった（Ⅶ1(2)⑧、⑪）ものの、最高裁においてこれが認められるまでは、今しばらくの時日を要した。

---

[31]　藤村・前掲注30）93～94頁。
　　なお、「控え目」という表現が用いられても違和感なく受け容れられる場合については、同書106頁注22）参照。
　　楠本・前掲注4）121頁注（10a）も、「現在では、もはや『控え目な算定』に固執すべきでないと思う。」としていた。

本判決が出た後においても、東京高判昭和44年3月28日判タ238号250頁（最判昭和49年7月19日民集28巻5号872頁の原審）は、被害女児（7歳、小学1年生）は、60年余の余命があるとしつつ、高校卒業時（18歳）から神奈川県下における平均初婚年齢（25歳）まで（7年間）の逸失利益のみを認めるにとどまった（結婚と同時に離職するものと認めるのが相当とされている）。
　これに対し、その上告審（前掲最判昭和49年7月19日）が、「妻の家事労働は財産上の利益を生ずるものというべきであり、これを金銭的に評価することも不可能ということはできない」とし、具体的事案において金銭的評価が困難な場合が少なくないことは予想されるが、かかる場合には、「家事労働に専念する妻は、平均的労働不能年令に達するまで、女子雇傭労働者の平均的賃金に相当する財産上の収益を挙げるものと推定するのが適当である」として、現実に対価の支払を受けない妻の家事労働についても、これをなし得なくなったときは、逸失利益が発生することを正面から認めたのである。これにより、女子年少者についても、男子年少者と同様、平均的労働不能年齢に達するまでの逸失利益が認められることとなった。
　しかしながら、その算定の基礎収入として賃金センサスの男女別平均賃金が用いられたことにより、具体的な額においては男女で大きな差が出ることになった。すなわち、年少者の逸失利益における男女間格差は、基礎収入として用いる賃金センサスの男性・女性の全年齢平均賃金の格差に由来する。そこで実務においては、その差を少しでも埋めんとして、女子の生活費控除率が（男子の50％に対して）30％とされたことはよく知られている。ただ、それによっても男女間の格差を解消するには至らなかった（生活費を控除しない後遺障害逸失利益については、なおさらである）。
　共同提言においても、この男女間格差の問題が意識されつつも、検討すべき要素が多く直ちに解決することは困難であり早急に結論を出すことは必ずしも相当でないとして、その解消策の提示が控えられていた。
　そんな中、学説においてはこの男女間格差を放置すべきではないという主張が現れ[32]、その影響を受けたのか、下級審裁判例においては、女子年少者

---

32)　共同提言が出た直後ともいえる時期に、「男女間格差の問題については、……当面

の逸失利益算定に際し、その基礎収入を賃金センサス（男女込みの）全労働者の平均賃金とすることにより、この格差を是正しようとするものが現れ、ついに判例も、女子年少者の逸失利益算定に際し、賃金センサス全労働者の全年齢平均賃金（生活費控除割合 45％、最決平成 14 年 7 月 9 日交通民集 35 巻 4 号 917 頁）、同女子の全年齢平均賃金（生活費控除割合 30％、最決平成 14 年 7 月 9 日交通民集 35 巻 4 号 921 頁）のいずれを基礎としてもよいという姿勢を、消極的にではあるが示すに至った[33]。

　その後の裁判例は、賃金センサス全労働者全年齢平均を基礎収入とし、生活費控除割合 45％によるものが圧倒的多数を占めて今日に至っているといってよい。これによって男女間格差は小さくなった。しかし、解消されたわけではない。

X　民法改正の影響と男女間格差の解消

1　民法改正による変化への対応

(1) 逸失利益

　さて、民法（債権法）の改正が成ったことにより、逸失利益算定における中間利息控除割合（法定利率）が 5％（改正前民法 404 条）から 3％（改正後民法 404 条 2 項）になる（なお、その利率は、その利息が生じた最初の時点における法定利率による〔同条 1 項〕が、法定利率は、3 年ごとに変動するものとされている〔同条 3 項〕）。これにより、逸失利益の額も大きく変わることになる。

　　は、賃金センサスに拠る場合であっても、せめて男女別ではなく、男女を含む全労働者の平均賃金に拠る方向での理論的整備に向けて努力が傾注されるべきものと考える」とするものがあった（藤村和夫「逸失利益の算定について」自動車保険研究 2 号 37 頁〔57 頁〕（2000 年））。

[33]　仄聞するところによると、女子年少者につき、賃金センサス全労働者の全年齢平均賃金を基礎収入とする場合に生活費控除割合を 45％としたのは、生活費控除割合を 30％のままにすると、男子年少者の逸失利益額を超えることになるので、それは容認できないとの考慮があったようである。

試みに、5歳の男児が死亡した場合を例としてみよう。

- 基礎収入＝平成29年賃金センサス男性全年齢平均賃金＝551万7400円
- 生活費控除割合＝50％
- 67歳まで就労可能として、ライプニッツ係数＝62年のライプニッツ係数－13年のライプニッツ係数

〔中間利息控除割合5％の場合〕

551万7400円×（1－0.5）×（19.0288－9.3936＝9.6352）＝2658万0626円…(ア)

（比較の意味で女子についてもみておく〔基礎収入は全労働者全年齢平均〕）

491万1500円×（1－0.45）×（19.0288－9.3936＝9.6352）＝2602万7807円…(イ)

〔中間利息控除割合3％の場合〕

551万7400円×（1－0.5）×（28.0003－10.6350＝17.3653）＝4790万5653円…(ウ)

このように、中間利息控除割合が5％の場合と3％の場合とでは具体的な逸失利益の額に大きな差が出ることになる。

この点につき、民法改正（法定利率の改定）の前後においてこのような大きな差が出るのは望ましくない、激変緩和を図るべきだとする声が上がるかもしれない。あるいは、裁判所においては、すでにこのことを見越した議論がなされているのかもしれない。

しかし、何らかの措置を講じての激変緩和措置などとるべきではない。

共同提言が、「交通事故による逸失利益の算定における中間利息の控除方式については、特段の事情のない限り、年5分の割合によるライプニッツ方式を採用する」としたのはなぜか、最判平成17年6月14日民集59巻5号983頁、同平成17年6月14日交通民集38巻3号631頁が、「損害賠償額の算定に当たり、被害者の将来の逸失利益を現在価額に換算するために控除すべき中間利息の割合は、民事法定利率によらなければならない」としたのはなぜか。それは、前掲最判平成17年6月14日がいみじくも明言しているように、「民事法定利率によらなければならない」と考えたからにほかならない。

その結果、被害者側は、市中金利より約500倍も高い利率による中間利息

を控除されることを余儀なくされてきたという厳然たる事実がある。

　民法改正により、5％が3％になっても、依然として、市中金利より約300倍高い利率による中間利息を控除されることに思いを致すべきである。

　判例が、中間利息控除割合は「民事法定利率によらなければならない」という姿勢を維持するならば、その民事法定利率が5％から3％に変わったからといって、そこに何らかの操作が入り込む余地はないといわなければならない。

(2) 将来の介護費用

　中間利息控除割合が変わることによって大きな影響を受けるものとして、逸失利益とは別に、将来の介護費用がある。重度後遺障害で常時介護を必要とする被害者が若年であればあるほど、一時金で将来の介護費用を支払うとするときは、5％で中間利息を控除したとしてもかなりの高額に達する。

　東京地判平成15年8月28日交通民集36巻4号1091頁は、原告らが1日4万円を下回らない介護費について立証に成功しているとしつつ、それはあくまでも現時点での介護費の額であるとし、「損害の控え目な算定という観点」をもち込んで、その6割を基礎として算定した[34]。

　ここでは、「損害の控え目な算定」が単に介護費の高額化を抑えるための一種の道具として用いられているのではないかとさえ思われるのであるが、このような状況で、中間利息控除割合が5％から3％になれば、なお「損害の控え目な算定」が多用されるのではないかと危惧される。

　たしかに、前掲最判平成17年6月14日は、「被害者の将来の逸失利益を現在価額に換算するために控除すべき中間利息の割合は、民事法定利率によらなければならない」として、その対象を逸失利益に限定するかのような表現を採ってはいるが、将来の介護費用（のみならず、将来発生する損害であって中間利息を控除する必要があるもの全て）についても民事法定利率によるべきだとする姿勢が維持されるべきである。

---

34) 同様に、将来の介護費の算定に際し、東京地判平成16年1月20日公刊物未登載（平成13年〔ワ〕第26979号）は「損害の控え目な算定」という観点をもち込み、東京地判平成17年2月24日交通民集38巻1号275頁は、「控え目に」基礎となる日額を認定している。

2 男女格差の解消に向けて

　さて、前述したように、年少者の逸失利益における男女間格差は小さくはなったが、解消されたわけではない。この格差を解消するために、これまで様々な手法が考えられ、試みられてきたところでもあるが、いずれも功を奏していないといわざるを得ないであろう。
　そこで、2017（平成29）年の民法改正（民事法定利率の改定）を機として（将来、どのような職業に就いてどれほどの収入を得るか定かにすることができない＝予測することができない）年少者の逸失利益算定に際しては、男女とも、男女を含む全労働者全年齢平均賃金を基礎収入とし、生活費控除割合についても50％で統一する方向に舵を切るべきである。すなわち、年少者については、男女の性別を捨象して、年少者として一括して把握するのである[35]。
　ここでも、中間利息控除割合3％を前提として、5歳の被害者が死亡した

---

[35]　以前、筆者は、年少者の逸失利益算定における基礎収入について、男女を問わず全労働者の全年齢平均賃金を採用するのが穏当であるとし、その際、生活費控除割合については、男女とも40％としておくのが望ましいとした（藤村＝山野・概説交通事故賠償法240頁以下）が、現在では、この40％という数字にこだわらない。
　　なお、基礎収入については、男女合計の全労働者平均賃金を基準として幼女の逸失利益を算定してよいのではあるまいかとし、男児については、従来どおり男子平均賃金によることまで否定する必要はないとするものがあった（楠本・前掲注4）76頁）。
　　また、「仮説として、女性の平均賃金が、性別はもとより、女性であるがゆえの社会的要因等に基づかない『客観性のある額』と評価でき、しかも男性の平均賃金と差がある場合、男女の平均賃金としての全労働者平均賃金を採用し、生活費控除率も男女同一にして逸失利益を算定するということであれば、それは経済的実体をもとにしたものとして評価できよう」としつつ、「現実には女性の平均賃金は決して『客観性のある額』とは評価できないのであって、その仮説は採用できない」とし、「年少女子の逸失利益算定のための基礎収入としては、労働の対価としての賃金を正しく反映している男子労働者の平均賃金」こそが「客観性のある額」であるといえ、「生活費控除率も男女同一の50％とすべき」とするものがある（羽成守「算定の基礎Ⅱ—平均賃金」藤村ほか・実務交通事故訴訟大系(3) 313頁 (324頁)）。
　　しかし、前者については、これで格差が解消されないことは明らかであるし、後者については、女性の平均賃金が「客観性のある額」と評価できないとするところ、その「客観性のある額」の意義が明確ではなく、また、男性のそれが「労働の対価としての賃金を正しく反映している」とするところ、「正しく」反映しているとする根拠も明確ではない。

場合を例として計算してみよう（平成29年賃金センサスを基礎収入として用いる）。

まずは、現在一般的となっている算定式（男子は賃金センサス男性労働者全年齢平均を基礎として生活費控除割合を50％、女子は同全労働者全年齢平均を基礎として生活費控除割合を45％とする）によると以下のようである。

- 男子は4790万5653円…前出(ウ)
- 女子は、491万1500円×（1－0.45）×（28.0003－10.6350＝17.3653）＝4690万9319円…(エ)

このように、ここでは、男女の格差はわずかであるといえる。

次は、男女とも基礎収入を賃金センサス全労働者全年齢平均、生活費控除割合を50％としてみると以下のようである。

491万1500円×（1－0.5）×（28.0003－10.6350＝17.3653）＝4264万4835円…(オ)

当然のことながら、男女ともその額は減少することになる（ウ・エ＞オ）が、中間利息控除割合が5％である場合と比較するとかなりの増額になることは疑いない（ア・イ＜オ）。

民法改正を好機とする所以である。

ただ、これはあくまでも、将来、どのような職業に就いてどれほどの収入を得るか定かにすることができない＝予測することができない年少者の逸失利益算定に限ってのことであることを確認しておく。

古くからいわれているように、この段階の年少者が、将来どのような職業に就いてどれほどの収入を得るかをうかがい知ることは叶わないのであり、そのことを素直に認めるべきであろう。そして、それを認めるということは、男児が男子平均賃金額を超える収入を得ることもあれば、女子のそれを下回ることもあろうし、同様に、女児が男子平均賃金額を超える収入を得ることもあれば、女子のそれを下回ることもあろうことを素直に認めることでもある。この段階の年少者を対象にする場面で、可能性だ、蓋然性だという議論をもち込んで男女間における僅差を維持することにどれほどの意味があろう

か。

XI おわりに

　本判決並びに前掲最判昭和49年7月19日により、年少者についても男女を問わず稼働可能期間までの逸失利益を認める途が開かれ、今日までその状況が続いている。
　そして、今後においても、年少者の逸失利益についての算定方式は、大枠では維持されると思われるが、その大枠には、「『被害者側にとって控え目な算定』という観点を安易にもち込まない」、「男女間格差を解消する」、「民法改正の前後で不必要な操作を行わない」という精神が注入されるべきである。
　本判決は、「要するに、問題は、事案毎に、その具体的事情に即応して解決させるべきであ」るとして、裁判所が個別の事件を解決するに際してどのような姿勢で臨むべきかにつき、おそらく何人も反駁し得ないであろう至言を述べている。今日の裁判例が、それを体現し得ているかと問えば（その努力の跡をにじませているものもみられる反面）、多くの裁判例が定式化しすぎていないかと懸念されるところでもある。ことあるごとに、この表現が思い起こされてよいであろう。

損害論―最判昭和56年12月22日民集35巻9号1350頁

弁護士
道 本 周 作
立教大学名誉教授
淡 路 剛 久

I 序―本判決を取り上げる意義

　後遺障害逸失利益の算定にあたっては、被害者の就労可能年齢の終期が到来するまでに発生する損害を評価、算定するという将来予測の作業が避けられない。しかし、このような予測には不確実さが伴う。[1]

　判例には、被害者に後遺障害が残存した交通事故事件において、口頭弁論終結時までの間、事故発生前の収入と症状固定後の収入に変化がなかった事案につき、後遺障害が残存したにもかかわらず実際の減収がないならば、後遺障害逸失利益が発生していないのではないかとして争われ、その存否をどのように解するか問題となったケースがある。本判例研究のテーマである最高裁昭和56年12月22日判決がそれである。このケースでは、第一審、控訴審、上告審においてこの点に対する判断が異なった事案であり、最高裁が後遺症逸失利益の認定について一般的準則を示した判例と理解されて、現在

---

1) 一般に交通事故発生から口頭弁論終結までの期間は、事案により区々ではあるが、数年の短期間である。事故発生後口頭弁論終結時までの期間と、口頭弁論終結時から就労可能年齢の終期までを比較すると、前者が後者に比して圧倒的に短期間であることが少なくない。その短期間における事実から、その後、就労可能年齢の終期までの状況を予測することになる。

でも大きな意義を有している。[2]

Ⅱ　事案の概要

1　事実関係

(1)　最高裁の判決内容

　最高裁昭和 56 年 12 月 22 日判決（以下「本判決」という。）は、交通事故による後遺症のために身体的機能の一部を喪失する後遺症が残存した場合について、後遺症の程度が比較的軽微であって、しかも被害者が従事する職業の性質からみて現在又は将来における収入の減少も認められないときは、特段の事情のない限り、労働能力の一部喪失を理由とする財産上の損害は認められないこと、及び、症状固定後の段階で財産上特段の不利益を被っているといえない場合、逸失利益を認めるには特段の事情が必要であることを判示したものである。

　本判例の意義を明らかにするために、差額説的な判断をした一審判決を、労働能力喪失説を採用した控訴審判決が修正し、さらに高裁の判断手法を最高裁が一部否定したという訴訟経過について、順次検討する。

(2)

　原告は、昭和 14 年 10 月 13 日生まれの男性で通商産業技官として通商産業省（当時）工業技術院繊維高分子材料研究所に勤務し、年間 294 万 8490 円の給与を得ていた（1 か月 17 万 9786 円の給与と年間 4.4 か月分の賞与）。原告が 32 歳であった昭和 47 年 3 月 11 日午前 9 時 30 分頃、横浜市西区北幸町 1 丁目 5 番地 17 号先横断歩道上を原告が通行中、被告運転の自家用乗用自動車が原告に接触し、原告はその場に転倒して負傷した。

　本件事故により、原告は右臀部挫傷を受け、治療を受けたが、腰部挫傷後

---

[2]　後遺症逸失利益の存否という問題点は、実際の減収が生じない事案に固有の問題点というわけではない。交通事故発生前より症状固定後の収入が下がっているという事案においても、就労可能年齢の終期まで同様に収入が低下したままか否かは自明ではなく、将来の予測のうえで逸失利益の評価が求められる事案もある。

遺症（右下肢に労災等級 14 級に相当する局部に神経症状を残す）が残存した。原告の治療状況は、事故の日である昭和 47 年 3 月 11 日から同年 10 月 26 日まで横浜市所在の a 病院に 97 回通院、同年 10 月 28 日から昭和 50 年 1 月 10 日まで都内港区所在の b 病院に 28 回通院、この間昭和 47 年 11 月 6 日、7 日に横浜市所在の c 療院にてマッサージを受けたというものであった。

2　第一審（東京地判昭和 51 年 12 月 24 日交通民集 9 巻 6 号 1781 頁）

(1)　第一審における当事者の主張

本件一審において、原告は、治療費、通院交通費、慰謝料（通院慰謝料及び後遺症慰謝料）のほか、逸失利益として、自賠責保険で定める第 14 級の後遺症が残存し、それに相当する 5% の労働能力を喪失したとし、年間収入の 5% にあたる 14 万 7424 円を今後 34 年間喪失したと主張して、現価に引き直した 238 万 7236 円の賠償を求めた。逸失利益はないとの被告主張に対しては、労働能力の喪失自体によって損害は生じるから、失当と主張した。

(2)　これに対して、被告は、逸失利益の発生を争い、その理由として次のように主張した。すなわち、事故後現在まで原告は勤務先から受領する給与等につき全く不利な扱いを受けておらず、将来においてもその可能性もないから、原告の逸失利益は全くないと主張し、仮に労働能力の喪失自体を損害と捉えるとしても、原告は技官たる研究員であり、着席しての仕事が中心であり、近い将来肉体労働に従事せねばならない事情も認められない、そうだとすると受傷の部位よりみてそれと仕事とは関連がなく、従って労働能力の喪失はない、と主張した。

(3)　第一審の判決内容

東京地裁昭和 51 年 12 月 24 日判決は、逸失利益について以下のとおり判断した。

「原告本人尋問の結果によれば、原告は勤務先で研究職に従事しているところ、従前の研究は力を必要としたので、前記のごとき症状があるため、事故後その内容を変更したこと、もつともこの変更によつて原告は給与について不利益を蒙つてはいないのであるが、前記のごとき原告の症状を考慮して

か、上司から資料関係の仕事に従事してはとの勧めを受けたが、これを断わつたこと、の各事実が認められる。そうすると原告には本件事故による減収はなかつたわけであり、そして原告が知的職業に従事しており、前記のとおり原告の症状が神経症状であることを勘案すると、勤務上支障があることは推認されなくはないが、この後遺症による労働能力の喪失によつて将来原告に収入減が生ずることは認め難い。よつて原告が事故後研究内容を変更した事情、後遺症による勤務先での支障等は慰藉料の算定においては考慮さるべきも、逸失利益はこれを認めることはできない。」

(4) **上記の要約**

一審判決における原告の主張は、実際の減収がなくとも労働能力喪失自体によって逸失利益が生じるとするものであり、これに対して被告は事故後の減収がないと反論し、一審判決は、後遺症による労働能力の喪失は認めたようであるが、それのみを理由とする将来の収入減を認定せず、後遺障害の逸失利益の請求を棄却している。そして、勤務先での支障があるならば慰謝料の算定において考慮すべきものと判断している。

3　控訴審（東京高判昭和53年12月19日交通民集11巻6号1612頁）

(1) **控訴審における当事者の主張**

当事者の主張は、一審判決と同様である。

(2) **控訴審の判決内容**

控訴審は、判決文中の損害項目として「労働能力喪失による損害」という独立の損害項目を設け、「交通事故による傷害のため労働能力の減少を来した場合であっても、そのことによって収入の減少が生じていないときは、被害者は、労働能力の減少を理由とする損害賠償請求権を有しないとするのが、判例の伝統的、かつ、支配的な見解である。しかし、かく解さざるを得ない論理的必然性があるわけではなく、また、その結果も、必ずしも、合理的であるとはいえない、と思われる。そこで、当裁判所としては、かかる見解に従うことなく、むしろ、事故による生命・身体の侵害（本件に則していえば、労働能力の喪失）そのものを損害と観念し、伝統的な見解でいう損害、

すなわち、事故によって余儀なくされた支出とか得べかりし利益の喪失等は、損害を金銭に評価するための一資料にすぎないものであるから、事故等によって被害者が労働能力の全部又は一部を喪失した事実が認められる以上、たとえそのことによって収入に格別の減少がみられないとしても、なお、被害者の受傷前後の収入のほか、職業の種類、後遺症の部位、程度等を総合的に勘案して、その損害の額を評価、算定するのが相当であると判断する。」とし、差額説を否定することを根拠とともに明示した。

さらに「控訴人は、前記の後遺症により本件事故前に有していた労働能力の二パーセントを喪失したもので、その喪失期間は、本件事故後7年間であると認めるのが相当である。」として、事故前における収入をもとに「労働能力喪失による損害」を算定している。

(3) **上記の要約**

控訴審は、労働能力喪失が認められれば損害の発生は認められるから、実際の減収がみられないとしても、その他の事情を総合的に勘案して認定した後遺症逸失利益を認めるのが相当であると判断した。ただ、労働能力喪失率は2％、労働能力喪失期間は7年間と認定しており、被害者の主張（5％の労働能力が34年間にわたり喪失した）をかなり限定して認容したものである。

4 上告審（最判昭和56年12月22日民集35巻9号1350頁）

(1) **上告理由**

上告理由を要約すると以下のとおりである。

被害者には本件事故後も全く収入の減少はなく、近い将来に収入の減少が生じる蓋然性も全く認められないから、本件において損害の発生を認めることは、最高裁昭和42年11月10日判決（民集21巻9号2352頁）に違反する。仮に、労働能力の減少のみで損害ありと考えるとしても、一般的抽象的に労働能力の喪失を考えるべきでなく、当該被害者の具体的職務内容、後遺症の内容等よりみて、後遺症が収入の減少につながる蓋然性が高い場合にのみ逸失利益を認めるべきである。しかるに原審はこの点につき十分な判断をしておらず審理不尽による判決理由に不備があり、判決に影響を及ぼすことが明

らかである。
　(2)　**上告審の判断**
　最高裁は原判決を破棄差戻しとした。
　本判決は、損害概念について、こう判示した。
　「かりに交通事故の被害者が事故に起因する後遺症のために身体的機能の一部を喪失したこと自体を損害と観念することができるとしても、その後遺症の程度が比較的軽微であって、しかも被害者が従事する職業の性質からみて現在又は将来における収入の減少も認められないという場合においては、特段の事情のない限り、労働能力の一部喪失を理由とする財産上の損害を認める余地はないというべきである。」（判旨1・損害概念と呼んでおく。）。
　続けて、後遺障害があり身体的機能の一部を喪失したが、収入の減少がなかった場合の解決について、以下のように判示した。
　「ところで、Xは、研究所に勤務する技官であり、その後遺症は身体障害等級14級程度のものであって右下肢に局部神経症状を伴うものの、機能障害・運動障害はなく、事故後においても給与面で格別不利益な取扱も受けていないというのであるから、現状において財産上特段の不利益を蒙っているものとは認め難いというべきであり、それにもかかわらずなお後遺症に起因する労働能力低下に基づく財産上の損害があるというためには、たとえば、事故の前後を通じて収入に変更がないことが本人において労働能力低下による収入の減少を回復すべく特別の努力をしているなど事故以外の要因に基づくものであって、かかる要因がなければ収入の減少を来たしているものと認められる場合とか、労働能力喪失の程度が軽微であっても、本人が現に従事し又は将来従事すべき職業の性質に照らし、特に昇給、昇任、転職等に際して不利益な取扱いを受けるおそれがあるものと認められる場合など、後遺症が被害者にもたらす経済的不利益を肯認するに足りる特段の事情の存在を必要とするというべきである。原審が以上の点について何ら審理を遂げることなく、右後遺症の存在のみを理由にこれによる財産上の損害を認めている点で、原判決には損害認定に関する法令の解釈、適用の誤り、ひいては審理不尽、理由不備の違法があるといわざるをえず、論旨は理由がある。」（判旨2・後遺症があったが減収がなかった場合の解決と呼んでおく。）。[3]

Ⅲ　本判決の研究・判旨1─本判決の一般論と「特段の事情」

1　本判決の一般論

　「かりに交通事故の被害者が事故に起因する後遺症のために身体的機能の一部を喪失したこと自体を損害と観念することができるとしても、その後遺症の程度が比較的軽微であって、しかも被害者が従事する職業の性質からみて現在又は将来における収入の減少も認められないという場合においては、特段の事情のない限り、労働能力の一部喪失を理由とする財産上の損害を認める余地はない」という一般論を述べている。
　上記の一般論は、損害賠償請求における「損害」概念に対する最高裁の見解の一端を示すものと理解されている。そこで、損害概念に関する学説及び判例が示した見解について概観し整理することとする。

3）　本判決は、「かりに」から始まる第1文と「ところで」から始まる第2文からなり「特段の事情」が2種類掲げられている。第1は、「かりに」以降の判旨における「特段の事情」であり、「後遺症の程度が比較的軽微であって、しかも被害者が従事する職業の性質からみて現在又は将来における収入の減少も認められないという場合」に、それにもかかわらず逸失利益が認められる要件としての「特段の事情」である。
　第2は、「ところで」以降の判旨における「特段の事情」であり、本件のXにおける具体的事情（「Xは、研究所に勤務する技官であり、その後遺症は身体障害等級14級程度のものであって右下肢に局部神経症状を伴うものの、機能障害・運動障害はなく、事故後においても給与面で格別不利益な取扱も受けていない」）にもかかわらず、「後遺症に起因する労働能力低下に基づく財産上の損害」を認めるための要件としての「特段の事情」である。文章を率直に読むと、これら2種類の特段の事情は、別個のものが想定されているというべきである。なぜなら、第1の「特段の事情」は、「現在又は将来における収入の減少も認められない」という場合に関して論じたものであり、第2の「特段の事情」は将来における収入の減少がありうることを前提にするもので、両者が同一のものと考えると「かりに」以降の判旨と「ところで」以降の判旨とを整合的に理解できなくなるからである。

2 損害概念についての学説

(1) 二つの損害概念—差額説と具体的損失説

損害概念については既に大正時代からドイツ法学の影響の下に差額説と具体的損失説（具体的損害説）という二つの損害概念が提示されており[4),5)]、差額説とは加害原因の発生前の財産の価格から加害原因の発生後の財産の価格を控除した差額がその加害原因により生じた損害であるとするものであり、具体的損失説とは、加害原因により被害者がその財産又は身体に受けた損害そのものを損害とする。そして「差額説は、何を損害の本体とみるか、および、いかにそれを確定するか、の問題を同時に解決するものである。」と理解されていた[6)]。

(2) 「損害」の概念に関する議論の変遷—差額説に対する批判

その後、「損害」の概念に関する議論は、後記の最高裁昭和39年1月28日判決が当時の一般的な差額説的理解を示した以降、本格化した[7)]。

差額説に対する批判として、慰謝料請求など非財産的損害について説明がつかない点が古くから指摘されているほか、被侵害利益が生命、身体である場合には、本来、金銭的評価が不可能であるはずで、それにもかかわらず被害者の財産状態を金銭評価する不合理性も指摘されていた。すなわち、差額説による結論は、所得格差により賠償額算定において極端な個人差が生じ、このことが人間の平等の理念に照らし不当である、加害者からみれば、被害者側の収入の多寡によって賠償額に大きな差が生ずるのでは予測可能性が害されるという見地から「生命侵害や傷害による損害は、いわゆる財産的・精神的損害をすべて総合して一つの非財産的損害（民710条、711条）とみて、

---

4) 淡路剛久「生命侵害の損害賠償」星野英一編集代表『民法講座(6)事務管理・不当利得・不法行為』（有斐閣、1985年）323頁、高橋眞「損害論」星野英一編集代表『民法講座別巻Ⅰ』（有斐閣、1990年）205頁以下が立法時の学説の状況を詳しく紹介している。
5) 差額説に対立する見解を「実体的価値説」と整理するものもある（四宮和夫『事務管理・不当利得・不法行為（中）』（青林書院、1983年）435頁）。
6) 四宮・前掲注5)。
7) 藤村ほか・実務交通事故訴訟大系(1)81頁〔藤村和夫〕。

これに対する適切な賠償額を全体として判断すべき」「過大な個人差や偶然的要素の影響を避けるためには、なんらかの意味での損害の類型化、賠償額の定額化が要請される」と主張する見解（人身損害賠償についての死傷損害説と定型化・定額化賠償論をその内容とする）が主張された[8]。この西原理論のうち、損害を金銭ではなく事実として生じた死傷そのものと捉える部分は死傷損害説と呼ばれ、一時、有力説ないし通説と評価されるに至った[9,10]。この死傷損害説は前記(1)にいう具体的損失説の系列に属するものといえる。

(3) 賠償額の定型化・定額化の理論の内容及び批判、その後の展開など

西原理論のうち賠償額の定型化・定額化論は、損害額の個別的算定方式に対置され[11]、交通事故訴訟の激増という社会的な背景とも重なって提唱された。この考え方は、被害者の個性による区別をせずに定額の賠償を与えることが平等な価値を有する人の生命・身体を保護する不法行為法の目的に適うという基本的観点から、人の死傷それ自体を1個の非財産的損害として、個々の損害項目に分解することなく、総額を重視して一括して算定すべきであるとする。また、後遺障害逸失利益の算定にあたり現在の収入を基礎とするのは本来極めて不正確な作業であり、昇給や減給、転職があり得、稼働年数の算定も同様であることから、生命や身体の侵害は全てこれを一つの非財産的損害とみて、賠償額の「社会的相場」を国民経済、医療制度、葬祭の慣習等、国民感情、立法、約款における水準などを重視し定めるべきとする[12,13]。

---

8) 西原道雄「損害賠償額の法理」ジュリ381号148頁（1967年）。
9) 淡路・前掲注4) 337頁。
10) 死傷損害説に対しては死傷それ自体を損害とみるのは実用法学上の概念としてあまりにも漠然として捉えどころがないなどの批判もなされていた（楠本安雄『人身損害賠償論』（日本評論社、1984年）185頁）。
11) 西原教授の主張の整理として、①通説的人身損害賠償論のとる財産損害中心主義と、その算定方法（極端な個別費目主義・実費主義）に対する批判、②人身損害の特殊性を強調して、それにふさわしい算定方法をとるべきであるという主張、③右の算定方法の内容の一つとしての、定額化の主張にあると整理するものがある（高橋眞『損害概念論序説』（有斐閣、2005年）162頁）。
12) 西原道雄「損害賠償額の算定」遠藤浩＝川井建＝西原道雄編『演習法律学大系(5)演習民法（債権）』（青林書院新社、1972年）526頁以下。
13) 山口成樹「人身損害賠償と逸失利益（総論）」山田卓生編集代表・淡路剛久編集『新・現代損害賠償法講座(6)損害と保険』（日本評論社、1998年）173頁。

同説に対する批判としては、事故時において偶々平均的な生活水準に届かない生活を営んでいた被害者に、平均的な生活を保障する結果になることは原状回復の理念と相容れないとの指摘がある。ほかにも定型化・定額化の理論に対しては厳しい批判も存し[14]、交通事故の事案において人身賠償額を一括定額化することは実務に定着していない（損害項目ごとの定額化傾向にとどまる）。

　しかし、同説が示した方向性は、公害・薬害事件などの裁判例で定着した包括的算定方式の出発点となったという指摘がなされている[15]。被害者が被った様々な不利益や被害の実態全てを包括的に捉えようとする発想は、公害・薬害などの事案類型における被害者救済に有益である。身体的被害のほかに日常生活・家庭生活・社会経済生活上の被害の全てを包含した総体的な被害を損害として捉えることにより、訴訟における個別的損害費目の立証の困難から被害者を救済し、集団訴訟において陥りがちな訴訟遅延の防止が期待できる。

　そして裁判例においても上記の見解によったとみられるものが続いた（大気汚染訴訟について、千葉地判昭和63年11月17日判タ689号40頁、大阪地判平成3年3月29日判タ761号46頁、横浜地裁川崎支判平成6年1月25日判タ845号105頁、岡山地判平成6年3月23日判タ845号46頁、新潟地判平成4年3月31日判タ782号260頁）。

　こうした包括的算定方式が、もしも公害・薬害訴訟においてのみ適用されるならば、交通事故の賠償方式との間で、同じ人身事故でありながら事故態様（不法行為の類型）によって損害論が区々になってしまうことから、統一的な損害論が必要となる[16]。そこで包括的算定方式と、交通事故実務における個別的損害積上評価方式は矛盾するものではなく併存でき、当事者が個別的損害費目について個別的立証をした場合は個別的損害評価方式により、そうでなく総額で請求する場合には裁判官が創造的・裁量的に賠償額を定める

---

14)　楠本・前掲注10) 33頁以下。
15)　淡路・前掲注4) 368頁。
16)　北河隆之＝藤村和夫『詳解後遺障害逸失利益：裁判例の分析と新基準試案』（ぎょうせい、1996年) 15頁。

べきであり（評価段階説）、その損害算定にあたっては原状回復の理念に基づき人間の尊厳と平等の観点から平均的な生活を保障するに足りる賠償額を定めるべきとする見解が示された（損害評価原則について生活保障説と呼ばれる）[17]。交通事故訴訟においても原告が包括的請求方式を採用して個別損害の主張立証をしない場合でも、不適法とすべきではない[18]。同見解に依拠し、個別的損害評価方式による固定的な損害費目として実務的に評価されることが困難な新たな損害項目を包括的請求方式により考慮し、それが一般的になったところで個別方式のもとで新たな損害項目を定立するという方向性も提案された[19]。

その後の展開について若干言及しておく。平成23年3月11日に発生した福島第一原子力発電所事故（福島原発事故）の賠償においては、紛争解決機関である原子力損害賠償紛争審査会における損害賠償算定の指針が定められているところ、生命・身体損害、精神的損害、営業損害、就労不能等による損害、いわゆる風評被害、いわゆる間接被害等が部分的には定額化され多くの原発ＡＤＲ申立案件が解決に至っている。ただ被害の実態に照らし、原状回復の理念に即して検討すると、従来の損害論の枠組みのままでは抜け落ちる損害が発生してしまうおそれもある。包括的な生活利益としての平穏生活権に対する侵害として捉えることにより、①被曝のリスクと深刻な身体被害の危惧、②避難中の精神的損害の賠償、③地域生活の破壊、④移住を決めた被害者の新たな住宅取得費用の賠償など、これまで類型化されていなかった損害項目を含めた賠償が認められるべきである。被害救済のためには原発被害を直視した新たな損害論を構築することを求められている[20]。

(4) 労働能力喪失説

死傷損害説・損害の定型化・定額化理論に対する批判の上に立って提唱さ

---

[17] 淡路剛久『不法行為法における権利保障と損害の評価』（有斐閣、1984年）203頁。
[18] 北河＝藤村・前掲注16) 21頁。
[19] 淡路・前掲注17) 180頁、190頁。このことを包括的損害評価は個別的損害評価方式を実態に合ったものにするための媒介項の役割を果たすことになるという指摘もある（高橋・前掲注11) 225頁注55)。
[20] 淡路剛久「福島原発事故の損害賠償の法理をどう考えるか」環境と公害43巻2号2頁（2013年）。

れた労働能力喪失説（稼働能力喪失説）は、人間は顕在的であれ潜在的であれ、労働して収入を得る能力を有しており、生命・身体侵害により、その能力の全部又は一部が喪失した場合、その喪失自体を損害と捉えることができるとするものである[21]。同説を通説と紹介するものや[22]、下級審裁判例の大勢は同説に移行しているが全面的に同説がとられているといいきることもできないとするもの[23]、差額説を基調としつつ労働能力喪失説的な考え方を取り入れるのが通説的見解であるとするもの[24]などがある。

ここでいう「労働能力」とは、具体的な年齢・性別・職業・収入はもちろん、有形無形の負担増大や失職の危険など労働市場におけるハンディキャップをできるだけ考慮し、そこには能力障害や社会的不利も当然包含されるとされている[25]。この見解は、損害概念一般としては損害事実説（具体的損失説）に位置づけられるべきものである[26]。

同説の論者が述べるところによると、差額説によれば、被害者が幼児・学生・主婦など、交通事故の前後における収入の減少が顕在化しない事案において逸失利益の発生を否定することになりかねないが、労働能力喪失説によれば、損害の発生及び統計上の平均値を利用して損害額を算定することを説明することができるとする。主婦については家事遂行能力ないし家事労働能力の喪失を1個の財産的損害として捉える[27]、または、いつでも必要に応じ自己の意思によって稼働能力を働かせ収益を取得できることを理由に、稼働能力喪失の損害を認める（大阪地判昭和43年3月12日[28]交通民集1巻1号

---

[21] 大阪高判昭和40年10月26日判時484号34頁は、5歳10か月の被害者が死亡した事案において、「被害者が生命を侵害されて稼働能力（生業能力）を喪ったことによる財産的な損害については、喪失利益の損害だけでなく、稼働能力の喪失自体による損害も考えられる」として、労働能力喪失説に立つことを明示した最初のものとされている（藤村＝山野・概説交通事故賠償法181頁）。

[22] 中島秀二「身体的機能の一部喪失と労働能力喪失を理由とする財産上の損害の有無（最判昭和56.12.22）」法学（東北大学法学会）47巻3号407頁～412頁（1983年）。

[23] 藤村＝山野・概説交通事故賠償法185頁。

[24] 藤村ほか・実務交通事故訴訟大系(3)349頁〔小松初男〕がある。

[25] 楠本・前掲注10）19頁。

[26] 淡路・前掲注4）338頁、損害事実説につき平井宜雄『債権各論Ⅱ不法行為』（弘文堂、1992年）75頁。

[27] 楠本・前掲注10）120頁。

213頁)。同説に立つと、資産所得(利子、配当、地代、家賃など)や、年金収入などは、労働能力喪失に対応せず発生し続けるものであるから、損害評価の対象とはならないとされる[29]。

ところで、労働能力喪失説における損害発生の本体となる労働能力とは、被害者の現在の職務との関連でいう労働能力の低下であるのか、より一般的抽象的な職務能力との関連でいう労働能力の低下であるのかは一義的ではない[30]。同じ後遺障害であっても、例えば頭脳労働者である学者・研究者に生じた場合と、現場作業・肉体労働者に生じた場合では、労働能力に対する影響の大小は異なる[31]。この点、抽象的労働能力と具体的労働能力を区別し、前者が失われても現実に後者の低下がないときは損害を否定する見解などがある[32]。減収が生じていない類型では、抽象的な労働能力低下が認められるが、具体的な職務との関連では悪影響は生じておらず、そのため減収も生じ

---

28) 被害者が当時3歳10か月の女児の死亡事案で、その当時の統計資料から被害者は事故がなければ72歳まで生存し、少なくとも高校を卒業して事務員として勤務し25歳までには結婚したであろうと推認できるとし、一般に女子は結婚と前後して退職し、主婦となるのが経験則上通常であるとして、伝統的な考え方によれば稼働期間は結婚までであり、結婚後の逸失利益は認められないとした。しかし、「人間が死亡または傷害により稼働能力の全部または一部を喪失した場合には、その能力喪失自体を損害とみてこれに対する賠償を認めるべき」とし、「女子は結婚したことによつて稼働能力自体をも失うものではなく、いつでも必要に応じ自己の意思によつて稼働能力を働かせ賃金等の収益を得ることが出来るものであるから、主婦が生命を侵害された場合にはこのような稼働能力自体を失なつたことによる財産的損害を受けるものと認められる。このような稼働能力自体の算定は、被害者の受けた教育、技能、健康状態等諸般の事情を綜合考慮してなすべきであるが、幼女の場合にはこれを算定する何らの手掛りもないので、稼働能力の対価というべき賃金の統計上の平均値を利用して損害の算定をするのも現状ではやむを得ない。」とし55歳までの労働能力喪失を認めた。
29) 楠本安雄「逸失利益の算定と所得額」坂井芳雄編・有泉亨監修『現代損害賠償法講座(7)損害賠償の範囲と額の算定』(日本評論社、1974年) 134頁。
30) 札幌地判昭和43年12月25日交通民集1巻4号1540頁は、「同じ身体障害であつても、その労働能力への影響の程度は、人が従事しうる多種多様の職業によつて同一ではないと認められるし、また身体障害を生じた際の年令等によつては、爾後の職業訓練あるいはその身体障害による影響の少ない職業を選択すること等その身体障害による労働能力の減少を補いうるということも考えられる」と述べている。
31) 藤岡康宏「身体的機能の一部喪失と労働能力喪失を理由とする財産上の損害の有無」法時54巻5号151頁(1982年)。
32) 加藤和夫「後遺症による逸失利益の算定」坂井芳雄編・有泉亨監修『現代損害賠償法講座(7)損害賠償の範囲と額の算定』(日本評論社、1974年) 193頁。

ていない類型と、具体的な職務との関連で悪影響は生じているが、何らかの理由で減収は生じていないという類型は、理論的には区別することが可能である。

上記の関連で、同一の障害が、ある職業に関しては100％の能力喪失を意味し、他の職業に関しては20％の喪失しかもたらさないことがありうる。

また、労働能力低下とは、現時点の労働能力低下であるのか、（その後の転職などを加味した）将来の労働能力低下をも意味するのか、という区別も必要となる。

将来の労働能力喪失を判断するには、現在の職種における将来の昇進や転職などの可能性や、将来就く可能性がある職種において労働能力喪失が具体化する可能性を検討する必要があることになる。一般的にいえば、昇進や再訓練・再就職の可能性は若い者ほど大きく、高年齢者になるほど減少する。職業訓練施設や労働市場の状況、特に被害者に残された能力でいかなる職種の選択が可能であるかなど、労働能力喪失割合の認定にあたっては多角的、総合的な判断が必要とされている[33]。

ところで、労働能力喪失説の論者によっては、逸失利益を認めるために必要となる「労働能力喪失」は財産に対する不利益を伴うものでなければならないとしていることは注意を要する。

収入の減少という事実は労働能力喪失を徴表する事実であり、労働能力喪失の評価においては、現実の減収の有無が重要な間接事実となるとすれば[34]、収入の減少がないという事実から、労働能力の喪失が生じていない事実が推認されることになる。この場合、労働能力喪失説に立っても、差額説の結論に接近することになる。[35]・[36]

差額説の立場からも、将来の収入の「差額」が生じる場合には、労働能力の低下を伴うのが通常と考えれば、労働能力喪失の有無や程度から、将来の

---

[33] 楠本・前掲注10) 100頁。
[34] 加藤・前掲注32) 194頁〜195頁。
[35] 中島・前掲注22) 407頁〜412頁。
[36] 淡路剛久「損害論の新しい動向(3)—クロロキン判決を契機に」ジュリ774号119頁（1982年）。

減収の有無、程度を判断するという検討過程をたどることになるからである。

具体的な労働能力喪失の程度は、その後遺障害の実情に応じ、労働能力喪失率表を参考としながら、被害者の職業、年齢、性別、後遺障害の部位、程度、事故前後の稼働状況等を総合的に判断して具体的に当てはめて評価を行うべきとされているところである。[37]・[38]

労働能力喪失説に対する批判としては、以下のものがある。

① 労働能力喪失説は、後遺障害逸失利益という損害項目に限定された見解であり、慰謝料などを含めた損害項目一般に共通の説明を可能とするものではないという指摘がなされている[39]。

② 労働能力喪失説によると、生まれつきの知的障害や発達遅滞などをもち、稼働能力を取得する蓋然性が認められない者が被害者となる類型においては、稼働能力がないことを理由とし、逸失利益が否定される（東京地判平成2年6月11日判タ742号88頁、大分地判平成16年7月29日判タ1200号165頁等）。この結論が、健常者と障害者の間でも差がないはずの生命・身体価値の損失の評価に著しい違いを生じさせるとの批判もある[40]。労働能力喪失説に立てば、もともと労働能力が備わっていない者に損害の発生を認

---

[37] 蛭川明彦「労働能力喪失の認定について」赤い本（下巻）2006・177頁。
[38] 一般に交通事故において参照される労働省労働基準監督局長通牒（昭和32年7月2日基発551号）別表が、あくまでも参照にすぎないものであることは、前掲最高裁昭和42年11月10日判決が既に判示している。同表は、被害者の年齢・職業・性別、後遺障害の内容・部位・程度・事故前の稼働状況等の具体的事情を離れて、概括的に作成され、かつ、工場労働者を対象に作成されたものにすぎない（佐々木一彦「労働能力喪失率」東京三弁護士会交通事故処理委員会編『交通事故訴訟の理論と展望』（ぎょうせい・1993年）330頁）。そのため頭脳労働者に対する配慮が乏しい（東京三弁護士会交通事故処理委員会編『交通事故による損害賠償の諸問題―損害賠償に関する講演録―昭和43年～昭和61年』（日弁連交通事故相談センター東京支部、1987年）278頁）。同表は、科学的かつ根本的に再検討すべきであり、職種により身体、精神の部分、その程度も異なるので、これを一律に評価するのではなく、ある程度職業を類別して、それぞれの職種群に対応した労働能力喪失表を作成するか、基本の喪失率表を職種群によって修正できるようにすべきである、また事故時の年齢によって回復の程度や将来の転職の可能性などが異なるので、年齢の点も考慮して修正できるものにすべきであるという指摘がある（前掲・交通事故による損害賠償の諸問題42頁）。
[39] 藤村ほか・実務交通事故訴訟大系(1)93頁〔藤村和夫〕。
[40] 岩嵜勝成「逸失利益の批判的検討―生命侵害事例を中心に」法政理論40巻2号89頁（2007年）。

めることは、論理矛盾をはらむことになり、困難な問題といえる。もっとも、当該類型の事案では、差額説に立っても同様の問題が生じる。

　この点、東京高判平成6年11月29日判タ884号173頁は、自閉症で知的障害がある被害者について詳細な認定を行って逸失利益を認め、被害者が自閉症であるから将来の収入は地域作業所により与えられる金員だけに限定される旨の加害者側の主張を排斥し、「こと人間一人の生命の価値を金額ではかるには、この作業所による収入をもって基礎とするのでは余りにも人間一人（障害児であろうが健常児であろうが）の生命の価値をはかる基礎としては低き水準の基礎となり適切ではない（極言すれば、不法行為等により生命を失われても、その時点で働く能力のない重度の障害児や重病人であれば、その者の生命の価値を全く無価値と評価されてしまうことになりかねないからである）」と述べ、差額説的な立場を維持しながらも、妥当性のある結論を導く必要性を論じている[41]。

(5) 生活能力喪失説、生体損害論など

　近時、労働能力喪失による損害評価は十分ではないという認識から、快適な生活を送ることに対する侵害、すなわち個人の「生活能力の喪失」ないし「生活利便の侵害」という観点から損害を捉える見解が提唱されている。この見解は、労働能力喪失との関連が薄い類型である外貌醜状、歯牙欠損、生殖器障害[42]等についての損害発生を無理なく理由づけられるとされている[43]・[44]。

---

41) 近時の東京地判平成31年3月22日（平成29年(ワ)第4826号）判例集未登載は、重度の知的障害がある少年が福祉施設から行方不明になり死亡した事案で、その両親が施設に対して損害賠償を求めたところ、障害者雇用を積極的に推進する社会情勢を踏まえるなどして、逸失利益を認容した。

42) 金沢地判平成29年10月26日自保ジャ2017号77頁は、「原告は、本件事故前はセールスドライバーとして荷物の集配や集金等の業務に従事しており、本件事故後はセールスドライバーに対する指導・管理等の業務に従事しているが……、原告の後遺障害のうち、射精障害及び骨盤骨の変形については、原告の上記業務に直接支障を生じさせるものとは言い難く、当該後遺障害の存在をもって、原告の労働能力が喪失したと評価することはできない。」と述べている。

43) 損害賠償算定基準検討会編『注解交通損害賠償算定基準・上（三訂版）』（ぎょうせい、2002年）4頁、265頁。

44) 岡本智子「人身損害・物的損害・経済的損害」山田卓生編集代表・淡路剛久編集『新・現代損害賠償法講座(6)損害と保険』（日本評論社、1998年）107頁、岡本詔治「人身事故損害賠償のあり方」同書152頁。

脾臓障害の事案もこの問題類型に位置づけられる。

また、被害者が会社役員である場合（最判昭和43年8月2日民集22巻8号1525頁）、生活保護受給者の場合（神戸地判平成6年11月24日交通民集27巻6号1711頁）、不法就労外国人の場合（東京地判平成9年8月29日交通民集30巻4号1221頁）や、勤労意欲の乏しい者（最判昭和44年12月23日交通民集2巻6号1573頁）、無償ボランティア活動に従事する被害者の場合についても、差額説や労働能力喪失説と異なる結論を導くことができると考えられる。

人間の価値を労働能力という経済的側面だけで捉えるのではなく、人間としての生活を享受しうる能力をも重視するという点は、従前の死傷損害説に近接するという指摘ができる。

(6) 差説

「損害とは、財産的（有形的、物質的）なものであれ、非財産的（無形的、精神的）なものであれ、被害者について看取し得る、不法行為（交通事故）前の状態と不法行為後の状態との『差』である」と捉えるものである[45]。同説を提唱されている藤村和夫教授の検討によれば、同説は生命侵害や身体創傷などの不利益を構成する事実それ自体を「損害」と捉える「損害＝事実説」[46]と近接する見解である（同教授の整理でいう「不利益説」[47]「利益侵害説」[48]「事実状態比較説」[49]などと自説の関係を詳細に検討されている[50]）。すなわち、死亡事案において、「死亡」という事実を損害とみるか、死亡前の状態と死亡後の状態を比較した「差」を損害とみるかは、いずれもその損害の金銭的評価を得なければならないという点は共通している。異なる点は、死亡という事実を金銭的評価するか、死亡前と死亡後の「差」が何処にどのように現れるかに着目し、その差に対し金銭的評価を加えるかという点とされ、後者の手法こそが法技術的にも理に適ったものであるとする。

---

45) 藤村ほか・実務交通事故訴訟大系(1)90頁〔藤村和夫〕。
46) 平井・前掲注26) 75頁。
47) 柚木馨（高木多喜男補訂）『判例債権法総論（補訂版）』（有斐閣、1971年）111頁。
48) 石田穣『損害賠償法の再構成』（東京大学出版会、1977年）37頁、58頁。
49) 潮見佳男「財産的損害概念についての一考察」判タ687号8頁（1989年）。
50) 藤村ほか・実務交通事故訴訟大系(1)93頁〔藤村和夫〕。

(7) 小　括

　現在、学説の呼称は様々であるものの、損害を事実状態として捉えるか、それとも金額として捉えるかという見解の基本的対立は続いている。前記(1)で述べた差額説と具体的損失説の対立・対置は、具体的損失説のバリエーションが多様となりつつ、基本的な対立構造が維持されて現在に至っている。学説状況の整理は以上のとおりとし、続けて、最高裁判決などを時系列で概観することとする。

3　判例の推移と概観

(1)　大判大正5年1月20日民録22輯4頁

　身体傷害による損害があるというためには「創傷ノ為ニ財産上若クハ財産以外即チ精神上ノ損害ヲ受ケタル事実ノ存在スルコトヲ要ス」とし、身体傷害それ自体では損害と認めない立場を採った。

(2)　大判昭和7年12月23日新聞3517号14頁

　「不法行為ニヨリ生命ヲ害セラレタル者ハ不法行為ナカリセハ尚生存シテ得ヘカリシ収益ヲ失ヒタルモノト認ムヘキヤ当然ニシテ之カ為ニハ不法行為當時現ニ取得シ居レル事實アルコトヲ必要トセス唯其ノ當時ノ事情ヨリ判斷シテ若シ尚生存セハ将来収益ヲ得ヘキ十分ナル見込アリト認メ得ルヲ以テ足ルモノトス」としていた。

(3)　最判昭和37年5月4日民集16巻5号1044頁

　3歳2か月の被害者が死亡した事故において、国民所得の一人当たり平均額や給与所得者一人当たりの平均月収・生活費についての経済企画庁及び総理府統計局の回答書によっても、当該事故による死亡当時3歳の男子について「生存していたとして何時ごろから少なくともどれだけの純収入を得るか、それを同人の死亡当時に評価してどれだけの数学になるかを算定することはきわめて困難な問題である」とし、「提出、援用の証拠によつては、まだこれらの事実を適確に推認することはできない」とした原審（東京高判昭和33年7月18日民集16巻5号1063頁）を維持したものである。

　この判決に対しては、裁判官2名の少数意見が付されており、池田裁判官

は平均余命の統計や義務教育終了者における平均初任給などから損害の算定がなされる可能性を指摘し、奥野裁判官は、被害者が幼児であると成熟者であると区別すべき理由がないこと、前掲大判昭和7年12月23日を引用し、被害者側が提出した資料及び平均余命の統計などから被害者の最小限度の逸失利益の算定は可能である旨を述べていた。

(4) **最判昭和39年1月28日民集18巻1号136頁**

「民法上のいわゆる損害とは、一口に云えば侵害行為がなかったならば惹起しなかったであろう状態（原状）を(a)とし、侵害行為によって惹起されているところの現実の状態(b)とし $a-b=x$ その x を金銭で評価したものが損害である。」と述べている。

(5) **最判昭和39年6月24日民集18巻5号874頁**

8歳男児死亡の案件で、年少者の逸失利益の算定には「一般の場合に比し不正確さが伴うにしても、裁判所は被害者側が提出するあらゆる証拠資料に基づき、経験則とその良識を十分に活用して、できうるかぎり蓋然性のある額を算出するよう努」めるべき旨を判示して、年少者が被害者の場合に各種統計等を活用して逸失利益を算出する方法を原則的に認めた。

(6) **最判昭和42年11月10日民集21巻9号2352頁**

「交通事故による傷害のため、労働能力の喪失・減退を来たしたことを理由として、将来得べかりし利益喪失による損害を算定するにあたつて、上告人の援用する労働能力喪失率が有力な資料となることは否定できない。しかし、損害賠償制度は、被害者に生じた現実の損害を塡補することを目的とするものであるから、労働能力の喪失、減退にもかかわらず損害が発生しなかった場合には、それを理由とする賠償請求ができないことはいうまでもない。原判決の確定した事実によれば、Aは本件交通事故により左大腿複雑骨折の傷害を受けたが、その後従来通り会社に勤務し、従来の作業に従事し、本件事故による労働能力の減少によって格別の収入減を生じていないというのであるから、労働能力減少による損害賠償を認めなかった原判決の判断は正当であ」るとし、後遺障害等級5級が認められた会社員についての、後遺症による逸失利益の損害を否定した。

労働能力減少だけでは損害賠償を認めないとされている点から、最高裁が

「損害」と考えるのは、「労働能力の喪失、減退」ではなく「収入減」であることが示されているといえる。

(7) 最判昭和43年8月27日判タ226号78頁

「不法行為によつて死亡した者の得べかりし利益を喪失したことによる損害の額を認定するにあたつては、裁判所は、あらゆる証拠資料を総合し、経験則を活用して、でき得るかぎり蓋然性のある額を算出するよう努めるべきであり、蓋然性に疑いがある場合には被害者側にとつて控え目な算定方法を採用すべきであるが、ことがらの性質上将来取得すべき収益の額を完全な正確さをもつて定めることは不可能であり、そうかといつて、そのために損害の証明が不可能なものとして軽々に損害賠償請求を排斥し去るべきではないのであるから、客観的に相当程度の蓋然性をもつて予測される収益の額を算出することができる場合には、その限度で損害の発生を認めなければならないものというべきである。そして、死亡当時安定した収入を得ていた被害者において、生存していたならば将来昇給等による収入の増加を得たであろうことが、証拠に基づいて相当の確かさをもつて推定できる場合には、右昇給等の回数、金額等を予測し得る範囲で控え目に見積つて、これを基礎として将来の得べかりし収入額を算出することも許されるものと解すべきである。」。

(8) 最判昭和44年12月23日判タ243号199頁

病弱で勤労意欲の乏しい者（死亡当時48歳）が事故死した事案で、逸失利益を否定した原判決の判断には経験則違背の違法はないとした。

被害者は、「病弱にして勤労意欲に乏しく、かつ、昼間から飲酒にふけることもあつて」「事故死の当時の収入額は右生活費の金額にも満たなかつた」として、「事故死の結果喪失した将来得べかりし利益の存在ないし金額はたやすく認定することができない」などとした原審の判断を肯定した。

(9) 実際の減収がない場合における逸失利益に関する下級審裁判例の状況

その後、実際の減収がない場合における逸失利益に関する下級審裁判例の状況については、実際の減収がないことを認定しながら、事故による後遺症がなく通常の労働能力を発揮していれば、事故後現実に得た収入以上の収入を得ていたであろうことを指摘して逸失利益を肯定する例（東京高判昭和50

年3月31日判タ327号216頁)、原告が経営していた会社に就労していた息子など従業員が原告の労働能力低下を補い会社の利益の減少を防止するよう努力していることなどから、原告の所得が事故前より増加しているとしても事故に遭わなければ事故前に比べて高額の収入が得られることも可能であったと推認されること、将来、原告の子が独立するなどした場合に原告は賃金低下等の負担を負うことは明らかであるなどとして逸失利益の存在を認めた例(東京地判昭和50年3月31日交通民集8巻2号451頁)、雇用主が「いわば慈善的に」「原告の労働能力以上の給与を支給している」が、事業主も雇用をし続けることはできず近々に解雇せざるを得ない状況であることを認定して逸失利益を認めた例(大阪地判昭和42年7月31日判タ213号177頁)などがあった。また、逸失利益は否定するが慰謝料として考慮する旨の裁判例(東京地判昭和48年1月30日判タ302号239頁)等の様々な法律構成が示されていた。

⑩ 最判昭和49年7月19日民集28巻5号872頁

主婦の逸失利益につき女子雇用労働者の平均賃金をもって算定することを認めた。

すなわち「妻の家事労働は財産上の利益を生ずるものというべきであり、これを金銭的に評価することも不可能ということはできない。ただ、具体的事案において金銭的に評価することが困難な場合が少なくないことが予想されるところであるが、かかる場合には、現在の社会情勢等にかんがみ、家事労働に専念する妻は、平均的労働不能年齢に達するまで、女子雇用労働者の平均的賃金に相当する財産上の収益を上げるものと推定するのが相当である」として、家事労働に対する金銭的な評価が困難な場合には平均賃金をもって算定をすることを認めたものであり、差額説的な理解のみならず、労働能力喪失説的な理解をとらざるを得なくなったものであると指摘されていた。[51)・52)]

---

51) 加藤・前掲注32)194頁。
52) その後の最判平成8年4月25日民集50巻5号1221頁について、その原判決(東京高判平成4年11月26日判時1439号124頁)は、交通事故の被害者が症状固定後、交通事故と無関係の事故によって死亡したという事案において、事実審の口頭弁論終結前に被害者の死亡の事実が発生し、その生存期間が確定して、その後に逸失利益の生ずる余地のないことが判明した場合には、後遺障害による逸失利益の算定にあたり右死亡の事実を斟酌すべきものであるとして、被害者の死亡後の期間につい

⑾ 本判決（最判昭和56年12月22日）の評価

こうした背景事情のもと、本判決（最判昭和56年12月22日）が下されることとなった。本判決は差額説にこだわることなく身体的機能の喪失それ自体を損害とみる余地を肯定し、不利益な事実状態そのものを損害と捉える方向性が確実なものとなったといえる。本判決が損害概念の規範化への先鞭をつけるものであったとの評価もある。[53]

⑿ 最判平成12年9月22日民集54巻7号2574頁

医療過誤の事案において、「疾病のため死亡した患者の診療に当たった医師の医療行為が、その過失により、当時の医療水準にかなったものでなかった場合において、右医療行為と患者の死亡との間の因果関係の存在は証明されないけれども、医療水準にかなった医療が行われていたならば患者がその死亡の時点においてなお生存していた相当程度の可能性の存在が証明されるときは、医師は、患者に対し、不法行為による損害を賠償する責任を負うものと解するのが相当である。けだし、生命を維持することは人にとって最も基本的な利益であって、右の可能性は法によって保護されるべき利益であり、医師が過失により医療水準にかなった医療を行わないことによって患者の法益が侵害されたものということができるからである。」としている。

こうして、最高裁は「死亡の時点においてなお生存していた相当程度の可能性」を損害として捉えることを肯定しているといえる。

　　て逸失利益の発生を認めなかった。最高裁は、この原判決を破棄し、次のように述べた。交通事故の被害者が後遺障害により労働能力の一部を喪失した場合における逸失利益の算定にあたっては、事故後に別の原因により被害者が死亡したとしても、事故の時点で、死亡の原因となる具体的事由が存在し、近い将来における死亡が客観的に予測されていたなどの特段の事情がない限り、死亡の事実は就労可能期間の認定上考慮すべきものではないとしたものである。同判決について、純粋な差額説から損害事実説的な理解に移ってきているのではないかという指摘もある（窪田充見「損害概念の変遷―判例における最近10年間の展開」(財)日弁連交通事故相談センター編『交通賠償論の新次元』（判例タイムズ社、2007年）75頁）が、差額説をとるか否かにより明瞭な形で違いが生じる場面ではないといえる（淡路剛久「差額説・相当因果関係説による不法行為損害論の近時の動向―損害論に関する新たな議論への準備的考察」山田卓生編集代表・淡路剛久編『新・現代損害賠償法講座(6)損害と保険』（日本評論社、1998年）12頁）。

53)　藤岡康宏「判批」民法判例百選Ⅱ債権（第5版）（別冊ジュリスト160号）186頁（2001年）。

⑬ 「死亡の時点においてなお生存していた相当程度の可能性」の判例法理を適用した裁判例

上記の相当程度の可能性に関する判例法理については、最判平成15年11月11日民集57巻10号1466頁は、同様に医療過誤の事案において、患者が死亡した場合のみならず重篤な後遺障害が残存した場合にも適用されている。以後、東京地判平成15年4月21日判例集未登載（平成13年(ワ)1702号。乳がん見落としの事例）、大阪地判平成15年12月18日判タ1183号265頁（悪性リンパ腫の確定診断が遅れた事例）、東京地判平成19年8月24日判タ1283号216頁（大腸がん見落としの事例）、大阪地判平成21年3月25日判タ1297号224頁（妊婦に適切な輸液を行う注意義務違反が認められた事例）、仙台地判平成24年5月7日最高裁ＨＰ（平成20年(ワ)第856号。乳がん見落としの事例）、東京地判平成29年5月26日判タ1459号199頁（個別検診方式による胃がん検診の受診者に対し、受診指導をすべき注意義務違反が認められた事例）などの裁判例が集積されている。

⑭ 小 括

上記のとおり、判例の傾向として当初は純粋な差額説を唱えていたものの、事案類型ごとに結論の妥当性を維持する必要から、徐々に損害概念を抽象化させつつあるということができる。本判決は差額説についての柔軟な適用の可能性を示し、身体的機能の一部喪失それ自体を損害と捉える余地を認めた点で、その後の最高裁判決の潮流にも大きな影響を与えたものと考えられる。

4 本判決の判旨についての検討

「後遺症の程度が比較的軽微であって、しかも被害者が従事する職業の性質からみて現在又は将来における収入の減少も認められないという場合においては、特段の事情のない限り、労働能力の一部喪失を理由とする財産上の損害を認める余地はない」と述べている一般論について、以下検討する。

(1) 「後遺症の程度が比較的軽微であって」

身体的機能の一部喪失それ自体を損害と捉える見解に純粋に従うなら、「比較的軽微」か否かにかかわらず、損害発生は認められることになる。しかし、

本判決は「比較的軽微」な後遺症がある場合でも減収がなければ原則として損害発生を否定しており、純粋な労働能力喪失説（具体的損失説）を肯定するものではないと理解できる。

　上記判示を反対解釈すると、「比較的軽微」ではない場合には、現在の減収の有無とは無関係に、財産上の損害を肯定することができそうである。[54]

　特に器質的・物理的損傷である場合には、身体そのものに生じた変化であるから、収入減の有無にかかわらず、損害賠償が認められるべきというのは、死傷損害説や損害事実説の見地からも違和感がないものである。問題は、交通事故事案のうち一定割合を占める神経症状や機能障害・運動障害等のいかなる範囲が「比較的軽微」に該当することになるのか（現在及び将来の減収がなくとも逸失利益を認めるべき後遺障害の範囲はどこまでか）という点であるが、本判決の事案において被害者の後遺障害は、「腰部挫傷後遺症（右下肢に労災等級14級に相当する局部に神経症状を残す）」であったところ、本判決がいう「比較的軽微」に14級程度の局部の神経症状（及び等級非該当となる程度の神経症状）が含まれるか否かは明らかでなく、具体的範囲はその後の裁判例等から回答を見出すしかない[55]。

　後記のとおり、現在の実務においては、軽微でない後遺症の場合には、「特別の努力」の存在を推認する運用がされていると指摘されており、「特別な努力」が推認できるほどの後遺症の程度と、最高裁がいう「軽微な後遺症」とはいえない後遺症の程度は、いずれも現実の減収がなくとも逸失利益を認める範囲を画する概念であり、同程度の範囲に収斂する可能性も認められる。

54）　浅野直人「後遺障害による減収がない場合の財産上の損害の有無」判タ505号（昭和57年度民事主要判例解説）120頁。
55）　楠本・前掲注10）179頁は、後遺障害が「軽微でない事案は逆に原則として労働能力喪失損害を認める趣旨と解すべきであろう。しかしそうであるなら、最初から重大・軽微を区別せず原則として労働能力喪失損害を肯定し、本件のようなケースは『特段の事情』があるものとして財産的損害を否定する構成の方がはるかに適切であった。」と述べている。

(2) 「被害者が従事する職業の性質からみて現在又は将来における収入の減少も認められないという場合」[56]

　本判決の事案では被害者が事故当時33歳の公務員であり、後遺症である神経症状によってどの程度、同職務に悪影響が生じるか、すなわち後遺障害による具体的な症状と、被害者の職業や担当業務の内容の具体的関連性が問題とされており、労働能力喪失を抽象的に問題とするだけでは足りないことが示されている。

　ただ、「将来における収入の減少」については、雇用環境が流動化した現在においては、ある労働者の将来就く可能性がある職種は不特定的な拡がりがあり、特に若年者はその傾向が大きい。後遺症が残存している以上、将来の事情変動を考慮しても不利益がおよそ起こらないと断定できる事案はあまり想定できない結果になるとも思われる。

IV 本判決の研究・判旨2—減収が生じていない場合の後遺症逸失利益の考え方

1 特段の事情の2類型

(1) 特別の努力要件と将来の不利益要件

　本判決は、本件被害者が現時点では財産上特段の不利益を被っているものとはいえないにもかかわらず、なお後遺症に起因する労働能力低下に基づく財産上の損害を認めるための要件として、「後遺症が被害者にもたらす経済的不利益を肯認するに足りる特段の事情」を要求し、その具体例として、「たとえば」に続け、

① 「事故の前後を通じて収入に変更がないことが本人において労働能力低

---

[56] 念のため「現在又は将来」という表現について、口頭弁論終結時に後遺障害の固定に至っているという通常の事案を前提とすると、「現在」「将来」いずれかの収入減少が認められれば、後遺障害逸失利益は認められるべきといえることから、本判決の趣旨は「現在及び将来の収入の減少も認められない」と理解すべきと思われる。

下による収入の減少を回復すべく特別の努力をしているなど事故以外の要因に基づくものであって、かかる要因がなければ収入の減少を来たしているものと認められる場合」（以下、「特別の努力要件」という。）

及び

② 「労働能力喪失の程度が軽微であっても、本人が現に従事し又は将来従事すべき職業の性質に照らし、特に昇給、昇任、転職等に際して不利益な取扱いを受けるおそれがあるものと認められる場合」（以下、「将来の不利益要件」という。）

をあげている。

(2) 特別の努力要件

上記①の「特別の努力」は「事故の前後を通じて収入に変更がない」結果になったことの「事故以外の要因」の一例であり、「特別の努力」に限る趣旨ではなく、後述の「勤務先の配慮等」は、「特別の努力」と相互代替的な要件と位置づけられている。

また、本判決は「かかる要因がなければ収入の減少を来しているものと認められる」こと、すなわち「要因」と「収入の減少」の間に「あれなければこれなし」の条件関係を要求している（以下、単に「条件関係」という。）。この条件関係を厳密に捉えるなら、被害者が会社員などであれば、被害者が、契約上、後遺症を理由として給与の減額等を受けうる状況にあることが必要であり、さらに「特別の努力」が何らかの形で減額を決定する権限を有する者の知るところとなったが努力を評価し給与減額を差し控えていたことや、「特別の努力」により事故前と同様の労働力の提供や業務上の成果を上げることができたなどの経緯が認定されていなければならないことになる。[57]・[58]

---

57) 特別の努力要件に「通常人であれば到底長期にわたり継続することが不可能なほどの本人の努力」であることを要求する見解として、藤村ほか・実務交通事故訴訟大系(3) 365 頁〔小松初男〕がある。
58) 福井地判平成 26 年 5 月 2 日交通民集 47 巻 3 号 589 頁は、症状固定前の通院期間中における収入の減少が認められない事案において、本人の特別の努力などを理由として、休業損害の発生を認めた裁判例である。本人の特別の努力がある場合に、減収がなくとも休業損害が認められるか否かは、特別の努力がある場合になぜ逸失利益が肯定されるのかという実質的根拠にもかかわる問題である。

本判決が求める条件関係を前提とすると、「職場の配慮」は、その配慮がなかった場合、退職を余儀なくされたり、減収に結びついたりする蓋然性が大きいといえる程度のものでなければならないはずである。
　一般的に労働は何らかの努力と無縁ではないし、仮に一時的に特別な努力によって乗り切らなければならない場面があるとしても、恒常的な特別の努力ではないことも多い。偶発的に特別の努力を求められる状況が起こりうることは、およそいかなる職種でも否定し難い。「特別の努力」の認定は困難もあり外延が広がりがちなので、そうであるからこそ、本判決は、特別の努力要件について、「条件関係」を要求し、逸失利益を認める範囲を限定する要件として設けられたと考えられ、この要件を無視してよいとはいえないであろう。

(3) 将来の不利益要件

　上記②「昇給、昇任、転職等に際して不利益な取扱いを受けるおそれ」は、「現に従事している職業」のほか、「将来従事すべき職業」の「性質」に照らして判断すべきとされているところ、「現に従事している職業」における「昇給、昇任」において「不利益な取扱いを受けるおそれ」についていえば、一般に人事評価制度は使用者ごとに区々であり、人事評価における使用者側の裁量の広さを考えると、不利益な取扱いを受けるおそれは容易に否定し難いものと思われる。「転職」に際して「不利益な取扱いを受けるおそれ」や、「将来従事すべき職業」における「昇給、昇任」において「不利益な取扱いを受けるおそれ」は、よりいっそう抽象的で漠然としており、厳格に解するのでなければその「おそれ」を一切否定できる事案は例外的ではないかとさえ思われる。特に、雇用期間の定めがある非正規職員や派遣従業員などの労働形態の場合（総務省統計局作成の労働力調査平成30年（2018年）・第1表雇用形態別雇用者数によれば全就労者の37％を占めている）、将来の転職は必然的に発生する出来事であり、転職にあたり後遺症が評価の対象になるならば不利益に評価されることはありうる。正規職員であって、転職を考慮しない事例においても、昇給や昇任の人事評価で後遺症が不利益に考慮されることはありうる。また正規職員においても労働市場が流動化していることやグローバル経済の進展に伴い、日本社会において転職する可能性は高まっているし、転職

後にいかなる職種に就くかも確実な見通しをもつことは困難なケースが多い。とすると、将来の不利益要件については、現在の社会状況下では、逸失利益の認定範囲を限定する方向に機能するわけではない。後遺症が残存し、減収が生じていない事案類型の中で、将来何らかの不利益が生じるおそれがあることを理由に逸失利益を認めるべき事案を、例外的な位置づけとすることには違和感が残る。この点で、本判決が依拠する昭和56年当時の社会的背景とは変化が生じていると思われる。

(4) 将来の不利益要件によって逸失利益を認める場合

なお、将来の不利益要件によって逸失利益を認める場合、厳密にいえばそうした事実が発生するであろう時点に後遺障害逸失利益が生じるので、差額説的な発想をするならば、その不利益が起こるであろう時点（減収が生じるであろう時点）を認定し、中間利息の控除をしなければならないことになる。被害者が学生の場合における逸失利益の計算においては、就労開始予定時までの年数分を考慮している。将来、昇給や昇任、転職などにおける不利益がありうることを理由に逸失利益を認めつつ、労働能力喪失期間は症状固定時から算出する算定方法は、具体的損失説（死傷損害説、労働能力喪失説等を含む）的な発想に基づいているという指摘が可能であろう。[59]

2 本判決後の裁判例の傾向

(1) 裁判例の整理・分析からみえてきた総括

平成26年1月から平成29年3月までの間における、減収がない場合の逸失利益について判断をした裁判例及びその他の否定の結論をとった裁判例を整理・分析したところ、別表（412頁以下）のとおりとなった。以下のように総括ができると思われる。

① 本判決が想定する原則例外の関係は実態としては逆転しており、後遺症が残存するならば、口頭弁論終結時に減収がなくとも、実態に即した

---

[59] 最判昭和58年9月6日判時1092号34頁は、弁護士費用について（被害者が弁護士費用を拠出した時からではなく）、不法行為の時から遅滞に陥るとしている。

喪失期間、喪失割合において後遺症逸失利益を認めるのが、むしろ原則的な実務の運用となっている。本判決以後の裁判例は、本判決が述べる特段の事情を柔軟に認めることで、具体的妥当性を確保しようとしており、労働能力の喪失が認定される限りは、実際の減収がなくても逸失利益を認定するのが下級審の大勢であるとする指摘がある[60]。

② ただ、その理由付けにおいて、判決文において特別な努力が認定されていても具体的内容が示されていない故に、それが特別といえるか否かの検証ができない事案や、判決文において示された具体的内容の「特別な努力」該当性に疑問がある事案など、裁判例それぞれの判断手法に独自性がある。また逸失利益を算定するには、(a)労働能力喪失率（自賠責保険による後遺症害等級認定が先行している場合には同等級と異なる等級を認定するか否か、対応する労働省労働基準監督局長通牒（昭和32年7月2日基発551号）別表記載の喪失割合を変動させるか否か）、(b)労働能力喪失期間（就労可能年齢とされる67歳までの期間を認めるか、一定の期間に限定するか）をそれぞれ認定する必要があるところ、判決文中で認定された職場の配慮や本人の努力の事実が、「逸失利益を認めるか否か」に対する理由か、「逸失利益を認めるとしてどの程度の割合、どの程度の期間を認めるか」に対する理由かが区別されていない場合、いずれの理由として示されているのか読み取るのは困難である。このことは、特別の努力要件、職場の配慮要件における当事者の主張立証や事実認定を具体的に行うことの困難さを示しているといえる。他方で、下級審判決においては、考慮要素が「必ずしも十分に立証・認定されていない」、「逸失利益の認定は、将来予測に係る不確実な部分が大きく、そのため相対的に低い心証度で満足せざるを得ない側面があるのに、その上にさらに推認を重ねる論法を用いるのでは、判決の説得力を乏しくし加害者側の納得を得られないのではないか」という指摘もなされている。[61]

③ 下級審裁判例では特別の要件を厳密に吟味することなく逸失利益を肯

---

60) 山口・前掲注13）。
61) 中園浩一郎「損害賠償額の算定について」赤い本（下巻）2008・24頁。

定する例は多く（事実上、相当な証明度の軽減がされている）、また「条件関係」を意識的に判断する裁判例の数は多くない。

「条件関係」を要求せず職場の配慮や本人の努力という事実から、逸失利益を認めるならば、死傷という事実それ自体や、労働能力の喪失それ自体を損害と捉えることに近づくことになるが、もしそうであれば本判決の判断枠組みとは乖離が生じることになる。条件関係を要求せず、職場の配慮や本人の努力だけから逸失利益を肯定し実質的には労働能力喪失説的な結論を導こうとしながら、本判決における判断枠組みを外形上維持しようとするのは、理論的な不整合を内在することになる懸念もある。[62]

減収が生じていない事案において、逸失利益を認めるのを原則的とする方向に異論はないが、その根拠については、「特別の努力要件」のみでなく、被害者が将来どのような職種に従事するかは予測がつきにくい社会状況を前提に、「将来の不利益要件」をも用いて妥当な範囲で後遺症逸失利益を認めるという方向性が検討されるべきである。

ただし、将来の不利益要件で逸失利益を認める場合、後遺障害等級12、14級の場合には、5年や10年で症状が馴化すると一般に解されていることとの関係で、理論的にはその期間内に何らかの将来の不利益が生じる可能性の有無を検討しなければならないこと、また、昇任、昇給、転職の場合の不利益を論じるにあたり、その可能性は一般に若年労働者になるほど大きくなるのであり、定年に近い労働者については就労可能期間の範囲内での将来の不利益を論じにくいという点にも留意が必要である。

---

[62] 池田耕一郎「被害者に現実の収入減少がない場合の逸失利益」（公財）交通事故紛争処理センター編集『交通事故紛争処理の法理（（公財）交通事故紛争処理センター創立40周年記念論文集）』（ぎょうせい、2014年）301頁は、「逸失利益の算定に当たって種々の考慮がなされているように見えても、それが形式的・抽象的では、関係当事者の納得は得られにくい。」としている。塩崎勤「判批」新交通事故判例百選（別冊ジュリスト94号）84頁（1987年）は、「実務としては、右特段の事情の有無については慎重かつ厳格に判断し、安易な運用に流れることがないよう留意すべきことは当然であろう」としている。

(2) 各要件の認定の困難さ

ア 勤務先の配慮

勤務先の配慮要件については、下級審裁判例では、「使用者の配慮」に「同僚の配慮」を含むとしたり、1回的行為も含むとするものもあり、拡張傾向がみられる。しかし、職場における同僚同士で、お互いに助け合い、補い合って業務を行うことは後遺症の有無にかかわらず行われていることであり、後遺症などによらない突発的な身体・精神の不調がある場合においても労働者同士で行われるような気遣いの類、社会生活上の儀礼に類するようなものは除去する必要があろう。

イ 後遺症が残存しても減収が生じないことの要因として、法制度による給与への保護制度があり、「特別の努力要件」における条件関係を論じにくいこと

契約は双務契約であり、労働者は使用者の指揮命令に対する労働力を提供し、その反対給付として給与の支払を受けることになる。しかし、労働者に後遺障害が残存した場合、法律上当然に給与が減額されるわけではない。解雇の場合には労働契約法16条に定める要件が必要となり、減給の場合にも労働者の同意ないし就業規則上の明確な定め、適正な手続が求められる。また、人事上の降格処分に伴い収入が減少する場合は、減給の制裁にはあたらないとされているが（昭和26年3月14日基収第518号）、使用者が身体能力の低下した従業員に対して、それを理由に人事上の降格をなすことができるほど、明確な作業効率の低下が認定できる事案は、機械的・反復継続的な単純作業を除けば、さほど多くはない。現時点で第三次産業の従事者は就労者の7割を超えており（総務省統計局・平成27年国勢調査・就業状態等基本集計結果・産業（大分類）別15歳以上就業者の推移）、成果主義を導入する割合の高まりなどにより人事評価は複雑さを伴っているので、身体能力の低下により作業能力の低下が明らかになったと使用者が判断したとしても、直ちに減収を伴う人事権行使を行うことは、社会通念上多くはないであろう。

そのほかにも労働者の賃金請求権は法制度上の保護があり、後遺症があるにもかかわらず給与収入者に対する減収がない事例において、減収が生じていない最大の要因となるのは労働関係法令上の保護制度であるといえるので

はないかと思われる。仮に労働能力喪失が生じているとしても、すぐに減収に直結することがないよう社会的基盤が形成・整備されているという前提に立つと、損害概念や逸失利益の認定もそれを前提に行う必要があり、特別の努力や職場の配慮、及びそれとの条件関係を認定しなければ逸失利益を判断できないという本判決の判断枠組みが社会情勢に合致しているのかは疑問である。

ウ　給与所得者についての職場の配慮要件の変容

　平成28年、改正障害者の雇用の促進等に関する法律により雇用の分野での合理的配慮の提供義務が定められた。全ての事業主は、労働者に肉体的後遺症がある場合、その業務上生じる支障を取り除くことについて協力することが義務づけられている。同法は、「障害者」を「身体障害、知的障害、精神障害……その他の心身の機能の障害……があるため、長期にわたり、職業生活に相当の制限を受け、又は職業生活を営むことが著しく困難な者をいう。」と定義し（2条1項）、「すべて事業主は、障害者の雇用に関し、社会連帯の理念に基づき、障害者である労働者が有為な職業人として自立しようとする努力に対して協力する責務を有するものであつて、その有する能力を正当に評価し、適当な雇用の場を与えるとともに適正な雇用管理を行うことによりその雇用の安定を図るように努めなければならない。」(5条)、「事業主は、賃金の決定、教育訓練の実施、福利厚生施設の利用その他の待遇について、労働者が障害者であることを理由として、障害者でない者と不当な差別的取扱いをしてはならない。」(35条)と定めている。さらに同法36条に基づいて、厚生労働省は、「障害者差別禁止指針」（障害者に対する差別の禁止に関する規定に定める事項に関し、事業主が適切に対処するための指針）を定めている。このように、後遺症を残した交通事故の被害者にとって、就労を継続することができるように勤務先が配慮すべき法的制度があるならば、口頭弁論終結時において職場の配慮によって減収が生じていない場合、就労可能年齢の終期までも同様に、減収は生じないことになるのではないかという疑問があり、この点で本判決の判断枠組みは前提事実に変動が生じているという指摘も可能である。

　また、使用者が信義則上の義務（安全配慮義務がそのひとつ）として義務づ

けられている範囲の義務によっても、「職場の配慮」が肯定されるのではないか、すなわち職場の配慮が恩恵的なものではないと理解できる場合もある。労働者は使用者に対し安全配慮義務を求めることが裁判例上認められている。労働者が私傷病による後遺障害を残存した後、復職する場合には、使用者には当該労働者に配置可能な業務があるかなど広く労務提供義務の履行の可能性を判断する必要があるとされ、他の配置可能な業務が存在し、会社の経営上もその業務を担当させることにそれほど問題がないときは、その職務に就かせることが求められるとされている（大阪高判平成14年6月19日労判839号47頁（カントラ事件））。

エ 小 括

上記のように、本判決が前提とした社会状況に変化があることは、下級審において特別の努力要件や職場の配慮要件を厳密に立証・事実認定しない傾向と相まって、判断枠組みの修正の必要性を基礎づける事情ということができる。

(3) 後遺症の程度から「本人の努力要件」を推定することの可否

ア 現実的妥当性の確保

本判決が示した「特別の努力要件」について下級審裁判例が厳密な立証・事実認定を追及せず、現実的妥当性を確保しようとしていること、その結果、本件昭和56年最高裁判決を前提としながら労働能力喪失説の導く結果に近接しつつあることは上述のとおりである。一定程度の後遺症の重さがある場合、本人の努力を推定しうるとすることで、本判決の判断枠組みを出発点としながら、その実務を追認しうるとする見解がある。

すなわち、「後遺障害の程度が重大な場合には、労働能力が低下していて、減収が表面化していないのは本人の努力等で労働能力低下分をカバーしていると推定されます」とし、「差額説をベースとしつつも、労働能力喪失説的な側面をかなりの程度取り入れた運用をしている」とされている[63]。

上記を正面から認めた下級審裁判例もある。すなわち、札幌地判平成11

---

63) 東京三弁護士会交通事故処理委員会編『新しい交通賠償論の胎動―創立40周年記念講演を中心として』（ぎょうせい、2002年）37頁以下。

年9月29日交通民集32巻5号1510頁は、併合7級の後遺症を負った銀行員について、「後遺障害（顔面醜状、右眼視力障害、右眼視野障害、嗅覚障害）が、現在の原告の業務に一定の影響を及ぼしていること（換言すれば、現実の減収がないことについて、原告の特別の努力によるなどの他の要因が存すること）は十分推認される」と述べた[64]。

イ 何が特別の努力にあたるか

確かに重大な後遺症になればなるほど、本人が努力により補う必要性は高まるものと考えられるところ、後遺症の態様や程度は事案により千差万別であり、何が特別の努力にあたるかも区々である。個別事案を離れた一般的な経験則があるといえるか、事実上の推定を覆すために加害者側が特別の努力の不存在を主張立証する必要があるとするなら、被害者の就労環境を知り得ない加害者にその負担を負わせることが公平といえるか、推定される事実である「特別の努力」がどの程度のものかが明確でなく、恣意的運用を招かないか[65]、本判決が要求する条件関係を厳密に求めるならば、特別な努力を推定しただけでは逸失利益を認めるには足りないのではないかなどが指摘できる。

(4) 本人の努力と職場の配慮の関係性

考慮要素相互の関連性を検討するにあたり、本人の努力要件と職場の配慮要件は、相互代替的であるということができる。

ただ、場合によっては、職場の配慮があることが、本人の努力要件を否定する材料とされることもある。そのことを示す裁判例を以下で引用する。

ア 事案の概要

後遺障害逸失利益の否定例である神戸地判平成25年1月24日自保ジャ1896号112頁の事案の概要は、以下のとおりである。

原告は、事故当日に外傷性頸部症候群等と診断され、入通院をした後、症状固定し、自賠責保険では後遺障害等級14級9号と認定されていた。原告は、後遺障害逸失利益として、基礎となる年収を406万2564円、労働能力喪失

---

64) ほかに横浜地判平成24年9月28日自保ジャ1885号76頁。
65) 横浜地判平成30年3月22日自保ジャ2021号80頁は、12級13号の神経症状の事例において特段の理由を付さずに特別の努力を認定している。

率5％、喪失期間3年とし、55万3158円と主張した。これに対して被告は、後遺障害逸失利益の存在を争い、その理由として、原告が、神戸市○○局に勤務する地方公務員であり、事故の後遺障害によって給与の減額がされることは考えられないこと、症状固定日以前も以降も、減収が全く生じていないこと、また、原告が労働能力低下による収入の減少を回復すべく特別の努力をしていること、将来、昇給、昇任、転職等に際して不利益な取扱いを受けるおそれがあるなどといった特段の事情は存しないことを主張した。

　イ　判決内容

　判決は、後遺障害逸失利益を否定し、理由として、原告に実際に減収が生じていないことに加えて、①本件事故前、原告は、神戸市○○局c営業所に勤務する公務員としてゴミをパッカー車（ゴミ収集車）に積み込む作業を行っていたところ、本件事故後も業務内容は変わっていないこと、②本件事故後、原告は、同じパッカー車（乗務員は運転手1名及び作業員2名の合計3名）に搭乗する作業員の配慮によって、パッカー車のゴミを巻き込む作業を指示するボタン操作だけを行うようになっていることが認められる。上記認定の本件事故前後の作業内容からすると、原告が、本件事故前の収入を維持するために、特別の努力をしているとの事情があるとは認められない。また、原告の業務や後遺障害の性質上、後遺障害が残存することにより、将来、原告が昇給・昇任・転職等に際して不利益な取扱いを受けるおそれがあるとの事情を認めるに足りる証拠もない、とした。

　ウ　判決の特徴

　同判決の特徴は、職場の同僚による「配慮」があると言及しながら、それを本人による特別の努力が存在しないことを認める理由の一つとして捉えているように解されるところである。ただ、本判決が述べる特別の努力や職場の配慮は、それらがなければ実際の減収が生じるであろう程度のものであることが求められているので、論理的な矛盾があるというわけではない。その程度に至らない「職場の配慮」は、「本人の努力」の存在をむしろ減殺することが示されており、興味深い事例といえる。

(5) **私生活上の不利益**
ア　逸失利益を認める根拠としてあげられる要素について網羅的に述べた裁判例

　大阪地判平成23年1月19日自保ジャ1857号67頁は、「事故後、現実に減収のない場合の後遺障害逸失利益には、後遺障害として認定された等級の労働能力喪失率をそのまま適用することは相当ではないが、減収の有無程度、昇進・昇給等における不利益、業務への支障、退職・転職の可能性、本人の努力、勤務先の配慮等、生活上の支援等の要素を具体的に考慮し、具体的な収入額の差異を離れ、規範的評価の下、将来の逸失利益を控えめに認定すべきである」と述べている。これら考慮要素の相互的な関連性や位置づけについても学説上、検討がなされているところ[66]、私生活上の不利益は、逸失利益認定の考慮要素となるか否か議論がある。日常生活上の支障は「原則としてこれを逸失利益認定の要素と考慮されることは難しく、精々、慰謝料の金額において斟酌される程度とされる可能性が高い」とされている。[67]

イ　私生活上の不利益について触れた裁判例

　大阪地判平成11年12月2日交通民集32巻6号1906頁は、51歳の被害者が等級10級11号の後遺症を残した事案において、「証拠……によれば、原告は本件事故前と比較して減収を生じていないことが認められる。しかし、逸失利益の算定は、減収の有無だけではなく、労働能力の低下の程度、将来の昇進、転職、失業等不利益の可能性、日常生活上の不便等を総合考慮して行われるものであり……右足の関節機能障害のため、機敏な動きができなくなったり、処置等で左膝をつかなければ仕事ができず不便な思いをしたり、老人や障害者の介助ができなくなったことが認められ……勤務を継続できなくなるおそれがあること、日常生活において、階段の上り下り等に不自由を来していることが認められることなどからすると、減収がないことの一事をもって逸失利益が認められないとすることは妥当ではな」いとして、16年間20％の労働能力喪失を認めた。

---

[66]　藤村ほか・実務交通事故訴訟大系(3) 365頁〔小松初男〕。
[67]　藤村ほか・実務交通事故訴訟大系(3) 364頁〔小松初男〕。

東京地判平成29年6月28日判例集未登載（平成27年(ワ)第36346号）は、「原告には、本件事故後の減収はないが、本件事故による後遺障害により業務や日常生活に少なからぬ支障が生じており、現時点で減収が生じていないのは本人の努力によるものであり」として、私生活上の支障に言及している。

ウ　家事労働能力

私生活上の支障と類似ないし近接する概念として家事労働能力がある。家事労働者の逸失利益については、女子雇用労働者の平均的賃金をもって算定することを認めた前掲最判昭和49年7月19日が存するところ、家事従事者に後遺症が残存した場合であっても、もともと収入がなく、減収の有無を観念できない。給与所得者など収入がある者に限り、減収の有無を厳密に問題とすることに疑問が生じる所以である[68]。昭和56年最判における将来の不利益要件の「不利益」に将来の家事労働能力の低下が含まれるとするなら、現に家事従事者である者につき、現在又は将来の家事労働能力の低下を議論できない理由はない。[69]家事従事者以外の無収入者の類型でも、日常生活にあたり家事労働と同種の作業は避けられないのが通常であり、生活上の能力喪失を労働能力喪失の一類型と捉えることが理に反しているとはいえない。同一の後遺障害でも、家事従事者には家事労働能力の喪失であり、その他の

---

[68] 「現在の交通事故損害賠償の実務における家事従事者の逸失利益算定の場面では、事故前と事故後で減収が生じているかどうかという議論は一般的にはなされない。現実には労働の対価を得ていない家事従事者の逸失利益算定の場面では減収の有無は不問に付されるのに、現実に労働の対価を得ている労働者の逸失利益算定の場面で差額説的な理解を徹底することは、不公平・不合理であろう。」という指摘もある（池田・前掲注62）300頁）。

[69] 家事労働能力の喪失を労働能力喪失の一類型とする考え方は、専業主婦の場合だけでなく有職主婦（兼業主婦）の場合でも肯定されている（京都地判平成26年3月7日自保ジャ1927号142頁）。また、被害者が比較的若年女性の給与所得者で減収がない事案では、将来結婚して、家事労働に従事する蓋然性を認定して、将来の家事労働能力の喪失を、逸失利益を肯定する根拠とする裁判例もある（名古屋地判平成13年3月30日自保ジャ1409号7頁は、「格別の減収はない……が将来結婚後主婦として生活すること等を考慮すると……逸失利益が全くないとはいえない」とし（21歳女子団体職員）、京都地判平成16年5月31日自保ジャ1565号21頁は、「将来家事労働に従事する蓋然性があるが、その場合には労働能力低下が認められる」（30歳女子会社員）とする）。そのため、事故発生時に既に家事従事者であった場合にはなおさら、その逸失利益を判断するにあたり、将来の家事労働能力の喪失の有無を検討すべきという見解も成り立つ。

無収入者は生活上の支障にすぎないとして正反対の結論をとる実質的理由も見出せない。比較的若年の女性給与所得者に実際の減収がない場合や家事従事者が被害者となる場合のほか、家事労働能力ないしそれと同種の生活能力の低下をもって、逸失利益を肯定すべき類型があると考えられる。家事労働能力と生活上の支障を区別し後者を逸失利益の判断から除外するのではなく、昭和56年最判における将来の不利益要件を介し、不利益の範囲を社会的背景にあわせ解釈することで、生体損害説や生活利益説の帰結を一部取り込むことができる可能性も認められる。[70]

Ⅴ　結　び

　本判決は、基本的に差額説の立場に立ちつつ、労働能力喪失を損害として認める立場を否定していない。同一被害者の同一の損害について、差額説に基づく評価と、労働能力喪失説に基づく評価はどちらかしかあり得ないというものではなく両立し、当事者の選択に法的構成を委ねていると考えることも一応は可能である[71]。被害者の事故前の状況（職業、社会的地位、就労形態など）は千差万別であり、後遺障害の内容（後遺障害の部位、程度、態様など）も様々であるので、それらの組合せである個別事例の全てを統一的に説明し、かつ、妥当な損害を認定しうる損害概念を見出すことの困難さを示唆していると思われる。本判決後長期間が経過しており、判断枠組みの再検討も必要と思われる。また、これまで損害賠償による保護の対象外とされていた類型につき社会的な権利意識や価値観の変動に伴い、それに適合する範囲で必要

---

70)　「相変わらず『労働能力』でしか判断できない現状の損害論を『生活能力喪失』ないし『生活利便の侵害』へと眼を向けさせる契機になるのではないか」として生活利便の侵害を損害として捉える必要性を示すものとして、羽成守「逸失利益算定における学歴差の問題」交通法研究10・11号128頁（1982年）がある。

71)　鷺岡康雄「身体的機能の一部喪失と労働能力喪失を理由とする財産上の損害の有無（最判昭和56.12.22）」曹時37巻6号212頁（1985年）は、「基本的には、差額説、労働能力喪失説は、逸失利益の損害把握の手法として両立しうるものと思われる」とする。

な法的保護を与えるべく、下級審裁判例の事例の検討などによって、損害概念の理論面に対する見直しが不断に続けられる必要がある。

〈別表〉 事故後の減収がない場合に逸失利益に関する裁判例（平成26

	裁判所 判決年月日 出典	被害者の属性（業務内容・年齢・性別）	後遺障害等の内容	自賠責で認定された後遺障害等級及び同等級に対応する労災保険法上の労働能力喪失率
1	横浜地裁H26.1.30 交通民集47巻1号195頁	老人ホームの利用者介護、事故当時・症状固定時45歳・女性	眉間の部分に人目につく長さ3センチメートル以上の線状痕、頚項部痛、胸背部痛及び腰痛	12級14号(14%)、14級9号(5%)
2	福岡地裁H26.1.30 自保ジャ1920号78頁	会社員（管理部門の総責任者）、47歳・男性	難聴	12級（14%）
3	京都地裁H26.3.4 交通民集47巻2号291頁	飲食店経営、事故当時31歳又は32歳 男性	頭痛、めまい、耳鳴り等	9級10号(35%)
4	名古屋地裁H26.3.5 ウェストロー・ジャパン	警備員、事故当時34歳 症状固定時35歳 男性	右下肢痛み	12級13号(14%)

412 第3編●研究論文—判例による規範形成

年1月から平成29年3月）

裁判例における 労働能力喪失率 の結論 （喪失期間等）	判旨
10% （22年間）	「なお、被告らは、後遺障害によって原告の収入が現実に減少したとの立証がないことなどを理由として、原告の労働能力に与える影響は極めて限定的であると主張する。しかし、上記のとおり原告が転職する可能性もあり、また現在の職場で働き続けていたとしても、上記後遺障害が昇給・昇格等に影響を及ぼす可能性があると認められるから、被告らの上記主張は採用できない。」
14% （19年間）	事故後に役員に就任し収入が増加しているが、事故時に役員就任に伴う収入増加の可能性があったこと、サラリーマン重役であることなどから役員報酬816万円の全額を基礎とした。今後の就労状況によっては役員の重任がされない可能性があることなどを考慮した。
35% （34年間）	「原告が、本件事故により、脳ＣＴ検査で左前頭部に小さな挫傷が認められる程の頭部への衝撃を含む全身打撲の傷害を負い、希望して退院したにすぎず……就労は本人の努力によるものと評価するべきである」
10% （32年間）	「原告は、右下肢の痛みやしびれ、体の動かしにくさ等を我慢しながら就労している。」「労働能力喪失率及び労働能力喪失期間については、原告の給与所得は、事故後、一旦減少したものの次第に回復し、平成22年時時点では本件事故前と比べてほぼ減収は無いこと、原告の主たる後遺障害は右膝外傷後の神経症状であって消失するとは考え難いこと、原告が相当の努力をして収入を確保している上、業務内容が制限され、再就職には困難を伴う恐れがあること等を考慮すると、労働能力喪失率は10%、その期間は67歳までの32年間とするのが相当である。」痛み等の我慢をもって特別の努力とし、32年間の労働能力喪失期間を認めている。

5	京都地裁 H26.3.7 自保ジャ 1927 号 142 頁	青果市場事務員兼主婦、症状固定時 62 歳・女性	第 3 腰椎チャンス骨折による脊柱変形（11 級）、左肩関節痛（14 級）	11 級（20%）
6	福井地裁 H26.5.2 交通民集 47 巻 3 号 589 頁	保険会社の営業職員、事故当時 54 歳・女性	頚部痛、肩こり、両手のしびれなど	14 級 9 号（5%）
7	名古屋地裁 H26.5.30（名古屋高裁 H26.11.28 の原審）自保ジャ 1937 号 119 頁	外装工事業自営、事故当時 33 歳・男性	右腓骨神経麻痺による右足関節の機能障害（8 級）等	併合 6 級（67%）
8	神戸地裁 H26.6.18 交通民集 47 巻 3 号 744 頁	会社員、症状固定時 21 歳・男性	左手関節の可動域制限等	10 級 10 号（27%）
9	大阪地裁 H26.6.24 ウエストロー・ジャパン	警備員、事故当時 43 歳男性	頚部痛、腰痛	併合 14 級（5%）

20% （13年間）	事故後も「事故前と同様の給与を得ているものの、早く歩けないため、競り場と事務所を往復して伝票やメモを届ける作業に支障があり、同じ姿勢を続けることが困難なため、事務作業が終わった後、野菜の袋詰め等の作業を行うことができないなど、業務への支障は少なからずあり、減給がないことは、原告の努力と職場の配慮によるものであることが認められる」として、賃金センサス女性学歴計全年齢平均355万9400円を基礎に、13年間20％の労働能力喪失を認めた。
5% （5年間）	実際の減収が生じていないが、逸失利益は特に理由を付さず認めている。減収がないが、特別の努力等を理由に、減収が生じていなくとも休業損害を認めている珍しい例。特別の努力により減収が生じていない場合に後遺障害逸失利益を肯定する実質的根拠にかかわる。
67% （33年間）	「本件事故後の売上げや所得に大きな影響が生じてはいないものの、原告の右足に相当な機能障害等の後遺障害が残存したことは否定し得ない。現時点における就労や収益状況は、原告の特段の努力によるものというべきであり、これをもって労働能力の喪失が過小評価されるべきものではないし、所得や売上高の減少率を労働能力喪失率に直ちに反映すべき合理的理由もない。」
25%（症状固定時から20年間）、15%（その後26年間）	具体的に減収を生じていないが、就労に種々の支障を生じており、残業などで収入を維持しているとしたうえで、賃金センサス男性高卒全年齢平均458万5100円を基礎に、症状固定後20年間は25％、その後26年間は15％の労働能力喪失を認めた。
5% （3年間）	「症状固定後において原告に特段の減収は見られず、逸失利益として評価できるのは、原告が努力により減収を回避したといえる部分に限られるところ、その症状経過、内容等に照らすと、認められる範囲は、喪失率５％、喪失期間３年の範囲にとどまるというべきである。」

10	大阪地裁 H26.6.27 交通民集 47 巻 3 号 809 頁	会社員（研究主任）症状固定時 38 歳・男性	左手関節痛、右前額部手術創	併合 6 級（67%）
11	横浜地裁 H26.7.17 交通民集 47 巻 4 号 904 頁	市交通局の大型バス運転手、事故当時 45 歳・男性	頚椎椎間板ヘルニアによる頚部痛・上肢痛	14 級 9 号（5%。なお地方公務員災害補償基金による認定は 10 級）
12	名古屋地裁 H26.8.28 交通民集 47 巻 4 号 1066 頁	自動車整備士、症状固定時 60 歳 男性	右足関節の可動域制限	12 級 7 号（14%）

14％ （29年間）	「原告の職務が本件事故前後を通じて変化していないことからすれば、原告の収入は、本件事故により減少していないものと認められる。……研究職であり、外貌醜状がその業務又は業績に影響を及ぼす類いの職務とは言い難い。……従業員の異動傾向からすれば、原告が将来営業職に異動する可能性は相当程度あり、……これらの瘢痕が職務に一定程度影響することも予想される。……原告の年齢からすれば……転職の際に外貌が採用に影響することも予想される。……左手関節痛による労働能力喪失については本人の努力でこれを補ってきたと認められること、同関節痛の労働能力に対する影響はその内容程度からして10年程度で漸減し消失すると考えられること、反対に、期間が経過するにつれて原告の外貌の変化が昇進昇給や転職の可能性に影響を及ぼす度合いが大きくなると考えられること等を考慮すれば、本件事故により、原告は、症状固定した……38歳……から67歳までの29年間、14パーセント労働能力を喪失した。」外貌の変化について将来、徐々にマイナスの影響が大きくなると認め、29年間の労働能力喪失を認めているのが特徴的である。
14％ （10年間）	「原告の収入が数年のうちに回復したのは、原告の格別の努力と職場の配慮によるところが大きいと認められ、また現時点では本件事故前と同程度に収入が回復しているとしても、原告の後遺障害が将来の転職や昇給・昇格に影響を及ぼす可能性は否定できない。原告の後遺障害の部位、程度に加えて、上記の事情を総合考慮すると、原告の後遺障害による労働能力喪失率は14パーセント、労働能力喪失期間は10年……と認めるのが相当である。」
14％ （11年間）	「なお、原告の収入に減少がないことを踏まえると、逸失利益がないのではないかという指摘も考えられるところではあるが、原告本人によれば、現在の職場も、原告の身体症状を考慮して決められた様子があるから、減収がないことは本人の努力と周囲の配慮によるものといえ、逸失利益を否定する事情とはならない」という認定で、逸失利益を認めている。

13	名古屋高裁 H26.11.28 自保ジャ 1937 号 119 頁	外装工事業自営、事故当時33歳・男性	右足関節機能障害等	併合6級（67%）
14	名古屋地裁 H27.1.23 ウエストロー・ジャパン	ダーツバー経営、事故当時35歳又は36歳男性	頸部痛、頭痛、頭重感、右上肢しびれ、脱力感等	14級9号（5%）
15	東京地裁 H27.2.13 自保ジャ 1944 号 72 頁	外回りの営業職、症状固定時40歳・男性	前額部及び鼻根部打撲挫創後の前額部左下、前額部中央及び鼻根中央部の線状痕など	併合8級（45%）
16	横浜地裁 H27.2.19 交通民集 48 巻 1 号 244 頁	衆議院議員秘書、症状固定時39歳・男性	右肩関節可動域制限	非該当

67% (33年間)	「控訴人は、被控訴人の収入が本件事故後にはほとんど減少していないことを指摘する。しかし、被控訴人は、本件事故前からフェンス工事業を営んでいたところ、受注内容を公共工事から一般家庭向けの工事に変える、稼働時間を増やす、現場作業以外の作業も受注する、他の従業員の手を借りるなどの工夫をしつつ、右足の後遺障害を抱えながら自ら現場作業に従事することで、大幅な減収を防いでいると認められる……。これは、被控訴人の特段の努力によるものといえるし、被控訴人において、加齢後も上記の後遺障害を抱えながら現場作業に従事できるとは限らず、将来にわたり現在の減収がない状態を維持できるかは不明といわざるを得ない。」
5% (5年間)	被告は、交通事故後に減収が生じていないと主張した。判決では「14級に相当する頚部痛等の後遺障害が残存し、現にダーツバーの営業を断念するなどの支障が生じていると認められる」とし、明示的に減収の不発生には触れずに労働能力喪失率5%として5年間の喪失期間を認めた。
20% (27年間)	「原告の復職後の収入は、本件事故前よりも増加しており、本件事故の後遺障害による減収は認めれない。……原告の右手関節の機能障害及び左膝関節痛が原告の業務に影響を及ぼしていることが認められる。……線状痕についても、顔面の目立つ位置にあること、原告が外回りの営業職であることからすると、原告の性別及び年齢を考慮しても、その業務に相当の影響を及ぼしているものと認められる。加えて、これらの影響により、原告の人事評定が低下し、昇給において不利益が顕在化しているのであり、原告が解雇される危険を感じていることにも相応の理由があるというべきである。……右手関節の機能障害及び左膝関節痛が、それぞれ後遺障害等級表12級に該当することも併せ考慮すると、原告は、将来の就労可能期間にわたり、20％の労働能力を喪失したものと認めるのが相当である。」
10% (14年間)	「本件事故後も減収は生じておらず、また、公設秘書である間は具体的に減収のおそれがあるともいえないものの、その身分は通常の公務員と異なり、安定しているとはいえないこと、本件事故後に減収がなかったのは、本人の努力や上記議員との個人的な信頼関係によるものと考えられることに鑑みると、症状固定前年の年収900万円……を基礎収入とし、10％の労働能力喪失を認めるのが相当である。」

17	神戸地裁 H27.3.10 自保ジャ 1948 号 61 頁	会社員、症状固定時 45 歳・男性	中心性頸髄損傷に伴う肩から両上肢にかけてのしびれ等	併合 8 級（45％）前事故の既存障害あり
18	京都地裁 H27.3.19 自保ジャ 1949 号 63 頁	麻酔科医、事故当時 51 歳 症状固定時 52 歳・男性	脊柱変形	当事者間に争いのない事実として 11 級 7 号（20％）
19	東京地裁 H27.4.28 自保ジャ 1951 号 60 頁	レストラン総支配人、症状固定時 48 歳・男性	頸部痛等	14 級 9 号（5％）
20	名古屋地裁 H27.8.28 自保ジャ 1959 号 50 頁	会社員（機械加工）38 歳	頸部痛、腰痛	併合 14 級（5％）
21	名古屋地裁 H27.9.2 交通民集 48 巻 5 号 1092 頁	会社員、症状固定時 48 歳・男性	左右下肢機能障害、左右手関節機能障害、骨盤骨折後変形癒合、左手指疼痛、両下腿部皮膚欠損等	併合 8 級（45％）

25% (22年間)	「原告については、本件事故後も減収が生じていないこと……から、直ちに労働能力喪失率35％を認めることはできない。もっとも、原告が、本件事故後、収入を維持するために、筋肉痛等に耐えながら仕事を継続し、また、仕事の前後には時間をかけて体をほぐすなどの努力をしていること……も考慮すれば、労働能力喪失率については25％をもって相当と認める。」
9% (23年間)	「原告には、本件事故による休業期間を除き、明らかな減収はないものの、原告の後遺障害は、脊椎の変形による腰痛等の神経症状であることから、麻酔医師としての労働能力に与える影響は否めず、現時点においては、原告の努力等によって、減収は生じていないとしても、将来的に被るおそれは否定できない。」
5% (5年間)	事故後、事故前と同程度の年収を得ているものの、頸椎の痛みが強く接客に集中できなかったり、ワインの開栓が困難となるなど、業務に支障を来していること、こまめに休憩をとりながら稼働するなどしており、収入に変動がないのは本人の努力によるもので、かかる要因がなければ収入の減少を来しているとした。
5% (5年間)	「原告は、本件事故直後、本件製作所に入社して3か月くらいで、仕事にも慣れていなかったことなどから休暇を取ることが難しく無理して出勤し、上司から残業を頼まれると断れなかったこと、平成24年ないし平成25年は、仕事に慣れてきて、会社の配慮により新人の教育も担当していたので、新人に任せることができるようになり、残業を断るなどして残業時間が減少したこと、本件事故前後で本件製作所の業績に変化はなかったことが認められる。……減収が認められないものの、本人の努力や会社の配慮に基づくものと推認され……労働能力に影響を生じているものと認められる。」
30% (19年間)	「原告は、本件事故の翌年にはわずかに減収したが、翌々年は増収し、現時点では降級、減給、解雇、退職勧奨の話はなく、勤務先も安定しているものの、同期入社のものと比較して昇給・職域に関して不利益を受ける可能性がうかがわれるほか、パソコンが打てない、長時間同じ体勢がとれないなどの業務への支障が生じ、ストレッチやプールで筋肉を鍛えるなどの努力をしていることなどが認められる。以上の諸事情を総合勘案すれば、原告は、前記後遺障害により、労働能力に影響を受けているというべきであ」るとした。ストレッチやプールで筋肉を鍛えるということが努力と認定されている。特別な努力の存在を認定し、それがあるから労働能力に影響を受けているという論理は、逆転しているのではないかという疑問がある。

22	山口地裁下関支部 H27.10.16 自保ジャ1961号69頁	公務員、事故当時29歳 症状固定時31歳・男性	左下肢麻痺、左下肢しびれ感、歩行障害、左下肢筋萎縮、左下肢冷感、腰痛	14級9号（5%）
23	横浜地裁川崎支部 H28.5.31 交通民集49巻3号682頁	事故当時3歳 女性	左腎機能全廃	13級11号（9%）
24	大阪地裁 H28.6.14 自保ジャ1980号12頁	公務員、症状固定時56歳・男性	高次脳機能障害、左肩痛等	7級4号（56%）
25	名古屋地裁 H28.10.14 交通民集49巻5号1215頁	住宅設備工事業経営、症状固定時32歳・男性	頸椎捻挫、右方腱板損傷	12級13号（14%）
26	横浜地裁 H28.12.7 交通民集49巻6号1441頁	市営バス運転手・男性	左手関節及び左母指基節部の運動時痛	14級9号（5%）
27	東京地裁 H28.12.13 ウエストロー・ジャパン	美容室の従業員、症状固定時30歳・男性	右足歩行時違和感、正座不可、体動時疼痛、右手環指先端、力が入りづらい	併合12級（14%）
28		美容室の従業員、症状固定時30歳・女性	右股関節機能障害、右股関節痛、右膝関節機能障害、右膝痛	併合11級（20%）

56% (10年間)	（被告は、公務員であって減収がないので逸失利益を争うとし、昭和56年12月22日最高裁判決を引用して争っているが、本判決では特段の理由なく逸失利益を認めている。）
9% (49年間)	「原告の将来の就労期間における職業の選択及び就労上の制限として、重労働の職種や夜間、特に深夜労働に及ぶ職種を避けることとなり、また、そのような労働活動を避けたり、就労時間にも配慮する等の労働生活上の不利益を受けることになると推認することが可能である。さらに、そのような就労上の配慮をしながら労働生活を送ることを余儀なくされるため、その労働活動に対する勤務評価に影響し、昇進、昇給や転職等に影響を及ぼすおそれがあると認められる。」と将来の不利益を認定している。
35% (13年間)	復職して減収が生じていないが、被害者の高次脳機能障害は、「記憶及び処理能力といった町役場での職務にも影響しうるものであることからすれば、減収が生じていないのは、町の給与体系、同僚らの配慮及び被害者の特別の努力による部分も一定程度ある」として、13年間35％の労働能力喪失を認めた。
14% (10年間)	減収はないとしながらも、独立開業から4か月後の事故であることなどから10年間14％の労働能力喪失を認めた。
5% (10年間)	減収はないが、「バスの運転手として左手でシフトレバー操作やハンドル操作を円滑に行うこと、釣銭機に故障等が生じた際に左手で釣銭機を円滑に操作すること等に苦労し、努力や工夫によって、これらを克服していることが認められる」とした。
14% (37年間)	「原告 X_1 には事故後の減収はないものの、それは原告 X_1 自身の努力や周囲の配慮によるところが大きいことから、14％とするのが相当である。」
20% (37年間)	「原告 X_2 には事故後の減収はないものの、それは原告 X_2 自身の努力や周囲の配慮によるところが大きいことから、20％とするのが相当である。」

29	名古屋地裁 H29.1.25 自保ジャ 1997 号 88 頁	会社員、39歳・男性	胸腹部臓器の機能障害	13級11号（9%）
30	静岡地裁 H29.2.10 自保ジャ 1998 号 43 頁	営業職の会社員、症状固定時25歳・男性	左膝内側の不安定性	12級7号（14%）
31	京都地裁 H29.2.22 交通民集50巻1号230頁	製造業従事、症状固定時27歳・男性	高次脳機能障害	9級10号（35%）
32	東京地裁 H29.6.28 ウエストロー・ジャパン	システムエンジニア・症状固定時40歳	左膝関節可動域制限	12級7号（14%）

9% (24年間)	「通常の就労に支障が生じるほどの消化吸収障害があるところ、生活習慣に気を配りあるいは転職をするといった原告自身の努力や、現在の職場における周囲の理解によって、就労を継続していると認められる。そうすると、原告については、本件事故前と収入状況に大きな差がないとしても、本件事故による後遺障害により、労働能力の喪失があるものというべきであって、その後遺障害が後遺障害等級13級11号に該当するとされていることも踏まえると、労働能力喪失率は9%と認められる。」
14% (症状固定時から10年間) 5% (その後32年間)	「事故後、現実に減収のない場合の後遺障害逸失利益につき、後遺障害として認定された等級の労働能力喪失率をそのまま適用することは相当ではないが、減収の有無程度、昇進・昇給等における不利益、業務への支障、退職、転職の可能性、本人の努力、勤務先の配慮等の要素を考慮し、将来の逸失利益の発生を控えめに算定すべきである。」「原告には事故後の現実の減収はないものの、上記後遺障害による営業活動への支障を本人の努力及び勤務先の配慮によりカバーしていた可能性がある。また、原告は若年で、本件事故後に転職しており、今後も転職をする可能性があるところ、その場合に、上記後遺障害により転職先の業務が限定されるおそれもあり、また、今後の昇進、昇給にも影響するおそれもないとはいえないから、原告には、上記後遺障害による将来の逸失利益の発生が認められる。」。努力や勤務先の配慮によりカバーされていた「可能性」がある、今後の昇進、昇級にも影響するおそれも「ないとはいえない」という消極的認定で逸失利益を肯定し、原則と例外が逆転している疑いがある。
35% (40年間)	「事故後に減収が生じていないのは、勤務先の配慮や本人の努力によるものであり、前記後遺障害のために将来の昇進や再就職において不利益な扱いを受ける可能性を否定できず、将来にわたって減収が生じない状態が継続するとはいえないというべきである。」
14% (27年間)	「原告には、本件事故後の減収はないが、本件事故による後遺障害により業務や日常生活に少なからぬ支障が生じており、現時点で減収が生じていないのは本人の努力によるものであり、将来的に後遺障害が業務に与える支障等により、減収が生じたり、昇給に影響を与えたりすることが考えられ、原告の後遺障害の内容及び程度からすれば、その労働能力喪失率は14%、労働能力喪失期間は40歳から67歳までの27年間とするのが相当である。」。私生活上の支障を考慮要素としている。

33	さいたま地裁 H29.8.9 交通民集 50 巻 4 号 1018 頁	自動車会社エンジニア・年齢性別不明	手の振戦、左指鈍痛、頚部鈍痛、左頚部上肢に痛みが響く	非該当
34	東京地裁 H29.10.18 自保ジャ 2012 号 133 頁	工場の製造課長・症状固定時 54 歳・男性	右肩関節の機能障害（10 級 10 号）、右手のしびれ症状（14 級 9 号）	併合 10 級（27％）
35	京都地裁 H29.12.27 自保ジャ 2018 号 54 頁	鉄道会社運転士、症状固定時 45 歳・男性	右上肢及び右手指の機能障害等	併合 8 級（45％）
36	横浜地裁 H30.1.17 自保ジャ 2020 号 39 頁	現金輸送の警備業従事の会社員、症状固定時 22 歳・男性	左膝関節動揺等	併合 11 級（労災認定）
37	東京地裁 H30.1.23 ウエストロー・ジャパン	職業及び年齢性別不明	頚部痛、腰痛等	併合 14 級（5％）
38	東京地裁 H30.1.30 ウエストロー・ジャパン	居酒屋店舗運営、症状固定時 75 歳・性別不明	左肩関節機能障害	不詳

5% (5年間)	「原告には実際には減収が生じていないが、……証拠によれば、原告は自動車業界のエンジニアであるところ、部品調整や設備調整をする際に、工具を落としてしまうなどして、左手が使えなくなる分業務に時間がかかるようになっていると認められ、そうすると、本人の特別の努力によって減収を免れているものと認められるから、減収がなくても逸失利益を認めることが相当である。」。一つのエピソードのみで特別の努力を認めており、一般化できるか疑問がある。
27% (14年間)	部下と現場で機械操作をする際や通勤、日常生活等に支障が生じており、減収がないのは休日出勤を増やす等本人の努力によるものであり、将来的には昇給等へ影響も考えられることから、65歳定年までは事故前年収入635万円余りを基礎として、定年後3年間は賃金センサス男性学歴計65〜69歳平均を基礎として合計14年間27%の労働能力喪失を認めた。
18%（症状固定時から15年間）、27%（その後67歳まで7年間）	電車のハンドルが握り込み難い等の制約を受けているにもかかわらず、減収がないのは本人の努力により事故後も電車の運転の技能を活用できていることによるとして、事故前年の年収651万円余を基礎とし、固定時から60歳定年見込み時期までの15年間は18％、60〜67歳の7年間は27％の労働能力喪失を認めた。その理由として、60歳に達するまでは「鉄道会社に勤務し続けるであろうから、労働能力の制約の度合いが小さいもの」で、67歳に達するまでの7年間は「収入を維持できるか判然としない」としている。
14% (45年間)	事故前後で減収はないが、左膝関節動揺の後遺障害が、日常的に重い荷物を運ぶ等、膝への負担が想定される業務に相当の不便を生じさせていることは容易に推察されるにもかかわらず、被害者が業務を継続しているのは、格別の努力によるものであるとして、22歳から67歳まで14％の労働能力喪失を認めた。
5% (5年間)	「証拠……及び弁論の全趣旨によれば、原告には本件事故後の減収はないが、原告が早期出勤や残業をするなど特別の努力をしたことなどによるものであるから、原告には逸失利益が生じたものとみるのが相当である。」
14% (6年間)	「原告は、本件事故当時72歳であったものの、本件事故による負傷がなければ、なお当分の間は、従前通り居酒屋……の店長としての仕入れ、調理等の業務を続けることに特段の支障がなかったにもかかわらず、本件事故後に左肩関節の機能障害（後遺障害等級12級6号）が残ったことにより、従前どおりの業務を続けることができなくなったものと認められる。」

39	仙台地裁 H30.2.23 自保ジャ 2023 号 72 頁	保険代理店勤務、症状固定時60歳・男性	外貌の傷痕、脊柱変形、神経症状	併合8級（45％）
40	名古屋地裁 H30.3.20 自保ジャ 2020 号 1 頁	高校生、症状固定時19歳・女性	高次脳機能障害等	非該当
41	横浜地裁 H30.3.22 自保ジャ 2021 号 80 頁	システムエンジニア、年齢不明・男性	右頬部及び周辺の疼痛や知覚障害	12級13号（14％）
42	大阪地裁 H30.6.22 自保ジャ 2030 号 47 頁	フォークリフト運転、製品梱包運搬、在庫管理、事故当時43歳・性別不明	左手関節の神経症状	14級9号（5％）
43	大阪地裁 H10.11.10 交通民集 31 巻 6 号 1720 頁	消防士、48～49歳・男性	右下肢短縮、骨盤骨変形、関節機能障害	併合9級（35％）

20% （12年間）	「原告には、現在のところ、本件事故後の減収はないものの、原告が保険代理店及び事故査定を業としていることからは、原告の後遺障害は、脊柱変形の症状、神経症状について労働能力に与える影響は否めず、外貌の傷痕等についても接客業務等に負担を生ずることを否定できないから、現時点において減収は生じていないことについて原告の努力による部分も大きいと認められるほか、将来的にも不利益を被るおそれは否定できないものであること及び原告の症状固定時の年齢等に鑑みれば、本件による原告の逸失利益は、労働能力喪失率20パーセント、喪失期間12年……として後遺障害逸失利益を認めるのが相当である。」
20% （48年間）	高校生の当時に受傷し、専門学校卒業後、職員として稼働しているが、これまで具体的な懲戒処分を受けたことはなく、給与は年次ごとに上がっているものの、転職・再就職しようとした場合あるいはした場合において情緒障害、行動障害の出現時に受けるであろう評価等に鑑み、賃金センサス女性学歴計全年齢平均を基礎として、48年間20％の労働能力喪失を認めた。
14% （10年間）	「本件事故後、現実の減収は認められない。しかしながら、右頬骨骨折、右眼窩底骨折後の右頬部及び周辺の疼痛や知覚障害という原告の後遺障害の内容、自賠法施行令別表第二第12級13号という後遺障害の程度、本件事故後の原告の実際の就労状況並びに平成25年の年収をピークとしてそれ以降、年収が下がってきていることを総合考慮すると、原告本人の努力等によりカバーされ、本件事故前の年収に比べれば、減収には至っていないと考えられるので、後遺障害逸失利益の発生自体は認められる。」
5% （5年間）	被告の主張には実際の減収がないという指摘がされているが、「障害のために原告の業務……に支障が生じていること等を考慮し」として、後遺症逸失利益を計算している。
否定	「原告には本件事故後減収がないばかりか増収していること、ずっと消防隊員を希望しながら、平成3年4月以降、消防隊員の仕事はしていないのであるから、本件事故がなくてもまた消防隊員に復帰できる可能性は少なかったこと、昇任試験受験経歴からすると、本件事故がなければ右試験に合格できたと認めるに十分な事情も窺われないことなどから、結局、右認定事実から原告には逸失利益の損害を認めることはでき」ない。

44	京都地裁 H15.1.24 自保ジャ 1489 号 13 頁	スーパー店長、43 歳・男性	右肩胛骨の著しい変形	不詳
45	神戸地裁 H25.1.24 自保ジャ 1896 号 112 頁	公務員（資源循環部営業所・ごみ収集）、27 歳・男性	頚部痛	14 級 9 号（5％）
46	京都地裁 H25.7.25 自保ジャ 1911 号 112 頁	刑務官、男性	頚部痛、右環小指知覚異常等	併合 14 級（5％）

否定	「原告には、前記の休業損害のほか、特に減収はないことが認められ、加えて、上記後遺障害による症状、殊に右肩痛の症状による労働能力の喪失は、将来の馴化により、比較的短期間に解消されるものと推認されるから、原告が本件事故により後遺障害逸失利益の損害を被ったものとはにわかに認め難く、原告が上記後遺障害により就労上一定の支障を被っているとの点は、後遺障害慰謝料を算定するに当たっての一事情として考慮するにとどめることとする。」。後遺障害慰謝料は270万円を認めている。
否定	本件事故後も業務内容は変わっていないことに加え、「本件事故後、原告は、同じパッカー車（乗務員は運転手1名及び作業員2名の合計3名）に搭乗する作業員の配慮によって、パッカー車のゴミを巻き込む作業を指示するボタン操作だけを行うようになっていることが認められる。上記認定の本件事故前後の作業内容からすると、原告が、本件事故前の収入を維持するために、特別の努力をしているとの事情があるとは認められない。また、原告の業務や後遺障害の性質上、後遺障害が残存することにより、将来、原告が昇給・昇任・転職等に際して不利益な取扱いを受けるおそれがあるとの事情を認めるに足りる証拠もない」とした。
否定	「原告は、現実には、本件事故後も給料面で格別不利益な取扱いを受けていないことが認められないことから（原文ママ）、後遺障害逸失利益を認めることはできない。この点、原告は、準業務たる柔道訓練に参加できなくなったことは将来にわたって昇進・昇格に多大な不利益となると主張」しているが、「柔道訓練の参加がどのように把握されているのか、理由書がどのような扱いをされているのか、昇任にどのような影響があるのかという点については、結局のところ、曖昧な内容であって、同供述によって、後遺障害によってもたらされる具体的な昇任等の不利益を認定することはできない。ただし、前記後遺障害が存在するにもかかわらず、原告が通常業務をこなしていることについては、後記……のとおり、後遺障害慰謝料において斟酌すべきである」とし、後遺障害慰謝料を150万円と認めている。

| 47 | 富山地裁 H29.3.24 自保ジャ 2001 号 28 頁 | 職業不詳、症状固定時33歳・女性 | 頭痛、両頚から肩の痛み（外傷性頚部症候群） | 14級9号（5%） |

否定	「現時点で本件事故から既に9年間経過しているものの、原告に現に減収が生じていないことは争いがなく、現在原告に残存するのは頭痛のみで、これについては転ばないように気を付け、経口補水液を飲むようにするなどで対処でき、本件事故後出産し、本人尋問時2度目の出産を控える状態であることなど……によれば、本件事故により原告が労働能力を喪失したと認めることはできない。」

（表作成：道本周作）

福島原発爆発事故による営業損害（間接損害）の賠償―交通事故事例と原賠事例との間接損害相互の異同に関する一考察

北海道大学法学研究科教授

吉 田 邦 彦

Ⅰ 出発点―ある事例の具体的問題

　平成25（2013）年10月8日に福島原子力発電所の事故に関わる初めての営業（間接）損害事例が提訴されたが、本稿では、この事例に即した考察から始めたい。すなわち、本件で問われている問題は、平成23（2011）年3月の東北大震災（東日本大震災）による福島第1原子力発電所の爆発事故により、多くの近隣住民・事業の退避・休業が余儀なくされ、それに関わる取引上の営業損害（その意味での間接損害）の賠償請求の可否ということであり、具体的には、①南相馬市・富岡町などにおける病院、特別養護老人ホーム、グループホーム、老人保健施設との間でシーツ・寝具などに関わるクリーニング契約に関する損害、②同様施設に対する薬剤販売に関する営業損害、③浪江町における農機具の売上げ損害、④和包丁を納入する業者の関連温泉旅館などが（風評によるものも含めて）地域丸ごと休業（それ類似）に追い込まれたことによるブランド刃物の売上げ損害（③④は、東北地方に特化した、刃物・道具類の需要に応じた取引損害である）、⑤ピアノ調律受注の喪失などの例（仙台の業者だが、地域的特性があり、南相馬エリアでは10分の1に落ち込み、他方で宮城県北エリアでは影響はない）があるが、①が一番損害額も大きいのでこれを中心に検討する（しかし理論的には、共通に語りうる問題である）。

　そしてその後の経緯として、平成23（2011）年8月に原子力損害賠償紛争審査会から出された、「東京電力株式会社福島第1、第2原子力発電所事故

による原子力損害の範囲の判定等に関する中間指針」(以下、「中間指針」という)とくに「第8 いわゆる間接被害について」に基づき、東京電力が賠償否定の判断をしたために、本件訴訟に至っているのである。

II　本稿の考察の構成・要領

　筆者は、かねて債権侵害の一類型として、「間接損害(間接被害者)の賠償」問題について、研究をしてきたが[1]、原発事故損害との関係での本件処理においては、第1に、「間接損害」問題については、比較法的にどのように議論が分岐して、わが国はどのような立場をとっているのかという点(背景問題)、第2に、従来の「間接損害ないし間接被害者」問題と福島事案は、どのように異なるのか、この点で、中間指針(これは本件営業損害訴訟で裁判規範となるものではなかろうが、参考資料とはされるであろう)についての評価も併せて論じたい。第3に、それに関連して、中間指針でも十分に扱われていないこととして、福島事案の特色との関係で、どのようにアプローチしていくべきかにも考究を進めたい。

III　その1―「間接損害」論の比較法的位置づけ

1　冒頭事例は「間接損害」なのか

　冒頭に述べた事例は、原発爆発事故による放射能被害で、近隣住民が居住できなくなり、それに伴い生じている取引損害(契約損害)についての賠償

---

1) 吉田邦彦『債権侵害論再考』(有斐閣、1991年)646頁以下(以下、「吉田・債権侵害論再考」という)、さらにその後の状況については、同「企業損害(間接損害)」民法判例百選II債権(第6版)178〜179頁(2009年)。さらに、同(7版)192〜193頁(2015年)、同(8版)200〜201頁(2018年)、同『債権総論講義録』(信山社、2012年)96〜98頁など参照。

請求であり、欧米で「（純粋）経済的損害」(economic loss; primärer Vermögenschaden) と言われるもので[2]、被害者にしてみれば、必ずしも「間接的」というわけではない（比較法的にそういう捉え方をするのは、基本的に直接被害者に請求権者を絞っているドイツ法である）。しかしこの点を議論してみても、必ずしも、生産的でもなく堂々巡りの感があるので、ドイツ法的に、放射能被害で退避させられる住民（ないし事業休止させられる企業）と契約を結び、取引上の損害（営業損害）を受ける被害者を「間接被害者」として見ることもできるというくらいに捉えておき、だからと言って、それゆえにア・プリオリに副次的に扱ってよいものではない（中間指針は、避難したものとそうでないものとで、営業損害の賠償で区別するふしもあるが（同「第3の7」参照）、そういう営業損害賠償の区別も一種のドグマであろう）ことは初めに確認しておきたい。

---

[2] この点は、吉田・債権侵害論再考388頁以下、能見善久「経済的利益の保護と不法行為法（純粋経済損失の問題を中心として）」広中俊雄＝星野英一編『民法典の百年第1巻―全般的考察』（有斐閣、1998年）参照。

なお用語の整理をすると、「経済的損害（経済的損失）」概念は、いわゆるアクイリア損害である「物理的損害（physical loss; physical damage）」である人損（人的損害）（Personenschaden）・物損（物的損害）（Sachschaden）と対置して用いられるものである。この点で、「中間指針」は、従来の用法の「物損」「物被害」について、《財物価値の喪失・減少》という言い方をする（「第3・10」参照）（近時、「財物」なる言葉を民法上使い始められたのは、瀬川信久「民法709条（不法行為の一般的成立要件）」星野英一＝広中俊雄編『民法典の百年第3巻―個別的観察(2)債権編』（有斐閣、1998年）569頁以下あたりからであろうか）。しかし、広辞苑では、「財物」は、「主に刑法上用いられ、窃盗・強盗・詐欺など財産犯の客体となるもの」とされており、私は近時この用語の多用を見るにつけ、三ヶ月章博士の民事訴訟法の講義（1980年頃）で、民刑事での用語の相違に留意せよとされ、その例として、①「被告」と「被告人」、②「口頭弁論」と「公判」の民刑事の用語の相違とともに、③「財物」は刑事法の概念（そこには「財産上の利益」と区別する刑事法的文脈での制限的意味合いがある）と習ったことを思い出さざるを得ない（それゆえに、吉田・債権侵害論再考でも意識的に財物なる用語は避けていた）。したがって、民事法上、従来の「物損」概念との対比で、「財物被害」なる用語を敢えて用いる（従来とは異なる）法技術的意味が積極的に認められない限り（その立証責任は、従来の用法をシフトされようとする側にあろう）、やはり今なお三ヶ月博士のレッスンに従い、この用語を用いることはしないことにする。

2 比較法的相違—わが国はフランス式

　そしてこの点は、比較法的に分岐していることもかねて詳述したとおりである。すなわち、ドイツ法が一番限定的で、「反射損害」と言われるもの（中間指針で、「肩代わり損害」などとして議論されていること（直接被害者の損害に類比できるもの））に原則として賠償を限定し、取引損害は、ドイツ民法826条の故意の良俗違反の規定による（しかしわが国も従来の債権侵害の実態よりははるかに責任肯定事例が多いことも注目すべきである。しかし本件から離れるのでこれ以上立ち入らない）。他方で、最も規定上柔軟なのは、フランス不法行為（フランス民法1382条〔現在は1240条（2016年改正）。もっともその実質に変化はない〕。過失不法行為の一般規定）であり、基本的に「因果関係」の問題として、間接損害なるがゆえに、責任を排除するという構造をもっていない。そしてこの中間としてイギリス法（ないしアメリカ法）の判例実務があり、物理的損害（例えば、瑕疵ある欠陥住宅の場合）がある場合に、それに付随させて、経済的損害の賠償も認めるという立場である（そしてそれと並行させて、一定の場合に「特殊取引義務」として経済的損失の賠償が認められる場合もある）。

　こういう大まかな比較法的な見取り図の中で、わが国の不法行為法（民法709条）はフランス式なのであり、因果関係問題によるチェックがあるだけで、ドイツのように間接損害ないし経済損失という損害論からア・プリオリに賠償を排除するという構造にはなっていない。民法416条の契約責任に関する「損害賠償の範囲」についての規定が不法行為に類推されるかについては、多くの議論があり、議論は帰一していないが、仮に判例・通説の立場に立ち、民法416条（「相当因果関係」論）の類推適用が認められるとしても、上記の点は同じであり、「因果関係」のレベルで絞り込まれるだけで、経済的損失たる間接損害の賠償を端から否定するわけではない。

3 わが国の「企業損害」判例

　そして、わが国の判例実務における「間接損害」事例は、大半が「企業損害」と言われる事例で、それは交通事故で会社の重要なメンバーが死亡ない

し重傷の物理的損害を負い、それに伴ってその者の企業が営業損害（企業損害）の賠償を請求できるかという形で問われ、わが判例は、その「相当因果関係」の基準として、「個人会社」「（その従業員の）非代替性」「経済的一体性」の要件を課している。

その最上級審レベルでのリーディングケースが、最判昭和43年11月15日民集22巻12号2614頁（以下、「昭和43年最判」という）である。本件の事案は、Y運転のスクーターとの追突事故でX$_1$（当時45歳。代表取締役兼唯一の薬剤師）の受傷により、同人の個人営業のX$_2$社（有限会社。社員は本人と妻だけで、X$_1$が余人をもって代えられない不可欠の存在であった）、も、売上げ低下ゆえの逸失利益のうち120万円など損害賠償（自賠法3条）を請求したというものである。原審は、X$_2$社について、実質はX$_1$の個人企業であり、同人は必要不可欠で余人をもって代えられないとし、同社の逸失利益（向こう15年間、年12万円の得べかりし利益〔131万7700余円〕）との間に相当因果関係があるとし、そのうちの120万円及び遅延損害金のX$_2$の請求を認容した（一審取消し）。Y上告。これに対して、最高裁判所は、上告を棄却し、「X$_2$社は法人とは名ばかりの、俗にいう個人会社であり、その実権は従前同様X$_1$個人に集中して、同人にはX$_2$社の機関としての代替性がなく、経済的に同人とX$_2$社とは一体をなす関係にあるものと認められ」「かかる……事実関係のもとにおいては、原審が、YのX$_1$に対する加害行為と同人の受傷によるX$_2$社の利益の逸失との間に相当因果関係の存することを認め、形式上間接の被害者たるX$_2$社の本訴請求を認容しうべきものとした判断は、正当である」としたのである。そしてその後の最判昭和54年12月13日交通民集12巻6号1463頁（医薬品の配置販売特有の販売技術を有する者の受傷につき、会社の営業上の損害賠償が求められたもの）では、非代替性だけでは足りないと宣明され、下級審実務の多数の立場は、本判決が摘示する3つの特色を必要要件とするようである。

もっとも学説上は、ドイツ法と日本法との構造の相違を無視したいわゆる《ドイツ法学の学説継受》がこの領域においてなされ（好美清光教授ら）、しかしこれに対しては、つとに有力論者によりその点は批判されて、フランス式の構成によるべきことが説かれている（星野英一博士など[3]）。ところが近

時の裁判実務は、一歩遅れてそのようなドイツ式学説に影響されているふしがあり、批判的に再検討されるべきである。

概況は以下のごとくである。それは第1に、以前より多様性は薄れ、本判決の前記3基準を厳格に運用し、企業の固有損害（営業損害等）を認めるものは、少なくなった。やや賠償に積極的なものもあるが（上級審で否定されることが多い。例えば、①大津地判昭和54年10月1日判時943号28頁〔慰安旅行中の落石転落事故。送電線工事請負業者の従業員15名中10名が死傷した事例。「直接的企業損害があった」とした（控訴審：大阪高判昭和56年2月18日交通民集14巻1号61頁は、賠償否定）〕、②名古屋地判昭和55年9月26日交通民集13巻5号1203頁〔運転手付きクレーン車賃貸業者で、運転手の受傷。非代替性から休業損害の賠償を認めた（控訴審：名古屋高判昭和56年12月23日交通民集14巻6号1320頁は、経済的一体性がないとして賠償否定）〕、③東京地判平成4年9月11日交通民集25巻5号1123頁〔ロックバンド会社の取締役（バンドメンバー）の受傷。公演中止に伴う費用賠償（キャンセル代など）だけ肯定する〕、④東京地判平成10年1月28日交通民集31巻1号111頁〔印刷機械輸出会社で、その人脈・経験により海外進出の基礎作りをする代表取締役の死亡。逸失利益の賠償を認める（ただし、過失相殺および既払いの自賠責保険金の考慮から実際の賠償は否定）〕、⑤大阪地判平成10年4月7日交通民集31巻2号553頁〔水門鉄扉の据え付け工事施工会社（従業員2名、パート1名）の代表取締役の受傷につき、その個人的能力に負うところが多いとし、営業損150万円余の賠償を認めた〕、⑥大阪地判平成16年8月31日交通民集37巻4号1163頁〔人工透析患者の送迎業務の請負会社の従業員の受傷。代行運転者派遣費用につき肯定する（短期的にその業務の代替性はなく、緊急やむを得ない措置だとする）〕、⑦大阪地判平成18年6月20日交通民集39巻3号823頁〔会社役員の受傷で、製品運送の費用増加分（役員報酬を控除した額の50％）について勤務先の請求は相当因果関係があるとする。会社の逸失利益（利益喪失）の請求は否定〕、⑧名古屋地判平成20年12月20日交通

---

3) 星野英一『民法概論Ⅲ債権総論』（良書普及会、1978年）125頁以下、平井宜雄『債権各論Ⅱ不法行為』（弘文堂、1992年）185〜186頁。そして、吉田・債権侵害論再考481頁以下、552頁、645頁。内田貴『民法Ⅱ債権各論』（東京大学出版会、1997年）434頁も、アプローチ自体はフランス式である。

民集41巻6号1601頁〔唯一の航空測量技術者で役員の受傷につき、会社の売上減少の休業損害250万円の賠償肯定（民事訴訟法248条による）。会社の逸失利益の請求は否定〕、⑨名古屋地判平成23年7月15日交通民集44巻4号932頁〔会社役員の受傷。症状固定までの平均2割の休業があるとして、会社の損害肯定〕、⑩大阪地判平成24年1月27日交通民集45巻1号122頁〔代表取締役の受傷。経済的一体関係・非代替性を認めつつ、建築請負会社の売上減少損害の6割が、相当因果関係があるとする〕、⑪横浜地相模原支判平成24年4月24日判タ1388号256頁〔活魚運搬業務の従業員の受傷についての他社への外注分156万円余について、代替不能又は著しい困難を理由に相当因果関係を認め、経済的一体性は問題にならないとしていた（控訴審：東京高判平成24年12月20日後出は、経済的一体関係もなく間接損害・雇用契約の債権侵害の損害賠償は認められないとする）〕、⑫横浜地判平成25年1月31日交通民集46巻1号188頁〔会社従業員3名の受傷。請け負う塗装工事の外注社に下請けさせることを余儀なくされた事案につき、負担を免れた人件費と外注費との差額の損害賠償を認める〕、⑬名古屋地判平成27年10月28日交通民集48巻5号1324頁〔個人会社のリフォーム会社の唯一の役員の受傷。経済的一体関係を認め、外注工事費用を会社損害とする〕、⑭横浜地判平成27年10月30日交通民集48巻6号1623頁〔クレーン式トラック（ユニック車）操作による荷物搭載作業で、設計業務の会社経営者の受傷。約半年間の業務外注分103万円余を会社の損害とする〕)、それ以外の多数裁判例は（上記3要件を満たしても）企業損害として認定されるのは、報酬の支払分など反射損害にとどめている（例えば、⑮大阪地判平成5年5月31日交通民集26巻3号699頁、⑯東京地判平成7年12月20日交通民集28巻6号1795頁、⑰大阪地判平成8年12月26日交通民集29巻6号1882頁、⑱札幌地判平成9年12月22日交通民集30巻6号1810頁、⑲大阪地判平成13年7月17日交通民集34巻4号922頁〔鮪仲卸会社の代表取締役の受傷。営業損害が推認できても、また大口の新規取引不成立となっても、支払報酬・給与の限度でしか認めない〕、⑳東京地判平成14年1月16日交通民集35巻1号9頁、㉑東京地判平成14年5月20日交通民集35巻3号690頁、㉒平成14年6月25日交通民集35巻3号880頁、㉓東京地判平成15年3月12日交通民集36巻2号313頁、㉔東京地八王子支判平成16年6月30日交通民集37巻3号859頁、㉕名古屋地判平成16年7月9日交通民集37巻4号

927頁〔中国料理店調理師（台湾出身）の死亡による店舗閉鎖損害の賠償請求。代替性困難な場合でも不慮の損害に備えよと言う〕、㉖大阪地判平成17年2月14日判時1921号112頁〔実質は、事務管理上の費用償還請求だとする〕、㉗名古屋地判平成19年10月26日交通民集40巻5号1386頁〔空調設備業の企業損害の賠償を肯定したが、代替他社への支払の代償請求的なものである〕、㉘東京地判平成20年2月28日判時2014号88頁〔企業の請求は被害者個人の休業損害的だとする（否定）〕、㉙名古屋地判平成23年7月15日交通民集44巻4号932頁〔会社役員の休業損害支払分につき会社損害肯定〕など）。

　また第2に、直接被害者の損害と間接損害とを一括して賠償を決める傾向がある（暗黙裡に、反射損害しか認めないという発想がある。例えば、和解事例として、㉚横浜地判平成8年2月26日交通民集29巻1号272頁、㉛東京高判平成13年1月31日判時1743号73頁、それ以外のものとして、㉜東京地判昭和58年11月14日交通民集16巻6号1603頁〔会社の休業損害の請求権者を代表者とし、彼個人の請求権との関係は、連帯債権類似の関係だとする〕、㉝東京地判平成13年1月29日交通民集34巻1号109頁、㉞東京地判平成18年5月26日交通民集39巻3号198頁〔鳶職（代表取締役）の受傷。経営会社の損害を認めると、二重計上になるとする〕、㉟大阪地判平成23年3月16日交通民集44巻2号397頁〔洋品雑貨をスーパーに卸す事業の個人会社の代表者の受傷。営業利益の変動は相当因果関係ある損害ではないとするが、被害者の逸失利益は肯定する〕、㊱東京地判平成24年1月25日判タ1368号164頁〔ゴルフ場でマンホールに落ちた医師の負傷。売上高減少・代診療については否定しつつ、医師の休業損害について、民法717条の責任肯定〕など）。さらに第3に、直接被害者しか請求できないとするものが出ている（これもドイツ法的立場である。例えば、㊲神戸地判平成11年6月16日交通民集32巻3号905頁〔建築請負会社の従業員8名の受傷。請負契約解除による利益喪失は間接損害だから雇い主が自己負担すべきで相当因果関係を欠くとする〕、㊳東京高判平成24年12月20日判タ1388号253頁（前出⑪参照）〔間接損害、雇用契約の債権侵害の損害賠償は認められないとする〕）。

　以上を評して、近時の裁判例は、賠償の認め具合は概して制限的だが、広狭立場が帰一していないと見うる。なお類型的に、多少の拡がりを見せてきたことも注目できる。すなわち、上記の（Ⅰ）「狭義の企業損害型（雇用契約

侵害型）」事例以外にも、広がってきた新たな類型としてその第 1 は、(Ⅱ)「雇用契約以外の間接損害型」事例であり（例えば、㊴京都地判平成 24 年 5 月 9 日交通民集 45 巻 3 号 570 頁〔理容室店長の受傷。経営委任契約による開設者の損害賠償請求を否定し（経済的一体関係がないとする）、他方で理容師の休業損害、慰謝料は減収を含めて算定する〕、㊵東京地判平成 25 年 5 月 14 日判時 2197 号 49 頁〔マンション住人が飼育するドーベルマンの咬傷事故。被害者（賃借人）が退去したために、賃貸借契約侵害として、賃貸人が、賃料収入の喪失、2 か月の解約違約金不受領に関して、損害賠償請求した事例。間接損害の事案では、経済的一体関係がある場合に限り相当因果関係があるとし、本件ではそれがないとして民法 718 条の賠償を否定した（もっとも反射損害については民法 422 条の類推適用を肯定する）〕（これに対し、控訴審㊶東京高判平成 25 年 10 月 10 日判時 2205 号 50 頁は、居住者は生命・身体・財産・安全等を損なわないようにする注意義務があるとし、区分所有者（賃貸人）は直接被害者だとして、賠償を肯定した〕、㊷東京地判平成 26・7・11 判タ 1412 号 193 頁〔商号を用いた不動産業の店舗経営のフランチャイズ契約で、ロイヤリティの支払を停止させるようなフランチャイジー側の役員に対する同契約侵害としての損害賠償請求。不法行為否定。なお本判決では、間接損害構成よりも債権侵害構成が濃厚である〕、前出㊲もこの類型とも見うる）、第 2 は、(Ⅲ)「送電線事故型」である（例えば、㊸東京地判平成 22 年 9 月 29 日判時 2095 号 55 頁〔クレーン船を回航し送電線切断。特別事情の予見可能性を否定し、相当因果関係を否定する〕）。

そして第 3 は、本稿で注目する、東日本大震災との関連で注目された (Ⅳ)「サプライチェーン侵害型（継続的取引侵害型）」事例（原子力損害の賠償に関する法律（以下、「原賠法」という）3 条）である（例えば、㊹大阪地判平成 27 年 9 月 16 日判時 2294 号 89 頁〔原発事故で化学薬品生産ができなくなったことによる関西での独占的販売契約の侵害。本件には、業務上・経済上の緊密かつ特殊な関係にあり、間接損害といっても、昭和 43 年最判とは事案を異にし、一次的被害か間接被害かを問わず、相当因果関係があるとする（相当因果関係があるのは、事故日から約 1 年間だとする）〕、㊺仙台地判平成 29 年 5 月 17 日判例集未登載〔ピアノ調律に関する継続的契約の損害は相当因果関係があるとする（ただし、相当因果関係があるのは、事故日からの約 1 年間とする）。それ以外の事例は和解で解

決したとのことである］）であり、この最後の事件が本稿で冒頭に掲げた事案である（実は、本稿がもとにするのは、これらの二事件で裁判所に提出した意見書であるが、類型的相違を説いた私見は、その限りで認められたことになるし（とくに、その点を明言する㊹）、（昭和 43 年最判を持ち出し）退避エリア以外には間接損害の賠償を限定する原子力損害賠償紛争審査会の立場は否定されたことになる。他方で、安易に民法 722 条 2 項の減額を認める（過失相殺は否定するが）ところは、批判的な検討が必要であろう）。

　しかしともあれ、「間接損害」だから過失不法行為の賠償請求はできないというようなドイツ式の構成をとっておらず、また物理的損害の要件を求めないという意味でイギリス式でもなく、まがりなりにもフランス式の構成は維持されていると見るべきであろう[4]。それはともかく、中間指針でも、その判例基準に沿っているという点でフランス式だが（同紛争審査会のメンバーの大塚直教授から、個人的に吉田の説に即した指針にしたと聞いたことがある）、ところがその基準の内実を詰める必要があり、さらに言うと、冒頭に示した原賠法の間接損害事案と昭和 43 年最判等の「企業損害」事案とはかなり類型的に異なることに留意すべきだろう（この点は後述する）。

4　営業損害に関する判例実務

　さらには、わが国は、一般的不法行為のフランス式の規定の体裁から、営業損害の賠償についても、広く判例実務は肯定していることにも留意されなければいけないだろう（民法 709 条の「権利侵害」要件（平成 16（2004）年の現代語化の改正前の要件）を打ち破った、「大学湯判決」（大判大正 14 年 11 月 28 日民集 4 巻 670 頁）は湯屋営業の老舗という営業損害の事例だったことを想起されなければいけない（これに対して、従来は、ドイツ法の絶対権侵害の規定（ドイツ民法 823 条 1 項）にリンクさせた「営業権」構成に親和的な論者もあったが、これも学説継受である）。そしてその後も、営業損害について積極的に

---

[4]　この点で、中島肇『原発賠償中間指針の考え方』（商事法務、2013 年）88 頁、91 頁は、わが判例は、間接損害の原則否定説という理解を示される（吉田・債権侵害論再考を引きつつ）が、誤解であろう。

賠償を認める方向で判例実務は定着しているのである（この点の網羅的分析も後に行う）。

Ⅳ その2―原賠法間接損害事例（福島事例）と企業損害事例との相違―紛争審査会の中間指針策定過程の批判的考察

1 類型的相違

ところで、冒頭の事例と前記交通事故がらみの「企業損害」事例とは、間接損害として括るとしても、類型的に大きく異なることに留意しなければいけない。つまり、福島原発絡みの事例には、退避させられた住民や企業には、物理的損害はない。ダイレクトに、クリーニング屋の取引上の営業損害（契約上の経済的損失）が生じていて、いわゆる《純粋経済損失》が正面から問われているのである（重傷等の人損を負った直接被害者がいるという事例ではないのである）。

どうしても、物理的損害が経済損失の賠償のために原則必要だというイギリス的構成によらねばいけないとするならば、家屋などには放射性物質による物理的損害が生じているということもできようが、経済的損失（契約的損失）は家屋に関するわけでもなく、欠陥住宅に関する売買契約上の経済的損失の賠償事例（これに関しても、近時わが判例は積極的方向に舵を切り、注目されている（例えば、最判平成19年7月6日民集61巻5号1769頁、同平成23年7月21日判時2129号36頁〔建物の欠陥についての設計士・施行者の責任〕など））とは違って、やはり類型的相違を意識しなければならない。

つまり新たな経済的損害ないし間接損害の営業損害事例で、どのように線を引くかの基準作りという全く新しい問題解決に迫られているのである。この点で、中間指針はどのように基準を出したのであろうか。次にそれを見よう。

2　中間指針での基準の出し方

　東京電力がもとにしている紛争審査会の中間指針の「間接被害」の基準(「第8」)の策定は、平成23(2011)年の7月から8月にかけての数次の会合でなされていき(とくに第9回〜13回の原子力損害賠償紛争審査会である)、結局、8月上旬公表の指針では、①第1次的被害者との「一定の経済的関係」、②第1次的被害者との「取引の非代替性」というところに落ち着いている(①にはあまり基準性はないから、②が基本的基準ということで、販売先〔売却先〕、調達先〔購入元〕の地域的限定ないし一般的限定というような、その敷衍を行うということになっている)。

　ところが、その基準策定のアプローチは、関連「間接被害者」事例の裁判例からの帰納という手法がとられて、当然のことながら、従来から多くある交通事故絡みの企業損害事例の「代替性」「経済的一体性」という基準が浮き出てきて、それをそのまま滑り込ませて、本件の原子力損害による営業損害問題(その意味での企業損害)に平行移動するという方向性が強い(とくに、第9回会合(平成23年7月1日)の大塚直教授の発言。高橋滋教授も、「経済的一体性」「代替性」の議論が使えるとして、賛同する[5]。これに対して、能見善久会長は、交通事故事例と原子力損害事例を区別するが、「代替性」の用語を十分な留保なしに、そのまま用いておられる点では、大差はない)[6]。しかし既に見た

---

[5] 第9回審査会(平成23(2011)年7月1日)議事録21頁(大塚発言。間接損害(企業損害)に関する裁判例〔同審査会の資料として配布されている〕の非代替性、経済的一体性の概念に注目するのがよいとする)、23頁(高橋発言。原賠法の解決方法として、経済的一体性の議論や代替性の議論が使えるが、合理性の範囲を原子力損害賠償紛争審査会のバランス感覚で決めていくとする)。なお、こうした中で、野村豊弘委員は、「判例の事案という点から整理をせよ」との要望を出されて(同議事録21頁)、審査会次回以降の事務局ではそのような作業もなされていく。しかし私に言わせれば、事案類型の異なるものの事案整理をしてみても、結局そのプロセス的帰結は、既にある「企業損害」事案に模して原子力事案も処理する方向性が出てくると思われる。

[6] 前掲注5)議事録21〜23頁参照。能見会長も、「間接損害」という捉え方は支持するごとくで、それは「避難指定地区の農家・会社等と製品の仕入れ・販売をする、避難指定地区外(例えば、東京)にあるような会社の損害」だとされる。そして他から仕入れることができるか、また別の製品を仕入れられるかという意味での「代替性」だとする(そして、ブランド価値の高いものだと代替性がないとする)。また原子力

ように、昭和43年最判事例のような交通事故による人損がらみで、会社幹部被害者と会社との企業内部関係を表現するために案出された「経済的一体性」「非代替性」の基準を、どういう意味合いで、クリーニング契約、薬剤販売契約、農具販売契約などの取引関係と類比できるのだろうか。いささか議論の仕方に杜撰な感は否めない。しかもそうして出てきた「非代替性」基準は、東京電力が今では金科玉条のように持ち出すものであり、福島事案のごとき事件処理の場で大きな法的効果の差異を有する基準を打ち出す研究者の社会的責任として、十分な学理的詰めがなされていないというそしりは免れないように思われる。

　それのみならず、議論の経緯を見ていると、基準作りは原子力損害賠償対策室（その次長の田口康氏）の下で進められていったようであり、第10回会合（同年7月14日）では、取引関係の密接さを示すものとしての「非代替性」「被害回避可能性のなさ」が示されており、前者は同じ言葉を用いながら「概念の機能転換」（丸山眞男博士）[7]がなされているのであり、議論関係者は、その後第10～12回会合でこのことに薄々気づいておられながら、十分にそのことを学理的に詰められた形跡はない。また後者の基準は、民法学上は、加害者の過失（民法709条）のパラフレーズとして、「損害の予見可能性」とペアで用いられるものであり（「結果回避可能性」の用語が定着している）、その意味で、ここで用いるには未熟な概念であり、このように別の意味合いでミスリーディングに用いることは混乱を来すものであり、原子力賠償紛争審

　損害の場合には、本来別の会社である場合にまで「経済的一体性」という枠を要求するのかと疑問も出されている。しかし能見教授は、結局、企業損害の判例の平行移動という議論を批判し尽くすということはされずに、「判決には〔ここで議論するものと〕近い概念を使っていることがある」とか「間接被害者の問題と違うかもしれないが、それと似たような構造にあ」〔り〕、「結局賠償の実質的合理性の問題だ」とかの歩み寄りの発言もされたために、結局中間指針では、企業損害（間接損害）の延長線上で記す路線が採られていると思われる。「代替性」基準を更に詰めて、本件放射被害に即した定式化―それは本稿に見るどのような継続的取引に関わる営業損害が賠償されてしかるべきかとの、なされてしかるべき基準作り―は、放棄されて、ラフな基準が示されるにとどまった（そしてその実際上の帰結は、非代替的なものはその精密的検討なしにア・プリオリに排除するという東京電力の責任限定の帰結ももたらしかねないのである）。

7) 丸山眞男『日本の思想（岩波新書）』（岩波書店、1961年）16～17頁参照。

査会メンバーはこの基準の議論はしていない。

なお、この第10回会合で事務方から出されたレジメ[8]では、その他の基準として、「継続的取引関係」の有無も検討に値するとされながら、その後立ち消えになった感がある。しかしこれこそ本稿で詰めてみたい基準である（ところで、その後中間指針について解説書を書かれた中島肇教授の立場は、本稿の立場とも親和的とも見うる）[9]。

3 「非代替性」の実質的含意―損害軽減義務論（？）とその妥当性

それでは、「意味転換」をさせながらの本件での「非代替性」基準（原子力賠償紛争審査会でも、第11回（平成23（2011）年7月19日）以降はこれを中

---

[8] 第10回審査会（平成23（2011）年7月14日）の配布資料の5－1の「いわゆる間接被害について」と題するレジメ。その2頁の最後のところで、（中間指針で採られた観点のほかに）「次のような観点による分類も考えられるのではないか」として、「第一次被害者と間接被害者との間に継続的な取引関係があったか否か」という観点が記されている。

[9] 原子力損害賠償紛争審査会のメンバーの中島肇教授は、中間指針の立案の審議過程では、それほど間接侵害について議論をリードされた風ではないので（目につくのは、第12回会合（同年7月29日）での、非代替的取引について、「事前のリスク分散がおよそ不可能な場合」という絞り方について、少し絞り過ぎだという指摘くらいであろうか）、いささか後知恵風であるが、その後中間指針の立場についての解説書を書かれていて、間接被害についても論述されている（中島・前掲注3）77頁以下）ので、それを瞥見しておこう。すなわち、企業損害の判例を滑り込ませるという問題は、他の審査委員と同様だが、ここでの損害賠償（相当因果関係）の基準は「取引の代替性のなさ」だということは明言されていて（79頁以下）、《一次被害者と二次被害者との間に、リスク分散が困難な程度に、「強い結びつき」がある場合に、相当因果関係を認める余地がある》とされ、中間指針では、「経済的一体関係」を要件としないことを確認される（97頁）。そして交通事故の場合とは異なり、《（放射能被害の）危険の専門技術性ゆえに、被害者はリスク回避措置をとることができない》ので、「予見可能性が広いというべきである」とされていて（91頁）、注目に値するであろう。同時に、こうした基準は、諸外国の事例（企業損害ではない）とも照らし合わせて、比較法的に整合性もあるとされている（109頁）。この叙述を忖度するに、中島教授は、本件問題と企業損害問題との相違を自覚されるほとんど一歩手前まで行かれていて、しかも本件に即した独自の基準である《リスク分配に留意した非代替性》の判断においても、被害者にむしろ好意的に、事前のリスク回避は容易ではない事情に留意すべきだとされていることに注目されるべきだろう。

心に議論される）とは何であろうか。必ずしも明晰ではないが、察するに第1は、本稿で説く関係的・継続的契約で取引特殊的投資がなされていて、それは保護に値するからという論拠（その意味での「非代替性」）ならば、擁護に値するであろう（この点は後述する）。

しかし第2に、近時流行とも言えるくらい議論が多い「損害軽減義務」論[10]の反映としての「非代替性」論があり、その論法は、「契約当事者たるものは、取引主体として、できるだけ損害を軽減すべきであり、代替できる取引ならば、それによりカバーすべきであり、従って、その種の取引損害は、本件不法行為法上の保護にならない」という運びになるのである。第11回の会合で、能見教授が、「期間が長くなると代替性（非代替性の趣旨か？）が弱くなる」とされて[11]、第12回（同年7月29日）の会合で大塚教授が重要な指摘だとして強く共鳴されているが[12]、それが、「期間が長くなるほど、損害軽減義

---

10) 例えば、比較的早いものとして、斎藤彰「契約不履行における損害軽減義務」石田喜久夫・西原道雄・高木多喜男先生還暦記念論文集『損害賠償法の課題と展望』（成文堂、1990年）、内田貴「強制履行と損害賠償―『損害軽減義務』の観点から」曹時42巻10号（1992年）〔同『契約の時代』（岩波書店、2000年）に所収〕。その後、森田修『契約責任の法学的構造』（有斐閣、2006年）256頁以下、吉川吉樹『履行請求権と損害軽減義務―履行期前の履行拒絶に関する考察』（東京大学出版会、2010年）、長谷川義仁『損害賠償調整の法的構造―請求者の行為と過失相殺理論の再構成のために』（日本評論社、2011年）など。

11) 第11回審査会（平成23（2011）年7月19日）議事録22頁参照。ちなみに、能見会長は、第10回審査会（同年7月14日）議事録27～28頁で、「被害者のほうにも損害軽減義務というのが一般的にありますので、」「補償には一定の限度がある」とされていて、実質的発想としてつながるものである。しかし本稿に述べるように、損害軽減義務とは契約法上の法理であり、これを無造作に不法行為の領域に拡充させることには問題があると思われる（信義則上被害者が損害拡大させてよくはないということとそれとは別問題である。本件放射能被害のように広範かつ壊滅的な損害を受けた被害者に対して、どれだけ自己責任モデルを振り回して、損害リスク回避を説けるのか、これは市場取引合理性モデルを前提に動いている契約法の世界とは異なるのではないかということである）。

12) 第12回審査会（平成23（2011）年7月29日）議事録43頁参照。大塚委員の言い方をそのまま記すと、「リスク分散とは書けないかも知れませんが、」ほかの方法・原材料・供給先探しなどで、「そういうことをする〔リスク分散する〕ことが、当然必要になってくる」とある。これなども能見会長と同様の陥穽にはまっていて、損害軽減義務の無造作な一般化であり、英米法の不正確な理解ではないか。なぜ不法行為は契約法と同様にリスク分散と書けないと前段で述べるのかを突き詰めることが必要であろう。

務の要請が強くなる」という趣旨だとすると、同義務論が通奏低音として、明示的ではないが伏在していることがわかる。そして近時の判例は、契約不履行領域で同義務を認めるようになっているし（最判平成21年1月19日民集63巻1号97頁〔カラオケ店舗の水害による賃貸借の修繕義務不履行による損害賠償請求事例で、損害回避・減少措置を採らずに、そのまま営業損害の請求をすることは条理上認められないとした〕）、ウィーン条約（CISG77条）など国際統一契約法レベルでも支持されているとなるとますます説得的に映るかもしれない。

　しかしそこには陥穽があると思われる。1つに、英米法に忠実に、「損害軽減義務論」は対等当事者の契約法の法理としては良いと考えるにしても、それをそのまま無造作に経済的不法行為に平行移動できるかは別問題として、分けて考える必要がある（この点で、同義務の嚆矢的論文を書かれた谷口知平博士も、英米的コンテクストを離れて、当時（1950年代後半）の貧弱な経済的不法行為（限定的な債権侵害や営業侵害の不法行為の把握の仕方）の状況を正当化するものとして、無造作に契約不履行と不法行為とを接合して書かれている[13]ために、なおのこと注意が必要である）。すなわち、このような論法は正確な外国法の摂取ではないだろうし、少なくとも、故意の不法行為でも被害者はそのようなことをしなければならないとするのはおかしいことは、直観的に察し得よう。

　2つ目に、福島事案のように、対等当事者どころか、地位が隔絶している加害者・被害者の下で、契約法理たる損害軽減義務を説けるのであろうか。おかしいと言うべきだろう。しかも3つ目に、東京電力は近隣住民に安全性を確信させるように虚偽の言辞を弄しつつ、被害が生ずると途端にリスク配分なり損害軽減義務を説いてくるのは、それこそ信義に反するのではないか（その意味では、東京電力の本件加害行為は、営業損害との関係でも故意に近い重過失的なものである）。4つ目に、原子力損害の特性として、その広汎性及び

---

13) 谷口知平「損害賠償額算定における損害避抑義務」我妻先生還暦記念『損害賠償責任の研究（上）』（有斐閣、1957年）、谷口知平「損害賠償額の算定」『総合判例研究叢書(4)』（有斐閣、1962年）44頁以下、谷口知平＝植林弘『損害賠償法概説』（有斐閣、1964年）73頁。

永久的とも言える加害の長期性であり、こうした中で、通常の損害軽減義務論のごとく、「長期になる程非代替性は減る」という論拠を出されるならば、もっと説得的にきめ細かい議論が必要と言えよう。原子力賠償紛争審査会での議論はすぐに、東京電力の主張に反映する。能見・大塚両教授の議論は、どのくらい諸外国の経済的不法行為を考慮してなされたものかはわからないが、安易な「損害軽減義務」の援用は控えてもらいたいと、思わずにはいられない。

ちなみに、営業損害それ自体の賠償は、中間指針でも肯定するのであるが（「第3の7」参照）、営業損害の損害賠償事例（経済的損失の賠償事例）について、ある程度網羅的に調べてみたが、わが実務上でも、無造作に「損害軽減義務」論を説くものはあまりないことも、上記議論の傍証となろう。

すなわち、「営業損害」に当たるものを『判例体系』や判例検索システムなどで、網羅的に調査すると、その分布状況は、（Ⅰ）《不正競争事例》として、(a)「引き抜き・競業避止義務違反・新会社（競争会社）設立・得意先奪取」という類型は、圧倒的であり、かなりの事例の蓄積があることがわかる（しかも相当数のもので、不法行為責任は肯定されている（責任の肯否を○×で示す））[14]。そしてこれに類似したものとして、(b)「代理店の奪取・挿げ替え」のような事

---

[14] 例えば、①京都地判昭和32年11月13日下民集8巻11号2060頁（○）（支社長が、株式会社の改組に反対して、独立の企業体設立。得意先奪取。故意の不法行為があるとする）、②東京地判昭和43年5月8日判タ225号207頁（×）（従業員の引き抜き。競業者の営業妨害の挨拶状）、③東京地判昭和44年6月30日下民集20巻5＝6合併号438頁（○）（社会的に是認されないような不公正な方法で、他人の営業上の得意先を奪うことは、法律上違法である）、④東京地判昭和51年12月22日判タ354号290頁（○）（自動車用化学製品の製造・販売に関する会社取締役らの在職中からの新会社設立企図の下、突然に一斉に退職して、同社と一部競合する新会社設立。従来からの得意先に同社と同一・類似の商品販売を開始した。著しく信義を欠き、自由競争として許される範囲を逸脱した違法なものとする）、⑤東京地判昭和59年5月30日判タ536号264頁（○）（弁当に関する元フランチャイズチェーンの統括本部の従業員が、同フランチャイズチェーンの標章・商号と同一または類似する標章を用いて、店舗開業）、⑥横浜地判昭和59年10月29日判タ545号178頁（○）（個人企業を退職した従業員らの新会社設立。事業承継の誤解を与えるような通告をし、個人企業の工場も占拠。こうした営業妨害行為は、自由競争の範囲を逸脱するとする）、⑦名古屋地判昭和63年3月4日判時1282号156頁（△）（出版社の幹部職員の競業営業。他の従業員にも勧誘し、大量引き抜きに着手するなどの準備行為をして、会社に内紛・対立抗争を生じさせており、違法性を問いうるとする。もっとも、同

行為と使用者の営業不振とは相当因果関係がないとした)、⑧浦和地判平成元年11月22日判時1353号105頁(×)(運送会社従業員の新会社設立。運送業務委託契約の侵害について、違法性がないとする)、⑨大阪地判平成元年12月5日判時1563号104頁(×)(学習塾の講師が近くに学習塾を開設し、同塾が倒産。その行為は、適正な自由競争の範囲内の行為だとする)、⑩東京地判平成5年8月25日判時1497号86頁(×)(学習塾講師8名の一斉退職、新しい学習塾を設立。退任・退職者が使用者に雇用されていた地位を利用して、その保有していた顧客・業務ノウハウを違法・不当な方法で、奪取したものと評価されない限り、競争的事業を開始・営業しても、不法行為を構成しない。旧使用者の非公開の経営の仕方に不満があった事案で、具体的・確定的な引き抜き工作はなく、積極的な勧誘はなく、自発的移籍で、企業秘密に関わらないとされる)、⑪東京地判平成6年2月24日労判652号38頁(×)(元従業員の在職中に、別会社の設立。企業情報の提供の証拠はなく、違法でないとする)、⑫東京地判平成6年9月29日判時1543号134頁(○)(KT法などの教育・研修を業とする会社従業員が、競業避止特約に違反した競合教育をした事例)、⑬東京地判平成6年11月25日判時1524号62頁(×)(バイク便会社の元従業員らが退職後、新たなバイク便会社を設立し、同種のバイク便業務をしたもの。社会通念上自由競争の範囲を逸脱する違法な行為ではないとする)、⑭大阪高判平成6年12月26日判時1553号133頁(○)(プラスチックの成型・加工・製造販売を業とする会社が有するPE二段発砲法に関する営業秘密・秘密ノウハウに関して、開発当時の研究開発部次長が退職・退任後に漏洩。競争会社と共謀して、中国に本件技術・生産設備の売却)、⑮松山地判平成7年1月10日判時1557号119頁(○)(無線機の販売業。同業者の従業員の引き抜きをし、内部資料の持ち出し、特約店に契約解除を迫る。さらに、同業者の顧客に、電波法違反があることを電気通信監理局に告発。正当な競争の範囲を逸脱するとされた)、⑯東京地判平成7年2月27日判時1542号68頁(○)(コンビニのフランチャイズ契約上の競業避止義務違反・営業秘密保持義務違反(誘致)。フランチャイジーの取締役としての中心的役割を担うものの違反営業。営業活動の自由を超えた不法行為だとする)、⑰仙台地判平成7年12月22日判時1589号103頁(×)(バイク便会社の元従業員らの退職後、新たなバイク便会社の営業)、⑱大阪高判平成10年5月29日判時1686号117頁(×)(日本コンベンションサービス事件。会社の取締役・幹部従業員により設立された競業会社と取引がなされたもの。継続的取引、個別的取引関係はないとする)、⑲東京地決平成10年9月22日判時1887号149頁(○)(差止めの仮処分)(医療用医薬品の販売促進プロモーションの関連の会社退職の際に、競業避止合意に違反して、競業会社の代表取締役に就任した事例)、⑳大阪地判平成10年12月22日知的財産裁判例集30巻4号1000頁(×)(産業用機器・設備の耐久加工、同加工タンクなどの製造販売会社の元専務取締役の新会社設立。従業員6名の退職、退職後の競業避止義務もなく、営業秘密も不明だったという事例)、㉑東京地判平成13年9月18日金判1153号50頁(○)(ビル清掃会社社員が、在職中に競業行為を企図し、退職後に同種の会社設立。競業避止特約はないが、従前会社の取引先情報を利用して、取引先を奪い、自由競争の範囲を逸脱して、違法だとする)、㉒大阪地判平成14年9月11日労判840号62頁(○)(人材派遣業の元幹部らによる同業他社への引き抜き。企業の正当な利益を考慮せず、他企業に移籍計画を秘して、大量に従業員を引き抜いた事例。著しい背信的な方法で、社会的相当性を逸脱した違法な引き抜きだとする)、㉓東京地判平成15年4月25日労判853号22頁(○)(引き抜きというより、雇用契約上の忠実義務違反事例。堅型エアーカーテン販売業に従事し、職務上知り得た販売価格を競業会社に伝え、競

例もある[15]。その他の不正競争事例としては、(c)「物理的拘束その他の物理

業会社に顧客を紹介し、競業会社が使用者の協力会社であるように装い、競業会社に発信させたもの)、㉔東京地判平成15年10月28日労働経済判例速報1856号19頁（×）（会社幹部（取締役）が、その地位・影響力を利用した、社会的に不相当な引き抜き行為があれば、違法の評価を受けるとする。本件では共謀した大量の引き抜きの存在は否定された）、㉕東京地判平成17年10月28日判時1936号87頁（○）（モデル等のマネジメント業務の会社取締役が、同会社のモデル資料からの情報を利用し、会社批判を交えて、集中的・長期的にモデル契約解消誘致を働きかけ、自ら設立した会社との契約締結を勧誘したというもので、移籍モデルは、72名に及ぶ（平成12年）。著しく社会的正当性を欠き、違法だとする）、㉖東京地判平成19年1月26日判タ1274号193頁（○）（医師向け有料職業紹介事業で、その元従業員がその医師情報を利用して、同業他社従業員として、294名の医師に転職紹介の電子メールを送信したもの。労働者は、付随義務として、信義則上営業秘密を漏洩しない（そして使用者の得意先を利用しない）義務を負うとする）、㉗大阪高判平成19年4月26日労判958号68頁（○）（ソフトウェア技術者派遣によるソフトウェア開発業務の営業譲渡。譲渡会社が、譲受会社の取引先を奪う方法により、同一営業を行った。不正競争の目的があり、その態様は極めて悪質で、反社会性が強く、違法性が高いとする。損害賠償としては、従前の粗利益の50％の6か月分であるとして、平成16年から6か月分の506万円余を肯定する）、㉘東京地判平成19年7月25日判タ1277号291頁（×）（孫請業者の従業員6名が同一日付で、同じ文面での退職届を出し、同業他社に就職した事例。そして退職の半年後から、孫請業者が行った業務を行う。退職は、元請業者代表取締役が支援したが、従業員は、孫請業者代表者の姿勢・不正行為に不満を持っていたという事情がある。元請業者代表取締役の元従業員らへの働きかけは、違法性がないとされた）、㉙東京地判平成20年7月24日労判977号86頁（×）（広告会社営業企画部課長が、退職後に、同業他社を設立し、在職中の顧客プロジェクトを受注したもの。後任への十分な引継ぎもなされており、業務上、技術上の秘密の利用なしに、企画書の作成・提出がなされているとする）。

[15]　例えば、㉚大阪地判平成8年1月23日判タ914号192頁（○）（インテリアガラスの製造・販売業の事例で、代理店契約により、製造のための機会・材料などの販売・技術を提供していたが、同業者の新規代理店契約希望者、代理店に対して、同業者の誹謗・中傷を行った）、㉛東京地判平成11年5月28日判時1727号108頁（×）（某企業の食品原材料等の輸入代理店の社員が、同企業による新たな代理店設立に協力し、その代表取締役になったというもの。その企業の元代理店への商品供給停止に、新代理店代表取締役は協力するが、同人の雇用の経緯・退職手続にも鑑みて、その行為は、代理店契約上の権利の違法な侵害ではないとする）、㉜大阪高判平成12年10月3日判時1756号88頁（×）（他者のクリーニング取次店を自己の取次店にしたもの。競業避止合意を知りつつ、積極的に勧誘した上での競業避止義務違反誘引ではないとする）、㉝東京地判平成14年7月24日判時1799号124頁（△）（公務員が職務を離れて自らの地位・経歴を背景に、CATV回線を利用したカラオケ楽曲送信業の取引先に、その取引をやめて、他者取引を働きかけたもの。国家公務員の職務倫理に反し、企業の自由競争阻害の不公正なもので、社会通念上の自由競争の範囲を逸脱した違法なものとされた）、㉞神戸地判平成15年6月11日判時1829号112頁（○）（被害者の取引先に、同人との取引中止の要請をした事例）、㉟東京地

的行為」の事例[16]、(d)「誤認・混同行為」事例(不正競争防止法などとの関連事例)[17]、(e)「独禁法などその他の関連法規違反」事例[18]、(f)「通常の(不正)

  判平成18年12月12日判時1981号53頁(○)(LPガス販売に関する従前の取締役が、競合会社の代表取締役になり、従前の顧客に対して、協同会社への契約の切換えを交渉したもの。違法な引き抜き・同社(従前の業者)の混乱に乗じて、同社の顧客を奪うもので、不法な手段であり、自由競争の範囲を超えて、社会的相当性を逸脱し、不法行為となるとする。賠償額として、奪取された顧客から獲得した利益6か月分が損害であるとして、1828万円余を肯定する)。

16) 例えば、㊱東京地判平成4年6月30日判タ807号233頁(○)(英会話学校を経営し、競業関係にある会社幹部による、競業者看板の黒スプレーラッカーの吹き付けによる毀損招致)、㊲京都地判平成18年5月25日判タ1243号153頁(○)(強盗致傷事件の加害者及び同人から依頼された暴力団組長らとその弁護士が、偽証強要のために同事件被害者の有限会社代表者を軟禁した事例。それにより、同有限会社は賃料などの支払ができず、賃借権を喪失し、保証金返還請求権も相殺により、消滅した。共同不法行為を認め、そうした損害との間の相当因果関係も認められた)。

17) 例えば、㊳東京地判昭和41年10月11日判タ198号142頁(○)(他の著名な不動産会社と類似の商号を用いた営業。誇大広告に関して公正取引委員会の排除命令も受けている。信用を傷つけたことによる損害賠償を肯定する)、㊴大阪地判昭和58年12月23日判タ536号273頁(○)(類似のウェットスーツの製造・販売。混同を招致しているとする)、㊵大阪地判昭和59年10月26日判タ543号171頁(○)(競馬用品の販売を行う取引先に、販売手袋は特許権侵害だという虚偽の事実を葉書で通知した事例)、㊶大阪地判昭和60年9月26日判時1185号126頁(西9条市場の事例。公認の小売市場でその会則には、所定の販売品目以外の商品販売による他人の権利侵害をしないようにとの定めがあるのに、それに違反して、被害者と同一商品の販売の経営に関与)、㊷東京地判昭和63年7月1日判時1281号129頁(○)(楽器製造者が開発した独創的な電子楽器の委託販売契約の申込みを受けたものが、類似商品を開発して販売したという事例。故意による開発者の営業上の利益を侵害しているとする)、㊸京都地判平成元年6月15日判時1327号123頁(○)(帯などの織物の製造販売で、他者の制作図柄の模倣、類似図柄の帯の廉価販売をした事例。謝罪広告を認めた)、㊹東京地判平成3年10月25日判時1413号115頁(×)(他者の商品と同一形態の商品の製造販売)、㊺東京高判平成3年12月17日判時1418号120頁(○)(木目化粧紙事件。制作的模様と類似の模様物品を廉価販売したもの。営業活動上の利益侵害があるとする。2951万円余の内金1454万円余の賠償肯定)、㊻東京地八王子支判平成9年2月5日判タ968号242頁(○)(海外法人の登録商標(ARMAI)と酷似する商標による紳士服・婦人服の輸入・販売を行った事例(商標権侵害))、㊼東京地判平成10年2月27日判タ974号215頁(×)(エレクトリックギターの製造・販売。他社の製品が模倣されたのに、法的措置がとられず放置され、それはもはや標準形の一つとして、認識されているとする)、㊽東京地判平成14年7月29日判タ1105号16頁(×)(判例データベースの独占販売契約を解除し、別の判例データベースを顧客に勧誘・販売したという事例。顧客は、比較の上、自己の意思で選択しており、公正・自由な競争として許される範囲を著しく逸脱していないとする)(⑤(前掲昭和59年東京地判)もそうした事例である)。

18) 例えば、㊾大阪地判平成2年7月30日判時1365号91頁(○)(東芝エレベーター

競争行為」事例（流通系列化に対する規制緩和の動きの下での競争なども含む）[19]がある。

これに対して、(Ⅱ)《非不正競争的事例》としては、(g)「近隣妨害」的事例、(h)「住宅紛争関連」事例、(i)「街頭運動・表現行為関連」事例、(j)「労使紛争」事例等がある（相互にクロスしていることもある）[20]。

事件。エレベーターのメーカー系保守点検業者の競争業者の取引の不当妨害。「抱合せ販売」（独禁法違反））、㊿東京高判昭和 61 年 2 月 24 日判時 1182 号 34 頁（×）（東京都芝浦屠場事件。東京都の設置する屠畜上の定額料金による営業は、独禁法上の不当廉売ではなく、競争関係の民間の屠畜業者への不法行為は不成立とする）（［原審］㊱東京地判昭和 59 年 9 月 17 日判時 1128 号 21 頁（○）は、本件屠場料は原価を著しく割るもので、東京都知事は、それを認識しつつ、適切な対策を採らず、独禁法上の不当廉売に当たるとしてかなり高額賠償（4922 万余円）を認めていた）、㊲浦和地判平成 11 年 11 月 30 日判時 1725 号 152 頁（×）（規制緩和を背景とするプロパンガスの廉価販売。顧客の判断で契約が切り替えられたのだから、違法視されるものはないとする）、㊳東京地判平成 19 年 5 月 30 日判タ 1255 号 328 頁（×）（フリーランス写真家が撮影した写真のポジフィルム所持の出版社が、広告制作プロダクションからの貸し出し依頼に写真家の二次使用許諾料と同額の使用料を請求されて、使用を断念したという事例。写真家の二次使用許諾料取得の妨害はないとする。著作権法がらみの判断である）。やや異色のものとして、㊴最判平成 19 年 3 月 20 日判時 1968 号 124 頁（○）（稚内のパチンコ業者が風俗営業等の規制及び業務の適正化等に関する法律（以下、「風営法」という）の規制を利用して、他業者の出店予定地の近接土地を児童遊園として社会福祉法人に寄付したというもの。許される競争の範囲を逸脱しているとして破棄差戻し（原審は、本件寄付は、営業侵害と評価できないとしていた）。（［一審］㊵札幌地判平成 14 年 12 月 19 日判タ 1140 号 178 頁（○）は、風営法の規制の利用は自由競争秩序の範囲の逸脱として、高額の賠償（3 億 6000 万円超の逸失利益など）を認めていた）。

19) 例えば、㊶高知簡判昭和 43 年 7 月 3 日判時 540 号 73 頁（×）（黒板の一手販売権の侵害。他県での学校で使用する旨の虚言で、代理店を通さずに購入。商業道徳上の評価は別として、違法性はないとする）、㊷東京高判昭和 56 年 5 月 22 日判タ 450 号 109 頁（×）（建築業者のふすま工事請負により、従来のふすま製作業者（大経師職、経師職、表具師）の受注量の減少。不利益は単なる事実上のもので、何らかの権利又は法律上の利益が侵害されたものではないとする）、㊸横浜地判昭和 58 年 9 月 26 日判時 1105 号 81 頁（×）（大型スーパーの進出による近隣商人らの事業収入の減少。違法とは言えず、差止めは認められないとする）、㊹東京高判昭和 61 年 4 月 24 日判時 1195 号 89 頁（○）（仲介委託した不動産業者を排して、他の仲介業者による不動産取引をした事例。報酬請求権侵害が認められた）、㊺東京高判平成 16 年 10 月 19 日判時 1904 号 128 頁（×）（家電量販店が、複数店舗で、「競争事業者よりも安くします」との看板・ポスターを掲げた事例。景品表示法・不正競争防止法上の不正競争行為に該当せず、社会通念上許されない特段の事情もないとする）。

20) 例えば、(g)に関するものとして、㊻和歌山地田辺支判昭和 43 年 7 月 20 日判時 559 号 72 頁（○）（隣地所有者の眺望権阻害による旅館営業妨害。営業妨害の意図

以上を見ると、第1に、営業損害事案は、不正競争事案が多いが、それだけではなく、条文上は、民法709条の過失不法行為の適用と言う一般規定の適用と言う形でなされていて、不正競争事例に限定する状況ではない。もちろん、本件の原発被害に伴う営業損害事例の類例は多くない（今回のものは、未曾有の災害だから言うまでもないだろう）が、だからと言って、営業損害の賠償を限定する条文の構造にもなっていないし、そのような実例の分布でも

があればもとより、それがなくても、不相当な権利行使の結果、受忍限度を超えれば不法行為になるとする）、㉒東京地判昭和44年6月17日下民集20巻5＝6合併号421頁（×）（繁華街で隣家の看板の片面遮蔽。受忍限度内とする）、㉓津地判昭和44年9月18日下民集20巻9＝10合併号658頁（×）（私的会社の湾の埋立て、鉄道敷設工事。観光旅館の眺望という営業利益侵害は受忍すべきだとする）、㉔大阪地判昭和61年3月20日判時1193号126頁（○）（建物からの反射光による、向かいの店舗の営業上の相当深刻な被害）、㉕浦和地判昭和61年7月28日判時1242号91頁（×）（県営公園内の園路の改修工事。通行禁止により、モーテル業者の営業上の損害が問題とされたが、公園事務所長には過失はないとする）、㉖大津地判平成16年8月9日判時1882号92頁（○）（大学校舎の建設のためのボーリング工事により、井戸の自噴の停止、水量減少があるとして、ミネラルウォーター販売事業者の逸失利益300万円の賠償を肯定）。

　(h)に関しては、㉗福岡高判昭和58年9月13日判タ520号148頁（○）（店舗の賃貸借契約に関する。明渡義務が公権的に確定されない段階での営業妨害を肯定する）、㉘東京地判昭和63年11月25日判時1307号118頁（×）（賃貸人の立退工作。通行妨害を構成しないとする）、㉙浦和地川越支判平成5年7月21日判時1479号57頁（×）、福岡地小倉支判平成6年4月5日判タ878号203頁（×）（マンションの区分所有者が、レストラン営業会社に賃貸しようとして、管理規約を巡り組合側がこれを認めず、紛争）、㉚東京地判平成9年7月9日判タ979号188頁（○）（日陰被害者の反対運動。100万円の賠償肯定）、㉛横浜地判平成12年9月6日判時1737号101頁（○）（反対意見の看板による住宅価格の低下。各住宅の損害は、400万〜500万円とする）。

　(i)に関しては、㉜東京地判平成7年10月25日判タ909号205頁（○）（銀行の顧客のプライバシー公表）、㉝東京地判平成8年1月16日判タ944号222頁（○）、㉞東京地判平成8年12月20日判時1619号104頁（○）（宗教法人の信者らによる（出版社への）集団的示威行為）、㉟福岡地判平成10年10月14日労判754号63頁（×）、㊱京都地判平成10年12月8日判タ1053号164頁（×）（葬儀営業への反対）、㊲神戸地尼崎支判平成20年2月28日判時2027号74頁（○）（SIV装置の品質問題の指摘。懲戒解雇されたものによる。説明等にかかった費用1359万円余、慰謝料300万円とかなり高額賠償を肯定した）。

　(j)に関しては、㊳東京地判平成7年9月11日労判682号37頁（○）（解雇反対運動としてのビラ配り）、㊴大阪地判平成8年5月27日労判699号64頁（○）（商品（生コン）搬入の阻止）、㊵東京地判平成10年1月30日労判735号63頁（○）（医療生協から懲戒された元検査技師による。行為ごとに、20万円の無形損害があるとする）、㊶東京地判平成15年6月9日労判859号32頁（○）（ダンプ持込者の契約解消（不当解雇）について、街宣活動。慰謝料40万円）。

ない。第2に、それとともに、ここで問題にしている「賠償の線引き」との関係で、この種の事例で、「損害軽減義務」は事例上説かれていないのである。この点は先にも述べたように押さえておいてよい。そして第3に、この領域の経済的不法行為の展開は、まだまだこれからだとも言えようし、とくに（意図的）不法行為法ではそういう限定なしの高額の賠償も認められつつあることも注目されてよい（㊺(51)(55)(77)）。また、（被告の）利益から（原告の）損害を認定するものが出始めている（㉗㉟）のも、ある意味で注目すべき思い切った判断である（6か月のような期間制限をしてそれで足りるかどうかは、なお検討を要するが）。ちなみに、諸外国の状況はここでは深入りできないが、例えば、アメリカ不法行為法のこの領域では、懲罰的損害賠償（punitive damages）として、わが国よりもはるかに厚みのある経済的損害の保護がなされている状況であることも、付言しておきたい。

多少、営業損害の実証的調査でいささか手間取り、紙幅を要したが、こうした地味な調査からも、営業損害の賠償の基準作りはケース・バイ・ケースの側面があるとしても、中間指針のように「非代替性」基準で、もし取引的不法行為の営業侵害事例に押し並べて「損害軽減義務」を要求する実質的含意があるならば、それは現今のこの分野の判例実務にも反するし、英米の取引的不法行為法の理解としても不正確であるということを銘記されたい。以上が福島事案にアプローチする前に押さえておくべき留意事項である。

V　その3—福島事例へのアプローチの仕方

1　関係的・継続的契約論からの基準

それでは、原発事故損害との関係で、否、取引損害一般論のアプローチとしてその賠償の基準作りということになるが、その際には、I・マクニール教授の関係契約論（ないしそれとオーバーラップする新制度派経済学（取引費用経済学）の考察から展開される平井宜雄教授の継続的契約論）[21] によるものが有用ではなかろうか。すなわち、関係的・組織的契約（relational contract）に

おいては、単発的・個別的契約（discrete contract）とは違って、財の市場からの入手・調達が困難かつ高価で、その意味で「資産特殊性」（asset-specificity）ある投資（埋没投資）がなされて、それは代替的な（fungible）な取引にすぎないものとは大きく異なり、その取引的利益の要保護性も高いことになる。

この点で、本件で問題になっている福島県下における医療・介護施設との長年の継続関係で培われた本件クリーニング契約や薬剤提供契約、農具などの継続的供給契約は、地域取引活動の安定性なども相俟って、上記関係的・組織的契約の最たるものというべきであろう。中間指針がこのような理論的考察を経て導き出した「取引特殊性」（idiosyncracy）の意味での「非代替性」基準ならば、首肯すべきものであるが、不思議なのは、議事録を見ても、そうした近年ホットな理論的テーマである議論の片鱗がうかがえないことである。これはどうしたことであろうか。

そして上記の議論からすれば、東京電力が本件について答えたように、安易に「代替性」の判断は出てこないはずである。また、独禁法上の「公正競争阻害性」の判断で、「市場の画定・限定」という議論が白石忠志教授によりなされている[22]が、これはここでの「代替性」基準の運用にも応用すべきものであり、安易に広汎な市場で他地に乗り出していくべきだということにはならないはずである（その意味で、東京電力の賠償否定の判断には賛成できない）。

また同じクリーニング業の営業損害の賠償について、いわき市の事例では東京電力は認めたものがあるようだが（1億円請求して、3000万円の賠償を認めた。それは企業の事故地との近さによるとのことである）、基準が安定していないことを示しており、本件のクリーニング屋の顧客は多く南相馬市でやは

---

21) マクニール理論については、随所で論じているが、さしあたり、吉田邦彦『都市居住・災害復興・戦争補償と批判的「法の支配」』（有斐閣、2011年）第9章第3節、とくに347頁以下参照。また、平井教授のものは、平井宜雄『債権各論Ⅰ（上）契約総論』（弘文堂、2008年）59頁以下、同「いわゆる継続的契約に関する一考察──市場と組織」の法理論から」同『民法学雑纂』（有斐閣、2011年。初出1996年）、同「契約法学の再構築(1)〜(3・完)」ジュリ1158号、1159号、1160号（いずれも1999年）参照。
22) 白石忠志『技術と競争の法的構造』（有斐閣、1994年）187頁以下参照。

り爆心に近く説得的でもない。たまたまクリーニング業の本社が遠いと駄目になるというようでは不合理であろう。さらに、企業規模が大きいと請求は否定されるという論拠もあるようで、中間指針の関係者も一部それに左袒するようだが、これも賛成できない。企業をたまたま組織的に地域ごとに小規模にしていれば営業損害賠償が認められるというようでは不合理で、企業分割の妙なインセンティブを生むだけであろう。問題の核心は、やはり《本件のごとき地域に根差した継続的契約のネットワークが、「広域市場での代替的なモビリティ」を要求できるものかどうか》という取引実態の法社会学的(法制度的)調査に係るわけであり[23]、表面的な企業規模で判断するのはおかしいと言うべきである。したがって、本件において、東京電力の行ったように、無造作に「代替性」について肯定的判断を下すことはできないと考えられる。逆に、福島の被曝地域での本件継続的取引のネットワークでは、地域的固定性・閉鎖性が強く—非代替性・代替性判断の対象市場も限定的に考えるべきであり—原則的に「代替性」を否定する(「非代替性」を肯定する)方向で解するべきであろう。

なおこの点の「広域市場での代替的なモビリティ」(その意味での「代替性」)の有無判断には、原発被害への対応策の政策的オプションとして、「被災地での居住継続＋除染」のほかに、「日本での広域的転居支援、そのためのネットワークの構築」(転居地での居住補償・生業補償)の選択肢があれば、判断の仕方も変わってくるかもしれない(私自身は、転居を望む親たちによる「子ども福島ネットワーク」(代表中手聖一氏)の苦境(転居しようとすると地元住民から非難される)及び退避ゾーンの日米の相違(アメリカでは半径50マイル〔80キロ〕以内は退避ゾーンで、そうなると、福島市や郡山市など福島中通りの被災者は退避すべきことになる)に鑑みて、居住福祉策の一つの選択肢として、より積極的な転居支援による広域的な居住モビリティの確保に努めるべきであると考えている。またそのほうが、むやみな「除染」一辺倒の政策による巨額の支弁よ

---

23) 本件とは違って、インターネット取引等の場合(東北大震災との関係では、例えば、三陸石巻の漁師のインターネット販売など)には、広域的なモビリティがあり、広い市場規模での代替性判断を行っても、問題ないことになろう(もっとも、冷凍輸送との関係で、おのずから地域限定はあろうが)。

りも、効果的な居住福祉予算の使い方だと考える）[24]。しかし現実はそうなっておらず、被災者を地元に張り付かせて、被災者の現実的選択肢は除染だけになっている（転居の公的支援がなされていないから。中手氏は、避難政策の拡充もせず、自助努力にだけ任せているのは、福島棄民政策だという）[25]。だから、かかる原発被害復興に関する現実的な政策環境の下では、営業損害の保護性の法的評価のところだけで、「広域市場での代替的モビリティ」を肯定することは、離齬があり、現場を見据えた評価ではないと思われる。

2　福島事例での加害の特殊性

①さらに、既にふれたように、東京電力と被害者の地位は対等ではなく、安易に「損害軽減義務」を要求するのは、合理的ではなく、取引上の債務不履行行為と（本件のごとき）原発爆発による放射性物質の飛散という物理的行為に関わる取引的損害とは同列に処理すべきものでもない。さらに、近隣住民ないし企業に、原発安全神話を触れまわった挙句に、今回の破滅的損害を与えたとするならば、その言辞からすると、重過失どころか詐欺的な取引的不法行為とも言い得て、その帰結としては、賠償範囲の効果は広がると解するべきで、安易にリスク分担を説ける筋合いのものではない[26]（禁反言の原則（信義則）からもそうである）とまず考えるべきであろう。

この点もう少し敷衍すると、いわゆる企業責任（間接損害）（重要社員の交通事故による企業損害という従来の判例事例が蓄積している場合）においても、昨今の構造不況継続の折にぎりぎりの経営努力が強いられる中で、予備人員の確保やVIP保険付保[27]などによる「自己責任」的努力を求めて、間接損

---

24)　この点については、さしあたり、野口定久ほか編『居住福祉学』（有斐閣、2011年）296～297頁（吉田邦彦執筆）参照。
25)　中手聖一「生まれ変わろうとしている"福島人"」世界829号74頁（2012年）。
26)　この点で、中間指針の背後には、《営業リスクは、商人・事業者自らが負担すべきものという自己決定・自己責任の発想》が安易に措定されていて（そしてこの点については、潮見佳男「中島肇著『原発賠償中間指針の考え方』を読んで」NBL1009号46頁（2013年）も無造作に賛同される）、疑問というほかはない。
27)　この提案は、例えば、内田・前掲注3) 434頁。

害の賠償に消極的になるのは、小規模企業の経営実体との関係で非現実的なところがあり、それゆえに判例もかかる場合にフランス式に損害賠償を認めてきているわけである。交通事故は一定の確率で生じて保険などの自己努力になじむことがあるにもかかわらず、賠償的保護（配慮義務射程）を及ぼすべきだと考えられるのである[28]。それとの比較において、原発事故はあり得ないとの東京電力からの安全神話刷り込みの下での周辺の事業者は、その被害を予測した保険などの「自己責任」的損害・リスク回避的行動を強いることはなおのこと、非現実的だと言えないだろうか。しかも本件で問題とされるクリーニング業などは、運送コストなどとの関係で福島地域に密着・連携してなされる固定性ある経営であり、インターネット経営などの企業とは前提が異なり、この場面で「地域的モビリティ」を説くことは、本件継続的取引の現場を知らない者の説く議論と言わざるを得なく、もしそれが「中間指針」の立場とするならば、批判的再検討は不可避で、現場とギャップがあり、しかもそれに関する学理的検討も不十分なままに示されていることの問題の深刻さに思いを致すべきである。

②そして本件の原子力の放射能損害の加害態様は、類比できないまでに、広範囲でかつ永久とも言える持続的・長期的な損害であると言える。このような特殊性も、前記損害軽減義務を安易に説くことができないことを補強する（また、中間指針策定の際に議論があった、「非代替性」の期間制限についても、本件のような加害態様、そして前述の閉鎖的な地域的継続ネットワークの喪失に関わる事例においては、慎重であるべきだろう）。

この点で、例えば、2010年4月にアメリカメキシコ湾で原油流出事故（2億ガロンもの原油を流出させた）は、原発被害にも類比できる広汎で半永久的被害をもたらした意味でその解決は注目される。そして湾岸の水産業関係者ないしサービス業関係者から経済的損害の主張が沢山出され、その賠償を認める法的処理がなされている（2011年9月に連邦調査は、その流出責任を認め、2012年11月には、45億ドルの罰則も司法省は認めた。2010年には、加害企業側

---

[28] 日本の労働現場との関連で、安易な自己責任・自己努力を強いることが非現実的であるとの批判については、吉田邦彦・前掲注1）民法判例百選Ⅱ179頁参照。

は請求処理のための200億ドルの基金を立ち上げた。さらに、2015年1月には、自然資源に対する損害関係として、清浄水法との関係で180億ドルの制裁金を科す連邦地裁判決が出ている)ことが参考になる。もっとも加害企業のBPディープウォーター・ホライズン（以下、「BP」という）は原油流出問題を解決させた旨の広告をしきりに行い、近隣でない者は、その広告から誤解している人も多かろうが、現実はそうではなく、何万もの近隣住民は、いまだ十分な補償を受けていないのである。そしてその日暮らしの生計に苦労し、多くの低所得の漁民やサービス業関係者は3年間のその逸失利益の賠償請求をしているが、そのための法的支援の資金もなく、請求はうまくいっていない。それのみならず、BP社は支払拒否の戦略を正面に出してきた（その請求が正当なものであってもである)[29]。現実はまだ課題が残されるが、法理論的には積極

---

[29] See, Stephen Teague, *Shirking Responsibility in the Gulf*, THE NEW YORK TIMES, July 31st, 2013, A19. But see also, Barry Meier & Clifford Krauss, *Gulf Coast States Jockeying Over Settlement on BP*, THE NEW YORK TIMES, February 24th, 2013, National Sunday, p.17（2013年2月下旬に伝えられたところでは、連邦および州の役人はBPに対して160億ドルの和解の提案をする予定。しかし、関連する湾岸流域の5州は主張に対立がある。ルイジアナ州とアラバマ州は、大きな額の和解を求めて訴訟的解決への執着があるが、フロリダ州・ミシシッピ州・テキサス州は、被害はそれほどでもなく、ともかく解決金が欲しい。BPは既に300億ドルを支払ってきており、もはや州からの巨額な経済的賠償に応ずるつもりはない。しかし本件訴訟では、重過失が認定されるかもしれずそうなると、175億ドルの罰則金の支払の可能性がある。各州には相対立する利益があり、これが和解を難しくしている。本件の解決のために制定された2011年の復興法（Restore Act）は、連邦の汚染法違反による罰則金が最終的に連邦政府よりも州に行くように狙って作られた（清浄水法の違反にかかる罰金の8割以上のコントロールを州に与えた）ものであるが、「意図せざる結果」として、州相互の主張の対立激化を招いた。2012年11月には、45億ドルの刑事罰和解がなされたが、当時連邦・州政府は民事損害賠償についても解決するつもりであった。しかしルイジアナ州と他州との和解額を巡る対立からその話は潰れた。だから今後の和解がうまく行くかどうかは、州の態度にもかかっている); Tom Fowler, *Settlement Offer to BP Takes Shape*, THE WALL STREET JOURNAL, February 23rd-24th, 2013, A2（160億ドルの和解金だったら、BPは税金を免れるというメリットがある。訴訟ならば、176億ドルにもなりうるが、それには重過失が必要で、会社側は重過失を争ってきて、この点が被害者サイドではネックとなる。しかしこの提案に英国ベースのこの会社が乗るかどうかはわからない。訴訟は、2013年2月18日から始まり、2月19日には、政府側が主張する490万ガロンのうち、81万ガロンの原油が回収できたと、裁判官は同意した。それにより、清浄水法上の罰則は34億8000万ドル減額された。BPはかつて、証券取引所との間に40億ドルの刑事責任と5億2500万ドルの民事責任和解をした。トランスオーシャン社は、清浄水法違反で、

的な方向で動いており、この点は、福島の原発被害の場合にも見習うべきであろう。以上より、本件のごとき、地域的固定性・定着性が強い（地域的モビリティの低い）継続的取引の侵害の営業損害においては、不法行為法の法的因果関係（判例の言う相当因果関係）は原則的に及ぶと考えるのが筋と考えられる。

3　災害復興における経済的損害の周縁化の問題とのその変革の必要性

ここでの問題は広くは、災害復興ないし災害補償の在り方について、産業補償・事業補償の実際上の重要性にもかかわらず、人的・物的損害補償中心で（しかも賃貸借よりも所有権中心である）（もっとも住居補償は、わが国においては、比較法的に大きな偏りがあり実質的保護は、先進国の中でも突出して低いという別の一群の問題はある）、経済的損害が閑却されているという問題[30]（例

4億ドルの刑事和解及び10億ドルの民事和解をした。BPは、かつての和解は会社の法的地位が十分に反映されていないとして、訴訟継続に積極的である。BPの一般顧問のR・ボンディ氏は、「現実と遊離した過大な要求を前にして、我々は訴訟に備える」と述べる。BPは、原油回収に既に140億ドル以上を使い、さらに湾岸の事業や個人に90億ドル以上、そして、環境修復にさらに何10億ドルを使ってきた。BPにやや好意的なタッチの記事であろう）；John Schwartz, *Judge's Ruling on Gulf Oil Spill Lowers Ceiling on the Fine BP Is Facing*, THE NEW YORK TIMES, January 16th, 2015, B3（2010年のディープウォーター・ホライズンの災害に関して、ニューオーリンズの連邦地裁のバービエ裁判官は、2015年1月15日に、BPは垂れ流した319万バレル（1億3400万ガロン）の原油について責任を負うと判断した（彼は400万バレルを垂れ流し、その後回収に努めた量を考慮してそうなるとする）。しかも同裁判官は、重過失で垂れ流したとするから、清浄水法によると、1バレルあたりの制裁金が4300ドルで、結果180億ドルの支払を命じた。これは漏出量に関する政府側の419万バレル、会社側の245万バレルの中間を行ったものだが、裁判官は、その算定過程を明らかにはしていない。会社側は、既に270億ドルを支弁しており（回収費用140億ドル以上、損害賠償130億ドル）、それに加えて自然資源に対する損害査定として制裁金を受けることになる。元の連邦検察官で、ミシガンロースクールのウールマン教授は、これでもBPにとっての勝利だとする。相当の賠償の支払だが、これでも会社の勝利とするところが日本との違いのようでもある）.

30) これについては、吉田邦彦・前掲注21）第4章、早川和男ほか編『災害復興と居住福祉』（信山社、2012年）の「解題」（吉田邦彦執筆）、同「アメリカ東海岸を襲ったハリケーン・サンディの被災・災害復興の特質——都市型災害の日米比較のため

えば、アメリカの災害支援は日本以上に事業補償への配慮があるが、それでも営業損害は物損の二の次とされがちだが、例えば、サンディ・ハリケーンによる水害では、営業損害が多大でその被害の必要性の検討の必要も指摘されている)[31]の一齣であり、不法行為法理の枠内で処理できる本件の事案にも、実質的に類似の発想的偏りがあり（それゆえに、「間接的損害」などとして二次的・副次的ニュアンスを用語からして生じさせるという問題がある）、そのような従来の不正義の扉を開けて光明を示すものとして、本件処理には注目したいし、その主張の合理性は十分にあると考える。

VI 結　び

結びを述べて終わりにしよう。福島事例が直面する原子炉爆発による広汎かつ長期的被害としての営業損害をどう賠償するかは、新たな課題である。中間指針では、「代替性」という基準が出されてきたが、議事録からもその基準について十分な検討がなされていたことはうかがえない。また冒頭の比較法的考察でも一言したように、わが国では経済的不法行為の扱いについて、

に（とくに居住福祉法学的視点から）」協同の発見248号79頁以下（2013年）、とくに84〜85頁をさしあたり参照。

31) See, e.g., Ray Rivera, *Its Restaurants Empty And Its Trains Stalled, Hoboken Encounters Storm's Increasing Toll*, The New York Times, December 17th, 2012, A20（人口5万人のホーボーケンは、水害の物理的被害の大きさはともかく、マンハッタンとのフェリーの駅が閉ざされたことによる営業損害は大きい。コロンビア大学のクラウス・ヤコブ博士は、サンディによる地元公共交通機関への物理的損害は、100億ドルだが、交通破綻による地域経済への損害は、480億ドルと算定したが、まさにそうしたことが同市では言える（物理的損害は、1000万ドルと言われているが、営業損害はどのくらいになることか）。同市では、これまで3万人もの人がPATHと言われるフェリーを利用し、その駅近くは飲み屋で夜遅くまでにぎわい、バーの町などとも言われた。ところがいまだに駅は復旧していない。その駅近辺の事業者の営業収入は、25％ないし70％減少している（例えば、バーを営むルソーさんのところは、半分以上、ホーボーケン・オン・ライというデリは、25％ダウン）。まだ復旧の目処は立っていない。通勤者の生活パターンも変化している）。ホーボーケンは、サンディ被害を伝える直後の報道でも大きく報ぜられた。経済的損害のほうが大きいとは驚かされる。

比較法的に先進諸国の中でも突出して貧しい法状況にあることにも鑑みて、本件の営業損害ケースについても、それに対する反省を踏まえた前向きな検討が求められるところである。

そこで、仮に中間指針の基準をそれとして受け止めるとしても、その内実を詰める必要があり、本稿でそれを行ったが、第1に、それは当該営業損害に関わる取引・契約の「代替性」ということになり、それは、モビリティの低い地域経済に根差した長期的・継続的契約に関わる場合には、その「資産特殊的投資」という性格からしても、原則的に「非代替的」だとして、その営業損害の保護は、積極的に考えられるべきものである。

第2に、例えば、冒頭事例でのクリーニング業者が、本店が仙台にあり、比較的広域の取引をしていたから「代替性」があるという議論が東京電力から出されているようだが、ここでの問題が正確に捉えられていない。要は、本件取引のモビリティの有無であり、日本全体（ないそれを超えても）を射程に、広域的にインターネットを使うなどする営業だったら、そのロジックは妥当する。しかし本件のように、福島原発界隈の地域的取引営業は、本件の地域定着型取引の性格ゆえに、その継続的取引は損害を受け続けている。東京電力の理屈では、分社して、その界隈だけの企業ならば、「代替性」がないということでもあり、基準の立て方のおかしさがわかるであろう。福島が駄目ならば、岩手に行けとか、山形に行けとでも、「代替性」論者が考えるとしたら、現場を知らないというか、東北地方のこの種の継続的取引の実態の十分な理解がなされていないと言わざるを得ない。この点で、「取引市場」を限定して考えるとする白石教授のアイデアは、この場面でも応用可能で、そうすると、安易に「代替性」を肯定することにはならない。

第3に、第2とも関係するが、このような経済的不法行為の領域で、英米契約法上の信義則法理の表れである、「損害軽減義務」は安易に平行移動されるべきではない。わが国の営業損害事例では、そのような扱いはなされていないことは、実証的に本稿でも示されたし、とくに本件がそうである重過失的・故意的な不法行為事例ならなおのことである。アメリカ不法行為法の懲罰的賠償、二倍三倍賠償の実務の定着なども、それを裏書きするもので、安易に（対等当事者間の）契約法理と経済的不法行為法理とは混同されるべ

きではない。
　なお第4に、それでもどこかでは、線を引く必要があることを私とて否定しないが、しかし本件放射能被害の広域性・長期性ということも、斟酌される必要がある。通常の被害ならば、営業再開もどこかの時点では可能なのに、本件はそれも容易ではないというのが現実なのである。その場合には、例えば、アメリカのメキシコ湾での原油流出被害のようなものが類例になり、転職・別企業の営業再開支援を含めた意味の営業損害賠償が求められることになる。以上の考察からしても、よく詰められていない「代替性」基準で（実質的な理由づけないし）切り捨てるというのは乱暴で、実質を詰めれば詰めるほど「代替性」の肯定（それは本稿に言う、資産特殊的な継続的取引上の損害賠償の否定ということになる）には慎重になり、厚みのある営業損害賠償が求められることになろうし、わが国の民法709条という過失不法行為の一般規定は、その障害にはならない構造になっている。したがって、本件での営業賠償は肯定されるべきである。
　ところで、第5として、一見「間接損害」的な営業損害と見えても、「直接損害」として、中間指針からしてもその「第3の7」から当然に一定の営業損害賠償（補償）が認められるべき事案も存在する。すなわち、本稿に主として論じた、長期の継続的契約・関係的契約が更に密となると、それはひとつの垂直的企業体内部に包摂されるような関係になることは、新制度派経済学でもしばしば指摘されることである（例えば、O・ウィリアムソン教授など）[32]。こうした場合には、避難指示区域外であっても、区域内の企業と一体のものとして、賠償が認められる場合なのである。例えば、福島原発事故との関係で、営業損害賠償訴訟として問題となっているものとして、関富薬品の事例（サプライチェーン事例の前記Ⅲ3㊹）がそうだと思われる（提訴は、平成24（2012）

---

32)　See, e.g., OLIVER WILLIAMSON, MARKET AND HIERARCHIES, ANALYSIS AND ANTITRUST IMPLICATIONS: A STUDY IN THE ECONOMICS OF INTERNAL ORGANIZATION (Free Press,1975)（浅沼萬里ほか訳『企業と市場組織』（日本評論社、1980年）; do., THE ECONOMIC INSTITUTIONS OF CAPITALISM: FIRMS, MARKETS, AND RELATIONAL CONTRACTING (Free Press, 1985) ; do., ECONOMIC ORGANIZATION: FIRMS, MARKETS, AND POLICY CONTROL (NYU Press,1986)（井上薫ほか訳『エコノミックオーガニゼーション：取引コストパラダイムの展開』（晃陽書房、1992年）。

年5月になされている)。一見排他的独占販売契約の事例のようだが、その実質を見ると、原発事故で操業中止を余儀なくされた大熊工場を営む「富山薬品工業(株)」と運命共同体的な一体的企業をなしていて、リチウム電池用電解液や原子炉用高純度ホウ酸・水酸化リチウムなどを取引している。いわば関富薬品は、富山薬品工業の関西圏の販売部的位置づけで、取引の主体性・独立性はなく、富山薬品工業のイニシアティブの下に常時動き、富山薬品の工場閉鎖による営業損害とともに、連鎖的に営業損害を被っているのである(そして区域内の富山薬品工業だけが東京電力から賠償がなされたようである。上記独占販売契約の解約がなされたのも、継続的契約から解放されて自助努力的に動いているのではなく、営業損害の一環としての売掛代金債権補てんのための苦肉の策としての自己犠牲的解約である)。東京電力はこうした事例に対しても、法形式的に(法人格的に)別だという面を捉えて、「間接損害」論、代替的取引論を論じているが、これは上記の類型的相違を理解しないもので、中間指針の適用箇所も「第8」ではなく「第3の7」適用事例だということを繰り返し述べておきたい。ところで、前記平成27年大阪地判(上記㊹)は、安易に「間接損害」論には乗らずに、相当因果関係を認めたのはよかったが、後半部分で、その反作用的に「損害軽減義務」を肯定しているのは、原子力賠償紛争審査会での議論(前述)を援用した東京電力の議論に沿ったもので、従来の経済的不法行為の実務にも反し、大いに問題であろう。

　その上で更なる問題として、そしてこれだけ広域の営業賠償となると、政策的にどう判断されるべきかという災害復興全体の制度設計にも本件はつながるわけで、その意味で「政策志向型訴訟」[33]の一面ということが言えよう。そしてこの点でも、わが国の災害復興(ここでは、不法行為法の枠を広げた災害被害の補てんのありようという意味で考えている)は、比較法的にも、先進国の中でも突出して歪みがあるというか補償の程度が弱く、産業補償の必要性は最近になりようやく指摘され始めた状況で、例えばアメリカの営業補償

---

33) これについては、平井宜雄『現代不法行為理論の一展望』(一粒社、1980年)〔同『不法行為法理論の諸相(平井著作集2巻)』(有斐閣、2011年)所収〕参照。

の実態と比べても見劣りするのが現状である。
　わが国においても、東日本大震災被害（とくに福島原発被害）を前提に、民法学者（不法行為学者）により、新たな損害論の構築がなされつつあり、そこで注目されている概念が、《包括的生活利益としての平穏生活権》概念であり、――従来の環境法学が、精神的・身体的人格権に焦点が当てられた（騒音問題や嫌忌施設・廃棄物処理場問題など）のに対して――広汎な放射能被害に定位して、「従来の平穏な生活を丸ごと奪われたこと」等を包括的に捉えて、自由権・生存権、居住権、人格権、財産権侵害に広く及ぶことを強調される（淡路教授、吉村教授）[34]。かくして従来居住福祉法学が災害復興の場面で述べてきた、わが国では手薄の居住権保障、その際に住宅補償も重要だが、それとともに平穏な日常生活を支える生業・産業補償もトータルとして配慮すべきであるという主張[35]と交錯してくることになり、その意味で、本件で問題とされる《営業損害の問題は、決して二次的・間接的なものではなくて、平穏生活権のある意味で核心部分を占めている》と考えることができる。その保障ないし損害賠償法上の十全な配慮なしには、被災者の生活は破壊・崩壊されたままだからである。

[34] 淡路剛久「福島原発事故の損害賠償の法理をどう考えるか」環境と公害43巻2号4頁以下（2013年）、同「『包括的生活利益としての平穏生活権』の侵害と損害」法時86巻4号（2014年）、とくに99～100頁。また、吉村良一「『平穏生活権』の意義」水野武夫先生古稀記念論文集『行政と国民の権利』（法律文化社、2011年）232頁以下、同「原発事故被害の完全救済をめざして――『包括請求論』をてがかりに」馬奈木昭雄弁護士古希記念『勝つまでたたかう』（共栄書房、2012年）87頁以下、同「総論――福島第一原発事故被害賠償を巡る法的課題」法時86巻2号55頁以下（2014年）（吉村教授が、《包括請求論》として、「包括的損害把握」を強調される際に、放射能汚染で失われた住宅、家財の物被害及び様々な営業上・生業上の被害も含まれるとされる（56頁）ことにも注目しておきたい）。

[35] この点は、既に例えば、吉田邦彦「新潟中越地震の居住福祉法学的（民法学的）諸問題――山古志で災害復興を考える」同『多文化時代と所有・居住福祉・補償問題』（有斐閣、2006年。初出、法時77巻2号（2005年））212頁以下で、強調している。また、早川ほか・前掲注30）の「解題」（吉田邦彦執筆）も参照。なお、そうした居住福祉法学的配慮が、チェルノブイリ原発災害復興においてもなされていて、ある意味で福島の場合と対照的な状況となっていることについては、吉田邦彦「チェルノブイリ原発事故調査からの『居住福祉法（民法）』的示唆」NBL1026号33頁以下（2014年）参照。

そうした中で、不法行為法の枠内で、広域営業損害賠償が前向きに判断されるかどうかという本件の問題は、21世紀のわが災害復興の前途を占うものとしても、注目したいところである。例えば、BP原油がらみの営業損害賠償は、アメリカでもまさに喫緊の課題であるが、その事実上の賠償の難航は格別、本件訴訟のように経済的不法行為が原理的に法廷で問われた場合に、東京電力が援用する中間指針の「代替性」基準を盾に、その中身も詰めずに、営業被害者の切実な要望をカテゴリカルに切り捨てるなどということは、法原理的問題の処理の仕方としてあり得ないと言うべきであろう。比較法的にも、恥ずかしくない前向きな広域災害における営業賠償の実務の形成を切に期待する。

（注記）
　本稿は、福島第一原発事故関連の間接損害（営業損害）事例2件につき、意見書執筆の依頼を受け、その執筆意見（各々2014年5月、11月に提出）をベースとしており、更にその要約版を他に公表している（淡路剛久ほか編『福島原発事故賠償の研究』（日本評論社、2015年））。しかしそこでは、交通事故民事裁判例集50周年記念の本企画などが重視する下級審の裁判例研究の一切を省略している。それとの重複を懸念しつつも、重ねての公表に踏み切った次第である。読者のご海容を乞う次第である。

過失相殺の法理論—過失相殺能力論からの示唆

中央大学法学部教授
小賀野　晶　一

I　はじめに

　本研究は「判例による規範形成」というテーマの下で、過失相殺の法理論を解明することを目的とする。

　リーディングケースである最判昭和39年6月24日民集18巻5号854頁は被害者の過失相殺能力について、責任能力ではなく事理弁識能力で足りるとした。ここに過失相殺能力とは、過失相殺を行うために被害者が具有すべき能力をいう。判例は、過失相殺の法理論に関して、上記判決とともに被害者側の事情を考慮し、「被害者側の過失」法理や「好意同乗」減額法理を形成している。ここでは民事責任における公平とは何かが具体的に問題になる。本稿では、過失相殺能力の基本判例である本判決を中心に判例の流れをたどり、過失相殺の法理論のあり方について検討する。

　本稿は日本交通法学会における報告[1]に加筆したものである。過失相殺に関するここでの検討は、人身損害（人損）と物的損害（物損）の双方に妥当する。人身損害については、過失相殺に関連して素因減額の問題などがあるが、本稿では割愛する。

---

1)　小賀野晶一「被害者の能力と過失相殺」交通法研究42号46頁（2014年）。

> ─〈設例〉─
> 　歩行者Aが道路に急に飛び出したために走行してきた自動車がこれを避けることができずAと衝突、Aが死傷し、自動車の運転者・保有者に損害賠償責任が認められる場合に（責任が否定される場合もあるが）、民法はAの不注意（過失）を考慮し損害賠償額の減額を認めている（722条2項）。これが過失相殺であり、その根拠は不法行為法における損害の公平な分担に求められている。この場合に、道路への急な飛び出しという事故態様において、Aが判断能力を有する30歳の成人と、判断能力を有しない3歳の幼児とで過失相殺のルールを修正する必要があるだろうか。仮に、3歳の幼児について減額を可とする場合、その根拠はどこに求めるべきか。逆に、可としない場合はその根拠は何か。ここにいう判断能力とはどのようなものか。Aの傍らにAの母親などがいた場合とそうでない場合とで考え方を異にすべきか、などが問題になる。

Ⅱ　不法行為責任と過失相殺―アプローチの視点

1　過失責任主義とその修正

　民法は私たちの生活に何をもたらしたかというと、私法の一般法として私たちの生活の自由を保障したことにある。かかる自由の保障は民法の近代法原則として導入され、近代法原則が修正された今日にも民法の根底にある考え方として認めることができる。
　明治31年（1898年）に民法典が施行されて120年が経過し、この間に民法典の改正、民法特別法の制定、民法に関する判例の蓄積、これらに伴う解釈論の精緻化など、民法の展開がみられる。こうして、近代法原則である所有権絶対、契約自由、過失責任の各原則はそれぞれ修正されていった（近代法原則の修正）。こうして、所有権や契約は一定の制限がなされ、過失責任は

無過失責任へ修正されたのである。

　民法は近代法として成立し、自由を基調とする近代法原則を導入した。近代法原則は民法現代化の中で修正されてきたが、私たちの行動と規範の基礎に私的意思自治の原則は存在している。そして、ものごとを合理的に考えることができ・行動することができる人、すなわち合理人とその権利の体系としての基本的性質を維持し今日に至っている。近代法原則はその後の状況の変化に対応して修正されたが、かかる修正は私的意思自治を否定するものではなく、これを補完するものと捉えることができる。そして、近代法がその規律や制度の前提とする合理人・合理的行動の標準が地域生活にもたらす意義と問題点を明らかにし、民法を展望することが必要である。

　民法は権利・義務の主体を互いに対等の人と位置づけ、不法行為紛争の当事者である原告と被告も同様に対等であることが前提とされている。民法現代化に伴い、このような前提を今後も維持すべきかが問われなければならないであろう。もっとも、これは裁判制度のあり方にも及ぶ基本的問題である。

2　不法行為法の目的―損害の公平な分担

　不法行為法は損害の公平な分担を実現することを目的とする。その方法・内容は損害賠償であり、金銭賠償を原則とする（民法722条1項、417条）。発生した損害をどのように分担すれば公平かということに主眼があるから、刑法のように行為に対する非難という要素は後退している。そのため、民法典は加害者の故意と過失によって効果に基本的な違いを設けてない（故意は慰謝料の増額事由になり得る）。

　不法行為法の損害分担に求められる公平とは何かを明らかにすることは、民法の基本的課題である。公平な分担は、事故の状況、被害の程度、被害者をとりまく状況など諸事情によって変わり得るし、時代によっても同一とはならないであろう。

　近時の動向として注目すべきは、より具体的に損害賠償額に注目して、公正賠償論が主張されたことであろう。すなわち、金銭賠償は、公正な賠償の実現を目的として、損害額を適正に算定することが必要である。加藤によっ

て提唱された公正賠償論は、わが国の裁判例及び学説の動向や、アメリカ不法行為法の状況をも考慮し、損害賠償法のあるべき理念として提示され、「被害者にできるだけ多くの賠償を与えることが常に望ましいわけではなく、被害者・加害者双方にとって公正な賠償でなければならないという、不法行為の本来のあるべき姿が表面に現れてきた、ということができよう」とし、「被害者保護から公正な賠償へ」移行すべきであると指摘する[2]。

3　過失相殺の実質的根拠

　過失相殺とは、損害額の算定において被害者の過失を考慮して賠償額を減額することをいう。その実質的根拠はどのように考えるべきか。
　第1に、過失相殺の根拠として初期には、過失主義、原因主義の考え方が主張された。その後、新説（判例の展開を受けた学説）が登場し、非難可能性の減少、違法性の減少、被害者の寄与（因果関係、部分的因果関係、割合的因果関係など）が主張された。学説として、「被害者」非難可能性説、「加害者」違法性縮減説、因果関係説、領域原理説などに分析、整理されている。学説は過失相殺の立法趣旨から解きほぐし、制度の根拠、論理を中心に検討した[3]。
　第2に、判例や裁定例（交通事故紛争処理センター）の機能に注目し、過失相殺制度が有する機能を総合的に捉える学説もあり、「双方の過失、原因力、加害者の違法性の度合い、損害の重大性、賠償額の総額、基準ないし先例等、様々な事情を総合的に斟酌して公平な損失分配を図ることに過失相殺制度の政策的根拠がある」とする。そして、過失相殺の機能として、(1)加害者・被害者間における機能（①損害賠償額の減額請求権としての機能、②被害者の不注意に対する非難・制裁的機能、③加害者の自己反省表現機能）、(2)裁定者・当事者間における機能（①裁定者から被害者に対する不注意の非難・制裁機能、②賠

---

[2]　加藤一郎「戦後不法行為法の展開—被害者保護から公正な賠償へ」法学教室 76 号 10 頁（1987 年），加藤一郎「被害者保護と公正な賠償」判例地方自治 22 号 1 頁（1986 年）。
[3]　学説の分析、整理については、森嶌昭夫『不法行為法講義』（有斐閣、1987 年）382 頁以下、近江幸治『民法講義Ⅵ事務管理・不当利得・不法行為（第 3 版）』（成文堂、2018 年）202 頁以下参照。

償額の調整（減額）機能、③紛争の早期解決機能）を挙げる[4]。

　第3に、以上のほかにも、次のような整理がなされている[5]（自らの不法行為体系論に基づき、故意（重過失）類型と過失類型とに分けて過失相殺を検討する。故意と過失とを分けるのは比較法上支持された解釈だからとする）。そして、本来の過失相殺（当事者がともに責任能力を有し、ともに結果回避義務に違反した場合）と過失相殺の類推適用とを区別し、後者の中に金銭的評価の問題を位置づけ、反論可能性の命題によってそこで扱われている各種の問題を論じるべきであるとする。

　過失相殺は損害賠償額の減額調整の制度である[6]。

III　判例による規範形成―過失相殺の拡張と限定

　民法722条2項は、「被害者に過失があったときは、裁判所は、これを考慮して、損害賠償の額を定めることができる」と定めている。これが過失相殺の規定（法律上の根拠）である。自動車損害賠償保障法の運行供用者責任については、同法3条の規定によるほか、民法の規定によることとされ（自賠法4条）、民法の過失相殺の規定もここに含まれる。

　過失相殺に関する解釈論上の議論は多岐に及ぶが、主要なものとしては損害賠償額の減額について被害者に判断能力は必要か、必要とする場合にはどのような能力が必要か、それともそのような能力は不要か、「被害者側の過失」の法理とは何か、などの問題がある。以上は民法の不法行為法において要請されている「損害の公平な分担」とは何かを問うものである。

　以下に概観するように、過失相殺に関する判例法及び規範形成を要約する

---

[4]　野村好弘「過失相殺の本質」交通事故紛争処理センター創立10周年記念論文集『交通事故損害賠償の法理と実務』（ぎょうせい、1984年）383頁以下。
[5]　平井宜雄『債権各論II不法行為』（弘文堂、1992年）150頁以下、24～25頁。
[6]　内田貴『民法II（第3版）債権各論』（東京大学出版会、2011年）435頁以下は賠償額の減額調整として、①過失相殺、②被害者の素因、③好意関係、④損益相殺の4つを並列し、①ないし③を「帰責性の原理」の下に整理している。なお、内田・前掲書435頁注5は過失相殺について窪田充見、能見善久、橋本佳幸の各文献を掲げる。

と、過失相殺規定の適用の拡張と限定として整理することができる（以下の各判決のアンダーラインは小賀野）。

1　被害者の過失相殺能力

過失相殺の規定の適用については、被害者の能力の有無や程度が問われている。判例は当初、被害者に責任能力を必要としていたが、事理弁識能力で足りると判断した（判例変更）。

すなわち、最判昭和31年7月20日民集10巻8号1079頁は、過失相殺能力として責任弁識知能を必要とした（8歳10月・女児につき否定）。本判決は、道路に突然飛び出した女児が自動車と衝突して死亡した場合に、女児には責任弁識知能がないから過失相殺をすることはできないとしていた。その後、最大判昭和39年6月24日民集18巻5号854頁が判例変更をし、過失相殺能力は事理弁識能力で足りるとした（8歳余の男児につき肯定）。本判決は、自転車の2人乗りをしていて事故に遭った場合に、過失相殺は、「不法行為者が責任を負うべき損害賠償の額を定めるにつき、公平の見地から、損害発生についての被害者の不注意をいかにしんしゃくするかの問題に過ぎないのである」から、過失相殺能力は事理弁識能力で足りるとし、8歳余の男児について過失相殺を認めた。

(1)　**【判例変更前】最判昭和31年7月20日民集10巻8号1079頁（8歳10月の女児）**

「本訴は、被上告人等の二女Ａが上告人の過失によりその運転する自動車にひかれ死亡したため、被上告人等が精神上の苦痛を蒙ったことを理由とし、民法711条の規定に基き慰藉料の支払を求めるものであることは、記録上明らかである。そして原判決は、Ａが車の往来等に注意せず漫然道路を横断しようとしたことが本件事故の一因をなした旨判示していることは所論のとおりであるが、不法行為による死亡者の父母が民法711条の規定に基き慰藉料を請求する場合において、当該事故の発生につき死亡者にも過失があったときは、たとえ被害者たる父母自身に過失がなくても、民法722条2項にいう『被害者ニ過失アリタルトキ』に当るものと解すべき余地があるとしても、

死亡者が幼少者その他行為の責任を弁識するに足るべき知能を具えない者であるときは、その不注意を直ちに被害者の過失となし民法722条2項を適用すべきではないと解するのが相当である。しかるに原判決の認定するところによれば、Aは当時僅かに8年10月の少女にすぎなかったというのであるから、社会通念上前記程度の知能を具える者とは認め難いので、原判決が上告人の支払うべき慰藉料の額を定めるに当り、Aの前記不注意につき民法722条2項を適用しなかったことはもとより違法でなく、またその理由を説示しなかったことは原判決主文に影響がないから、論旨は結局理由がない。」

(2) **【判例変更】最大判昭和39年6月24日民集18巻5号854頁（8歳余の男児）**

過失相殺能力の基本判例である最大判昭和39・6・24を取り上げる。

本判決は、満8歳の男児（小学2年生）が自転車の2人乗りをしていて生コンクリート運搬用自動車に衝突し、2人が死亡した事案について、加害者の過失を認め、過失相殺について、「不法行為者が責任を負うべき損害賠償の額を定めるにつき、公平の見地から、損害発生についての被害者の不注意をいかにしんしゃくするかの問題に過ぎないのである」から、過失相殺能力は事理弁識能力で足りるとし、8歳余の男児について過失相殺を認めた。過失相殺能力として責任能力を求めていた従来の判例を変更したのである。

ア　原審：名古屋高判昭和36年1月30日民集18巻5号866頁

本件事故の現場は、名古屋市内の道路の十字路で、テレビ塔の下を真直ぐに南下する幅員（歩道は別）約10メートルの南北の舗装道路と、百貨店松坂屋の北側を通る幅員（人道は別）約7メートルの東西の舗装道路とが交叉する地点である。

被控訴人Aは、事故当日、右十字路よりほど近いホテルへ生コンクリートを搬入しており、午後3時50分頃、被控訴会社に生コンクリートを取りに行くべく、空の自動車を運転して時速約25キロメートルで右東西の道路を西進して東方より十字路に差しかかったのであるが、十字路の手前で、前記南北の道路を北方より南進して来るタクシー1台を認め、右タクシーが自己の運転する自動車の直前を通過したので、他に障害物はないものと軽信して、約25キロメートルの速力のままで十字路中央附近に進行したところ、前記

B及びCの両名の乗った自転車が自己の自動車の右後側部に衝突したので、急いで停車の処置をとったが及ばず、被控訴人の自動車のため、Bは頭部を轢かれて即死し、Cは腹部を轢かれて翌朝5時55分頃付近の病院において死亡したこと、被害者両名は、子供用自転車1台に2人乗りしていたもので、Cが自転車を運転し、Bがハンドルにつかまって自転車の前部に同乗し、前記南北の道路を北から南に向かって進行中のものであったことが認定されている。
　本判決は、加害者の過失については次のように述べた。
　「以上の事実関係から観察すると、右事故に関しては、被控訴人Aに、自動車操縦上の重大な過失があったものと認めざるを得ない。すなわち、被控訴人Aとしては、前示十字路に差し掛った際、右十字路を南北に通行する車馬がないかどうかを充分確かめ、若しその姿を認めたときは直ちに方向転換又は急停車をなし得るよう、事故発生防止に必要な程度に減速して進行すべき義務があるに拘らず、同被控訴人は、前記タクシーが北から南へ向って通過するのを認めたとき、右タクシーにのみ注意を奪われ、他に十字路を通行する車馬のあるかどうかを充分確認せず、漫然25粁位の速力を持したまま進行したため、ついに本件事故をひき起したのである。右は、生コンクリート運搬自動車の運転手として重大な過失であることは明かである。」
　次に、被害者の過失については次のように述べた。
　「本件事故の現場附近は、名古屋市でも有数の繁華街であり、相当の交通量のある所であるから（車道の幅員は前示のように7米ないし10米）、かかる十字路を自転車に乗って通過するには、自己の前後左右に周到な注意を払うべきは勿論、一台の自転車に2人乗りをして通行するが如きは、最も危険な行為として避けねばならぬことである。このことは、控訴人等の各本人尋問の結果によっても明かなように、当時すでに小学校2年生であった被害者等は、日頃学校及び家庭で交通の危険につき充分訓戒されており、従って、右の点についても弁識があったものと推定すべきである。しかるに前述のように、右十字路に差しかかった際、東から西進して来た被控訴人の自動車に深く注意を払わず、自転車に2人乗りしたまま右十字路を通過しようとしたのであり、右は同人等の著しい過失というべく、右過失が被控訴人の過失と相

まって本件事故をひき起したのである。したがって、同人等が右事故により被った損害につき、被控訴人等に対し賠償を求め得べき金額に関しては、右の点を当然に考慮すべきである。なお被控訴人等の主張によれば、右B及びCの父母である控訴人等においても、本件事故発生につき過失があるというのであるが、控訴人等が右B等の監督義務者として事故発生につき過失があったことは、これを認むべき特段の証拠はない。却って、控訴人等の各本人尋問の結果によれば、控訴人等は平素B及びCに対し自転車乗用については慎重に注意を払うよう訓戒していたこと、及び、事故の当日B等が自転車に2人乗りして外出することは控訴人等において目撃していなかったことを窺い得るから、控訴人等に監督義務者としての注意義務のかい怠があるという被控訴人の抗弁は理由がない。」

本判決は以上の判断に続き、本件事故による損害賠償額について検討した（本稿では割愛）。

イ　上告審：前掲最大判昭和39年6月24日

本判決は被害者側の上告を棄却した。

「未成年者が他人に加えた損害につき、その不法行為上の賠償責任を問うには、未成年者がその行為の責任を弁識するに足る知能を具えていることを要することは民法712条の規定するところであるが、他人の不法行為により未成年者がこうむった損害の賠償額を定めるにつき、被害者たる未成年者の過失をしんしゃくするためには、未成年者にいかなる知能が具わっていることを要するかに関しては、民法には別段の規定はなく、ただ、この場合においても、<u>被害者たる未成年者においてその行為の責任を弁識するに足る知能を具えていないときは、その不注意を直ちに被害者の過失となし民法722条2項を適用すべきではないとする当裁判所の判例</u>（昭和29年（オ）第726号、同31年7月20日第2小法廷判決）があることは、所論のとおりである。<u>しかしながら、民法722条2項の過失相殺の問題は、不法行為者に対し積極的に損害賠償責任を負わせる問題とは趣を異にし、不法行為が責任を負うべき損害賠償の額を定めるにつき、公平の見地から、損害発生についての被害者の不注意をいかにしんしゃくするかの問題に過ぎないのであるから、被害者たる未成年者の過失をしんしゃくする場合においても、未成年者に事理を弁識</u>

するに足る知能が具わっていれば足り、未成年者に対し不法行為責任を負わせる場合のごとく、行為の責任を弁識するに足る知能が具わっていることを要しないものと解するのが相当である。したがって、前示判例は、これを変更すべきものと認める。

　原審の確定するところによれば、本件被害者らは、事故当時は満8歳余の普通健康体を有する男子であり、また、当時すでに小学校2年生として、日頃学校及び家庭で交通の危険につき充分訓戒されており、交通の危険につき弁識があったものと推定することができるというのであり、右認定は原判決挙示の証拠関係に照らし肯認するに足る。右によれば、本件被害者らは事理を弁識するに足る知能を具えていたものというべきであるから、原審が、右事実関係の下において、進んで被害者らの過失を認定した上、本件損害賠償額を決定するにつき右過失をしんしゃくしたのは正当であり、所論掲記の判例（昭和28年（オ）第91号、同32年6月20日第1小法廷判決）は事案を異にし本件の場合に適切でない。所論は、採用することをえない。」

(3) **最判昭和43年9月19日民集22巻9号1923頁（8歳2月の児童）**

　本判決は前掲最大判昭和39年6月24日を引用し、次のように述べている。

　「原判決の判示するところによると、狭い道路から広い道路に出る車両はその直前に一旦停車しまたは徐行して広い道路の交通の安全を確かめて広い道路に出るべき注意義務があるにかかわらず、被上告人Aが漫然自転車に乗車して本件T字路に飛出して本件事故を惹起したことは、同被上告人に重大な過失があるというべきであるが、本件事故発生当時同被上告人は年令8年2月の児童で未だ交通規則を弁識するに足る能力を有しなかったものと解せられるから、本件事故に基づく損害賠償については、同被上告人の過失をしんしゃくしないのを相当とするとして、上告人らからの過失相殺の主張を排斥している。

　しかし、民法722条2項に定める過失相殺を適用する場合において、被害者たる未成年者の過失をしんしゃくするには、未成年者に事理を弁識するに足る知能が具わっていれば足り、行為の責任を弁識するに足る知能が具わっていることを要しないものと解されるところ（最高裁判所大法廷判決昭和36

年（オ）412号、同39年6月24日民集18巻5号854頁）、昭和40年11月15日の本件事故当時、自動車交通の激しい都会地などにおいて、T字路などの狭い道路から広い道路に出るに際しては、自動車などの搭乗者が、徐行一旦停車などの上、広い道路の交通状態を確かめるため注意をすべきことは、一般社会人として、当然要求されているものと解すべきである。

したがつて、本件の事故当時、既に年令8年2月であつた被上告人Aは、特段の事情のないかぎり、前示の交通事情について事理を弁識するに足る能力があつたものと解されるのを相当とするところ、本件事故現場の交通事情、被上告人Aの性格、学校成績その他交通安全に関する指示の存否など特別の事情の有無について、なんら考慮を払うことなく、前記確定した事実関係からただちに同被上告人に事理を弁識するに足る能力を認めなかった原判決は、法令の解釈、適用をあやまった結果、審理不尽の違法をおかしているものというべく、論旨は理由がある。」

(4) 東京地判昭和44年10月22日判時575号58頁、判タ242号196頁（2歳6月の幼児）

本判決は、2歳6月の幼児が自動車の直前の飛び出した事故につき、事理弁識能力も不要として70%の過失相殺を認めた。判例の主流から外れるやや異色の裁判例であるが、その述べているところは過失相殺論において大いに参考になる。

「被告は原告Xの監護義務者である母親の原告Kの過失を損害額算定に当って斟酌すべきことを主張するのであるが、過失相殺は、損害の公平な分担という見地から妥当な損害額を定めるための調節的機能を有する制度であり、民法722条2項のいわゆる『被害者の過失』は加害者側の賠償額を軽減させる一標識として理解するのが相当である。したがって、『過失相殺における過失』は非難可能性を意味する伝統的構成による『過失』ではなく、客観的注意義務違反として、その外延を広く解すべきであり、責任能力はもとより事理弁識能力もない幼児あるいは精神病者の行為についても、右行為が事故発生に有因的に作用している場合には、端的に幼児あるいは精神病者の過失として斟酌し得るものと解するのが相当である。けだし監護義務者が幼児を放置したことを以って過失と解する立場を貫くと、事故時点における幼

児の行為態様（例えば、道路で遊んでいたとか、急に道路にとびだした等）の如何は損害額算定に際して斟酌されず、事故時点以前の加害者には関係のないところでなされた監護義務違反の所為が斟酌されるべきことになって、損害額の公平な分担という制度目的に副わない結果となるからである。
　また、抽象的に被監護者を危険圏内においたことを以って監護義務違反とする立場は、現実には被監護者の行為態様を斟酌することになる。
　更に、過失相殺の類型化・定型化をおし進めるためには、事故における加害者・被害者の行為態様から定型的に過失の有無と程度とを判断する必要があり、そのためには、過失相殺に関しては事理弁識能力のない幼児あるいは精神病者の行為を端的に『過失』として斟酌し、被害者が幼児、精神病者あるいは老人であることは過失割合の修正要素とするのが相当である。」
　本判決は、幼児の駐車中の前から通行中の車の前方へいわば飛び出すように進んだ行為と運転者の前方注視義務を充分に尽さなかったために幼児の発見が遅れたことを比較し、幼児が当時満2歳6月であったことを有利に斟酌しても幼児の過失と運転者の過失の割合は、幼児7対運転者3をもって相当とするとした。

2　被害者側の過失

　判例は過失相殺の規定の適用について、「被害者側の過失」を考慮している。例えば、3、4歳の事理弁識能力を有しない（とされる）幼児の事故について、その親の過失を「被害者側の過失」と認め、幼児の損害賠償額につき過失相殺による減額をしている。被害者側には親子だけでなく、夫婦など被害者と一定の関係にある者が含まれる。判例は、「被害者と身分上、生活関係上、一体をなすとみられるような関係」（あるいは「経済的一体性」）を判断基準としている。
　「被害者の過失」は、これを認めることにより、公平を追求するという本来の意義のほかに、求償関係を一挙に解決し、紛争を1回で処理することができるという合理性を有する（後掲最判昭和51年3月25日参照）。

(1) **最判昭和34年11月26日民集13巻12号1573頁（8歳の幼児の死亡と両親）**

　上告人Aは本件トラックを運転し、本件事故発生の地点にさしかかった際、A（当時8歳）が進路左側から右側に向け進路前方を横断しようとして進出したのに気づかず、約8メートルに接近して初めてBを発見し急遽急停車の措置をとったが、間に合わず、右トラックをBに激突させた事故（Bが上告人Aにおいて何ら応急の処置もとり得ない予測し難い地点から突然飛び出して来たとは認定していない）について、幼児の生命を害された慰謝料を請求する父母の一方に、その事故の発生につき監督上の過失があるときは、父母の双方に過失相殺の規定を適用した。

　「民法722条にいわゆる過失とは単に被害者本人の過失のみでなく、ひろく被害者側の過失をも包含する趣旨と解するを相当とする。従つて本件のような場合被害者Bの過失だけでなく、もし、事故発生の際Bの監督義務者の如きものが同伴しており、同人においてBを抑制できたにもかかわらず、不注意にも抑制しなかったというのであれば、原審としてはその同伴者の過失を斟酌したであろうやも測り難いのである。然るに記録によっても明かなように、上告人らは原審においても右過失の斟酌さるべきことを主張したにもかかわらず、原審はその点について何ら考慮を運らした形跡がないのであるから、原判決はこの点において審理不尽、理由不備の欠陥を蔵するものと云うの外なく、論旨は結局理由あるに帰する。よって、右の点について更に審理をつくさせるため、原判決はこれを破棄し本件はこれを原裁判所に差戻すを相当とし、民訴407条1項に従い、裁判官全員の一致で、主文のとおり判決する。」

(2) **最判昭和51年3月25日民集30巻2号160頁（夫が運転する自動車に妻が同乗）**

　夫の運転する自動車に同乗する妻が右自動車と第三者の運転する自動車との衝突により損害を被った場合において、右衝突につき夫にも過失があるときは、特段の事情のない限り、右第三者の負担すべき損害賠償額を定めるにつき、夫の過失を民法722条2項にいう被害者の過失として斟酌することができる。

「民法722条2項が不法行為による損害賠償の額を定めるにつき被害者の過失を斟酌することができる旨を定めたのは、不法行為によって発生した損害を加害者と被害者との間において公平に分担させるという公平の理念に基づくものであると考えられるから、右被害者の過失には、被害者本人と身分上、生活関係上、一体をなすとみられるような関係にある者の過失、すなわちいわゆる被害者側の過失をも包含するものと解される。したがって、夫が妻を同乗させて運転する自動車と第三者が運転する自動車とが、右第三者と夫との双方の過失の競合により衝突したため、傷害を被った妻が右第三者に対し損害賠償を請求する場合の損害額を算定するについては、右夫婦の婚姻関係が既に破綻にひんしているなど特段の事情のない限り、夫の過失を被害者側の過失として斟酌することができるものと解するのを相当とする。このように解するときは、<u>加害者が、いったん被害者である妻に対して全損害を賠償した後、夫にその過失に応じた負担部分を求償するという求償関係をも一挙に解決し、紛争を一回で処理することができるという合理性もある。</u>

これを本件についてみると、原判決は、被上告人X_1は夫である被上告人X_2の運転する自動車に同乗して岩手県盛岡市前九年町1丁目9番40号先の道路を進行中、上告人Y_1の運転する上告人Y_2所有の自動車に衝突され、傷害を被ったものであり、右交通事故における上告人Y_1と被上告人X_2の過失の割合は、5対5であるが、被上告人X_1自身に過失はなく、同被上告人が被った損害額を定めるについて、夫である被上告人X_2の過失は斟酌すべきではないとするものである。

しかし、前記のとおり、<u>夫の運転する自動車に同乗していた妻が第三者の運転する自動車に衝突されて、傷害を被った場合に、その損害額を定めるにつき、特段の事情のない限り、運転者である夫の過失を被害者側の過失として斟酌すべきであるから</u>、原判決には、この点について法令の解釈適用を誤った違法があり、右違法が判決に影響を及ぼすことは、明らかである。したがって、右の点についての論旨は理由があり、原判決中被上告人X_1に関する上告人ら敗訴部分は破棄を免れず、前記特段の事情の有無、同被上告人の損害額を定めるについての過失の割合等について、更に審理を尽くさせるため、右部分につき本件を原審に差し戻すこととし、上告人らの被上告人X_2に対

する上告は、理由がないから棄却することとする。」

(3) **最判昭和56年2月17日判時996号65頁、判タ437号100頁（寿司店の同僚Ａが運転する自動車に同乗）**

「原審は、加害車の運転者である被上告人の過失相殺の主張について判断するにあたり、上告人が同乗していた被害車の運転者である訴外Ａの本件事故における過失割合を四割と認めたうえ、上告人と訴外Ａとは身分上、生活関係上一体をなす関係にあるものとして、被上告人が上告人に対して支払うべき損害賠償額から右過失割合に相当する金額を控除している。

しかしながら、原審が確定したところによれば、上告人と訴外Ａとは、訴外Ｂが経営する寿司店に勤務する同僚であって、上告人が訴外Ｂ所有の被害車の助手席に乗り、訴外Ａがこれを運転中に本件事故を惹起したというにとどまるから、上告人と訴外Ａとは、他に特段の事情がない限り、<u>身分上、生活関係上一体をなす関係にあると認めることは相当でない</u>ものといわなければならない。したがって、原審が、他に特段の事情があることを確定することなしに、同じ職場に勤務する同僚であるというだけの事実から、直ちに、上告人と訴外Ａとは身分上、生活関係上一体をなす関係にあるものと判断したことは、民法722条2項の解釈適用を誤り、ひいて審理不尽、理由不備の違法を犯したものといわざるをえず、右法令違背が原判決に影響を及ぼすことは明らかであるから、論旨は理由があり、原判決は破棄を免れない。

よって、その余の上告理由の判断を省略して、さらに審理を尽くさせるため本件を福岡高等裁判所に差し戻すこととし、民訴法407条1項に従い、裁判官全員一致の意見で、主文のとおり判決する。」

(4) **最判平成9年9月9日判時1618号63頁、判タ955号139頁（恋愛関係）**

本件は、自動車同士の衝突事故により死亡したＢ子の両親である上告人らが、Ａが運転しＢ子が同乗していた車両に衝突した相手方車両の運転者兼運行供用者である被上告人に対し、自賠法3条に基づいて慰謝料、逸失利益等の損害賠償の支払を求めた。

本件事故の原因は、指定最高速度（50キロメートル毎時）をはるかに超える時速約90キロメートルで走行し、かつ、自車線上に進入しようとしてい

たＡ車を前方に発見しながら、自車の通過を待ってくれるものと軽信して、直ちに減速するなどの適切な措置を執らなかった被上告人の過失と、交通量の多い危険な箇所で自車を転回させるに際し、反対車線上を走行してくる自動車の有無を注視しなかったＡの過失との競合によるもので、その過失割合は、被上告人6割、Ａ4割である。また、Ｂ子とＡは、本件事故の約3年前から恋愛関係にあったものの、婚姻していたわけでも、同居していたわけでもなく、本件事故は、ＡとＢ子が待ち合わせてデートをした後、ＡがＢ子を同女宅に送り届ける途中に発生した。

原審は、ＡとＢ子はいまだ正式の夫婦ではないから、Ａの過失を直ちに被害者側の過失と捉えて過失相殺をすることはできないが、本件事故は、ＡとＢ子が待ち合わせてデートをした後、ＡがＢ子を同女宅に送り届ける途中に発生したもので、Ａの過失も重大であることなどの事情にかんがみれば、なお、衡平の見地から過失相殺の規定を類推適用し、損害額から1割を減ずる限度でＡの過失を斟酌するのが相当であるとした。

本判決は次のように判断した。

「しかしながら、原審の右判断は是認することができない。その理由は、次のとおりである。

不法行為に基づく損害賠償額の判断に当たり、<u>被害者と身分上、生活関係上一体を成すとみることができない者の過失を被害者側の過失としてしんしゃくすることは許されないところ（最高裁昭和40年（オ）第1056号同42年6月27日第3小法廷判決・民集21巻6号1507頁、最高裁昭和47年（オ）第457号同51年3月25日第1小法廷判決・民集30巻2号160頁参照）、Ｂ子とＡは、本件事故の約三年前から恋愛関係にあったものの、婚姻していたわけでも、同居していたわけでもないから、身分上、生活関係上一体を成す関係にあったということはできない。</u>Ｂ子とＡとの関係が右のようなものにすぎない以上、Ａの過失の有無及びその程度は、上告人らに対し損害を賠償した被上告人がＡに対しその過失に応じた負担部分を求償する際に考慮されるべき事柄であるにすぎず、被上告人の支払うべき損害賠償額を定めるにつき、Ａの過失をしんしゃくして損害額を減額することは許されないと解すべきである。

そうすると、Ａの過失をしんしゃくし、Ｂ子の死亡により生じた損害額の

全体を1割減額した金額を基に賠償額を定めた原審の判断には、民法722条2項の解釈適用を誤った違法があり、右違法は原判決の結論に影響を及ぼすことが明らかである。これと同旨をいう論旨は理由がある。」

(5) **東京地判平成18年3月29日交通民集39巻2号472頁（事故当時婚姻関係にあったが現在は離婚に至っている場合、適用否定例）**

「被害者と身分上、生活関係上、一体をなすとみられるような関係がある者の過失は、被害者側の過失として損害賠償の額を定めるについて斟酌される（最高裁昭和51年3月25日第1小法廷判決・民集30巻2号160頁）。

本件において、原告は、本件事故当時、被告乙山と婚姻関係にあったが、現在は離婚に至っており、被告乙山を共同被告として本件訴訟を提起していることが認められる。このような事情の下では、原告と被告乙山に<u>身分上、生活関係上、一体をなすとみられるような関係があるものとはいえず</u>、被告乙山の過失を原告の過失として斟酌することが公平であるとはいえないし、被告乙山の過失を斟酌して原告の損害を算定することが、求償関係をも一挙に解決し、紛争を一回で処理することができるといえる場合にあたらない。したがって、被告乙山の過失を被害者側の過失として斟酌するべきではない。」

(6) **最判平成19年4月24日判時1970号54頁、判タ1240号118頁（内縁の夫、適用肯定例）**

「不法行為に基づき被害者に対して支払われるべき損害賠償額を定めるに当たっては、被害者と身分上、生活関係上一体を成すとみられるような関係にある者の過失についても、民法722条2項の規定により、いわゆる被害者側の過失としてこれを考慮することができる（最高裁昭和40年（オ）第1056号同42年6月27日第3小法廷判決・民集21巻6号1507頁、最高裁昭和47年（オ）第457号同51年3月25日第1小法廷判決・民集30巻2号160頁参照）。<u>内縁の夫婦</u>は、婚姻の届出はしていないが、男女が相協力して夫婦としての共同生活を営んでいるものであり、<u>身分上、生活関係上一体を成す関係にあるとみる</u>ことができる。そうすると、内縁の夫が内縁の妻を同乗させて運転する自動車と第三者が運転する自動車とが衝突し、それにより傷害を負った内縁の妻が第三者に対して損害賠償を請求する場合において、その損害賠償額を定

めるに当たっては、内縁の夫の過失を被害者側の過失として考慮することができると解するのが相当である。」

(7) **名古屋高判平成21年2月12日交通民集42巻1号1頁（最決平成21年9月29日交通民集42巻1号18頁は上告却下、上告不受理）（使用者と実質的被用者、適用肯定例）**

「本件では、控訴人がＣ車両の運行供用者であることから、自動車損害賠償責任保険から支払を受けることができない。そして、Ｃ車両に任意保険は付されていないようであり、加えて、Ｃは無資力である。このような状況下で被害者側の過失としての過失相殺を否定し、被控訴人Ａに損害の全てを押し付けることは、当事者間の公平に反する。よって、<u>被害者側の過失として、Ｃの過失を控訴人の過失と同視すべきである。</u>」

(8) **大阪地判平成22年6月14日交通民集43巻3号70頁（事故時に交際、その後に婚姻（口頭弁論終結時にも婚姻継続）、適用肯定例）**

「民法722条2項に定める被害者の過失とは、単に被害者本人の過失のみでなく、被害者側の過失をも包含する趣旨と解されているところ、被害者側の過失を斟酌する理由は、損害の公平な分担という公平の理念に基づくものであるから、被害者側の過失とは、被害者本人と身分上、生活関係上、一体をなすとみられるような関係にある者の過失をいうべきであり、過失相殺事由を判断する基準時は、事故時であり、基本的には、事故後に新たに発生した身分関係等を考慮して被害者側の過失と評価することはできないと考えられる。しかし、被害者側の過失として、被害者本人と身分上、生活関係上、一体をなすとみられるような関係にある者の過失を被害者側の過失として考慮する場合、被害者と被害者側の人との間に経済的一体性がある場合は、結果的に求償関係をも一挙に解決し、紛争を一回で処理できるという合理性もある。そして、<u>事故時において、車両の所有者が、運転者と交際関係にあり婚姻を予定しているなど一定の親しい関係にあり、車両に同乗して、事故発生になにがしかの関与が認められ、さらに、事故後、車両の所有者が、運転者と婚姻し、これが当該車両の破損に伴う所有権侵害の損害賠償請求訴訟の口頭弁論終結時に継続し、身分・生活関係上かつ経済的一体性も認められるという事例においては、事故時と連続した身分上・生活関係上の一体性の固</u>

定という経緯も考慮して、事故時の生活関係を『身分・生活関係上の一体性』があるものと評価して、被害者側の過失を斟酌すべきであると判断する。」

3　関係する問題

(1) 共同暴走行為

最判平成 20・7・4 判時 2018 号 16 頁、判タ 1279 号 106 頁は、A（当時 22 歳）が自動二輪車を運転し、制限速度（時速 40 キロメートル）を超過する時速 70 キロメートルないし 80 キロメートルの速度に加速し、かつ前方進路の安全に注意することなく走行したため、前方の走行車線を塞ぐ状態で停車していたパトカーに衝突し、自動二輪車の後部座席に同乗していた B が死亡した事故につき、B の相続人である被上告人らが、パトカーの運行供用者である上告人に対して、自賠法 3 条に基づき損害賠償請求をした。

原審（広島高岡山支判平成 19 年 6 月 15 日交通民集 41 巻 4 号 865 頁）は A と B に「身分上、生活関係上、一体をなすとみられるような関係」が認められないとして、A の過失は B の過失として考慮することができないとし過失相殺を否定した。すなわち、「(1) 複数加害者と被害者の過失が競合する一つの交通事故における過失相殺の方法には、〔1〕各加害者と被害者との関係ごとにその間の過失の割合に応じて相対的に過失相殺するという方法（いわゆる相対的過失相殺の方法）と、〔2〕損害発生の原因となったすべての過失の割合（絶対的過失割合）に基づき被害者の過失をも考慮して過失相殺を行う方法、すなわち、共同不法行為の加害者の行為を一体的にとらえ、絶対的過失割合を加算したものと被害者の過失割合を対比して過失相殺をした損害賠償額全額について、加害者らに連帯責任を負わせる方法（いわゆる絶対的過失相殺の方法）が考えられる。」とし、「被害者が共同不法行為者のいずれからも全額の損害賠償を受けられるとすることにより、被害者保護を図ろうとしている民法 719 条の趣旨に照らすと、本件のように、複数の加害者の過失及び被害者の過失が競合する一つの交通事故においては、その交通事故の原因となったすべての過失の割合（絶対的過失割合）を認定することができるときには、絶対的過失相殺の方法を採用し、絶対的過失割合に基づく被害

者の過失による過失相殺をした損害賠償額について、加害者らは連帯して損害賠償責任を負うものと解すべきであって、このように解することは、各人の過失が競合して損害の発生に寄与していると考える点において、過失の構造にも合致するものというべきである。」とした。一審被告県は、本件において、Bは、一審被告Aの運転する本件バイクの後部座席に同乗し、ときに自らこれを運転して、一審被告Aと行動を共にするなど、一審被告Aと特別な関係にあり、過失の内容も一審被告Aのそれとほとんど共通し、一審被告Aの過失を抜きにしてはBの絶対的過失割合を定めることができないから、相対的過失相殺の方法を採用すべきである旨主張したが、「本件は、バイク運転者の過失を後部同乗者の過失として考慮するのが適切といえる場合に該当するとは考えられないうえ、Bには、ヘルメットを装着せず、自らの死の危険性を高めたことなどの点において、本件交通事故につき、一審被告らとの関係において、独自の過失が観念でき、しかも、その過失割合は、一審被告県との関係でも、一審被告Aとの関係でも同一の割合になるものと解され、絶対的過失割合を認定できるというべきであるから、上記主張は採用できない。」とした。また、一審被告県は、一審被告Bの過失を被害者側の過失として斟酌すべきである旨主張したが、「A及び一審被告Bに身分上・生活関係上の一体性がないことは明らかであり、損害の公平な分担の見地からも、一審被告丁原の過失を被害者側の過失として斟酌することは相当でないから、上記主張は採用できない。」と判断した。

　以上の原審の判断に対して、本判決は、AとBは自動二輪車を交代で運転しながら共同して暴走行為を繰り返していたとし、「運転行為に至る経過や本件運転行為の態様から、当該運転行為は、BとAが共同して行っていた暴走行為から独立したAの単独行為とみることはできず、共同暴走行為の一環を成すものというべきである」として、「民法722条2項の過失相殺をするに当たっては、公平の見地に照らし、本件運転行為におけるAの過失もBの過失として考慮することができると解すべきである。」と判断した。

(2) 好意同乗

　「被害者側の過失」と接続しているのが、「好意同乗」による減額である。好意同乗とはAが好意あるいは無償でBを自動車に同乗させる形態をいい、

事故で被害を被ったB（好意同乗者という）からAら加害者に対して損害賠償請求がなされた場合に、損害賠償額の減額がなされることがある。好意同乗による減額は過失相殺の一つの態様とされている。

例えば、東京地判昭和44年9月17日判時574号53頁、判タ240号171頁は、過失相殺の項目の下で次のように判断した。

「本件無償同乗事故については亡A子に危険の素因ならびに倫理的素因として、事故発生の危険性につながる生活行動ないし道をみずから選んだ点に社会一般の若い女性としての羞恥心と節度の標準を逸脱した左のような事情が認められ損害発生の潜在的要因を問われてよく、また全額請求が公平を失するといってよいから、被害者の過失に準ずるものとして過失相殺すべき事案である。

すなわち亡A子が本件事故の運転者被告と知合ったのは事故前一週間のことで、同女の学校時代の友人B子から喫茶店で紹介されたのが機縁であり、しかもその夜ただちに被告の車に同乗して東京から岐阜まで夜どおしのドライブを試みており、事故当夜も、前もって乗合うことを約束して、他の同年輩の男女、C、Dの二名とともに事故車に同乗して深夜茅ヶ崎から城ヶ島へのドライブに出掛けたものであって、これらの交友、行動について両親、在京の親族もしくは勤務先の寮などに何ら連絡もしていなかった。

そしてまた当夜のドライブの際にも、被告が時速約80キロ近い速度を出しながらも、運転免許をもっている亡A子もこれをあえてとめようとしなかった。

右事情を考慮し、危険の素因として20％、倫理的素因として10％、亡A子の遺族である被告らの賠償請求権につき減額するのが相当である。」

なお、内田教授は、素因概念は曖昧であり、やや恣意的な適用がなされる恐れもあるとして、本件事案を引用し、「事故車に同乗していて死亡した女性につき、知り合って間もない男性の車に同乗したという『倫理的素因』を考慮して減額」したとして、素因減額の適用には慎重さが必要であると指摘する[7]。しかし、本件は過失相殺、あるいは好意同乗の事案であり、判例に

---

7) 内田・前掲注6) 445頁・446頁。

おいて問題となっている通常の素因競合事案ではない。交通民集2巻5号1321頁は、「好意同乗者の死亡事故につき、同乗者が1週間前に知り合った年下の青年との深夜ドライブをした点（倫理的素因）で10パーセント、約80キロメートルの速度を出したのを運転免許を持っている同乗者が許容していた点（危険の素因）で20パーセント、合計30パーセントの過失相殺を認めた事例」とし、過失相殺（すなわち好意同乗）として捉えている。

　もう1つ、福岡地判平成24・9・28自保ジャ1888号1頁は、亡A_6が原告を後部座席に同乗させて運転していた自動二輪車と優先道路を走行する被告A_3が運転していた大型貨物自動車とが3つ叉交差点内において衝突した事案である。

　本判決はまず、「⑴既に認定説示したところによれば、本件事故の当時、原告及び亡A_6はいずれも未成年であり、両者の間に経済的一体性があったとはいえない。

　⑵また、直接の加害者と被害者との間に経済的一体性が認められない場合であっても、直接の加害者の過失を被害者の過失として考慮することができる場合があると解される（最高裁平成20年7月4日第2小法廷判決・裁判集民事228号399頁参照）。

　しかしながら、……本件事故については、原告を後部座席に同乗させた亡A_6運転の亡A_6車が本件交差点の手前で一時停止規制に従って停止中の大型トラックの左側を追い抜いて導流帯上を進行して一時停止せずに本件交差点内に進入するという無謀な運転をしたことが主たる要因であるということができる。そして、本件交差点に至る前の亡A_6車の具体的な走行状況については明らかではなく、亡A_6車が原告を同乗させた後本件交差点に至るまで無謀な運転をしていたとは認め難く、本件交差点において突発的に上記のような無謀な運転をした可能性があるのであって、原告が、亡A_6と交互に亡A_6車を運転したり、上記のような亡A_6車の無謀な運転を助長したり、亡A_6車の無謀な運転を制止しなかったりしたような事情があるとはいえず、上記のような亡A_6車の無謀な運転を制止することができるような状況にあったとも直ちに考え難く、上記の最高裁判決の事案のように、そのような亡A_6車の無謀な運転行為について、亡A_6と原告とが共同して行ってい

た暴走行為の一環を成すものと評価することができるような事情があるとはいえない。」と判断した。次に、「(3)もっとも、本件事故の当時、亡Ａ₆車にはナンバープレートが取り付けられていなかったことが認められ、また、亡Ａ₆が二輪免許を受けて1年を経過しておらず、原告を後部座席に同乗させて亡Ａ₆車を運転することが、2人乗りの規制に違反していたことは当事者間に争いがない。これらの事情からすると、亡Ａ₆が道路交通法令を遵守せずに運転する傾向があったということができる。原告において、仮に上記の規制に違反することの具体的な認識がなかったとしても、<u>亡Ａ₆が道路交通法令を遵守しない傾向にあることや、亡Ａ₆の年齢（本件事故当時16歳）に照らし、亡Ａ₆が二輪免許を受けてそれほど時間が経っておらず、いまだ運転技術等が必ずしも十分でないことを認識し、又は認識し得たというべきである。それにもかかわらず、原告は、亡Ａ₆車の後部座席に同乗したのであるから、事故の危険性をある程度承知していたということができ、原告が事故の危険性を認識し、亡Ａ₆車に同乗しなければ、本件事故による原告自身の損害を回避することができた</u>という意味で、その損害の発生、拡大に寄与したものと評価するのが相当である。」とし、以上に述べたところに加え、「本件事故による被告Ａ₃の過失割合は極めて低いものということができる一方で、原告が未成年者であることをも併せ考慮するとともに、損害の公平な分担の観点から、本件事故による原告自身の損害に係る原告の過失割合を20％として、原告の損害額から控除するのが相当である」と判断した。

4　過失相殺規定の適用の拡張と限定

1～3で概観したように、判例は過失相殺の規定を拡張適用している。このことは学説がほぼ一致して認めるところである[8]。もっとも、次のⅣで整理するように、判例は無限定に拡張適用しているわけではなく、一定の限定をしている。かかる拡張と限定の法理の全体に、判例不法行為法における公

---

8) 内田・前掲注6) 442頁、瀬川信久「不法行為における過失相殺の拡張」法学教室145号83頁（1992年）。

平の法理を求めることができる。

Ⅳ　判例法理と実務理論—問題の所在

　本稿では、過失相殺能力、及び過失相殺能力と密接に関連する「被害者側の過失」、「好意同乗」などを取り上げ、判例における過失相殺の諸相について概観した。過失相殺能力、「被害者側の過失」等について学説は分かれるが、1つの考え方として判例法理を実務理論として捉え実務理論の発展を目指すことが重要である。

　ここに実務理論とは、実務に有用で、実務の発展に資する法理論をいう。一般的に、紛争処理にあたる裁判官の役割としては、法的安定性に配慮することは当然であるが、第1次的には当該事案の具体的妥当性の実現、これによる適切な紛争処理を目指しており、従来の裁判例はそのように努めてきた。

　実務理論の視点では、判例法の発展を目指して、具体的妥当性と法的安定性の双方を追求し両者の調和を実現する。規範定立はこうした営みとして位置づけられるものである[9]。具体的妥当性と法的安定性の調和は難しい問題であるが、社会の変化、実務の状況を踏まえて明らかにしなければならない。

　判例は過失相殺について、被害者本人や被害者側の人が当該事故に際してどのような行為をしたか、あるいは損害が発生し拡大した場合にそれらの者がどのような行為をしたかを考慮している。

1　過失相殺能力

　過失相殺能力については、判例は事理弁識能力説を採用している。事理弁識能力とはどのような能力か。前掲最判昭和43・9・19は、一方、交通規則を弁識するに足る能力までは不要とするが、他方、一般社会人として当然要求されているものという。後者の「一般社会人として当然要求されている」

---

9)　我妻栄『新訂民法大意（上巻）』（岩波書店、1971年）30〜31頁参照。

という点は、5歳ないし6歳でそなわるとされる事理弁識能力の一般的理解（判例の扱い）とはやや外れるところがある（他方、責任能力は、事案によって変わり得るが判例は通常、11歳ないし12歳でそなわるとされている）。ここでは過失相殺能力論としての事理弁識能力の内容を明確にすることが課題となる。事理弁識能力は取引行為に関して用いられてきた。事理弁識能力は「文字通りの意味は『道理を弁えること』であり」「責任能力よりも低い能力でよい」と説明するものがある[10]。もっとも、「道理を弁える」ことはそれほど単純とはいえない場合もある。実務理論としては、判例の実態を考慮し、事理弁識能力は必要最小限の事故抑止・損害拡大回避行為を期待できる能力と捉えることができるであろう。

本判決を受け学説は判例として安定したと評価した[11]。加藤は、過失相殺では責任を負うべき能力とは異なるが、損害減額の根拠となるべき過失は必要である。責任能力は不要とし、単なる不注意でよいとする[12]。例えば、被害者が社会共同生活上なすべき注意を払わなかったことであり、その程度は加害者の過失の前提となる注意義務よりは軽いものでもよい。損害の発生を避けるのに必要な注意をする能力であり、責任能力より低く、小学生程度であるとされている。後に検討する「被害者側の過失」について、「身分関係、生活関係上一体となる関係」の概念に注目する。

2　被害者側の過失

判例は、「被害者と身分上、生活関係上、一体をなすとみられるような関係」が認められる人に過失があれば「被害者側の過失」と捉え、被害者の損害減額を認める。初期の事例では前掲最判昭和34年11月26日は、責任能力が認められない8歳幼児が死亡した場合に、この法理を適用した。この理は、過失相殺能力は事理弁識能力で足りるとして判例変更した前掲最判昭和39年6月24日の法理の下において、被害者に事理弁識能力がない場合にも妥

---

10) 内田・前掲注6) 436頁。
11) 加藤一郎『不法行為〔増補版〕』（有斐閣、1974年）313頁。
12) 加藤・前掲注11) 246頁以下、312頁以下参照。

当する。最判昭和 39 年 6 月 24 日は、「本件被害者らは事理を弁識するに足る知能を具えていたものというべきであるから、原審が、右事実関係の下において、進んで被害者らの過失を認定した上、本件損害賠償額を決定するにつき右過失をしんしゃくしたのは正当」と判断している。「被害者側の過失」の概念を認めることについて学説には異論もあるが、判例の過失相殺能力論と総合すると、実務理論としては、過失相殺の趣旨を考慮し、損害賠償法における公平を追求するものとして支持することができる。判例法は、被害者及び被害者側の人に対して事故発生回避あるいは事故抑止・損害拡大回避の行動を要請するものということができる[13]。

　第 1 に、被害者及び被害者側の人の行為態様に関して、前掲東京地判昭和 44 年 10 月 22 日を要約すると、第 1 に、過失相殺における過失、客観的注意義務違反として、その外延を広く解すべきであり、責任能力はもとより事理弁識能力もない幼児あるいは精神病者の行為についても、右行為が事故発生に有因的に作用している場合には、端的に幼児あるいは精神病者の過失として斟酌し得る。そして、監護義務者が幼児を放置したことをもって過失と解する立場を貫くと、事故時点における幼児の行為態様（例えば、道路で遊んでいたとか、急に道路に飛び出した等）の如何は損害額算定に際して斟酌されず、事故時点以前の加害者には関係のないところでなされた監護義務違反の所為が斟酌されるべきことになって、損害額の公平な分担という制度目的に沿わない結果となる。第 2 に、抽象的に被監護者を危険圏内においたことをもって監護義務違反とする立場は、現実には被監護者の行為態様を斟酌することになる。第 3 に、過失相殺の類型化・定型化をおし進めるためには、事故における加害者・被害者の行為態様から定型的に過失の有無と程度とを判断する必要があり、そのためには、過失相殺に関しては事理弁識能力のない幼児あるいは精神病者の行為を端的に「過失」として斟酌し、被害者が幼児、精神病者あるいは老人であることは過失割合の修正要素とするのが相当である、という。

---

13)　過失相殺における事故抑止・損害拡大回避機能については西原道雄「判批」判評 75 号（判時 389 号）33 頁以下（1964 年）参照。

前掲東京地判昭和44年10月22日の以上の指摘は、過失相殺能力不要説(四宮説、川井説、森嶋説、瀬川説など)と親和的である。有力説はその根拠として、責任要件としての過失の客観化、被害者の結果への寄与度及び公平を指摘する[14]。ここでは監護者の監護上の懈怠を問うことなく、幼児等の危険行為のみに注目することになる。なお、内田は「最高裁が過失相殺の要件から責任能力を外した時点で、実は判例は、被害者の過失ではなく行為態様を賠償額の判断において斟酌するという方向に踏み出した」とし、続けて「被害者側の過失の法理で親の過失を斟酌しうる道を開いたのも、まさにそのような方向に沿うものだった。そうだとすれば、過失にとらわれることなく、被害者の行為態様だけを問題にして過失相殺するのが一貫している。そこでは、もはや被害者側の過失という理論構成は必要ではないのである」と指摘している[15]。

第2に、責任能力必要説について、初期の学説は初期の判例と同様、過失相殺能力について責任能力必要説を主張していた[16]。また、近時も、アメリカ法の比較過失論を参考にして「過失相殺において被害者が損害の一部を負担するのは、その者が加害者として責任を負う場合と同じ基準によるべきである」と指摘する研究がある[17]。この研究は、過失相殺の法理論に関する問題が民法における過失責任主義及びその修正の問題と関係していることを示唆し、民法の構造や原理論を探求する。なお、責任能力必要説も、被害者に責任能力がなかった場合に「被害者側の過失」法理を用いることは不可能ではない[18]。

第3に、以上2つの見解について、実務理論としてどのように評価すべきか。実務理論の視点からは、責任能力必要説が考え方において判例の展開とは逆に向かってもよいとする理由が示されるべきであろう。

判例は「被害者側の過失」法理の下で被害者と被害者側にある人との関係

---

14) 森嶋・前掲注3) 387頁以下。
15) 内田・前掲注6) 438頁。
16) 我妻栄『事務管理・不当利得・不法行為(復刻版)』(日本評論社、1988年)210頁。
17) 能見善久「過失相殺の現代的機能」森島昭夫教授還暦記念論文集『不法行為法の現代的課題と展開』(日本評論社、1995年)115頁以下。
18) 我妻・前掲注16) 211頁。

を考慮し、被害者だけでなく被害者側にある一定の人に対しても事故抑止・損害拡大回避の行為を規範として要請しており、実務理論からはこのことを軽視することができない。なお、「被害者側の過失」の根拠として、かつては家族団体論(家団論)が指摘され[19]、近時の「同じ財布」(経済的一体性)、「求償の回避」論につながっているが、上記の裁判例もこの点を考慮するものがある。かかる理由も相応の説得力を有する。法政策的には主として、事故抑止・損害拡大回避の行為を誰に期待すべきかが問われることになろう。

過失相殺能力不要説に筆者も共感する[20]が、実務理論の視点からは課題が残る。

3　好意同乗

「好意同乗」に関する研究[21]によると、判例は「好意同乗」に関する事案を類型別に捉えることによって、「好意同乗」による減額を限定している。すなわち、危険関与型・危険承知型(運転者が無免許や飲酒等していることを知りながらあえて同乗するケース)は、過失相殺の規定の適用もしくは類推適用により減額する。しかし、単なる便乗型は、減額しない。その理由として、運転者・保有者には保険による危険の分散が容易であり、損害の負担者を保護するために損害額の減額を図らなければならない必要性に乏しいこと、(また、「好意同乗」につき責任や損害額を制限すべきであるとする考えは欧米での責任制限立法を背景にして主張されたところ、かかる立法も廃止される傾向にあること)が指摘されている。判例における以上のような扱いは、過失相殺能力及び「被害者側の過失」に関する判例法理に接続する。学説には自賠法の被害者救済の趣旨を考慮し、「好意同乗」による減額は認められるべきでないとする見解も有力である[22]。

---

19)　我妻・前掲注16) 210頁。
20)　小賀野・前掲注1) 55頁。
21)　長久保守夫・森木田邦裕「東京地裁民事第27部(民事交通部)における民事交通事件の処理について(1)」司法研修所論集86号23頁、54〜55頁(1992年)参照。
22)　羽成守「『運行供用者性』と『他人性』」加藤一郎・木宮高彦編『自動車事故の損

責任論との関係では、好意同乗者は原則として自賠法3条の「他人」であるが、好意同乗者が共同運行供用者となる場合、すなわち、好意同乗者の運行支配の程度が自動車の保有者のそれと比べて「直接的・顕在的・具体的」であるとき（保有者の非同乗型）、又は好意同乗者の運行支配が責任を追及している他の共同運行供用者のそれと比べて「優るとも劣らない」とき（保有者の同乗型）には、加害者側に立ち「他人」に当たらないと解されている。以上の責任論は損害論に接続し、損害賠償責任の割合的認定を可能にしている。

V　おわりに

　本稿は過失相殺の法理論について、実務理論の視点に立ち、判例を引用する形で検討した。
　民法における解釈論の研究では従来、学説同士の批判が繰り返し行われてきた（A説、B説、C説等。民法の教科書を参照）が、判例批評等においても、しばしば裁判例の批判が行われた。本稿テーマに関していえば、判例が採用する相当因果関係論に対する学説の対応が顕著である。しかし、実務理論で前述したように、実務の発展という観点からは、判例理論を育てるという視点が必要である。
　関連して、総合的検討ということでは、「当該事故によって現に被害者に発生している損害をどのように捉え、どのような制度の下に救済するか」という、不法行為法における基本的問題を解明することが必要である。被害者救済に関する制度は損害賠償のほかに保険・共済、補償等のそれぞれの制度も関係しており、民法の損害賠償制度だけで完結しているわけではない。そのなかで民法制度は総合的な被害者救済制度の基本になるものとして位置づけることができる。あるべき損害及び損害額ということでは、過失相殺論や、そのほかにも割合的認定論は民法の考え方を明らかにするものといえるであ

害賠償と保険』（有斐閣、1991年）306頁。

ろう[23]。

---

[23] 近時の文献として小賀野晶一＝栗宇一樹＝古笛恵子編『交通事故における素因減額問題』（保険毎日新聞社、2014年）、平沼高明先生追悼『医と法の課題と挑戦』（民事法研究会、2019年）など。

被害者の直接請求権と損害賠償請求権の関係―最判昭和39年5月12日民集18巻4号583頁

同志社大学大学院司法研究科教授
山 下 友 信

I はじめに

　編者から筆者に与えられた課題は、被害者の加害者に対する損害賠償請求権と保険会社に対する直接請求権（自動車損害賠償保障法（以下、「自賠法」という）16条1項）との関係を明らかにした表記最高裁判決（以下、「本判決」という）から直接請求権の解釈について判例、学説上様々な議論が現れ、それが、自賠責保険・任意保険を問わず、保険金の支払と加害者側への賠償請求権との関係に影響を与えていることについて考察せよというものである。筆者は、この課題については、これまで立ち入った研究をする機会がなかったが、与えられた課題について改めて判例・学説の展開を回顧したうえ、ドイツ法との比較も踏まえて、若干の私見を述べることとする。

　なお、以下では、自賠法の条文については、他の法令との関係で誤解を避けるために特に必要な場合を除き条文番号だけで参照・引用する。また、民法の条文については、特に断らない限り平成29年改正後の民法によるものである。

Ⅱ 本判決とその意義

1 本判決の概要

X（原告・被控訴人・被上告人）は、自転車に乗って進行中に、Y₁（被告・控訴人・上告人）運転のトラックに接触され転倒して負傷した。Y₁は、Y₂（被告・控訴人・上告人）に雇用され、Y₂の業務のためにトラックを運転していた者であった。Xは、事故後に、Y₂が締結していた自賠責保険の保険者であるA保険会社に対して、16条1項による直接請求権を行使して、7万1690円という損害査定によりその支払を受けたが、その際に、XはA保険会社に対して、査定額について異議がない旨の承諾書を提出していた。Xは、その後に本訴を提起し、Y₁に対して民法709条により、Y₂に対して民法715条により連帯して50万円の慰謝料を支払うよう請求した。なお、Xは、Y₂に対する請求において3条の責任を根拠として主張していない。

一審判決・山口地判昭和35年9月17日民集18巻4号587頁は、慰謝料8万円の支払請求を認容した。本稿の課題に関する判示は以下のとおりである。

「自賠法第3条の損害賠償規定は民法第715条との関係においては特別法である。即ち自賠法第3条は自動車の運行供与者（民集ママ）はその運行に関し注意を怠らなかったこと、被害者又は運転者以外の第三者に故意又は過失があったこと、及び自動車に構造上の欠陥又は機能の障害がなかったことを立証しなければ原則として損害賠償する責に任じなければならない。これに反し民法第715条第1項但書は被用者の選任監督につき相当の注意をし又は相当の注意をしても損害を生ずべかりしときは使用者の責任を免除させようとするのでその賠償義務免除の要件が前者は後者よりも加重されている。又、自賠法第13条、同施行令第2条によれば、事故発生によって生じた賠償限度を例えば死者30万円、重傷者10万円、軽傷者3万円を（民集ママ）最高限度としていること等の諸規定によると自賠法による右規定は一般法たる民法に対する特別法であるものと解することができる。従って当然蒙った右限度以上の損害或は慰藉

料に対しては民法の規定により賠償請求をなしうるものであって、たとえ自賠法における受給の際に、保険金の範囲内のみで異議申立をしない旨
(民集のママ)
申出でていても、それは一般法たる民法上の請求権をも抛棄したものと解することはできない。

　そこで、本件について考えてみるに……、Y等の自賠法第3条による損害賠償金を査定するに当りY₁の一方的過失により本件事故を惹起し、同条に規定する免責事由の証明がなかったものとして、前記金額の査定をなされたものと認められるが、前記諸般の事情を斟酌すれば本件においては民法第709条、第715条によりなお慰藉料として金8万円の賠償金を相当とする。」。

　Yらが控訴したが、控訴審判決・広島高判昭和36年8月8日民集18巻4号593頁は、控訴を棄却した。

　Yらは、控訴審では、仮に本件事故によってYらに損害賠償義務が生じたとしても、Xは自賠法に基づきA保険会社から7万1690円の支払を受けており、その中には慰謝料も含まれているところ、Xはその余の請求を放棄しているから、自動車保有者であるY₂に対してもはや請求し得ないものであると主張した。これに対して、Xは、自賠法に基づく支払を請求した際、今後受領した金員につき異議を述べない旨の書面を提出したことはあるが、これにより加害者に対する請求も放棄したものではないと主張した。なお、判決からは経緯が明らかでないが、XのY₂に対する損害賠償請求の根拠は、控訴審では3条に変更されている。本稿の課題に関する判示は以下のとおりである。

　「Y等代理人は、かりにY等に損害賠償義務があるとしても、Xが自賠法にもとづきA保険会社から金7万1690円を受領し、その余の請求権を放棄したのでY等に対してもはや慰藉料請求をなし得ない旨主張し、……Xは昭和33年11月29日A保険会社B支部で本件事故につき金7万1690円の保険金を受領したが、その際同社に対し保険金額査定につき異論なき旨の承諾書を提出しており、なお右保険金の中には応急手当費、治療費等のほか、性別年齢に関係なく治療日数に応じて算出される慰藉料が含まれていることが認められる。元来自賠法によって、自動車事故にもとづく被害者側が加害者側から損害賠償をうけ、次に賠償した加害者が保険会社から保険金を受け

取る方法の外に、被害者および加害者双方の利便のため同法16条に従って被害者側から保険会社に直接一定の範囲内における損害額の支払を請求しうる途が開かれた趣旨にてらし、保険会社から保険金の支払をうけた被害者は二重に加害者から賠償を受け得ないこともちろんであるが、右支払額の内容と牴触しない範囲で加害者に対し財産上または精神上の損害賠償を訴求することは妨げられないと解すべきであって特別の事情のない限り前記保険者に対する書面の提出により、これらの請求権をも放棄したものと認めることはできない。そうするとこの点に関するY等の主張は採用し難い。」。

Yらが上告した。上告理由は、直接請求権は被保険者の保険金請求権の代位権であり、被害者による権利放棄は代位権者による保険金請求権の処分行為であるから、これにより損害賠償請求権も消滅するというものである。

本判決は、次のように判示して、上告を棄却した。

「所論は、原判決がXが訴外A保険会社B支部に対し金71,690円の保険金額査定については異議なき旨の承諾書を提出したことは、XのYらに対する本件損害賠償請求権を放棄したものとは認められない旨判示したことを非難するものである。

しかし自動車損害賠償保障法（以下自賠法と略称する）は自動車の運行によって人の生命又は身体が害された場合における損害賠償を保障する制度を確立することにより、一面自動車運送の健全な発達に資するとともに他面被害者の保護を図っていること並びに同法は自動車事故が生じた場合被害者側が加害者側から損害賠償をうけ、次に賠償した加害者が保険会社から保険金を受け取ることを原則とし、ただ被害者および加害者双方の利便のために補助的手段として、被害者側から保険会社に直接一定の範囲内における損害額の支払を請求し得ることとしている趣旨に鑑みるときは、自賠法3条又は民法709条によって保有者および運転者が被害者に対し損害賠償責任を負う場合に、被害者が保険会社に対しても自賠法16条1項に基づく損害賠償請求権を有するときは、右両請求権は別個独立のものとして併存し、勿論被害者はこれがため二重に支払を受けることはないが、特別の事情のない限り、右保険会社から受けた支払額の内容と牴触しない範囲では加害者側に対し財産上又は精神上の損害賠償を請求し得るものと解するのを相当とする。従って

特別の事情の認められない本件では、Xの前記書面の提出により、加害者側に対する請求権をも放棄したものとは認められないとして、XのYらに対する本件損害賠償請求を容認した原判決の判断は正当として肯認し得る。」。

2 本判決の意義

　自賠法は、自動車事故の被害者の保護のために、責任保険では一般的には認められていない被害者の直接請求権を16条で法定した。この被害者の直接請求権は、同条1項によれば、3条による保有者の損害賠償責任が発生したときに、被害者が保険会社に対して、「損害賠償額の支払をなすべきこと」を請求する権利として構成されている。これによれば、被害者は、保有者（運行供用者）に対しては3条による損害賠償請求権を有するとともに、保険会社に対し損害賠償額の支払の請求権を有するので、この2つの権利がどのような関係に立つのかが問題となる。本判決は、この問題についての初めて最高裁の判断が示されたものである。

　本件は、自賠法施行後間もない時期の事件であり、Xは、直接請求により保険会社から支払を受けた後に、加害者であるYらに対して損害賠償請求をしているが、慰謝料請求として構成していること、一審では、運行供用者であるY₂に対して民法の不法行為を根拠にしていることという今日の交通事故賠償請求実務では見られない請求をしており、いまだ自賠法及び自賠責保険の実務の試行錯誤の時期であったことをうかがわせる。また、一審では、直接請求に対する損害査定額が7万円余であったのに対して、8万円の慰謝料を認めており、直接請求における保険会社の損害査定と裁判所の損害額算定が大きく食い違うという問題が自賠法制定当初より存在していたことがうかがわれる。

　一審では、直接請求権行使による支払後でもなお加害者に対する損害賠償請求をすることは可能とした。Xの請求と主張にもよるのであろうが、3条は一般法たる民法に対する特別法であるので、直接請求において査定額以上の請求は放棄したとしても、民法上の請求には影響しないということから結論を導いている。3条による損害賠償請求権と民法上の不法行為に基づく損

害賠償請求権は別個の権利であるという関係を述べるだけで結論を導くもので、問題の意義をとらえているとは言い難い。

　控訴審では、Xの主張も修正され、争点も直接請求権と損害賠償請求権との関係はどうか、及び直接請求権に関する被害者の権利放棄の効果が損害賠償請求権にも及ぶかという問題が適切に設定され、本判決と同じ結論を導いた。しかし、その理由づけは直接請求権を法定した趣旨ということ以外には明らかにされていない。

　このような経過において本判決が下されたわけである。本判決も、保有者及び運転者に対する3条又は民法709条による損害賠償請求権と直接請求権とは別個独立のものであるということから出発する。直接請求権は、損害賠償額の支払を請求する権利として損害賠償請求権と権利内容は同じようであるが、権利の根拠規定が異なるのであるから、両者が別個独立の権利であることは自明であるので、その点で本判決は特に意義のあることを判示しているわけではない。本判決の意義は、被害者が保有者等に対する損害賠償請求に先行して保険会社に対して直接請求権を行使し、査定を受けて損害賠償額の支払を受けたが、その際に、保険会社に対して査定額に異議のない旨の承諾書を差し入れていたという事案について、この承諾書の差入れは保険会社に対する査定額を超える権利の放棄であるが、それにより保有者等に対する請求権をも放棄したものと認められるかという問題を設定し、これについて、特別の事情のない限りとはしつつも[1]、否定されるという立場に立ち、被害者は保有者等に対して、直接請求により回収された損害額を超える損害額がなお存在することを主張して損害賠償請求をすることは妨げられないことを明らかにしたということにある。

　本判決の立場を前提とすると、保険会社は、被害者からの直接請求が先行してされたことから損害の査定をして損害賠償額を確定して支払をしたとしても、損害賠償は最終的には決着せず、被害者はさらに保有者等に対して賠

---

[1] 中島恒「判解（本判決）」最判解民〔昭和39年度〕140頁は、特別の事情について、保険会社に対する承諾書の差入れなどという行為以上にさらに保有者に対する請求権をも放棄する意思を表示した場合等を指すものとする。現実にはこういうことは考えられないであろう。

償請求をするという可能性が生じ、その訴訟において裁判所が保険会社の査定額を超える損害額を認定すれば、その賠償が認容されることとなる。この認容額について、被害者はさらに保険会社に対して直接請求権を行使して支払を請求できるかが次の問題となる。本件のように、査定に際して承諾書を差し入れている場合に、それは査定額を超える権利を放棄したという趣旨であり、その放棄が有効であるとすれば、被害者の追加請求はできないこととなる。しかし、本判決によれば、仮に直接請求権の追加行使はできないとしても、Y_2は、Xに対して本訴の認容額の賠償責任を負ったことが確定したのであるから、認容額の賠償金を支払ったうえで15条によりいわゆる加害者請求をすることは可能であり、結局は、本訴の認容額も自賠責保険によりてん補されることとなるのであろう[2]。

ところが、本判決後の昭和47年には、自賠責保険実務において、直接請求権の行使に対して保険会社が損害賠償金を支払う場合に本件のごとき被害者の承諾書を差し入れさせるという扱いは廃止された[3]。これにより保険会社に対する直接請求権の一部放棄という本判決の判断対象となった問題がそもそも生じなくなった。被害者は直接請求権に対する支払を受けた後に加害者に対して追加の賠償請求をすることはもちろん妨げられないが、そのような加害者に対する追加の賠償請求は実務上一般的ではなく、査定額に対する追加請求は、自賠責保険の査定基準は裁判所に対する拘束力はないという確立した解釈[4]を前提として、加害者ではなく、保険会社に対する裁判上の直接請求権の追加行使という方法で行われるようになったと考えられる。平成13年の自賠法改正により、国の定めた支払基準による保険会社の支払を義務づける16条の3の規定が新設され、この支払基準が裁判所を拘束するかという問題が生じたが、判例は裁判所を拘束しないという立場を明らかにしたので[5]、現在でも、保険会社に対する直接請求権の裁判上の追加行使をす

---

2) 中島・前掲（注1）140頁は、これを可能とする。
3) 鴻常夫「判批（本判決）」交通事故判例百選（第2版）159頁（1975年）、金澤理「自賠法に基づく損害査定の拘束力」加藤一郎＝木宮高彦編『自動車事故の損害賠償と保険』（有斐閣、1991年）369頁～370頁。
4) 1991年公表の金澤・前掲（注3）372頁では、判例・学説上異論がないとしていた。
5) 最（一小）判平成18年3月30日民集60巻3号1242頁。

ることは可能となっている。支払基準の拘束力については、それ自体様々な問題をはらむものであるが、本稿ではその点には立ち入らない。

　本判決においては、直接請求権を一部放棄したとしても、損害賠償請求権には影響がないということをどのように根拠づけたのか。本判決は、自賠法は「自動車事故が生じた場合被害者側が加害者側から損害賠償をうけ、次に賠償した加害者が保険会社から保険金を受け取ることを原則とし、ただ被害者及び加害者双方の利便のために補助的手段として、被害者側から保険会社に直接一定の範囲内における損害額の支払を請求し得ることとしている趣旨に鑑みるときは」としており、自賠責保険は、本来は被保険者＝加害者のための保険であり、被保険者によるいわゆる加害者請求が本来の保険給付であるところ、被害者・加害者双方の利便のために直接請求権が法定されたのであるから、直接請求権は損害賠償請求権に対しては補助的手段としての位置づけが与えられるという考え方を基礎に置いていると見られる。この「補助的手段」という文句が、本判決後の判例の展開においてキーワードとしての意味をもつこととなっていく。

　本判決と同じ結論を導くための理論構成はこれが唯一ではないと考えられる。本判決の調査官解説では、直接請求権による保険会社の債務と損害賠償請求権による保有者等の債務とは不真正連帯債務の関係になるということが述べられている[6]。直接請求権の一部放棄が債務者の一人に対する債務の免除にあたるとすれば、不真正連帯債務の一般論では、そのような免除には相対的な効力しか認められないので[7]、本判決の結論を導くことはできたと考えられる。しかし、本判決はそのような構成はとらなかったし、本判決以降も、判例は不真正連帯債務かどうかという観点からの検討という方法論はとられないでいく。

　本判決に対する当時の学説の受け止め方を見ると、特に批判的なものは見られない[8]。本件は、既に指摘されているように、直接請求権と損害賠償請

---

6) 中島・前掲（注1）140頁。
7) 西村信雄編『注釈民法（11）』（有斐閣、1965年）66頁〔椿寿夫〕。
8) 本判決当時の評釈として、西川達雄「判批（本判決）」判評74号35頁（1964年）、伊沢孝平「判批（本判決）」民商52巻1号82頁（1965年）。いずれも判旨に賛成し

求権は別個の権利であるということから、保険会社の査定額を超える損害賠償請求ができるということを認めたものであるから、被害者側に有利な解決であり、これについて被害者サイドからの批判は出てこないことは自然であった。しかし、本判決の判示は、その後の直接請求権と損害賠償請求権との関係が問題となる別の事案についての法解釈の指針を提供することとなった。

次に、本判決後の直接請求権と損害賠償請求権との関係に関する判例の展開を見ていくこととする。

Ⅲ　本判決後の判例の展開

1　直接請求権の法的性質に関する判例

直接請求権と損害賠償請求権の関係に関する判例に先立ち、直接請求権の法的性質に関する判例が現れた。

直接請求権は、16条1項では、「損害賠償額の支払を請求する」権利とされているが、これがいかなる性質の権利かについては、判例の立場は明らかでなかった。本判決も、損害賠償請求権と表示しているものの、その法的性質については特に述べていなかった。学説としては、大別すれば、保険金請求権であるとする立場と、保険金請求権とは別の損害賠償請求権であるとする立場とが見られたが[9]、その問題について、最（三小）判昭和57年1月19日民集36巻1号1頁（以下、「57年最判」という）が決着をつけた。同判決は次のように判示する。

「自動車損害賠償保障法16条1項に基づく被害者の保険会社に対する直接

　ている。その後の学説でも本判決の結論については異論を見ない。ただし、直接請求権は、保険会社を被保険者の損害賠償債務についての連帯保証人の立場に立たせる権利であるとの少数説があり（西島梅治「判批（本判決）」商法（保険・海商）判例百選（第2版）56頁（1977年））、この立場によれば、被害者の保険会社に対する権利の放棄により被害者の損害賠償債務も消滅することとなる。

9)　諸学説の整理として、篠田省二「判解（最判昭和57年1月19日）」最判解民〔昭和57年度〕6頁～9頁。

請求権は、被害者が保険会社に対して有する損害賠償請求権であって、保有者の保険金請求権の変形ないしはそれに準ずる権利ではないのであるから、保険会社の被害者に対する損害賠償債務は〈注・平成 29 年改正前〉商法 514 条所定の『商行為ニ因リテ生ジタル債務』には当らないと解すべきである。」。

これにより直接請求権は、保険金請求権又はその変形的な権利ではないので、保険契約という商行為による債務ではないこととなり、遅延損害金について商事法定利率の適用はないということとなった[10]。直接請求権は、損害賠償請求権であるとされたが、そうであれば、この損害賠償請求権は 3 条や民法 709 条等の不法行為による損害賠償請求権と同じ性質の権利ということになるのかが問題となるが、この点については、この判決では問題とされていない。

この問題の一端について明らかにしたのが最（一小）判昭和 61 年 10 月 9 日判時 1236 号 65 頁（以下、「61 年最判」という）であり、次のように判示した。

「自動車損害賠償保障法 16 条 1 項が被害者の保有者及び運転者に対する損害賠償請求権とは別に保険会社に対する直接請求権を認めた法意に照らすと、同項に基づく保険会社の被害者に対する損害賠償額支払債務は、期限の定めのない債務として発生し、民法 412 条 3 項により保険会社が被害者からの履行の請求を受けた時にはじめて遅滞に陥るものと解するのが相当である。」。

この 61 年最判は、直接請求権に基づく債務の履行遅滞責任の始期について、不法行為による損害賠償債務とは異なるものとしたという意義がある。この判決についての調査官の解説では、直接請求権は自賠法の規定によって認められたものであること、直接請求権それ自身が帯有する特性及び自賠責保険の枠組みに沿って加害者に対する損害賠償請求権と別個に行使され、別個に確定されるべき関係にあることなどを理由としてあげている[11]。直接請求権が 3 条や不法行為による損害賠償請求権自体とは異なる権利であるとい

---

10) 57 年最判に対する学説は賛否分かれている。笹本幸祐「判批（最判昭和 57 年 1 月 19 日）」商法（総則商行為）判例百選（第 5 版）90 頁（2008 年）。
11) 篠原勝美「判解（最判昭和 61 年 10 月 9 日）」ジュリ 889 号 60 頁（1987 年）。

うことは、自賠法自体が、直接請求権の消滅時効については、2年という特別の時効規定を置いていること（平成20年改正前19条。平成20年保険法制定に伴う改正により3年に変更。さらに平成29年民法改正に伴う改正により時効期間の始期を明記）からもうかがわれる。しかし、そうだとすると、損害賠償請求権であるといいながら、3条や民法709条等の損害賠償請求権とは違う属性を有するものだということになるが、それはいかなる理論的根拠によるものかについて、直接請求権は16条1項により法定された権利であるということ以外の説明をしていない。

それはともかく、以上の判例を経て、新たな問題についての判例が展開する。

2　混同問題

直接請求権と損害賠償請求権との関係について、本判決後に新たに問題となってきたのが、損害賠償債権と損害賠償債務が同一人に帰属し混同により損害賠償請求権が消滅した場合に、直接請求権は消滅するかという問題である（以下、「混同問題」という）。この問題に関する下級審裁判例は、昭和40年代から見られるようになった。混同によって直接請求権は消滅するというのが多数裁判例の立場であったが[12]、学説にはこれに批判的な立場が多かった[13]。このような中で下されたのが、最（一小）判平成元年4月20日民集43巻4号234頁（以下、「元年最判」という）である。

事案は、被害者の相続人であると同時に加害者の相続人でもあるXが自

---

12) 混同によっても直接請求権は消滅しないとした裁判例として、大阪地堺支判昭和47年8月31日交通民集5巻4号1195頁（親族間の事故で被害を受けた者が3条の他人として保護される場合には、相続による混同を認めるべきでないとする）、神戸地判昭和57年7月27日交通民集17巻2号344頁（民法520条の趣旨からすれば、債権が第三者の権利の目的となっている場合に限らず、第三者の義務にかかわる場合であっても、第三者の義務を消滅させる合理性が存在しない場合には、債権債務関係は混同により消滅しないとする）。
13) 元年最判の直前までの裁判例・学説の状況については、山口幸雄「損害賠償請求権の混同」判タ627号38頁（1987年）、大村敦志「判批（最判平成元年4月20日）」法協107巻11号1942頁～1946頁（1990年）。

賠責保険の保険会社Yに対して直接請求をしているというものである。一審判決・控訴審判決いずれも、損害賠償債権と損害賠償債務がXにおいて混同により消滅し、この場合には直接請求権も消滅するとした。Xが上告したが、上告棄却[14]。

　3条「による被害者の保有者に対する損害賠償債権及び保有者の被害者に対する損害賠償債務が同一人に帰したときには、自賠法16条1項に基づく被害者の保険会社に対する損害賠償額の支払請求権は消滅するものと解するのが相当である。けだし、自賠法3条の損害賠償債権についても民法520条本文が適用されるから、右債権及び債務が同一人に帰したときには、混同により右債権は消滅することとなるが、一方、自動車損害賠償責任保険は、保有者が被害者に対して損害賠償責任を負担することによって被る損害を填補することを目的とする責任保険であるところ、被害者及び保有者双方の利便のための補助的手段として、自賠法16条1項に基づき、被害者は保険会社に対して直接損害賠償額の支払を請求し得るものとしているのであつて、その趣旨にかんがみると、この直接請求権の成立には、自賠法3条による被害者の保有者に対する損害賠償債権が成立していることが要件となっており、また、右損害賠償債権が消滅すれば、右直接請求権も消滅するものと解するのが相当であるからである。」。

　元年最判は、損害賠償債権と損害賠償債務の混同により直接請求権も消滅するとしたものであるが、その理由としているのは、直接請求権は損害賠償請求権に対して補助的手段として位置づけられていることの趣旨に照らして、被害者の保有者に対する損害賠償債権が成立していることが直接請求権発生の要件で、また当該損害賠償債権が混同により消滅すれば直接請求権も消滅するということであり、判決文中において明示的には参照していないが、出発点として本判決の直接請求権の補助的手段としての位置づけが参照され

---

[14] Xは、予備的請求として、加害者（被保険者）の相続人として15条に基づく保険金請求をしているが、この請求は一審・控訴審いずれにおいても退けられており、本判決でも混同による損害賠償債務の消滅では被保険者の出捐による消滅ではないとして、やはり請求は退けられている。この点は、本稿の主題にはややリモートなので、以下では立ち入らない。

ていることは明らかである。

　他方で、元年最判では、混同問題については、元年最判以前の下級審裁判例に対しても批判的な学説があったことに対する応対はされていない。この点は、元年最判に対する調査官解説においても同様であり、次のように述べる[15]。

　「直接請求権と損害賠償債権とは別個独立のものであるといっても、右両者は共に被害者の損害を填補するという同一の機能・目的を持っていることに変わりはなく、いずれかによって損害の填補がされれば、他方の請求権もその範囲で消滅することになるという点で、両請求権は補完的関係にある。〈本判決〉が右の判断を示す前提として、『被害者及び加害者双方の利便のために補助的手段として、被害者側から保険会社に直接一定の範囲内における損害額の支払を請求し得ることとしている趣旨に鑑みるときは』との説示を加えているのも、直接請求権と損害賠償債権との間の右のような関係を示したものと理解される。」「〈元年最判〉は、自賠責保険が責任保険であって、責任保険は、被保険者が第三者に対して一定の財産的給付をすべき法的責任を負担したことにより被る損害を填補することを目的とするものであることを前提とし、被害者の損害賠償債権と加害者の損害賠償債務が同一人に帰属した以上、もはや損害填補の必要性はなくなったものと解し、直接請求権も消滅するとの判断に至ったものである。すなわち、直接請求権は、前記我妻説[16]がいう混同の例外の場合に当たるとは解されないことを前提としている。」。

　以上のように述べるにとどまり、反対の学説については、紹介はしているが、それがなぜ支持されないのかの理由については何ら触れるところがない。上記の理由づけで十分反論したという理解なのであろう。

　学説は、元年最判に対しても、批判的なものがほとんどである[17]。批判の

---

[15] 塩月秀平「判解（最判平成元年4月20日）」最判解民〔平成元年度〕156頁・158頁。
[16] 我妻栄『新訂債権総論』（岩波書店、1964年）370頁～373頁は、民法520条の定める混同によっても債権・債務は消滅しないとする例外事由は狭きに失するので、同条の趣旨を考慮して、例外の場合を広く認めることに努めるべきであるとして、債権の帰属する財産と債務を負担する財産とが分離した存在を有する場合などをあげている。
[17] 元年最判に対する学説の状況については、新山一範「判批」保険法判例百選64頁

理由とされているところは、被害者救済に欠けるという実質的な理由と、混同によっても直接請求権は消滅しないという法律理論的な理由とがある。

　実質的な理由としては、混同による消滅では、自賠法が被害者救済のために直接請求権を法定した趣旨に反するし、直接請求は認めても自賠法の趣旨に反するものではないとする。その際には、とりわけいわゆる「妻は他人」判決[18]の考え方は、親族間で相続による混同があっても直接請求を認めることを正当化するとする[19]。もっとも、混同の態様により一様に直接請求権が消滅しないとしてよいかは問題とされ、一部学説は、被害者が加害者の相続人である場合には直接請求権は消滅しないとすべきであるが、加害者が被害者の相続人である場合には直接請求権は消滅するという見解も主張される[20]。

　法律理論的な理由としては、混同に関する民法520条の解釈問題として位置づけて、権利が消滅しない場合として認められるということをあげるものが多いが、直接請求権と損害賠償請求権とは不真正連帯債務の関係に立つところ、不真正連帯債務に関する学説によれば、混同による債務の消滅は相対効しかないとされるので、直接請求権は消滅しないとするものがある[21]。

　これらの学説に対して元年最判がどのように考えたのかは明らかでないし、調査官解説でもその点について触れるところはない[22]。

　　（2010年）。賛成の立場として、藤村ほか・実務交通事故訴訟大系(2) 341頁〔松居英二〕。
18)　最（三小）判昭和47年5月30日民集26巻4号898頁。
19)　たとえば、中西正明「判批（最判平成元年4月20日）」私法判例リマークス1号201頁〜202頁（1990年）は、「妻は他人」判決のように親族間事故の場合にも自賠責保険による保護が与えられることの趣旨は混同問題においても妥当し、直接請求権のもつ経済的意義を重視した解釈をすべき旨を述べる。これは、元年最判を批判する学説の多くが共有する認識である。
20)　この方向の諸学説につき、新山・前掲（注17）65頁。
21)　児玉康夫「判批」判タ583号34頁〜35頁（1986年）。
22)　塩月・前掲（注15）155頁は、複数の者が運行供用者責任を負う場合において、運行供用者の1名について混同が生じても、不真正連帯債務においては混同に絶対的効力はないということから、他の運行供用者の損害賠償債務には影響を及ぼさないとした最（三小）判昭和48年1月30日判時695号64頁を紹介している。

3 転付問題

　元年最判に次いで直接請求権と損害賠償請求権との関係で問題とされたのは、被害者の保有者に対する損害賠償請求権が第三者に転付された後においては、被害者は転付された限度で直接請求権を失うかということであり（以下、「転付問題」という）、最（一小）判平成12年3月9日民集54巻3号960頁（以下、12年最判という）がこの問題について判断を示した。

　事案は、いささか複雑であるが、本稿のテーマに関して意味があるのは、被害者の債権者が、被害者が保有者に対して有する損害賠償請求権を差し押さえ、転付命令を受けた場合にも、被害者はなお自賠責共済の共済者に対して直接請求をすることができるかという問題に関する部分である。

　原審判決・福岡高那覇支判平成9・1・28交通民集33巻2号432頁は、前提問題として、被害者の保有者に対して有する3条の損害賠償請求権が被害者の債権者による差押えと転付命令の対象となるかについては、これを肯定した[23]。そのうえで、被害者の直接請求権を支払限度額である3000万円から損害賠償の一部既払分を控除した額の範囲で認容した。これは、債権者に損害賠償請求権が転付されたことによっても被害者の直接請求権は影響を受けないとしたものである。

　最高裁は、原判決を一部変更した。損害賠償請求権の差押え・転付がされても被害者の直接請求は認められるとした原判決の部分について職権で取り上げ、次のように判示し、被保険者は直接請求権を喪失するものとした。

　「交通事故の被害者の保有者に対する損害賠償請求権が第三者に転付された後においては、被害者は転付された債権額の限度において自賠法16条1項に基づく責任賠償金の支払請求権を失うものと解するのが相当である。けだし、自動車損害賠償責任保険は、保有者が被害者に対して損害賠償責任を負担することによって被る損害をてん補することを目的とする責任保険であり、自賠法16条1項は、被害者の損害賠償請求権の行使を円滑かつ確実なものとするため、右損害賠償請求権行使の補助的手段として、被害者が保険

---

[23]　3条の損害賠償請求権の差押えと転付が可能であることは一般に肯定されている。

会社に対して直接に責任賠償金の支払を請求し得るものとしているのであって〈元年最判を引用〉、その趣旨にかんがみれば、自賠法16条1項に基づく責任賠償金の支払請求権は、被害者が保有者に対して損害賠償請求権を有していることを前提として認められると解すべきだからである。」。

本判決には、藤井正雄裁判官の補足意見と小野幹雄裁判官の反対意見が付されている。

この12年最判も、元年最判を引用して、直接請求権の補助的手段という位置づけから結論を導いている。補助的手段として認められる権利なのであるから、被害者の保有者に対する損害賠償請求権が被害者の債権者に転付されたことにより被害者が保有者に対する損害賠償請求権を失うこととなれば、被害者は直接請求権も失うとするものである。本判決は直接引用されていないが、本判決がいう直接請求権の補助的手段性がこの12年最判の基礎を提供しているということができる[24]。

もっとも、理由づけとしては補助的手段性ということしかあげていないが、調査官解説では、実質的な理由も考慮されていることがうかがわれる。それは、18条が直接請求権の差押えを禁止していることの趣旨をどう見るのかという問題、及びもし被害者が直接請求権を失わないものとして保険会社に対して損害賠償請求ができるとすると、被害者は転付債権者との関係では転付額だけ債務を免れているので、被害者は二重に利得することになりうるという問題にかかわる[25]。小野裁判官の反対意見は、損害賠償請求権の差押え・

---

24) 補助的手段という表現であるが、本判決と元年最判とでは、被害者および加害者双方の利便のための補助的手段という表現であったのに対して、12年最判では、損害賠償請求権行使の補助的手段という表現であり、補助的手段ということの意味が変化しているという趣旨の指摘がある（吉澤卓哉「保険先取特権の準拠法―直接請求権の準拠法を手がかりに―」損害保険研究81巻2号121頁（2019年））。12年最判が判決文において元年最判を参照していること、12年最判についての調査官解説では本判決から12年最判までを一連の流れとして説明していること（孝橋宏「判解（最判平成12年3月9日）」最判解民〔平成12年（上）〕232頁～233頁）から見て、補助的手段ということの意味が変化したというわけではないというべきであろう。ただし、本判決がいまだ直接請求権について素朴な理解をしていたのに対して、12年最判までの判例の蓄積により問題は後述の直接請求権の附従性についてであるという認識が次第にもたれるようになったことが表現の変化に反映しているのであろう。

516　第3編●研究論文―判例による規範形成

転付により直接請求権は消滅するとする法廷意見では、18条の差押え禁止の趣旨を没却するというものであり、その点に関する藤井裁判官の補足意見は、それは自賠法の限界であり、致し方ないとするものである。また、藤井裁判官の補足意見では、「直接請求権と損害賠償請求権との併存を認めると、被害者による直接請求権の行使が先行したときは、被害者と転付債権者との間は不当利得の法理により調整を図る必要が生じるが、こうした事後処理を残すこととなるような解釈は採るべきではない」とし、これに対して小野裁判官の補足意見では、その問題は別途解決すればよいとする。

ところで、12年最判についての調査官解説では、「本判決の多数意見の立場は、被害者の直接請求権が損害賠償請求権に附従する権利であることを前提に、損害賠償請求権が時効により消滅したような場合にも直接請求権は消滅すると解する立場に近いものである」と述べられている[26]。ここでは、2つの権利の関係について、直接請求権は損害賠償請求権に「附従する」というそれまでの判例では見られなかった性格付けが認められている[27]。このことは、本稿の課題にとっても重要である。

元年最判に対しては、前述のように、学説はほとんどが批判的な立場に立つのに対して、この12年最判に対しては学説の賛否は分かれるところであり[28]、藤井裁判官の補足意見と小野裁判官の反対意見の対立と同様である。藤井裁判官も、判決の結論は自賠法の限界であるとしており、結論自体が合理的であると考えているわけではないと思われる。

---

25) 孝橋・前掲（注24）233頁～238頁。
26) 孝橋・前掲（注24）238頁。
27) 附従性という用語は、昭和40年代以降に学説で用いられることがあった。金澤理「被害者請求」判タ268号（1971年）197頁、西島梅治「責任保険」竹内昭夫＝龍田節編『現代企業法講座4』（東京大学出版会、1985年）327頁（ドイツ法からの概念の参照である）。
28) 賛成の立場として、八島宏平「判批（最判平成12年3月9日）」自動車保険研究3号（2000年）197頁、塩崎勤「判批（最判平成12年3月9日）」リマークス23号（2001年）66頁など。反対の立場として、中田裕康「判批（最判平成12年3月9日）」法協119巻2号（2002年）341頁、潘阿憲「判批（最判平成12年3月9日）」判タ1113号（2003年）66頁、藤村ほか・実務交通事故訴訟大系(2)341頁～343頁〔松居英二〕など。

4　判例と直接請求権の補助的手段性

　以上から、直接請求権と損害賠償請求権との関係についての判例は、本判決が指摘した直接請求権の補助的手段性という性格付けを基礎として形成されていることがわかる。しかし、この補助的手段性という性格付けは、何を根拠とするものであろうか。

　この点について、判例の出発点としての本判決は、被害者は保有者（被保険者）に対して賠償請求をし、保有者は賠償金を支払ったならば保険会社に対して保険金請求をするのが原則であって、直接請求権により被害者が保険会社に対して直接賠償請求をするのは原則的な賠償がうまくいかない場合の補助的な手段として自賠法が特別に認めたものであるから、直接請求権は損害賠償請求権に従属する地位にあるという発想である。しかし、ここに現れた、責任保険においては直接請求権は補助的な位置づけにあるという考え方は自明なのであろうか。

　確かに、我が国では、責任保険一般においては、直接請求権は認められず、責任保険は被保険者のための損害保険であるというのが支配的な見解であり、ただ自賠法では政策的に被害者保護の観点から直接請求権を法定したが、それはあくまでも例外的な権利であるので損害賠償請求権とそれを前提とする被保険者の保険金請求権との関係では補助的な権利として位置づけられるということはあり得る一つの理解の仕方であることは確かであろう。しかし、そのような理解は、自賠法制定にあたって前提とされていたのであろうか。また、自賠法制定にあたっては、外国の自動車損害賠償責任や責任保険に関する法制等が参考とされていたことは明らかであろうが、それらの法制では、直接請求権の位置づけについて補助的手段というような位置づけをしていたのであろうか。

　自賠法は、交通事故の激増という状況下で、被害者救済を図ることを目的として、昭和30年に制定された。自賠法の中核は、運行供用者に実質的に無過失損害賠償責任を課す3条と、同条等の責任を対象とする強制責任保険として自賠責保険を導入することの2点であった。また、自賠責保険では、責任保険一般では認められないとされていた被害者の直接請求権を16条1

項として法定した。16条1項は、3条による保有者の責任が発生したことを要件として、被害者は、保険会社に対して「損害賠償額の支払」を請求することができるものとする。保有者の保険金請求権との関係については、16条2項及び3項が規定し、直接請求権は保有者との関係では責任保険における損害てん補給付としての効果があるものとする。直接請求権については、さらに18条により差押えが禁止され、また、19条により特別の短期時効が規定されている。

　このような直接請求権の規律について、外国立法例がどのように参照されたのかは、これを明らかにする立法資料は見当たらないが[29]、少なくともドイツ法が参照されていないことは明らかである。というのは、後述のように、ドイツにおいて直接請求権が法定されたのは1965年の義務保険法改正によってであり、自賠法制定時にはドイツでは直接請求権は存在しなかったからである。

　自賠法制定直後の担当官庁の解説である運輸省自動車局による自賠法の解説書では、次のように解説している[30]・[31]。

「……責任保険の被保険者は、自動車の保有者および運転者であり、被害者と保険会社の間には、観念的には全然関係がない。しかし、被害者が加害者から損害のてん補を受け、加害者が保険金を保険会社に請求するのは、実際には無用の廻り道である。また、事故があった後、加害者—被保険者—が破産したようなとき、損害賠償請求権が、一般破産債権と同列に減額されるから、被害者の救済に欠けることになる（保険金は、破産財団に対し、配当額

---

29) 運輸省自動車局編『自動車損害賠償保障法の解説』（大蔵省印刷局、1955年）17頁～19頁では、英米、ドイツ、フランス等の自動車事故に係る責任と保険等に関する法制が参照されていた。運輸省運輸調査局主任調査役の肩書きのある小田垣光之輔『自動車損害賠償保障論』（一粒社、1956年）では、英米、ドイツ、スイスの自動車責任保険法制が紹介されている。スイスでは、1932年の法律により被害者の直接請求権が法定されていた。
30) 運輸省自動車局編・前掲（注29）53頁～54頁。運輸省自動車局編『自動車損害賠償保障法の解説』（交通毎日新聞社、1955年）94頁も、ほぼ同じ説明である。
31) 自賠法に関する解説である我妻栄「自動車損害賠償保障法について」同『民法研究Ⅵ債権各論』（有斐閣、1969年）313頁、加藤一郎「自動車責任—自動車損害賠償保障法の制定—」同『不法行為法の研究』（有斐閣、1961年）69頁においても、直接請求権についての解説はされていない。

だけてん補され、その金が再び全債権者に分配されることになる。）そこで、被害者は、保険会社に対し、直接に損害のてん補を請求できるという規定が設けられた（法第16条第1項）。商法667条は、保管者の責任保険に関し、所有者と保険者の間に同様な規定をしている。

　保険会社が、当事者として前面に出るときは、保険の能率的経営と、保険会社の過去の経験から賠償支払を迅速にさせるというような利点も見逃しえない。

　保険会社が被害者から請求を受けたとき、どのようにして被保険者の責任の有無および損害賠償額を決定するかは、今後の保険運用の問題であるが、一応、被保険者、被害者、保険会社の三者が示談するということが予想される。ここにも、エキスパートとしての保険会社の介入は、問題を迅速かつ円満に解決するであろうことが期待される。」。

　この解説では、保険給付が被保険者経由ではなく直接被害者に支払われるという被害者・保有者双方にとっての便宜、被保険者が破産した場合の被害者の権利保護のために直接請求権が法定されたということは明らかであるが、直接請求権の法的性質についてどのように考えているかは明らかではない。平成20年改正前商法667条と同様の規定であるとも述べており、そうだとすれば直接請求権は平成20年改正前商法667条と同様に保険金請求権という性質を有すると考えられていたのかもしれない。いずれにせよ、直接請求権と損害賠償請求権の関係について確たる認識があったわけではないように思われる。

　自賠法制定後、最初に刊行された本格的な注釈書では、本判決の少し後の時期のものであるが、直接請求権について次のように解説されていた[32]。

　「責任保険は、本来、保険会社と被保険者または保険契約者との間の関係であって、被保険者は隠れた当事者の地位を占めるものに過ぎない。しかし、加害者請求のみを認めるにおいては、当事者間の示談未成立または加害者の不誠意等により被害者は加害者から損害賠償を受けられず、かつ、責任保険の保険金も受領できないという不都合な事態を生ずることが少なくないばか

---

32)　木宮高彦『註釈自動車損害賠償保障法』（有斐閣、1965年）144頁。

りでなく、被害者が加害者から賠償を受け、加害者が保険金の支払を受けるのは、無用の回り道であり、実際上も不便である。そこで、本条は、被害者を陰の地位から表面に浮かび上がらせ、保険会社を損害賠償についての当事者にひき出し、被害者に対する迅速な保護・救済を期したものである。」。これに続く部分で本判決を紹介しているが、それ以上の説明はない[33]。

学界では、責任保険一般については、戦前から研究はされていたが、戦後は、保険法の若手研究者による研究が相次いだ。そこでの関心の中心は、被害者の直接請求権についてであり、フランス法及びドイツ法が中心的な研究対象とされ、直接請求権をいかにして認めるかに焦点が当てられていた[34]。しかし、それらの研究成果が論文として公表されたのは、自賠法制定よりも少し後の時期であるし、自賠法の直接請求権についての考察も特に行われていない。

これらのことから見ると、本判決に至る前の時期においては、直接請求権と損害賠償請求権の関係については、自賠法制定時の立法の趣旨も明らかでないし、その後も確たる考え方があったわけではなく、いまだ手探りであったということのようである。

5 本判決の歴史的意義と疑問

以上の自賠法制定時から本判決に至るまでの議論状況を振り返ると、本判決による直接請求権の位置づけは必ずしも自明なものであったとはいえない。

本判決が直接請求権の補助的手段性を導いている理由も、少なくとも今日的に見れば疑問となる点がある。すなわち、本判決において直接請求権の補助的手段性が導かれる根拠は、自賠責保険は責任保険であるが、責任保険は

---

33) 木宮・前掲（注32）145頁～146頁。
34) 中西正明「責任保険における『第三者』の地位—商法667条に関する一考察—」香川大学経済論叢29巻4号18頁（1956年）、岩崎稜「フランスにおける責任保険成立過程および被害者の直接請求権（1）～（4・完）」香川大学経済論叢31巻1号101頁、2号50頁、3号66頁、4号31頁（1958年）、西島梅治『責任保険法の研究』（同文舘、1968年）。

保有者を被保険者とする保険であり、保険給付の基本は保有者による保険金請求であるところ、自賠法は保有者と被害者の利便のために直接請求権を法定したと説明する。しかし、このような保有者の請求（加害者請求）こそが本来の保険給付だという位置づけは、本判決の当時であればいざ知らず、その後の自賠責保険の実務の発展に照らせば甚だ疑問となる。自賠責保険では、直接請求が例外的な支払方法であるという実情にはないということができるので、実際に直接請求が支払方法として例外的であるという意味において補助的というのは適切ではない。

　また、責任保険の本質論として、責任保険も損害保険である以上は、保険給付の本来的権利者は保有者（被保険者）であり、保険金請求権が責任保険に内在する本質的権利であるという考え方は、本判決当時はもちろん、今日に至るまで変わりはないのであって、ただ自賠法では被害者救済という政策的判断から直接請求権が法定されたことをもって、直接請求権には補助的手段という位置づけが与えられるべきであるという考え方もあるかもしれない。しかし、責任保険の本質は被保険者のための保険であり、被害者は責任保険による間接的な事実上の受益者であるという責任保険観は、今日では克服されたといってよいように思われる。確かに、直接請求権は平成20年の保険法でも法定されなかったし、責任保険の本質として直接請求権を認める学説も存在しない。しかし、そうであるとしても、責任保険に関する法律解釈問題における利益衡量において被害者の利益を除外して検討することは考えられなくなっているといえる。また、保険法では、直接請求権は法定されなかったものの、被害者の保険給付請求権に対する特別先取特権が法定され（保険法22条1項）、保険給付請求権は実質的には被害者に帰属するという規律が導入されたのであり、ここにも責任保険における被害者の地位の重要性が具体化している。

　このような今日の責任保険観からみると、本判決の直接請求権についての位置づけを、そのまま維持してよいのかは大いに疑問がある。それにもかかわらず、本判決の直接請求権についての位置づけは、その後の直接請求権に関する別の法律問題についての判例においてきわめて強い影響を及ぼしているのであり、そのことの当否を今一度考え直してもよいように思われる。

その検討の素材として、次にドイツ法の状況を紹介したい。

IV　ドイツ法における直接請求権と損害賠償請求権の関係

1　はじめに

　前述のように、自賠法制定時には、ドイツでは自動車事故被害者の責任保険者に対する直接請求権は存在しなかった。したがって、16条の規定の創設にあたりドイツ法が参照されていたのではない。その意味で、本稿の課題についてドイツ法を比較の対象として参照するのは筋違いのように見えるかもしれない。しかし、直接請求権を損害賠償請求権と構成して法定しているという点では、自賠法と共通の基盤があり、本稿の課題に相当する問題をめぐる議論においても、本稿の課題にとって興味深い展開が見られるので、以下これを紹介したい[35]。

2　直接請求権に関する法律規定と学説

　ドイツでは、1909年に自動車保有者の実質的無過失責任を導入する道路交通法（Strassenverkehrsgesetz. 以下、「StV G」という）が制定され、1939年に義務的責任保険制度を導入する義務責任保険法（Gesetz über die Pflichtversicherung für Kraftfahrzeughalter. 以下、「PflVG」という）が制定された。義務責任保険法の制定と同時に、保険契約法に義務責任保険に関する

---

35)　フランスの直接請求権に関する研究として、岩崎・前掲（注34）、海野俊雄「被害者の直接請求権―その法的性質に関する一考察―」不法行為法研究会編『交通事故賠償の現状と課題（交通事故民事裁判例集創刊10周年記念論文集）』（ぎょうせい、1979年）336頁がある。これらによれば、フランスでも、支配的な立場は、直接請求権は、損害賠償請求権と同一の性質をもつものであり、直接請求権に係る債務と損害賠償請求権に係る債務は連帯債務の関係にあることを認めているので、基本的にはドイツの規律と共通するということができる。

特則が新設されたが(同法158b条～158k条)、直接請求権は法定されなかった。義務自動車責任保険について直接請求権が導入されたのは、1965年のPflVGの改正による同3条の新設によるもので、ヨーロッパ経済共同体の自動車責任保険に関する指令において被害者の直接請求権を認めることとされたことから、国内法で対応したものである[36]。

ドイツでは、義務責任保険に関して、上記の直接請求権のほかの事項については、1908年保険契約法で規定されてきたが、2017年に同法を全面改正する新しい保険契約法(Gesetz über den Versicherungsvertrag (Versicherungsvertragsgesetz. 以下、「VVG」という)が制定された。新法では、自動車責任保険に限らず義務責任保険一般についての直接請求権の規定を新法に移し、また義務責任保険以外の責任保険一般についても被保険者の倒産及び行方不明の場合に限ってであるが直接請求権を認めるという追加がされた[37]。VVG113条～124条が義務責任保険に関する規定であるが、直接請求権に関するVVG115条とこれに関連するVVG116条は以下のとおりである。これらの規定では、義務責任保険でない責任保険にも直接請求権を認めた部分を除いて、重要な部分において義務責任保険法から変更はない[38]。

「第115条 ①第三者は、次の場合には、保険者に対しても損害賠償請求権を行使することができる。
1 義務保険法により生じる付保義務の履行のための責任保険であるとき
2 保険契約者の財産について倒産手続が開始され、または資産不足により開始申立が棄却された場合、または暫定的倒産管財人が任命された場合
3 保険契約者の所在が不明である場合

請求権は、保険関係に基づく保険者の給付義務の範囲において発生し、給付義務が発生しない限りにおいては、第117条〈注・規定内容は後述〉第1

---

[36] Langheid/Wandt (hrsgn.), Münchener Kommentar zum Versicherungsvertragsgesetz, Bd.2, 2Aufl, 2017, §115 Anm.4 (W.-T.Schneider).
[37] Langheid/Wandt, a.a.O. (Fn.36), §115 Anm.5.6 (W.-T.Schneider). 新井修司＝金岡京子共訳『ドイツ保険契約法（2008年1月1日施行）』（日本損害保険協会＝生命保険協会、2008年）348頁以下。
[38] 新井＝金岡・前掲（注37）355頁～377頁。

項から第4項の範囲において発生する。保険者は、損害賠償を金銭で給付しなければならない[39]。保険者及び賠償義務を負う保険契約者は連帯債務者として責任を負う。

②第1項による請求権は、賠償義務を負う保険契約者に対する損害賠償請求権と同じ時効に従う。時効は、賠償義務を負う保険契約者に対する損害賠償請求権の時効が開始する時に開始する。ただし、遅くとも損害の発生から10年で終了する。第三者の請求権が保険者に届け出られたときは、時効は、保険者の決定がテキスト形式で請求者に到達する時までは停止する。保険者に対する請求権の時効の停止、時効完成の停止および新たな時効の開始は、賠償義務を負う保険契約者に対しても効力を生じ、またその逆も同様とする。

　第116条　①第115条第1項第4文による連帯債務者間の関係においては、保険者が保険契約者に対して保険関係に基づき給付義務を負う限りにおいて、保険者のみが義務を負う。そのような義務が発生しない限りにおいては、それらの者の間の関係においては、保険契約者のみが義務を負う。保険者は、事情により必要であると認められる費用の補償を請求することができる。

②第1項から生じる請求権の時効は、第三者の請求権が履行された年度の終了時に開始する。」。

なお、VVG117条では、保険者は被保険者に対する保険給付免責等の保険契約上の抗弁を被害者には主張できない旨が規定されている。

以上の直接請求権に関する規定は、自賠法の直接請求権と比較すると、損害賠償請求権として構成されていること、保険者の被保険者に対する抗弁が被害者に対しては制限されることは共通している。また、VVG116条は保険契約者が損害賠償義務を負い、かつ保険者の免責が認められない限り、保険者と被保険者との間では保険者が全額を負担するという規定の仕方であるが、実質的には自賠法16条2項・3項と同じこととなる。

これに対して、相違点として、まず、VVG115条1項では、保険者の被害者に対する債務と被保険者の被害者に対する債務は連帯債務の関係にあるこ

---

39) BGBでは、損害賠償の原則的方法は原状回復とされるので（249条1項）、その適用がないように金銭賠償によることが明示されている。

とが明示されているということがある。もっとも、ドイツ民法典（Bürgerliches Gesetzbuch. 以下、「BGB」という）では、連帯債務について我が国の平成29年改正前民法のように絶対的効力が認められる事由が多かったのとは異なり、絶対的効力が認められるのは弁済等の場合に限られるということに留意する必要がある[40]。また、VVG115条2項が自賠法とは大きく異なり、直接請求権の消滅時効と損害賠償請求権の消滅時効を一体としている[41]。直接請求権の差押え禁止は法定されていないことも自賠法と異なる。

　以上のような直接請求権の規定に関する解釈として、まず直接請求権は、法律により命じられた債務加入（Schuldbeitritt. 日本法の併存的債務引受に相当）ということで意見が一致している[42]。債務加入ということから、直接請求権は損害賠償請求権であり、権利内容も保険契約者に対する損害賠償請求権と同一であるということが導かれることとなる。また、債務加入では、債務者と加入者とは連帯責任を負う関係に立つとされており[43]、VVG115条1項で保険者と保険契約者とが連帯債務の関係に立つと明記されているのは、これを受けているものと考えられる。

---

40)　BGBの連帯債務に関する規律の特徴については、西村編・前掲（注7）54頁〔椿寿夫〕、潮見佳男『新債権総論Ⅱ』（信山社、2017年）582頁～584頁。
41)　また、以下のようにVVG124条では、被害者が当事者となった直接請求権または損害賠償請求権に関する判決の効力を訴訟の当事者でない被保険者または保険会社にも拡張する特別の規定を置いている。
　「第124条　①第三者には損害賠償請求権が帰属しないことが効力ある判決により確定される限りにおいて、当該判決は、第三者と保険者との間に関するものであっても、保険契約者のためにも効力を生じ、第三者と保険契約者との間に関するものであっても、保険者に対しても効力を生じる。
②保険者に対する第三者の請求権が効力のある判決、認諾または和解により確定されたときは、同人に対して保険者により第116条第1項第2文に基づき行使された保険契約者は、その確定が及ぶものとされなければならない。ただし、保険者が、根拠のない損害賠償請求権の防御及び損害の減額又は適切な確定の義務に有責に違反した場合はこの限りでない。
③第三者がその損害賠償請求権を第115条第1項により保険者に対して行使することができない場合には適用されない。」。
42)　Langheid/Wandt, a.a.O. (Fn.36), §115 Anm.1, 12 (W.-T.Schneider), Rooschelders/Pohlmann, Versicherungsvertragsgesetz, 3.Aufl., 2016, §115 Anm.3,12 (Schwartze), Armbrüster, Privatversicherungsvertragsrecht, 2.Aufl, 2019, S.553.
43)　Jauernig, BGB, 16.Aufl., 2015, Vor 414 Anm.2 (Stürner).

解釈論として、直接請求権には附従性（Akzessorität）という性質が認められることについても、意見が一致している[44]。附従性という性質は、保証債務の性質について認められる附従性と同じであり、損害賠償請求権との関係で直接請求権が附従的な地位に立つことを意味する。すなわち、損害賠償請求権が発生しなければ直接請求権は発生しない。また、直接請求権が発生したとしても、その後に損害賠償請求権が何らかの事由により消滅したときには、直接請求権も消滅することとなる。直接請求権は、責任保険という保険契約から生じる権利であるから、被保険者の損害賠償責任という責任が発生・存続しなければ直接請求権も発生・存続し得ないという関係が認められるのは自然なことである。附従性の原則から、被害者が被保険者に対して損害賠償請求権を放棄する場合には、放棄した範囲では、直接請求権も消滅することとなると認められている[45]。連帯債務における債務者の一人に対する権利放棄は、BGB423条では、特に絶対効を持たせる意思で放棄されるのでない限り相対効しかないこととしているが、ここでは、BGBの規定よりも附従性が優先して認められることとなっているのである。
　このように直接請求権については、附従性という性質が認められることに異論はないが、判例においては例外が認められることがあるとされている[46]。次に、この判例を検討する。

3　直接請求権の附従性に関する判例

(1) はじめに
　ここでは、附従性の例外を認める4つの判決を紹介する。時系列どおりで

---

44) Langheid/Wandt, a.a.O.（Fn.36）, §115 Anm.12（W.-T.Schneider）, Rooschelders/Pohlmann, a.a.O.（Fn.42）, §115 Anm.12, 13（Schwartze）, Prölss/Martin, VVG, 29.Aufl., 2018, §115 Anm.7（Klimke）.

45) Prölss/Martin, a.a.O.（Fn.44）, §115 Anm.20（Klimke）, Rooschelders/Pohlmann, a.a.O.（Fn.42）, §115 Anm.17（Schwartze）（損害賠償請求権の放棄が直接請求権には及ばないという意思が明確であればその効力が認められる余地は認めている）.

46) Langheid/Wandt, a.a.O.（Fn.36）, §115 Anm.13（W.-T.Schneider）, Rooschelders/Pohlmann, a.a.O.（Fn.42）, §115 Anm.14（Schwartze）, Prölss/Martin, a.a.O.（Fn.44）, §115 Anm.8（Klimke）.

はないが、まず、混同問題に関する判決を取り上げる。我が国では、前述のように、直接請求権と損害賠償請求権の関係について最も議論が多いのは混同問題であり、問題が理解しやすいと思われるので、混同問題に関する判決を最初に取り上げるものである。混同問題については、新山教授によりドイツの判例・学説が紹介され、混同によっても保険者の保険給付義務は消滅しないという立場が有力であるとされていたが[47]、紹介されていた議論は直接請求権に関するものではなく、責任保険一般についての議論であった。その後、高等裁判所の判決であるが、混同によっても直接請求権は消滅しないとし、附従性の原則を否定するものが現れている。この判決については、上告は退けられたとされており[48]、最上級審である連邦通常裁判所（BGH）においても支持されているとみてよいものである。なお、判決文の翻訳中で〈注………〉とあるのは筆者による加筆である。

(2) **混同問題に関する判例―OLG Hamm, Urteil vom 16.Juni 1994, VersR1995, 45**（以下、「①判決」という）

保険者Xに付保していたAがトラックを運転中に、Bが運転するバイクと接触事故を起こし、これによりBは死亡するとともに、バイクに同乗していたBの妻Cが重傷を負った。XがBの付保していた保険者Yに対して、XとともにYもCに対して直接請求に応じる義務があるとして賠償額の2分の1の負担を求めた。一審判決は請求棄却。

Yが控訴。判決は控訴は正当としたが、賠償額審理のため差戻し。

直接請求権の「発生にとって決定的であるのは、たんに、原因である道路交通法上の左折車の後方確認義務の違反が非難されるべき態様で被保険者の死亡前にあったということだけである。なるほど、義務保険法3条で規定される被害者の保険者に対する直接請求権は附従的（akzessorisch）であり、したがって原則として被保険者の責任を前提とする。しかし、そのことは、

---

47) 新山一範「混同による損害賠償債務の消滅と責任保険(3)」北海学園大学法学研究22巻3号430頁～441頁（1987年）。ちなみに、責任保険一般において、混同により保険者の保険給付義務が消滅するか否かは、現在でも議論されている。Langheid/ Wandt, a.a.O. (Fn.36), §100 Anm.77 (Littbarski).
48) 後掲531頁の④判決。

被保険者が侵害の結果の発生後にも生残しなければならないということを意味するものではない。責任の構成要件が前提とする行為ないし不作為が生前に帰責可能に現実化されたのであれば十分である。」。

「Xが本審で争っていることとして、Cがその夫を相続したかどうかは問題ではない。なるほど、Cは、本件では彼女の夫の財産上の地位についてBGB1922条〈注・相続による包括承継〉により包括承継者としての地位に立ち、BGB1967条〈注・相続人による相続債務の承継〉により彼の相続債務についても責任を負うということから、事故により根拠づけられる損害賠償債権に関して債権者と債務者が同一人となる。そのような態様の混同として表示される対応する権利と義務の統合は、原則として債務関係を消滅させる。しかし、そのことが例外なく妥当するものではない。したがって、同一人において混同が生じる連帯債務者のため、及びその連帯債務者に対してのみ、BGB425条2項[49]による連帯債務の混同の効力が生じる〈注・相対的効力しかないということ〉。Yは、PflVG3条2号〈注・現行VVG115条1項の保険者と被保険者は連帯債務者となるとする規定に相当〉の明示の規律によれば、この意味での連帯債務者である。BGB425条2項の規定は、Yの見解とは反対に、混同が従前の連帯債務者のうちの一人において生じる場合のみについて規定するものではない。同規定は、―本件におけるように、相続による包括承継により―従前の債権者が従前の連帯債務者の一人の地位につく場合にも同様に妥当する。」。

「この結果は、以下の考察により証明される。すなわち、そのような場合においても、混同は常に債務と債権の消滅に至るものではないということが認められる。利益衡量は、むしろ、このこと〈注・混同により債務が消滅するということ〉は、その存続について何ら保護に値する利益がもはや存在しない場合についてのみのことであるという結果を導く。ここでは、この相続された債務者の地位は（従前の債権者としての観点からは）Yに対する附従的

---

49) BGB425条1項は、債務の弁済等のBGB422条～424条の絶対的効力が認められる事由以外の事由は相対的効力のみが認められることとし、BGB425条2項は、相対的効力が認められる事由を例示するが、その中に債権と債務の混同が明記されている。

な直接請求権のための基礎であり、又は（債務者の相続人としてのその観点から）保険契約上根拠づけられるてん補請求権についての基礎である限りにおいて、混同にもかかわらず、相続された債務者の地位が維持されることについての保護に値する利益は存在するということが明らかである。」。

「反対の見解は、保険契約者が自動車責任保険の締結に際して有してよい正当な期待に適合しない。保険契約者は、彼が交通事故により侵害した者は賠償を受けなければならず、同人に対しては保険者が最終的に責任を負うべきであり、―有責に引き起こされた侵害における場合には―親族が同乗者としてかかわるような場合でもそうであるということから、根拠をもって出発する。彼は、同乗者の死亡によりこの保険者に対する請求権を失うということを予測する必要はない。なぜならば、親族の同乗者としての侵害はまったく珍しくないように、生残する同乗者が保険契約者を相続するからである。反対の見解は、PflVG3条9号〈注・前掲現行VVG116条1項と同じ〉においてとられている評価と抵触するであろうのみならず、大きな不合理をもたらすであろう。交通事故により侵害された同乗者は、運転者がなお生存している限り、疑いなく運転者の責任保険者に対して請求し、またこの請求権を運転者の死亡前に行使することができる。責任保険者は、―有効な保険関係においては―被保険者に対して求償できない（PflVG3条9号）。それにより債務関係は最終的に精算されることとなる。被保険者である運転者が、被侵害者であり運転者を相続する責任保険者に対する請求権を行使することができるよりも前に死亡したとの理由によってのみ保険者が給付免責とされるべきであるとすることは、合理的な根拠が明らかでないし、契約により合意された保険保護の意義とも合致しないであろう。」。

この判決では、被害者が被保険者を相続したという類型の事案に関して、混同により損害賠償請求権と損害賠償義務は消滅したとしても、附従性により直接請求権も消滅することは否定し、元年最判とは正反対の結論を採用した。もっとも、前提となる民法の規定が両国では異なることに注意を要する。ドイツでは、判決からもわかるように、連帯債務に関するBGB425条2項において混同は相対的効力しかないことが明記されており、連帯債務に関しては、混同には絶対的効力があるとする我が国の民法（440条）と異なる。

この点が我が国での議論にいかなる意味があるかはさらに検討が必要であるが、ここではそのような連帯債務に関する規定の適用においても文言だけではなく実質的な利益衡量—保険契約者の期待、同乗者である被害者保護—が行われ、混同の場合の附従性の例外を認めていることが注目されるべきである。

(3) その他の問題に関する判例

このほかに、附従性の例外を認める最上級審裁判所である連邦通常裁判所の判決として3つがあげられる。問題となっている局面は、わが国の法令では生じない類型のものである。

ア 運転者の雇用者に対する責任—BGH Urteil vom 3. Dezember 1991, BGHZ 116, 200 (以下、「②判決」という)

Xは、Aからトラックを賃借し、これにより機械を発注者Bまで運送した。Xの雇用する労働者Cがトラックを運転中に機械を損傷する衝突事故を起こした。BはXに対して機械の代金支払を拒絶したが、損害事故から生じる請求権をXに譲渡した。Xは、この譲渡を受けた請求権に基づき、本訴において、本件の賃借されたトラックの責任保険者Yに対して、直接請求権により、Bが取得していた機械等の損傷に係る損害等の賠償を請求した。

一審は請求を棄却したが、控訴審は、一部のみ請求を認容した。控訴審は、トラックが賃貸されていてもAの保有者責任が認められ、免責事由に該当するものでもないとする。Yが上告。

BGHは、AのB (X) に対する保有者責任を肯定した控訴審判決の判断は正当でないとしたが、他の理由から結論は正当であるとして、上告棄却。他の理由として、Xは、StVG18条[50]によりCの運転者責任を理由とし、またPflVG3条1号〈現行VVG115条1項相当〉によりYに対して直接請求権により損害賠償を請求できるとする。この結論に至る争点の一つが、危険な労務に際しての事故については、労働者は雇用者に対する責任を免責とされるという労働法上の判例法理が適用され、それにより、B (X) の直接請

---

50) StVG18条は、同法7条による保有者責任が生じる場合には、運転者も過失責任を負うこととしている。

求権の基礎となる損害賠償責任がないということにならないかが問題となった。これが本稿のテーマにかかわる判示である。

「本訴において、控訴裁判所は、この原則〈注・上記判例法理〉の適用についての前提について検討しなかった。しかし、そのことは必要がなかった。というのは、本件では、運転者は義務保険によりカバーされていることを考慮すれば免責の余地がないからである。危険な労務の観点からの労働者の免責についての原則は、判例により、労働者の社会的保護及び雇用者の配慮の理由に基づき発展してきたものである。しかし、考慮に入れるべき他のリスク配分の観点の必要性は、労働者が義務保険の保護領域に組み入れられており、それにより彼にはこの方法で責任の負担が軽減されているのであれば、認められない。このことは、締結につき、運転者のためにも、法定の義務が存在する（PflVG1条）自動車義務保険についてあてはまる。なぜならば、義務保険の領域において運転者もともに被保険者とする保険は、犠牲者保護と並んで、共同被保険者〈注・労働者のこと〉を社会的理由から圧力のかかる責任債務から免れさせるという目的をも有していたからである。」。

判決は、続けて、労働者免責の判例法理は、労働者の責任が義務保険でカバーされている場合には適用されないという判例法理が適用される他の場合をあげたうえで、以下のように述べる。

「これによっても、保険は責任に向かわなければならず、逆に責任は保険に向かってはならないという一般原則〈注・責任が生じていなければ責任保険の保険給付がされることはあり得ず、逆に責任が生じていないにもかかわらず責任保険の保険給付がされることはあり得ないという趣旨〉は、廃棄されていない。当裁判所は、分離原則〈注・責任の成否・内容は保険関係とは分離して保有者・被害者間で確定されなければならないという原則〉を常に維持しており、今後も維持する。しかしながら、労働者が運転者としてPflVG1条により義務保険の保護領域に組み入れられている本件においては、それを破ることが正当化される。なぜならば、そのような場合には、危険な労務についての労働者の免責を導く根拠がなくなり、その結果、有責な加害についての一般的責任規整が再度適用されることとなるからである。」。

ドイツの自動車義務責任保険では対物責任も対象としていることから、本

件のような事例が生じる。雇用者であるＸが危険な業務中に労働者（被保険者）Ｃの起こした事故について損害賠償責任を追及することは民法ないし労働法上は認められないというのが判例であり、それは、労働者保護を理由とするが、民法ないし労働法上は損害賠償請求権が発生しない場合であるから、附従性からは直接請求権も発生しないはずである。それにもかかわらず直接請求権は認められるとしていることから、附従性の例外を認めた判例ということとなるが、その理由は、本件ではＣの責任についても義務責任保険によりカバーされているのであるから、Ｃを免責としなくてもＣの保護に欠けることはないというのが②判決のとった解決である。民法ないし労働法上は責任が生じない場合でも責任保険でカバーされている以上は、その責任保険が被害者の保護のために活用されてもよいという発想である。

イ 責任無能力者の衡平責任（Billigkeitshaftung）—BGH Urteil vom 11.Oktober 1994, BGHZ 127, 186（以下、「③判決」という）

BGB829条は、BGB827条及び828条により責任能力の欠如の場合又は未成年者が不法行為責任を負わない場合であっても、衡平の観点から責任を認めることができる旨の規定である[51]。てんかんの症状のあるＹが運転中にＸに重大な後遺障害を負わせる事故を起こした。Ｘの損害についてはStVGに基づいて補償されたが、本訴においてＸが慰謝料を請求したのに対して、Ｙは、責任無能力であるから責任を負わないと主張した。一審・控訴審ではＹの主張を認め請求棄却。控訴審では、BGB829条による責任を認めることができるかどうかが争点となったが、Ｙのために責任保険が付されていたという事情をもってＹの財産の状態というBGB829条の衡平性の判断における考慮要素に含めることはできないとした。

Ｘの上告を認め、原判決を取消し、差戻し。

BGHの判決においては、BGB829条の責任に関して、任意の責任保険の存在を損害賠償額の算定において考慮することは認めるが、損害賠償責任の成否の判断において考慮することは拒絶してきたことを述べたうえ、以下の

---

51) ハイン・ケッツ＝ゲルハルト・ヴァーグナー著・吉村良一＝中田邦博監訳『ドイツ不法行為法』（法律文化社、2011年）169頁～174頁。同172頁～174頁に③判決に関する記述がある。

ように判示した。

「しかし、この限定を、取り消される〈原審〉判決と反対に、Yのために存在するような自動車義務保険に移すことはできない。その目的は、第一次的に被害者の保護に向けられている。……〈注・PflVGの被害者保護目的、VVG158c条の抗弁制限を指摘〉……このような交通事故犠牲者の保護は1965年4月5日のPflVG及びそのそれ以降の改正により保険者に対する直接請求権及び補償基金を通じてさらに強化され仕上げられた。

自動車交通におけるこのような特別の義務保険の目的決定は、BGB829条の領域においても、被害者に対して、加害者の存在する保険保護を損害賠償請求権の成否の判断のためにも用いることを正当化する。保険者のてん補義務は請求権に従うのであって、逆ではないという分離原則が破られるであろうということが議論の妨げになるものではない。BGB829条の特別の請求権のためには、犠牲者保護に向けられた自動車義務責任保険の目的は、この原則に反してでも貫徹されなければならない。当裁判所は、基本的には維持しているこの原則を破ることの必然性を他の事例においても承認しているのである（BGHZ116, 200, 209〈注・②判決〉）。」

本件は、加害者について責任保険でカバーされていなければBGB829条の衡平責任は成立しないところ、義務責任保険でカバーされている場合には、そのことを考慮事情として同条の責任を成立させ、それに伴い被害者の直接請求権も成立するとしているものであると解することができる。被保険者の責任も成立しているという趣旨であると考えられるが、義務責任保険がなければ責任は不成立となる場合であるというのであろうから、③判決も、直接請求権の成立と損害賠償請求権の成立が一体となることにより、直接請求権の附従性の例外が認められた事例として位置づけられている。

ウ　社会扶助運営者の請求権代位──BGH Urteil vom 9. Juli 1996, VersR 1996, 1258（以下、「④判決」という）

Aが父Bの運転する自動車とトラックとの衝突事故により重傷を負い、AはX自治体の社会扶助による介護を受けている。Xが、Bの自動車の責任保険者Yに対して、過去の介護費用の償還及び将来の年金支給費用分支払の確認を求めて本訴を提起した。Xは、請求の根拠として、社会保障法典

第10編（Sozialgesetzbuch（SGB）X）（社会保障行政手続及び社会データ保護）116条1項〈注・給付をした社会保険運営者又は社会扶助運営者の損害賠償請求権の代位取得〉による請求権代位による権利移転等を主張した[52]。Yは、事故による被害者の損害賠償請求権は、同条6項[53]に基づく親族特権によりXに移転しないなどと主張した。一審・控訴審は請求棄却。

Xが上告。破棄差戻し。

「控訴裁判所は、……Xへの本件請求権の移転がSGB X116条6項により否定されるかどうかについて判断しなかった。これは適当ではない。本件請求権は、BGB823条〈注・不法行為責任〉、843条〈注・身体障害等についての定期金賠償〉、PflVG3条1号に基づく加害者の責任保険者に対する被害者の直接請求権である。この請求権の社会扶助運営者への移転は、―加害者に向けられる請求権とは区別されて―SGB X116条6項に反するものではない。

もっとも、当裁判所は、1978年12月5日判決[54]において、直接請求権の法的性質は、分離された、責任請求権〈注・損害賠償請求権〉から切り離された新しい債権者への直接請求権の移転を許容しないという見解を採用した。その際には、直接請求権は、附従的な権利として、被侵害者の債権の保全に資するものであり、その限りで、その成立においては責任請求権に依存するという考え方がとられた。当裁判所の判示によれば、責任請求権が新しい債権者に移転するのであれば、BGB401条〈注・債権譲渡により担保権や保証人に対する権利も随伴して移転するものとする〉の準用により、その権利を保全する直接請求権も移転し、責任請求権が移転しなければ直接請求権は移転しない。

---

52) 社会保障法典を含む社会保障制度については、村上淳一＝守谷健一＝ハンス・ペーター・マルチュケ『ドイツ法入門（改訂第9版）』（有斐閣、2018年）114頁～130頁。社会扶助制度については、同123頁～128頁。
53) SGB X116条6項「第1項による権利の移転は、損害事故の時に被害者又はその遺族と家計共同体として生活している家族による故意によらない侵害の場合には排除される。第1項による損害賠償請求権は、加害者が被害者又はその遺族と損害事故の発生後に婚姻をし、または生活パートナーシップ〈注・同性カップル〉を根拠づけ、かつ、家計共同体として生活している場合には行使することができない。」
54) BGH Urteil vom 5. Dezember 1978, VersR 1979, 256.

この決定は、社会保険運営者に対する請求権の移転に関するものであった。……本件は、社会扶助運営者に対する請求権の移転に関する。このことは、SGB X116条6項の移転制限の適用においては、社会扶助の後順位の原則が考慮されるべきことを意味する。判例及び文献においては、直ちに実現可能な第三者に対する請求権が帰属する者は、彼の需要のてん補のためにその請求権を行使しなければならず、したがってその範囲においては扶助の必要がないということが認められている。この補充性原則の帰結として、社会扶助運営者が、一本件のように一てん補義務のある責任保険者よりも前に請求を受けたときには、社会扶助運営者には、責任保険者に対する求償が開かれなければならないこととなる。この求償によってはじめて社会扶助の後順位の原則に適合する状況が回復される。SGB X116条6項の他の解釈は、連邦社会扶助法（Bundessozialhilfegesetz）2条により定められる社会扶助の補充性の原則との規範抵触をもたらすであろう[55]。当裁判所は、ほかにも、既に1983年7月12日判決[56]において、社会扶助法上の後順位原則に関してVVG67条2項[57]の準用を否定していた。

　もっとも、SGB X116条6項のこの解釈は、責任保険者に対する直接請求権の社会扶助運営者に対する移転の場合については、直接請求権と結合する附従性の思想が社会扶助法の補充性原則に対して後退するということを意味する。それにもかかわらず、これは、判例は、直接請求権に対して異なる観点から、これまでに固有の意義を認めたということに鑑みて受入れ可能なように見える。」として、前掲の混同、労働者免責、衡平責任に関する前掲各BGH判決を指摘する。

　本件は、社会扶助給付を行った社会扶助運営者が請求権代位により被害者の直接請求権を取得することができるかが問題となっている。加害者が親族であることからSGB X116条6項によれば加害者に対する損害賠償請求権は

---

[55] 社会扶助制度については、村上ほか・前掲（注52）123頁〜128頁。
[56] BGH Urteil vom 12. Juli 1983, VersR1983, 989.
[57] 2007年改正前のVVG67条2項〈注・現行VVG86条3項相当〉は、「保険契約者の損害賠償請求権が、同人と家計共同体として生活する家族に対するものであるときは、（代位による）権利の移転は排除される。ただし、家族が損害を故意に生じさせた場合には請求権は移転する」という規定であった。

代位により移転しないことになるが、それにもかかわらず④判決は直接請求権については代位による権利の移転を認めた。ここでは、附従性から派生する性質である随伴性が問題となっており、判決は、「責任請求権が新しい債権者に移転するのであれば、BGB401条の準用により、その権利を保全する直接請求権も移転し」として随伴性を認めたうえで、損害賠償請求権について代位による権利の移転がないのであれば直接請求権についても権利の移転がないこととなるはずのところ、本判決では、直接請求権のみは権利の移転を認めたということとなり、附従性の例外を認めた判例ということとなる。④判決は、このことを、連邦社会扶助法2条の社会扶助の補充性の原則との関係で説明する。同条では、被害者が確実に実現できる損害賠償請求権を有している限りはそれを先に行使すべきで、社会扶助給付はその後にはじめてされるべきものとされ、これが補充性の原則である。本件では、SGB X116条6項から加害者自身に対する損害賠償請求権は代位取得できないが、直接請求権が代位取得されることにより社会扶助給付の補充性が確保されるべきであり、その限りで附従性の例外が認められるべきであるという考え方がとられていることとなる。

(4) 判例の意義

以上で附従性の例外を認めたとされる4つの判決を紹介した。いずれも責任保険を除外して考えれば損害賠償請求権は発生しないか、又は発生後に消滅する場合であるが、それにもかかわらず直接請求権の発生又は存続が認められているという意味で附従性の例外が認められている[58]。附従性の例外を認める理由は判例の事案ごとに異なり、統一的な判断枠組みがあるわけではないようである。すなわち、①判決は、BGB上は混同による損害賠償請

---

58) ①判決〜④判決は、注釈書では、附従性の例外を認めた裁判例として位置づけられている。このことは、StVGやBGBによる損害賠償請求権が成立しない場合や成立後に消滅する場合であっても、直接請求権は成立し、存続すると考えられているものであろう。直接請求権による保険保護を被保険者は受けることができるのであるから、損害賠償請求権も成立し、存続するという考え方も理論的にはあり得るが、ドイツの判例はそのようには考えていないと見られる。そうすると、損害賠償責任が成立または消滅した場合であるにもかかわらず直接請求権が成立し、存続を認めることができるのは、直接請求権を規定した義務責任保険という制度の趣旨に合致するということであろう。

7 被害者の直接請求権と損害賠償請求権の関係―最判昭和39年5月12日民集18巻4号583頁

権の消滅の場合であっても、直接請求権は認めることが保険契約者及び被害者保護のために望ましいという義務責任保険の側の利益衡量が結論を導いているようである。これに対して、②判決及び③判決は、BGB ないし労働法上の責任という問題としてだけ考えるのであれば被保険者が無責である場合であるとしても、直接請求権は認めて被害者の救済をすることが望ましいという利益衡量的判断が結論を導いていると考えられる。義務責任保険の対象とする責任の種類が我が国の自賠責保険よりも広いものとされていることから生じてくる問題で、我が国での法律家にはわかりにくいかもしれないが、例えば、我が国の通説には反するが、責任無能力者については 3 条の責任は生じないという解釈をする一方で、16 条 1 項の直接請求権は認めるという解釈をするというようなものであろう。この場合も義務責任保険が被害者の損害賠償のために機能することは義務責任保険の目的に反しないという判断がされているのである。

　以上に対して、④判決はかなり異質な事案である。ここでは、附従性のうちでも我が国では随伴性とよばれる性質が問題となっており、随伴性を否定し、直接請求権だけが社会扶助運営者に移転するという結論が、社会保障法典と社会扶助法の立法趣旨から正当化されているが、ここでもそのような解釈をすることが義務責任保険の目的に反しないという判断がされている。

　総じて見れば、直接請求権には附従性という性質があるということには異論がないながらも、それを機械的に適用して結論を導くという硬直的な姿勢ではなく、例外的に直接請求権を認めることが損害賠償請求権に関する法令等の規律と義務責任保険の法令の規律の合理的な利益衡量に基づく解釈をするという姿勢がうかがわれるところである。

4　ドイツ法の示唆するもの

　前述のように、ドイツの直接請求権は、法定の併存的債務引受けであるとされ、そのことから直接請求権と損害賠償請求権の関係は連帯債務であることが法文上も明確化され、一方の権利に生じた事由が他方の権利にどのような影響を及ぼすかについては BGB の連帯債務の規定の適用があり、影響が

及ぶ事由は限られていることが認められている。他方で、前述のように、直接請求権には附従性という性質があることも認められている。これは直接請求権が責任保険に基づく保険給付であることから導かれる性質であり、理論的にはきわめて明快である。

このように連帯債務関係と附従性のいずれもそれ自体は明快な概念であるが、両者の関係は解釈論に委ねられているので、一義的な解釈にはならないことがある。また、附従性についてもその限界はどこにあるかも一義的ではなく、解釈論の問題とされているが、これは責任のあり方及び責任保険のあり方の両面からの利益衡量により解決が図られている。このように一義的な解決ができないという問題はあるが、連帯債務性と附従性という概念を基礎に置くことで、解釈論上の問題設定と解決の判断枠組みが提供されている。このことは、我が国の直接請求権と損害賠償請求権との関係を考えるうえでのヒントとなると考えられる。

V ドイツ法をヒントとした我が国の判例・学説の問題点分析

1 ドイツと我が国の判例・学説の比較

ドイツでも、被害者の直接請求権は損害賠償請求権として構成されており、自賠法16条1項と共通しているので、ドイツの直接請求権に係る立法が自賠法よりも後であるとしても、比較の対象として分析する意味は十分ある。ドイツの立法及び解釈理論を分析した結果としては、①直接請求権は、被保険者の損害賠償請求権についての併存的債務引受けとして根拠づけられること、②①の結果として、直接請求権の権利内容は損害賠償請求権と同一内容となること、③直接請求権と損害賠償請求権に基づく両債務は連帯債務の関係にあること、④直接請求権は、損害賠償請求権との関係において附従性という性質を有し、損害賠償請求権の発生及びその後の消滅に附従して直接請

求権は発生及び消滅すること、⑤附従性については、判例上、例外が認められる場合があることが明らかにされた。

　これと我が国の判例及び学説の現状と比較すると、我が国の判例は、57年最判において、直接請求権は損害賠償請求権であるということは認めているが、判例全体を通じて、保険会社が損害賠償債務を負うことの理論的根拠の説明は16条1項で法定されているという以上にはされていない。これは、直接請求権の認められる根拠について、学説では、現在では併存的債務引受けとする立場が最も有力ではあるものの[59]、そうでない立場も有力であり[60]、判例はその点には立ち入らず、また併存的債務引受けということから機械的な結論を導くのではなく、具体的な問題ごとに適切な解決をすべきであると考えているということかもしれない[61]。しかし、直接請求権の根拠が十分に説明されない結果として、直接請求権に関して発生する諸問題について、その解釈の指針がないこととなる。

[59]　併存的債務引受けとするものとして、海野・前掲（注35）363頁（ただし、直接請求権における保険契約上の抗弁制限を説明することに主眼がある）、尾上和宣「損害賠償請求権と自賠責保険給付」加藤＝木宮編・前掲（注3）284頁、西島・前掲（注27）324頁〜328頁、川井健＝宮原守男＝小川昭二朗＝伊藤文夫編『注解交通損害賠償法（新版）第1巻』（青林書院、1997年）165頁〜166頁〔伊藤文夫〕、北河隆之＝中西茂＝小賀野晶一＝八島宏平『逐条解説自動車損害賠償保障法（第2版）』（弘文堂、2017年）142頁〔八島宏平〕。ただし、これらの学説も、併存的債務引受けであることからの具体的な解釈問題についてはほとんど検討していなかった。なお、任意保険における直接請求権については、併存的債務引受けであり、保険会社と保険契約者との間で被害者という第三者のためにする契約として約定されていることに基づくものであるとされている。藤村ほか・実務交通事故訴訟大系(2) 406頁〔洲崎博史〕。

[60]　直接訴権・原始取得説（金澤・前掲（注27）197頁）、免脱給付説（倉澤康一郎「商法667条と自賠法16条」同『保険契約法の現代的課題』（成文堂、1978年）130頁、法定権利説（潮見佳男『不法行為法Ⅱ（第2版）』（信山社、2011年）353頁）などがある。諸学説につき、藤村ほか・実務交通事故訴訟大系(2) 326頁〜328頁〔松居英二〕。

[61]　学説でも、昭和50年頃までは直接請求権の根拠ないし法的性質について盛んに議論されていたが、いずれの見解によっても具体的な問題の解決には大きな差はなく、説明の仕方の問題にすぎないとされ（川井ほか編・前掲（注59）165頁〔伊藤文夫〕）、その頃から議論はほとんどされなくなった。私もそのような流れを当然のように考えてきたが、やはり、直接請求権の法的性質を正確に確定することから出発することは、直接請求権に関する解釈問題についての指針を得るうえで重要なことであると考えるに至った。

他方で、我が国の判例は、本判決が判示した直接請求権の補助的手段性ということからではあるが、元年最判及び12年最判は、要は、損害賠償請求権の消滅により直接請求権の消滅を認めるものであり、その点では、補助的手段性という適切ではない根拠づけではあるものの、ドイツの附従性を認める考え方と共通する考え方をとっていることとなる。しかし、混同問題については、ドイツでは附従性の例外が認められているのに対して、我が国の判例は、附従性から一気に結論を導いており、附従性に限界がないのかといった問題意識を有していないようである。

　繰り返すが、ドイツの直接請求権は自賠法よりも後に法定されたもので、我が国が継受した法として参照すべきものではないことはいうまでもない。また、我が国の判例・学説による直接請求権と損害賠償請求権の関係に関する問題の解決が合理的なものであるとすれば、外国法を参照すべき必要もない。しかし、前述のように、我が国の直接請求権に関する判例を振り返ってみると、様々な問題があることが示唆される。次に改めて問題点を整理する。

2　具体的な問題点

(1) 直接請求権の性質

　57年最判と61年最判に関する問題である。57年最判は、直接請求権は、保険金請求権又はその変形の権利ではなく、損害賠償請求権であるとし、したがって、遅延利息の利率については商事法定利率によらず、民事法定利率によるべきものとした。これは一つのありうる解釈ではあると思われるが、そうだとすると61年最判の当否が問題となる。61年最判は、直接請求権に係る債務の履行期について、期限の定めのない債務として民法412条3項により請求時であるとした。これは、直接請求権に係る債務を不法行為による損害賠償債務（事故ないし損害発生時から履行遅滞に陥る）とは見ていないことを意味するが、これが直接請求権は損害賠償請求権であるとした57年最判とどのように調和するのであろうか。併存的債務引受けであれば、直接請求権の内容は損害賠償請求権の内容と同じとなるので（自賠責保険の保険金額を限度とする）、直接請求権についても履行期は事故発生時となるはずであ

る[62]・[63]。そのような解釈を採用せず、一般債務として履行期を決定することにどのような根拠があるのかは、法定の債務であるから という以上には説明されていない。

また、61 年最判の履行期に関する解釈は、直接請求権の消滅時効について規定する 19 条との関係でも問題を生じる。直接請求権の履行期が 61 年最判のいうとおり不法行為による損害賠償請求権ではなく民法 412 条 3 項により請求時であるとすれば、消滅時効の起算点も債権時効の一般原則（平成 29 年改正前民法 167 条 1 項）により権利を行使することができる時で、通常は権利発生時となるというのが一貫する。しかし、19 条の解釈においては、直接請求権は損害賠償請求権であるということから、時効の起算点は民法 724 条と同じに解釈すべきであるという立場が有力であり[64]、さらに平成 29

[62] ドイツでは、直接請求権は、併存的債務引受けということから、損害賠償請求権と同じく権利発生時が履行期とされるが、保険給付義務の履行期を規定する VVG14 条（猶予期間が認められる）の適用を認める異論もあるようである。Langheid/Wandt, a.a.O.（Fn.36）, § 115 Anm.18a（W.-T.Schneider）, Rooschelders/Pohlmann, a.a.O.（Fn.42）, § 115 Anm.4（Schwartze）.

[63] 被害者は直接請求権を行使すると、遅延利息の支払は 16 条の 9 の定める履行期以降についてしか認められないが、その後に保有者に対して損害賠償請求をすると事故発生時から直接請求権に対する支払時までの間の遅延損害金の請求も認められることになるので、保有者はそれを支払った後に加害者請求により保険金請求ができることになるのかが問題となる（この問題を検討するものとして、古笛恵子「自賠責保険における遅延損害金の問題」法律のひろば 55 巻 8 号 64 頁（2002 年））。自賠責保険の実務では、支払基準が遅延損害金を支払対象にしていないので支払わないが、その遅延損害金が判決によって保有者の賠償債務に含められた場合は保険金額の限度において自賠責保険から支払っているとのことである。支払基準が裁判所の判断を拘束しないことに沿った実務運営ではないかと思われる。

[64] 木宮高彦＝羽成守＝坂東司朗『注釈自動車損害賠償保障法』（有斐閣、1986 年）147 頁〔坂東司朗〕、北河ほか・前掲（注 59）166 頁〔八島宏平〕。なお、19 条の制定時から時効の起算点を不法行為責任と同じに考えていたのかといえば、それは疑わしい。田中敬『自動車損害賠償責任保険の解説』（保険毎日新聞社、1955 年）14 頁は、19 条について、直接請求権については保険と同じく短期時効、すなわち 2 年の消滅時効としたと説明する。保険と同じというのは、保険契約に基づく保険金請求権については 2 年の消滅時効にかかるとする平成 20 年改正前商法 663 条 1 項の規定と同じ趣旨であるという理解をしていたものと見られる。また、木宮・前掲（注 32）160 頁は、19 条の注釈において、時効については平成 29 年改正前民法 144 条〜174 条の 2 を参照としていたが、これも時効の起算点については、民法 724 条ではなく同 167 条 1 項によるものと解していたことを推測させる。その後の実務の中で、考え方が変わってきたのであろう。

年民法改正に伴う自賠法の改正により、民法724条1号と同じ起算点が法定されるに至った。この規律と61年最判は一貫性に欠けることは否定し難いと思われる[65]。

このように、判例は、直接請求権がいかなる根拠で法定されているのかを説明しない結果、具体的な解釈問題では一貫性に欠ける解決がされている疑いがある。これと比較すれば、直接請求権を併存的債務引受けで説明をする場合には、直接請求権の権利の内容は損害賠償請求権と同一であることが論理的に説明される。

(2) 直接請求権と損害賠償請求権の関係

直接請求権が被害者の放棄により消滅したとしても、損害賠償請求権は消滅しないという本判決の解決には異論はなく問題はない。しかし、本判決のいうような直接請求権の補助的手段性による説明にはあまり説得力はない。

混同問題及び転付問題については、判例は、直接請求権の附従性から直接請求権の消滅を導いていると見られる。しかし、附従性に限界はないのかという問題意識がない結果、混同問題については、学説の強い反対を顧慮することなく附従性を根拠とするだけで直接請求権の消滅を導くという硬直的な解決をしている[66]。転付問題に関する12年最判も、附従性から直接請求権の消滅を導いたものといえるが、附従性を認めるのであれば、本来は、附従性の一側面である随伴性は認められないのかという問題があったはずである。その点については我が国では学説も問題として認識していなかったので、

---

[65] 直接請求権に係る債務の履行期については、平成20年の保険法制定に伴う自賠法の改正により16条の9が新設され、そこでは、保険法の保険給付請求権についてと同様の調査に必要な期間の猶予を認める履行期とされた。61年最判の考え方を基礎とするものであると考えられるが、そうであれば、自賠法の規定自体においても19条と16条の9とで整合性に欠ける状態になっているということができる。

[66] 自賠責保険の実務でも、元年最判に従い、損害賠償債権と損害賠償債務の混同の場合には直接請求権も消滅するという取扱いが行われているが、前掲（注22）最判昭和48年1月30日のように複数の運行供用者責任を負う者がある場合にその1名について被害者との間で混同が生じても他の者の損害賠償責任には影響がないので被害者の直接請求を認める取扱いは行われている。また、葬儀費、死亡に至るまでの傷害による損害（慰謝料、休業損害等の消極損害を含む）及び後遺障害による損害は、混同を認めるのに相応しくない損害として、混同の対象としていないとのことであり、実質的な考慮がされていることには注意を要する。

12年最判にはやむを得ない面はあるが、やはり結論の落ち着きの悪さは、同最判に賛成の立場の論者でも否定はしないものと見られるのであり、学説もあまり詰めて考えてこなかった附従性という性質の理論的な解明はさらに深める必要があると考えられる。

　もし直接請求権を併存的債務引受けにより根拠づけるとすれば、直接請求権と損害賠償請求権は連帯債務ないし不真正連帯債務の関係に立つので、両者の関係は連帯債務ないし不真正連帯債務において一方の権利に生じた事由が他方の権利に対してどのような効果を及ぼすかという問題として解決されることとなる[67]。また、混同問題及び転付問題については、連帯債務ないし不真正連帯債務という観点からの解決と、附従性の観点からの解決が衝突する問題の具体例として位置づけられ、これをどのように解決するかという問題が設定されることになろう。

VI　今後の課題

　直接請求権に関する法解釈は、本判決及びその後の各最判と学説の蓄積もあり、安定したものが形成されているように見える。しかし、ドイツ法との比較分析をすることにより、これまでの直接請求権に関する判例・学説が十分な解釈論的基礎の上に構築されたものかについては、多分に疑問の余地があることが明らかになったし、また問題によっては合理的な解決となっているかどうか疑問があるものもあると考える。私見としては、直接請求権について、併存的債務引受けと附従性という2つの基本概念を基礎に解釈理論を構築することが有意義であると考える。

　このような考え方に対しては、概念法学的な手法であり、逆に硬直的な解釈論になるのではないか、直接請求権は法定の権利であり、その権利内容等

---

[67]　平成29年民法改正による連帯債務における絶対的効力の生じる事由の縮小により、連帯債務と別に不真正連帯債務の概念が維持されるべきかどうかの議論があり（潮見・前掲（注40）500頁〜501頁、586頁〜587頁）、その議論次第で併存的債務引受けの法律関係にも影響が生じると考えられる。

については問題ごとに妥当な解決が図られるべきであるという反論もありうるであろう[68]。本稿の示した方向性がそのような反論に耐えうるかどうかは、併存的債務引受けと附従性という基本概念に基づく解釈理論を具体的に展開する必要があるが、本稿に与えられた紙幅で論じきれるものではなく、本格的な考察は今後別稿としてまとめるので、それを参照していただければ幸いである。

---

[68] 新山・前掲（注47）「論文（4・完）」北海学園大学法学研究23巻3号419頁（1988年）は、私なりに要約すると、16条1項の直接請求権について、法的根拠及び属性を決定しそこから具体的な問題について演繹して結論を導くのではなく、この直接請求権を特別の法定の請求権であるとしたうえで、直接請求権に関する解釈は個々の問題ごとに被害者保護等の自賠法の規律の趣旨を考慮して妥当な解決を図るべきであるという立場である。個々の問題ごとに妥当な解決を図るべきであるということ自体はまったくそのとおりであり、被害者保護等の要素を勘案した利益衡量が重要であることはいうまでもないが、法定の権利であるというだけでは、解釈論を展開するための指針があまりにも不明確であり、基礎となる解釈論の枠組みを明確にしておくことは重要であるというのが本稿の基本的立場である。

第4編

随　　想
―創刊 50 周年に寄せて

弁護士として妻とともに65年の歩み

弁護士

宮原　守男

1　弁護士を志して

　NHKのラジオ放送で、「ある日本人弁護士」というテーマで放送された。弁護士宮原守男の紹介である。

　「東京の中心、官庁街の一角にある、ここは東京地方裁判所です。赤レンガ造り、いかめしいこの建物の27号法廷では、今日、これからご紹介する宮原守男弁護士が、ある交通民事事件の最終弁論に立っています。

　裁判長席に向かい、静かな口調ながら、じゅんじゅんと力強く陳述する宮原さんの言葉に法廷中が聞き入っています。

　審理中の事件は、走っていたトラックが、モーターバイクに接触し、バイクが転倒して乗っていた人を死亡させた事件に関連して、トラックの運転手に過失があるとして、トラックの所有者が被告として損害賠償の請求訴訟を起こしたものです。

　被告側弁護士である宮原さんは、綿密な調査にもとづく細かいデータをあげながら、原告側の論証を次々と反駁し、被告に責任がなかったことを立証しようとしています。

　今日の法廷は、宮原弁護士の陳述をもって終わり、次回の裁判で判決が言い渡されることになりました。

　法廷を出てきた宮原さんに聞いてみました。『刑事事件にしろ民事事件にしろ、依頼者の人命財産にかかわる場合がありますから、あらゆるデータを徹底的に調べ上げて、依頼者のために全力投球します。今度の場合も、良い結果が出ることを確信しています。』」。

　当時、日本には8900名の弁護士がいて、人権の守り手、市民の法律上の相談相手として活躍していました。刑事・民事の訴訟事件、調停事件、官庁

に対する不服の申立て、財産の管理など弁護士の仕事は法律上の広い分野にわたっています。それだけに弁護士は、法律上の知識だけでなく、明晰な論理能力、直観的な判断力、その他すぐれた説得力、表現力を必要とする仕事であり、他の国でもそうであるように、日本でも高い社会的地位をもつ職業です。

　私は、1928年、日本の西端の島九州の福岡市で生まれました。中学・高校を通じてクラス委員を務め、少年時代の希望は、裁判官になることでした。

　18歳の頃、人生の問題について深く考えるようになり、近くのキリスト教会に通いはじめ、間もなく洗礼を受けました。そして、牧師の説教の中の「己のために財を持たず、他人のために献身せよ」という言葉につよく心を打たれ、自分にふさわしい仕事は何だろうかと考えこむようになりました。

　上京して、東京大学の法学部に進学、法律の勉強にいそしむかたわら、大学のセツルメント運動に参加し、東京都内や近郊のあちらこちらで、無料の法律相談を開きました。

　働く人たち、貧しい人たちの相談を受けている中で、人々が生活をするうえで、どんなに多くの困難、悩みを抱えているかを知って驚きました。

　当時を振り返ると、セツルメントで働いたのは、学生として学んだことを外に出て活かしたい―という動機でしたが、人々が生活をするうえで、専門家の助力がどんなに必要であるかに気がつきました。恵まれない人々ほど助力が必要なのです。その頃から、私は裁判官になるより弁護士になることこそ、私の歩むべき道だと信じるようになりました。

2　交通事故事件、交通事故民事裁判例集とのかかわり

　大学を卒業し、2年間、司法修習生（第6期）として訓練を受け、課程の終了とともに、ある弁護士の法律事務所（高木右門法律事務所）に雇われました。そして1年後に独立、さらに5年後には、2人の友人（大野正男、柳沼八郎）とともに、東京の都心に、現在の法律事務所（虎の門法律事務所）を創立し、活動を始めました。

　石炭産業の不振から大量の解雇をめぐって労使間に激しい争いがくり広げられた、1960年の「三井鉱山事件」、電車の脱線と衝突から160人の死者を

出した1962年の「三河島事件」など、大きな刑事事件をいずれも被告側弁護人団の主要なメンバーとして担当し、法曹界だけでなく、世間にも名前が知られるようになりました。

　今思えば、その頃私はまだまだ若手の弁護士でしたが、やむを得ず第一線に立たされて来たのです。それは、長い戦争のため、前の世代の人たちが少なく、エアポケットを埋めるため、私たち若手がリーダー格となって仕事をしてきました。先輩の弁護士から十分に指導を受ける機会に乏しく、いわば試行錯誤の中で仕事をやってきたようなものでした。

　ただ弁護士として、権力に対する批判精神をもつとともに、データをして真実を語らせるという「私心」がない態度を貫こうとしてきました。若い頃から力一杯の仕事ができたことは、本当に感謝すべきことでした。

　そんな中、戦後の経済成長に伴う自動車の増加で、日本では年々交通事故が増え、1年間の死者は1万5000人に上っていました。

　交通事故の犠牲者に専門家としての助言を与える一方、交通事故の実体を究明するため、裁判官や弁護士や学者の仲間と、日本交通法学会（初代理事長、加藤一郎東京大学法学部教授（当時））を作り、交通事故のもたらす社会的な被害を少しでも軽減しようと努めてきました。

　交通事故に特化した裁判例集である『交通事故民事裁判例集』の創刊もこの頃であったと思います。第1巻の発刊から編集代表としてかかわり50年の歳月を経たことに、実に感慨深いものを感じております。

3　コンピュータによる裁判の予測

　また、コンピュータによって裁判を予測できないかと考えたのもこの頃です。

　昔の弁護士は、多年の経験と職業的勘によって仕事をしてきました。現在は昔と違って、老練な弁護士が少なくなっています。そこで平均的な弁護士でも、各種のデータを即座に利用して、老練な弁護士なみの仕事ができるように、コンピュータを用いて裁判の予測をすることを思いついたのです。

　裁判官がどのような経緯で裁判をするようになったか、どんな判決を下すかを、コンピュータで探り出していくのです。

まず手始めとして、交通事故の慰謝料が、どのような要素で決まるのかを考え、将来の慰謝料を予測できるかどうかをコンピュータで算定したのです。
　この結果を、私法学会で発表しましたが、この予測結果は80％の正確さを示し、裁判の予測は、ある分野に限っていえば、可能であるとの見通しが出てきました。
　このコンピュータ予測については、当時の東京大学総長の加藤一郎教授、その他若手の学者、弁護士が加わって共同研究が進められました。

4　弁護士としての心構え

　弁護士としての心構えについて想うことは、真実を探し出すことはむずかしいものであるということです。単なる1つの事実でもその見方によって、立場によって評価が違ってきます。
　例えば、コップに葡萄酒が半分入っているとする。どう見るか。ある人は半分残っていると見るでしょう。反対に、もう、半分もなくなったのか──と見る人もあります。
　1つの事件でも警察官や検察官の見方と、別の面からの見方があります。私たち弁護士は、依頼者が有利になることを見つけるのが仕事です。どんなに悪人と見られている人でも必ずその人の立場があります。私たちは、その人たちに対する温かい心つまり同情心とともに、鋭い剣、法律家としての能力をもってことにあたりたいと思っています。
　かつて、部下として働いていた河合弘之弁護士は、「宮原先生は、自分にも厳しい人ですが他人にもいい加減な仕事は絶対に許しません。もしいい加減な場合があると、脂汗をダラダラ流すほどしぼられます。
　しかし、仕事の面の緻密さと、日常生活の抜けたところが実に対照的です。よく、他人のコートを着て帰ったり、夏、暑いと私室で裸になったり、これが仕事の鬼の宮原先生かと戸惑うことがありますが、こういう使い分けがどうしてできるのかと不思議なくらいです。」と言っていました。
　弁護士という仕事は、人々の心配ごと、悩みごとの引受業なのです。仕事では相当に緊張しますが、どこかでリラックスしないと糸が切れてしまいます。私は真面目人間と言われていますが、どこかで無意識にリラックスして

いるのかもしれません。

5　妻と家族に感謝

　NHK のラジオ放送で私が紹介されたときに、妻の栄子が受けたインタビューでの私への評価は次のようなものでした。

　「若い頃からコツコツと勉強し、物ごとに熱中するタイプでしたが、今も少しも変わりません。家ではよく数学の本を読んでいます。法律でいつも頭を使っているので、別な頭の使い方をすると安らぎになるのかもしれませんね。コンピュータと裁判を結びつけるのもきっと、数学が好きなので思いついたのですね。

　ただ、家庭のことで、子供の教育以外には全く関心がありませんの。何年か前、デパートにお供してもらったのですが、大切な買物なのに、売場で立ったまま本を読んでいるのです。家事の上の相談や依頼は一切受け付けてもらえませんから、私個人にとって決して親切な弁護士とは言えませんね。」。

　今年（2019年）は、妻と結婚から65年となりました。共にクリスチャンであり、同じ教会の会員同士として結ばれました。今振り返ってみると妻や娘たち家族の支えがあったからこそ、今日まで弁護士生活を続けられてきたのだと思います。あらためて妻や家族に感謝の言葉を添えて、ペンを措くことにします。

法談・放談・呆談

弁護士

大　嶋　芳　樹

　交通民集編集担当者より随想を書いてほしいとのご依頼である。
　随想なんてものは、あまり書いたことがないが、長年お世話になった者として、筆をとることにした。
　交通民集50周年記念の書籍に載せていただくわけであるから、交通事故賠償をめぐるいくつかの話題を取り上げ（1「法談・放談・呆談」）、次いで、故人となられた交通民集編集同人との思い出の一端（2「故人追想」）を記すことにしたい。

1　法談・放談・呆談
(1)　議論が好き
　「議論することが好き」などと言うと、我が国では好ましからざる人物と思われるようである。
　実は私には少し苦い思い出がある。
　今はどうなのか知らないが、私の若い頃はユースホステルというのがはやっていて、1泊2食付き500円前後で利用できたものである。
　司法修習生の時だったか、その少し前だったか、伊豆熱川のユースホステルに泊まったことがある。
　当時は（今でもそうかもしれないが）、一般に、夕食後にミーティングといって、宿泊者全員が集まって、自己紹介をしたり、ゲームをしたりして親睦を深める催しがあった。
　自己紹介の際、私は、「人と議論することが好きです。」と話したことがあったが（その後のいきさつはしばらく措いて）、後日、その席にいた女性からもらった手紙の中に、その話を記憶していたらしく、「私とは縁遠い人だと思いま

した。」との件りがあって、ギャフンとなったものである（なお、後日談は本稿の趣旨から懸け離れるので割愛する。）。

それはともかく、議論することはむつかしい。相手と同意見である場合は問題ないが、意見を異にする場合は、やはり気まずい思いがぬぐえない。

面子をつぶされたとか、人格を非難されたかのように受け取って、感情的な反発をしたり、あるいはことさら無視する態度を示す向きがないでもない。

反対の意見を述べることは、相手の人格を非難しているわけではもちろんない。議論する目的は、相手を論破することではなく（これがディベートとは異なる）、より良い結論に達することにある。議論は、より高次の結論に至るための弁証法的過程である。

相手の意見に納得して自説を変更することもあり、また双方の当初の説とは異なる第3の説にたどり着くこともある。自説を維持することになったとしても、批判をくぐり抜け、批判によって鍛えられた自説であって、もはや以前の自説ではない。まさに弁証法的発展である。

三ケ月章先生は、その著書『一法学徒の歩み』（有斐閣、2005年）の「法律学全集『民事訴訟法』の執筆を終えて」の中で、3つの自由を述べておられる。「通説からの自由、師の説からの自由、過去の自説からの自由」である。

議論を実り豊かなものにするためには、学問上の説というものは全て仮説であり、それを変更することは何ら恥ずべきことではない、という意識が必要であろう。

議論することは楽しい、しかし、辛いこともある。

(2) 自賠法の精神

T弁護士は、交通事故賠償をめぐるいろいろな問題について、常に被害者の保護に配慮した発言をされ、私は共感することが多い。

ある時、私はTさんに、「Tさんはいつも被害者に寄り添った発言をしておられるが、ヒューマニストですね。」と言ったところ、Tさん曰く、「いや、私はヒューマニズムで言っているのではありません。被害者の保護は自賠法1条に書いてあるからです。」と返された。私は、一瞬虚を突かれたような思いがした。

自賠法1条には、この法律の目的として、「被害者の保護を図り」という

文言がある。

そうか、被害者の保護は情緒的なものではなく、「自賠法の精神」なのだとあらためて思った次第である。この精神は、自賠法の解釈に際し、その指針となるべきものである。

Tさんとは交通事故・労災事故の論文集『民事弁護と裁判実務 5』(ぎょうせい、1997 年) や製造物責任の判例集を共同で編集する仕事をするなど親しくお付き合いをさせていただいているが、いかにも法律家らしいこの言葉を聞いて、Tさんに対する敬愛の念が深まった。

(3) 運行起因性

自賠法 3 条は、「自己のために自動車を運行の用に供する者は、その運行によって他人の生命又は身体を害したときは、これによって生じた損害を賠償する責に任ずる。」と規定している。

この「運行によって」の意義については、相当因果関係説、事実的因果関係説、運行に際して説があるが、通説・判例は相当因果関係説を採用している。

相当因果関係説に立つと、事実上、事故発生について加害者側に予見可能性があること、すなわち加害者側の過失の存在の立証責任を被害者側に負担させることとなり、自賠法 3 条ただし書が運行に関する無過失の立証責任を加害者側に負担させていることと矛盾することになる。

この矛盾は、立証責任の配分によって解消されるとして、被害者側は事実的因果関係の存在を主張立証すれば足り、加害者側において相当因果関係の不存在を主張立証すべきであると説く折衷的見解も見られるが、この見解は、結局は、加害者側に予見可能性がないこと、すなわち無過失を立証させることとなり、事実的因果関係説と同じことになるのではなかろうか。

自賠法 3 条は、民法 709 条とは異なり、無過失の立証責任を加害者側に負担させているのであるから、事実的因果関係説の方が自賠法 3 条の趣旨に適うものと思われる。

事実的因果関係説を採用しても、自賠法 3 条ただし書により、加害者側は無過失を立証することにより責任を免れることができるから、責任の範囲が広がりすぎることはない。

なお、運行に際して説は、「運行によって」を「運行に因って」ではなく「運行に依って」と読むのであるが、文言の通常の解釈として難点があるように思われる。

(4) **有職の主婦の基礎収入**

有職の主婦の休業損害、逸失利益の算定については、基礎収入として、実収入と賃金センサスの女性労働者の平均賃金を比較して、いずれか高額の方を採用する。家事労働分の加算は認められない。交通事故損害賠償額算定基準である「赤い本」や「青本」、裁判例は一般にこのような取扱いをしている。

しかし、家事労働を行い、かつ、賃金センサスの女性労働者の平均賃金以上の実収入がある有職の主婦について、家事労働分の加算を認めないのは、被害者の受けた損害の全部を評価していないことになり、疑問である。

最二小判昭和62年1月19日民集41巻1号1頁は、14歳の女子中学生の死亡逸失利益について家事労働分を認めなかったが、その理由として、賃金センサスの女性労働者の平均賃金を基準として逸失利益を算定するときは、将来労働によって取得し得る利益はその算定によって評価し尽くされており、これに家事労働分を加算することは、将来労働によって取得し得る利益を二重に評価計算することに帰するから相当ではないと述べている。

しかし、現に女性労働者の平均賃金以上の収入を得ている有職の主婦が家事労働を行っている場合に、家事労働分を加算することは二重の評価計算にはならないから、この判決の射程外であろう。

(5) **年少者の逸失利益の男女間格差**

年少者の逸失利益の算定について、基礎収入として、賃金センサスの男女別の平均賃金を採用すると、平均賃金に存する男女間格差が逸失利益に反映することになる。

年少女子の死亡逸失利益については、基礎収入として賃金センサスの全労働者（男女計）の平均賃金を採用し、生活費控除率を45％とすることで、死亡逸失利益における男女間格差はほぼ解消したといえる。

しかし、年少女子の後遺障害逸失利益の場合は、基礎収入として全労働者（男女計）の平均賃金を採用しても、生活費を控除しないため、依然として男女間で相当な格差が残存する。

後遺障害逸失利益について、男女間格差が残るのは、格差がほぼ解消した死亡逸失利益との比較においても不合理である。
　このように、明らかに正義、公平に反する実務の取扱いは是正されなければならない。
　逸失利益の男女間格差を解決するためには、男女とも全労働者（男女計）の平均賃金を採用するか、又は女性も男性の平均賃金を採用するしかないが、男性の基礎収入を賃金センサスの男性の平均賃金より下げるのは合理性に乏しいから、女性の基礎収入も男性の平均賃金を採用し、死亡逸失利益の場合は生活費控除率を男女ともに50％とする方が簡明である。
　男女間格差の是正が必要とされるのは、そもそも男女間に労働能力の格差は存在しないということが前提となっており、これを認めるのであれば、年少女子の逸失利益の算定については、基礎収入として、労働能力をトータルに評価したものと考えられる男性の平均賃金を採用することに問題はないのではなかろうか。

(6) 素因減額

　被害者に体質的素因（疾患）や心因的要因があり、これが損害の発生・拡大に寄与している場合は、民法722条2項の過失相殺の規定を類推適用して、損害賠償額を減額することが認められている。
　次のような場合はどうであろうか。
　被害者に疾患があったため、通常の治療期間は6か月程度と見込まれる傷害であったが、治癒又は症状固定まで2年の治療期間を要した。
　素因減額を主張する側からは、治療期間が6か月から24か月に伸びたのは、損害の拡大に被害者の素因（疾患）が寄与していたのだから、減額すべきだということになるのかもしれない。
　しかし、被害者の疾患による症状は、事故時にはいまだ発現しておらず、2年以内に発症する蓋然性も低かったというような場合、少なくとも治療費や休業損害、入通院慰謝料等の傷害に基づく損害について素因減額するのは不当であろう。
　そもそも被害者は、加害行為がなければ発現しなかった症状を、加害行為によってその発現を強制されたのであるから、素因によって拡大された損害

は、それを引き出した加害者が負担するのが公平というものであろう。

ドイツには、「虚弱な者に対して不法行為をなした者は、健康な者に加害行為をなした場合と同様に扱われるべきことを主張する権利を有しない。」という命題があり、イギリスには、「不法行為者はその被害者をあるがままの状態で引き受ける。」という命題（アメリカも同様）があって、被害者の素因による損害の発生・拡大のリスクは加害者が負担するのが原則とされている（窪田充見『過失相殺の法理』（有斐閣、1994年）8頁以下）。

共生社会の実現が唱えられてはいるが、次に述べる過失相殺も同様、我が国は弱者に優しい社会とはいえないのが実情である。

素因減額は慎重になされるべきものであろう。

(7) **交通弱者に対する過失相殺**

我が国では、被害者に過失や落ち度があれば、歩行者や高齢者、重度障害者等の交通弱者であっても、被害者に若干の有利な修正はあるものの、当然に過失相殺が行われているのが実情である。

しかし、このような考え方は必ずしも世界共通の考え方というわけではなく、我が国とは異なった過失相殺の制度を採用している国もある。

フランス交通事故法では、運転者以外の人身被害者（歩行者、同乗者、自転車搭乗者）には、原則として過失相殺をしない（ただし、これらの者に「事故の唯一の原因である許し難い過失」があった場合は、加害者は免責される）。

運転者以外の人身被害者のうち、交通弱者（16歳未満の者、70歳以上の者、障害率80％以上の重度障害者）に対しては特別な保護がなされており、交通弱者に、「事故の唯一の原因である許し難い過失」があっても、過失相殺はされず、加害者は損害賠償責任を負うことになっている（ただし、交通弱者に、「故意による事故招致」がある場合は免責される）。そして、被害者に対する損害賠償が確実に行われるように、保険金額無制限の責任保険をつけることが義務づけられている。

フランスにおいても、かつては過失相殺が厳格に適用されていたようであるが、1985年制定の交通事故法により、被害者の保護に厚い制度に改正されたとのことである。

フランス交通事故法は他国にも大きな影響を与えている。例えば、ベルギー

では、2001年の法改正により、運転者の免責事由は被害者の故意に限定され、しかも14歳未満の者については故意によって事故を招致しても100％補償されることになり、また、ドイツでは、2002年の法改正により、10歳未満の被害者については過失相殺の適用が排除されることになったとのことである。

　以上は、山野嘉朗「フランス交通事故法の現状と課題——法施行20周年を迎えて」交通法研究34号97頁以下（2006年）によったものであるが、フランス等の立法が、我が国の制度に比べて被害者の保護に厚く、特に若年者、高齢者、重度障害者等の交通弱者に優しい制度であることは歴然としている。

　フランス等の例も参考にして、我が国の過失相殺のあり方を考えてみる必要があるのではなかろうか。

(8)　裁判例の集積を待ちたい

　近時、交通賠償に関する裁判例が膨大に蓄積されていることから、講演会、研修会などにおいては、多数の裁判例を類型ごとに分類して紹介するといったことが通常行われている。

　裁判例を分類して解説することはもちろん有益なことである。しかし、気になることは、あるテーマについての裁判例が存在しないか、又はきわめて少ない場合に、このテーマについては「今後の裁判例の集積を待ちたい。」で話が終わってしまうことが少なからずあることである。

　報告者が実務家である場合は、忙しい実務の合間の調査・研究の成果の報告であるから、やむを得ないとしても、実務に指針を与えることを職分の一つとする学者が、自らの見解も述べずに、「今後の裁判例の集積を待ちたい。」で終わるのは、いかがなものであろうか。

　実務家は、学説、裁判例が乏しいテーマだからこそ、実務の参考となるような考え方（学説）を知りたいのである。それを、「裁判例の集積を待ちたい。」と言って、何ら見解を述べないのは、学者の職分を忘れたことにならないか。あるいは、このような希望は難きを強いるものなのであろうか。

2　故人追想

　私が交通民集の執筆者として名を連ねるようになったのは、第9巻第2号

（昭和51年11月10日発行）からである。

　当時の執筆者のうち、西垣道夫弁護士、高崎尚志弁護士、野村好弘教授、山田卓男教授は既に故人となられた。以下、この4名の方について若干の思い出を語りたい（以下、故人については、敬称を「さん」付けで記載させていただく。）。

(1)　西垣道夫さん

　明治の元勲大久保利通内務卿が内務省庁舎に入ると、省内はシーンと静まりかえったという。

　それと比較するには、あまりに大げさすぎるが、西垣さんは誰に対しても歯に衣を着せず鋭い指摘をする人で、編集の場に西垣さんが同席すると、何となく緊張感が走ったものである。

　私も、交通民集の判決要旨の原稿に過失割合の数値を間違って記載してしまい、西垣さんからこういう間違いは困ると指摘され、いたく心にひびいたことがある。それ以来、正確を期すよう心がけているつもりである。西垣さんには感謝しなければならない。

　西垣さんは昭和60年に42歳の若さで亡くなられた。

　西垣さんの「『鞭打症』における損害算定上の諸問題」（坂井芳雄編『現代損害賠償法講座(7) 損害賠償の範囲と額の算定』（日本評論社、1974年）所収）は、素因減額に関する基礎的文献として、今でも読まれるべきものであろう。

(2)　高崎尚志さん

　高崎さんは、ご本人の話によれば、若い頃はジェームズ・ディーンに似ていると言われたそうである。

　我妻栄先生の晩年の弟子で、学者肌であり、判例時報・判例タイムズは2部購入し、1部は切り抜き用に使っていると聞いたことがある。

　損害保険会社の顧問をしておられ、自動車事故はもちろんであるが、火災事故の案件も手がけておられたようで、いつも小さなカメラをポケットに入れ、火災現場ではこれが役に立つのだとカメラを見せてくれたことがある。

　ゴルフが好きで、毎朝、駅まで向かうタクシーの到着を待つ間、自宅の庭でゴルフの練習をしていること、当時、銀座にあったぎょうせいのビル（帝国地方行政学会ビル）で行われた2か月に一度の交通民集編集会議の後の懇

親会が終わると、いつもタクシーを拾って自宅に帰り、近くに住む野村好弘さんがタクシーに同乗されていたことが思い出される。

　自賠法3条の自動車の「運行」概念に関する物的危険性説は、高崎さんの説である（高崎尚志「『運行』概念」田辺康平＝石田満編『新損害保険双書(2)自動車保険』（文真堂、1983年）369頁以下）。

　塩野七生さんの著作を愛読し、塩野七生の会を作りたいと言っておられたが、どうなったのか。

　高崎さんは、平成20年10月不帰の客となられた（享年72歳）。

(3)　**野村好弘さん**

　野村さんは、何度か判例解説等を執筆する機会を与えてくださった。

　昭和62年、私は、加藤一郎先生が団長、森嶌昭夫先生が副団長、野村さんが幹事長の日本民法・環境法学術交流訪中団の一員として、2週間にわたり、北京、ウルムチ、トルファン、敦煌、蘭州、上海等を回ったが、野村さんはいろいろ旅のお世話をしてくださった。どこへ行っても山ほどの料理が出たが、野村さんは身体も大きいが、その大食漢ぶりはたいしたものであった。シルクロードの思い出とともに懐かしい。

　野村さんといえば、割合的因果関係論の提唱者である。割合的因果関係論は、実務においては、因果関係の割合的認定というよりも、寄与度による損害の割合的認定という形で受け入れられた。

　割合的因果関係論は、従前であれば相当因果関係がないとして切り捨てられた被害者を救済する面があったのであるが、私は、実務における行き過ぎた素因減額にあまり賛成することができず、野村さんのいらっしゃる席でも意見を述べたことがある。そのことが、あるいは、お世話になった野村さんのお気持ちを損ねたのではないかと、ずっと後まで心にひっかかりを感じていたものである。

　晩年は体調が悪いせいもあり、交通民集の編集会議の席にもお顔を見せなくなったのはさびしいことであった（平成25年7月ご逝去、享年72歳）。

(4)　**山田卓男さん**

　山田さんとは、交通民集の編集のほかに、ぎょうせいから刊行していた不法行為判例集成シリーズの山田さん編集による『製造物責任』の執筆や、山

田さんの古希記念論文集への寄稿のほか、死亡事故による損害賠償請求の事案を共同で受任し、示談により解決したことがある。

製造物責任法が成立する前のことであったが、前記の『製造物責任』の編集にあたり、裁判例を、製造物の種類ごとに分類するか、法体系によって分類するかが問題となったが、山田さんのご意見により、従前のとおり、法体系による分類を維持した。

その後、私は、前記のTさんと共同で、新規に、判例セミナー『不法行為・製造物責任』（ぎょうせい、2008年）を編集することになったが、この書物では裁判例を製造物の種類ごとに分類した。

山田さんは大変博識の方であった。一例をあげると、交通民集の編集会議終了後の会食の際、フランス革命の立役者の1人であるマラーが浴室において貴族の娘に刺殺された事件があったが、この娘の名前を何と言ったかという話題を私が持ち出したとき、山田さんは、即座に"シャルロット・コルデ"と言われ、さすが山田さんだと思ったものである。

山田さんは日本交通法学会の理事長を務められたが、平成25年10月現役のまま旅立たれた（享年76歳）。

*　　　*　　　*

山田さんは、交通民集25周年記念論文集の「二十五年を振り返って」と題する随想で、「わたくし自身いつまで続けられるかわからないが、ここまで来た以上交通民集の長命を望みたい。」と書いておられる。それから25年が経過し、既に当時の山田さんの年齢をはるかに超えた私ではあるが、同様の思いでこの稿を結びたい。

〈追記〉

脱稿後の令和元年10月6日、交通民集編集委員の加藤了弁護士が9月8日に亡くなられたことを知らされました。

加藤さんは篤実という言葉が似つかわしい、学究的な方で、私はたいへんお世話になり、またご指導をいただきました。

私がまだ30代だった頃ですが、加藤さんのご推薦により、旧日弁連会館の講堂において、交通法学会人身賠償・補償研究会の報告—最判昭和56年

12月22日民集35巻9号132頁（後遺障害の逸失利益について、減収がない場合でも、特段の事情があれば、労働能力の喪失による損害を認めることができる。）──をさせていただきました。多数の聴衆を前にして話をするのは初めてのことでした。加藤一郎先生も参加しておられ、報告後に質問をされました。どのような質問であったかは全く記憶にないのですが、緊張して頭が真っ白になったことだけは覚えています。

　加藤さん編著の『交通事故の法律相談』（学陽書房）の執筆をさせていただきましたが、同書は1993年初版発行から、全訂第4版を重ねました。

　また、四半世紀も前になりますが、加藤さんが体調不良のため、東京三弁護士会交通事故処理委員会の委員（当時は日弁連交通事故相談センター東京支部の委員を兼ねていました。）を辞任され、加藤さんのご推薦により、後任の委員となりましたが、その後、現在に至るまで、日弁連交通事故相談センター本部・東京支部とのご縁が続いており、多くの友人知己を得ることができました。

　加藤さんは、92歳でお亡くなりになるまで、交通民集の判決要旨の執筆に意欲的に取り組んでおられました。

　ご冥福をお祈り申し上げます。

交通民集とともに

弁護士

西 村 孝 一

1　交通民集との出会い

　交通民集の編集作業をお引き受けすることになったのは、昭和52年のことだった。昭和49年4月に司法研修所26期生としての司法修習を終えて弁護士となった私は、溜池交差点そばの法律事務所に勤務弁護士として入所した。その事務所の同僚弁護士から交通民集編集委員の仕事を紹介され、編集作業の末席に加わらせていただくことになったのである。弁護士になって4年目のこと、以来現在まで、交通民集の編集関与を始めてから42年を超す歳月が流れた。ちなみに編集代表の大嶋芳樹弁護士は私が入所した法律事務所の先輩弁護士・いわゆる兄弁であり、知己を得て以来現在まで、あらゆる方面でリードしていただいている全く頭の上がらぬ存在である。今回、交通民集創刊50周年記念出版に随想を寄せるように仰せつかり、どのような題名で書き下ろそうかと迷った。少し大仰かとも思ったが、振り返ってみると自分の弁護士としてのキャリアはつねに交通民集とともにあったことになる。交通民集の編集作業が法律家としての自分を育てる場であったことへの感謝の意を込めて、冒頭のタイトルとさせていただいた次第である。

2　編集会議

　編集作業に加わった頃、交通民集の編集会議は平日の午後6時過ぎ頃から、銀座電通通りのぎょうせい本社ビル9階会議室で行われていた。あらかじめ各編集委員に配布されている収録候補の判決について、それぞれが判決要旨を起案して編集会議に持ち寄る。編集会議では編集委員全員で判決要旨原稿を推敲し、問題点については随時評議して完成稿に仕上げたうえで、収録する判決を選別確定するという作業を行った。広い会議室の窓寄りのスペース

に会議用テーブルが並べられ、編集委員はこのテーブルを囲んで、山積みにされた収録候補の判決文に取り組む。編集会議は、時折要旨をめぐる意見交換がなされるほかは、判決文を繰る音が聞こえるほど静かに張り詰めた空気が満ちていた。錯綜した事実関係や入り組んだ法律問題について、必ずしも整理して記述されているとは言えない判決文から要旨を抽出する作業はなかなか苦労のいるものであった。自分の作成した要旨について、山田卓生先生、淡路剛久先生から法的論点にかかわる端的な指摘・質問がなされ、また西垣道夫弁護士、大嶋芳樹弁護士から表記上の問題について鋭い批判が飛び、編集作業にまだまだ不慣れであった私は、いつも身の引き締まる思いで編集会議に出席していたことを覚えている。

3　編集作業を通して得たもの

　交通民集の編集作業を通して私が得てきたものは次の3つである。
　第1に、数多くの交通事故判決に継続的に目をとおし、交通事故法律問題の動向に不断に触れ得たことである。この作業を通じて、不法行為法理の展開を、長期間にわたり持続して学び得たことは、実務法曹としては何よりも得がたい財産であった。
　第2に、交通事故法律問題について、顕学や実務の大家の貴重なご意見を身近でうかがう恒常的な場を持つことができ、それによって法律家としての思考力が養われていったことである。不法行為にかかわる実定法の条文は限られたものであり、不法行為法理の過半は判例や学説の積み重ねから形成される法規範によって構築されている。それ故不法行為法の領域は、法規範形成にかかわる法的思考力が問われ、鍛えられる分野であるといえる。編集会議で交わされる議論は、不法行為法理をめぐる各種の実務的論点についての法的推論を求められるものであり、このような会議でなければお目にかかる機会もなかった大先達のご意見を親しくうかがったうえで法的所見を捻出する機会を持ち得たことは、本当に貴重な体験であった。
　第3に、編集作業を通じて法律文書の読解力、記述力が醸成されていったことである。判決要旨を作成するうえで重要なのは、読者が読み降ろし一読で要旨の内容を把握し得ることである。そのためには、基礎となる事実関係

が凝縮して摘示されていること、法律論について問題の所在と判示内容が要を得て記述されていることが不可欠である。そして、そのような要旨を起案するためには、まず判決文を読んだ自分自身の頭の中で、判決の認定事実と法律判断が截然と整理されていなければならない。未整理のまま要旨作成に入ると、必ず混濁した不得要領な記述になってしまう。この作業を長年にわたって積み重ねてきたことは、期せずして私の法律文書の読解力、記述力を鍛え上げる結果をもたらしてくれた。交通民集の編集作業に継続的に関与することなしに、このような鍛錬を積むことは不可能であったわけで、私自身の法的素養は交通民集によって培われてきたと言っても過言ではない。

4　解説・索引号での格闘

　交通民集は、各巻ごとに解説・索引号を発刊している。これは各巻1号から6号までの判例集に収録された判例について、責任論・損害論・訴訟手続論・時効・保険に区分し、さらに細目にわたる索引項目を立てたうえ、各判決の要旨を分類して各索引項目に配列・収録したものである（解説・索引号はこの事項索引を中核に、被害者類型別索引、後遺障害の部位・等級別索引も掲載したうえ、随時開催された交通事件担当裁判官を囲む座談会や、注目すべき判決についての学者・実務家の判例解説論文も収録している）。

　私は平成22年から8年間、この事項索引についての判決要旨整理作業をお手伝いしたが、この作業は通常の編集作業とは異なった重みのある仕事であった。収録が決まった判決の各要旨を索引項目ごとに分類する訳であるが、交通事故法理の諸論点を適切な索引項目として掲記し、そこに判決の各要旨を割り振っていく作業は大変に時間を要するものであった。午前10時過ぎから昼食を挟んで午後7時半頃まで、孤軍奮闘で判決文と格闘する作業を余儀なくされる。ことに大変なのは事実関係の細部にわたる把握を求められる過失相殺と、多岐にわたる論点の整理を要する保険法理をめぐる事項整理であった。午後5時頃になってようやく過失相殺部分にとりかかる、というときなどは、あたかも制限時間いっぱいの相撲取りのごとく、頬を張って気合いを入れ直すという有様であった。

　このように事項索引の編集は労力を要する辛い作業であったが、結果的に

各巻収録の全判決要旨を1回半程度は読み返すことになるわけで、その作業を通して交通事故判例の動向を通観したことは得難い体験であった。また、索引項目の立て方を適切なものに整理する作業は、あたかも交通事故法理の俯瞰図を作成するような意義深いものとなった。このような苦労を経て編纂された交通民集解説・索引号について、自治体の交通事故相談担当者から実務的問題点の検索文献として大いに活用しているという話を聞き、誇らしく感じたこともあった。

5　編集方針の刷新

　その後、編集会議の在り方は更に変化し、判決要旨は担当編集委員が起案したのち、編集会議前に他の編集委員によって重ねて要旨の再検討を受けることになった。編集会議は要旨記載の修正作業ではなく、収録すべき判決の取捨選択をめぐる評議の場となり、この結果、収録判決の選別に編集委員の総意が反映し、より適切な収録選別がなされるようになった。収録が決まった判決の要旨は、編集会議後に、更に他の編集委員によってブラッシュアップされる。結局、収録される判決要旨については3名の編集委員による推敲がなされるため、従前に比して更に適切な、彫りの深い記述となっているものと思う。

6　銀座夜話

　さて、今まで述べたのは、編集作業のオフィシャルな顔であるが、ぎょうせいビルの時代には、毎回の編集会議を終えたあと、銀座7丁目裏通りの小料理屋で、お世話いただいているぎょうせいの交通民集担当者の方と編集委員一同で遅い夕食をとり、時間の許す限り一献を傾けて歓談するのが常であった。編集会議では厳しい発言をされる諸先生も、この席では実に気さくに、キャリアや年齢差など関係なく、分け隔てのないお話を交わしてくださった。この「銀座夜話」では、法律論議ばかりでなく、学界・実務界の裏話、その時々に話題となった興味深い本の話、テニス・ゴルフ・写真などの趣味の話など多彩な話題に溢れ、毎回時の経つのも忘れて話が弾んだものである。山田卓生先生が、研究生活の中で過ごされた海外の街並みを、折節に自在に

闊歩されるお話や、高崎尚志弁護士の超小型カメラ・ミノックスの実演付きのお話などは、今でも深く思い出に残っている。高崎弁護士は平成20年10月に、山田先生は平成25年10月に、また「銀座夜話」ではいつも実務上の論点をめぐる自説を熱く語られていた加藤了弁護士も今年（令和元年）の9月に、鬼籍に入られてしまった。諸先達の造詣豊かなお話をうかがうことはもうかなわず、当時を思い返すと胸の奥にこみ上げる懐かしさと寂しさを禁じ得ない。編集会議は、現在は新木場の本社ビル3階の会議室で行われているが、会議終了後の晩餐での貴重な歓談の時間は、「新木場夜話」として今も引き継がれている。ここで交わされる才気煥発な会話は、編集作業の苦労を忘れさせて余りあるものがある。

7　時代のうねりの中で

　50年の歩みの中で、交通民集もいくつかの節目に直面した。判決情報の提供に対する裁判所のかかわり方の変化、判決文の横書化、そして特に近時のITを駆使した法律情報データベースの飛躍的な普及などは、紙ベースの判例情報提供ツールとしての交通民集の在り方に大きな影響を及ぼすものであった。このような中、現在まで交通民集が存続してきた要因は、多くの交通事故判決の中から編集委員の叡智を結集して先例価値ある判決を選別したうえ、的確な判決要旨記述に磨きをかけるという、他に例を見ない交通民集独自の編集方針を一貫して堅持してきたことにあると思う。同時に、時代の大きなうねりに立ち向かい、粘り強い対処を続けて交通民集の刊行を支えてくださったぎょうせい編集担当者皆様のご尽力なしに、50年の継続した出版事業が維持できなかったことも明らかである。そのご苦労には頭の下がる思いであり、心からお礼を申し上げたい。

　交通民集の編集会議に参加した当時は27歳であった私も、間もなく古希、70歳を迎えようとしている。体力の衰えも感じるようになり、あと何年この仕事にかかわっていけるかわからないが、法曹としての歩みを見守ってくれた交通民集の充実・発展のためにお役に立てることがあれば、なにがしかの恩返しを続けて参りたいと考えるこの頃である。

裁判例集の来し方行く末

弁護士

武 田 昌 邦

　弁護士として駆け出しの頃、昭和の終わりでしたが、先輩からお誘いいただき交通民集の編集委員を仰せつかりました。それから30年余、猛烈な勢いで変化する世の中の後を追うように、裁判実務や弁護士の執務環境も大きく様変わりしました。当時は裁判手続に電話会議などなく、地方の訴訟案件では、たった5分の弁論のために1日がかりの電車旅。パソコンも普及しておらず、破産事件など数字を扱う案件では、電卓を叩いての手計算でした。今では気の遠くなるようなことを、当たり前にやっていました。

　そのような大きな変化の1つが判例検索です。当時は、法律事務所定番のインテリアのように、書架に加除式の判例集が並んでいて、それと首っ引きで判例検索をしていました。ところが、今や判例検索といえば、データベース化された裁判例をインターネットを通じて検索する時代です。私もネット検索を愛用していて、とりわけ「キーワード検索」の便利さ、手軽さは、時間に追われる身には代え難く、有り難いものです。しかも、近時のオフィス事情に照らせば、判例集をインテリアにしておく余裕はなくなっています。むしろ、若い世代では、判例集はもとより、訴訟記録も六法も参考文献も全てタブレット端末1台に収めて、事務所機能を片手で持ち歩いています。そのような時代にあって、交通民集を始めとする裁判例集は生き残ることができるのか。不謹慎ながら、絶滅危惧種ではないかとさえ頭によぎります。

　ネット検索の利用者から見ると、キーワードや参照法令、裁判所などを入力すると該当する判決がたちどころに選択され、ヒットしたキーワードはマーカーで表示されるので、それを拾い読みすれば目的に適った判決を探し当てられます。勢い、全国の裁判所で言い渡された全ての判決をオンラインにし、データベースとして保存しておけば事足りるのであって、裁判例集な

ど必要ないのではないか、と感じてしまいます。しかし、裁判実務のルーティンにおいて日々言い渡されている判決の多くは、事案の性格上、特に取り上げる必要のない（参考にするだけの意味のない）ものだろうと思います。これらを含めて全ての判決をデータベース化した場合、キーワード検索でヒットする判決は天文学的な数に上るでしょうし、そこから意義ある判決を探し出すことはほとんど不可能でしょう。データベースの質を確保し、ユーザーの利便性を高めるためには、裁判例集というフィルターが不可欠です。そして、その結果は、法曹界全体が提供する法的サービスのレベル向上につながっていると思います。

　しかし、裁判例集は判例検索のためにのみ存在するにあらず。便利な時代になって、改めてその存在意義を再認識させられます。

　判決の中には、法令の解釈や判例の適用範囲などを熟考する判旨や、過失割合や損害認定など価値判断に大きな幅がある論点について、参考とすべき視点や判断を提示するもの、あるいは、時代を反映して新しく生じてきた問題を丁寧に分析・検討して解決への指標を示してくれるもの等々、大いに勉強させられる判決が少なくありません。このような判決を読むと、それを書かれた裁判官の見識やご苦労に頭が下がります。こういう判決が、法理論と裁判実務を深め、広げていき、その内容を豊かにします。交通民集の編集は、このような意義深い判決を見出し、広く法律に携わる方々に紹介する作業です。私にとって、30年以上にわたって交通民集の編集に携わらせていただいたことは、得難い経験の蓄積となっています。

　ところで、世の中は、今後、さらに加速度的に進んでいくことでしょう。交通民集にかかわる事柄でも、自動運転は既に実用化段階に入っています。空飛ぶ自動車も数年後の実用化を目指しているとのことです。そうなると3次元の交通法規が必要となります。これだけでも、今まで交通民集が視野に入れてきた領域を飛び越えていますが、AIが登場したことによって、裁判例集の存在意義や、さらには、法的紛争解決のあり方自体が、法律家の役割や司法制度を含めて根底から問われることになるだろうと思います。

　そもそもAIとは何者なのか、どこに向かっていこうとしているのか。よく分からないままに漠然とした不安がよぎります。しかし、しょせんAIは

ヒトの大脳の機能を真似たものに過ぎず、人間そのものではありません。AIはある問題に対する「最適解」を導くかもしれません。しかし、その「最適解」が万人に通用するものかは疑問です。よしんば、最適解が分かったとしても、それで問題が解決するというほど単純なものでもありません。人間関係の争いにおいても、社会や世界の諸問題にしても、それらを真に解決できるのは人の心を動かす力です。それは生命を源とするエネルギーなのだろうと思います。この次元においては、生命ならざるAIには出番はないと思います。AIが得意とすることと、AIにはできないことを峻別すると、自ずと人間という存在の意味が浮かび上がってきます。

　これからの時代、社会や世界の諸問題や人間関係の争いごとを解決するには、AIを家電のように使いこなして楽々と「最適解」を得ながら、それを吟味しつつ、最適解の実現に向けて発揮される人間力や、最適解の先を見通して法理論を創造する生きた知性こそが求められるのだろうと思います。それに応えるところに、新しい法律家の姿があり、その時代に相応しい法的紛争解決のシステムが形成されるのではないでしょうか。そして、交通民集を始めとする裁判例集は、そういう時代にあっても、人間の英知の集積として、法的紛争解決の重要なインフラであり続けるものと思います。

　ともあれ、将来のことは若い世代に託しつつ、私としては今後とも、編集部から送られてくる判決書を読み、要旨を書き、登載の可否を議論して、勉強させていただくこと、そして、編集会議の後の懇親会で大いに飲みかつ語る（おしゃべりする）機会をいただけることを楽しみに、交通民集の編集に真面目に向き合っていきたいと思っています。

交通民集編集会議の現場から

弁護士

須 寄 由 紀

　気が付けば、判例の定点観測のような『交通事故民事裁判例集』（以下、「交通民集」といいます）の編集にかかわって10年以上になりますが、私が編集会議の場に参加させていただくようになったのは2017年5月からと、比較的最近のことです。

　編集会議の様子はどのようなものであるのかと、十数年分の想像を胸に、ドキドキしながら社屋のある新木場駅に降り立ち、ふわりと木の香りが漂ってきたのに感動した日から、いつの間にか2年が経ちました。

　こんな私に随想と言われましても、とんと役に立たないわけですが、せっかくの機会ですので、私ができることということで、交通民集を活用いただいている皆様に、会議の様子をごくごく簡単に紹介してみたいと思います。

　各地の裁判所から集められた判例は、事前に編集委員が分担してダブルチェックをしています。大変ありがたいことに、自分が担当した案件について弁護士の方が提供してくださった判例が含まれている場合もあります（全国の皆様、ぜひご自分の関与されたケースについて判例自慢をお願いいたします。編集委員一同、大変楽しみにしておりますので、どうぞよろしくお願いいたします。）。

　ダブルチェック後の判例要旨を、編集会議で検討します。チェックの段階で、新たな判断であるなど広く紹介すべき判例と言えるか、活用いただいている皆様に情報提供すると役立ちそうかといった観点から、判例要旨には担当編集委員がそれぞれA～Cのランク付けをしています。

　このランク付けに従い、頁数も踏まえながら、編集委員全員で、要旨を検討していきます。

　進行はその会議ごとに様々ですが、Cの評価に誤りがないか、A・B評価

の中でどの判例を取り上げるべきかを編集委員の間で意見交換しながら検討していきます。地域性に偏りがないかということも検討要素となっています。

　と、こんな感じで会議が行われています。未熟者の私は、他の編集委員の先生方の知識と経験に基づいた検討意見を拝聴し、勉強させていただくという幸運に浴しているわけです。

　交通事故の分野は、比較的、判例の判断内容が体系化されている分野だと思います。しかしながら交通民集を見ていると、例えば自転車に関する事故判例はまだまだ少ない等、議論すべき論点はまだ尽きていないことがわかります。事実を評価して法律評価を行うという法律分野の面白さであり、また、難しさを感じます。

　加えて、自動車をめぐっては、自動運転などの新しい技術をめぐって、世の中がすさまじいスピードで変化しています。技術革新の流れとともに、全く新しい議論が既に産声を上げており、実用化に向けてこの先の展開が楽しみな状況でもあります。まだ時間はかかるでしょうが、自動運転車両の事故ケース判例を私が目にするのもそう遠くない未来になりそうです。もしかしたら、そのさらに先には、自動車が空を飛ぶようになるかもしれません。

　空飛ぶ自動車の事故判例を紹介する日が来るかもしれないなどと夢想を楽しみつつ、今後も一つひとつの判例と真摯に向き合い、編集会議でのやりとりを楽しみつつ、精進に努めたいと思います。どうぞ、編集委員の先生方、編集担当の方々、そして交通民集をご活用いただいております全国の皆様、これからもよろしくお願い申し上げます。

交通事故損害賠償の軌跡と展開
交通事故民事裁判例集創刊50周年記念出版

令和元年12月10日　第1刷発行

編　集　　不法行為法研究会

発　行　　株式会社ぎょうせい

〒136-8575　東京都江東区新木場1-18-11
電話　編集　03-6892-6508
　　　営業　03-6892-6666
フリーコール　0120-953-431
URL：https://gyosei.jp

〈検印省略〉

印刷　ぎょうせいデジタル㈱　　©2019 Printed in Japan
※乱丁・落丁本はお取り替えいたします。
ISBN978-4-324-10655-6
(5108524-00000)
〔略号：交通民集50周年〕

交民 DATABASE 要旨検索システム
powered by 交通事故民事裁判例集

　本書の収録裁判例を横断的に検索できるシステムです。
　裁判所、裁判年月、事件番号ごとの検索で特定の裁判例を絞り込むだけでなく、索引語・要旨のフリーワード検索を使えば、事故類型、被害者類型等の検索にもお役立ていただけます。

▽ご利用方法

❶ ぎょうせいオンラインショップ（https://shop.gyosei.jp）トップページにある「**書籍購読者専用サービス**」をクリック。

❷ サービス一覧のうち、「無料サービス」カテゴリから「**交民 DATABASE 要旨検索システム**」をクリック。

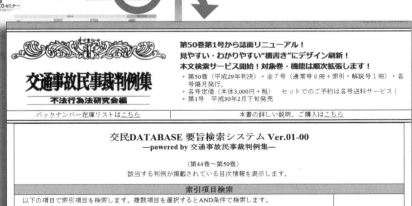